인류의위대한지적유산

인류의위대한지적유산

표해록

최부 지음 | 서인범 · 주성지 옮김

한길사

Ch'oe Pu

P'yohae-rok

Translated by Seo, In-beom · Joo, Sung-Jee

Published by Hangilsa Publishing Co., Ltd., Korea, 2004

표해도

제주에서 추쇄경차관직을 맡고 있던 최부는 부음을 접하고 일행 43명과 함께 집으로 돌아오다가 바다에서 풍랑을 만나 표류하게 된다. 일행은 표류 끝에 중국 태주부 임해현에 표착했다. 그후 최부 일행은 항주에서 조운로를 따라 북경에 도착한 뒤 명나라 효종을 알현하고 요동을 거쳐 압록강을 건너 조선으로 돌아온다.

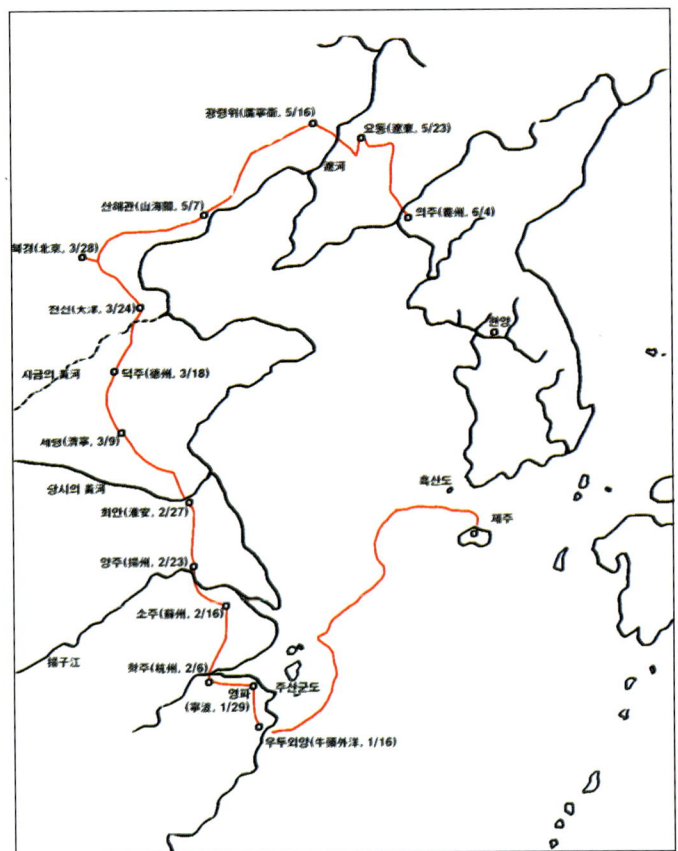

최부의 여정지도

최부가 제주도 앞바다에서 1월부터 표류를 시작해 6개월 동안 중국 각지를 거쳐 한양 청파역으로 돌아오기까지의 여정을 그린 지도이다.

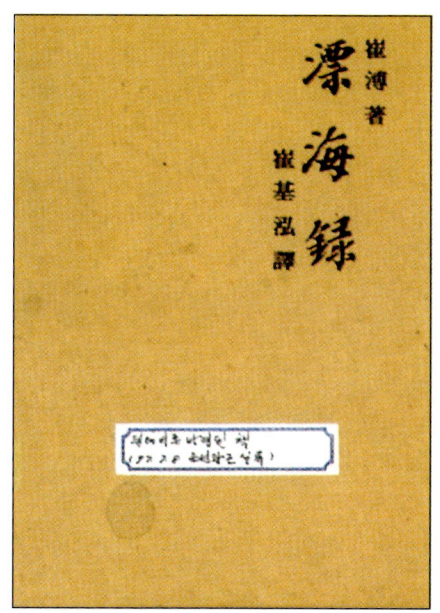
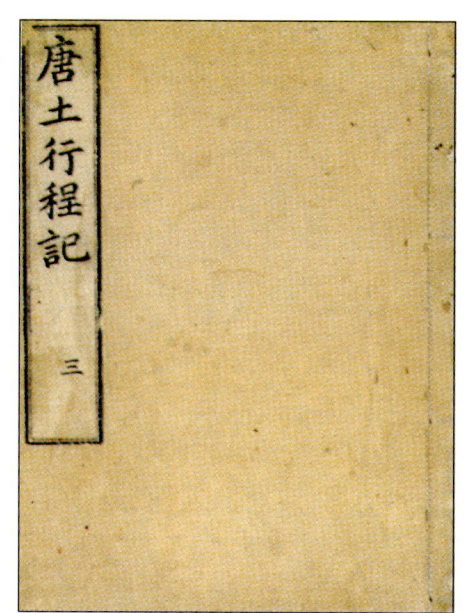
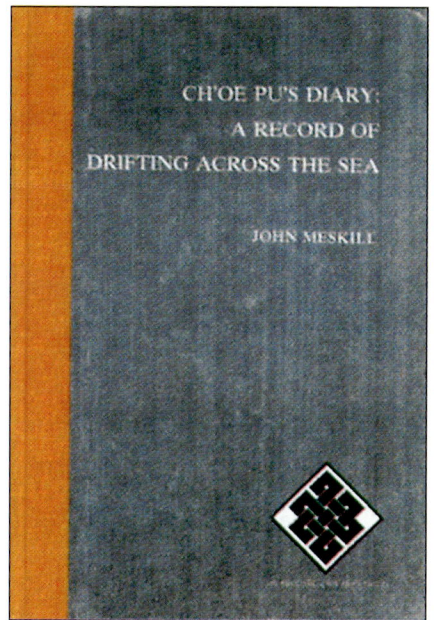

세계 각국에서 출간된 『표해록』(『만지문집』, 교양사회, 2001)
위 왼쪽에서 시계방향으로 1979년 최부의 방손 최기홍이 번역한 『표해록』, 1769년 일본의 주자학자 기요다 군킨(靑田錦君)이 『당토행정기』(唐土行程記)라는 제명으로 번역한 책, 1992년 중국 북경대학 교수 갈진가(葛振家)의 『표해록-중국행기』 점주본, 1965년 미국 학자 존 메스킬이 출간한 영문 역주본.

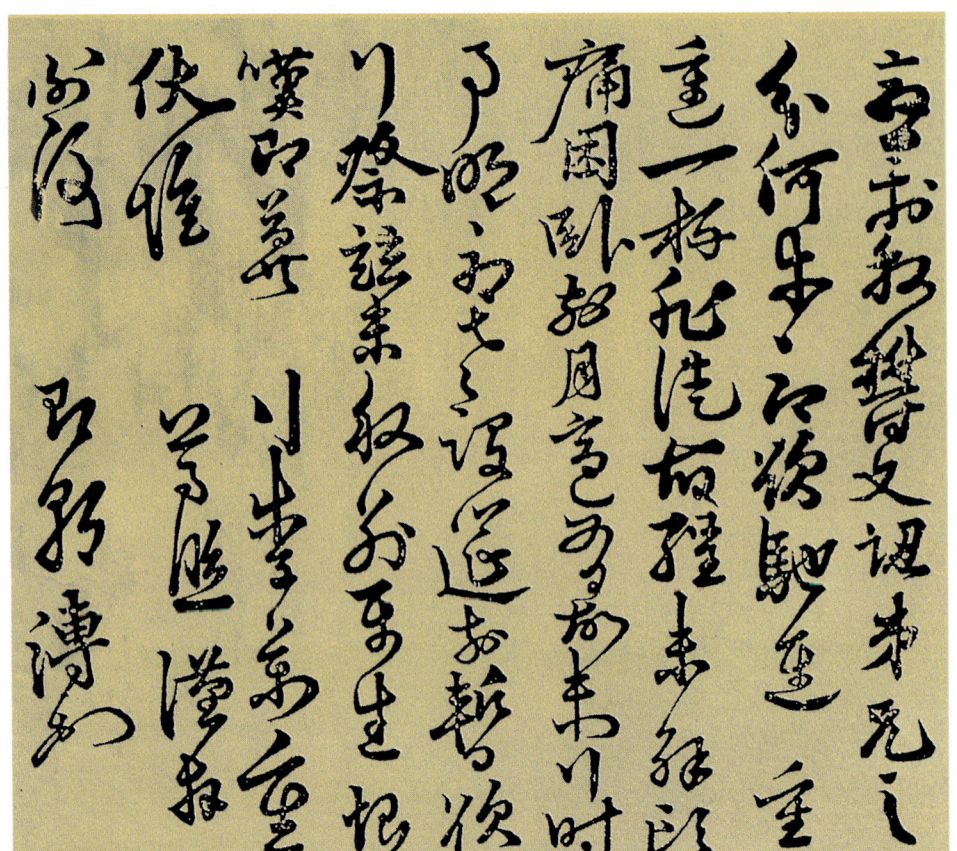

최부의 필적

『표해록』에는 조선 선비 최부의 꼿꼿한 정신자세가 드러나 있다. 그는 죽을 고비를 여러 번 넘기는 절박한 상황에서도 유교 이치에 닿지 않는 어떠한 행위도 용납하지 않았다.
그의 성품처럼 글씨에서도 부러질지언정 꺾이지 않는 선비의 기개가 느껴진다.

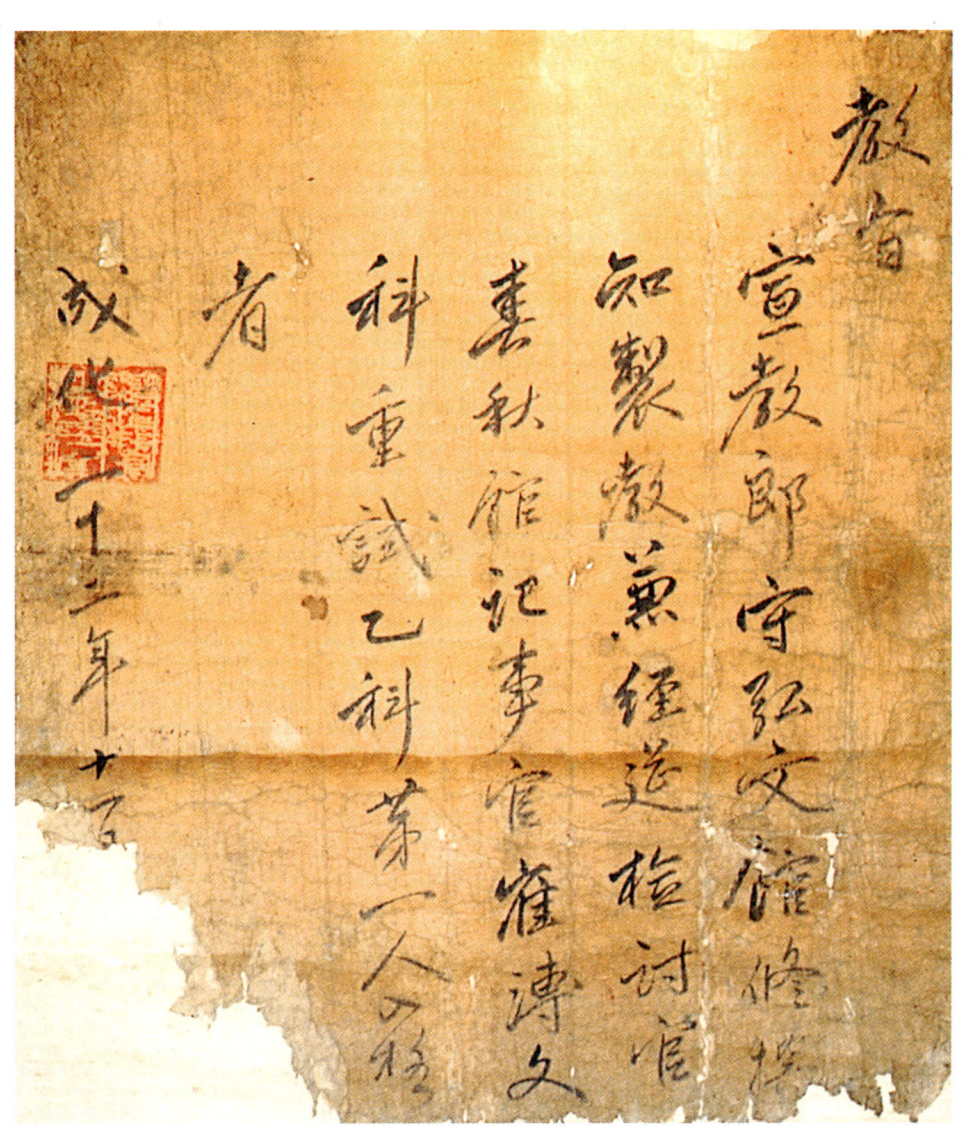

교지

1486년 최부가 33세 되던 해에 문과 중시(重試)에 을과 1등으로 합격해 성종으로부터 하사받은 교지다.

최부 묘역

최부는 김종직의 문하로 1498년(연산군 4) 무오사화를 당해 단천에 유배되었다가,
1504년 갑자사화로 참형되었다. 그의 묘소는 현재 전남 무안군 몽탄면 이산 2리 느러지마을에 있다.

문인석(文人石)

최부 묘 앞에 있는 석상으로, 관(冠)의 형태와 얼굴의 윤곽 그리고 옷의 무늬 등이 뚜렷하게 표현되어 있다.

요계관방지도(遼薊關防地圖)

숙종 32년(1706) 이이명의 채색필사본이다. 10폭짜리(600×135cm) 병풍으로, 청나라 산해관에서 조선에 이르는 지역의 진(鎭)·관(關)·보(堡)를 세밀하게 묘사했다.

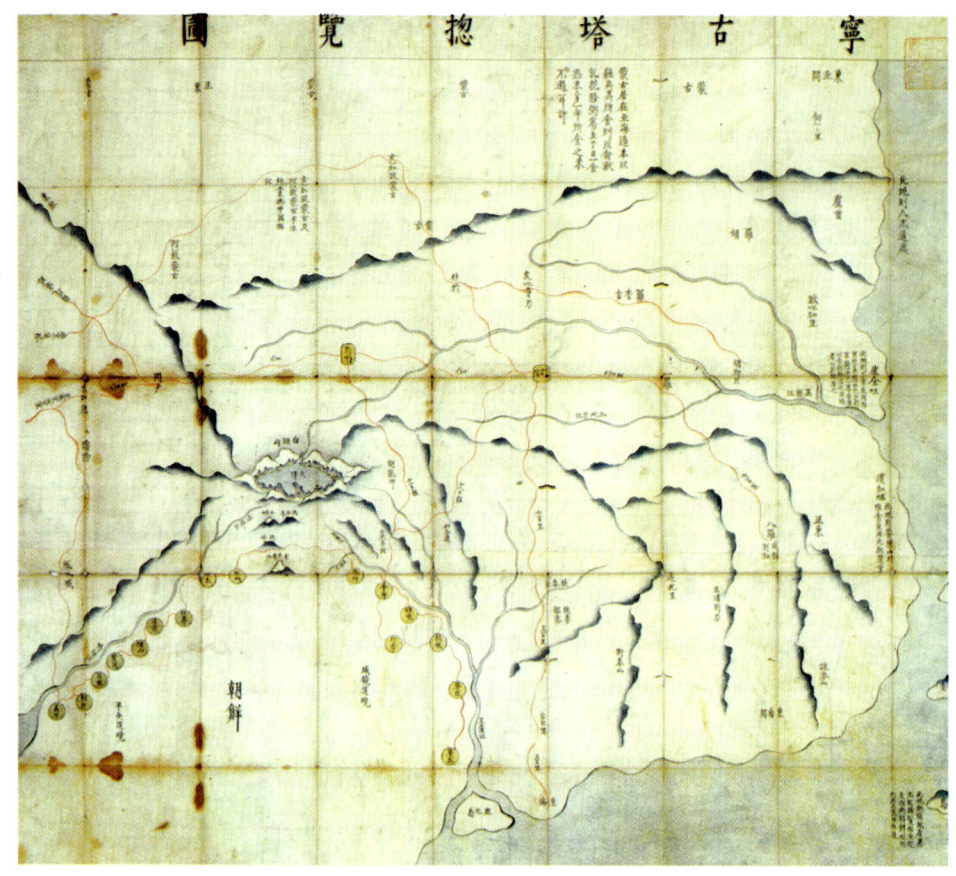

영고탑총람도(寧古塔總覽圖)

18세기 작자 미상의 채색필사본. 조선시대 백두산 북쪽 영고탑을 중심으로 한 지형과 교통로를 기록한 지도로, 서쪽으로 최부가 지나간 요양지역을 추측해볼 수 있다.

1752년 동아시아 지도

프랑스의 지리학자이자 지도제작자인 앙빌(Jean-Baptiste Bourguignon d'Anville)이 만든 것이다.
18세기 서양인의 시각에서 만들어진 지도로 『표해록』에 기록된 섬라, 만랄가 등지가 묘사되어 있다.

GB
한길그레이트북스

인류의 위대한 지적유산

표해록

최부 지음 | 서인범 · 주성지 옮김

한길사

표해록

차례

21	최부의 『표해록』에 나타난 조선의 선비정신	조영록
39	『표해록』을 지어 올리다
43	윤1월_대양을 표류하다
145	2월_하늘엔 천국, 지상엔 소주와 항주
301	3월_조운로의 격류를 헤치고
393	4월_황제로부터 상을 받다
459	5월_산해관을 지나 요동으로
507	6월_압록강을 넘어 한양으로 돌아오다
539	발문	유희춘
543	『漂海錄』原文
633	최부의 가계와 생애
640	표류한 43명의 명단
641	위대한 기록을 남긴 최부와의 만남	서인범
647	찾아보기

최부의 『표해록』에 나타난 조선의 선비정신

조영록 동국대학교 명예교수·동양사학

1. 『표해록』과 저자 최부

조선 성종 연간에 관인 최부(崔溥) 일행이 제주도 앞바다에서 태풍을 만나 표류하다 천신만고 끝에 중국 절강성 영파부(寧波府) 연해에 도착했다. 최부 일행은 왜구라는 혐의를 받고 고초를 당한다. 그러나 곧 혐의를 벗고 중국 군리(軍吏)의 호송을 받으며 항주(杭州)에서 운하를 따라 북경에 이른다. 북경에서 황제를 알현하고 상사를 하사받은 후 요동반도를 거쳐 압록강을 건너 한양으로 돌아온다. 약 6개월간의 견문기를 일기체로 써서 임금에게 바치니, 이 기록이 바로 『표해록』이다.

최부의 본관은 탐진(耽津)으로 나주에 살았으며, 자는 연연(淵淵), 호는 금남(錦南)이다. 진사 택(澤, ?~1488)과 여양(驪陽) 진씨(陳氏) 사이에 장남으로 태어났으며, 조선조 사림의 종장 점필재 김종직의 제자 가운데 한 사람으로 명망을 얻었다. 그는 성종 8년(1477) 24세의 나이로 진사시에 합격하여 바로 성균관에 들어가 수학했으며, 29세가 되는 성종 13년에는 친시문과의 을과에 급제한 뒤 교서관 저작과 박사를 거쳐 군자감 주부와 수찬 등을 역임했다.

성종 17년에는 문과중시에 을과로 급제했는데, 당시 8명의 급제자 중 점필재 문하의 동문으로 신종호와 표연수, 김일손 등이 있었다. 그 후 사헌부 감찰, 홍문관 부수찬과 수찬을 거쳐 성종 18년에는 홍문관 부교리로 승진되었다. 바로 그해 11월에 제주 3읍 추쇄경차관으로 부임하여 임무를 수행했으나, 다음해 정월 부친상을 당하여 고향 나주로 돌아오다가 태풍을 만나 중국 절강(浙江) 연해 지역으로 표류하게 된 것이다.

서울에 도착한 그는 6월 18일 청파역에서 국왕의 명에 따라 표류할 때부터 귀국까지 견문사실을 써서 바쳤다. 이 일을 끝내고 성종으로부터 부의로 포 50필과 마필을 지급받아 곧장 고향인 나주로 내려갔다. 상을 당한 지 반년이 지나서야 비로소 집상하게 된 것이다. 그런데 상중에 다시 모친상을 당하여 3년상을 치르게 되었다. 만 4년 동안 부모상을 치르고 나서 성종 23년(1492)에 상경하여 다시 벼슬길에 오르게 된다.

성종이 금남에게 내린 벼슬은 사헌부 지평이었다. 그러나 그가 임용된 지 한 달여가 지나도록 사간원에서 동의해주지 않아 정식 임용이 보류되고 있었다. 대간은 4년 전에 그가 중국에서 돌아와 상주된 몸으로 견문기를 쓴 것이 명교(名敎)에 어긋나는 행위였다며 반대하고 나선 것이다. 이에 대하여 성종은 견문기를 쓴 것은 자기가 시켜서 한 일이므로, 그에게는 잘못이 없다고 금남을 두둔했다.

사실 최부보다 5년(성종 14년 2월) 먼저 제주도 정의현감 이섬(李暹)이 중국 양주지역으로 표류했던 내용을 「행록」으로 적어 올린 일이 있다. 이때에도 대간의 반대가 있었으나 성종은 가자(加資)하여 승진시켰다. 이섬은 일개 무신인 데 반해, 최부는 문신일 뿐 아니라 견문기의 내용도 비할 바가 아니었으니, 성종이 금남을 옹호한 것은 당연한 일이었다.

성종은 1년 후에 그를 홍문관 교리로 교체 임명했다. 하지만 재차 대간이 그 직책이 경연관이 된다는 점을 문제삼았으므로 시비가 재연되었다. 이번에는 육조와 홍문관 쪽에서 금남에게는 잘못이 없다고 두둔하고 나섰다. 금남이 견문기를 저술한 것은 왕명에 따른 것이며, 또한 부모상을 치르면서 여묘(廬墓)살이를 할 만큼 효를 다했다고 비호했다. 이와 같이 문제가 복잡하게 전개되었으나, 성종 24년 5월 승문원 교리로 고쳐 임명함으로써 시비가 일단락되었다. 그후 그는 다시 홍문관 교리로 돌아왔으며, 이어 부응교와 예문관 응교를 겸했다. 성종의 금남에 대한 신임이 깊었음을 알 수 있다. 연산군 3년에는 중국을 다녀온 지 10년 만에 성절사의 질정관으로 명나라에 다녀오기도 했다.

이처럼 『표해록』을 저술한 일로 잠시 파란을 겪은 금남의 벼슬길은 순조로웠으나, 사림파와 훈구파의 갈등으로 벌어진 사화의 혹독한 정치파동을 겪게 되면서 파탄의 길을 걷게 된다. 1494년 성종이 승하하자 19세의 나이로 즉위한 연산군은 유교정치에 염증을 느끼고, 두 차례의 사화를 일으켜 김종직을 필두로 한 사림파에 가혹한 탄압을 가했다. 연산군 4년 무오사화를 당해서는 동문의 김굉필, 박한주 등과 함께 붕당을 지어 국정을 비난했다는 죄목으로 장 80대에 함경도 단천으로 귀양가게 되었다.

연산군 10년에 다시 갑자사화가 일어나자 처음에는 장 100대에 거제로 귀양보내며, 노(奴)로 삼는다는 처벌이 내려졌지만 결국 참형을 면치 못했다. 그는 처형장에서 한마디의 말도 없이 담담히 최후를 맞았다고 한다. 사관은 왕조실록에 "부는 공렴정직하고 경사(經史)에 널리 통했으며, 문사(文詞)에 능했다. 간관이 되어서는 아는 것을 말하지 아니하는 것이 없었으며, 회피하는 일이 없었다"고 묘사했다.

금남의 묘소는 전남 무안군 몽탄면에 있으며, 생가지는 나주시 동강면 인동리 성기촌이다. 최근 중국 절강성 영해현 월계촌에 현지의 행정당국과 최씨 문중의 협조로 「최부표류사적비」가 세워졌.

금남은 해남 정씨와의 사이에 딸 셋을 두었다. 장녀는 유계린(柳桂隣), 차녀는 나질(羅晊), 삼녀는 김분(金雰)에게 각각 출가했으며, 함양 박씨와의 사이에 서자 적(迪)을 두었다. 『표해록』을 간행하고 발문을 쓴 유희춘은 그의 외손이다.

2. 『표해록』의 내용

『표해록』은 모두 세 권으로 이루어져 있다. 표류한 인원은 금남이 거느린 광주목리 정보 등 7명의 배리(陪吏)와 제주현감이 보내준 진무 안의, 그리고 뱃사람 등 35명을 합하여 43명이었다. 기간은 성종 19년 (1488) 윤정월 초 제주 앞바다에서 표류, 중국을 경유하여 6월 초에 압록강을 건너기까지 약 6개월 동안이다. 표류를 시작해 귀국할 때까지 보고 들은 일을 금남이 「중조문견일기」(中朝聞見日記) 세 권으로 나누어 찬술하여 바쳤는데, 뒤에 『표해록』으로 간행되었다. 이제 각 권의 내용을 간략하게 정리해본다.

제1권은 금남이 제주 추쇄경차관으로 임명되어 현지에 부임하게 된 경위를 약술한 다음, 부친상을 당했다는 소식을 접하고 분상을 서둘러, 홍치(弘治) 원년(성종 19년) 윤정월 초3일 배를 출발시켰으나 태풍을 만나 표류하다 중국 절동(浙東)지역에 상륙하여, 2월 4일 소흥부에 이르러 왜구의 혐의를 완전히 벗을 때까지를 기록한 내용이다.

전후 14일 동안 큰 고통을 겪으며 표류한 끝에 중국 연해지역에 표착했으나, 왜구의 출몰이 잦았던 시대였던 관계로 그 지역 사람들에게 왜구로 오인받는다. 왜구가 침입했다는 정보를 입수하고 온 천호(千戶) 허청(許淸)이 밤낮을 가리지 않고 몰아대는 통에 지친 금남은 때로는 하인의 등에 업혀서 이끌려 간다. 마침내 해문위(海門衛) 도저소(桃渚所)에 당도하여 며칠 동안 그들이 변경을 침범한 왜구인가의 여부로 집중적인 조사를 받았다. 왜구라는 혐의를 벗게 되자 금남과 배리 등은 군리(軍吏)들의 호송을 받으며 북상한다.

일행은 영해현(寧海縣)과 영파부를 지나고, 소흥부(紹興府)에 도착했다. 소흥부에서 총독비왜서도지휘첨사 등 삼사상(三使相)이 파총관(把摠官)이 올린 보고서를 기초로 보다 엄격한 심문을 거친 후부터는 조선 관인의 대접을 받게 되었다. 소흥부에 이르는 사이 왕희지의 수계처(修禊處)인 난정(蘭亭) 등 절동(浙東)의 역사와 문화에 대한 고전적 향수에 젖어들기도 하면서 점차 여유를 찾게 된다.

제2권은 2월 5일 절강성의 수도 항주에서 출발하여 3월 25일 천진위(天津衛)를 지날 때까지의 내용이다.

금남 일행은 전당강(錢塘江)을 건너 항주에 이르러 일주일 동안 머물면서 진수태감(鎭守太監)과 삼사(三司)의 마지막 심문을 마치고, 지휘 양왕(楊旺)과 천호 부영(傅榮) 등의 호송을 받아 항주를 출발하여 가흥(嘉興)을 지나 소주부(蘇州府)에 이르렀다. 다시 무석(無錫)과 상주부(常州府)를 거쳐 진강(鎭江)을 지나 양자강을 건넜다. 항주에서 10일 정도 걸려 양자강 이남, 이른바 강남의 중심지역을 주마간산 격으로나마 대하게 된다. 항주에서는 의천 대각국사와 인연이 있는 고려사(高麗寺)가 있다는 사실과 경태(景泰, 1450~56) 연간에 조선에 사신으로 가서 『황화집』을 지었던 장녕(張寧)에 대한 소식을 들었으며, 그밖에도 항주의 문화와 시정에 대하여 흥미와 관심을 표하였다.

소주에서는 장계(張繼)의 유명한 한산사시(寒山寺詩)와 호구탑(虎丘塔), 그리고 태호(太湖)를 언급하면서 창문(閶門) 밖에 옛 고려정(高麗亭)이 있었다는 사실, 그리고 호남과 복건 등지의 상인이 모여드는 등 도회의 번성함에 경탄하고 있다. 때로는 지방관을 만나 조선의 역사와 문화에 대하여 문답하고, 때로는 중앙에서 파견된 관인을 만나 조선의 예절에 대한 이야기 등을 나누고 융숭한 예물을 받기도 했다.

강북의 대도시 양주부(揚州府)를 지나면서 5년 전 이섬이 조선에서 표류해온 사실을 뱃사람으로부터 듣는다. 계속 북상하여 회안부(淮安府, 楚州), 회하(황하)를 건너고, 서주(徐州)를 지났다. 회하를 중심으로 한 이들 지역은 크고 작은 강들이 흘러 고대 교통의 요충지를 이루었다.

다시 북상하여 한 고조의 고향 패현(沛縣)을 지나고, 노나라와 공자의 고향이 있는 연주(兗州)와 제녕주(濟寧州)를 지났으며, 덕주(德州) 등지를 경유하여 산동지역을 벗어난다. 그리고 계속하여 옛 발해군 지역을 거쳐 천진위에 도착한다. 이전까지 천진에서 해운에 의존하던 남북간의 조운(漕運) 문제를 영락제가 이 운하를 개착함으로써 해결했던 것이다.

중국은 양자강을 경계로 강남과 강북으로 나뉜다. 10세기 농업경제의 발달로 인하여 중국의 중심지가 된 강남지역을 여행하면서 금남은 관인(官人)들을 만나 조선의 문사(文士)로 대접받으면서 대담을 나누는 일이 잦았다. 그러나 강북에서는 그러한 일이 거의 줄어들고 대신 호송인들과 중국의 정치·사회·문화에 대한 대화가 중심을 이룬다. 특히 호송인 부영이 비교적 유식하여 그로부터 수차 만드는 법을 배우고, 음다(飮茶) 풍습 등 여러 가지 이야기를 듣는다.

제3권은 그들이 북경 회동관(옥하관)에 도착하여 약 25일 동안 체재하면서 황제를 알현하고, 북경을 떠나 요동반도를 거쳐 6월 4일 압록강을 건너 의주에 도착하는 과정을 다루고 있다.

북경에서 요동을 거쳐 본국으로 돌아가게 되는 노정(路程)은 두 나라 사신들이 빈번히 내왕하는 길이다. 금남이 북경에 도착하기 직전에도 재상 안처량이 사신으로 와서 이미 보고된 자신들의 표류 사실을 상세히 알고 돌아갔다고 했다.

금남 일행의 북경 체재는 비록 제한된 상태에서나마 충분히 쉴 수 있는 시간이었다. 때로는 유구(琉球)의 사행과 만나 환담하고, 국자감생들의 내방을 받았으며, 또 때로는 이웃사람들이 보내준 음식물을 받고 환담하는 등 비교적 한가한 시간이었다.

금남은 그 동안 겪었던 심신의 피로로 심한 열병을 앓았다. 주위에서는 더 조리한 뒤 출발하라고 만류했으나, 그는 귀국을 서둘렀다.

금남 일행은 백호(百戶) 장술조(張述祖) 등의 호송을 받아 회동관에서 길을 떠났다. 며칠 후 중도에서 사은사 성건 일행을 만나 약 5개월 만에 처음으로 고국 소식을 듣고 회포를 풀었으며, 옥전역(玉田驛)에서는 조선으로부터 귀국하는 명사(明使) 동월(董越) 일행과 인사를 나누었다. 광녕역에서는 성절사 채수 일행을 만나 3, 4일을 함께 보내며 본국의 소식을 소상히 듣는다. 역사에 조예가 있는 금남은 고사가 스며 있는 여러 지역을 그냥 지나치지 않았다. 우북평(右北平)을 거치며 한(漢)의 명장 이광(李廣)이 바위를 호랑이로 알고 쏘아 화살촉이 돌을 뚫었다는 이야기, 난주(灤州)를 지나며 고죽국(孤竹國)과 백이와 숙제의 이야기 등을 빼놓지 않고 있다.

금남은 요동지역을 지나면서 요동은 고구려의 고도로서 당에게 멸망 당한 후에는 발해가 섰다가, 다시 요·금·원에 병탄(倂呑)되어 오늘에 이른 역사를 개관하고 있다. 옛 고구려 땅을 밟으며 남다른 감회에 젖는 것은 당연한 일이다. 이밖에도 우리 역사에 대한 자부와 긍지를 여기저기서 언급하고 있음은 물론이다.

금남은 6월 4일 드디어 압록강을 건너 밤중에 의주에 도착했다. 금남은 우두외양에서 의주까지 6개월 동안의 견문기를 끝낸 다음, 강남과 강북으로 구분하여 산천과 교량, 운하의 제방, 수문과 체운소(遞運所), 풍속 등을 요약 정리하였다. 해박한 중국 역사와 지리에 대한 지식을 바탕으로 실제 견문한 바를 종합한 그의 기술은 현장감이 넘친다.

3. 『표해록』의 간행과 번역

앞서 말한 바와 같이 『표해록』은 금남이 중국에서 귀국하여 왕의 명에 따라 쓴 「중조문견일기」를 뒤에 활자본으로 간행하면서 붙인 이름이다. 일반적으로 『표해록』은 유희춘이 처음으로 간행한 것으로 알려져 있으나, 그 이전에 이미 조정에서 한 차례 간행한 바 있다. 그 간행 동기를 알아볼 수 있는 대목이 중종 6년 이세인의 다음과 같은 건의에서 보인다.

또 최부의 표해록은 금릉(金陵)에서 제도(帝都)에 이르기까지 산천과 풍토, 그리고 습속을 갖추어 기록하지 않음이 없으니 우리 나라 사람이 비록 중국을 눈으로 보지 않더라도 이로써 알 수 있습니다. 청컨대 함께 간행하여 전파하게 하소서(『조선왕조실록』 중종 6년 3월, 갑자조).

이러한 건의는 조정의 출판사정에 따라 바로 받아들여지지 않고 아마도 중종 후기에서 명종 연간까지 사이에 간행된 것으로 보인다. 동활자본(銅活字本)으로 간행된 이 책에는 서문이나 발문이 없어 간행시기 등에 대한 내력을 알 수가 없다.

그러나 조정에서 간행한 이 동활자본은 워낙 소량이어서 상당한 기간이 지난 후, 금남의 외손 유희춘(柳希春, 1513~77)이 다시 간행할 뜻을 세웠다. 이리하여 선조 초에 새로 목판본으로 간행하게 되었는데, 그 동안의 경위는 그가 쓴 발문에서 살펴볼 수 있다.

금남 최 선생의 휘는 부, 자는 연연으로 희춘의 외조부이시다. ……일찍이 명을 받들어 탐라에 부임했으나 부친상을 당하여 달려감에 태풍을 만나 중국 태주(台州) 지방에 표도(漂到)하셨다. 돌아와 도성 밖에 이르러 임금님의 명에 따라 일행의 일기를 지어 바치니, 보고 좋다 하시어 드디어 승문원에 소장하게 되었다.

그 글은 3권에 불과하지만, 그 내용은 대양의 변화와 절강, 산동, 연경(燕京) 일대의 산천·토산·인물·풍속을 찬연하게 드러냈을 뿐만 아니라, 선생의 경세제민의 재주 또한 십분의 일 정도는 갖추어져 있다. 많이 듣고, 널리 보고자 하는 선비로서 읽어보고자 원하는 이가 많으나 오늘에 이르기 80년 동안 판각하여 널리 전해지지 못했다.

……마침 박학하고 단아한 오공(吳公)이 평안도관찰사로 나감에 희춘이 이 책을 간절하게 부탁하니 마침내 흔연히 맡을 것을 허락했으며, 정주군수 윤후 행(尹候 行)은 한가한 이들을 모아 일을 맡겨 완수했다. 아! 이 책은 떨어지고 흩어지기 거의 백 년이 지났다. 오늘에야 오래도록 어두운 세월을 지나 그 모습을 드러내 장차 널리 세상에 유행하게 되었다. ……

융경(隆慶) 3년 세차 기사년 8월 16일
외손 통정대부 성균관대사성 지제교 유희춘 근지

이것을 보면 유희춘의 노력으로 목판본이 평안도 정주에서 간행되었음을 알 수 있다. 간행 연도는 융경 3년, 즉 선조 2년(1569)으로 처음 금남이 표해일기인 「중조문견일기」 세 권을 지어 올린 때로부터 80년이 되는 해이다.

유희춘은 금남의 외손으로서 호는 미암(眉巖), 시호는 문절(文節), 본관은 선산이다. 중종 33년(1538) 문과에 급제하고, 정언으로 을사사화를 당하여 제주와 종성에서 19년을 보내다가 선조 초에 석방되었으며, 관직은 부제학까지 올랐다. 그는 외조부의 가르침을 받아 경사(經史)와 주자학에 조예가 있어 선조대왕의 잠저시에 그를 가르쳤으며, 이항 김인후와 함께 호남의 유학을 열었다.

선조 4년 미암이 대사헌이 되자, 이양원의 전라감사 부임을 기화로 『표해록』의 재간행을 시도하게 된다. 2년 전에 간행된 정주본(定州本)이 원래 희소한데다 그 판목을 옮겨올 수 없는 상황이었기 때문이다. 미암의 부탁으로 이양원은 나주에서 책을 개간하게 되었는데, 여기에도 역시 미암이 다음과 같은 발문을 붙였다.

외조 금남 선생은 박학 절개로 당대에 이름을 떨쳤으며, 표해록 또한 중원을 묘사한 거작으로……널리 유포되지 못했다. 이공(李公) 백춘(伯春, 즉 陽元)이 호남관찰사로 나아감에, 희춘이 교정본을 판각해줄 것을 간곡히 위촉했다. 이공이 유공(兪公) 지숙 홍(止叔 泓)에게 인계하며 또 이를 힘써 도왔고, 유공이 드디어 용성(龍城, 즉 南原)군수 정후 엄(鄭候 淹)에게 잘 처리해줄 것을 부탁하여 수개월만에 일을 끝마쳤다. 아! 이 책이 오래도록 전파된다면……동방의 사람들이 화하(華夏)로써 고루한 습속을 고치고자 하는 뜻 역시 보탬이 될 것이다.……
만력(萬曆) 원년 중추 달 밝은 밤
외손 가선대부동지중추부사 겸 동지경연성균관사 유희춘 근발

이 발문을 보면 그가 교서제조로 있을 때, 호남관찰사와 지방수령들의 적극적인 도움으로 일에 착수한 지 2년 뒤인 만력 원년(1573), 즉 선조 6년에 교정 목판본 세 권이 다시 간행되었다는 사실을 알 수 있다.

이것이 남원본(南原本)이다.

　위에서 본 바와 같이 금남의 『표해록』은 중종~명종 연간에 처음으로 동활자본으로 간행한 바 있으나, 너무나 소량이었으므로 유희춘이 선조 2년과 6년에 각각 두 차례 더 목판본으로 간행했다. 이리하여 임진왜란 이전에 세 종류의 간본이 있게 되었다.

　그러나 현재 우리 나라에는 완본이 하나도 없고, 다만 최초의 동활자본 권1, 한 책만이 고려대학교 도서관 화산문고(華山文庫)에 소장되어 있다. 이에 비하여 일본에는 임란시에 약탈해간 것으로 보이는 세 간본이 모두 갖추어져 있다. 동활자본은 도쿄의 동양문고(東洋文庫)에, 정주본은 교토 양명문고(陽明文庫)에, 그리고 남원본은 가나가와 현(神奈川縣) 금택문고(金澤文庫)에 각각 소장되어 있다.

　조선왕조는 임진왜란과 병자호란이라는 엄청난 민족의 참화를 당하여 문화재가 불타고 약탈되었으므로, 17세기 후반에 이르러서야 가까스로 기력을 회복하여 문화의 부흥을 시도할 수 있었다. 이에 따라 『표해록』이 다시 출현하게 된 것이다. 숙종 3년(1662) 외손 나두춘(羅斗春)을 중심으로 나주목사의 도움을 받아 『금남선생집』을 간행하면서 『표해록』을 시문집과 합본했다. 따라서 이 『표해록』에는 서문이나 발문을 따로 싣지 않고, 문집의 서문만 실었다. 현재 서울대학교 규장각에 소장되어 있는 나두춘본 『표해록』은 권2와 권3만이 남아 있다.

　나두춘이 편집한 문집이 세월이 지남에 따라 다시 구해보기 어렵게 되자 다시 외손 나두동(羅斗冬)이 재간하게 된다. 이때는 다시 『금남집』과 『표해록』 두 책으로 나누게 되었는데, 당시에 정중원(鄭重元)이 쓴 「제표해록후」(題漂海錄後)의 내용은 다음과 같다.

　　금남 선생 최공이⋯⋯(사화로 인하여) 뜻하지 않은 죽음을 당하셨다. 그 67년 뒤인 신미년(1571)에 미암이 전라감사가 되어 문집 제2권을 간행했고, 3년 뒤인 계유년(1573)에 감사 홍(泓)에게 부탁하여 표해록 제3권을 간행했다. '집'(集)과 '록'(錄)이라 하여 두 권의 책으로 엮어 세상에 전하게 된 것이다. 그 뒤 103년이 지나 병진년(1676)에 금성(나주)에서 중간할 때, 두 책을 합하여 하나로 했다. 이제 나두동 씨가 없어진 목판을 손질하여 고치는 일을 맡아 하며, 나에게 편지로 서문을 쓸 수 있겠는지 물었다. 나 중원은 문집은 미암이 처음 두 권으로 편찬했으니 서문은 그대로 쓰도록 하고, 표해록은 처음과 같이 따로 책을 만들자고 했다. ……
갑진년(1724) 3월 하순 외원손(外遠孫) 팔계(八溪) 정중원 지음

이로써 보면 표해록과 합본한 문집이 후손들에 의하여 간행된 지 49년이 되는 영조 원년에 다시 나두동의 주도로 두 권의 책으로 나누어 간행하면서 『표해록』에 정중원의 후기를 붙이고 있다. 이는 나두춘본의 복간본으로, 현재 정신문화연구원 장서각에 완본이 소장되어 있다.

그 뒤 172년이 지난 고종 33년(1896)에 나뉘었던 두 책이 다시 『금남집』 한 권으로 묶여 간행되었다. 역시 금남의 후손들이 강진에서 목활자로 간행하면서 표해록을 문집에 포함시킨 것이다. 여기에는 정중원의 「제표해록후」가 붙어 있으며, 말미에 '병신중동(丙申仲冬) 강진 나천묘각(康津羅川墓閣) 중간'이라 적었다. 이 목활자본은 고려대학교 도서관 화산문고에 완본이 소장되어 있다.

여기서 한 가지 특기할 일은 목활자본보다 조금 앞선 계유년(1873)에 지암(止菴) 박씨 부인에 의하여 부분 번역된 언문본 표해록(국립도서관 소장)이 간행되었다는 사실이다. 이 언문본은 필사본으로서 부인들 사이에 읽혔을 것이다.

위에서 살펴본 초기의 『표해록』 간본들은 임란 중에 일본으로 가져간 것으로 추정되는데 심지어는 상당히 이른 시기에 번역되어 시판되기도 했다. 도쿠가와(德川) 시대의 주자학자 기요다 군킨(青田君錦)은 1769년 일본어로 번역하여 제목을 『당토행정기』(唐土行程記)라고 바꾸어 출간했다. 기요다는 책의 서문에서 번역 간행의 동기에 대하여 "그것이 외국의 풍토에 대해서는 가히 증거로 삼을 만하다"고 설명하고 있다.

이처럼 18세기에 이미 일반인을 상대로 한 번역본이 출현했다는 사실은 외국의 지리와 풍토에 대한 섬나라 일본의 지적 욕구가 얼마나 컸던가를 짐작하게 해준다.

『표해록』에 대한 학계의 관심은 1950, 60년대에 와서야 비로소 나타나기 시작했다. 우리 나라에서 이에 관한 연구논문이 처음으로 나온 것은 고병익의「성종조 최부의 표류와 표해록」(1964)이다. 이 논문은 저자 최부와 그의 표해와 중국 견문과『표해록』에 대한 전반적인 문제를 포괄적으로 다루면서 주요한 문제점을 심도 있게 천착하여『표해록』연구의 초석을 마련했다.

그 다음해인 1965년에는 미국인 학자 존 메스킬이『최부의 일기: 표해록』이라는 영문의 역주본을 내놓았다. 이 책은 그가 일찍이 일본에 유학하면서 이를 역주하여, 1958년 컬럼비아 대학에 박사학위 논문으로 제출한 것을 다소 요약하여 단행본으로 출간한 것이다. 그리고 일본 학자 마키다 다이료(牧田諦亮)도 이를 전후한 시기에 사쿠 겐(策彦)의『입명기』(入明記)를 연구하는 과정에서『표해록』에 대한 관심을 갖게 되어 기요다의『당토행정기』에 대한 소개도 겸하고 있다.

중국의『표해록』에 대한 관심은 미국과 일본에 비하여 한참 늦다. 북경대학 갈진가(葛振家) 교수의『표해록—중국행기』점주본(1992)을 비롯하여, 한국·일본·미국·중국에서 나온『표해록』과 관련된 연구논문 12편을 모아 이를 중국어로 번역, 그의 주편으로『최부표해록연구』(1995)를 냈다. 그 뒤『최부「표해록」평주(評注)』(2002)를 간행하면서, 그가 그 동안에 발표한「표해록 학술가치 재탐(再探)」등 두세 편의 논문을 싣고 있다.

그리고 앞서 말한 바와 같이『표해록』의 언문번역본이 19세기 조선 후기에 박씨 부인에 의하여 나온 이래, 20세기 들어 여러 종류의 한글 번역본이 나왔다. 먼저 북한에서 1964년 김찬순이 초역한 작품을 들 수 있는데, 이는 문학작품으로 취급한 것이다. 한국에서의 번역은 1976년 이재호가 민족문화추진회『고전국역총서』의 하나로『국역 연행록선집』

에 참여하여 이루어진 것이며, 3년 후에 금남의 방손 최기홍의 번역본이 나왔다.

이밖에도 1990년대에 들어 『표해록』에 대한 연구는 심화되고, 관심이 여러 방면으로 확대되고 있으나 여기서 일일이 소개할 수 없어 생략하기로 한다.

4. 『표해록』의 특징과 가치

『표해록』의 구성은 금남이 대양을 표류한 과정을 기록한 부분과 그들이 상륙하여 중국 내륙을 기행한 내용으로 구성되어 있다. 이 서로 다른 두 부분을 분량상으로 보면, 후자가 전자에 비하여 삼분의 이 이상 더 많다. 하지만 책의 이름을 굳이 『표해록』이라고 한 것은, 그 여행이 왕명에 의한 것이 아니기 때문이다.

그런데 오늘날 학계에서 이 책을 분류할 때는 경우에 따라 때로는 해양문학 작품으로 구분하기도 하고, 때로는 중국 견문기로 분류하기도 한다. 앞에서 말했듯이 북한 김찬순의 한글번역본은 『표해록』을 문학작품으로 다루었다. 남한에서도 정병욱이 1961년에 「표해록 해제」(『인문과학』 제6호)에서 해양문학으로 취급한 이래, 최강현이 금남의 『표해록』을 해양문학의 범주에 넣어야 한다는 주장을 하여, 이후 이러한 설은 국문학계의 공통적인 견해가 되었다.

한편 이를 중국 견문록으로 취급한 경우도 있다. 1962년 성균관대학교 대동문화연구소에서 『연행록선집』을 영인본으로 출판한 데서 비롯되는데, 이러한 경향은 『국역 연행록선집』에 이재호가 『표해록』 번역을 담당하는 일로 이어졌다. 이들 연행록선집은 대부분 조천기(朝天記) 내지 연행록과 같이 모두 명청시대 중국 견문기인데, 유독 『표해록』만은 이들과 이름을 달리하고 있다. 그러나 내용의 성질상 연행록으로 분류하고 있는 것이다.

『표해록』을 해양문학 작품으로 보든 중국 견문기로 보든 우리가 일관되게 볼 수 있는 점은 조선 선비 금남의 꼿꼿한 정신자세다. 그는 수하

43명을 거느리고 태풍을 만나 대양 중에서 사투를 벌이는 가운데서도 유교적 이치에 닿지 않는 어떠한 행위도 용납하지 않았다. 예컨대 뱃사람들이 위기상황에서 천신(天神)에 대한 기도를 올리자는 요청을 단연코 받아들이지 않았다. 또한 그들이 중국 연안에서 해적을 만났을 때, 금남으로 하여금 관복으로 갈아입어 조선 관인의 어엿한 모습을 보이도록 하자는 일행의 요청도 일언에 거절했다. 예에 어긋난다는 이유에서였다.

그리고 그들이 북경에 당도하여 황제를 알현하는 과정에서도 상복 대신 길복(吉服)으로 갈아입어야 한다는 명나라 예부(禮部)의 요청도 처음에는 받아들이지 않았다. 결국은 알현시에 잠시 길복으로 갈아입기는 했지만, 상주로서 상복을 벗을 수 없다는 이론을 내세워 예부 측과 논쟁을 벌이기도 했다. 이와 같이 그는 어떠한 경우라도 유교적 사리〔禮〕에 어긋난다고 생각되는 일에 대해서는 타협을 거부하고 자신의 주장을 관철하려 했다.

금남은 조선인에게 금역으로 되어 있던 강남지방을 깊숙히 여행하면서 관찰한 중국의 실상을 매우 흥미롭고 사실적으로 묘사하고 있다. 물론 그가 묘사한 중국 사회는 성리학자로서의 안목을 통한 것이다. 성리학에서 '화하'(華夏)는 달성해야 할 지상의 가치이며, 그 진수는 경전에서 찾을 수 있다. 그러나 현실적으로 존재하는 '화하'인 중국은 그것과는 너무나 달랐다.

『표해록』은 조선의 성리학자 금남의 시각을 통하여 그려진 것이기 때문에 현실적 중화인 '대명'(大明)까지도 일정한 비판의 대상이 되었으며, 자신의 나라 조선도 '화'의 질적 측면에서 비교의 대상으로 삼고 있다. 그러한 점에서 『표해록』은 사행(使行)으로 다녀온 이의 중국 견문록인 조천록이나 연행록과는 달리 훨씬 광범하고 자유로운 필치로 중국의 현실을 기록한 특징을 가지고 있다.

금남의 눈에는 항시 '화하'가 문제의 표적이었기 때문에 '이적'(夷狄)인 일본이나 여진족에 대한 관심은 거의 찾아볼 수가 없다. 그들이 운하를 따라 북상하면서 노교역(魯橋驛)을 지날 무렵, 그곳 뱃사람들이 오야기(烏也機), 즉 중국 발음으로 오야지(어른)라고 부르는 말을 들었는데, 이는 뱃사람들이 일본 사신들을 실어 날랐던 경험이 있기 때문이다. 당시 일본의 대명(對明) 사신은 10년마다 1회씩 해로로 지정된 영파항에 입항하도록 되어 있었다. 그들은 절강시박사(浙江市泊司)의 입국 수속을 거친 뒤 운하를 따라 북경으로 가서 황제를 알현하고 다시 영파로 돌아와 귀국하도록 되어 있었다. 이때 중국에 체재하는 기간은 약 6개월인데, 그동안 허가된 범위 안에서 무역과 필요한 물건을 구입하게 된다.

앞에서 말했던 사쿠 겐의 『입명기』도 금남보다 약 반세기 후 두 차례나 조공사신으로서 왕래한 내용을 견문기로 쓴 것이다. 명대에 들어 한·중간에 사신들의 왕래가 육로로만 이루어졌던 것에 비하면, 일본은 바다를 통해 들어가 강남지방을 직접 견문할 수 있는 기회가 부여되고 있었던 셈이다.

금남이 처음 중국에 상륙하자 왜구로 오인되어 그 혐의가 풀리기까지 동남 연해의 물샐틈없는 왜구의 침범에 대한 비왜(備倭) 상황이나, 운하를 따라 북상하면서 관찰한 현지 소식들에 대한 자세한 기록은 자료로서의 가치가 훌륭하다. 일반적으로 왜구는 가정(嘉靖, 1522~66) 연간부터 창궐한 것으로 알려지고 있는데, 명 전반기에도 동남 연해에는 그같이 삼엄한 방어체제를 가동하고 있었음을 알 수 있다.

또한 그가 전문을 베껴 쓴 산동 황가갑(黃家閘)의 「미산만익비」(眉山萬翼碑)는 원래 이 운하가 서주(徐州)에서 계속 서북방으로 통하도록 되어 있었으나, 명 영락제의 북경 천도로 새 운하를 열기 시작하여 정통(正統, 1436~49) 연간에 완성되었다는 사실을 알려주고 있다. 이 비문은 『표해록』에서 묘사한 기록이 현재 전하는 유일한 자료라고 한다.

그리고 한·중간의 사신왕래나 문화 교류에 대한 현지로부터의 전문(傳聞)도 생생하게 기록하고 있다. 즉 항주에서는 경태(景泰) 연간에 사신으로 와서 『황화집』(皇華集)을 지은 급사중(給事中) 장녕이 지금은

휴직하여 고향 해염현(海鹽縣)에 있는데, 금남이 표류한 사실을 듣고 만나러 왔다가 늦어서 돌아갔다는 이야기, 석산역(錫山驛)에서는 우연히 만난 어사들로부터 천순(天順, 1457~64)·성화(成化, 1465~87) 연간에 조선 출신 환관으로서 명사가 되어 조선에 다녀온 태감 정동·강옥·김흥의 생물 등에 대한 소식, 그리고 호송인 부영을 통하여 선종(宣宗)의 후궁으로 간택되어 온 한씨가 헌종(憲宗)의 유모로 있다가 작고했다는 이야기 등등 생생한 내용들이다.

금남이 여행한 시기는 효종(孝宗) 홍치 원년으로 이른바 홍치신정(弘治新政)에 대한 기록 역시 매우 정확하다. 그가 노교역을 지나면서 호송인 부영으로부터 "성화(成化) 황제께서는 도교와 불교의 두 법을 가장 중시했으나, 신 황제께서는 이를 일절 금지시켰습니다"라는 말을 듣거나 다시 창주역을 지나면서 "환관들 중에도 죽음을 당하거나 강등되고 쫓겨난 사람 또한 이루 셀 수 없습니다"라는 말을 들음으로써 당시의 정황을 알 수 있다.

그 뒤 그가 조선 출신 승려 계면으로부터 "대행(大行) 황제께서 불법을 존숭하여 큰 사찰이 천하에 절반을 차지하고……신 황제께서는 동궁시절부터 승도를 미워하시더니…… 지금은 천하에 조칙을 내려 무릇 새로 지은 절과 암자는 모두 철거하도록 하고, 도첩이 없는 중은 찾아내어 환속시키라는 명령이 성화와 같습니다"라는 등 현지의 상황을 직접 듣고 기록하고 있다.

새로 즉위하는 황제는 일반적으로 동궁시절에 부황(父皇)의 불합리한 정국 운영에 불만을 가졌다가 자신이 즉위하면 초기에는 그 폐정을 바로잡고 신정을 펼친다. 『표해록』은 바로 성화제에 이어 홍치가 즉위한 시기에 그 신정에 대한 생생한 현장을 기록하고 있다.

금남이 관찰한 명의 문화는 유교적 질서에 크게 어긋나는 것이었다. 강남을 여행하고 난 뒤 북경의 풍정(風情)을 평가하면서 "여염 사이에서는 도교와 불교를 숭상하되 유교를 숭상하지 않으며, 상업을 숭상하되 농업을 숭상하지 않는다"고 한탄하고 있다. 그리고 그가 여행을 마치고 난 뒤 명나라의 문화를 총평하면서 강남과 강북이 공통적인 것은 상하·존비의 질서가 없으며, 귀신이나 불교와 도교를 숭상하고 상업을 중시한다는 점을 지적했다.

이러한 관찰은 매우 예리하다. 당시 성화·홍치 연간은 명 중기에 해당하여 초기의 사회경제나 문물제도가 해이한 양상을 보이기 시작했다. 사상계에도 마찬가지 현상이 일어나고 있었으니, 초기의 성리학적 분위기에서 심학적(心學的) 분위기로 점차 바뀌어가고 있었다.

왕양명(王陽明)의 사상에서 불교와 도교 그리고 상업에 대하여 포용적인 태도를 보이고 있는 것은 바로 금남이 경험한 그 지역과 시대의 반영이었다는 사실을 이해하기에 어렵지 않은 것이다.

『표해록』을 지어 올리다

상인(喪人)¹⁾이 된 신(臣) 최부는 제주 앞바다에서 폭풍을 만나 표류하다가 중국 구동(甌東)²⁾에 정박했습니다. 월남(越南)³⁾을 지나 연북(燕北)⁴⁾을 거쳐 지금 6월 14일 한양 청파역(靑坡驛)⁵⁾에 도착했습니다. 삼가 전지를 받들어 일행(一行)⁶⁾의 일기를 기록하여 바칩니다.⁷⁾

---

1) 『예기』 단궁에는 상인을 '지위를 잃고 나라를 떠나온 사람'으로 해석하고 있으나, 여기서는 부친을 잃고 상중에 있는 자신을 가리킨다.
2) 효혜제(孝惠帝) 3년, 고제(高帝) 당시에 월(越)을 칠 때의 공적을 들어 "민군(閩君) 요(搖)는 공적이 크다. 백성들도 즉시 귀부했고, 이에 요를 동해왕(東海王)으로 삼았다. 동구에 도읍했는데 세속에서 (그를) 동구왕이라고 불렀다. 집해에 동구는 지금의 영녕(永寧)이다"라고 했다. 『사기』(史記) 권114, 동월전(東越傳). 절강성 영가현(永嘉縣) 지역이다. 가정(嘉靖) 『온주부지』(溫州府志) 권1, 건치연혁. 절동(浙東)이라는 용어도 있는데 절강(浙江)의 동쪽(영파, 소흥, 태주, 금주, 구주, 엄주, 처주부 일대)을 일컫는다.
3) 춘추전국시대의 월은 절강성 항주부 이남을 가리킨다. 또 동은 바다로 이어지는데 모두 월의 땅이다. 『독사방여기요』(讀史方輿紀要) 권1, 역대주역형세(歷代州域形勢).
4) 춘추전국 시대의 북연(北燕)은 지금의 하북성 북부와 요령성 서쪽을 가리킨다. 계(薊)에 도읍했다. 『독사방여기요』 권2, 역대주역형세. 또한 연은 하북성(河北省)의 별칭인데 여기서는 최부가 북경에서 출발하여 요동을 거쳐 조선으로 돌아왔다는 의미에서 연북이라고 표기한 듯하다.
5) 숭례문 밖 3리에 있다. 『신증동국여지승람』(新增東國輿地勝覽) 권3, 한성부 역원(驛院).
6) 일행은 여기서는 행동을 같이한 사람들이라는 의미지만, 6개월 동안이라는 의미도 있다. 3개월을 일시(一時)라고 한다. 최부는 윤정월부터 6월 4일까지 6개월 동안의 여정을 일기로 기록했다.
7) 전 교리(校理) 최부가 북경으로부터 돌아오자 일기를 엮도록 명했고, 이를 찬진(撰進)했다. 『성종실록』 권217, 19년 6월 병오 및 갑인.

1487년(성종 18, 성화⁸⁾ 23, 정미) 9월 17일에 나는 제주 3읍⁹⁾ 추쇄경차관(推刷敬差官)¹⁰⁾으로서 명을 받고 임금께 하직인사¹¹⁾를 올린 다음 길을 떠나 전라도에 이르러, 감사(監司)¹²⁾가 사목(事目)에 의하여 선발한 광주목리(光州牧吏) 정보(程保),¹³⁾ 화순현리(和順縣吏) 김중(金重), 승

---

8) 중국 명나라 헌종(憲宗)의 연호(1465~87)다.
9) 3읍은 제주목 · 정의현(旌義縣) · 대정현(大靜縣)을 가리킨다.『신증동국여지승람』 권38, 제주목 · 정의현 · 대정현 관원.
10) 경차관은 조선이 개창된 이후 지방에 파견된 사신으로서 태조 5년(1396)에 파견된 것이 처음이다. 대체로 경차관의 업무는 5가지로 나눌 수 있다. ①국방 · 외교 ②재정 · 산업 ③진제(賑濟) · 구황(救荒) ④옥사 · 추쇄 ⑤기타 등이다. 이중 기타 업무는 민간의 질병과 고통, 문폐(問弊), 쇄마(刷馬), 사유(赦宥), 경차내관(敬差內官), 포송골(捕松鶻), 인경(印經), 재목 등이다. 최부의 파견목적이었던 추쇄 업무는 노비 · 인물 · 호적 · 군적을 대상으로 했다. 한편 경차관으로 파견된 관리의 품계는 특별한 기준이 없었지만 성종 때까지 파견된 경차관 총 273명 중 현직은 132명이었고, 그중에서 참상관(參上官)이 87명으로 가장 많았다. 따라서 경차관에 보임된 관리는 대부분 지방수령에 대하여 직단권(直斷權)을 행사할 수 있는 위치에 있었음을 알 수 있다. 최부 역시 홍문관 부교리(종5품)로 참상관에 해당했다. 정현재,「조선초기의 경차관에 대하여」,『경북사학』1, 1979. 2월 4일자 일기에서 최부는 추쇄를 다음과 같이 설명하고 있다. "제주는 큰 바다 가운데에 있는데, 수로가 심히 험하고 멀어서 무릇 범죄자가 모두 도망쳐 들어가 피함으로써 오랫동안 죄를 범하고 도망하는 자의 소굴이 되었기에 가서 그들을 찾아내려는 것이오."
11) 폐사(陛辭)는 조신(朝臣)으로 외직(外職) 보임자(補任者) 또는 외국 사신이 경사를 떠날 때, 궁궐의 섬돌 아래서 임금에게 하직인사를 고하면서 임금의 평안을 기원하는 것을 말한다.『예종실록』권2, 즉위년 11월 갑신. 경차관 파견 당시 최부는 홍문관 부교리였으므로 종5품에 해당한다. 경외관을 영송할 때 5품관의 경우, 3품에 대하여 섬돌 아래에서 국궁(鞠躬)하고 상관에게 행읍(行揖)한다.『대전회통』(大典會通) 권3, 예전(禮典) 경외관영송(京外官迎送). 그러나 경차관의 경우는 국왕이 직접 임명하는 만큼 국왕에게 직접 고신(告身)한다.
12) 조선시대 각 도에 파견되어 지방 통치의 책임을 맡았던 최고의 지방 장관. 감사 · 도백(道伯) · 방백(方伯) · 외헌(外憲) · 도선생(道先生) · 영문선생(營門先生) 등으로도 불렸다. 처음에는 도관찰출척사(都觀察黜陟使)라고 했으나, 1466년(세조 12)에 관찰사로 개칭했다. 관찰사의 기능은 외관(外官)의 규찰과 지방장관의 기능, 그리고 모든 외관의 상급 기관으로 도내 모든 군사와 민사를 지휘, 통제하는 것이었다.
13) 정보(程普)는 이후 같은 책 속에서 정보(程保)로 표기하고 있다. 보(普)는 보(保)의 잘못이다.

사랑(承仕郞)¹⁴⁾ 이정(李楨), 나주(羅州)에서 수행한 배리(陪吏)¹⁵⁾ 손효자(孫孝子), 청암역리(青巖驛吏)¹⁶⁾ 최거이산(崔巨伊山), 호노(戶奴)¹⁷⁾ 만산(萬山) 등 여섯 명과 사복시(司僕寺)¹⁸⁾ 안기(安驥)¹⁹⁾ 최근(崔根) 등을 거느리고 해남현(海南縣)²⁰⁾에 도착하여 순풍을 기다렸다.

---

14) 승사랑은 조선시대 문관의 관계로서 종8품이다. 『대전회통』 권1 이전(吏典) 경관직 동반관계(東班官階).
13) 정보(程普)는 이후 같은 책 속에서 정보(程保)로 표기하고 있다. 보(普)는 보(保)의 잘못이다.
14) 승사랑은 조선시대 문관의 관계로서 종8품이다. 『대전회통』 권1 이전(吏典) 경관직 동반관계(東班官階).
15) 이직(吏職)의 하나이다. 경차관이 대동하고 다니는 아전에는 반당(伴倘)과 배리 등이 있다. 『성종실록』 권21, 3년 8월 무신.
16) 전라남도 나주에 있다. 조선시대의 역로(驛路)인 청암도의 중심역이었다. 『세종실록』 권151, 지리지, 전라도 나주.
17) 조선시대에는 공노비와 사노비가 있었는데, 여기서 말하는 호노는 사노비로 볼 수 있겠다. 사노비란 개인에게 소유된 노비다. 한 가호의 노비가 그들 상전 가족의 일원으로 생활하고 있는가, 또는 상전으로부터 독립한 가호와 가계를 유지하면서 생활하는가에 따라 전자를 솔거노비 또는 가내노비라 하고 후자를 외거노비라 했다. 『역주 경국대전』(주석편), 한국정신문화연구원, 1986.
18) 여마(輿馬)·마구(馬廐)·목마의 사무를 관장하는 관아다. 『경국대전』 권1, 이전 경관직 정3품 아문 사복시.
19) 사복시 소속의 잡직 관원이다. 소속으로 제조(提調) 2명과 판관(判官) 이상의 임원 2명, 장인 정(正, 정3품)은 1명이었다. 그 밑에 부정(副正, 종3품) 1명, 첨정(僉正, 종4품) 1명, 판관(종5품) 1명, 주부(主簿, 종6품) 2명과 잡직관에 안기(安驥, 종6품) 1명, 조기(調驥, 종7품) 1명, 이기(理驥, 종8품) 2명, 보기(保驥, 종9품) 2명, 마의(馬醫) 10명이 소속되어 있었다. 남도영, 『한국마정사연구』, 아세아문화사, 1976.
20) 지금의 전라남도 해남이다. 본래 백제의 새금현(塞琴縣)으로 신라 때 침명(浸溟, 투빈(投濱)이라고도 한다)이라 고쳐 양무군(陽武郡)에 속했다가, 고려시대에 지금의 이름으로 변경되어 영암군(靈巖郡)에 속했다. 조선 태종 9년(1409)에 진도현(珍島縣)과 합하여 해진현(海珍縣)이 되었다가, 태종 12년 읍치(邑治)를 영암의 속현 옥산(玉山)의 땅으로 옮겼다. 세종 19년(1437) 다시 분리하여 현감을 두었다. 관두산(館頭山)과 고어란포(古於蘭浦)에서 제주와 왕래하는 선박이 머물렀다고 하여, 해남이 제주도와 통하는 뱃길의 출발지였음을 지적하고 있다. 『신증동국여지승람』 권37, 전라도 해남현 건치연혁 및 산천.
21) 목사는 조선시대의 외관직으로 팔도의 관찰사 아래 각 지역 수령의 임무를 갖는다. 전라도의 목사는 나주·제주·광주(光州) 등지에 파견된 3명이며 정3품이다. 『경국대전』 권1, 이전 외관직(外官職) 전라도.

11월 11일 아침, 새로 부임하는 제주목사(濟州牧使)[21] 허희(許熙)[22]와 관두량(館頭梁)[23]에서 배를 함께 타고 12일 저녁 제주 조천관(朝天館)[24]에 도착했다.

1488년(성종 19, 홍치[25] 원년, 무신) 1월 30일 날씨가 흐렸다. 포시(哺時, 오후 3~4시)에 나의 종인 막금(莫金)이 나주에서 제주에 도착했는데, 상복을 가지고 와서는 아버지가 돌아가셨음을 알렸다.

---

22) 허희는 제주목사로서 1487년(성종 18) 11월부터 1490년(성종 21) 5월까지 재임했다.『제주대정정의읍지』(濟州大靜旌義邑誌, 1793) 제주 선생안(先生案). 후에 성종은 제주목사 허희에게 "지난번에 최부가 분상(奔喪)하려고 바다를 건널 때, 그대가 튼튼한 배를 구해주었기 때문에 비록 표류를 당하기는 했어도 같이 탄 43명이 모두 살아서 돌아올 수 있었다"며, 특별히 표리(表裏)를 내려서 상을 주었다.『성종실록』권218, 19년 7월 정묘.
23) 현의 남쪽 41리에 관두산(館頭山)이 있어 제주를 왕래하는 배가 이 산 밑에 머무른다고 했다.『신증동국여지승람』권37, 해남현 산천. 한편 해남 관두량에서 제주 조천관까지는 970리라고 한다. 이형상,『남환박물』(南宦博物) 지로정(誌路程).
24) 제주의 세 고을에서 육지로 나가는 자는 모두 조천관에서 바람을 기다리고, 전라도에서 세 고을에 들어오는 자도 모두 이곳과 애월포(涯月浦)에 배를 댄다.『신증동국여지승람』권38, 제주목 궁실. 고려 중엽 전국에 1관, 즉 육지에는 인천관과 부산관을, 제주에는 조천관을 설치했다. 조천관은 제주도 단 하나의 포구로 조공 수출입 항구였다(『조천리연혁사』, 1976).
25) 명나라 효종(孝宗, 1488~1505)의 연호다.

윤1월_대양을 표류하다

【윤1월 초1일】비가 왔다.

제주목사가 새벽과 저녁에 와서 조문했다. 그는 수정사(水精寺)[1]의 승려 지자(智慈)의 배[2]가 단단하고 빨라 관선(官船)이 미치지 못한다며 병방(兵房) 진무(鎭撫)[3] 고익견(高益堅)과 오순(吳純) 등에게 명하여 별도포(別刀浦)[4]에 돌려 대게 하고, 나에게는 바다를 건너갈 준비를

---

1) 도근천(都近川) 서쪽 언덕에 있다.『신증동국여지승람』권38, 제주목 불우(佛宇). 수정사의 창건연대는 확실하지 않다. 제주가 원의 간섭을 받던 시기에 원이 창건했다는 설과, 삼별초를 토벌하기 위하여 몽골이 제주에 들어오기 이전인 13세기 중엽에 창건했다는 설이 존재한다.
2) 일반적으로 전통 한선은 소나무를 이용하여 제작하는데, 제주의 선박은 구상나무를 사용하여 견고했다고 한다. 요시다 게이치(吉田敬市),『朝鮮水産開發史』, 朝水會, 1953. 그리고 최부가 승선했던 승려 지자의 배는 돛이 두 개인 당도리선으로 병조선 중 중선 정도의 규모였던 것으로 추정된다. 주성지,「표해록을 통한 한중항로 분석」,『동국사학』37, 2002.
3) 조선 초기 여러 군영에 두었던 군사실무 담당 관직으로 정3품 당하관으로부터 종6품 참상관에 이르는 중견무관들 중에서 임명되었다. 제주의 진무는 총 90명이 있었으며 목사(牧使) 소속이었다.『제주대정정의읍지』제주목 군액(軍額).
4) 여러 지리지에서 별도포에 대해서 직접 설명하고 있지는 않다. 다만 별도천(別刀川)과 별도교(別刀橋),『신증동국여지승람』권38, 제주목 산천·교량), 별도리(別刀里,『제주읍지』[1789년 이전] 방리〔坊里〕), 별도연대(別刀煙臺,『제주대정정의읍지』봉수〔烽燧〕), 별도산(別刀山,『제주군읍지』[1899] 제주지도)의 이름으로 보일 뿐이다.『신증동국여지승람』에 제주목에서 동쪽으로 8리에 있다는 것을 제외

시켰다. 판관(判官)⁵⁾ 정전(鄭詮)⁶⁾이 군관(軍官)⁷⁾ 변석산(邊石山)을 보내어 조문했다.

【윤1월 초2일】 이날은 흐렸다.

이른 새벽에 나는 별도포 후풍관(候風館)으로 갔다.⁸⁾ 정의현⁹⁾ 훈도(訓導)¹⁰⁾ 최각(崔角), 향교¹¹⁾생도 김정린(金鼎璘) 등 20여 명과 내수

하면 모두 10리로 표기하고 있는 점으로 미루어 제주에서 동쪽으로 8~10리 사이 소천(小川)으로 이어지는 포구로 생각된다.
5) 조선시대 감영(監營)과 유수영(留守營) 및 큰 고을에 두었던 종5품 벼슬이다. 『경국대전』에서는 전라도에 제주·전주·나주·광주·남원 등 5명의 판관을 두었으나, 『속대전』(續大典)에서는 제주와 전주를 제외하고는 혁파되었다고 기록했다. 『대전회통』권1, 이전 외관직. 제주 3읍의 관원은 제주목에 목사·판관·교수가 각 1명씩 있었고, 정의현과 대정현에는 현감과 훈도를 1명씩 두었다. 『신증동국여지승람』권38, 제주목·정의현·대정현 관원.
6) 정전은 1485년(성종 16) 11월부터 1488년(성종 19) 4월까지 재임했다. 『제주대정정의읍지』제주 선생안.
7) 각 군영에 속하는 무관을 말한다. 양계(兩界) 지역과 제주 3읍의 경우 상피제에 의하여 본도 사람을 임용하지 않는 규정이 있다. 『경국대전』권4, 병전(兵典) 군관. 『탐라지』제주목 장관(將官)에서는 중군(中軍), 천총(千摠) 3명, 파총(把摠) 6명, 초관(哨官) 25명, 아병초관(牙兵哨官) 3명, 무학초관(武學哨官) 1명으로 구성되었다고 한다. 이에 따르는 군병으로는 기병(騎兵), 보병, 수군, 잡색군, 아병(牙兵), 차비군(差備軍), 속오군(束伍軍) 등이 있었다고 한다. 또한 『제주대정정의읍지』제주목 군액에서는 군관은 83명 내로 두었는데, 목사 소속이 72명, 판관 소속이 11명이라 했다.
8) 규장각본에서는 후풍에서 방점을 끊고 있다.
9) 『신증동국여지승람』권38, 정의현.
10) 조선시대 한양의 4학과 지방의 향교에서 교육을 담당한 교관으로 본래 훈도관이라 칭하였던 것을 세조 12년(1466) 훈도라 개칭했다. 종9품으로 전라도에는 모두 49명이 있었다. 『경국대전』권1, 이전 외관직 전라도. 정의현의 관원은 현감과 훈도가 각각 1명씩 있다. 『탐라지』(耽羅志, 1652, 이원진과 고홍진) 정의현 관원.
11) 향교는 고려와 조선시대 때, 지방에서 유학을 교육하기 위하여 설립한 관학교육기관이다. 정의현의 향교는 현의 서쪽 성내에 있으며 훈장(訓長) 1명, 장의(掌議) 2명, 유사(有司) 4명, 청금유생(靑衿儒生) 240명, 액내유생(額內儒生) 30명, 액외유생(額外儒生) 20명, 별치거접생(別置居接生) 15명이 있다. 『제주대정정의읍지』정의현 학교.

사12) 전회(典會)13) 박중알(朴重斡)과 최근 등 모든 사람들이 걸어서 따라왔다. 15리쯤 갔을 때 잠시 후에 목사가 달려와서 위로했다.

이날 내가 데리고 간 서리 정보와 김중 등이 관내에서 어승감(御乘監)14) 목장을 다스리고 선택하고 정리한 것, 공·사천(公·私賤)15)을 분변하고, 떠돌아다니는 자를 쇄환하고 지나치게 소유한 반당(伴倘)16)을 단속하고, 양인으로 거짓 인정한 문적(文籍)과 가지고 갔던 전주부에서 올린 제주 3읍의 장적(帳籍) 17책과 또 제주 3읍의 관리들이 올린 매년 기록하는 장부인 호적과 군적(軍籍) 등 문서 1책을 봉해 목사에게 보내어 그것을 영청(營廳)에 보관하게 하고 서목(書目)을 받아서 가지고 왔습니다.17)

---

12) 내수사는 궁내에서 사용하는 미포(米布)·잡물·노비 등을 관장하는 관아로서 전수(典需)·별좌(別坐)·부전수(副典需)·별제(別提)·전회(典會)·전곡(典穀)·전화(典貨)의 관원이 있는데, 내관(內官)이 담당한다. 서제(書題, 서리) 20명이 있다. 『경국대전』 권1, 이전 정5품 아문 내수사.
13) 내수사의 전회는 종7품관으로 1명을 두었다. 『경국대전』 권1, 이전 정5품 아문 내수사. 그런데 제주에는 내수사 소속 노비가 379명(『탐라지』 노비)이 있어서 이를 감독하기 위해 전회가 파견되었을 것으로 생각된다.
14) 어승마(御乘馬), 즉 임금이 타는 말을 말한다. 『제주읍지』 진공조(進貢條)에서는 정조마(正朝馬)를 비롯한 여러 종류의 말을 공물로 헌상하였는데, 어승마는 3년마다 1번씩 10필의 말을 헌상했다고 한다. 또한 이형상, 『탐라순력도』(耽羅巡歷圖, 1702~03) 중 공마봉진(貢馬封進)에서는 공물로 헌상할 소와 말의 수를 기록하고 있는데, 그중 당시의 어승마는 20필이다.
15) 천인은 통상 노비를 가리키는 말로, 공노비와 사노비를 각각 공천(公賤) 또는 사천(私賤)이라 불렀다. 천인 외에도 노비를 가리키는 천구(賤口) 또는 천례(賤隷) 등이 사용되었다. 공천과 사천에 관련된 규정은 『경국대전』 권5, 형전(刑典) 공천과 사천에 자세히 기록되어 있다.
16) 조선시대 종친·공신·당상관들에게 그 특권을 보장하고 신변 안전을 도모하기 위해 지급한 호위병으로, 동반하는 무리라는 뜻을 지녔으며, 반인(伴人)·반아(伴兒)·반종(伴從)·반(伴)으로도 불렀다. 주로 병조에서 임금에게 제의하여 채용하며 황해도·평안도·영안도에 거주하는 사람은 채용하지 않는다. 『경국대전』 권4, 병전 반당.
17) 호적은 3년마다 개편하여 호조와 한성부, 각도와 각읍에 보존하도록 했다. 또한 호조에서 보관하는 호적은 폐지하고 봄마다 장적을 강화에 보관하게 했다. 『경국대전』 권2, 호전(戶典) 호적(戶籍). 군적의 경우 서울과 지방의 군사와 장정에

【윤1월 초3일】 바다를 표류하다.

이날은 잠깐 흐리고 비가 왔다. 동풍이 조금 불고 바닷빛은 매우 푸르렀다.[18]

대정현감[19] 정사서(鄭嗣瑞), 훈도[20] 노경(盧警)이 내가 상을 당한 것

대하여 6년마다 작성하여 병조에 송치하도록 하였고, 제주의 경우는 절도사가 담당하여 작성했다. 『경국대전』 권4, 병전 성적(成籍).

18) 제주 해역의 바다색을 심청(深靑), 즉 짙은 푸른색으로 표현하였는데, 이것은 『고려도경』(高麗圖經) 권34, 해도(海道) 1에서 나오는 흑수양(黑水洋)이다. 지금의 기준으로 흑수양은 황해 저층냉수역(底層冷水域)을 말한다. 최부의 표류과정을 바람의 방향과 진행방향, 그리고 바다색으로 정리하면 다음의 표와 같다. 주성지, 앞의 글.

날짜	바람	진행방향	바다색	비고
윤 1월 3일			청색(深靑)	제주도 별도포 출발
4일	동풍	서쪽	청색	흑산도 경유
5일	동풍	서쪽	청색	
6일	동풍	서쪽	청색	
7일	북풍	서남쪽→남쪽	백색	
8일	서북풍	동남쪽	백색	
9일	동풍	서쪽	백색	
10일	동풍	서쪽	청색	
11일			청색	영파부 지역 섬 도착
12일		서쪽	백색	영파부 하산 도착
13일	서북풍	동남쪽	백색	
14일			백색	
15일	동풍	서쪽	적색(濁)	
16일	동풍	서쪽	적흑색(全濁)	태주부 임해현 우두외양 도착

19) 현감은 조선시대 최하위의 지방행정구역 단위였던 현(縣)의 종6품 관직이다. 태종 13년(1413) 군현제 개편 강화작업의 일환으로 설치했다. 지방수령 중 가장 낮은 직급이지만 전국적으로 140명이 파견되어 지방에 파견된 수령의 다수를 차지하고 있다. 임기제한 1,800일이며 절제도위(節制都尉)의 군직을 겸임했는데, 후기에는 120여 명까지 줄였다. 전라도에는 광양, 용안, 성열, 부안, 함평, 강진, 옥과, 고산, 태인, 옥구, 남평, 흥덕, 정읍, 고창, 무장, 무안, 구례, 곡성, 장성, 진원, 운봉, 임실, 장수, 진안, 무주, 동복, 화순, 흥양, 해남, 대정, 정의 등 총 31명의 현감이 있었다. 『경국대전』 권1, 이전 외관직 전라도.

20) 대정현 역시 정의현과 마찬가지로 관원은 현감(종6품)과 훈도를 각 1명씩 두었다. 『탐라지』 대정현 관원.

을 듣고 달려와 조문하고 위로했다. 최각, 박중알, 왜학(倭學)훈도[21] 김계욱(金繼郁), 군관 최중중(崔仲衆), 진무 김중리(金仲理) 등 10여 명과 학장(學長)[22] 김존려(金存麗)와 김득례(金得禮), 교생(校生)[23] 20여 명이 모두 포구에서 송별해주었다.[24]

김존려와 김득례 등은 내가 떠나는 것을 말리면서 말했다.

"노복(老僕)이 섬에서 태어나 자랐기에 수로를 잘 아는데, 한라산이 흐리거나 비가 와서 일기가 고르지 않으면 반드시 바람의 변고가 있으니 배를 타서는 안 됩니다.[25] 또 『주자가례』,[26] '처음 친상(親喪)을 듣고 마침내 떠난다'는 주(註)에 이르기를, '하루에 백리를 가도 밤에는 가지 않으며, 비록 슬프더라도 마땅히 해로움을 피해야 한다'[27]고 했습니다. 밤에 가는 것도 옳지 않은데, 하물며 이렇게 큰 바다를 건너면서 어찌 조심하지 않겠습니까."

---

21) 조선시대 사역원의 왜학생도를 가르치던 정·종9품 관직이다. 사역원(司譯院)에 정9품관으로 2명이 있었으며, 부산포(富山浦)와 제포(薺浦)에 각 종9품 관인이 있었다. 왜학학습에 대한 기록이 처음 보이는 것은 태종 14년(1414) 11월 사역원에 명하여 자제로 하여금 일본어를 습득하게 한 것이다. 전라도에서는 역학(譯學)은 종9품이며, 제주에는 한학(漢學)과 왜학을 각 1명씩 두었다. 『대전통편』 권1, 이전 외관직. 한편 『탐라지』 제주목 관원조에서는 왜훈도 1명을 두었다.

22) 조선시대 향교(鄕校)에서 교육을 담당한 교원으로 학장은 관직자도 아니고 봉록도 없다.

23) 교생은 향교의 생도로서 액내교생과 액외교생이 있다. 성균관 또는 사부학당의 학생과는 대칭된다. 교생으로서 나이가 많은 경우 세공(歲貢)으로 서리로 분리하여 선발하기도 한다. 『역주 경국대전』 주석편, 한국정신문화연구원, 1986.

24) 심약(審藥) 조금손(曺今孫)과 검률(檢律) 엄정치(嚴正治), 그리고 왜학훈도 김계욱이 최부를 해구(海口)에서 배웅했다. 『탐라지』 제주목 관원.

25) 이형상은 한라산의 일기가 나쁠 때는 비록 순풍이 분다 하더라도 큰 바다에까지 미치지 못하므로, 결국 폭풍을 만나 돌아오기 힘들다고 하면서, 그러한 이유로 바람을 기다리기조차 힘들다고 기록했다. 『남환박물』 지로정.

26) 『문공가례』(文公家禮) 또는 『주문공가례』(朱文公家禮)라고도 한다. 일반적으로 중국 남송의 주희(朱熹, 1130~1200)가 편찬했다고 한다. 5권과 부록 1권으로 되어 있으며, 관(冠)·혼(婚)·상(喪)·제(祭) 사례(四禮)에 관한 예제(禮制)를 규정했다. 우리 나라에 주자가례가 도입된 것은 고려 말로 성리학과 함께 수용되었다. 주희 지음, 임민혁 옮김, 『주자가례』, 예문서원, 1999.

좌중에 권하는 이도 있고 말리는 이도 있어 한낮이 되도록 결정하지 못했다.[28]

진무 안의(安義)가 와서 알렸다.

"동풍이 마침 좋으니, 떠나는 것이 좋겠습니다."

박중알·최중중 등도 역시 떠날 것을 권했다. 마침내 작별하고 배에 올라 노를 저어 5리쯤 지나자 군인 권산(權山)과 허상리(許尙理) 등이 말했다.

"오늘 바람의 기세가 일어났다가 그치기도 하고 구름과 흙비가 걷혔다가 내리기도 하니 바람이 순조롭지 않은 날을 당하여 이와 같이 파도가 험악한 바다를 가는 것을 후회하게 될 것입니다. 별도포로 돌아가서 바람을 기다려 다시 떠나도 늦지 않을 것입니다."

안의가 말했다.

"하늘의 기후는 사람이 미리 헤아릴 수 없는 것이니 잠시 사이에 구름이 걷히고 하늘을 볼 수 있을지 어찌 알겠습니까. 그리고 이 바다를 건넌 사람으로 사선(私船)이 뒤집혀 침몰하는 일이 서로 이어져 일어났지만, 오직 왕명을 받은 조정의 신하로는 전 정의현감 이섬[29] 외에는 표류하여 침몰한 자가 드물었던 것은 모두 임금님의 덕이 지극하고 무거움을 하늘

---

27) 본문에는 왈(曰)처럼 보이나 일(日)의 잘못이다. '처음 친상을 듣고 마침내 떠난다'는 처음으로 친상을 듣게 되면 슬피 통곡하고 마침내 본국을 향해 출발한다는 뜻이다. 『예기』 분상(奔喪). 그 행정(行程)은 서둘러야 하는 경우이므로 하루에 백리를 간다. 하지만 아무리 급한 경우라도 몸에 병이 나고 상처를 입게 되면 집에 돌아가지 못한다. 뿐만 아니라 상례(喪禮)를 제대로 치를 수도 없다. 그러므로 일체 밤길을 걷지 않아 해를 피하도록 하는 것이다. 단 부모의 상은 다른 친족의 상보다도 가장 긴급한 일이므로 새벽에는 일찍 별을 보고 출발하고 밤에는 늦게 별을 볼 때까지 행정을 계속한 다음 숙소에 든다. 『십삼경주소』(十三經注疏, 『禮記』, 中文出版社, 청 가경 20년[1815] 중간[重刊] 송본[宋本]).

28) 본문에서는 '불'(不)자 아래의 글자가 명확하지 않으나, 규장각 판본에 '불결'(不決)로 표기하고 있다.

29) 정의현감이었던 이섬은 교체되어 한양으로 오게 되었다. 성종 13년(1482) 2월 29일 훈도 김효반 등 47명과 제주도를 떠나 바다를 항해하는 도중 추자도 10리 남짓 못 미쳐서 동북풍을 만나 10일 동안을 표류하다가 중국 양주(揚州) 장사진

이 알고 있기 때문입니다. 하물며 여러 사람이 의논하면 일이 이루어지지 않으니 어찌 길을 떠났다가 다시 돌아감으로써 지체하겠습니까?"

그는 큰 소리로 돛을 펼쳐서 나아가라고 했다.

겨우 대화탈도(大火脫島)[30]를 지나자 배 안의 사람 모두가 말했다.

"배가 거요량(巨要梁)[31]을 향하여 바다를 가로질러 올라가니 바람을 따라 추자도(楸子島)[32]에 정박하면 매우 빠르게 갈 것입니다."

그러나 권산이 말을 듣지 않고 키를 잡고 바람이 이끄는 대로 따라 수덕도(愁德島)[33]를 지나 서쪽으로 갔다. 바다 기운이 어두컴컴해지면서 바람이 약하게 불고 비가 내렸다. 추자도에 배를 대는 곳에 가까이 다가가자 썰물의 기세[34]가 급하고, 하늘 또한 어두워져 격군(格軍)[35]을 독려하여 노를 저을 것을 명하니 "이와 같은 날에 배를 출발시킨 것

(長沙鎭)에 표착하여 다음해인 성종 14년(1483) 천추사(天秋使) 박건선(朴楗先)과 동행하여 북경에서 돌아오게 된다. 그러나 이들 일행이 양주 지방에 이르렀을 때에는 굶어 죽은 사람이 14명에 달하였고, 이섬과 김효반 등 33명만이 북경을 경유하여 조선으로 돌아왔다. 『성종실록』 권157, 14년 8월 경오 또는 임오.

30) 추자도의 남쪽에 있다. 바위산이 우뚝 솟았고 그 정상에는 샘이 흐르며 나무가 없고 다만 풀이 있으나 부드럽고 질긴 것이 기구(器具)를 만들기에 적합하다. 제주의 도근천(都近川)과 마주보고 있으며 추자도에 이르는 거리의 반 정도에 위치했다. 『신증동국여지승람』 권38, 제주목 산천; 『남환박물』 지도(誌島). 대화탈도(大化奪島)로 표기하기도 한다. 『탐라지』 제주목 산천.

31) 규장각 목판본에는 '신'(岳)으로 되어 있으나, 『신증동국여지승람』(제주목 산천)과 성균관대학교 대동문화연구원에서 영인한 『연행록선집』(燕行錄選集) 하편에는 '거'(巨)로 되어 있다.

32) 제주 북쪽 바다 가운데 있다. 추자도는 제주로 왕래하는 수로의 중간 집결지였던 듯하다. 제주로 떠날 때 나주에서 출발하여 무안·대굴포(大崛浦)·영암·화무지와도(火無只瓦島)·해남·어란량(於蘭梁)을 거쳐 추자도에 이르고, 해남에서 떠나면 삼촌포(三寸浦)로 쫓아 거요량과 삼내도(三內島)를 거치고, 강진에서 떠나면 군영포(軍營浦)로 쫓아 고자황이노슬도(高子黃伊露瑟島)와 삼내도를 거쳐 추자도에 이르는데, 모두 3일 만에 이른다. 추자도에 도착한 후 사서도(斜鼠島)와 대화탈도, 그리고 소화탈도를 지나 애월포와 조천관에 이른다. 『신증동국여지승람』 권38, 제주목 산천.

33) 추자도 남쪽에 있다. 『신증동국여지승람』 권38, 제주목 산천.

34) 바닷물이 강으로 들어가는 것을 조(潮), 강의 조수가 바다로 들어가는 것을 석(汐)이라 한다.

은 누구의 잘못인가"라며, 군인들이 모두 반항하는 마음을 품고 따르지 않았다. 힘껏 노를 저었으나 뒤로 밀려 내려와 초란도(草蘭島)[36]에 이르러 서쪽 해안에 의지하여 닻을 내리고 정박했다.

3경(밤 11시~1시)에 허상리가 말했다.

"이 섬은 비록 동풍은 막을 수 있으나 삼면이 트여서 배를 정박하기에 적합하지 않습니다. 지금 또 북풍이 조금씩 일어나고 있어서 나아가고 물러남에 의지할 곳이 없으니 장차 어떻게 하겠습니까? 게다가 이 배는 처음 정박한 곳에 있지 않고 점차 바다 가운데로 들어가고 있으니 내린 닻이 혹시 벌써 끊어졌을까 두렵습니다. 지금의 계책으로는 닻을 올리고 약간 앞으로 나아가 해안에 매어두고 날이 밝기를 기다려 추자도로 들어가는 것이 좋겠습니다."

그래서 닻을 올리니 역시 끊어져 있었다. 노를 저었으나 가까운 해안에 닿지 못하고, 북풍에 떠밀려 의지할 데 없는 곳으로 밀려나왔다. 비는 더욱 그치지 않고 바람과 물결이 모두 사나워 배가 파도를 따라 오르내리며 갈 곳을 알지 못했다.

【윤1월 초4일】 대양으로 표류해 들어가다.

이날은 우박과 대풍이 불어 크고 무서운 파도와 풍랑이 일었는데, 하늘 높이 치솟고 바다를 내리치는 것 같았다.

돛자리[37]가 모두 파손되었다. 배에는 두 개의 높고 큰 돛대가 있어서

---

35) 격군은 노를 젓는 군인, 즉 노꾼을 말한다. 김재근, 『한국의 배』, 서울대출판부, 1994. 격군의 대우는 염간(鹽干)과 같았다. 염간은 신량역천인(身良役賤人)으로 양인보다 낮은 대우를 받는 자로서, 당시 수군이 대부분 사군(射軍)과 격군인 사실로 미루어 수군의 대우가 다른 병종에 비하여 낮게 평가되었음을 알 수 있다. 제주도의 수군 중 격군은 어부들 가운데서 충원하였고, 그들에게는 군사훈련까지 시켰다. 따라서 제주도의 격군은 육지의 격군에 비하여 군사력뿐 아니라 항해 능력까지 겸비했다. 주성지, 앞의 글.

36) 추자도 남쪽에 있다. 『신증동국여지승람』 권38, 제주목 산천. 추자도에서 20~30리 정도 떨어졌으며, 절벽이 험하고 샘이 없다. 또한 최부가 표류하여 초란도에서 머물렀던 것도 지적하고 있다. 『남환박물』 지도(誌島).

더욱 기울어지고 구부러지기 쉬웠으며, 형세가 곧 내리덮을 것 같아 초근보(肖斤寶)에게 명하여 도끼를 가지고 그것을 제거하게 했고, 고이복(高以福)에게는 풀섶을 묶어 고물에 붙여 파도를 막게 했다.

정오가 되어 비가 점차 개었으나, 동풍이 크게 불어 배가 기울어지기도 하고 떠오르기도 하여, 가는 바대로 맡기니 순식간에 서해로 들어갔다.

키를 잡은 사람이 동북쪽을 가리키기에 보니, 마치 한 점 탄환만한 섬이 아득하게 보였다.

"아마 흑산도(黑山島)[38]인 듯합니다. 이곳을 지나가면 사방에 도서(島嶼)가 없고, 바다가 하늘과 서로 맞닿아 아득히 넓고 끝이 없는 바다뿐입니다."

사람들이 모두 어찌할 바를 모르고 배 가운데 누웠다. 나는 안의에게 군인을 감독하여 취로(取露, 바닷물을 증류시켜 식수를 받는 일)와 배를 수선하는 일 등을 시켰다.

군인 고회(高廻)라는 자가 소리질러 말했다.

"제주의 해로는 매우 험하여 무릇 왕래하고자 하는 자는 바람을 몇 달씩 기다립니다. 전의 경차관도 조천관에 있기도 하고, 수정사에 있기도 하면서 통산 대개 3개월 정도를 기다린 후에야 비로소 갈 수 있었습

---

37) 돛풀(부들)로 짜서 만든 자리를 매단 돛이다. 이원식, 『한국의 배』, 대원사, 1990.
38) 흑산도는 수로로 900리고 둘레가 35리다. 『송사』(宋史)에 명주(明州) 정해현(定海縣)에서 순풍을 만나면 3일째에 대양에 들어서고, 다시 5일째에 흑산도에 이른다고 했으니 바로 이 섬을 가리킨다. 『신증동국여지승람』 권35, 나주목 산천. 흑산도는 한반도와 중국의 절강 지역을 잇는 해로의 기착지점이다. 한편 여기에서 탄환으로 나타나는 흑산도는 대흑산도와 소흑산도로 나뉜다. 그중 가거도라 일컫는 소흑산도에는 독실산이 있는데, 높이가 639미터로 이를 시인(視認)거리로 환산하면 대략 107.5킬로미터 정도다. 마치 한 점의 탄환처럼 보인다고 했으나, 비바람이 부는 날씨 속에서는 시인거리가 107.5킬로미터에 못 미쳤을 것이다. 따라서 그 거리는 최대 100여 킬로미터 이내 지역에 해당하는 것으로 추정된다. 주성지, 앞의 글.

니다. 그러나 지금은 비와 바람이 안정되지 않은 때 길을 떠나 하루의 날씨도 예측하지 못하여 이 지경에 이르렀으니 모두 자초한 것입니다."
　군인 모두가 말했다.[39]
　"형세가 이미 이와 같으니 이슬을 받거나 배를 수리하는 일에 온 힘을 다해도 끝내는 반드시 죽을 것이다. 우리가 힘을 쓰다가 죽느니보다는, 편안히 누워서 죽음을 기다리는 것이 나을 것이다."
　군인들은 모두 귀를 가리고 명령을 따르지 않았고, 때려도 일어나지 않았다. 송진(宋眞)은 나약하고 용렬한 사람이라 구타를 당하자 성내어 말했다.
　"이 배는 오래도 견디는구나! 거의 파손된 것 같은데 어찌 빨리 망가지지 않는가!"
　정보가 말했다.
　"제주사람은 마음이 겉으로는 어리석은 듯하나 안으로는 독하며, 완악하고 거만하고 사나우므로 죽음을 가벼이 여깁니다.[40] 그래서 그들의 말이 대체로 이렇습니다."
　나 또한 익사하는 것이 틀림없다고 생각했다. 혹시 하늘의 도움을 입어 다행히 익사하지 않는다 하더라도 반드시 정처없이 표류하다가 결국 죽음에 이를 것이니 죽는 것과　무엇이 다르겠는가. 게다가 군인의 나태함에 분격해 배에 탄 사람을 점검하였다. 종자(從者) 정보, 김중, 이정, 손효자, 최거이산, 막금, 만산과 제주목사가 보낸 진무 안의, 기관(記官)[41] 이효지(李孝枝), 총패(總牌)[42] 허상리, 영선(領船)[43] 권산, 초공(梢工)[44] 김고면(金高面), 격군 김괴산(金怪山), 초근보(肖斤寶), 김구질회(金仇叱廻), 현산(玄山), 김석귀(金石貴), 고이복, 김조회(金朝廻), 문회(文廻), 이효태(李孝台), 강유(姜有), 부명동(夫命同),[45] 고

---

39) 판본에서는 아래의 문단이 뒤바뀌어 있다. '況海路~程保滕金'과 '雖竭心力~然後可行' 부분이 대동문화연구원 편찬의 판본과 규장각 판본이 완전히 뒤바뀌어 있다. 문리의 전개상 규장각 판본에 따라 해석했다.
40) 제주 풍속이 특별하고, 백성의 성품은 사납고 어리석다. 『탐라지』 제주목 풍속.

내을동(高內乙同), 고복(高福), 송진, 김도종(金都終), 한매산(韓每山), 정실(鄭實), 호송군(護送軍)⁴⁶⁾ 김속(金粟)·김진음산(金眞音山), 고회, 김송(金松), 고보종(高保終), 양달해(梁達海), 박종회(朴從回), 김득시(金得時), 임산해(任山海), 관노(官奴)⁴⁷⁾ 권송(權松), 강내(姜內), 이산(李山), 오산(吳山) 등으로, 나까지 합하면 모두 43명이나 되었다.

---

41) 기관은 고려시대부터 있었던 이직(吏職)이다. 『고려사』 권77, 백관2 이속직(吏屬職)에 주사(主事)·녹사(錄事)·영사(令事)·서사(書事)·사(史)·서령사(書令史)·감작(監作)·감사(監史)·기사(記事)·기관(記官)·서예(書藝)의 기록이 보인다. 또한 고려시대의 기관은 지방의 행정과 군사를 담당하는 지방지배자적인 성격을 갖고 있었다. 그러나 조선시대에 들어서 기관의 위상은 고려시대와 달랐다. 조선시대의 기관은 지방관아의 이·호·예·병·형·공방의 6방을 담당하는 6방 향리층을 말한다. 그러나 이들은 관품·녹봉·과전을 받지 못하는 행정실무자로 전락했다. 『역주 경국대전』 주석편. 한편 『태종실록』 권29, 15년 4월 13일 경진에 보이는 향리의 입제(笠制)에서 보면, 적어도 호장(戶長)과 기관은 평정건(平頂巾)을 사용하여 같은 이직인 통인(通引)·장교·역리 등이 사용하는 두건과는 차이가 났다.
42) 총패(摠牌)라고도 한다. 태종 10년(1410)에 외침에 대비하기 위해 정규의 군역 부과자 이외에 모든 인정(人丁)을 망라한 잡색군의 조직이 이루어졌다. 그 편성은 25명을 1대(隊)로, 마군(馬軍)과 보군(步軍)으로 편제했다. 10명 단위에는 소패(小牌), 50명 단위에는 총패라는 지휘자를 두었다. 하지만 세조 이후 전국을 군사조직으로 묶은 진관체제(鎭管體制)가 완성되면서, 군액(軍額)을 파악할 때조차 포함되지 않는 경우가 많을 정도로 유명무실하게 되었다.
43) 영선은 선박 내의 장(長)인 조졸(漕卒)을 말한다. 조운선의 경우 배 1척에 영선 1명, 10척에 통령(統領) 1명, 20척에 천호(千戶) 1명을 두며, 영선과 통령은 모두 해운판관(海運判官)이 임명한다. 『경국대전』 권4, 병전 조졸(漕卒).
44) 방상현은 초공을 노 젓는 수병으로 파악하고 있다. 방상현, 『조선초기 수군제도』, 민족문화사, 1991. 그러나 『세종실록』 지리지에 기록된 전라도 초공의 수가 28명에 불과한 점으로 보아 초공을 노 젓는 수병으로 생각하기에는 숫자가 너무 적다. 따라서 초공은 배의 진행방향을 결정하는 초(梢), 즉 키를 담당하는 직책으로 봐야 할 것이다.
45) 규장각 판본에서는 강유부(姜有夫)로 표기했다.
46) 윤1월 6일 일기에 나타난 '군기(軍器)와 화살'로 보아 호송군은 대체로 사군이었을 것이다. 일반적으로 조선(漕船)에는 1척마다 20명의 군인이 승선했다. 『성종실록』 권6, 1년 7월 8일 갑신.

나는 안의를 불러 물었다.

"나는 일개 상을 당한 사람이기 때문에 관원의 예가 아닌데, 종자가 많아서 매우 불편하다. 제주 사람으로 배에 탄 사람이 35명이나 되니 무슨 까닭인가?"

안의가 답했다.

"우리 목사가 마음을 다하여 경차관의 예[48]로 대했기 때문입니다. 게다가 큰 배를 운항하려면 반드시 많은 사람의 힘이 필요합니다. 하물며 바다길이 아득히 먼데 울도(蔚島)[49] 등과 같은 곳은 수적(水賊)[50]이 성행하니 호송을 엄밀히 해야 합니다."

---

47) 관노는 국가공동기관에 소속된 노비로서, 공천노비 또는 공노비라 불리기도 한다. 공적 기관 소속으로 신분이 규정되어 일정한 노무 또는 인두세가 부과되었으며, 사천보다는 사회적으로 상위였다. 태조 4년(1395)에 노비변정도감(奴婢辨定都監)을 세워 사노비와 함께 정리·편성되기 시작했고, 태종 6~7년(1406~1407) 사이에 사사(寺社)를 통합 정리하면서 사사노비를 관노로 이속시켜 공노비제도 발전에 획기적인 성과를 가져왔다. 『역주 경국대전』 주석편. 한편 18세기 말 제주목의 관노는 48명이었다고 한다. 『제주대정정의읍지』 제주목 노비.

48) 최부가 경차관으로 제주로 떠날 당시 홍문관 부교리(종5품), 용양위 부사직(종5품)이었다. 경차관은 국왕의 명령에 의하여 임시로 파견된 관리여서 조선시대의 각 법전에 그 예에 대해 기술되어 있지는 않다. 최부는 종5품관이었기 때문에 경차관의 예도 종5품관의 예에 해당한다. 『대전통편』 권3, 예전(禮典) 의장(儀章).
관(冠): 조복(朝服)과 제복(祭服)으로 2양목잠(梁木箴)을 착용하며, 공복(公服)으로 복두(幞頭)를 착용한다. 상복에는 사모(紗帽)를 착용한다(4~6품).
복(服): 조복으로 적초의(赤綃衣)·상폐슬(裳蔽膝)·백초중단(白綃中單)·연작동환수(練鵲銅環綬)를 착용하고, 제복으로는 청초의(靑綃衣)·적초상폐슬(赤綃裳蔽膝)·백초중단(白綃中單)·연작동환수(練鵲銅環綬)·백초방심곡령(白綃方心曲領, 국왕이 친히 제사할 때 착용하는 예복)으로 흑색의 포(袍)를 착용하며, 공복은 청포(靑袍)를 입는다(5~6품).
대(帶): 조복·제복·공복에 흑각(黑角)을 사용한다(5~9품).
홀(笏): 조복·제복·공복에 목홀(木笏)을 사용한다(5~9품).
패옥(佩玉): 조복·제복에 번백옥(燔白玉)을 사용한다(5~9품).
말(襪): 조복·제복에 백포(白布)를 사용한다(1~9품).
화혜(靴鞋): 조복·제복에 흑피혜(黑皮鞋)를 사용하고, 공복에는 흑피화(黑皮靴)를 사용한다(5~9품).
안구(鞍具): 백녹각변안(白鹿角邊鞍)에 1조수아(條垂兒)를 사용한다(5~6품).

"바다를 지나갈 때는 항상 운선인(運船人)과 수로를 잘 아는 사람을 엄선해야 하므로, 비록 그 수가 적다 하더라도 괜찮다. 지금 이 배에 같이 탄 사람들은 모두 게으르고 사나운 자들로 숫자만 많을 뿐이지 실속이 없어서, 배를 표류시켜 사지에 이르게 했으니 다만 통곡만 더할 뿐이다."

나는 군인들을 큰 소리로 불러 말했다.

"나는 초상을 당해 가는지라 조금도 머무를 수 없는 사정이었다. 더구나 어떤 사람들은 떠나기를 권하기도 했으니 자식된 자로서 잠시라도 머물 수 없었다. 너희들이 표류하게 된 것은 실로 나로 말미암은 것이다. 그렇지만 형세가 또한 그렇게 만든 것이다. 사는 것을 좋아하고 죽는 것을 싫어하는 것이 인지상정인데, 너희들이 어찌 살고자 하는 마음이 없겠는가? 배가 부서지거나 혹 전복되었으면 그만이지만 배를 보건대 지금은 단단하고 견고하여 쉽게 파손되지 않겠으니, 만약 바위섬

---

49) 인천광역시 옹진군 덕적면에 속하는 섬으로 인천 서남쪽 71킬로미터 지점에 있다. 『한국지명요람』, 건설부·국립지리원, 1982.
50) 수적은 왜적 또는 조선 출신이 왜복(倭服)을 입거나 왜어(倭語)를 사용하면서 도적행위를 하는 경우가 있다. 예컨대 성종 19년(1488)에 장령(掌令) 김미(金楣)가, 왜복에 왜어를 하는 수적이 해포(海浦)에 출몰하면서 몰래 배가 지나가는 것을 엿보고 있다가 배 안에 있는 사람을 모두 바다에 던지고 몰래 도서에 숨어, 마치 귀신과 물여우와 같아 관리가 아무리 수색 포획하려고 해도 방도가 없다고 상주한 데서 알 수 있다. 또 남포(藍浦)에서 수적을 포획했는데 이들의 정체가 사노(私奴) 영기(永己)였다. 『성종실록』 권214, 19년 3월 병인; 권219, 8월 경자. 왜적에 대해서는 『세종실록』 권46, 11년 12월 을해에 통신사 박서생(朴瑞生)이 귀국한 후 언급한 내용이 있다. 그에 따르면 일본의 해적은 적간관(赤間關)을 경계로 대마(對馬)·일기(壹岐)·내외대도(內外大島)·지하도(志賀島)·평호도(平戶島)의 서쪽 해적과 사국이북(四國以北)·조호사도(竈戶社島)의 동쪽 왜적으로 나뉘며, 특히 대마도가 해적의 집결지라고 했다. 한편 『해동제국기』(海東諸國記, 신숙주, 1471)에는 해적 대장을 자칭하는 6명과, 해적을 자칭하지는 않지만 조선에서 적수로 칭하는 6명, 총 12명에 대하여 기록하고 있다. 특히 후자의 경우는 왜구의 주요한 핵심으로 파악되기도 했다. 또한 명(明)의 해금(海禁)정책으로 밀무역의 활동에 제한을 받은 중국 남부 해상(海商)이 일본을 거점으로 밀무역과 해적행위를 하게 되었는데, 이것이 16세기에 활동한 왜구로 불렸다고 한다. 佐伯弘次, 「海賊論」, 『アジアのなかの日本史』 Ⅲ —海上の道, 東京大學出版會, 1992.

을 만나지 않는다면 수리하고 물을 퍼낼 수 있을 것이다. 다행히 혹시 바람이 잦아지고 파도가 조용해진다면 계속 표류하여 다른 나라에 이르러 살 수 있을 것이다. 지금 너희들도 부모가 있고 처자가 있으며 형제 친척이 있어 모두 살기를 바라고 오래 살지 못할까 염려할 것이다. 그런데도 너희들은 우리가 처한 사정을 생각하지 않고, 자기 몸을 아끼지도 않으며 다만 나를 미워하는 마음으로 서로 해이해져 흩어지고 스스로 사지로 들어가려고 하니 대단히 미련하다."

허상리 등 10여 명이 말했다.

"군인은 모두 완고하고 둔하며 무식한 자들입니다. 때문에 그 마음 씀씀이가 통하지 않는 것이 이와 같습니다. 그러나 사람들이 각각 생각하는 것이 있으니 우리는 마땅히 힘을 다해 일에 종사하면서 죽을 때까지 힘을 쓰겠습니다."

밤에 비바람이 그치지 않았다. 큰 파도가 매우 심하여 이물과 고물로 물이 빠르게 들어와 들어오는 대로 퍼냈다. 대략 2경(오후 9시~11시)쯤 되자 성난 파도가 내리치면서 멍에[51]와 봉옥(蓬屋, 거적으로 만든 집)[52]을 타고 넘었고 배는 반이 침몰되었으며, 의복과 행장도 모두 물에 젖었다. 추위가 뼈를 에이고 목숨은 경각에 달려 있었다. 나는 이정의 손을 잡고 정보의 무릎을 베고 누웠고, 김중과 손효자가 내 곁에 있었다. 배에 있는 사람들이 여기저기 흩어져 죽음을 기다리고 있었는데, 옆사람이 목을 매어 죽으려고 했다. 이정이 그 결박을 풀고 보니 오산이었다. 최거이산과 막금 등이 힘을 다해 물을 퍼냈는데도 물은 줄어들지 않았다.

"배는 아직 튼튼하니 위에서 세게 쏟아지는 물과 틈에서 새어 들어오는 물을 퍼내지 않는다면, 앉아서 침몰을 기다리는 것이고, 퍼낸다면 살 방법이 있다."

나는 힘써 일어나 권송을 큰 소리로 부르며 부싯돌을 모아 불을 켜고

---

51) 가(駕)는 멍에라고 하며, 뱃전 위에 설치하는 횡량(橫樑)으로 배 위의 대들보 역할을 한다. 이원식, 앞의 책.
52) 짚이나 부들로 비를 피하기 위하여 지붕을 씌운 집이다. 이원식, 같은 책.

는 돗자리를 말아 불을 지폈다. 또 초근보와 고복, 그리고 김고면 등을 불러 몸소 물이 새는 틈을 찾아 보수하여 막게 했다. 또한 옷을 벗어서 권산, 김고면, 최거이산, 김괴산, 허상리 등에게 나누어주면서 일하는 것을 독려했다. 정보와 김중, 그리고 손효자 등이 의복을 벗어서 군인들에게 나누어주자 김구질회, 문회, 김도종, 한매산, 현산 등이 감동을 받아 분발하여 사력을 다해 물을 퍼내니 물이 거의 없어져 배가 겨우 안전하게 되었다.

얼마 지나지 않아 배가 바위섬에 들어가 뒤섞여 어수선한 가운데, 권산은 배를 운전했지만 어디로 몰아야 할지 알지 못했다. 허상리와 김구질회는 삿대를 잡고도 어떻게 할 줄을 몰랐다. 다행히도 배가 천풍(天風)에 힘입어 바위섬에서 빠져나와 파손되는 것을 면할 수 있었다.

【윤1월 초5일】 대양 중에 표류하다.

이날은 짙은 안개가 사방을 가로막아서 지척도 분별할 수 없었는데 저녁으로 접어들자 빗발이 삼대같이 굵어졌다.

밤이 되자 비가 약간 그쳤으나 무섭게 밀려오는 큰 파도는 마치 산과 같아서 높을 때에는 푸른 하늘로 솟는 듯했고, 낮을 때는 깊은 연못에 들어가는 듯했다. 세차게 이는 충격으로 튀어오르는 파도 소리가 천지를 찢는 듯했고, 모두 바다에 빠져 썩어서 못쓰게 될 것이 경각에 달려 있었다.

막금과 권송 등이 눈물을 훔치면서 나에게 말했다.

"형세가 이미 급박해졌으니 더이상 희망이 없습니다."

그는 나에게 의복을 갈아입고서 죽음을 기다릴 것을 청했다.

나는 인(印)[53]과 마패(馬牌)[54]를 품 안에 넣고 상관(喪冠)과 상복(喪服)을 갖추어 입고, 매우 두려운 마음으로 빌며 하늘에 축원했다.

---

53) 각 아문(衙門)·외관(外官)·경외관(京外官)의 인신(印信)에 대해서는 『경국대전』 권3, 예전(禮典) 용인(用印) 참조. 경차관을 비롯한 외직 보임자가 받는 인신은 봉사인(奉使印)이라 한다. 『세종실록』 권47, 12년 3월 신축.

"저는 세상을 살아오면서 오직 충효우애를 마음먹었으며, 마음을 속이거나 모함이 없고, 원수나 원한을 산 적이 없고, 내 손으로 살해한 적도 없으니, 비록 하늘은 높지만 실로 굽어살피시는 바입니다. 지금은 임금의 명을 받들어 제주에 갔다가 부친상을 당하여 돌아가는 중입니다. 제게 어떤 죄와 허물이 있는지 알지 못하나 혹시 저에게 죄가 있다면, 벌이 저에게만 미치게 하는 것이 옳을 것입니다. 배를 같이 탄 40여 명은 죄가 없는데 바다에 빠지게 되었으니, 하늘이 어찌 불쌍히 여겨 감싸주지 않습니까? 하늘이 만약 이 궁지에 빠진 사람을 불쌍히 여긴다면 바람을 돌려주고 파도를 그치게 하여 저로 하여금 다시 한 번 삶을 얻게 하여 얼마 전에 죽은 아버지를 장사지내고, 70[55])에 가까운 저의 노모를 봉양하게 해주십시오. 다행히 또 대궐의 뜰 아래서 임금에게 예를 다한 후에 비록 만 번 죽어 살지 못한다 해도 저는 달갑게 받아들이겠습니다."

말을 끝내지 않았는데 막금이 나의 몸을 감싸안으면서 말했다.

"한 집안의 사람들이 백 년의 괴로움과 즐거움을 모두 이 한 몸에 의지하기를, 마치 열 명의 앞 못 보는 사람이 하나의 지팡이에 의지하는 것과 같이 했는데, 지금 이러한 상황에 이르렀으니 다시는 한 집안의 사람들을 볼 수 없게 되었습니다."

그가 가슴을 치고 발로 땅을 차며 통곡을 하자[56]) 배리 이하도 큰 소리로 울면서 손을 모아 하늘의 도움을 빌었다.

---

54) 왕이 계문(啓聞)하여 상서원(尙瑞院)에서 발행한 둥근 동판의 표지로서, 관리들이 지방 출장 때에 역마 징발의 증명이 되었다. 한쪽 면에는 자호(字號)와 연월을 쓰고, 상서원즉(尙瑞院即)이라는 네 글자를 전서(篆書)로 각인했다. 또 다른 면에는 각 품급에 따라 말의 수를 그려넣었다.『경국대전』권4, 병전 역마. 하책봉사(賀冊封使) 안처량(安處良)이 요동에 이르러 먼저 치계(馳啓)하면서, 최부의 표류와 귀국과정에 대한 명(明) 예부(禮部)의 보고서를 봤다고 했다. 여기에 따르면 최부가 소지한 인표(印表)로는 인신 1과(顆), 마패 1척(隻), 중시방록(重試榜錄)과 관대(冠帶) 및 문적(文籍), 마안(馬鞍) 1부(部) 등이 있다.『성종실록』권215, 19년 4월 무신.
55) 수로(垂老)라는 것은 70세를 말한다.『예기』곡례(曲禮) 상편.

【윤1월 초6일】 대양 중에 표류하다.

　이날은 흐렸고 바람과 파도가 조금 그쳐 비로소 김구질회 등을 독려하여 조각난 돗자리를 수선하여 돛을 만들고 장대를 세워 돛대를 만들었다. 전에 쓰던 돛대의 밑동을 쪼개서 닻을 만들었다.

　바람을 따라 서쪽으로 가는데 돌아보니 큰 물결 사이로 물체가 보였으나 그 크기를 알 수 없었다. 수면 위로 보이는 그것은 길이가 긴 행랑 같았고 하늘로 거품을 내뿜는데, 파도가 나부끼고 물결이 일렁였다. 초공(梢工)이 배 안에 있는 사람들에게 주의를 주고 손을 흔들어 말을 못하게 했다. 배가 멀리 지나쳐 간 연후에 초공이 큰 소리로 말했다.

　"저것은 고래[57]인데 큰 고래의 경우에는 배를 삼키고 작은 고래는 배를 뒤엎습니다. 서로 만나지 않은 것이 다행입니다. 우리는 죽을 지경에서 다시 살아난 것입니다."

　밤이 되어 바람과 물결이 다시 강해져 배의 항해가 대단히 빨랐다. 안의가 말했다.

　"일찍이 듣건대 바다에는 탐욕스러운 용신(龍神)[58]이 있다 하니 소

---

56) 『효경』(孝經) 친상(喪親)에 "가슴을 치고 발로 땅을 차 통곡을 하여 슬픔으로 보낸다"는 표현이 있다.

57) 정약전(丁若銓)은 "경어(鯨魚, 古來魚·고래)는 칠흑색에 비늘이 없다고 하며, 길이가 10장(丈) 또는 20~30장 정도다. 흑산도 앞바다에 있다"고 설명했다. 『자산어보』(玆山魚譜) 무린류(無鱗類) 경어(鯨魚). 이에 따르면 최부가 본 집채만한 고래는 정약전이 지적한 것과 같으며, 적어도 조선 후기까지 흑산도 해역에 분포했던 것으로 보인다. 한편, 1957년 흑산도 지역의 사회조사에서도 고래를 대상으로 하는 포경파시(捕鯨波市)가 성행했던 것으로 보아(김재원 편, 『한국서해도서』, 국립박물관, 1957) 서해안 지역 특히 흑산도 해역에서 고래 출몰이 잦았던 것으로 보인다.

58) 민간신앙에서 용은 물을 지배하는 수신(水神)으로 믿어지면서 용신신앙이 성행했는데 이는 농경문화권과 밀접한 관계가 있다. 『동국여지승람』에는 가뭄이 계속될 때 '용'자가 들어가는 지명에 기우(祈雨)했다는 사례가 있다. 또한 용은 농경민뿐만 아니라 어민들과도 관련이 깊다. 어민들은 용왕의 음우로써 안전한 항해와 조업, 풍어 그리고 마을의 태평을 기원하는 집단의식으로 '당굿'을 한다. 또는 용신제는 주로 어촌의 부녀자들이 음력 정초나 2월 초에 만조를 택해 해변에 간단한 제물을 차려놓고 사해의 용왕에게 가족의 안전과 풍어를 빌었다. 의

지하고 있는 행장 등 물품을 던져 제사를 지냄으로써, 저희가 구원을 얻기를 청하옵니다."

내가 그 말에 응하지 않자 배 안의 사람들이 모두 말했다.

"사람이란 몸이 있은 후에야 물건이 있는 것입니다. 물건은 모두 몸 이외의 것입니다."

이에 다투어 물들인 의복과 군기, 철기, 구량(口糧, 병사와 역부[役夫]에게 매월 급여해주는 식량)59) 등을 조사하여 모두 바다에 던졌다. 나도 그것을 막지는 못했다.

【윤1월 초7일】대양 중에 표류하다.

이날은 흐렸고 바람의 기세가 심히 험악했으며 파도가 소용돌이쳤지만 바닷빛은 희었다. 정의현감 채윤혜(蔡允惠)60)가 일찍이 나에게 말했다.

"제주 노인이 이르기를, 하늘이 푸른 날 한라산 꼭대기에 오르면 멀리 서남쪽 백사장 일대처럼 바다 밖에 멀리 떨어져 있는 땅이 보입니다."61)

식의 마무리로서 제물을 골고루 떼어 덩이를 만들고 백지로 싸서 바다로 던져 용왕이 그 제물을 받아주기를 기원하는데, 이를 '회식'이라고 한다. 장주근, 『한국민속논고』, 계몽사, 1986. 한편 용의 성격 가운데 바다와 밀접한 관련을 가지고 있는 경우는 한국 고대사회에서부터 나타난다. 예컨대 신라의 의상(義湘)이 동해용으로부터 여의보주(如意寶珠)를 받고 있으며, 성덕왕과 헌강왕 때 동해안 지역에서 출현한 해룡의 존재에서도 이를 살펴볼 수 있다. 이와 같이 해룡은 한국고대사회에서 정룡(井龍)·지룡(池龍)과 함께 능력과 위용을 지닌 수지(水地)의 상징물로 표현되었다. 강영경, 「한국 고대사회에서의 용의 의미」, 『용, 그 신화와 문화』-한국편, 민속원, 2002.

59) 싸움배에 양곡을 싣는(兵船載糧) 규례를 보면 각 진의 싸움배에는 항상 한 달분의 군량을 적재한다는 기록이 있다. 『경국대전』 권2, 호전 병선재량(兵船載糧).

60) 『성종실록』 권295, 25년 10월 29일 갑신에 채윤혜에 대한 단편적인 기록이 나오는데, 성종 25년(1494) 당시 채윤혜는 연소한 무신(武臣)으로 평가되고 있었다.

61) 최부가 정의현감 채윤혜로부터 들은 이 내용은 그대로 이형상의 『남환박물』에 전한다.

이는 지금 보니 흰 모래가 아니고 이 백해(白海)[62]를 보고 말하는 것이다. 나는 권산 등에게 말했다.

"고려 때 너희 제주가 원(元, 1206~1368)에 조공[63]할 때 명월포(明月浦)에서 순풍을 만나 직항로[64]로 7일 만에 백해를 지나 대양을 건넜는데, 지금 우리가 표류하는 길이 직항로인지 옆길인지 알 수가 없다. 다행히 백해 가운데로 들어갈 수 있다면 분명히 중국의 경계에 가까워질 것이다. 만약 중국에 정박할 수 있다면 중국은 우리 부모의 나라다.[65] 이러한 때를 당하여 우리가 살고 죽는 것은 하늘이 하는 바이며

---

[62] 백해는 바다의 색이 흰 수역을 말한다. 『고려도경』 권34, 해도1 백수양(白水洋). 『고려도경』에 보이는 바다의 빛깔과 최부가 지적한 백해는 일치한다. 주성지, 앞의 글.

[63] 제주도의 경우 고려 정부와는 별개로 원나라에 해마다 공물을 바쳤는데, 한 예로 충렬왕 21년(1295)의 방물 상납을 통해 그 규모를 알 수 있다. 충렬왕 21년 윤4월 제주도의 방물로 저포(苧布) 100필, 목의(木衣) 40엽(葉), 포(脯) 6롱(籠), 피(皮) 76령(領), 야묘피(野猫皮) 200령, 황묘피(黃猫皮) 200령, 피(皮) 400령(領), 안교(鞍轎) 5부(副)다. 『고려사』 세가(世家) 권31, 충렬왕 21년 윤4월 경오. 장동익, 『고려후기 외교사 연구』, 일조각, 1994.

[64] 최부가 지적한 직항로는 한반도의 서남부 또는 제주와 남중국을 연결하는 황해남부사단항로를 지칭한다. 윤명철, 「후백제의 해양활동과 대외교류」, 『후백제 견훤정권과 전주』, 2001. 한반도와 중국 사이 바다를 이용한 교통로는 산동반도의 등주 – 옹진반도의 북로와, 강남의 명주(영파) – 봉래 – 진하 입구 – 흑산도 서해안 – 개경의 남로가 있다. 이중 북로의 경우 등주에서 옹진반도로의 직선항로와, 등주 – 중국의 동쪽 연안 – 발해만 – 한반도 서해안 – 개경의 두 항로가 있는데, 이중 후자의 경우 원의 군사적 목적과 관련되어 한반도 남단 제주도까지 연결되어 11개의 수역이 설치되었다. 『원사』(元史) 권17, 「세조본기」 지원 30년 2월. 한편 제주에서는 독자적으로 중국을 비롯한 주변 각 지역과 교통했던 듯하다. 『남환박물』 지로정(誌路程)에서는 대마(對馬)·유구(琉球)·일기(壹岐) 등 일본의 각 지역까지의 거리뿐 아니라, 영파(寧波) 8천 리, 항주(杭州)와 양주 7천 리, 산동 만여 리 등 중국 각 지역까지의 거리가 기록되어 있다. 또한 안남(安南) 1,700여 리, 섬라(暹羅)와 점성(占城) 만여 리 등, 동남아시아까지의 항로와 거리를 인식하고 있었다.

[65] 『명사』 권320, 조선열전에서 명과 조선의 관계를 다음과 같이 기록하고 있다. "조선은 명나라에 대하여 비록 속국이라 일컬었으나, 경계 안에 있는 것과 다름이 없었다. 그러므로 조공이 끊임없이 이어졌고, 하사품도 풍부했다." 중국인의 시각에서 조선을 평한 것이기는 하지만 이 글에서 명나라와 조선의 관계를 단적으로 추측할 수가 있을 것이다.

바람이 순조롭거나 그렇지 않은 것도 실로 하늘이 주재하는 것이다. 지금 동풍이 변함없이 여러 날 불고 있는 것은 하늘이 반드시 우리를 살릴 마음이 있는 것이다. 너희들은 각각 사람이 마땅히 해야 할 일에 힘씀으로써 하늘이 명하는 바를 들어야 한다."

해가 저무니, 바람은 동풍이 북풍으로 변했으나 권산은 오히려 키를 서쪽으로 향하고 있었다. 아직 한밤중이 되지 않았는데 사나운 물결이 부딪치고 튀어 멍에로 넘나들고 봉옥을 넘어 사람의 머리와 얼굴을 덮어 가리니 사람들이 모두 눈을 감고 뜰 수가 없었다. 영선과 초공들이 몹시 슬피 울며 어찌할 바를 몰랐다. 나도 죽음을 면할 바를 알지 못했다. 한 채의 이불을 찢어 여러 번 둘러 동여매고 횡목(橫木)에 그것을 묶어서 죽은 후에도 시신이 배와 함께 오래도록 서로 떨어지지 않도록 하고자 했다. 막금과 최거이산 모두 큰 소리로 울며 나를 부둥켜안고 말했다.

"죽더라도 함께 죽겠습니다."

안의가 큰 소리로 울며 말했다.

"우리 모두 짠 바닷물을 마시고 죽는 것보다는 활시위[66]로 스스로 목을 매어 목숨을 끊는 것이 낫다."

그러나 김속이 그를 구하여 죽음에 이르지 않았다.

나는 영선과 초공 등을 큰 소리로 불러 말했다.

"배가 이미 파손되었는가?"

"아닙니다."

내가 다시 물었다.

"키는 잃어버렸는가?"

"아닙니다."

나는 즉시 최거이산을 돌아보고 말했다.

"비록 큰 물결이 비록 험하고 일의 형세가 급하지만 배는 실로 튼튼

---

66) 활시위, 즉 궁현(弓絃)의 존재로 보아 호송군이 갖고 있었던 무기로 자결을 하려 했던 것으로 보인다. 수군 가운데 사군의 주요 무기는 궁시(弓矢)였다. 방상현, 앞의 책.

하고 단단하여 쉽게 파손되지 않을 것이다. 만약 물을 거의 다 퍼낸다면 살 수 있을 것이다. 너는 진실로 씩씩하고 강하니 가서 앞장서서 물을 퍼내도록 하라."

최거이산이 지시대로 물을 퍼내고자 했으나 물을 퍼내는 그릇이 이미 파손되었다. 큰 소리로 물 퍼낼 물건이 없다고 외치자 안의가 곧 칼로 소고(小鼓)⁶⁷⁾의 한 면을 찢어서 그릇을 만들어 최거이산에게 주었다. 최거이산과 이효지, 권송, 도종, 현산 등이 있는 힘을 다해 물을 퍼냈는데도 아직도 무릎 깊이만큼 차서 손효자·정보·이정·김중 등이 스스로 물을 퍼내거나, 또는 서서 군인을 독려했다. 김구질회 등 7, 8명이 계속해서 힘을 다하여 물을 퍼내니 간신히 물에 가라앉지 않았다.

【윤1월 초8일】 대양 중에 표류하다.

이날은 흐렸다. 정오가 지나면서 서북풍이 불어 배는 다시 물러나 표류하며 동남쪽을 향하여 밤새 나아갔다. 나는 권산·김고면·고이복 등에게 말했다.

"너희들은 키를 잡아 배를 바로해야 하며, 방향을 잘 알아야 한다. 내가 일찍이 지도⁶⁸⁾를 살펴보니, 우리 나라의 흑산도로부터 동북쪽으로 향하여 가면 충청도와 황해도의 경계며, 정북쪽은 평안도와 요동⁶⁹⁾ 등

---

67) 소고는 다른 이름으로 매구북이라고도 한다. 주로 농악에 쓰이는 작은 북으로 손잡이가 없는 것도 있고, 있는 것도 있다. 북통 양쪽은 개가죽을 대어 만들었다. 장사훈, 『한국악기대관』, 문화공보부 문화재관리국, 1969.
68) 최부가 표류한 성종 19년(1488) 이전의 세계지도 중 가장 최근의 것으로는 『혼일강리역대국도지도』(混一疆理歷代國都之圖, 1402)가 있다. 최부가 조선과 일본·중국뿐 아니라 오키나와·타이·말레이시아·캄보디아 등을 지도를 통해 봤다고 기록하고 있는 것으로 추정할 수 있다.
69) 「우공」의 기주(冀州)와 청주(靑州) 지역이다. 순임금이 기주를 나누어 동북쪽을 유주(幽州)로 하였는데, 즉 지금의 광녕(廣寧) 이서 지역이다. 청주의 동북쪽을 영주(營州)로 하였는데, 즉 지금의 광녕 이동 지역이다. 전국시대에는 연(燕)에 속하였으나 진(秦)이 연을 멸하고 유주를 요서군(遼西郡)으로, 영주를 요동군으로 했다. 한 초에는 이에 따랐으나 무제가 조선 지역을 개척하여 요동의 속읍을 나누어 낙랑·현도·진번·임둔의 4군을 두었다. 한 말에는 공손도(公孫度)가 할

지에 이른다. 서북쪽은 옛날 「우공」(禹貢)[70]의 청주(青州)[71]와 연주(兗州)[72]의 경계며, 정서쪽은 서주(徐州)[73]와 양주(揚州)[74]의 지역이다. 송나라 때 고려와 교통할 때 명주(明州)[75]로부터 바다를 건넜으니, 명주는 대강(大江, 양자강) 이남의 땅이다. 서남쪽은 옛 민(閩, 복건성)

거한 곳으로 삼국시대의 위는 동이교위(東夷校尉)를 설치하여 양평(襄平)에 거주하게 하고 요동과 창려(昌黎) 등 5군을 나누어 평주(平州)를 두었다. 진은 요동군을 국(國)으로 고치면서 평주에 예속시켰다. 마침내는 모용외(慕容廆)가 점거하였고, 후위(後魏)는 요동군으로 했다. 수 초에는 고구려에게 점거당하였지만 당이 고구려를 정벌하여 이 지역을 회복하고, 개주(蓋州)와 요주(遼州)를 설치하고 9개의 요동도독부를 두었다. 또한 안동도호(安東都護)를 설치하여 통할했다. 마침내는 발해의 대씨(大氏)가 점거하였고, 오대(五代)에는 거란에 속했고 그 군주인 아보기(阿保機)가 요동고성(遼東故城)을 수리하여 거주하면서 동평군(東平郡)이라 했다. 이윽고 남경으로 승격되었고, 재차 동경으로 고쳤다. 금 초에는 이에 따랐으나 후에 요양부(遼陽府)를 설치했다. 원은 동경로(東京路)라 하였다가 마침내는 요양로로 고쳤다. 명은 홍무 4년(1371)에 정요도위(定遼都衛)를 설치하고, 홍무 8년에는 요동도지휘사사(遼東都指揮使司)로 고쳤다. 홍무 10년에는 소속 주와 현을 혁파하고 위(衛)를 설치했다. 성조 영락 7년(1409)에 재차 안락주(安樂州)와 자재주(自在州)를 설치했는데, 25개의 위와 2개의 주를 통솔했다. 『대명일통지』 권25, 요동도지휘사사.

70) 『서경』의 한 편명이다. 이 편목은 우임금이 황하의 범람하는 홍수를 다스리고, 또 중국을 9개의 주로 나눈 업적 등을 기록한 것이다. 우공이라 함은 고대 중국에서 전세를 부(賦)라 하고, 제후들이 바치는 토산물을 공(貢)이라 하였는데 그 공물에 관한 기록이라는 뜻이다. 그러나 여기서는 공과 부 모두를 일컫는 말이다. 강명관 지음, 이상진 옮김, 『서경』, 자유문고, 1992.
71) 옛 9주의 하나로 정동(正東) 지역을 가리키며, 바다와 태산(泰山) 사이에 있다. 지금의 산동성에서부터 요령성에 이르는 지역을 말한다. 『서경』 우공 제하회연주(濟河淮兗州); 『독사방여기요』 권1, 역대주역형세.
72) 옛 9주의 하나로 하동(河東)을 가리키며, 제수(濟水)와 황하 사이에 있다. 산동성 북서, 하북성 남안의 일대다. 『서경』 「우공」 제하회연주; 『독사방여기요』 권1, 역대주역형세.
73) 옛 9주의 하나로 바다와 태산과 회수(淮水) 사이에 있다. 지금의 산동성 남동부로부터 강소(江蘇)와 안휘(安徽)에 걸친 지역이다. 『서경』 「우공」 해대급회유서주(海岱及淮惟徐州); 『독사방여기요』 권1, 역대주역형세.
74) 양주(楊州)가 아니라 양주(揚州)다. 양주는 9주의 하나로 회수와 바다 사이에 있다. 강소·안휘·절강·강서·복건성에 걸치는 지역이다. 『서경』 「우공」 회해유양주(淮海惟楊州); 『독사방여기요』 권1, 역대주역형세.

지역으로 지금의 복건로(福建路)⁷⁶⁾며, 서남쪽을 향하여 조금 남쪽으로 가다가 서쪽으로 가면 섬라(暹羅, 타이)⁷⁷⁾·점성(占城, 베트남 중남부),⁷⁸⁾ 만랄가(滿剌可)⁷⁹⁾ 등에 이른다. 정남쪽은 대·소 유구국(琉球國)⁸⁰⁾이고, 정남쪽으로 가다가 동쪽으로 가면 여인국(女人國)⁸¹⁾이며,

---

75) 오대 양대(梁代, 907~922) 때 오월(吳越)이 망해군(望海郡)을 두었다. 송대에는 명주, 또 봉국군(奉國軍)이라 했다. 남송 고종 소흥 2년(1132)에 경원부(慶元府)로 승격시켜 은현(鄞縣) 등 5현을 통할했다. 은현은 당주(唐州)의 치소 무현(鄮縣)이다. 『독사방여기요』 권7, 역대주역형세. 당대에 사명산이 있어 이러한 이름을 붙였다. 당 현종 개원(713~741) 중에 무현에 명주를 설치했다. 현종 천보(742~756) 초에 여요군(餘姚郡)으로 고쳤고, 숙종 건원(758~760) 초에 다시 명주로 하고 강남도(江南道)에 예속시켰다. 원대의 경원로라고 한 것을 주원장 오(吳) 원년(1364)에 명주부로 고쳤다가, 홍무 14년 영파부로 고쳤다. 『대명일통지』 권46, 영파부.
76) 노(路)라는 명칭은 원대에 쓰인 행정 구역의 하나로 명대에는 사용하지 않았다.
77) 현재의 타이로 점성 서남쪽에 있다. 순풍으로 10일이면 갈 수 있다. 즉 수·당대의 적토국(赤土國)이다. 후에 나곡(羅斛)과 섬(暹), 두 나라로 분리되었다. 원대에 섬이 항상 조공했고, 명 태조 홍무 4년 명나라에 처음으로 조공했다. 『명사』 권324, 외국열전 5.
78) 현재의 베트남 중남부지역이다. 남해 중에 있다. 광동 감주(贛州)에서 순풍에 하루를 항해하면 도달할 수 있고, 복건 복주에서는 서남쪽으로 10일 항해하면 도달할 수 있다. 진대(秦代)에는 임읍(林邑), 한대에는 상림현(象林縣)이었다. 후한 말 구련(區連)이 그 지역에 거점을 두고 처음으로 임읍왕이라고 칭했다. 당대에 점불로(占不勞) 또는 점파(占婆)라고 칭했으며, 왕은 점성에 거주했다. 명 태조 홍무 2년(1369)에 조공해 왔다. 『명사』 권324, 외국열전 5.
79) 말라카(Malacca)의 음역으로 점성의 남쪽에 있다. 지금의 말레이 반도 서남쪽에 있던 나라로 명 성조 영락 원년(1403) 10월에 환관 윤경(尹慶)을 이 지역에 사신으로 파견했다. 왕이 존재하지 않았고 국(國)이라고 칭하지도 않았다. 성조 3년 9월에 명에 입공하여 오자 성락제가 매우 기뻐하고 그 추장을 만랄가 국왕으로 봉했다. 『명사』 권325, 외국열전 6.
80) 대유구국은 복건성 건안(建安)의 동쪽에 있다. 물길로 500리 되는 옥다산동(玉多山同)에 소왕(小王)이 있다. 이름을 부대(部隊)라고 하는데 때때로 진공을 행하고 왕자 및 배신(陪臣)의 아들이 태학에 입학하여 독서를 했다. 『삼재도회』(三才圖會) 인물 권13, 대유구국·소유구국은 동남쪽에 가까이 있고 왕자가 관할하는 지역에서 파려(玻黎, 옥)가 생산되는데 이름이 향이보(香異寶)다. 수 양제(煬帝) 때 이 지역 원정이 행해져 역사상에 처음으로 등장한다. 이후 당·송·원대를 통해 유구(流求)·유구(瑠求)·유구 등으로 전해진다. 명 태조 홍무 시에 현재의 오키나와(沖繩)에 유구(琉球)라는 이름을 붙였고, 대만은 소유구라고 하여 이후

점성국은 지금의 베트남 중남부지역에 있었으며, 향과 뿔소, 코끼리로 유명했다(『삼재도회』).

여인국에서는 신정(神井)을 엿보면 아이를 밴다는 속설이 있었다(『삼재도회』).

일기도(一岐島)[82]다. 정동쪽은 일본국(日本國)[83]이며, 대마도(對馬島)[84]다. 지금 풍랑으로 표류하여 5일 밤낮 동안 서쪽으로 향해 왔으니 생각건대 거의 중국의 땅에 이르게 되었으리라고 보는데, 불행히 이 서북풍을 만나 반대로 동남쪽으로 가니 만약 유구국이나 여인국에 이르

지명의 혼란을 초래했다. 『수서』(隋書) 권81, 동이전; 和田淸, 「琉球台灣の名稱について」, 『東學報』 14-4. 유구(琉球, 대유구는 오키나와)는 동남 대해 중에 있는데, 옛날부터 중국과는 왕래하지 않았다. 원 세조가 사신을 파견하여 초유하려고 하였으나 실현되지 못했다. 명 홍무 초에 이 나라에는 3왕이 있었다. 즉 중산(中山) · 산남(山南) · 산북왕(山北王)으로 성은 모두 상씨(尙氏)였다. 이중 중산왕이 가장 강했다. 태조 홍무 5년(1372)에 사신을 파견하여 명조를 세운 사실을 알리자 중산왕의 동생이 입조하여 공물을 바치면서 관계를 맺게 된다. 『명사』 권72, 직관지 1.
81) 동남 해상에 있다. 옛날 선박이 표류하여 그 땅에 도착하자 많은 여인들이 남자들을 데리고 갔는데 모두 죽었다. 단지 한 지혜로운 자가 밤에 몰래 배를 훔쳐 타고 돌아갈 수 있었다. 마침내 이 일을 세상에 전하여 알려지게 되었다. 여인국에서는 여인이 남풍이 불 때, 나체로 바람을 느끼면 아이를 낳는다고 한다. 『삼재도회』 인물 권12, 여인국. 『후한서』 동옥저(東沃沮)의 기록에 '동해에 여국(女國)이 있는데 남자가 없다. 또 전해오기를 이 나라에 신정(神井)이 있는데 이를 엿보면 임신을 한다'고 기록했다. 『후한서』 권85, 동이열전. 숙종 28년(1702) 제주목사 이형상의 『탐라순력도』 중 한라장촉에는 동쪽 일본국까지 2천여 리, 병(11시)의 방향으로 여인국이 있는데, 그곳까지 8천여 리라고 기록되어 있다.
82) 일기(一岐 혹은 壹岐)는 나가사키 현(長崎縣) 이키시마(壹岐島)의 옛 나라이름으로 『삼국지』 위지(魏志) 왜인전(倭人傳)에는 일지국(一支國)으로 기록되어 있다. 고대에는 방인(防人)이 파견되었고, 봉화대가 축조되었다. 가마쿠라(鎌倉) 시대에는 지쿠젠슈고(筑前守護)인 쇼니(少貳) 씨가 수호를 겸했고, 몽고 침입시에는 일본 공략의 주요 거점지로 몽고군이 상륙했다. 남북조 이후에는 대마(對馬)나 송포(松浦) 등과 함께 왜구의 근거지가 되었지만, 전국시대 말기에는 히라도 마쓰우라(平戶松浦) 씨의 지배를 받았고, 근세 이후에는 그들의 지배가 공식적으로 인정되었다. 1871년의 폐번치현(廢藩置縣) 이후 현재의 나가사키 현에 편입되었다.
83) 옛 왜노국(倭奴國)이다. 당 고종 함형(670~673) 초에 일본으로 고쳤다. 『명사』 권322, 외국열전 3.
84) 조선과 일본 사이의 중계지로서의 위치를 차지하여 대외적으로 중요한 역할을 해왔다. 고려 말부터 조공을 바치고 쌀과 콩 등을 답례로 받는 관계에 있었다. 그러나 왜구가 이곳을 근거지로 하여 출몰하자, 조선시대에 들어와 회유책과 귀화책 등을 쓰다가 세종 때에는 원정에 나선 바 있다. 후에 대마도주(大馬島主) 소(宗)의 간청으로 조선이 삼포(부산포 · 염포 · 제포)를 개항하자, 대마도는 에도시대(江戶時代) 말기까지 대(對) 조선무역을 독점했다.

지 못한다면, 천해(天海, 허공) 밖 은하수에 도달할 것이다. 끝이 없는 곳으로 가게 되면, 어떻게 하겠는가? 너희들은 내 말을 기억하고 키를 똑바로 잡고 가야 한다."

"만약 하늘이 개어 해와 달, 별들을 헤아려도 오히려 해상의 사방을 알지 못합니다. 지금은 구름과 안개가 끼는 것이 날마다 계속되니 새벽인지 저녁인지, 낮인지 밤인지 모두 기억할 수 없습니다. 단지 바람이 변한 사실로만 사방을 억측해 기억할 뿐이니 어찌 올바른 방향을 분별할 수 있겠습니까?"

권산 등이 이렇게 말하며 머리를 맞대고 울었다.

【윤1월 초9일】대양 중에 표류하다.

이날 조각구름이 하늘에 떠 있고 바닷빛은 더욱 희었다. 오늘에 이르기까지 배가 오랫동안 파도에 충격을 받아 양두(梁頭), 풍초(風梢), 비우(鼻隅), 삼판(三板)[85]이 모두 흔들려 휘고 부러질 지경이었고, 물이 새어 저절로 파손되려는 조짐이 보였다. 초근보와 김고면, 그리고 허상리 등이 닻줄을 끊어 배의 이물과 고물을 얽어매고, 나무를 깎아 이를 보수했다. 마침내 서로 마주보고 울며 말했다.

"이처럼 배를 수리하는 데 마음을 다하고 있지만, 배고픔과 목마름이 열흘 정도나 지나 눈에 보이는 것이 없고, 손발이 저리고 마비되어 몸을 보전하지 못하고 힘을 다할 수 없어 배를 수리해도 튼튼하지 못할 텐데 앞으로 어찌해야 합니까?"

이때 바다갈매기가 떼를 지어 빠르게 날아 지나갔다. 뱃사람들이 그것을 바라보고 기뻐하면서 말했다.

"일찍이 들으니, 물새는 낮에 바다 위에서 놀다가 밤에는 섬이나 모래톱에서 잔다고 하던데, 우리들이 창해 만리 밖에서 표류해 지나가다

---

[85] 양두는 멍에 뺄목을 가리키며, 비우는 배의 이물과 고물을, 삼판은 배의 외판을 말한다. 김재근, 『한국의 배』, 서울대출판부, 1994. 다만 풍초의 정확한 용도는 알 수 없다.

가 다행히 이 새들을 보게 되었으니, 모래톱이 반드시 멀지 않을 것입니다."

"갈매기는 한 종류만이 아니다. 어떤 것은 강호의 모래톱에 떠다니기도 한다. 만약 바다갈매기라면 떼지어 바다 가운데 있어 조류를 따라 날아다니다가 항상 3월에 바람이 불어올 때 모래톱과 섬에 돌아온다. 지금은 정월이니 갈매기 무리가 떼지어 나는 것이 정확히 큰 바다 가운데 있을 때이다."

그런데 내 말이 채 끝나기도 전에 바다갈매기 몇 쌍이 날아가고 있었다. 나 역시 점차 섬이 가까워진 것이 아닌가 의심했다.

정오가 되어 남쪽을 바라보니, 구름의 기운이 진을 만들었는데, 희미하게 산 모양이 보였고, 또 인가의 연기 같은 기운이 있었다. 유구국 땅의 경계라 생각하여 가서 정박하려고 생각했는데, 조금 후에 동풍이 불어 배가 다시 서쪽으로 향했다. 밤이 되어 바람의 기세가 더욱 세차 배의 빠르기가 나는 듯했다.

【윤1월 초10일】 대양 중에 표류하다.

이날은 비가 왔고, 어제와 마찬가지로 동풍이 불었다. 오후가 되자 바다색이 청색으로 돌아왔다.

제주에서 출발할 때 뱃사람들이 지혜롭지 못해 식수를 조그마한 거룻배[86]에 실었는데, 폭풍 후에 서로 잃어버려 다시 찾지 못했다. 배 안에는 물 받을 그릇 하나 없어, 식수(빗물)를 받지 못해 밥을 지을 수가 없어서 먹지도 마시지도 못해 어떻게 할 수가 없었다. 이때 권송이 나에게 고했다.

"뱃사람들을 보니 누군가가 황감(黃柑, 잘 익은 감귤)[87]과 청주(淸

---

86) 비거도(鼻居舠)는 작은 배를 말하며, 최부가 승선했던 배와 같이 바다에서는 큰 배에 대동하여 사용했다. 김재근, 앞의 책.
87) 제주의 특산으로 황감과 유감(乳柑)이 있다.『신증동국여지승람』권38, 제주목 토산.

酒)를 가지고 왔습니다. 제멋대로 먹으면 남는 게 없으니, 다 거두어 배 위의 창고에 보관하면 기갈을 면할 수 있을 것입니다."

나는 즉시 최거이산에게 명하여 선실 내 행장을 조사하여 황감 50여 개와 술 두 동이를 얻었다. 그리고 손효자에게 말했다.

"같은 배에 타면 멀리 떨어진 타 지역의 사람이라도 한마음이라 하는데,[88] 하물며 우리는 모두 한 나라 사람으로 골육의 정을 같이하니, 산다면 같이 살고 죽는다면 같이 죽게 될 것이다. 이 감귤과 술 한 방울이야말로 천금과 같으니, 자네가 그것을 관리하되 함부로 쓰지 말고 기갈이 아주 심한 사람을 구할 수 있도록 하라."

손효자는 사람을 살펴서 입술이 타고 입이 마른 사람에 한하여 고루 나누어 마시게 했으나, 단지 혀만 적시게 했을 뿐이다. 며칠 뒤 감귤과 청주조차 다 없어지자, 마른 쌀을 씹기도 하고 오줌을 받아 마시기도 했는데, 얼마 안 가서 오줌마저도 잦아버렸고, 가슴이 타서 목소리도 나오지 않아, 거의 죽을 지경에 이르게 되었다.

이럴 즈음에 비가 내리자 뱃사람들 중 어떤 이는 손으로 봉옥의 처마를 들고 떨어지는 빗방울을 받는가 하면, 어떤 이는 갓으로 솥같이 하여 빗물을 받아 간직하고, 어떤 이는 돗자리를 접어 받쳐들고 떨어지는 빗물을 받기도 하고, 어떤 이는 돛대와 노를 세워서 종이 노끈으로 감아 떨어지는 빗방울을 받았다. 작은 한 방울이라도 얻기 위해서 혀로 핥는 사람까지 있었다. 안의가 말했다.

"옷을 빗물에 적신 다음 옷을 짜 물을 마시면 실로 많을 것입니다. 그러나 뱃사람들의 옷은 모두 짠 바닷물에 젖어 있기 때문에 옷에서 짜낸 물을 마실 수가 없으니 어찌하겠습니까."

---

[88] 당 고조 이연(李淵)이 사이(四夷)가 복속한 일은 이전에도 없었다며 기뻐하고 돌궐의 힐리가한(頡利加汗)에게 일어나 춤을 추도록 하였고, 남월(南越) 추장 풍지대(馮智戴)에게는 시를 읊도록 했다. 그리고 웃으면서 북방 이민족인 호(胡)와 남방 이민족인 월(越)이 한집안이 된 것은 이전에 없던 일이라고 했다. 『구당서』권1, 고조본기.

나는 보관해둔 옷 두서너 벌을 바로 찾아내어 최거이산에게 시켜서 옷을 비에 적신 다음 물을 짜 저장했는데, 거의 두서너 병에 달했다. 김중에게 숟가락으로 나누어 마시도록 하니, 김중이 숟가락을 들고 사람들의 입을 벌리도록 했는데, 물을 떠넣는 광경이 마치 새끼제비가 먹이를 달라는 모습이었다. 이에 사람들은 비로소 혀를 움직일 수 있고 입김을 내쉴 수도 있게 되어 좀 살 것 같은 마음이 들었다.

【윤1월 11일】 대양 중에 표류하다.

이날은 흐렸다. 서늘한 이른 새벽 어느 섬에 도착했는데, 석벽이 산같이 우뚝 솟아서 아주 험난해 보였다. 파도는 세차게 돌무더기 위로 거의 한두 길이나 쳐올랐다. 배는 파도를 따라 곧장 들어가는데, 상황이 돌무더기에 부딪쳐 산산조각날 정도로 급박했다. 권산은 큰 소리로 울부짖으며 죽을 힘을 다해 배를 움직였다. 손효자와 정보 등도 몸소 돛줄을 단단히 쥐어잡고 바람과 파도의 상태를 보아 가면서 놓아주거나 잡아당기는 동안 물결은 바다를 따라 섬으로 들어가고 바람은 섬을 따라 바다로 나오는데, 배는 바람을 따라 돌아나와 간신히 화를 면할 수 있었다.

저녁 무렵 한 큰 섬에 도착했는데, 암석이 깎아세운 듯하여 배를 댈 수가 없었다. 고이복이 옷을 벗고 물 속으로 뛰어들어 배를 끌어당겨 섬 가장자리에 대어 매놓으니 사람들이 기뻐하며 뛰어내렸다. 골짜기 물을 발견하여 떠 마시고는 물을 떠와서 밥을 지으려고 했다.

"굶주림이 극도에 이르면 오장이 붙어버리는데, 만약 갑자기 먹으면 배부른 즉시 죽음을 면치 못한다. 차라리 먼저 미음을 끓여 마신 다음 죽을 쑤어 먹는 것이 나으니 적당히 먹었을 때 그만두는 것이 좋겠다."

내 말에 따라 사람들이 모두 죽을 끓여 먹었지만, 섬은 바람을 피할 곳이 없었으므로, 밤에 또 배를 풀어 나아갔다.

영파부 경계도. 최부 일행은 표류하다 처음으로 도착한 영파부 경계에서 도적을 만났다(『삼재도회』).

【윤1월 12일】 영파부(寧波府)[89] 경계에서 도적을 만나다.

이날은 조금 흐리고 비가 왔다. 바다색은 다시 희었다. 신시(申時, 오후 3~5시경)에 커다란 섬에 이르렀는데, 그 섬의 형상이 마치 병풍이 늘어선 듯했다. 멀리 바라보니 거룻배를 매단 중선(中船, 중간 정도의 배) 두 척이 곧바로 우리 배를 향해 왔다. 정보 등이 내 앞에 꿇어앉으며 말했다.

"모든 일에는 상도(常道)[90]와 권도(權道)[91]가 있습니다. 청하건대 상복을 벗으시고 권도로서 사모와 단령을 착용하시어 관인(官人)의 모습을 보이십시오. 그렇지 않으면 저들은 반드시 우리를 해적이라고 떠벌리며 모욕을 가할 것입니다."

내가 대답했다.

"해상에서 표류한 것도 하늘의 뜻이요, 여러 차례 사지에서 다시 살아난 것도 하늘의 뜻이다. 이 섬에 이르러 저 배를 만나는 것 또한 하늘의 뜻이다. 천리는 원래 올바르니 하늘의 뜻을 어기고 어찌 속임수를 행하겠는가?"

잠시 후 두 척의 배가 점점 가까워져서 서로 만나게 되었다. 배는 10

---

89) 「우공」의 양주 땅이다. 하·은·주시대 모두 월나라 땅이다. 진대에 은(鄞)·무(鄮)·구장(句章) 3현을 설치하고 회계군(會稽郡)에 예속시켰다. 당 현종 개원(713~741) 중 무현에 명주를 설치했고, 남송 광종 소희(1190~94) 중에 주를 경원부로 승격시켰다. 명조는 오 원년(1364)에 원대의 명주로(明州路)를 명주부(明州府)로, 태조 홍무 14년(1381)에 또다시 영파부로 고쳤다. 『대명일통지』 권 46, 영파부.

90) 하늘에는 영원 불멸하는 도가 있고, 땅에는 영원 불변하는 원리가 있다. 군자에게는 영원 불변하는 몸가짐이 있다. 군자는 그 영원 불변함을 따라가지만, 소인은 공리(功利)를 헤아린다. 『순자』 천론(天論). 상도는 항상 지켜야 할 바른 도를 말한다.

91) 임기응변의 수단을 말한다. 제나라의 순우곤(淳于髡)이 "남자와 여자가 직접 주고받지 않는 것이 예입니까"라고 묻자, 맹자는 "그렇습니다"라고 답했다. 순우곤이 "형수가 물에 빠졌다면 손으로 끌어당겨 주어야 합니까"라고 물었다. 맹자는 "형수가 물에 빠졌는데 건져주지 않는다면 그것은 승냥이나 이리입니다. 남녀가 직접 주고받지 않는 것은 예이고, 형수가 물에 빠진 것을 손으로 건져주는 것은 권도입니다"라고 답했다. 『맹자』 이루(離婁) 상편.

여 명이 탈 만한 크기였다. 그 배의 사람들이 모두 검은 속옷과 바지, 신발을 신고 있는데, 수건으로 머리를 싸맨 사람도 있고, 대나무 잎으로 엮은 삿갓과 종려나무 껍질로 만든 도롱이를 입은 사람도 있었다. 떠들썩하게 시끄러운 소리가 한어(漢語)였다. 이로 인해 그들이 중국인이라는 것을 알게 되었다.

정보에게 종이에 글을 써서 보내었다.

"조선국 최부는 왕명을 받들어 해도(海島, 제주도)에 갔다가 부친상 때문에 급하게 바다를 건너다가 풍랑을 만나 표류하게 되었는데 이곳이 어느 나라의 땅인지 알지 못하오."

그 사람이 대답했다.

"이곳은 대당국(大唐國)[92] 절강[93]의 영파부 지방이오."

또 말했다.

"본국으로 가려 한다면 반드시 대당으로 가는 것이 좋소."

그때 정보가 손으로 입을 가리키니, 그 사람이 민물(陸水) 두 통을 보내주고는 배를 저어 동쪽으로 갔다. 내가 배에 있는 사람에게 노를 저어 한 섬으로 들어가서 정박하도록 했다. 그곳에는 거룻배를 매단 배 한 척이 있었는데 군인 7, 8명이 타고 있었고, 의복과 언어가 앞서 본 사람들과 똑같았다.

---

92) 최부 일행이 표착한 시대는 당나라가 아니라 명나라 시대였다. 그러나 일반적으로 당이라는 명칭도 사용하고 있었던 것으로 보이는데, 당시 조선에서도 명나라 사람을 당인(唐人)이라 표현하고 있었다. 『세종실록』 권20, 5년 6월 신유.

93) 옛 양주지역이다. 한대에는 회계군으로 2절(浙)을 통할했고, 양주부자사(揚州府刺史)에 예속되었다. 당대에는 강남도에 속했다. 현종 개원(713~741) 중에 강남동도채방처치사(江南東道採訪處置使)를 증치했다. 원대에 절강등처행중서성(浙江等處行中書省) 및 강남절서도숙정염방사(江南浙西道肅政廉訪司)를 항주에 설치했다. 명조는 절강등처승선포정사(浙江等處承宣布政司)를 설치해 항주 등 11부와 절강도지휘사사(浙江都指揮使司)를 두어 항주전위(杭州前衛) 등 16위를 통할하게 했고, 절강등처제형안찰사(浙江等處提刑按察使)를 두어 부나 위소를 감찰하게 했다. 삼사(三司)의 치소는 모두 항주에 두었다. 『대명일통지』 권38, 절강포정사.

이번에는 그들이 우리의 배로 와서 물었다.

"당신들은 어느 나라 사람이오?"

나는 다시 정보를 보내 앞서와 같이 답하고, 이어 물었다.

"이곳은 어느 나라의 땅이오?"

그 사람이 섬을 가리키며 말했다.

"이곳은 바로 대당 영파부의 하산(下山)으로 바람과 물길이 좋으면 이틀이면 조선으로 돌아갈 수 있소."

나는 또 말했다.

"다른 나라 사람으로 풍랑을 만나 구사일생으로 다행히 대국의 경계에 이르렀으니 기쁘게도 다시 살아날 수 있게 되었소."

내가 또 물었다.

"그대의 이름은 무엇이오?"

그 사람이 답했다.

"나는 대당의 임대(林大)요. 그대들이 만약 대당으로 가고자 한다면 우리가 데리고 가도록 하겠소. 그러니 그대들이 가진 보화를 우리에게 보내도록 하시오."

나는 답했다.

"우리는 왕명을 받은 사신이지, 상인의 무리가 아니오. 또한 표류하여 떠다닌 후이니 어찌 보화가 있겠소?"

그런 뒤 곡식을 덜어 그들에게 보냈다.

그 사람이 곡식을 받고 나서 말했다.

"이 산에 배를 정박할 때 서북풍은 두려워하지 않아도 되지만, 남풍은 좋지 않으니 우리를 따라 배를 정박하시오."

그가 우리 배를 인도하여 하루 묵을 만한 섬을 가리키며 말했다.

"정박할 만하구나! 정박할 만하구나!"

나 역시 일리가 있다고 여겨 그곳에 정박했다. 과연 바람이 불지 않으며, 섬 주변으로 배를 댈 수 있는 곳이 많았다. 섬의 서쪽 해안에는 두 채의 초가집이 있었는데 말린 고기를 만드는 집인 듯했다. 그 사람들은 집 아래에 배를 정박했다. 나와 일행은 오랫동안 굶주리고 목마르며, 피곤하고 잠을 못 잔 것이 극에 달했다. 음식을 얻어먹고 바람이 평온한 곳에 정박할 곳을 찾아 배를 댔다. 너무나도 피곤해서 서로 배 안에서 얽혀 잤다.

2경쯤(오후 9시~11시) 스스로 임대라고 칭하던 자가 무리 20여 명을 거느리고 왔다. 그 무리 중 어떤 이는 창을 잡고, 어떤 이는 작두를 메었으나 활은 없었다. 그들은 횃불을 들고 우리 배에 난입했다.

도적의 우두머리가 글로 써서 말했다.

"우리는 관음불[94]로서 너희들의 마음을 꿰뚫어본다. 그대들이 가진 금은을 찾아낼 것이다."

나는 답했다.

"금은이란 본래 우리 나라에서 나는 것이 아니라서[95] 처음부터 가져온 것이 없소."

---

[94] 하산은 주산열도의 한 섬으로 관음성지인 보타산 근처에 위치하고 있다. 중국과 신라를 왕래하는 중요거점으로 선원들은 보타원(普陀院)에서 기도하면 소원을 들어준다고 믿었다. 해적이 관음불을 칭한 이유도 여기에 있다. 조영록, 「15세기 한·중 두 나라의 문화적 이질성―최부의『표해록』을 중심으로」,『근세 동아시아 삼국의 국제교류와 문화』, 지식산업사, 2002.

[95] 금과 은이 조선에서 생산되지 않는다는 기록은 태종 8년(1408) 대사헌 남재(南在)가 "금은은 본국에 나는 것이 아니니 함부로 허비하지 말게 하소서"라고 상언하여 은병을 폐하고 은을 쓰는 것을 금하게 한 적이 있다. 또한 세종 11년(1429)에 "세공하는 금은은 본국에서 생산되는 것이 아니라 하여 명나라 선종 선덕제가 금은의 면제를 허락하고 단지 토산물로만 바치게 하였다"라는 기록에서도 보인다. 그러나 17세기에 신흠(申欽)이 말하기를, "우리 동방은 은광이 많으므로 고려 말에 중국의 요구 때문에 백성이 견디지 못했는데, 조선 초에 주청하여 공납을 면제받았다. 공납을 면제받았다면 나라의 화폐로 쓸 수 없기 때문에 열성(列聖)이 이를 준수하여 드디어 은을 캐는 길을 폐쇄하고 법령으로 제정했다"고 하여 금은이 생산되지 않는 이유를 밝히고 있다.『증보문헌비고』(增補文獻備考) 권160, 재용고(財用考) 금은동(金銀銅). 조선시대의 광업은 정부에서 경영하는 것을 원칙으로 했다. 은광의 경우도 관영으로 운영되다가 16세기 민채세납(民採稅納)·납속채은(納粟採銀) 제도에서 보는 바와 같이 민간에게 허락하고 과세했다. 이재룡,「중앙재정」,『한국사』24, 국사편찬위원회, 1994.

도적의 우두머리가 다시 말했다.

"너희가 만약 관인이라면 어찌 가져오지 않았겠는가? 우리가 찾아봐야겠다."

원래 나와 정보, 이정, 김중, 효자 등은 제주가 바다 건너의 땅이어서 왕래함에 기한이 없으므로 사계절 의복을 준비하여 여러 보퉁이에 싸서 왕래했다. 이윽고 도적의 우두머리가 큰 소리로 무리를 불러모아 나와 배리 등이 쌓아놓은 행장과 뱃사람들의 곡식과 물건을 수색하여 자신들 배로 실어 보냈다. 남은 것은 소금기가 흠뻑 묻은 옷과 여러 종류의 서책 같은 것뿐이었다. 도적 중에 애꾸인 자가 가장 악독했다.

정보가 나에게 말했다.

"적이 처음에 왔을 때 조용하였는데, 우리의 기세가 약한 것을 보더니 큰 적으로 변하였습니다. 청컨대 싸움을 해서 생사를 결정하게 해주십시오."

"우리 배의 사람들은 모두 배고픔과 갈증으로 기진맥진해 이미 적에게 기세를 빼앗겨버렸다. 적은 유리한 입장에 있어 방자하고 난폭한 것이다. 만약 싸움이 붙는다면 우리는 다 적의 손에 죽을 것이니, 행장을 모두 바치고 삶을 구걸함만 못하다."

도적의 우두머리는 내가 가져온 인수(印綬)와 마패를 빼앗아 소매 속에 넣었다. 정보가 그 뒤를 쫓아가 돌려줄 것을 청했으나 돌려받지 못했다.

"배 안에 있는 물건은 모두 가지고 갈 수 있으나, 인수와 마패는 곧 나라의 신표로 사적으로는 사용할 수 없으니 나에게 돌려주시오."

내 말을 들은 도적의 우두머리가 인수와 마패를 돌려주었다. 겨우 봉창(배의 창문)을 나선 그는 무리와 같이 뱃전에 서서 오랫동안 시끄럽게 떠들어대더니, 배 안으로 돌아와 정보의 의복을 벗기고 바닥에 눕혀놓고 매질을 했다. 그러고는 작두로 나의 의복을 잘라서 맨몸으로 만들고 손을 등뒤로 돌려 다리를 구부려 함께 묶고 몽둥이로 나의 왼팔을 일고여덟 대 내려치면서 말했다.

"네가 살고 싶다면 즉시 금은을 내놓아라."

나는 큰 소리로 말했다.

"몸뚱이를 뭉개고 뼈를 부순다고 해서 금은을 얻을 수 있겠는가."

도적이 나의 말을 알아듣지 못하고 결박을 풀며 글로 의사를 표시하도록 했다. 내가 글로 쓰니 도적의 우두머리가 노하여 눈을 부라리고 입을 썰룩이며 정보를 향해 큰 소리를 쳤다. 나를 가리키면서도 소리를 지르다가, 나의 머리를 잡아끌고 다시 결박지어 거꾸로 매달았다. 작두를 메고 나의 머리를 베려 했는데, 잘못하여 오른쪽 어깨 끝을 내리쳤다. 칼날이 뒤집혀 위에 있자, 도적이 또 작두를 들어올려 나를 베려할 때, 어떤 도적이 와서 작두를 맨팔로 잡으며 저지했다. 도적의 무리가 일제히 큰 목소리로 부르짖었으나 무엇이라고 하는지 알 수 없었다. 이때 우리 일행은 두려워하며 정신을 잃은 듯 달아나 숨으며 어찌할 바를 몰랐다. 오직 김중과 최거이산 등이 손을 맞잡고 엎드려 절하며 나를 살려달라고 애걸했다. 갑자기 도적의 우두머리가 나의 몸을 짓밟고 우리 일행을 큰 소리로 위협했다. 그가 무리를 이끌고 떠날 때, 배 둘레에 묶인 닻줄을 끊어 바다에 던졌다. 그러고는 자신들의 배로 우리 배를 끌어 대양으로 내버린 후에 달아났다. 밤이 이미 늦었다.

【윤1월 13일】 다시 대양에 표류하다.

이날은 흐리고 서북풍이 크게 일어 다시 끝없는 바다로 흘러들어갔다.

나와 뱃사람들이 소장했던 유의(襦衣, 동옷. 종이를 넣어 만든 것으로 병사들이 입는 옷)는 모두 도적에게 빼앗겼고, 입은 옷은 오래도록 바닷물에 절었는데 하늘이 항상 흐려서 말릴 수 없었기 때문에 거의 얼어죽을 지경이었다. 배에 실었던 식량을 도적에게 모두 빼앗겨 굶어 죽을 때가 다가왔다.

배의 닻과 노는 도적들이 바다에 던졌고 임시로 만든 돛은 바람에 파손되어, 다만 바람 따라 동서로 왔다갔다하고 물결 따라 흘러다녔기에 초공은 힘을 쓸 수 없었고, 침몰의 시간이 다가오고 있었다. 우리 일행은 모두 목이 메어 소리를 낼 수 없었고, 앉아서 죽음을 기다릴 뿐이었다.

이효지가 나에게 말했다.

"우리들의 죽음은 당연한 일이지만, 경차관의 죽음은 애통할 뿐입니다."

내가 말했다.

"너는 어찌 죽음을 당연한 일이라고 하느냐?"

"우리 제주는 멀리 큰 바다 가운데에 있으며, 수로가 900여 리입니다. 파도를 다른 바다와 비교하면 매우 험악하여, 공선(貢船)[96)]과 상선의 왕래가 끊이지 않지만 표류하여 침몰하는 것이 열 중에 대여섯이어서, 제주사람들은 먼저 죽지 않으면 반드시 나중에 죽습니다. 그러므로 제주에서 남자의 무덤은 아주 적고, 민간에는 여자가 남자보다 세 배나 많습니다.[97)] 부모가 딸을 낳으면 반드시 '이 아이는 나에게 효도할 놈이다'라고 하고, 아들을 낳으면 모두가 '이 아이는 내 아이가 아니라 고래와 악어[98)]의 먹이다'[99)]라고 합니다. 우리들이 죽는 것은 하루살이 목

---

96) 공선은 공물을 운반하는 조운선을 말한다. 조운제도는 고려시대에 들어서 확립되었는데, 당시에 조운선으로 사용되던 배는 해선(海船)인 초마선(哨馬船)과 강선(江船)인 평저선(平底船)이다. 초마선은 양곡 1,000석, 즉 화물 100톤 정도를 적재할 수 있을 정도로 규모가 비교적 컸다. 이는 일본에서 17세기에야 1,000석 규모의 배가 보급된 것에 비하면 고려시대 조선술이 일정수준 위에 있었음을 말한다. 조선 전기의 조운선은 병조선(兵漕船) 또는 맹선(猛船)이라고 하였는데, 이는 세조 7년(1461) 신숙주에 의해 주창되었다. 신숙주의 주장은 군선과 조선(漕船)이라는 이원적 체계의 배를 일선으로 병용하자는 것이었다. 이에 따라 병조선이 사용되었는데, 대선은 80여 명, 중선은 50여 명, 소선은 30여 명이 승선할 수 있으며, 수전(水戰)의 무기를 갖추도록 했다. 『세조실록』 권36, 11년 7월 신해. 김재근, 『속 한국선박사연구』, 서울대출판부, 1994.

97) 혼인을 구하는 자는 반드시 술과 고기를 갖춘다. 채납(納采)을 하는 자도 그렇다. 혼인날 저녁에 사위가 술과 고기를 갖추어 신부의 부모를 뵙고 취한 뒤에야 방에 들어간다. 풍속이 소주를 많이 쓴다. 여자는 많고 남자는 적은데, 승려가 모두 절 옆에 집을 짓고 처자를 기른다. 『신증동국여지승람』 권38, 제주목 풍속 여다남소(女多男少).

98) 이형상은 악어와 고래에 대해서 기록했는데, 악어는 명월(明月) 등지에 많으며 때로 사람을 해친다고 했다. 또한 고래는 해족(海族) 중에서 아주 거대하다고 하면서 길이가 수천 리에 이르기도 한다고 과장하기도 하고 남만(南蠻)의 여러 나라에서는 노(弩)를 사용하여 잡는다고 했다. 그리고 재임시에는 이형상이 길

숨과 같아서 비록 평상시에 살아 있지만 어떻게 자신들의 방 안에서 죽겠다는 마음을 갖겠습니까? 다만 조신(朝臣)의 왕래에는 바람을 기다리도록 권유하고, 선박이 빠르고 튼튼한 까닭에 풍파로 죽는 자가 예로부터 적었습니다. 지금 경차관의 몸인데도 우연히도 하늘이 돕지 않아서 앞을 알 수 없는 지경에 이르렀으니, 통곡할 따름입니다."

【윤1월 14일】 대양 중에 표류하다.

이날은 맑았고, 신시(申時, 오후 3~5시)에 어떤 섬으로 흘러들어갔다. 동·서·남쪽의 삼면이 트여 끝이 보이지 않았지만, 다만 북풍만은 피할 수 있었다.

그러나 배를 살펴보니 닻이 없어 근심이 되었다. 제주에서 출발할 때 배가 매우 컸지만, 실을 물건이 없어 돌덩이를 배에 실어 배가 흔들리지 않게 했다. 허상리 등이 새끼를 꼬아 그 돌 4개를 같이 묶어서 임시 닻으로 삼아 정박할 수 있었다.

안의와 군인들이 서로 나에게 들리도록 말했다.

"이번 행차에 표류하여 죽음에 이르게 된 이유를 나는 안다. 자고로 제주에 가고자 하는 자는 모두 광주 무등산사(無等山祠)[100]와 나주 금성산사(金城山祠)[101]에서 제사를 올리고,[102] 제주에서 육지로 나아가

이 125척, 넓이 10척, 높이 32척이나 되는 고래를 봤다고 설명하고 있다. 『남환박물』 지어(誌魚).

99) 매년 침몰하는 배가 있어 익사자가 많은 까닭으로 남자가 귀하고 여자가 천하다. 살아남게 된 남자는 2~3명 또는 10여 명의 처를 두기도 한다. 남자가 태어나면 '고래나 악어의 먹이가 될 것이니 깊이 사랑하여 귀중하게 생각지 않는다' 하고, 여자가 태어나면 기뻐하며 말하기를 '이 아이는 마땅히 나를 부양하게 될 것이다'라고 하니, 또한 슬픈 일이다. 『남환박물』 지속(誌俗) 여다남소.

100) 현 동쪽 10리에 있다. 신라 때는 소사(小祀)를 지냈으며, 고려 때는 국제(國祭)를 올렸다. 동정원수(東征元帥) 김주정(金周鼎)이 각 관청의 성황신(城隍神)에게 제사를 지낼 때, 차례로 신명(神名)을 불러 신의 기이함을 징험했다. 그런데 이 광주의 성황신이 큰 기(纛旗)의 방울을 울린 것이 세 번이었기 때문에 김주정이 조정에 보고하여 작위를 봉했다. 본조에 와서도 춘추로 본읍에 명하여 제사를 올리도록 했다. 『신증동국여지승람』 권35, 광산현(光山縣) 사묘(祠廟).

는 자는 또한 광양(廣壤),[103] 차귀(遮歸),[104] 천외(川外),[105] 초춘(楚春)[106] 등의 신사에서 제사를 지낸 후에 배를 띄운다. 그로 인해 신의

---

101) 사전(祀典)에 소사(小祀)로 기록되었다. 사당이 다섯 개 있으니 상실사(上室祠)는 산꼭대기에, 중실사(中室祠)는 산중턱에, 하실사(下室祠)는 산기슭에, 국제사(國祭祠)는 하실사의 남쪽에, 예조당(禰祖堂)은 주성(州城) 안에 있다. 고려 충렬왕 4년(1278)에 이 사당의 신이 무당에게 말하기를, '진도와 탐라의 정벌에 나의 공이 있었는데, 장병들은 모두 상을 타고 나만 빠졌으니 어째서인가. 나를 정녕공(定寧公)으로 봉하여야 한다'고 했다. 고을 사람 보문각 대제(寶文閣 待制) 정흥(鄭興)이 왕에게 이를 귀띔하여 작위를 주게 하고, 또 그 고을의 녹미(祿米)를 모두 받지 않고, 해마다 5석을 이 사당에 바쳐 춘추로 향과 축문과 폐백을 내려 제사지냈다. 조선에 들어서도 향과 축문을 내린다. 속설에, '사당의 신은 영험하여 제사를 지내지 않으면 재앙을 내리므로, 매년 춘추에 이 고을 사람뿐 아니라 모든 전라도 사람이 와서, 제사를 지내는 이가 끊이지 않았다. 남녀가 혼잡하게 온 산에 가득하여 노천에서 자기 때문에 남녀가 서로 간통하여 부녀를 잃는 자가 많았다'한다. 매일 밤 기생 4명이 사당 안에 윤번으로 숙직했는데, 성종 10년(1479)에 예조에 명해서 금하게 했다.『신증동국여지승람』권35, 나주목 사묘.
102) 항해 안녕 기원제사는 주로 바닷가에서 이루어지는 것이 상례다. 예컨대 상고시대 이후의 항해안녕기원제사 유적이 전북 부안 죽막동에서 발견되어 좋은 예를 보여준다. 이 지역은 날씨가 맑을 경우 격포 일대의 해안과 위도, 멀리 고군산열도와 군산 앞바다까지 보일 정도로 시계가 좋은 지역이다. 부안 죽막동 제사유적에서는 삼국시대와 통일신라시대, 고려시대 그리고 조선시대의 유물이 출토되지만, 주변지역에서 신석기 유적까지 출토되기 때문에, 이곳은 상고시대부터 항해의 안녕을 기원했던 곳으로 추측된다. 한편 죽막동 제사유적과 함께 건너편의 위도에서는 1970년대까지 해양 민간신앙으로서 물을 다스리는 용왕신을 섬기는 당제(堂祭)가 지속되었다고 전하고 있어서, 이곳 제사유적의 성격이 근래까지 이어지고 있던 것으로 생각된다.『부안 죽막동 제사유적』, 국립전주박물관 학술조사보고 제1집, 1994.
103) 제주 남쪽 한라 호국신사에 있다. 속설에, '전하기를 한라산신의 아우가 나서부터 성스러운 덕이 있었고, 죽어서는 신이 되었다. 고려 때에 송나라 호종단(胡宗旦)이 와서 이 땅을 제어하고 바다에 떠서 돌아가는데, 신이 매로 변하여 돛대머리에 날아올랐다. 조금 있다가 북풍이 크게 불어서 종단의 배를 부숴 서쪽의 비양도(飛揚島) 바위 사이에서 죽었다. 조정에서 그 신령스럽고 이상함을 포창하여 식읍(食邑)을 주고 광양왕으로 봉해서 해마다 향과 폐백을 내려 제사했고, 조선에 들어와서는 본읍으로 하여금 제사지내게 했다'고 한다. 상고하건대 호종단이 고려에 와서 벼슬이 기거사인(起居舍人)에 이르렀고, 땅을 제어하다가 배가 침몰되었다는 말은 믿을 수 없다.『신증동국여지승람』권38, 제주목 사묘.

도움을 받아서 큰 바다를 쉽게 건넌다. 지금 이 경차관은 특히 큰 소리로 제사지내는 것을 그릇되었다 하고, 올 때에는 무등과 금성산의 신사에서, 갈 때에도 광양 등의 여러 신사에서 제사를 지내지 않았다. 신을 업신여기고 공경하지 않아 신도 우리를 불쌍히 여기지 않았기 때문에 이 지경에 이르게 되었다.[107] 그러니 누구의 잘못인가?"

군인들이 화답하여 모두 나의 허물이라고 했다. 권송만은 이렇게 말했다.

"그렇지 않다. 전에 이곳 정의현감 이섬은 3일 동안 재를 올려 광양 등의 신에게 정성으로 제사했으나 표류하여 거의 죽을 뻔했다가 다시 살아날 수 있었다. 그리고 경차관 권경우(權景祐)[108]는 제사를 드리지 않았는데도 오히려 왕래가 순조로워 조그만 근심도 없었다. 그렇다면 바다를 건널 것인가는 바람을 기다릴 것인가 하는 문제에 있을 뿐, 어찌 신에게 제사를 지내고 지내지 않는 것과 관계가 있겠는가?"

나 또한 그들을 깨우치며 말했다.

"천지는 사사로움이 없으며, 귀신은 은밀히 움직여 복·선·화·음(福善禍淫)이 오로지 공정할 뿐이다. 사람 중에 악한 자가 있어 거짓으로 섬겨서 복을 구한다면, 그것으로 복되다고 할 수 있겠는가? 사람 중

---

104) 제주 서쪽 3리에 있다. 차귀당에서는 사신(蛇神)을 모신다고 했다. 『신증동국여지승람』 권38, 제주목 사묘 및 풍속 상음사(尙淫祀).
105) 제주 서쪽 70리에 있다. 『신증동국여지승람』 권38, 제주목 사묘.
106) 초춘사(『탐라지』에는 신춘사(新春祠)로 나와 있다)는 제주 동쪽 70리 정의현 경계에 있다. 『신증동국여지승람』 권38, 제주목 사묘.
107) 제주사람들은 음사(淫祀), 즉 여러 귀신을 받들었다고 한다. 제주의 민간에서는 산수(山藪)·천지(川池)·구릉(丘陵)·분연(墳衍)·목석 등지에 모두 신사(神祀)를 설치하고 매년 원일(元日)로부터 상원(上元)에 이르기까지 무격(巫覡)이 모두 신독(神纛)을 받들어 역귀를 쫓고, 징과 북을 치면서 여염집을 드나들어 재물을 얻는다고 했다. 또한 봄과 가을로 남녀가 무리를 지어 광양당과 차귀당에 모여서 함께 술과 고기를 먹으면서 신에게 제사를 지낸다고 했다. 『신증동국여지승람』 권38, 제주목 풍속 상음사.
108) 조선 성종 8년(1477)에 예문관 수찬(藝文館 修撰)으로 제주 경차관으로 임명되어, 11월 21일 제주에 파견되었다. 『성종실록』 권86, 8년 11월 을축 및 갑신.

에 선한 자가 있어서 사설(邪說)에 미혹되지 않아 제사[109]를 지내지 않는다고 그것이 화가 될 수 있겠는가? 천지귀신에게 음식으로 아첨을 한다고 사람에게 화복을 내리겠는가? 절대로 이런 이치는 없다. 하물며 제사를 지내는 데에도 항상 등급이 정해져 있다. 사(士)와 서인(庶人)이 산천에 제사를 지내는 것은 예가 아니고,[110] 예에 해당되지 않는 제사를 지내는 것은 곧 음사(淫祀)다. 음사로서 복을 얻은 자를 나는 아직 보지 못했다. 너희 제주사람들은 귀신을 아주 좋아하여 산택천수(山澤川藪)에 모두 신사를 만들었다. 광양당에서는 아침 저녁으로 공경히 제사를 지내는 지극함을 보여 그것으로 바다를 건널 때 표류하고 침몰하는 우환이 없도록 한다. 그러나 오늘 어떤 배가 표류하고 내일 어떤 배가 침몰하여, 표류하고 침몰하는 배가 서로 끊이지 않으니, 과연 신에게 영험함이 있다고 하겠는가? 제사로 복을 받을 수 있다고 하겠는가? 더구나 지금 나와 같은 배를 탄 사람들 가운데 제사를 지내지 않은 사람은 오로지 나뿐이다. 너희 군인들은 모두 성심껏 제사를 지내고 왔다. 영험하다면, 어찌 내가 제사를 지내지 않은 까닭으로 너희 40여 명이 제사 지낸 정성을 폐하려 하겠느냐? 이 배의 표류는 오로지 급하게 서둘러 항해준비를 제대로 하지 못하고 바람을 기다리지 않았기 때문이다. 도리어 제사를 폐했다고 나를 탓하니 그 또한 미혹됨이

---

109) 독제(黷祭)에 대해서 『서경(書經)』 상서(商書) 열명(說命) 중에 "제사를 자주 지내지 마십시오. 이는 도리어 불경(不敬)입니다. 예를 너무 번거롭게 하면 어지러워지고 신을 모시기가 어려워집니다"라는 표현이 있다.
110) 천자와 제후만이 산천에 대하여 제사를 지낼 수 있다. 그래서 광주 무등산이나 무주 금성산에서 민간이 산천에 제사를 지내는 것은 예가 아니라고 했던 것이다. 『예기』 왕제(王制). 천자나 제후의 종묘 제사는 봄에는 '약'(礿)이라 하고 여름에는 '체'(禘)라 하며 가을에는 '상'(嘗)이라 하고, 겨울에는 '증'(烝)이라 한다. 천자는 천지에 제사를 지내며, 제후는 사직에, 대부는 오사(五祀)에 제사를 지낸다. 천자는 천하의 명산대천에 제사를 지내는데, 오악(五嶽)은 삼공(三公)에게 주관하게 하며 사독(四瀆)은 제후에게 주관하게 한다. 제후는 명산대천이 있는 그 땅에 제사를 지낸다. 문무관 6품 이상은 3대를, 7품 이하는 2대를, 서인은 단지 부모만을 제사 지낸다. 『경국대전』 권3, 예전 봉사(奉祀).

아닌가?"

안의 등은 오히려 나의 말이 사정에 어두운 것이라 하여, 옳다고 생각하지 않았다.

【윤1월 15일】대양 중에 표류하다.

이날은 흐리고, 바다의 색이 붉고 탁했다.[111] 동풍이 다시 불어 바람을 따라 키를 서쪽으로 향했다.

배 안에 박종회와 만산, 그리고 이산 등과 같은 사람은 질병을 앓아서 일을 감당할 수 없었고, 고보종, 양달해, 고회, 김조회, 임산해 등은 표류한 날부터 이날에 이르기까지 일어나 움직이지를 못했다.

비록 이슬을 받는 등의 일로 그들을 재촉했으나, 듣고도 귀담아듣지 않는 모양이었다. 정실, 부명동, 김득시, 강유, 송진, 김속, 강내, 오산, 고내을동 등은 열 번 부르면 겨우 한 번 정도 응하거나 마지못해 일에 종사하는 자들이었다. 초근보, 김괴산, 고복, 김송, 김석귀, 이효태, 김진산 등은 낮에는 부지런하나 밤에는 게으름을 피우고, 시작할 때는 부지런하나 끝날 때는 게으름을 피웠다.

허상리, 권산, 김고면, 김구질회, 최거이산, 김도종, 고이복, 문회, 현산, 한매산, 권송, 막금 등은 밤낮으로 게으름을 피우지 않고, 배를 운행하는 일을 자신의 일로 여겼다. 정보, 김중, 이정, 손효자, 이효지, 안의 등은 스스로 일을 담당했고, 배 수리하는 것을 하나하나 조사하고 독려하여 일을 완수했다.

도적을 만나 다시 표류한 이후 사람들은 모두 살 생각이 없었고, 점점 전과 같지 않았다. 배는 거친 파도에 부딪치고, 시간이 많이 지나서 백공천창(百孔千瘡, 백의 구멍과 천의 상처란 뜻으로 '상처투성이'를 이르는 말)이 되고, 사이가 벌어진 곳은 막는 대로 뚫리고, 갈라진 틈으

---

111) 적흑색 바다에 대한 정확한 위치는 알 수 없다. 다만 최부가 중국 연안에 거의 도착했을 때의 바다색이기 때문에, 양자강 이남 중국 동해안의 근해 수역인 것으로 생각된다. 주성지, 앞의 글.

로 물이 스며들어 물을 다 퍼낼 수가 없었다.

내가 "물도 새고, 뱃사람들도 해이해졌다. 내가 허망하게도 스스로 교만하게 뽐내어 앉아서 익사를 당하는 것이 어찌 옳겠는가?" 하고 탄식하자 마침내 정보 등 6명이 물을 거의 다 퍼냈다. 허상리 이하 10여 명도 조금 더 분발하여 일어났다. 밤에 바람은 없었는데 비가 내렸고, 어떤 큰 섬에 이르렀으나, 썰물의 힘에 의해 다시 밀려나가 정박하고자 했으나 뜻을 이루지 못하고 바다를 떠다녔다.

【윤1월 16일】 우두외양(牛頭外洋)[112]에 도착하여 정박하다.

이날은 흐리고 바다는 검붉은 색이었으며 바닷속은 매우 탁했다.

서쪽을 바라보니 이어지는 봉우리가 중첩되어 하늘을 버티고 바다를 감싸고 있는데 인가에서 나는 연기인 듯했다. 동풍을 타고 가서 도착하니 바로 산 위에 봉수대(烽燧臺)[113]가 나란히 우뚝 솟은 것이 많이 보여, 다시 중국의 경계에 도착한 것 같아 기뻤다.

오후에 풍랑이 더욱 위태롭고 비가 내려 어둑어둑했다. 배는 바람을 따라 내쳐졌으며, 순식간에 표류하여 두 섬 사이에 이르렀다. 해안을 지나며 보니 중선 여섯 척이 나란히 정박해 있는 것이 보였다. 정보 등이 나에게 청하였다.

"전에 하산에 도착했을 때 관인의 의례를 보이지 않아 도적을 불러들여 거의 죽음을 면하지 못할 뻔했습니다. 지금은 마땅히 권도를 따라 관복을 갖추어 저들의 배에 보이십시오."

"너는 어찌 도리를 해치는 일로 나를 이끄는가?"

정보 등이 다시 말했다.

---

112) 태주부 임해현에 우두산(牛頭山)이 있다. 당 현종 천보 6년(747) 임해산(臨海山)으로 고쳤다. 산 아래로 두 계류가 흐르는데, 하나는 시풍(始豐)이고 다른 하나는 동녀(東女)로 임해현 북쪽에 이른다. 가정『절강통지』 권11, 태주부. 정확히 알 수 없지만, 이 산에서 보이는 바다를 가리키는 것이 아닌가 한다.
113) 적의 침입이 있을 때 이를 알리는 신호로 봉(烽)은 밤에 불을 지펴 불빛으로, 수(燧)는 낮에 연기로 알리는 신호 방법이다. 『사기』 권4, 주본기(周本紀).

"죽음에 직면한 때를 당하여 어찌 예의를 지킬 겨를이 있겠습니까? 잠시 권도를 행하여 살 길을 취하신 연후에 예로써 상을 치르시더라도 의(義)를 해치는 것이 아닙니다."

나는 거절했다.

"상복(喪服)을 벗고 길복(吉服)을 입는 것은 효도가 아니고, 거짓으로 사람을 속이는 것은 신(信)이 아니다. 차라리 죽을지라도 효(孝)와 신(信)이 아닌 지경에 이르는 일은 차마 할 수 없으니, 나는 마땅히 정도를 받아들이겠다."

안의가 와서 간곡하게 말했다.

"제가 잠시 이 관대를 착용하고 관인인 것같이 보이겠습니다."

"아니다. 저 배가 만약 전에 만난 적이 있는 도적과 같다면 오히려 괜찮겠지만, 만약 좋은 배라면 반드시 우리를 관부로 몰고 가 그 사정을 진술받게 할 것인데, 너는 장차 어떻게 대답하겠는가? 조금이라도 옳지 못하면 저들이 반드시 의심할 것이다. 그러니 정도를 지키는 것이 더 낫다."

갑자기 여섯 척의 배가 노를 저어 우리 배를 둘러쌌는데, 한 배에 사람이 8, 9명 정도 있었다. 그들의 의복과 말소리 또한 하산에서 만난 적이 있는 해적의 무리와 같았다. 그들이 우리에게 글을 써서 보여주었다.

"보아하니 그대들은 다른 나라 사람인데, 어디에서 왔소?"

나는 정보에게 명하여 역시 글로 써서 답하도록 했다.

"나는 조선국 조정의 신하로 왕명을 받들어 해도를 순검하다가 상을 당하여 급히 바다를 건너다 풍랑을 만나 이곳에 오게 되었소. 그래서 이 해역이 어느 나라의 경계인지 알지 못하오."

그 사람이 답했다.

"이 바다는 우두외양으로 지금은 대당국 태주부[114] 임해현(臨海縣)[115]의 경계에 속해 있소."

정보가 손으로 자신의 입을 가리키자 그 사람이 물통을 보내왔다. 또 북쪽에 있는 산을 가리키며 말했다.

"이 산에 샘이 있으니 그대들은 물을 길어 밥을 지어 먹을 수 있소. 만약 후추[116]가 있으면 나에게 두세 냥을 보내시오!"

내가 답했다.

"우리 나라는 후추가 생산되지 않으므로 애초부터 가져오지 않았소."

그들은 마침내 노를 저어 우리 배에서 점점 물러나 우리 배를 둘러싸고 닻을 내렸다. 우리 배 또한 바닷가에 정박했다. 안의와 최거이산, 그리고 허상리 등이 배에서 내려 산에 올라가 인가의 기척을 두루 살펴보니 과연 이곳은 육지와 잇닿은 곳이었다.

나의 이번 행로에서 거쳐온 바다의 흐름은 똑같은 바다 같았지만, 물의 성질이나 빛깔은 이르는 곳마다 달랐다. 제주의 바다는 빛깔이 매우 푸르며 성질이 사납고 급하여, 작은 바람이라 하더라도 물결 위로 물결이 더해지고 부딪쳐 빙빙 돌아 물살이 무척 빨랐다. 흑산도 서쪽에 이르기까지 그랬다. 4주야(4일)를 지나가니 바다의 빛깔이 희고, 2주야를

---

114) 「우공」의 양주 땅이다. 춘추전국시대에는 월(越)의 땅으로, 진대(秦代)에는 민중군(閩中郡)에, 한 초에는 동구국(東甌國)에 속했다. 삼국시대 오(吳)는 회계의 동부를 임해군 치소 임해현으로 했는데, 후에 치소를 장안(章安)으로 옮겼다. 당대에 해주(海州)를 설치하고 곧 태주라고 고쳤다. 천태산이 있어 이러한 이름이 붙여졌다. 원대는 태주로(台州路)였으나, 명조가 태주부로 고쳤다.『대명일통지』권47, 태주부.

115) 부곽(附郭)이다. 본래는 한대의 회포현(回浦縣) 지역으로 회계군에 속했다. 동한대(東漢代)에는 장안현(章安縣) 지역이었다. 오(吳)가 임해현을 설치하고 임해군에 예속시켰다. 당대에 이곳에 해주를 설치하면서 태주로 고쳤다. 송 이후 모두 이에 따랐다.『대명일통지』권47, 태주부.

116) 서융(西戎)과 마가타국(摩伽陀國)에서 생산된다. 맛은 매우 맵다. 지금은 남번 제국(南番 諸國) 및 교지(交趾)·전남(滇南)·해남(海南) 등지에서도 생산한다.『본초강목』권32, 과부(果部). 남인도의 말라바르 해안지방이 원산지로 동남아시아에서는 자바 일부에서 일찍부터 재배했는데, 1405년경 인도로부터 묘목이 북수마트라에 들어온 이후 동남아시아 각지에서 재배되었다. 1510년대의 후추생산량을 보면 말라바르가 3,600톤, 동남아시아 전체가 2,500톤이었다. 이 때부터 동남아시아의 후추가 본격적으로 수출되었다. 후추 수출의 절정이었던 1670년대에는 약 6,000톤 정도가 유럽에 수출되었다. 大木昌,「東南アジアと交易の時代」, 岩波講座,『世界歷史』V15, 1999.

지나가니 더욱더 희었다. 또 1주야를 가니 다시 푸르고 또 2주야를 가
니 다시 희었다. 또 3주야를 가니 붉고 탁했으며, 또 1주야를 가니 붉고
검으며 그 속이 완전히 탁했다. 우리 배의 행로는 바람을 맞아 따르기
도 하고 물러나기도 하며, 동서남북으로 부평초와 같이 떠돌아 정처가
없었는데 그 사이에 본 바다색이 대개 이와 같았다. 백색으로부터 푸른
색으로 돌아온 이후로 바람은 비록 거세었지만 파도는 그다지 높지 않
았다. 백색으로 돌아온 이후에야 비로소 돌이 많은 섬이 있었다.

섬은 모두 바위절벽으로 골짜기가 넓고 깊으며 바위가 많이 쌓여 있
고 위에는 흙이 덮여 있는데, 잡풀과 향초가 무성하고 푸르렀다. 물이
유유히 흘렀는데, 만일 심한 바람을 만나지 않는다면 놀란 파도와 거친
물결의 우환은 보기 힘들 것이다. 내가 도적을 만나 다시 표류한 바다
또한 제주바다의 험난함과 같았다면 어찌 다시 해안가에 도달할 수 있
었겠는가?

대개 매년 정월은 매서운 추위가 극에 달하는 시기로 거센 바람이 불
고 거대한 파도가 내리쳐 배에 타는 것을 꺼린다. 2월이 되면 점차 바람
이 순조로워지는데, 제주의 풍속에서 연등절(燃燈節)[117]이라 하여 바
다를 건너지 못하게 한다. 또 강남의 조주(潮州)[118] 사람들도 역시 정
월 바다에는 나가지 못하게 한다. 음력 4월이 되어 이미 장마[119]가 지

---

117) 2월 초하루가 되면 귀덕(歸德)과 금녕(金寧) 등지에서는 목간(木竿) 12주(柱)
를 세우고 신을 맞이하여 제사를 지낸다. 애월(涯月)에 사는 사람은 나무를 베
어 말머리 모양을 만들어 고운 비단으로 장식한 뒤 이것을 타고 뛰놀면서 신을
즐겁게 하는데, 보름이 되면 마친다. 또한 연등절이 열리는 달에는 배를 타지
못한다. 『신증동국여지승람』 권38, 제주목 풍속 상음사. 한편 현재 연등절은 연
등제 또는 약마희라고도 한다. 그 유래는 연등이라는 머슴이 생시에 받들던 유
대감댁의 수확을 풍성하게 해주었는데, 마을에 소문이 퍼져 마침내 곳곳에서 연
등제라는 이름으로 풍성한 수확을 기원하게 되었다고 한다. 연등제는 제주도 일
원의 해안부락에서 해녀들의 채취물을 증식시켜 주는 의례로서 무당에 의하여
행해지고 있는데, 연등신이 해녀의 채취물인 전복·미역·소라 등의 씨를 가져
다 뿌려준다는 신앙에 기반을 둔 행사로서 제주도에서만 볼 수 있는 무속의례
다. 제주도 편, 『제주의 민속』 1, 세시풍속·통과의례·전승연극, 제주문화자료
총서 1, 1993; 봉성기, 『남도의 민속 - 제주도 세시풍속』, 1975.

나 시원하고 맑은 바람이 불어오면, 바다에서 항해하는 큰 배가 비로소 제주로 돌아오는데 이를 박간풍(舶趕風)[120]이라 한다.

내가 표류한 때는 풍파가 험악한 때로, 해상의 하늘이 흙비로 인하여 날마다 흐렸다. 돛과 돛대, 배를 매는 줄과 노가 꺾이거나 없어졌으며, 기갈로 인하여 열흘 동안이나 크게 고생했는데, 하루 사이에도 물에 빠져 낭패를 볼 조짐이 한두 번이 아니었다. 다행히 생명을 보전하여 해안

---

118) 「우공」의 양주 땅이다. 옛 민월(閩越)의 지역으로 진대에는 남해군(南海郡), 한 초에는 남월(南越)에 속했다. 무제(武帝, 기원전 140~기원전 87)가 남월을 평정하고 다시 남해군에 예속시켰다. 수대에 조주(潮州)를 설치하고 치소를 해양현(海陽縣)으로 했다. 명 태조 홍무 2년 조주로(潮州路)를 부(府)로 고쳤다. 『대명일통지』 권80, 조주부. 조인(潮人)은 조주를 가리킨다. 원 세조 지원 15년(1278) 정월에 원의 군대가 조주를 공격했다. 당시 조주의 수장(守將) 마발(馬發)의 수비와 방어가 매우 두터웠다. 원의 오극손택(烏克遜澤)은 조인들이 수비하는 성을 우리가 탈취하지 못하는 이유는 밖으로 벽루(壁壘)가 많아 서로 호응하기 때문이라고 했다. 『원사』 권163, 오극손택열전.

119) 매화나무 열매가 익을 무렵인 6월경에 내리는 장맛비를 매우(梅雨)라고 한다. 『풍토기』(風土記)에 이르기를 하지에 내리는 비를 황매우(黃梅雨)라고 한다. 의복을 적셔 모두 검푸르게 변한다. 『사시찬요』(四時纂要)에 이르기를 매화열매가 익을 때 내리는 비를 매우라 한다. 또 복건 지역 사람들이 입하 후에 경일(庚日)을 맞으면 입매(入梅)라고 하며, 망종(芒種, 양력 6월 5일경) 후에 임일(壬日)을 맞으면 출매(出梅)라고 한다. 농사를 짓는 사람들은 매우가 되면 비로소 농사를 시작한다. 『비아』(埤雅)에 지금 강상(江湘), 양자강 이남과 호남성), 절동 · 절서지역에 4~5월 사이에 매화잎이 누렇게 변해 떨어지면, 물은 윤택하고 토지는 기름져 기둥과 주춧돌은 모두 땀을 흘리며 더운 기운이 뭉쳐져 비를 만든다. 이를 매우라 한다. 『세시광기』(歲時廣記) 권2, 황매우 및 송매우(送梅雨). 강회(江淮) 이남은 땅의 기운이 낮고 습한데 특히 5월 상순부터 하순에 걸쳐 더욱 심하다. 5월 중순이 지나면 매우가 옷을 적셔 검게 부패시킨다. 『본초강목』(人民衛出版社, 1975) 5권, 수(水) 1 우수(雨水).

120) 계절풍으로 오(吳) 지역(강소성 일대)에서는 장마가 지나가고 나서 10일 동안 부는 바람을 말한다. 이때 처음으로 바람과 함께 배가 돌아와 이러한 이름이 생겼다. 『소식전집』(蘇軾全集) 권19, 박초풍시, 上海古籍出版社, 2000. 매년 7월 초순이 되면 반드시 동풍이 5~6일 동안 썰렁하게 불다 그치곤 한다.……농민들이 이 바람을 강소풍(强素風)이라 부르는데, 옛날에 강소라는 사람이 바다를 건너가다가 이 바람을 만나 빠져 죽어 강소풍이라 이름 붙인 것이라고 한다. 고려시대에는 상곡풍(傷穀風)이라고 했다. 박초풍 또한 매우가 내린 뒤 동쪽에서 부는 바람으로 강소풍과 흡사한 것이다.

에 정박할 수 있었던 것은 비에 젖은 옷을 짜 물을 받음으로써 타는 창자를 적셨을 뿐만 아니라 배가 실로 견고하고 빨라서 바람과 파도를 견딜 수 있었기 때문이다.

【윤1월 17일】 배를 버리고 육지에 오르다.

이날은 비가 왔다. 날이 채 밝기도 전에 전날의 배 여섯 척이 에워싸며 우리에게 말했다.

"보아하니 당신들은 좋은 사람인 듯하오. 나를 따라오시오. 당신들이 진귀한 물건을 가졌다면 조금만 주시오."

내가 대답했다.

"표류한 지 이미 오래되어 가져온 물건은 바닷속에 다 흩어져 사라졌소. 만약 살 길을 알려준다면 우리가 타고 있는 배와 노는 당신들의 소유가 될 것이오."

그리고 사람 사는 곳이 멀리 있는지 가까이 있는지를 물으니, 그 무리 중의 한 명이 말했다.

"이곳에서 관부(官府)가 가깝소. 당신들이 떠나려고 한다면 막지 않겠소."

"앞으로 1리121)를 가면 인가가 있을 것이오."

또 다른 사람은 이렇게 말했다.

"이곳은 인가와 멀리 떨어져 있으니 지체하면 안 됩니다."

내가 다시 관부로 가는 길이 머냐고 물으니 한 사람은 태주부가 여기서 180리 떨어져 있다 하고, 어떤 이는 150리 떨어져 있다 하고 어떤 이는 240리 떨어져 있다고 하는 등 말이 서로 달라 믿을 수 없었다.

그들은 시끄럽게 떠들며, 배에 다투어 올라타 눈에 드는 것은 비록 작은 물건이라도 빼앗았다.

그들은 우리에게 말했다.

---

121) 명대의 1리는 559.8미터다.

"우리와 같이 가지 않는다면 화를 낼 것이오."

안의는 배를 버리고 그들의 배에 올라 가자는 대로 따르자고 했고, 이정은 한 사람을 때려죽여서 그들을 물리치자고 했다.

"너희들의 계책은 모두 옳지 않다. 저들을 보건대 말이 진실하지 못하며 겁탈이 심하니, 진위 여부를 알 수 없다. 저들이 만약 지난번 하산의 해적과 같은 무리라면, 안의의 계책에 따라 저들을 쫓아간다면 반드시 외딴 섬으로 배를 몰아가서 우리를 물속에 빠뜨려 흔적을 없앨 것이다. 저들이 만약 어선이거나 해안을 방어하는 배라면, 이정의 계책에 따라 사람을 때려죽인다면 저들은 자신들이 한 행위는 감추고 도리어 외국인이 와서 사람을 죽였다고 할 것이다. 그러면 대국의 변경이 시끄럽게 되어 우리는 도적으로 모함받을 것이다. 더욱이 말도 통하지 않아 변명하기 어려우니 반드시 모두 변장(邊將)에게 죽게 될 것이다. 너희들의 계책은 스스로 죽음의 길을 택하는 것이니, 임시방편으로 저들의 형세를 지켜보는 것이 낫다."

내가 그 사람들에게 말했다.

"우리는 바다에 표류한 날이 오래되어 기갈과 피곤함이 극에 다다라 위태로운 목숨을 간신히 지탱하고 있을 뿐이오. 밥을 지어 배고픔을 면한 연후에 같이 가도록 합시다."

그 사람들이 다시 말했다.

"당신들은 잠시 머문뒤 천천히 출발하도록 하시오."

그리고 나서 곧 배를 저어 2, 3리쯤 물러났다.

그러나 곧 다시 우리 배를 에워쌌다. 비 때문에 모두 배의 창고 안에 들어가서 감시하는 자가 없었다.

내가 우리 일행에게 말했다.

"저들의 말과 행동거지가 매우 황당하다. 저 산이 이미 육로와 연결되어 있으니 분명 사람 사는 곳과 통할 것이다. 지금 잘 처신하지 못한다면, 우리 목숨은 그들의 수중에 놓여 끝내는 바닷속 원귀가 될 것이다."

마침내 배리 등을 이끌고 먼저 배에서 내리자 여러 명의 군인들이 잇

달아서 배에서 내렸다. 비를 무릅쓰고 수풀을 헤치며 달아나 고개 두 개를 넘었다. 고개에서는 해안이 내려다보이고 바위가 마치 담장처럼 쌓여 있었다. 6, 7리쯤 가자 한 마을의 사(社)[122]가 나타났다. 내가 배리와 군인들에게 말했다.

"우리는 생사고락을 같이하여 골육지친과 다름없으니, 지금부터 서로 돕는다면 몸을 보전하여 돌아갈 수 있을 것이다. 어려움을 당하면 같이 구하고, 한 그릇의 밥을 얻으면 같이 나누어 먹는다. 병이 생기면 같이 돌보아 한 사람이라도 죽는 사람이 없어야 할 것이다."

"모두 말씀대로 하겠습니다."

또 내가 말했다.

"우리 나라는 본래 예의지국이니 비록 표류하고 쫓겨다니는 궁색한 지경이라도 마땅히 예의바른 모습을 보여야 한다. 이곳 사람들이 우리 나라의 예절을 알도록 해야 한다. 무릇 이르는 곳마다 배리는 나에게 무릎을 굽혀 절하고, 군인은 배리에게 무릎을 굽혀 절하여 예의에 어긋남이 없게 하라. 만약 마을 앞에서 또는 성 안에서 무리지어 와서 보는 자가 있으면 반드시 손을 모아 예를 표하고 감히 제멋대로 행동함이 없게 하라."

모두 "말씀대로 하겠습니다"라고 대답했다.

그 마을에 도착하자 마을의 남녀노소가 앞을 다투어 나와 우리 일행을 괴이하게 여기며 빙 둘러쌌다. 나와 종자가 빠른 걸음으로 나아가 읍(揖)을 하니, 모두가 소매를 모아 몸을 굽히며 답례했다. 내가 조선으로부터 오게 된 연고를 고했다. 그 가운데 두 사람은 용모가 평범한 사

---

122) 농업 정착의 생활이 시작되자 각처에 크고 작은 집락(集落)이 형성되었다. 이들 집락은 동족만이 아니라 몇 개의 종족이 모여 만들어졌는데, 종교심에서 토지의 신을 공동으로 모시고 이를 중심으로 단결했다. 대략 25가(家)가 중심이 되어 제사 지내는 토지의 신이 사(社)다. 원대는 권농과 의창(義倉), 그리고 의학(義學)의 제도를 유지하기 위해 50호를 편성 단위로 하는 촌락공동체가 사였다. 曾我部靜雄, 『中國及び古代日本における鄕村形態の變遷』, 吉川弘文館, 1963; 松本善海, 『中國村落制度の史的硏究』, 岩波書店, 1977.

람처럼 보이지 않았는데, 그들이 우리에게 말했다.

"당신들이 조선국 사람이라면 어찌된 연유로 우리 나라 경계로 들어오게 되었소? 당신들이 도적인지, 조공을 바치러 온 사람들인지, 또는 풍랑을 만나 정처없이 떠도는 사람들인지 하나도 빼놓지 말고 낱낱이 써서 가져오면 여러 곳을 거쳐서 환국토록 하겠소."

내가 말했다.

"우리는 본래 조선국 사람이오. 왕명을 받들어 제주도에 갔다가 부친상을 당하여 바다를 건너다 폭풍을 만나 표류를 당하여 해안가에 이르렀소. 배를 버리고 육지에 올라 인가를 찾아서 여기까지 오게 되었소. 대인에게 청하오니 관부에 알려 거의 죽음에 처한 목숨을 구해주시오."

그리고 즉시 가지고 온 인신과 관대, 문서를 보여주었다. 그 두 사람이 이것을 살펴보고, 내 앞에 진무와 배리 등이 무릎을 꿇은 것과 맨 끝의 군인들도 일제히 부복한 것을 가리키며 말했다.

"귀국이 예의지국임을 들은 지 오래되었소. 과연 듣던 대로요."

그들은 즉시 큰 소리로 가동(家僮)을 불러 미장(米漿, 미음)과 차, 그리고 술을 가지고 와서 권했다. 군인들에게도 모두 돌아가게 하여 양껏 마시도록 했다.

그러고는 마을 앞의 불당을 가리키며 말했다.

"당신들은 이 불당에 들어가 편히 쉬시오."

불당에 이르러 풍랑에 젖은 옷을 벗어 바람에 말린 지 얼마 지나지 않아 그 두 사람이 밥을 지어 보내왔다. 과연 모두 충성스럽고 후덕한 사람이었다. 그러나 그들의 직책과 성명은 잊어버렸다.

잠시 후에 두 사람이 와서 말했다.

"당신들이 몸을 움직일 수 있다면 좋은 곳으로 보내도록 하겠소."

"좋은 곳이 여기서 얼마나 되오?"

두 사람이 당황한 목소리로 말했다.

"또다시 2리쯤 가면 되오."

"그곳의 지명은 무엇이오?"

"서리당(西里堂)이오."

"비가 심하여 길이 질척거리고 게다가 날이 저물어가는데 괜찮겠소?"

"갈 곳이 멀지 않으니 근심할 필요 없소."

그들의 말에 따라 종자를 거느리고 길을 나서자 마을 사람들이 몽둥이와 검을 들고, 징과 북을 치며 앞에서 이끌었다. 징과 북소리를 듣고 사람들이 구름처럼 모여들어 큰 소리를 질러대고 이리저리 날뛰면서 전후좌우를 에워싸고 번갈아 호송했다. 앞마을에서 이와 같이 호송하고, 뒷마을에서도 이와 같이 하여 50여 리를 지나니 밤이 깊었다.

【윤1월 18일】 길에서 천호(千戶)[123] 허청(許淸)을 만나다.

이날은 큰비가 내렸다. 자정 무렵에 우리 일행은 마을 사람들에게 내몰려 높은 언덕을 지났는데 소나무와 대나무가 우거져 있었다. 그곳에 은둔하여 선비를 자칭하는 왕을원(王乙源)이라는 사람을 만났다. 그는 내가 밤에 비를 맞으며 괴롭게 고초를 당하며 끌려가는 것을 가련하게 여겨 마을 사람을 제지시켜 잠시 멈추게 하고는, 그가 나에게 이곳에 온 유래를 묻기에 내가 표류된 연고를 고하니, 왕을원은 측은히 여기며 즉시 술을 가져오게 하여 나에게 권했다.

내가 말했다.

"우리 조선 사람은 친상을 당하면 술과 고기를 마시거나 먹지 않고

---

123) 명대 병제의 기본은 위소제(衛所制)로 위는 지휘사(指揮使, 정3품) 1명, 지휘동지(指揮同知, 종3품) 2명, 지휘첨사(指揮僉事, 정4품) 4명, 진무사(鎭撫司)의 진무(종5품) 2명, 그 소속으로 경력사(經歷司)의 경력(종7품), 지사(知事, 정8품), 이목(吏目, 종9품), 창대사(倉大使)와 부사(副使) 각 1명으로 편성했다. 통할하는 천호소의 수는 기본적으로는 5개의 소(所)지만 동일하지 않다. 천호소는 정천호(正千戶, 정5품) 1명, 부천호(副千戶, 종5품) 2명, 진무(종6품) 2명, 그 소속으로 이목 1명이 있다. 10개의 백호소를 통할한다. 백호소는 백호(百戶, 정6품) 10명, 총기(總旗) 20명, 소기(小旗) 100명으로 편성했다. 1위는 5,600명으로 편성했다. 『명사』권76, 직관지 5.

매운 음식이나 맛있는 음식도 먹지 않는 것을 삼년상이 끝날 때까지 하오.[124] 술을 대접해주어 은혜에 깊이 감사하나, 나는 지금 상을 당했으니 감히 사양하겠소."

을원은 나에게 차를, 종자들에게는 술을 내주며 물었다.

"당신네 나라에서도 불교를 믿소?"

"우리 나라는 불교를 숭상하지 않고 오로지 유학만을 숭상하오. 집집마다 효·제·충·신을 본분으로 삼고 있소."

을원은 나의 손을 잡고 이별을 아쉬워했다.

그 마을 사람들이 우리를 내몰아 큰 고개에 도착했다. 내가 발이 부르터서 더 갈 수 없게 되자, 마을 사람들이 나의 두 팔을 낀 채 앞에서 끌고 뒤에서 밀면서 갔다.

여러 곳을 거쳐 20여 리쯤 갔는데, 마을에 큰 다리가 있었다. 이 마을 사람들이 모두 몽둥이로 우리를 마구 때리면서 횡포를 부렸고 겁탈이 매우 심했다. 오산이 나의 말안장[125]을 짊어졌는데, 한 사람이 때리면서 빼앗았다. 우리는 매질을 당하며 내몰렸고, 엎어지고 울부짖으며 고개 두 개를 넘어 또 다른 마을로 보내졌다.

날이 샐 무렵 큰 다리가 있는 마을의 이름을 물으니 선암리(仙岩里)라고 했다. 육지에 오른 이래 길가에서 구경하는 사람들이 모두 팔을 휘두르고 목을 가리키며 참수하는 흉내를 냈지만, 우리는 그 뜻을 알지 못했다. 걸어서 포봉리(蒲峯里)에 도착하자 비가 조금 그쳤다.

한 관리가 군리(軍吏)[126]를 거느리고 와서 나에게 물었다.

"그대는 어느 나라 사람이며 어떻게 이곳에 도착했는가?"

---

124) 참최(斬衰)와 재최(齊衰)는 3년이며, 어육을 먹지 않는다. 상복을 정장하는 성복(成服)하는 날에 주인과 형제는 비로소 죽을 먹는다. 상복을 입는 기간이 5월과 3월에 해당하는 사람은 술을 마시고 고기를 먹지만 잔치에는 참석하지 않는다. 임민혁 옮김, 『주자가례』, 상례 및 성복(成服), 예문서원, 1999.

125) 경차관은 중앙에서 파견한 관리로서 각각의 품급에 맞게 관복과 인신 그리고 마구류(馬具類)가 주어졌다. 여기에서 말안장은 5·6품 관직에 해당하는 백녹각변안(白鹿角邊鞍)이다. 『대전통편』 예전 의장.

"나는 조선국 사람으로 문과에 두 번 급제[127]한 후 국왕의 근신(近臣)이 되어 국사를 받들어 해도(제주도)를 순시하다가 분상[128](부친상)을 당하여 육지로 나아가던 길에 폭풍을 만나 표류하여 이곳에 이르게 되었습니다. 기갈과 숱한 고생 끝에 겨우 목숨을 부지했으나 다시 마을 사람들에게 내몰려 다니느라 고초가 극에 이르렀는데, 여기서 관인을 만나니 이제야 우리가 살 수 있는 기회를 만난 것 같습니다."

관리는 나에게 먼저 죽을 대접하고, 식사 도구를 내주면서 나의 종자에게 밥을 지어 먹게 했다.

내가 그 관인의 성명과 직무를 물으니, 왕괄(王适)이라는 사람이 이렇게 말했다.

"그는 해문위(海門衛)[129] 천호 허청으로 당두채(塘頭寨)[130]를 지키다가 왜구가 국경을 침범했다는 말을 듣고, 그들을 체포하기 위해 온 것이오.[131] 그러니 언행을 신중히 해야 할 것이오."

나는 피곤하여 길가에 쓰러졌고, 팔다리를 움직일 수가 없었다.

---

126) 군리는 위소에 소속된 군사와 이목(吏目)을 합쳐서 부르는 것이다. 『명사』 권 76, 직관지5. 군인 중 문자를 식별하는 자로 위소에서 문안(文案)을 담당하는 자를 말한다. 徠物茂卿 著, 內田智雄・日原利國 校正, 『明律國字解』, 創文社, 1989. 그들은 문자를 알고 있는 까닭에 군사를 100리 밖에 보내 매매를 하게 하고 사사로이 전토를 경작하거나 점유하는 폐해를 끼치고 있었다. 『대명률』 병률 종방군인헐역(縱放軍人歇役).

127) 조선 성종 13년(1482) 알성문과(謁聖文科)에 급제했고, 성종 17년(1486) 중시(重試)에 합격했다. 『문과방목』(文科榜目) 성종 13년 친시(親試) 을과(乙科) 1; 성종 17년 중시 을과 1.

128) 분상이란 타방(他邦)에 거주하면서 향당(鄕黨)의 상(부모나 친족)을 전해 듣고 급히 돌아가는 예다. 분(奔)이란 급함을 나타낸 것이다. 그러나 친족이 멀수록 급함의 차이는 달라진다. 『예기』 분상.

129) 명 태조 홍무 20년(1387) 2월에 설치했다. 태주부성 동쪽 90리 되는 곳에 있다. 『명 태조실록』 권180, 갑진조; 『대명일통지』 권47, 태주부.

130) 명대의 해방체제(海防體制)는 연해위・수어천호소(守禦千戶所)・채(寨)・영(營)・수채(水寨)・봉후(烽堠) 등으로 구성했다. 채에는 연해위소(沿海衛所)의 왜구를 포획하는 군사를 선발하여 편성했으며, 20~40척의 군선이 배치되었다. 川越泰博, 「明代海防體制の運營構造―創成期を中心に―」, 『史學雜誌』81-6, 1971.

허청이 나에게 말했다.

"우리 대당의 법도는 엄격하여 그대들 같은 외지 사람을 이 난동 속에 오래 두어 양민(良民)을 소란하게 할 수 없다."

그러고는 군리들에게 우리를 빨리 끌고 가도록 했다.

5리쯤을 가니 관청이 나왔는데 당두채였다. 긴 제방을 지나는데 한 10여 리쯤 되었고, 비가 다시 많이 내리기 시작했다.

나는 이리 비틀 저리 절뚝거리다가 다리를 마음대로 움직이지 못하고 길 위에 쓰러졌다.

"내 근력이 다하여 곧 죽을 것 같다. 일찍이 이럴 줄 알았다면 차라리 바다에서 죽는 것이 더 편했을 것이다."

정보 이하 모두가 나를 마주보고 통곡했다. 군리들이 심하게 독촉하여 잠시도 머무를 수가 없었다. 이정·이효지·허상리·현산 등, 몸이 건실한 사람이 교대로 나를 업고 갔다. 고개 두 개를 넘어 30여 리쯤 가자 사람이 살고 있는 매우 번성한 마을이 나왔는데, 앞에는 절이 있었다.

날이 저물어 가는데 비가 그치지 않으므로 허청이 우리를 절에서 하룻밤 머물게 하려 했지만, 마을 사람 모두가 안 된다고 했다.

허청이 나에게 말했다.

"이 지방 사람들 모두 당신들이 도적이 아닌가 의심하고 있기 때문에 머무는 것을 허락하지 않으니, 비록 걷기가 어렵더라도 가지 않을 수 없다."

군리들이 우리를 내몰았다. 큰 고개 하나를 넘어 3경에 어느 냇가에 닿았다. 이정 등도 힘이 다하여 제 몸조차 가눌 수 없는 지경이라 나를 업을 수 없었고, 종자들도 모두 기진맥진하여 걷기가 어려웠다. 허청이 몸소 나의 손을 잡아 일으켰으나, 나의 양발이 부르터서 한 발자국도

---

131) 원 말부터 현저한 활동을 보이는 왜구 및 해적, 해도(海島)에 근거지를 둔 군웅의 발호에 대처하기 위해, 명조는 일찍부터 해방체제를 형성하고 정비했다. 즉 산동에서부터 광동에 이르는 연해지역에 위소를 설치하여 그들을 방비했다. 徐仁範, 『明代兵制史의 硏究』, 日本 東北大 博士學位論文, 1999.

움직일 수 없었다.

고이복이 화를 버럭내며 나에게 말했다.

"이 양반아! 이 양반아! 어찌 괴로워 미치지 않는가? 당신이 그토록 힘들다면 사지를 내버려둬 차라리 일어나지 못했으면 좋겠다."

그 말에 치욕을 느껴 '차라리 죽겠다. 마땅히 이곳에서 죽으리라' 하며 다시 누워 일어나지 않자, 종자들도 모두 여기저기 누워버렸다. 허청이 군리를 독려하고 때렸으나 우리를 내몰 수 없었다. 얼마 지나자 또 한 관인이 횃불을 든 병졸들을 거느리고 왔다. 갑옷과 투구를 걸치고 창검과 방패 따위로 무장한 그들은 요란스럽게 태평소·바라(취주악기)·나팔·징·북·총소리를 내며 갑자기 우리를 겹겹이 에워싸더니, 칼과 창으로 치고 찌르는 시늉을 했다. 우리는 크게 놀라 혼비백산하여 어찌할 바를 몰랐다.

그 관인과 허청이 군사를 정돈하여 우리를 위협하며 내몰았다. 3, 4리쯤 가니 큰 집이 있는데 성곽으로 둘러싸인 관방(關防) 같았다. 물어보니 두독장(杜瀆場),[132] 도저소(桃渚所)[133] 또는 비험소(批驗所)[134]라 했다. 성 안에는 안성사(安性寺)란 절이 있는데, 우리가 절에서 유숙

---

132) 어독장(於瀆場)은 두독장의 오기다. 장(場)은 염장(鹽場), 즉 소금을 생산하는 곳인데 상인이 소금을 수령하여 염장을 출발할 때, 비험소가 있어 염인(鹽引, 소금거래 허가증)에 기록한 근량과 실제 소지한 소금이 일치하는지를 검사한다. 명대에는 도운사(都運司)를 설치하여 오로지 염정(鹽政)을 담당하게 했다. 태주에도 염과분사(鹽課分司)가 설치되어 소금에 대한 세금을 거둬들이는 일을 독려했는데 두독장이 그 하나다. 이 염과분사는 임해현 동쪽 100리 떨어진 곳에 있다. 가정『절강통지』권16, 건치지; 권18, 공부지(貢賦志).

133) 도지소(桃知所)가 아니라 도저소(桃渚所)의 오기다. 해문위 동북쪽에 있다. 명 태조 홍무 20년(1387)에 설치했고, 해문위에 속했다.『명사』권44, 지리지 5. 도저소에는 조운미를 운반하는 운군(運軍) 등을 포함한 군사 천 명, 전선(戰船) 약간 척으로 편성했고, 봉후(烽堠)는 12군데에 설치되어 있었다. 가정『절강통지』권57, 경무지(經武志).

134) 대사(大使)와 부사(副使) 각 1명으로 편성했고, 차인(茶引, 차거래 허가증) 이나 염인을 조사했다.『명사』권75, 직관지 4. 소금을 생산하는 지역으로부터 정해진 판매지역까지 가는 도중 교통 운수의 중요지역에 둔 이곳에서 상인의 소금

소금을 구워내는 곳인 염장(『천공개물』).

하는 것을 허락했다.

내가 관인에 대해 묻자 승려가 대답했다.

"이곳 도저소 천호인데 왜인이 국경을 침범했다는 소식을 듣고 무기를 가지고 와 이곳에 비치해놓았소. 허 천호의 보고에 의해 병졸을 거느리고 가서 당신들을 호송해왔소. 그러나 그대들 마음이 진실인지 거짓인지 알지 못하니 내일 도저소에 도착하면 심문할 것이오."[135)]

【윤1월 19일】도저소에 도착하다.

이날 큰비가 내렸다. 천호 두 명이 함께 말을 타고 우리를 내몰아서 비를 무릅쓰고 갔다.

나는 정보로 하여금 허청에게 고하게 했다.

"우리는 바다를 표류하면서 물에 뜨기도 하고 가라앉기도 했고, 기갈로 죽을 뻔했다가 다시 살아나서 겨우 남은 목숨을 보존하여 귀국의 국경에 도착하여 관인을 만났고, 어제 아침식사를 배불리 먹었기 때문에 다시 살 수 있게 되었습니다. 그러나 장맛비와 진창길 속에서 구덩이에 넘어지고 골짜기에 엎어졌으며, 돌에 부딪치고 진창에 빠져, 몸이 얼고 다리에 힘이 없으며, 마음은 초조하고 힘은 다했습니다. 어제저녁에는 아무것도 먹지 못했고, 오늘 아침도 역시 먹지 못했습니다. 게다가 사람들에게 내몰려 큰비를 무릅쓰고 움직였으니, 우리는 아마 중도에 넘어져 죽을 것입니다."

판매허가증이나 소금의 중량을 검열했다. 사염(私鹽), 즉 정해진 지역 외에서 소금을 판매하는 것을 방지할 목적으로 설치했다. 佐伯富, 『中國鹽政史の硏究』, 法律文化社, 1987.

135) 명 태조 홍무 17년부터 영종 정통 4년까지 약 55년에 걸쳐 절강성 동부 연해지역에 피해가 7번 있었다. 그 가운데 도저소의 피해가 가장 컸다. 왜구들은 관의 창고와 민가에 불을 지르고 장정들을 구타하고 묘소를 파헤쳤다. 어린이를 대나무에 매달아 뜨거운 물을 부어 그 우는 모습을 보면서 손뼉치며 즐거워했고, 내기로 임신한 부녀자들을 끌어와 아들인가 딸인가를 알아맞히기 위해 배를 도려낼 정도였다고 한다. 『명사기사본말』 권55, 연해왜란(沿海倭亂).

허청이 말했다.

"어제는 그대들이 관사(官司)에 도착하지 못하여 굶주렸는데, 오늘 만약 빨리 도착하면 관에서 공급할 것이니, 빨리빨리 가시오!"

내가 움직일 수가 없어 길가에 넘어진 채 몸을 추스리지 못하자, 손효자, 정보, 김중, 막금, 만산, 최거이산 등이 둘러 앉아서 통곡했다.

때마침 소를 끌고 지나가는 사람이 있어서 정보가 천호에게 고했다. "옷을 벗어줄 테니 이 소를 사서 우리 관원(최부)을 태우도록 하십시오."

허청이 말했다.

"내가 어찌 그대들이 이렇게 어려움을 겪는 것을 불쌍히 여기지 않겠는가? 그러나 국법에 구애를 받기 때문에 도울 수 없을 뿐이다."

이정과 효지, 그리고 상리 등이 나를 교대로 업고 고개를 하나 지나 약 20여 리쯤 가서 한 성에 도착했는데, 바로 해문위(海門衛)[136]의 도저소였다. 성으로 가는 7, 8리 사이에 갑옷을 입고 창과 총통(銃㷁)과 방패를 든 군졸이 길 좌우에 늘어섰다. 그 성에 도착하니 성은 중문(重門)[137]이었는데, 성문에 철빗장이 있었다. 성 위에 망루(望樓, 警戍樓)가 줄지어 있고, 성 안에는 물건을 사고 파는 가게들이 연이어 있었으며, 사람이 많고 물산이 풍부했다.

허청이 우리를 이끌고 어떤 공관에 이르러 유숙하기를 허락했다. 나의 몰골은 초췌하기 이를 데 없었고, 의관도 진흙투성이라 보는 사람마

---

136) 명 태조 홍무 20년(1387) 2월에 설치하였고, 태주부성 동쪽 90리 되는 곳에 있다. 전투군사 약간과 둔군(屯軍) 683명, 전선 약간, 5개의 봉후로 편성했다. 『명태조실록』 권180, 갑진조; 가정 『절강통지』 권57, 경무지.

137) 성문이 중문으로 된 것은 옹성(甕城) 구조를 가졌기 때문이다. 북송 인종(仁宗) 강정(康定) 연간(1040~41) 증공량(曾公亮)이 편찬한 『무경총요』(武經總要)에 서 표현된 성곽의 구조를 보면, 성문의 전면을 반원형으로 설치하고 양 측면에 문을 내며, 밖에는 해자를 설치했다. 이와 같은 옹성 구조에서 문은 성문과 일자로 내지 않아서 방어시설로서의 기능을 했다. 그리고 명·청시대에는 대부분의 성곽시설에서 옹성구조가 보이고 있다. 愛宕元, 『中國の城郭都市—殷周から明淸まで』, 中央公論社, 1991.

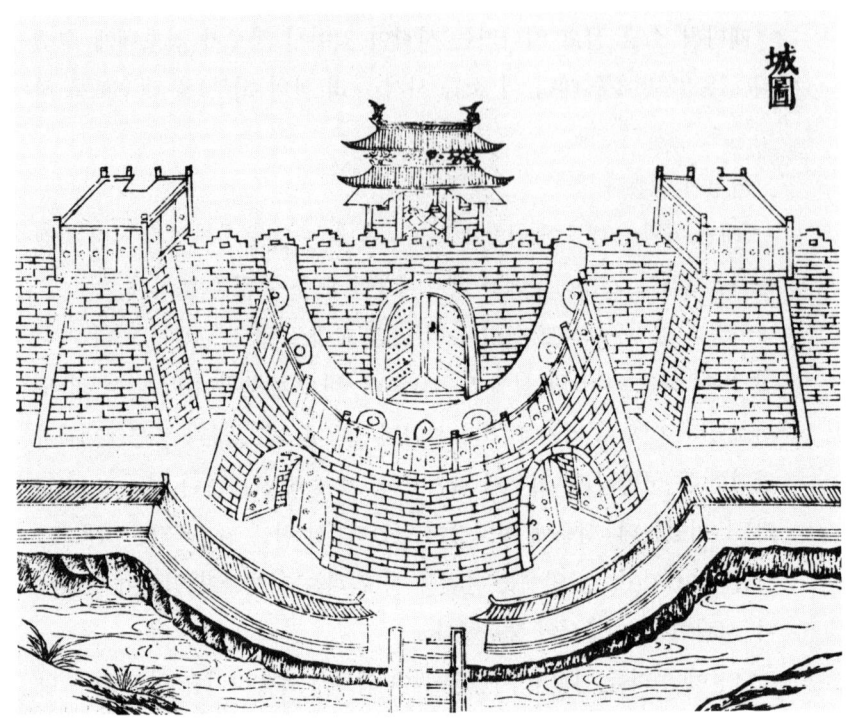

옹성구조로 이루어진 명·청시대의 성곽. 이 구조는 성문의 전면을 반원형으로 설치하고 양 측면에 문을 내며, 밖에는 해자를 설치했다(『삼재도회』).

다 비웃었다.

왕벽(王碧)이라는 사람이 글로 나에게 말했다.

"어제 이미 상사(上司)에 '왜선 14척이 변경을 침범하여 사람들을 약탈했다'고 보고했는데, 당신들이 정말 왜인이오?"

"우리는 왜적이 아니고 바로 조선국의 문사(文士)요."

또 노부용(盧夫容)이라는 자가 자칭 서생(書生)이라면서 나에게 말했다.

"수레는 바퀴가 같고 글은 문자가 같은데,[138] 유독 당신들 말소리는 중국과 다르니 어떤 이유요?"

"천리에도 풍속이 다르고, 백리에도 습속이 같지 않은 법이오.[139] 족하(足下)는 우리 말이 괴이하게 들린다고 하는데, 나 또한 족하의 말이 괴이하게 들리니, 습속은 다 그런 것이오. 그러나 똑같은 하늘이 내려준 성품을 지녀 나의 성품 또한 요(堯)[140]·순(舜)[141]과 공자(孔

---

138) 차동궤(車同軌) 서동문(書同文). 지금 천하의 수레는 궤폭이 같고 글은 문자가 같으며 행동은 윤리가 같다. 『예기』 중용. 천하가 통일되었다는 의미다.
139) 중국에서 예로부터 전해오는 속담 중에 "토지가 광대하고 산물이 풍부하면 천리에도 풍속이 다르고, 백리에도 습속이 같지 않다"는 말이 있다. 즉 장소가 변하면 물건도 바뀐다는 뜻이다.
140) 중국 고대 오제(五帝)의 한 명으로 이름은 방훈(放勳)이다. 처음에 도(陶)의 지역에, 후에 당(唐) 지역에 봉해져 도당씨(陶唐氏)라고도 하며, 당을 요(堯) 왕조의 이름이라고 보고 당요라고 하는 경우도 있다. 그는 어질기가 하늘과 같고 지혜가 산과 같아 사람들이 가까이 접해보면, 성품이 인자하기가 마치 태양을 우러러봄과 같았다. 부귀하면서도 교만하지 않고 사람을 깔보지 않았다. 군신의 의를 중시하고 현인을 받드는 정치를 실시했다. 이후 제왕 정치의 모범으로 삼고 있다. 『사기』 권1, 오제본기(五帝本紀); 『상서』 우서(虞書) 요전(堯典).
141) 중국 고대 오제의 한 명으로 이름은 중화(重華)다. 아버지 고수(瞽叟)는 앞이 보이지 않는 사람이었고, 어머니가 일찍 죽어 계모 밑에서 자라났다. 계모가 순을 못살게 굴고 심지어는 죽이려고까지 했으나 그때마다 슬기롭게 처신하여 항상 무사히 위기를 넘기곤 했다. 마침 요임금이 그의 아들인 단주(丹朱)가 불초하여 군주의 자리를 물려줄 만한 인물이 되지 못한다고 판단하고 순에게 위를 물려주었다. 순임금도 제위를 자식에게 물려주지 않고 홍수를 잘 다스린 우(禹) 임금에게 물려주었다. 『사기』 권1, 오제본기; 『상서』 우서 순전(舜典).

子)¹⁴²⁾ · 안회(顔回)¹⁴³⁾와 같소. 그러니 어찌 말소리가 다르다고 하여 꺼리겠소?"

그 사람이 기뻐하고 웃으면서 말했다.

"당신들도 상을 당하면 『주문공가례』를 따르오?"

"우리 나라 사람도 상을 당하면 모두 한결같이 가례를 받들고 따르오. 나도 당연히 이를 따라야 하는데, 다만 풍파 때문에 거스르게 되어 지금에 이르기까지 관 앞에서 곡을 할 수 없음을 통곡할 따름이오."

"당신은 시를 지을 줄 아시오?"

"시사(詩詞)는 경박한 자가 풍월을 조롱하는 밑천으로 하는 것이지, 도를 배우는 독실한 군자가 행할 바는 아니오.¹⁴⁴⁾ 우리는 격물(格物) · 치지(致知) · 성의(誠意) · 정심(正心)¹⁴⁵⁾으로 학문을 삼고 있으며, 시사를 배우는 것에 뜻을 두지 않소. 혹시 어떤 사람이 먼저 창(倡)한다면 화답은 하지요."

---

142) 노(魯)나라 창평향(昌平鄕) 추읍(陬邑, 현 산동성 곡부[曲阜]의 남동)에서 출생했다. 자는 중니(仲尼), 이름은 구(丘), 성은 공(孔)이다. 유교의 시조로 처음에는 노나라를 섬기다 후에는 10여 년 동안 여러 나라를 돌며 제후들에게 윤리와 도덕을 말했지만 받아들여지지 않았다. 만년에는 노나라에서 제자들의 교육에 전념했고, 『춘추』를 저술했다고 한다. 『사기』 권47, 공씨세가(孔氏世家).

143) 자는 자연(子淵)으로 노나라 사람이다. 공자의 제자 중에서 가장 뛰어났고 덕행이 제일이라고 칭해졌다. 공자에게 그 노여움을 옮긴 적이 없었으며, 잘못을 두 번 다시 되풀이하지 않았다고 한다. 32세의 나이로 죽었다. 『사기』 권67, 중니제자열전(仲尼弟子列傳). 『논어』에 안연편(顔淵篇)이 있다.

144) 조선의 관인에게는 중국의 관료들이 시를 요구하는 경우 이를 물리치는 것이 하나의 풍조였던 것 같다. 한 예로 요동의 장인대인(掌印大人)이 진무에게 부채를 주면서 조선 사행에게 시를 요구했으나, 허봉 일행은 조선 사람들은 경서에만 힘쓸 뿐 풍월을 읊을 겨를이 없었다며 거절했던 것이 그것이다. 허봉(1551~88), 『조천기』(연행록선집) 1573년 6월 24일. 그러나 반드시 사행 전부가 시를 거부한 것은 아니다.

145) 옛날의 밝은 덕을 천하에 밝히려던 이는 먼저 나라를 다스렸고, 나라를 다스리려는 이는 먼저 집안을 가지런히 했다. 집안을 가지런히 하려는 이는 먼저 몸을 닦았고, 몸을 닦으려는 이는 먼저 마음을 바르게 했다. 마음을 바르게 하려는 이는 먼저 뜻을 정성되게 했다. 뜻을 정성되게 하려는 이는 먼저 앎에 이르게 했으니, 앎에 이르게 됨은 사물을 규명함에 있다. 『대학』(大學).

이상적인 군주로 일컫는 요임금(『삼재도회』).

중국 고대의 성천자(聖天子) 순임금(『삼재도회』).   공자의 제자 안회(『삼재도회』).

어떤 사람이 나의 손바닥에 글씨를 썼다.

"당신들을 보건대, 호인(互人, 사람의 얼굴에 물고기의 몸을 가진 사람)[146]이 아닌데 다만 언어가 달라서 못 보고 못 듣는 사람 같으니 진실로 가련하오. 내가 당신에게 한마디하겠는데, 이를 기억하고 신중하게 행하여 가볍게 다른 사람과 말하지 마시오. 예로부터 왜적이 여러 차례 우리 변경을 약탈했기 때문에 국가에서는 비왜도지휘(備倭都指揮)[147]와 비왜파총관(備倭把總官)[148]을 두어 방비했소.[149] 만약 왜적을 잡으면 모두 먼저 죽이고 나중에 보고하오. 당신들이 처음 배를 정박한 곳은 사자채(獅子寨)의 관할로서, 수채관(守寨官)[150]이 당신들을 왜인이라 무고하여 머리를 베고 현상하여 공을 얻고자 하고 있소.[151] 그래서 '왜선 14척이 변경을 침범하여 백성을 약탈한다'고 보고하고, 바로 군사를 거느리고 가서 당신들을 붙잡아 참수하고자 했으나 당신들이 먼저 배를 버리고 사람이 많은 마을로 들어왔기에 그 계획을 행할 수 없

---

146) 호인국(互人國)이 있는데, 호인은 사람 얼굴에 몸은 물고기의 형상이며 염제(炎帝, 神農氏)의 손자로 이름을 영개(靈恝)라고 한다. 영개가 호인을 낳았고 구름과 비를 잘 탔다고 한다. 『산해경』 권16, 대황서경(大荒西經).
147) 진수장교(鎭戍將校)로 진수·협수(協守)·분수(分守)·수비(守備)·비왜(備倭)가 있는데, 이들은 모두 일이 발생하면 설치했다. 지세의 험하고 중요한 곳을 조사하여 군사를 배치하고 지키게 했다. 무직은 세습이 가능한 세관(世官)과 불가능한 유관(流官)으로 구분하는데, 유관에는 좌우도독(左右都督)·도독동지(都督同知)·도독첨사(都督僉事)·도지휘사(都指揮使)·도지휘동지(都指揮同知)·도지휘첨사(都指揮僉事)·정유수(正留守)·부유수(副留守) 등이 있다. 『명사』 권72, 직관지 1.
148) 파총은 총병관·부총병·참장·수비 아래 있는 직급으로 품급과 정원이 없고 (『명사』 권76, 직관지 5), 명 태조 홍무 초에는 위소관 중에서 비왜를 담당할 군관을 선발하였고, 수채(水寨)는 지휘 1명을 파총이라 하여 군사를 통솔시켰다.
149) 절강의 연해에 9개의 위소를 설치하여 주로 비왜의 임무를 담당하게 했다. 이 외에 특별히 연해에 28개의 소를 설치했다. 위소관은 각각 정원이 있는데, 연해는 특별히 총독도지휘(總督都指揮) 1명, 파총지휘(把摠指揮) 4명을 설치했다. 가정 『절강통지』 권57, 경무지.
150) 수채관은 연해위에서 파견한 지휘관으로 임명됐다. 川越泰博, 「明代海防體制の運營構造-創成期を中心に-」, 『史學雜誌』 81-6, 1971.

었던 것이오. 내일 파총관이 와서 당신들을 심문할 것이니, 상세하게 말하시오. 조금이라도 거짓이 있으면 앞으로의 일을 예측할 수 없게 될 것이오."

내가 이름을 묻자 그는 "내가 이런 말을 한 것은 그대를 소중히 여기고 위태롭다고 여겼기 때문이오" 하고 머리를 흔들면서 갔다.

나는 그 말을 듣고 머리가 쭈뼛이 서서 바로 정보 등에게 말했다. 정보가 말했다.

"길가의 사람이 우리를 가리키며 참수의 형상을 했던 것은 모두 이러한 음모에 현혹되었기 때문이었습니다"

저녁에 천호 등 관원 7, 8명이 큰 탁자 하나를 놓고 주변에 둘러서서 정보를 앞에 끌어다놓고 물었다.

"그대들 선단은 14척의 배라 하는데 사실인가?"

"아닙니다. 단 한 척뿐입니다."

그들은 정보에게 나가도록 지시했고, 나를 끌어내어 물었다.

"그대들이 타고 온 배는 원래 몇 척인가?"

"단 한 척뿐입니다."

천호 등이 물었다.

"우리 변경에서 어제 왜선 14척이 바다에 같이 정박한 것을 보았다. 우리는 수채관의 보고를 벌써 상사 대인(上司大人)에게 보고했다. 나머지 배 13척은 어디에 있는가?"

"우리가 해안에 도착했을 때, 귀국의 사람들이 탄 배 여섯 척과 함께 어떤 바닷가에 정박했습니다. 만약 그 배에 탄 사람들을 잘 조사하면 우리 배가 몇 척인지 알 수 있을 것입니다."

---

151) 명 태조 홍무 29년에 지휘나 천호 또는 백호가 왜선 1척과 적을 포획하는 경우에는 1급을 승진시키고 은 50냥을, 군사는 왜적 1명을 살해하거나 포로로 하면 은 50냥을 상으로 주었다. 당시 요동의 여진, 섬서 등지의 몽골족, 호광 등지의 묘족이나 만적(蠻賊)의 경우에는 상으로 보다 적은 양을 지급했다. 만력『대명회전』권123, 병부 6 군무. 명조가 어느 정도 연해 방비에 중점을 두었는가 하는 점과 최부 일행을 왜적으로 몰려고 했던 이유를 짐작할 수 있을 것이다.

"왜구인 그대들이 이곳에 올라와 약탈하는 이유는 무엇인가?"

"우리는 조선사람입니다. 왜인과는 말소리도 의관도 다르니, 이것으로도 분별할 수 있습니다."

"왜인은 도적질을 하는 데 신묘한 자들로 변장을 하기도 하여 마치 조선인처럼 한 자도 있으니, 어떻게 그대들이 왜인이 아닌지 알 수 있겠는가?"

"우리의 행동거지를 보십시오! 그리고 내가 가지고 있는 인패(印牌)와 의대(衣帶), 그리고 문서를 증거로 한다면 바로 그 진위를 알 수 있을 것입니다."

천호 등은 내가 갖고 있는 인신 등의 물건을 가지고 오게 하여 추궁하다가 이어 말했다.

"그대들은 왜인인데, 조선인을 겁탈해 물건을 얻은 것은 아닌가?"

"만약 조금이라도 우리를 의심하는 마음이 있다면 당장 우리를 북경으로 보내어 조선 통사(通事, 통역관)와 한 번 말하게 하십시오! 그러면 진상이 곧 드러날 것입니다."

"그대의 성명은 무엇인가? 어느 주현(州縣) 사람이고, 직관(職官)은 무엇이며 어떤 일을 주관하는가? 우리 나라의 변경에 도착한 사정을 조목조목 쓰는데 감히 속이려 하지 마라! 우리는 서신(공술서)을 상사에 보고할 것이다."

"성은 '최'(崔)고 이름은 '부'(溥)입니다. 조선국 전라도 나주성에 살고 있습니다. 두 번 문과에 올라 조정 관직에 나아간 지 몇 년이 안 되었습니다. 지난 정미년(1487) 가을 9월에 국왕의 명을 받들어 해도인 제주 등지에 갔다가, 윤정월 초3일에 부친상을 당하여 황급히 집으로 돌아가는 중에 풍랑을 만나 표류하다가 이곳에 이르렀습니다."

"부친의 이름은 무엇이고, 관직은 무엇이며 죽은 곳은 어디인가?"

"부친의 이름은 '택'(澤)이고, 진사시[152]에 합격했으나 부모를 봉양

---

152) 『문과방목』에는 성균진사(成均進士)에 합격한 것으로 되어 있다.

하고자 입사(入仕)하지 않았으며, 효복(孝服, 상복)을 벗은 지 겨우 4년 만에 나주에서 돌아가셨습니다."

그들은 공초(供招, 심문)를 마친 후 나를 별관에 묵게 하고, 나와 종자들에게 음식을 주었다.

우리 나라 사람으로 공적으로든 사적으로든 제주를 왕래하다가 풍파를 만나 행방을 알 수 없는 사람이 이루 헤아릴 수 없을 정도다. 살아서 돌아온 자가 열이나 백 명 중에 겨우 한두 명 정도다. 어떻게 이들이 바다의 풍파에 다 침몰되었다고 할 수 있을까. 표류하여 섬라(暹羅, 타이)나 점성(占城, 베트남 중남부)과 같은 섬오랑캐의 나라에 들어간 자는 돌아오기를 다시 바랄 수 없다. 혹시 중국 땅에 표류했다 하더라도 역시 변경사람에게 왜적으로 오인받고 무고(誣告)되어, 변경사람이 목을 베고 상을 받는다 한들 누가 그 사정을 알겠는가? 우리 나라도 중국 제도에 의거하여 무릇 백관에게 호패와 석패(錫牌)[153]를 주어 전서(篆書)[154]로 관직과 성명을 적어서 평민과 다름을 나타내고, 왕명을 받드는 사신에게는 대소 관직에 관계없이 부월(符鉞)[155]과 도끼를 주어 왕명을 존중하게 해야 한다. 또한 연해에 사는 사람은 비록 사상(私商)으로 바다

---

153) 각 직급에 주어진 인표(印表)의 내용이 수록되어 있다. 『명사』 권72, 직관지.
154) 한자의 고대 서체의 하나로, 예서(隸書) 이전에 있는 서체로 갑골문(甲骨文)·금문(金文)·석고문(石鼓文)·육국고문(六國古文)·소전(小篆)·무전(繆篆)·첩전(疊篆) 등이 모두 이에 속한다.
155) 부절(符節)과 부월(斧鉞)은 천자가 장수에게 수여하는 것으로 권력을 나타내는 표지다. 『후한서』 권 1상편, 광무제본기(光武帝本紀)에 '갱시(更始) 원년 11월에 광무제가 절을 가지고 황하를 건넜다'라는 부분의 주에 '절(節)은 신표(信標)가 되는 것이다. 대나무로 만들었고, 손잡이의 길이는 8척이다. 모우(旄牛, 긴 꼬리가 있는 소)의 꼬리로 늘어진 털이 3겹으로 되었다'고 했다. 그런데 명 태조 홍무 25년(1392) 한나라 시대에는 손잡이의 길이가 3척이었다는 부분을 들어 홍무제는 3척으로 하도록 명했다. 『명 태조실록』 권203, 8월 병자조. 월(鉞)은 정벌시에 천자가 장군에게 하사하는 도끼다. 『서경』(십삼경주소, 新文豊出版公司) 주서(周書) 고명(顧命)에 '한 사람의 대부는 월을 잡고 당(堂) 서쪽에 서고'라는 부분의 정주(鄭注)에 '월은 대부(大斧)다'라고 하여 큰 도끼를 말한다.

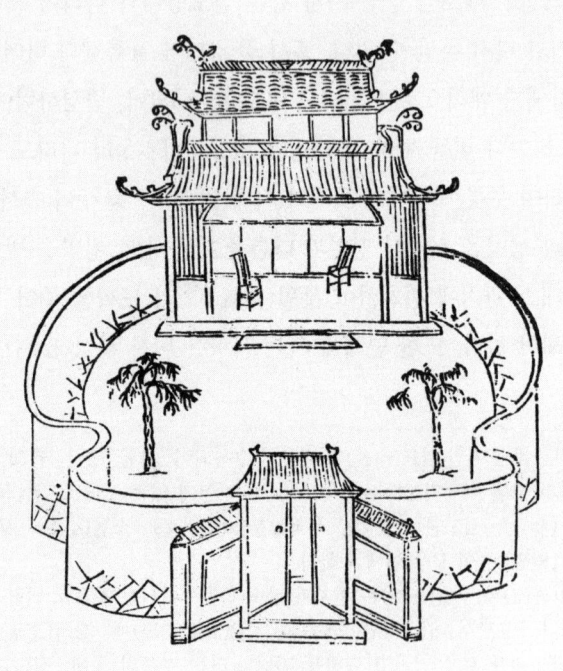

명대 빈객의 숙소. 최부와 그의 일행도 이곳에서 묵었다(『삼재도회』).

를 지나가는 사람이라도 모두 호패를 주어, 어느 나라의 어느 주·현, 성명, 생김새와 나이를 적어서 구별해야 한다. 또 제주에 통사 1명을 두어서 사신과 3읍 수령이 왕래할 때 항상 대동하게 하여, 나중에 있을 근심에 대비해야 겨우 화를 면할 수 있을 것이다.

【윤1월 20일】도저소에 머무르다.

이날은 조금 흐리다가 맑았다. 내가 도저소 천호의 성명을 물으니 진화(陳華)라고 했다. 진화가 한 관인과 함께 와서 나를 보고 삿갓을 가리키며 말했다.

"이것이 무슨 모자인가?"

"상립(喪笠)입니다. 우리 나라의 풍속에는 삼 년 동안 여묘(廬墓)[156]에 거처하는데, 불행하게도 나와 같이 표류하거나, 또는 부득이 멀리 여행하는 자가 있으면, 감히 하늘을 (우러러) 보고서는 피눈물 흘리는 마음을 단단히 먹을 수 없어 이 삿갓을 쓰는 것입니다."[157]

밥 먹을 시간이 되자 허청이 나를 이끌어 동석했다. 좌중에 있는 한 사람이 젓가락으로 탁자 위에 썼다.

"당신들은 돼지고기를 먹는가?"

"우리 나라 사람은 삼년상을 지키는데, 어육(魚肉), 젓갈과 매운 채

---

[156] 옛날 부모나 스승이 죽으면 복상기간(3년) 동안 묘 옆에 오두막집을 짓고 거주하면서 분묘를 지키는 것을 말한다.

[157] 정동유(1744~1808), 『주영편』(晝永編) 하에 "지금 우리 상주가 착용하는 방립(方笠)은 세상에서 절풍변(折風弁)의 유제(遺制)라고 한다. 혹은 그런지도 모른다. 최금남부가 상인(喪人)의 몸으로 풍랑에 표류하여 중국에 이르니, 중국인들이 방립을 보고 물었다. 최가 대답하기를 '우리 나라 풍속에 상주된 사람은 죄인으로 자처한다. 그런 까닭에 하늘의 해를 보지 않으려고 그렇게 한다' 했다. 이익(李瀷)의 『성호사설』(星湖僿說)에서 논평하기를 '금남의 이 대답은 겉으로 꾸민 것이고 실제가 아니다. 마땅히 대답하기를, 이것은 예전 우리 나라 사람들이 착용하던 절풍(折風)의 유제다. 예는 근본을 잊지 않는 것이므로 상주된 자에게는 오히려 이 제도가 잔존한다. 이것은 최질(衰絰)과 같은 것이라고 하였다면 일이 실제대로 알려졌을 것이다'라고 했다. 그 전거를 말한다면 이익의 설이 옳다"라고 했다. 남만성 역, 『주영편』 하, 을유문고, 1971.

소를 먹지 않습니다."158)

그 사람이 다른 그릇에 채소반찬을 많이 담아 나에게 권했다. 허청은 나의 의복이 마르지 않은 것을 보고 말했다.

"오늘 햇볕이 좋으니 옷을 벗어서 말리는 것이 좋겠소."

"내 옷은 모두 젖었고, 이것을 벗으면 입을 것이 없으니 말릴 수가 없소이다."

허청이 나를 인도하여 양지바른 쪽에 앉혀 옷을 말리게 했다.

한 관인이 와서 물었다.

"당신의 국왕을 황제라고 칭하오?"

"하늘에 두 개의 태양이 없는데,159) 어찌 한 하늘 아래 두 황제가 있겠소? 우리 왕은 성심껏 중국에 사대할 뿐이오."

"당신 나라의 관인은 정말로 모두 서대(犀帶)를 하오?"

"1·2품은 금대(金帶), 3·4품은 은대(銀帶), 5·6품 이하는 모두 오대(烏帶)만 착용하고 서대는 없소."160)

"당신 나라에 금은이 있소?"

내가 말했다.

---

158) 윤 1월 18일 주 124) 참조.
159) 공자께서 말씀하시길 '하늘에는 두 해가 없고, 백성에게는 두 임금이 없다.' 요 임금이 살아 있는 동안에는 순임금이 섭정을 했을 뿐, 천자가 된 일이 없었다. 『맹자』 만장장구(萬章章句) 상편.
160) 1품은 조복에는 무소뿔띠〔犀帶〕를 띤다. 제복이나 공복, 평상복도 마찬가지다. 사복(私服)에는 붉은 실띠〔紅條兒〕를 띤다. 2품은 조복에는 정품이면 조각한 금띠〔鈒金帶〕, 종품이면 조각하지 않은 금띠〔素金帶〕를 띤다. 제복과 평상복도 마찬가지다. 공복에는 여지빛의 금띠〔荔枝金帶〕를 띤다. 사복에는 붉은 실띠를 띤다. 3품은 조복에는 정품이면 조각한 은띠, 종품이면 조각하지 않은 은띠를 띤다. 제복과 평상복도 마찬가지다. 공복에는 정품이면 여지빛의 금띠, 종품이면 검은 뿔띠〔黑角〕를 띤다. 사복에는 붉은 실띠를 띤다. 4품은 조복에는 조각하지 않은 은띠를 띤다. 제복과 평상복도 마찬가지다. 공복에는 검은 뿔띠를 띤다. 5·6품은 조복에는 검은 뿔띠를 띤다. 제복이나 공복이나 평상복도 마찬가지다. 7·8·9품은 조복에는 검은 뿔띠를 띤다. 제복이나 공복이나 평상복도 마찬가지다. 『경국대전』 권3, 예전 의장.

"금은은 조선에서 생산되지 않소."

"그렇다면 어째서 금은 허리띠가 있소?"

"모두 상국에서 교역하여 온 것인 까닭에 귀중하오."

내가 그에게 어떤 사람이냐고 묻자 그가 즉시 공문을 꺼내 보여주었다.

파총관이 먼저 이 관인에게 패(牌, 신표)를 주어 보내 도저소에 가서 우리 일행을 보호하고, 현장을 순시해 의심나는 것을 헤아려 틀림이 없도록 하라는 내용이었다. 그의 이름은 설민(薛旻)이었다.

또 한 사람이 와서 말했다.

"나는 영파부 정해위(定海衛)[161] 사람인데, 이곳 절강도사(浙江都司)[162]의 공적인 파견으로 여기에 왔소."

"영파부에 하산이 있소?"

"있소."

내가 이전에 하산에 이르러 정박했다가 해적을 만나 다시 표류하게 된 사정을 말했다.

그 사람이 말했다.

"내가 마땅히 이 필담문을 가지고 영파부 지부(知府)[163]에 알려 그것을 조사하겠소."

---

161) 영파부성 동쪽 60리 되는 곳에 있다. 본래는 진대 구장현(句章縣)으로, 당대는 무현(鄮縣) 망해진(望海鎭) 지역이다. 오대(五代) 때 전씨(錢氏)가 정해진(靜海鎭)으로 고쳤고, 곧 망해현을 설치했는데 정해현으로 고쳤다. 명조는 창국현(昌國縣)을 폐하고 이곳에 편입시켰다. 『대명일통지』 권46, 영파부.
162) 명 태조 홍무 3년에 항주도위(杭州都衛)를, 8년에 절강도지휘사사(浙江都指揮使司)로 고치고 위 16곳, 소 34곳을 통할했다. 『명 태조실록』 권58, 홍무 3년 11월 임자조; 권101, 홍무 8년 10월 계축조. 도사는 군사를 담당했다.
163) 치소는 성 서북쪽에 있다. 명 태조 홍무 초에는 명주부치(明州府治)라 했는데, 지부 장기(張琪)가 부의 동쪽 광인백의사(廣仁白衣寺) 터에 새로 짓고, 14년에 영파부치로 고쳤다. 가정『절강통지』 권16, 건치지. 부에는 지부(정4품) 1명, 동지(정5품), 정원이 없는 통판(정6품), 추관(推官, 정7품) 1명, 그리고 그 예하에 경력사(經歷司) 경력(정8품) 1명, 지사(知事, 정9품) 1명, 조마소(照磨所)

내가 그의 이름을 물으니, 왕해(王海)라고 했다.

그밖에 많은 사람들이 앞다투어 몰려들어 지필을 가지고 물었으나 일일이 대답할 수가 없었다.

어느 관인이 은밀히 써서 보이며 말했다.

"이곳 사람은 경박하니, 그들과 더불어 쓸데없이 긴 이야기하지 마시오."

【윤1월 21일】 도저소에 머무르다.

이날은 맑았다. 많은 사람들이 떼를 지어 와서 나를 구경했다. 왕해가 벽 위의 한 초상화를 가리키며 말했다.

"당신은 이 그림을 아시오?"

"잘 알지 못하오."

"이것은 당나라 때의 진사[164] 종규(鍾馗)[165]요."

　조마(종9품) 1명, 검교(檢校) 1 명, 사옥사(司獄司) 사옥 1명이 있다. 지부는 한 부의 정령, 즉 교화의 선양, 재판의 평등, 부역의 균등, 백성을 가르치는 업무를 담당했다. 『명사』 권75, 직관지 4.
164) 명대의 과거제는 3단계로 되어 있는데, 과거에 응시하려고 하면 각 부·주·현에 설치한 학교에서 수학하여 생원(生員)이라는 자격을 획득하여야 한다. 이들은 향시(鄕試)라고 하여 각 성에서 실시하는 1차 시험에 합격하면 거인(擧人)이 되고, 2차 시험은 회시(會試)라 하여 명의 수도인 순천부(順天府, 북경)에서 시험을 치른다. 여기에 합격하면 전시(殿試), 즉 3차 시험으로 황제 앞에서 시험을 치른다. 단 이때는 합격과 불합격을 정하는 것이 아니라 순위를 정하는 것이다. 이들을 진사라고 한다. 宮岐市定, 『科擧』, 中公新書 V15, 1990.
165) 당 현종 개원 중에 황제가 학질에 걸려 소전(小殿)에 거주하고 있을 때, 꿈에 두 귀신을 보았는데 큰 귀신과 작은 귀신이었다. 작은 귀신은 한쪽 발에 털을 벗긴 가죽신을 신었고 한쪽 신발은 허리에 차고 태진자향낭(太眞紫香囊)을 훔치려고 했다. 작은 귀신이 옥피리를 쥐고 불자 매우 시끄러웠다. 황제가 이를 질책하자 '신(臣)은 허모(虛耗)입니다'라고 했다. 황제가 화를 내고 무사를 부르려고 하자 큰 귀신이 나타났다. 찢어진 모자를 쓰고 옷은 남색 도포 차림에 각대(角帶)를 하고 있었다. 큰 귀신은 즉시 작은 귀신을 잡아 손가락으로 그 눈을 파내고 팔뚝을 먹어치웠다. 황제가 너는 누구냐고 묻자 그가 대답하기를 '신은 종남(終南)의 진사 종규입니다. 과거에 응시했으나 급제하지 못했는데, 황제가 있는 곳으로 오르는 계단을 만져 죽게 되었습니다. 황제의 지(旨)를 받아 녹포를 하사

"종규는 평생 진사를 지내지 못했는데, 어찌 진사라 칭할 수 있겠소?"

왕해 등이 떠들썩하게 웃었다.

한 백발 노인이 왔기에 내가 물었다.

"천태산[166]이나 안탕산(雁蕩山)[167] 등이 이곳에서 몇 리나 떨어져 있습니까?"

"천태산은 천태현[168] 북쪽에 있습니다. 이곳에서 이틀 여정의 거리입니다. 천태산에서 남쪽으로 하루 정도의 거리에 안탕산이 있습니다."

나는 또 물었다.

"이 지역의 주산은 어느 산입니까?"

받았고 장례도 지내주었습니다. 천하의 허모(虛耗)와 재이(災異)를 제거하기로 맹서했습니다.' 말이 끝나고 깨어나니 질병이 나았다. 이에 오도자(吳道子)를 불러 그 형상을 그리게 했다. 황제가 그 신묘함을 보고 백금을 상으로 하사했다. 오늘날 사람들이 그 형상을 문에 그려넣은 것이다. 심괄(沈括)의 필담에 새해에 종규를 그리는 것이 언제부터 시작되었는지 알 수 없다고 했다. 송 인종 황우(皇祐, 1049~53) 중에 금릉(金陵, 남경)에서 묘 하나를 발견했는데, 석지(石誌)에 '송 종의(宗懿)의 모친 정부인(鄭夫人)의 누이로 규(馗)가 있다'고 하지만 종규의 설과는 멀다. 『사물기원』(事物紀原) 권9, 세시풍속부; 『해여총고』 권35.

166) 천태현 서쪽 110리 되는 곳에 있다. 도서(道書)에 이 산 위에 응태성(應台星)이 8겹으로 보이는 것이 마치 하나의 돛같이 보인다고 했다. 높이는 1만 8천 장(丈), 주위의 둘레는 800리로 산은 하늘로부터 멀지 않고, 길은 복계(福溪)로부터 오는데 물은 험하고 푸르다. 그 앞에 돌다리가 있는데, 폭은 1척이 되지 않지만 길이는 수십 장이고, 그 아래는 아득한 계곡으로 자신을 잊어야만 건널 수 있을 정도다. 『대명일통지』 권47, 태주부.

167) 악청현(樂淸縣) 동쪽 90리 되는 곳에 있다. 이 산은 기이하고 수려하며 계곡은 깊고 첩첩 봉우리여서, 이곳을 지나가는 자라도 모두 둘러볼 수 없다. 동서 양쪽의 계곡에 18개의 사찰이 있어 처음으로 쉴 수가 있다. 산중의 경치가 하나같지 않다. 『대명일통지』 권48, 온주부(溫州府).

168) 태주부성 북쪽 90리 되는 곳에 있다. 본래는 동한 장안현(章安縣) 지역이다. 오가 분리하여 남시평현(南始平縣)을 설치했다. 진대(晉代)에 시풍현(始豊縣)으로 고치면서 임해군(臨海郡)에 예속시켰다. 당대에는 당흥현(唐興縣)으로 개칭하고 태주(台州)에 예속시켰다. 오대 양(梁) 때, 천태현으로 고쳤다. 후진(後晉)이 태흥(台興)으로 했으나 송대에 재차 천태로 고쳤다. 『대명일통지』 권47, 태주부.

천태산. 하늘에 닿을 듯 높아 태악이라고도 불린다(『삼재도회』).

"석주산(石柱山)¹⁶⁹⁾입니다."

노인은 나를 문 밖으로 인도해 나가 석주산을 가리켰다. 과연 석벽이 산을 이루고, 산꼭대기에 커다란 돌이 있는데 마치 기둥과 같았다.

"여기서 북경¹⁷⁰⁾은 몇 리나 떨어졌습니까?"

"5,800리입니다."

나는 또 이섬(李暹)¹⁷¹⁾이 양주부에 머물렀던 사실¹⁷²⁾을 들어 물었다.

"양자강¹⁷³⁾은 몇 리나 떨어져 있습니까?"

"북쪽으로 2천여 리 떨어져 있습니다. 당신들이 강을 건너면 곧 양주¹⁷⁴⁾의 경계지역입니다."

"남경¹⁷⁵⁾은 몇 리나 떨어져 있습니까?"

"서북쪽으로 2천여 리 떨어져 있습니다. 그러나 대충 헤아릴 뿐 정확

---

169) 자계현(慈谿縣)에 있다. 가정『절강통지』권10, 태주부.
170) 옛 유주(幽州)의 땅으로 요·금·원이 이곳에 도읍을 정했다. 명 태조 홍무제는 남경으로 도읍했으나, 성조 영락제 즉위 직후인 1403년 양경(兩京) 체제를 시작했다. 영락 19년(1421) 정월에 북경으로 천도했다.『대명일통지』권1, 경사.
171) 윤정월 초3일 주 29) 참조.
172) 성종 13년(1482) 2월 29일 훈도 김효반 등 47명과 제주도를 떠나 바다를 항해하는 도중 추자도 10리 남짓 못 미쳐서 동북풍을 만나 10일 동안을 표류하다가 중국 양주 장사진(長沙鎭)에 표착했다.
173) 양주부 의진현(儀眞縣) 남쪽에 있다. 통주(通州)와 태주(泰州) 2주를 지나 바다로 들어간다. 옛날 위 문제(220~226)가 광릉(廣陵)에 이르러 군대의 위력을 과시할 때 강의 파도가 세찬 모습을 보고 '아아! 본래부터 하늘이 남북을 갈랐도다'라고 했다. 강의 맨 중앙을 남랭수(南泠水)라 한다.『대명일통지』권12, 양주부.
174)「우공」의 양주 땅이다. 춘추시대에는 오, 후에는 월, 전국시대에는 초에 속했다. 진(秦)의 구강군(九江郡) 땅이었고, 한 초에는 회남국(淮南國)이었다가 다시 오국(吳國)이 되었다. 수대에 와서 처음으로 양주로 고쳤다. 명은 순제 지정 21년(1361) 회해부(淮海府)를 회양부(惟陽府)로, 순제 26년에는 양주부로 고쳤다.『대명일통지』권12, 양주부.
175)「우공」의 양주 땅이다. 춘추시대에는 오, 전국시대에는 월, 후에는 초에 속했다. 초 위왕(威王)이 처음으로 금릉읍(金陵邑)을 두었다. 명조는 응천부(應天府)라 칭했다. 일찍이 주(周) 말부터 왕의 기운이 서린 곳이었다. 진시황이 동남에 천자의 기운이 있다고 했다. 오(吳)·진(晉)·송(宋)·제(齊)·양(梁)·진(陳)·

히 알지는 못합니다."

높은 관인이 질서정연한 군대의 호위를 받으며 당당하게 황화관(皇華館)[176)]에 도착했다. 송문(松門)[177)] 비왜지휘(備倭指揮) 파총관 유택(劉澤)이었다. 그가 우리를 앞으로 불러 말했다.

"그대들은 사사로이 변경을 넘었소. 마땅히 군법으로 처결해야 하는데, 혹시 불쌍히 여길 사정이 있나 해서 잠시 죽이지 않은 것이오. 중국을 침범한 실제상황과 형편의 유무를 사실대로 공술하시오."

나는 이렇게 진술했다.

"성은 '최', 이름은 '부'이고, 조선국 전라도 나주성에 삽니다. 두 번 문과에 올라 국왕의 근신이 되었습니다. 지난 정미년(1487) 9월 17일에 왕명을 받들어 제주 등처 경차관이 되었습니다. 제주는 남해 가운데 있으며 나주와는 수로로 천여 리 떨어져 있습니다. 같은 해 11월 12일 바다를 건너 인정(人丁, 노비)을 추쇄(推刷)하는 일을 미처 완수하지 못했는데, 금년 무신년(1488) 정월 30일에 부친상을 듣고, 윤정월 초3일 순풍을 기다리지 않고 정신 없이 바다를 건너다가 역풍을 만났습니다. 사나운 파도가 일어 배가 심하게 흔들리고 굶주림에 시달리다가 간신히 살아났습니다. 금월 12일 이름도 알지 못하는 해도에 이르러 정박했습니다. 한 어선이 와서 묻기를 '너희는 어느 나라 사람인가?' 하길래, 조선국 사람으로 표류한 까닭을 대답했습니다. 내가 '이곳은 어느 나라의 땅인가?' 하고 묻자 그 사람이, '이곳은 대당국 영파부 하산이

남당(南唐)이 이곳에 도읍을 세웠으나, 공덕이 없이 간신히 한 지역을 보존하고 있을 뿐이었다. 명 태조가 전국을 통일하고 이곳에 도읍을 세우자 중요지역으로 대두되었다. 『대명일통지』 권6, 남경.

176) 황화라는 의미에 대해, 『시경』에 '황황자화'(皇皇者華)라는 부분이 보인다. 즉 외국에 사신을 파견할 때 노래하던 시인데, 그 뜻은 '눈부시게 아름다운 꽃들, 들에도 진펄에도 곱게 피어 있나니'(皇皇者華, 于彼原隰)라는 것이다. 『시경』 소아(小雅) 녹명지십(鹿鳴之什).

177) 송문위는 명 태조 홍무 20년 6월에 설치하였고, 태주부성 동남쪽 180리 되는 곳에 있다. 군사 약간, 둔군 197명, 전선 약간 척, 봉후 10개소로 편성했다. 『명 태조실록』 권182, 정미조; 가정『절강통지』 권57, 경무지.

다'라고 했습니다. 그날 밤 도적의 배에서 20여 명이 와서 작두로 협박하고 목을 베려 하며, 의복 · 양식 · 행장 등 물건을 빼앗고 마침내는 노와 닻을 끊어버리고 사라졌습니다. 다시 대양을 표류했고, 17일에 지명을 알 수 없는 해안에 이르러 정박했습니다. 어선 여섯 척이 나란히 늘어서 있었는데 전에 만났던 해적의 무리가 아닌가 두려워 배를 버리고 육지로 올랐습니다. 고개 두 개를 지나 6, 7리쯤 가니 인가가 있었습니다. 서로 번갈아 가며 호송하여 밤에 선암리에 도착했으나, 마을 사람들이 마구 때리고 겁탈했습니다. 번갈아 가며 내몰아 어떤 곳에 이르렀는데, 한 관인을 만나 이끌려서 이 성에 이르렀습니다."

"그대는 어느 해에 과거에 급제했고 어떠한 관직을 역임했으며, 데리고 온 사람들은 어느 주 · 현에 살고, 행장 중에 어떤 병기들이 있으며, 원래 배가 몇 척이었는가?"

"나는 성화 정유년(1477, 성종 8년)에 진사시[178]에 3등으로 합격했고, 임인년(1482, 성종 13년)에 문과 중 을과[179] 1등으로 교서관(校書館)[180] 저작(著作),[181] 박사(博士),[182] 군자감(軍資監)[183] 주부(主簿),[184] 성균관(成均館)[185] 전적(典籍),[186] 사헌부(司憲府)[187] 감찰(監

---

178) 윤정월 19일 주 152) 참조.
179) 조선 시대 과거제에서 문과 전시는 33명을 뽑는데 갑과 3명, 을과 7명, 병과 23명이었다. 『경국대전』 권3, 예전(禮典) 제과액수(諸科額數).
180) 태조 원년(1392) 경적(經籍)의 인쇄와 제사 때 쓰이는 향과 축문, 그리고 인신(印信) 등을 관장하기 위하여 설치되었던 관서로 일명 교서감(校書監) 또는 운각(芸閣)이라고도 한다. 관원은 모두 문관을 쓰며, 전자(篆字)에 익숙한 자 3명은 그 품계에 따라 겸임시켰다. 『경국대전』 권1, 이전 경관직 정3품아문.
181) 교서관은 판교(判校) 1명, 교리(校理) 1명, 별좌(別坐) 2명, 별제(別提) 2명, 박사 2명, 저작 2명, 정자(正字) 2명, 부정자(副正字) 2명의 관원과 사준(司準) 10명 등의 잡직과 서리(書吏), 그리고 전령(傳令) 등 20여 명으로 편성됐다. 저작은 정8품의 관직이었다. 『경국대전』 권1, 이전 경관직 정3품아전.
182) 조선시대 성균관 · 홍문관 · 승문원 · 교서관 등의 정7품 관직으로 정원은 성균관에 3명, 홍문관에 1명, 승문원에 2명, 교서관에 2명이다. 성균관에는 태조 원년(1392) 조선의 개국과 함께 박사 2명, 순유박사(諄諭博士) 2명, 진덕박사(進德博士) 2명을 두었다가 뒤에 박사 3명, 겸박사(兼博士) 1명으로 통합되었으나 겸박사는 곧 폐지되었다. 홍문관 박사는 경연청(經筵廳)의 사경(司經), 춘추관

察),¹⁸⁸⁾ 홍문관(弘文館)¹⁸⁹⁾ 부수찬(副修撰),¹⁹⁰⁾ 수찬¹⁹¹⁾이 되었습니다. 병오년(1486)에 문과 중시¹⁹²⁾ 중 을과 1등으로 홍문관 부교리(副校理),¹⁹³⁾ 용양위(龍驤衛)¹⁹⁴⁾ 사과(司果)¹⁹⁵⁾ 부사직(副司直)¹⁹⁶⁾이 되었습니다. 데리고 온 배리는 네 명으로 광주목리 정보, 화순현리 김중, 나주

기사관(春秋館記事官)을 겸직하여 왕의 측근에서 문한(文翰)과 사관의 직무를 담당했다. 『경국대전』 권1, 이전 경관직 정3품아문.

183) 조선시대 군사상에 필요한 물자를 관장하기 위하여 설치되었던 관서다. 태조 원년(1392)에 군자감을 설치하고 관원으로는 도제조(都提調) 1명은 의정(議政)이 겸임하고, 제조 1명은 호조판서가 겸임하며, 정 1명, 부정(副正) 1명, 첨정(僉正) 2명, 판관(判官) 3명, 주부(主簿) 3명, 직장(直長) 1명, 봉사(奉事) 1명, 부봉사(副奉事) 1명, 참봉 1명을 두었다. 『경국대전』 권1, 이전 경관직 정3품아전.

184) 조선시대 관서의 문서와 부적(符籍)을 주관하던 종6품 관직으로 군자감에는 3명이 편성되었다. 『경국대전』 권1, 이전 경관직 정3품아문.

185) 조선시대에 인재양성을 위하여 서울에 설치한 국립대학격의 유학교육기관이다. 태학(太學)·반궁(泮宮)·현관(賢關)·근궁(芹宮)·수선지지(首善之地)라고도 했다. 『경국대전』 권1, 이전 경관직 정3품아전.

186) 조선시대 성균관의 정6품 관직으로 정원은 13명이다. 『경국대전』 권1, 이전 경관직 정3품아전.

187) 사헌부는 정사를 토론하고 모든 관리를 규찰하며 풍속을 바로잡고 억울한 사정을 풀어주며 협잡행위를 단속하는 등의 일을 담당했다. 『경국대전』 권1, 이전 경관직 종2품아전.

188) 조선시대 사헌부의 종6품 관직으로 관리들의 비위 규찰, 재정 부문의 회계 감사, 의례 행사 때의 의전 감독 등 감찰 실무를 담당했다. 『경국대전』 권1, 이전 경관직 종2품아문.

189) 조선시대 궁중의 경서(經書)와 사적(史籍)의 관리와 문한(文翰)의 처리 및 왕의 각종 자문에 응하는 일을 관장하던 관서. 사헌부·사간원과 더불어 삼사(三司)라 했다. 옥당(玉堂)·옥서(玉署)·영각(瀛閣)·서서원(瑞書院)·청연각(淸燕閣)이라고도 했다. 『경국대전』 권1, 이전 경관직 정3품아전.

190) 조선시대 홍문관의 종6품 관직으로 정원은 2명이다. 홍문관의 다른 관원들과 함께 측근에서 교서를 대필하고 역사를 기록하는 것이 주된 직무였다. 『경국대전』 권1, 이전 경관직 정3품아전.

191) 조선시대 홍문관의 정5품 관직으로 정원은 2명이다. 『경국대전』 권1, 이전 경관직 정3품아전.

192) 조선시대 당하관(堂下官) 이하의 문무관에게 10년마다 한 번씩 보이는 과거시험으로 처음에는 정년(丁年)에 행하던 것을 뒤에 병년(丙年)으로 바꾸어 실시했다. 『경국대전』 권3, 예전 제과(諸科).

목리 손효자, 제주목리 이효지며, 반솔(伴率)[197] 이정은 경도(서울) 사람입니다. 진무 안의는 제주 사람이고, 역리 최거이산은 나주 청암역 사람입니다. 막금 등 노자 두 명, 권송 등 제주관노 네 명, 김속 등 호송군 아홉 명, 허상리 등 배의 격군 20명은 모두 제주사람입니다. 타고 온 배는 단지 큰 배 한 척인데 돛대와 노는 폭풍을 만나 잃어버렸고, 닻과 노는 도적을 만나 잃어버렸으며, 가지고 온 물건은 인신(印信) 한 개와 마패 한 척, 사모, 각대, 추쇄를 정리한 문서, 중시방록(重試榜錄) 서책, 활 한 장, 칼 한 자루와 각 사람들의 헤진 옷 이외에 다른 무기는 없습니다."

파총관이 인신 등 물건을 일일이 점검하고 나서 물었다.

"그대 나라 땅의 거리는 얼마나 되는가? 부와 주는 몇 개고 병량은 대략 어느 정도인가? 그대 나라에서 생산되는 물품은 어느 것이 귀한가? 시서(詩書)를 읽을 때 어느 경전을 중시하는가? 의관과 예악은 어느 시대의 제도를 따르는가? 일일이 기록하면 조사하여 근거로 삼겠다."

---

193) 조선시대 홍문관의 종5품 관직으로 정원은 2명이었다. 교리와 함께 왕의 교서를 제찬, 검토하는 것이 주임무였으나, 왕의 측근에서 학문을 강론하고 역사를 기술하며, 또 삼사의 일원으로서 언론활동에 참여하기도 했다. 『경국대전』 권1, 이전 경관직 정3품아전.

194) 조선 초·중기에 군사조직의 근간을 이루었던 5위(五衛)의 하나로 좌위를 이루었다. 조선 건국 초에 중앙군 조직으로 10위가 설치되고 그것이 태조 3년(1394) 10사(十司)로 개편될 때 그 가운데 용양순위사(龍驤巡衛司)가 출현한다. 『경국대전』 권1, 이전 경관직 종2품아전.

195) 조선시대 5위의 정6품 관직으로 관계상(官階上)으로는 돈용교위(敦勇校尉)·진용교위(進勇校尉)라 별칭되었다. 정원이 15명이었으나 후기에 5위의 기능이 유명무실하게 되면서 21명으로 증가되었다. 『경국대전』 권1, 이전 경관직 종2품아전.

196) 조선시대 5위의 종5품 관직으로 관계상(官階上)으로는 현신교위(顯信校尉)·창신교위(彰信校尉)라 별칭되었다. 정원은 123명이었으나 후기에 5위의 기능이 유명무실하게 되자 그 수가 102명으로 줄었다. 『경국대전』 권1, 이전 경관직 종2품아문.

197) 반솔은 '동반하여 거느리고 온' 의미 정도로 파악하는 것이 좋을 듯하다.

"본국의 지방은 대략 수천여 리밖에 되지 않습니다. 8개의 도가 있고, 주·부·군·현은 총 3백여[198] 개가 있습니다. 생산되는 것은 인재와 오곡·말·소·닭·개가 있고, 독서하는 데 중시하는 것은 사서오경이며, 의관과 예악은 중국의 제도를 따릅니다. 병량은 내가 유신(儒臣)이므로 잘 알지 못하여, 그 수량에 대해 상세하게는 모릅니다."

"그대 나라는 일본과 더불어 유구(琉球), 그리고 고려와 서로 왕래하는가?"

"일본,[199] 유구[200]는 모두 동남의 대양 중에 있습니다. 거리가 멀어 아직 서로 사신파견을 하지 못하고,[201] 고려는 지금 조선으로 국호가 바뀌었습니다."

"그대 나라도 우리 조정에 조공을 하는가?"

"우리 나라는 매년 성절(聖節)[202]과 정조(正朝)[203]에 공물을 바칩니다."[204]

---

198) 태종 13년(1413)에 처음으로 8도의 주와 군을 정했는데, 사방의 중앙에 위치한 것을 '경기'라 하고, 서남방에 있는 것을 '충청도'라 하고, 동남방에 있는 것을 '경상도'라 하고, 남방에 치우쳐 있는 것을 '전라도'라 하고, 정동방에 있는 것을 '강원도'라 하고, 정서방에 있는 것을 '황해도'라 하고, 동북방에 있는 것을 '함경도'라 하고, 서북방에 있는 것을 '평안도'라 하였으니, 무릇 유도부(留都府)가 1고을, 부윤(府尹)이 6고을, 대도호부(大都護府)가 5고을, 목(牧)이 20고을, 도호부(都護府)가 74고을, 군(郡)이 73고을, 현(縣)이 154고을, 도합 334고을이었다. 『증보문헌비고』(增補文獻備考) 권16, 여지고(輿地考) 4 군현연혁(郡縣沿革).

199) 윤 1월 초8일 주 83) 참조.
200) 윤 1월 초8일 주 80) 참조.
201) 일본 국왕(유구 등의 나라도 마찬가지다)의 사신이면 3품의 조정관리를 파견하는데, 통사를 데리고 가서 맞이하기도 하고 떠나보내기도 한다. 일본의 여러 대신들이 보내는 사절이면 통사를 파견하여 맞아오게 하며 조정관리가 호송한다. 그 나머지의 큰 우두머리들이 보내는 사절과 대마도주가 특별히 보내는 사람은 향통사(鄕通事)가 데리고 오며 조정관리가 호송한다(그 이외에 왔다갔다하는 왜인과 야인은 모두 향통사가 데리고 다닌다). 이들에 대해서는 모두 배에서 내리는 곳과 연도에서 위로하는 연회를 연다. 『경국대전』 권3, 예전 대사객(待使客).
202) 절행(節行)에는 정조사(正朝使)·성절사(聖節使)·천추사(千秋使)가 있다. 이 때는 정사·부사·서장관·종사관·종인 등으로 구성했다. 김경록, 「조선초기

"그대 나라는 어느 법도를 사용하며 별도의 연호가 있는가?"

"연호와 법도는 오로지 대명을 따릅니다."[205]

파총관이 묻기를 마치며 말했다.

"그대 나라는 여러 해 동안 조공하여 우리와 의리상 군신 간의 좋은 관계를 맺고 있어, 이를 거스를 뜻이 없으니 마땅히 예로써 대우하겠소. 모두 안심하고 다른 생각은 하지 마시오. 경사(북경)로 보내 본토(조선)로 귀환하도록 할 것이니 급히 행장을 차려 지체하지 않도록 하시오."

그리고 바로 다과를 보내주었다. 내가 감사의 시를 짓고 절을 하려하자 파총관이 절을 하지 말라고 했다. 그가 말한 뜻을 알지 못하고 절을 하자 파총관 역시 일어나 서로 마주보고 답례했다.

【윤1월 22일】도저소에 머무르다.

이날은 흐렸다. 파총관이 나를 앞으로 나오게 하고는 어제 공술서 중 하산에서 도적을 만나고, 선암리에서 쫓겨다니며 두들겨 맞은 것 등의 일과 문장이 번잡한 곳을 지워버리고 다시 쓰도록 했다.

설민이 탁자 주변에 서서 나에게 말했다.

대명외교와 외교절차」, 『한국사론』 44, 2000. 만수성절(萬壽聖節)은 황제, 천추사는 황태자의 탄신일을 말한다.
203) 정조사는 정월 초하루에 황제에게 정단(正旦)을 하례하기 위하여 보내는 사행을 말한다.
204) 조선은 건국과 동시에 건국 사실을 명나라에 통보하고 승인을 요구했다. 조선은 절행 외에도 사은사, 각종 보고나 해명할 일이 있을 때 파견하는 주문사(奏聞使) 또는 계품사(計稟使), 특별한 요청을 하기 위한 주청사(奏請使), 황제의 등극이나 책봉 등을 경하하기 위한 진하사(進賀使), 황제나 황후의 상사가 있을 때의 진위사(進慰使)나 진향사(進香使), 특별한 공물을 별도로 바칠 때의 진헌사(進獻使) 등이 있었다. 매년 3, 4회의 정기 사행과 다수의 부정기 사행을 파견하여 조공관계를 통하여 관계를 맺고 있었다. 박원호, 『명초조선관계사연구』, 일조각, 2002.
205) 이성계는 위화도에서 회군하자 원의 복식을 금지하고, 명의 의관과 명 태조 홍무(洪武)라는 연호를 사용했다.

"이 글(공술서)은 상사에게 보고되어 황제께 전달되는 것이니 문장이 간략해야 합니다. 그러므로 우리 노야(老爺, 파총관을 지칭함)께서 번잡한 것을 없애고 간략하게 하고자 하여 당신에게 다시 쓰도록 하는 것이니 의심하지 마십시오."

나는 다시 쓰는 것이 내키지 않았다.

"공사(供辭, 공술서)는 마땅히 직필(直筆)로 써야 하는데, 문장이 번잡한들 무슨 해가 되겠소? 게다가 고쳐 쓰라는 내용이 도적을 만난 일이오. 도리어 군인의복을 갖추고 있었다는 등의 말을 첨가하고 싶은데, 우리가 도적을 만난 정황을 없애라는 것은 무슨 의도요?"

설민이 은밀히 글을 써 보여주며 말했다.

"지금 황제(효종 1488~1505)[206])께서 새로 즉위하셔서 법령이 엄합니다. 만약 당신이 앞서 공술한 내용을 황제께서 보신다면 반드시 '도적이 성행한다' 생각하시고, 죄를 변방의 장수들에게 돌릴 터이니, 작은 일이 아닙니다. 당신을 위한 계책입니다. 마땅히 살아서 본국에 돌아가는 것을 생각해야지 사단을 일으켜서는 아니 될 것입니다."

그 말을 들어보니 그럴 듯하여 붓을 들어 지워버리고 다시 썼다. 설민이 또 나에게 말했다.

"당신이 이미 군자감 주부를 지냈다고 했는데 어찌 병량의 수를 알지 못합니까?"

"내가 한 달을 채우지 못하고 군자감 주부에서 교체되어 그 수를 상세히 알지 못하오."

---

206) 휘(諱)는 우당(祐樘), 헌종 성화제의 셋째 아들이다. 모는 숙비(淑妃) 기씨(紀氏)다. 성화 6년(1470) 7월에 태어나, 11년(1475)에 황태자가 되었다. 성화 23년 8월 성화제가 죽자, 다음 달에 황제 위에 즉위했다. 다음 해를 홍치 원년으로 했다. 비 장씨(張氏)를 황후로 했다. 홍치 18년(1505) 5월 36세로 죽어 태릉(泰陵)에 장사지냈다. 명대의 16황제 중에서 태조와 태종을 제외하고 인종 홍희제(洪熙帝)와 선종 선덕제와 더불어 존경받는 황제로 일컬어진다. 홍치제는 성화제 이후 홀로 공손하고 근검하며 백성을 사랑하는 군주였다고 한다. 『명사』 권 15, 효종본기.

"당신이 해상에 표류하며 먹지 못한 날이 며칠이나 됩니까?"
"초 3일부터 11일까지요."
"그렇다면 어떻게 굶어 죽지 않았습니까?"
"간혹 생쌀을 씹어먹고 오줌을 마셨소. 오줌마저 다하면 비를 기다려 옷을 적셔 그것을 짜서 마시며, 간신히 한 가닥 머리카락 같은 명줄을 이었으니 죽지 않은 것이 다행일 따름이오."
"당신 나이는 몇이나 됩니까?"
"35세요."
"집을 떠난 지 얼마나 되었습니까?"
"벌써 6개월이 넘었소."
"고향 생각이 나지 않습니까?"
"이미 말한 대로 아버지는 돌아가셨고, 어머니는 당(堂)에 계시며 곡을 하시니, 이미 나라의 풍속이 변한 것이오.207) 또한 내가 익사했다고 생각해서서 더욱 애통하실 터이니, 내가 지금 살아서 다른 나라에 도착했다는 생각이 들면 통곡하지 않는 날이 없을 것이오."
"신하가 된 자는 나라를 생각할 뿐, 집은 잊어야 합니다. 당신이 왕사(王事)로 인하여 표류하고 이곳에 도착했으니 마땅히 충성해야 하는데, 어찌 집만을 생각합니까?"
"효자의 집안에서 충신을 구한다고 하는데,208) 돌아가신 아버지께 효

---

207) 아들 대신 어머니가 곡을 하게 되었다는 의미에서 풍속이 변하였다고 한 것이다. 풍속이 변하였다는 출전은 화주(華周)와 기량(杞梁)의 아내가 그 남편이 죽자 슬퍼 울었기 때문에 나라의 풍속이 변하였다는 데서 유래하나, 그 의미가 다르다. 즉 화주는 화선(華旋)이고, 기량은 기식(杞殖)으로 제(齊)의 대부가 전쟁으로 죽게 되자 그 처들이 슬피울었다. 성의 사람들도 이 때문에 나라의 풍속이 바뀌고, 변하여 그 울음이 효과가 있었다는 것이다. 서인의 대접을 받는 조문을 거절하고 예로써 조문하게 하였다. 그래서 풍속이 변했다고 한 것이다.『맹자』(십삼경주소) 고자 하편.
208) 옛날에 충신을 효자의 집에서 구한다고 한다. 진실로 집에 있으면서 효를 다해야 충(忠)을 군(君)에게 옮길 수 있기 때문이다. 아직까지 신하된 자가 부모에게 불효하면서 군에 충을 한 자는 보지 못했다. 아직까지 군된 자로 그 신하에

도를 다하지 못하면서 군주에게 충성한 사람은 아직 없소. 하물며 풍수지탄(風樹之嘆, 이미 돌아간 부모에게 효도를 다하지 못한 한탄)[209]이 그치지 않고 해는 서산을 넘어가는데[210] 어찌 돌아가신 아버님과 슬퍼하시는 어머니를 생각하지 않을 수 있겠소?"

"당신 나라 임금의 이름은 무엇입니까?"

"효자는 차마 부모의 이름을 입에 올리지 못하는 까닭으로 다른 사람의 잘못을 들어도 내 부모의 이름 듣는 듯이 하오. 하물며 신하된 자가 임금의 이름을 다른 사람과 더불어 가벼이 말할 수 있겠소?"

"경계를 넘었으니 거리낄 것이 없지 않습니까?"

"나는 조선의 신하가 아니오? 신하된 자가 국경을 넘었다고 자신의 나라를 저버리며, 행동을 달리하고 말을 바꿀 수 있겠소? 나는 그렇게 할 수 없소."

설민이 나와 더불어 문답한 글을 가져다가 파총관에게 올렸다. 파총관이 읽기도 하고 고개를 끄덕이기도 하다가 나를 돌아보며 말했다.

"내일 관원을 보내 그대들을 호송하여 길을 떠나게 하겠소. 무릇 몸에 지닌 행장이 있으면 건수에 따라 적어내 여정 중에 잃지 않도록 하

게 효를 가르치지 않으면서 신하의 충을 얻은 자를 보지 못했다. 『명문해』(明文海) 권49, 주소 3 나륜(羅倫) 부식강상소(扶植綱常疏).

[209] 공자가 주(周)의 고어(皐魚)에게 상을 당하지 않았는데도 슬피 우는 까닭을 묻자, 고어가 말하기를 '내가 잘못한 것이 세 가지 있다. 하나는 젊어서 제후에게 공부하면서 부모를 돌보지 않은 점이 그 하나다. 나의 뜻을 높이 세웠지만 군주를 섬기는 일을 소홀히 한 것이 그 하나다. 그리고 친구와 친하게 지내다 조금 사이가 끊어진 것이 그 하나다. 나무는 흔들리지 않으려고 하나 바람은 멈추지 않고 자식은 봉양하려고 하나 부모는 기다려주지 않는다. 가도 만날 수 없는 것이 부모다'라고 했다. 한영(韓嬰), 『한시외전』(韓詩外傳) 권9. 풍수는 부모가 죽어 봉양할 수 없는 것을 의미한다.

[210] 일박서산(日迫西山). 연로하여 곧 죽을 나이가 되었다는 뜻이다. 원 성종 대덕 9년(1305) 육현(陸顯)이 강서(江西) 원주로(袁州路) 총관(總管)에 임명되자, 공은 '……지금 나는 늙고 병들어 곧 해가 서산에 떨어지는 형상과 같은데 밤길도 멈추겠는가? 힘써 사퇴하고 부임하지 않았다……'라는 표현이 보인다. 육문규(陸文圭), 『장동유고』(牆東類稿) 권14, 행장.

시오."

내가 관사를 물러나오니 허청의 하수인인 왕광(王匡)이란 자가 위협하기도 하고 또는 달래기도 하면서 끈질기게 재물을 요구했다. 그러나 내 행장에는 쓸 만한 물건이 없어서 응할 수 없었다.

이때 왕광이 또 와서 말했다.

"우리 대인의 은혜에 보답하지 않을 수 없을 것입니다."

그래서 내가 입고 있던 유첩리를 벗어서 허청의 아들 융(隆)에게 주었다.

태주는 옛 동구국(東甌國)[211)]의 땅이니 민(閩)[212)]의 동쪽, 월(越)[213)]의 남쪽에 있으며, 우두외양 등처를 관할하는 임해현[214)]은 태주 동남 변방에 있다. 기후가 온난하며 항상 비가 오고 해 뜨는 날이 적으니, 실로 염황(炎荒), 장려(瘴癘, 열병)의 지방이다.[215)] 내가 정월에 도착하니 기후가 우리의 3, 4월과 같아서 보리가 이삭을 피우며, 바야흐로 죽순의 싹이 무성하고, 복숭아와 살구가 만개했다. 또 산은 높고 내는 크며, 수풀이 둘러싸듯 가로막고 있었다. 사람과 물건이 대단히 많고 저택이 장대하고 화려하여 특별히 한 구역의 천지라 할 만하다.[216)]

---

211) 39쪽 주 2) 참조.
212) 민은 건안(建安)과 후관(侯官)이다. 정의(正義)는 민주(閩州)를 복주(福州)로 고쳤다고 한다. 민중(閩中)은 복건의 주와 군을 말한다. 『사기』 권114, 동월전(東越傳); 『독사방여기요』 권1, 역대주역형세.
213) 39쪽 주 3) 참조.
214) 윤 1월 16일 주 115) 참조.
215) 명대의 군사제도를 보면 섬서·산서·산동·하남·북직례 출신 사람은 남방 극변의 군대에, 호남·호북·사천·귀주·운남·강서·복건·호광·절강·남직례의 사람은 북방 극변의 군대에 충원시켰다. 그들은 물과 토양이 맞지 않아 남방 사람들은 추위 얼어 죽게 되고, 북방 사람들은 장려(瘴癘), 즉 열병으로 인해 죽었다. 『황명경세문편』(皇明經世文編) 권15, 양사기(楊士奇) 논구보남북변군소(論勾補南北邊軍疏).
216) 산해의 진귀한 물건이 풍부하고 사람과 신의 장려함을 다했다. 하천과 못의 기름진 평지로 바다와 육지의 산물이 풍부했다. 『대명일통지』 권47, 태주부.

【윤1월 23일】 도저소에서 길을 떠나다.

이날은 흐렸다. 파총관이 또 나와 종자들을 앞에다 불러놓고, 나에게 큰 소리로 이름을 불러 인원수를 점검하게 하더니, 천호 적룡(翟龍)과 군리 20여 명을 선발하여 우리를 총병관(總兵官)[217]이 있는 곳으로 호송하게 했다. 나와 배리 등은 모두 가마를 타고 가는데, 양달해(梁達海)라는 간교한 자가 병을 핑계로 지팡이에 의지해 제대로 걷지 못하자 파총관이 가마를 타고 가도록 허락하니, 가마 탄 자가 무릇 8명이었다. 적룡과 허청, 그리고 왕광 등이 우리와 함께 산장령(山場嶺)과 오두령(烏頭嶺) 두 고개를 지나가는데, 그 사이에 세 개의 대천이 있고, 오두령 아래에는 감계(鑑溪)가 있었다. 허청이 우리 일행을 냇가의 인가로 데려가 밥을 지어 먹이고, 또 길을 떠나 당두(塘頭)와 포봉(蒲峯) 등지를 지나서 금지된 밤길을 무릅쓰고[218] 가다 길가의 한 사찰에 이르러 유숙하니, 그 앞마을이 선암리(仙岩里)였다. 도저소에서 이곳에 이르는 길은 내가 이전에 내몰림을 당하여 지나간 곳이었다. 밤에 허청과 적룡이 그 이장[219]을 국문하여 말안장을 빼앗은 자를 잡아다 관에 보고하고, 말안장을 나에게 돌려주었으나 군인에게 빼앗긴 갓과 망건 등의 물건

---

217) 총병관은 공(公)·후(侯)·백(伯)·도독(都督)으로 임명하며 진수절강총병관(鎭守浙江總兵官)은 1명으로 명 세종 가정 34년(1555) 설치했는데, 절강과 직례(直隷)의 해방(海防)을 담당했다. 세종35년에 진수절직(鎭守浙直)으로 개칭했고, 42년에 진수절강으로 고쳤다. 옛적에는 정해현(定海縣)에 주둔했는데, 후에 성성(省城, 항주)으로 이주했다. 진수(鎭守), 일로(一路)를 담당하는 자를 분수(分守), 일성일보(一城一堡)를 담당하는 자를 수비(守備), 주장(主將)과 함께 일성(一城)을 지키는 자를 협수(協守)라고 한다. 총병관 하에 부총병(副總兵)·참장(參將)·유격장군(遊擊將軍)·수비(守備)·파총(把總) 등이 있다. 『명사』권76, 직관지 5.

218) 범야. 법률로 금지되어 있는 야행(夜行)을 범한 것을 말한다. 명조는 경성에서 야금(夜禁)을 시행했다. 야금을 범한 자는 시각에 따라 태(笞) 30에서 50까지 처했다. 외군(外郡)과 성진(城鎭)은 각각 1등을 감해주었다. 공무나 질병, 그리고 출산과 죽음은 이 규정에 해당되지 않았다. 『대명률』권14, 병률 야금.

219) 명조는 향촌을 지배하기 위해 이갑제(里甲制)를 실시했다. 이는 110호를 1리로 편성하는데, 그중에서 10호를 이장호(里長戶)라 하여 매년 1명씩 이장의 역과 세금의 징수를 담당했다. 栗林宣夫, 『里甲制の硏究』, 文理書院, 1971.

은 찾지 못했다.

무릇 강도질을 하는 자는 재물을 얻기 위해 사람을 죽이는 포악한 행위를 거리낌없이 한다. 강남 사람들은 이심(利心, 이익만을 쫓는 마음)이 발동하여 도적질하고 겁탈하는 자가 있었지만, 하산의 도적들은 우리를 죽이지 않았고 물품도 보내주었다. 선암리의 사람들은 빼앗은 것을 숨기지 않고 빼앗았던 말안장을 돌려주었으니, 풍속이 유약하여 인심이 그다지 포악하지 않은 증거라 할 수 있다.[220]

【윤1월 24일】 건도소(健跳所)[221]에 도착하다.

이날은 맑았다. 새벽에 천암리(穿岩里)[222]를 지나니 마을 서쪽에 산이 있는데 산 정상에 석벽(石壁)이 높게 서 있었다. 큰 굴이 있어 바라보니, 홍문(虹門, 무지개 문)과 같아 마을 이름이 여기에서 유래한다. 또 전령(田嶺)을 지나니 승려가 사찰을 짓느라 고개 위의 도로를 가로막아 행인들이 절 가운데로 지나갔다. 우리는 평지에서는 때로 가마를 탔으나 고개가 높고 길이 험하면 가마에서 내려 도보로 갈 때가 많아, 이 사찰에 이르렀을 때는 여러 사람이 절룩거렸다. 사찰의 승려가 불쌍히 여겨 차를 끓여 공양하므로 잠시 머물렀다.

계속 가서 해포(海浦)에 이르니 병선이 있었는데 무기를 갖추어 해포를 오르락내리락 돌아다니며 수전(水戰)하는 상황을 보여주었다. 그러고 나서 거룻배로 건너간 곳은 건도소였다. 성은 해안에 임해 있었는데 건도소의 천호 이앙(李昻)은 체구가 장대하고 용모가 아름다웠으며, 갑옷과 무기를 갖추었다. 이앙이 우리를 인도하여 성문으로 들어갔는데 문은 모두 겹성으로 되어 있고, 고각(鼓角, 북과 뿔피리)과 총통(銃㷁,

---

220) 태주부는 예교가 흥하였고 임해현 사람들은 순박하고 조용하며 검약하는 습성을 가지고 있었으며, 영해현 사람들도 농사를 즐겨했고, 근검했다. 가정『절강통지』권65, 잡지(雜志).
221) 명 태조 홍무 20년(1387)에 설치했다. 해문위성(海門衛城) 동북 110리 되는 곳에 있다.『대명일통지』권47, 태주부.
222) 현 동남쪽에 있고 채연향(彩煙鄕)에 속했다.『회계지』(會稽志) 권12, 팔향(八鄕).

총과 화약)의 소리가 바다와 산을 진동시켰다. 그 크고 작은 피리는 모두 끝이 굽어서 부는 사람의 미간과 눈 사이를 향했다.

성안의 사람과 물건, 저택은 도저소보다 더 풍성해 보였다. 이앙이 나를 이끌고 한 객관으로 갔다. 적룡, 허청, 왕광, 왕해(王海) 등과 건도소에 있는 성이 장(庄)이니 윤(尹)이니 하는 성품이 중후한 노관인(老官人)이 탁자 좌우에 둘러서서 나에게 표류한 까닭을 묻길래 그 전말을 대략 진술했다.

이앙이 당(堂)에 올라 빈주의 예[223]를 행할 것을 청하였다. 이앙은 서쪽계단으로 올라가고 나는 동쪽 계단으로 올라가서 서로 마주 서서 두 번 절했다. 그 다음 이앙이 나에게 다과를 접대하고, 종자들에게도 술과 고기를 먹여 자못 정성의 뜻을 보였다. 성이 윤인 노관인은 정보 등을 이끌고 사택으로 가서 음식을 먹이고, 그 처첩과 자녀들에게 예를 표하도록 하였다. 인심의 순후함이 이와 같았다.

어떤 사람이 병오년(1486)에 등과한 소록(小錄)[224]을 가지고 와서 나에게 보이며 말했다.

"이것은 내가 과거에 급제한 방록(榜錄)[225]이오."

그가 방록 중에 장보(張輔)[226]라는 두 글자를 가리키면서 말했다.

---

223) 사대부의 예는 왼쪽을 양보한다. 먼저 그 오른쪽에 나아가 나란히 서서 서로 읍하고 왼쪽에 선 사람은 또 오른쪽 사람의 오른쪽에 나아가 읍한다. 조헌(趙憲), 『동환봉사』 갑술년(1574) 사부읍양(士夫揖讓).
224) 소록은 급제자의 씨명과 향관(鄕貫)을 3대에 걸쳐 기록한 것으로(荒木敏一, 『宋代科擧制度研究』, 同朋舍, 1969), 여기서는 장보가 진사에 합격한 것이 아니라 성(省)에서 실시하는 제1차 시험인 향시에 합격하여 소록이라고 한 것이다.
225) 방록 혹은 방첩(榜帖)이라는 것은 씨명을 기입한 것을 말한다. 荒木敏一, 같은 책, 1969.
226) 장보의 자는 방좌(邦佐)로, 헌종 성화 22년(1486) 병오과에 합격했는데, 임해현 출신으로 기주(鄿州)의 교유(敎諭)를 지냈다. 건륭『절강통지』 권136, 선거; 『영해현지』 권19. 송조선최교리서(送朝鮮崔校理序). 해녕현 건도(健跳) 출신이다. 성화 22년에 거인(擧人)이 되었다. 장보는 명대의 과거시험의 제3단계 시험 중에서 제1단계로 성(省)에서 실시하는 향시에 합격하여 거인이 되었던 것이다. 강희『해녕현지』(海寧縣志) 권10, 장보 송조선최부교리서(送朝鮮崔溥校理序).

홍문. 무지개 모양과 같다 하여 이러한 이름이 붙었다.

"이것이 내 이름이오. 당신 나라 역시 등과한 자를 귀하게 여깁니까?"

"그렇소!"

"우리 나라는 초야의 선비로서 등제한 자는 모두 관에서 봉록을 지급하고, 문려(門閭)를 정표(旌表)[227]하여 '진사급제 모과 모등인'이라는 글을 써서 내려줍니다."[228]

그리고 나를 집으로 데려갔는데, 그 집 앞거리에 있는 용이 새겨진 석주로 만든 2층 3칸의 문은 금색과 푸른색이 눈부시도록 빛났다. 그 위에는 크게 '병오과 장보의 집'이라고 쓴 표액(標額)이 걸려 있었다. 장보는 자신이 등과한 것을 나에게 과시했다. 나 또한 부탄(浮誕, 경박하고 허황함)한 말로 그에게 자랑했다.

"나는 거듭 과거에 급제하여 쌀 2백 석을 받았고, 정문은 3층이니, 족하는 나에게 미치지 못할 것이오."[229]

"어찌 알겠소?"

"나의 정문은 먼 곳에 있어 보일 수가 없으나, 여기에 문과 중시소록[230]이 있소."

---

227) 문려정표는 대체로 효자·효부·열녀 등에게 하사한다. 부모에게 효성스럽고 형제간에 우애가 있는 사람, 즉 효성스러운 아들, 공순한 손자, 절개 있는 부인, 나라를 위해 몸바친 사람의 자손, 친족간에 화목하거나 환난을 구제한 사람들은 연말마다 본조에서 등록하여 임금에게 보고하고 장려해준다. 벼슬이나 물건을 상으로 주되 특이한 사람에게는 정문을 세워주고 부역을 면제해 주며 그 아내가 절개를 지키는 경우에도 부역을 면제해준다. 『경국대전』 권3, 예전 장권(獎勸).

228) 조선의 경우에는 백패식(白牌式)을 말하는 것으로 생원과 진사시의 합격자에게 주는 합격증서다. 백색종이에 신분표시(유학, 허통 등), 성명과 성적순번 등을 기록했고 교지로 되어 있으며 '과거지보'(科擧之寶)란 임금의 도장이 찍혔다. 『경국대전』 권3, 예전 백패식.

229) 여기에 기록된 미곡 하사와 정문 설립은 최부의 과장인 듯하다. 문과나 무과에 합격한 사람에게는 의정부에다 은영연(恩榮宴)을 차려주고, 영친연(榮親宴)을 차릴 때에는 본조에서 임금에게 보고하여 술과 악공을 보내주며, 지방에 거주하는 사람에게는 고을원이 연회를 차려준다. 부모가 사망한 사람에게는 제사를 차려주되 1등으로 합격한 사람에게는 쌀까지 보내주었다. 『경국대전』 권3, 예전 장권. 하지만 최부의 설명처럼 정문 설립의 기록은 없다.

즉시 소록을 펼쳐 보이니 장보는 소록에 씌어진 관직과 이름을 보고 꿇어앉아 말했다.

"내가 정말로 당신에게 미치지 못할 것이오."

【윤1월 25일】 월계순검사(越溪巡檢司)[231]에 도착하다.

이날은 날씨가 흐리고 흙비가 내렸다. 이앙과 허청, 왕광과 장씨, 그리고 윤씨 등 관인들이 나와 나를 바다에서 전송했다.

이앙이 나의 손을 잡고 말했다.

"나와 그대는 멀리 떨어졌음에도 천재일우로 만났는데, 이제 두 지방으로 헤어지면 또다시 볼 수 없게 될 것이오."

선상에서 고별하며 내가 말했다.

"내가 올 때 장군은 많은 군사로 성을 둘러싸고 저잣거리를 호위했으며, 깃발을 날리고 징과 북을 두드려, 먼 나라 사람인 저에게도 위엄 있게 보였습니다. 내가 잠시 객관(客館)에 거할 때에는 당에 오르게 하여 예절이 흐트러지지 않았으며, 음식을 대접할 때에도 정성을 다했고, 마음을 열고 성의를 나타냈으니 한 번 만나도 오래된 친구와 같습니다. 장군은 먼 나라 사람을 관용으로 대우했으며, 내가 떠나갈 때에는 걸어서 성의 서쪽으로 나와 멀리 해곡까지 전송했고, 배에 오르도록 도와주었으며, 글로 써서 이별의 뜻을 전하니, 먼 나라 사람을 후대하여 보내는 분입니다. 나는 일개 먼 나라 사람으로 만난 지 하루도 되지 않았지만, 엄격함을 보여주고 관용으로 대우해주었으며 두터운 정으로 작별하니, 그 뜻은 진심에서 나온 것이라 믿습니다. 우리 조선 땅이 비록 바

---

230) 중시는 10년에 1번 시행되는 정기시험으로 당하관 이하의 문신을 대상으로 합격자에 한하여 당상관으로 승진시켜주는 특진시험이다. 이성무, 「교육제도와 과거제도」, 『한국사』 23 – 조선 초기의 정치구조, 국사편찬위원회, 1994.

231) 월계는 영해현 동쪽 20리 되는 곳에 있다. 명 태조 홍무 3년에 순검사를 설치했다. 『흠정 대청일통지』(이하 대청일통지로 표기함) 권229, 태주부. 순검사는 순검(巡檢, 종9품)·부순검(副巡檢, 종9품)은 각 부·주·현의 요해지에 설치하여 도적을 체포하거나 죄를 범한 자를 색출한다. 『명사』 권75, 직관지.

다 건너에 있기는 하지만, 의관과 문물이 모두 중국과 같은 까닭으로 다른 나라라고 생각할 수 없습니다. 더구나 지금 대명이 중국을 통일하여,232) 북방의 오랑캐와 남방의 월(越)이 일가를 이루어 한 하늘 아래에 모두 나의 형제이니, 어찌 땅이 멀고 가깝다는 이유로 내외를 구분하겠습니까?233) 더욱이 우리 나라는 삼가 천조(중국)를 섬겼으며 조공을 게을리하지 않았기에, 천자 또한 예로써 대우했으며, 인으로써 위무(慰撫)하여 교화가 극진했습니다.234) 나는 조선의 신하요 장군은 천자의 신하니, 곧 천자가 소국을 자애하는 마음235)을 본받아서 먼 나라 사람을 이렇게 극진히 대우했으니, 또한 충이라 하지 않을 수 있겠습니까? 그동안 나눈 정이 두터워 깊이 감사하고 있습니다. 그러나 하루나

---

232) 1368년 명 태조 주원장이 남경에서 도읍하며 국호를 명(明), 연호를 홍무(洪武)라 했다.

233) 명 태조 홍무제는 원의 종실이나 신민들에게 '짐이 천하의 주인이 되어 화(華)와 이(夷)는 긴밀한 관계를 맺고 있다. 성씨가 비록 다르다고는 하나 위무하는 것은 똑같이 하겠다'고 포고했다. 또한 호광·사천·귀주·운남의 이민족 지역의 토사(土司)에게는 '천하의 지역을 통치하는 신하는 모두 조정에서 임명한 신하들이며, 인민은 모두 조정의 적자(赤子)다. 너희들은 돌아가서 인민을 잘 위무하여 생업에 종사할 수 있도록 하라'는 유시를 했다. 즉 홍무제는 북쪽의 호(胡, 몽골족 등)나 남쪽의 이민족을 모두 일시동인(一視同仁)이라는 생각을 가지고 통치했다. 陳梧桐, 『朱元璋硏究』, 天津人民出版社, 1993.

234) 명 태조 홍무제는 조선이 동쪽에 치우쳐 있어서 중국이 다스릴 수 없다고 보고 조선이 천도에 순응하고 인심에 화합한다면 책망할 수 없다는 유시를 했다. 성조 영락제 때는 조선이 중국의 예제(禮制)를 따르려 함을 가상히 여겨 왕의 금인(金印)과 고명(誥命) 등을 사여했다. 이때부터 조공이 1년에 4, 5회에 달했다. 『명사』 권208, 조선열전.

235) 춘추시대 노(魯)의 계강자(季康子)가 주(邾)를 벌하려고 대부에게 연회를 베풀고 모의했다. 아들 복경백(服景伯)이 '소가 대를 섬기는 까닭은 신(信)이다. 대가 소를 보호하는 까닭은 인(仁)이다. 대국을 배반하는 것은 불신(不信)이다. 소국을 벌하는 것은 불인(不仁)이다. 민은 성(城)을 쌓아 보호하고, 성은 덕(德)으로 보호한다. 이 두 가지 덕을 잃는다면 위험하다. 앞으로 어찌 보호할 수 있겠는가? ……우임금이 제후와 도산(塗山)에서 만나 회맹(會盟)했을 때는 만국(萬國)이었는데, 지금 남아 있는 것은 수십에 지나지 않는다. 이것은 대는 소를 사랑하여 어루만지지 않았고, 소는 대를 섬기지 않았기 때문이다. 『춘추좌씨전』 애공(哀公) 7년.

마 장군 및 장(莊)·윤(尹) 두 관인과 함께 조용히 담화하며 회포를 풀 여가를 얻지 못했으니, 세월이 흐르고 멀리 떨어진다 한들 이별한 친구를 생각하는 마음이 어찌 다하겠습니까?"

또 허청과 작별 인사를 했다.

"장군과 왕광 당신은 나와 포봉리에서 만났을 때 기갈이 극심한 지경에서 물을 주어 죽음에 이르렀던 나를 살렸으며, 두독장과 도저소를 거쳐 이 성에 이르는 험한 수백 리 길을 7, 8일 동안 돕고 보호했으니, 그 은정의 후덕함은 이루 헤아릴 수 없습니다. 이제 헤어지면 다시 만나기 어려우니, 다만 슬픔만 더할 뿐입니다."

마침내 헤어져 바다를 지날 때 적룡이 나에게 말했다.

"이 바다를 지나가면 서쪽으로 천태산[236]을 볼 수 있으나 지금은 안개가 끼어 볼 수가 없소."

저녁이 되어 영해현 월계순검사에 도착했다. 성은 산 위에 있으며, 무장한 군졸이 바닷가에 열을 지어 있었다. 적룡과 그 부하는 배에서 내려 성으로 들어가면서 우리 일행을 해안에 머무르게 했는데, 어찌할 바를 몰랐다.

【윤1월 26일】영해현을 지나다.

이날은 비가 왔다. 순검사 맞은편 해안에 월계포(越溪鋪)[237]가 있는데, 그 앞에서 배를 내려 강가를 따라 걸었다. 골짜기 물은 해구와 연결되어 아주 넓었는데, 어디서 흘러오는지 알 수 없었다. 서양령(西洋嶺)과 허가산(許家山)을 지나 시오포(市奧鋪)에 도착하니 어떤 사람이 조그마한 상에 차를 내와 대접해주었다.

---

236) 윤1월 21일 주 166) 참조.
237) 포(鋪)는 급체포(急遞鋪)를 말하며 금·원대에 시작되었다. 10리마다 1포를 설치하여 공문을 받는다. 포에는 포장(鋪長) 1명, 포병(鋪兵)은 중요로에 10명, 그 밖의 지역에는 4, 5명을 편성했다. 정덕『대명회전』권121, 급체포. 포사(鋪舍)라는 것은 왕명을 전하고 공부를 통하는 데 반드시 있어야만 한다. 홍치『영평부지』권3, 공서.

또 가서 백교령(白嶠嶺)[238]에 이르렀을 때, 군졸 20여 명이 가마를 메고 와 우리를 맞이했다. 나를 포함한 8명은 가마를 타고 진사방(進士坊)[239]을 지나 영해현 백교역(白嶠驛)[240]에 도착했다. 역은 현 안에 있었으며, 지현(知縣)[241]으로 성이 당(唐)인 사람[242]이 우리에게 먹을 것을 베풀었다. 비를 무릅쓰고 다시 길을 나서 동산포(桐山鋪) · 매림포(梅林鋪) · 강격령(江洰嶺) · 항공포(缸空鋪) · 해구포(海口鋪)를 지났는데, 그 사이에 큰 내 세 곳과 큰 다리 두 곳이 있었지만 그 이름은 잊었다.

2경이 되어 서점역(西店驛)[243]에 도착하여 유숙했다. 역에는 갑옷을 입은 병사가 경비를 하고 있어서 마치 방어소와 같았다.

【윤1월 27일】 서점역에 머무르다.
이날은 큰 비바람으로 골짜기의 물이 불어나 우리는 부득이 서점

---

238) 백교산이라고도 한다. 영해현 동쪽 5리 되는 곳에 있다. 진대(晉代)에 처음으로 영해현을 설치할 때 치소를 이곳에 두었다. 『독사방여기요』 권92, 절강 4.
239) 명대 중기 중국의 도시는 성곽 안을 방(坊) · 리(里) · 상(廂) · 보(保) · 우(隅) 등의 명칭으로 구분했다. 愛宕元, 『中國の城郭都市』, 中公新書, 1991.
240) 영해현 서쪽 160보 되는 곳에 있는데, 옛적에는 현 동쪽 100보 되는 곳에 있었다. 영은역(迎恩驛)이라고 한 것을 원 순제 지정 23년(1363)에 옮기면서 지금의 이름으로 고쳤다. 숭정『영해현지』 권2, 공서. 경사로부터 사방에 역전을 설치했다. 경사에 있는 것을 회동관(會同館), 밖에 있는 것을 수마역(水馬驛)이라고 했다. 경사에서부터 사방에 걸쳐 수마역과 체운소를 설치해 공공업무로 파견된 인원들의 왕래, 신속히 전달할 군의 기밀에 관한 사항, 군수품 등을 전달하기 위한 목적으로 설치했다. 정덕『대명회전』 권119, 역체 1; 권120, 역체 2; 만력『대명회전』 권145, 병부 28 역전 1.
241) 현은 지현(知縣, 정7품) 1명, 현승(縣丞, 정8품) 1명, 주부(主簿, 정9품) 1명, 그 예하에 전사(典史) 1명이 있다. 지현은 한 현의 정무를 담당한다. 『명사』 권75, 직관지 4.
242) 민국『태주부지』(台州府志, 중국지방지집성) 권12, 직관표(職官表) 4에는 효종 홍치 원년의 영해현 지현을 강징(江澂)이라고 기록했다.
243) 봉화현치 남쪽 70리 되는 태주 영해현과의 경계상에 있다. 명 태조 홍무 19년 신국공(信國公) 탕화(湯和)가 세웠다. 가정『절강통지』 권16, 건치지.

역에 머물러야 했다.

【윤1월 28일】 연산역(連山驛)²⁴⁴⁾에 도착하다.

이날은 큰비가 내렸다. 적룡이 말했다.

"우리 대당의 법령은 엄정하여 조금이라도 지체되면 반드시 그 죄의 책임을 묻소.²⁴⁵⁾ 지금 비록 큰비가 내리지만, 더 머물 수는 없소."

적룡의 군리와 나의 종자들은 모두 불만을 터뜨렸다.

"오늘같이 큰비가 오는 날에는 동학(洞壑, 구덩이)에 물이 넘칠 것이니 갈 수 없습니다."

적룡이 말했다.

"구렁텅이에 물이 가득 차면 다시 빠진다오. 더구나 이 역에서 지급할 양식²⁴⁶⁾에도 한도가 있소. 어제의 유숙도 사실은 안 되는 것이었소."

그리하여 우리는 비를 무릅쓰고 책허포(冊墟鋪)·절개령(折開嶺)·산황포(山隍鋪)를 지나고, 또 대령(大嶺)·방문포(方門鋪)를 지나 쌍계포(雙溪鋪)에 이르렀다. 포의 북쪽에 쌍계²⁴⁷⁾가 있었는데, 계곡의 물이 넘쳐 모두 옷을 입은 채로 건넜다.

상전포(尙田鋪)를 거쳐 봉화현(奉化縣)²⁴⁸⁾ 연산역(連山驛)에 도착하

---

244) 봉화현에서 2리쯤 떨어져 있다고 최부는 기록했다.
245) 예를 들어 사신의 임무를 띠고 역을 이용하는 데 보통의 일로 1일이 늦으면 태 20이고, 3일마다 1등을 가하는데 최고 장 60까지 처한다. 만약 군사에 관한 중대한 일이라면 3등을 가하는데, 군사기밀을 잘못한 경우에는 참형을 당하기도 했다. 무릇 공사에 운반해야 할 관물이나 죄수·축산은 사람을 선발하여 호송하는 데 기한이 정해져 있는데, 이를 어기는 자는 1일에 태 20이고, 3일에 1등을 가하여 최고 태 50에 처했다. 『대명률』 권17, 병률(兵律) 역사계정(驛使稽程) 및 공사응행계정(公事應行稽程).
246) 명대의 역전을 이용할 경우에는 관직이나 임무에 따라 식량이나 참선(站船), 그리고 관부(館夫) 등의 규정이 달랐다. 만력『대명회전』 권148, 병부 31, 역전 4.
247) 봉화현 남쪽 25리 되는 곳에 있는데 삼목령(杉木嶺)에서 발원하여 배계(排溪)를 지나 하학계(下郝溪)로 흘러간다. 가정『절강통지』 권10, 지리지.
248) 영파부성 남쪽 80리 되는 곳에 있다. 본래는 진한시대의 은현(鄞縣)의 지역으로 회계군에 속했다. 수대에 이 지역을 없애고 구장현(句章縣)에 예속시켰다. 당

여 유숙했다. 현은 역에서 동쪽으로 2리쯤에 떨어져 있었는데, 지현의 이름은 두안(杜安)[249]이었다. 역승(驛丞)[250]은 우리 옷이 비에 흠뻑 젖은 채 떨고 있는 것을 보고는 모닥불을 피워주었다. 나와 종자가 둘러앉아 불을 쬐고 있었는데, 어떤 사람이 나타나더니 노발대발하며 모닥불을 발로 비벼 꺼버리는 것이었다. 우리는 두려워서 도망쳐 숨었는데, 적룡과 역승 모두 그에게 욕을 당했다.

적룡이 말했다.

"밖에서 들어온 그 사람은 그대들이 도적떼이므로 당연히 양식을 공급할 필요가 없다고 하기에 나와 역승은 그대가 책을 읽는 군자라 했소. 그가 다시 방자한 행동을 하면 소장(訴狀)을 써 그가 옷보따리를 약탈했다고 지현에게 상소하시오."

나는 말했다.

"악한 그 사람을 진실로 징계하고 싶지만 빼앗긴 물건이 없는데 강탈했다고 무고(誣告)하여 죄 없는 사람을 벌받게 하는 것은 사리에 크게 어긋난 일입니다. 지금 당신이 우리를 호위하고 있는데 그가 우리에게 공갈하고 난폭하게 군 사실을 죄로 다스리도록 보고해야 하지 않겠습니까?"

적룡은 즉시 소장을 써서 현관(縣官)에게 보냈다.

【윤1월 29일】영파부(寧波府)를 지나다.

이날은 비가 왔다. 적룡과 나는 가마에 올라 큰 내를 건넜다. 냇가에

초에는 무현(鄮縣)의 지역이었으나 현종 개원(713~741) 중에 분리하여 봉화현을 설치하고 명주(明州)에 속하게 했다. 원 성종 원정(1295~97) 초에 주(州)로 승격했고, 명 태조 홍무 2년에 다시 현으로 했다. 『대명일통지』 권46, 영파부.

249) 강서 남안부(南安府) 남강(南康) 출신이다. 이원(吏員)으로 지사가 되었다. 광서『봉화현지』 권16, 직관표 상편.

250) 우전(郵傳)과 영송(迎送)의 일을 담당했다. 대개 주차(舟車)·부마(夫馬)·늠미(廩米)·음식·반찬 등을 사객(使客)의 품질(品秩)이나 복부(僕夫)의 다과에 따라 제공한다. 역승은 각 부·주·현마다 유무와 다과에 차이가 있다. 『명사』 권75, 직관지 4.

는 매우 화려한 절이 있었는데, 절 앞에는 다섯 개의 부도(浮圖, 浮屠)와 두 개의 커다란 탑이 세워져 있었다. 또 허백관(虛白觀)[251]과 금종포(金鍾鋪), 남도포(南渡鋪)를 지나 광제교(廣濟橋)[252]에 이르렀다. 다리는 큰 내에 가로놓여 있었는데, 다리 위에는 난간이 있었으며 길이는 20여 걸음쯤 되었다. 다리가 있는 곳이 바로 영파부의 경계로 옛날 명주(明州)[253] 때 놓인 것이었다.

다시 3리쯤 가니 큰 다리가 나타났는데, 다리의 북쪽에 진사리(進士里)가 있었다. 또 10여 리쯤 가니 다시 큰 다리가 보였는데, 다리 위 난간은 광제교와 같았으나 크기가 작았으며 그 이름은 잊었다. 다리의 남쪽에 문수향(文秀鄕)이 있었다. 또 상포교(常浦橋)를 지나 북도강(北渡江)[254]에 이르러 나룻배를 타고 강을 건넜다.

우두외양 서북쪽에서 연산역에 이르기까지 수많은 봉우리들이 줄을 지어 높이 솟아 있었으며, 냇가에는 암벽이 둘러쳐져 있었다. 강에 이르니 평평하고 넓은 들이 막힘이 없이 펼쳐져 있었다. 그러나 멀리 보이는 산은 눈썹 같았다. 강의 북쪽 언덕에 패(壩)[255]가 설치되어 있었는데, 패는 배를 위로 끌어올려 지나가게 하는 시설이다. 패의 북쪽에

---

251) 봉화현 치소 동북쪽에 있다. 옛 이름은 흥당관(興唐觀)이며 당 엽정천사(葉靖天師)가 경(經)을 설한 곳이다. 『대명일통지』 권46, 영파부.
252) 왕가점교(王家店橋)라고도 한다. 현 서남쪽 13리 되는 곳에 있다. 세월이 오래되어 무너져 남송 이종 보우 5년(1257) 오잠(吳潛)이 중건했다. 가정『영파부지』 권6, 산천 하편.
253) 윤1월 초8일 주 75) 참조.
254) 일명 봉화강(奉化江)이라고도 한다. 봉화현 북쪽 45리 되는 곳에 있다. 연우(延祐)『사명지』(四明志)에 의하면 사명의 진형산(鎭亭山)에서 발원하여 주의 혜정교(惠政橋) 아래로 나아가 여러 하천과 합류하여 남쪽으로 흘러 부성의 동쪽을 돌아 자계강(慈溪江)과 합류하여 바다로 들어간다고 한다. 건륭『절강통지』 권14, 산천 6.
255) 패라고 하는 것은 서로 수면이 다른 두 하천 사이에 설치하여 물을 저장하기 위해 점토를 가지고 운하를 막은 시설이다. 矢野剛, 『運河論』. 패는 언(堰)·태(埭)라고도 하며 운하 수위의 높은 부분과 낮은 부분이 만나는 곳에 완만한 경사면을 설치하여 수량이 많을 때에 이용하는데, 끈을 가지고 끌어올리거나 미끄러뜨려 내려보내기 위해 만든 특수한 시설이다. 끌어당길 때는 끈의 한 쪽을 도

둑을 쌓고 강을 팠는데 나룻배들이 줄지어 정박해 있었다.[256]

적룡은 우리를 이끌어 그 나룻배를 타고 돌다리 13개를 지나 20여 리쯤 가서 강의 동쪽 제방에 이르니 마을이 펼쳐져 보였다. 그곳에서 서남쪽을 바라보니 사명산(四明山)[257]이 있었다. 이 산의 서남쪽은 천태산[258]과 닿으며, 동북쪽으로는 회계산(會稽山)[259]과 진망산(秦望山)[260]

르레에 감고 소를 사용하여 회전시키는 것도 있고, 인력을 사용하는 것도 있다. 谷光隆, 『明代河工史研究』, 同朋舍, 1991. 최부는 6월 4일자 일기에서 패를 구체적으로 설명하고 있다. 즉 '두 물을 경계로 하여 안팎으로 양쪽 옆에 돌로 쌓아 언을 만든다. 언 위에 두 개의 돌기둥을 세우고, 그 위에 횡본(橫本)을 얹어 문처럼 만든다. 횡본에 한 개의 큰 구멍을 뚫거나, 나무기둥을 세우고 가로지른 나무 구멍에 맞추어 돌아갈 수 있게 한다. 기둥 사이로는 여러 개의 구멍을 뚫거나 대나무를 쪼개어 새끼를 만들고 배를 묶어 나무기둥에 매고는 짧은 나무를 여러 개의 구멍에 다투어 꽂아서 고정시키고 배를 끌어올린다. 패 위로 가는 것은 역류하는 것이기 때문에 어렵고 패 아래로 가는 것은 순류하는 것이기 때문에 쉽다'고 설명했다. 패는 그 기능이나 설치 목적에 따라 물 흐름을 받아들이기 위해 설치한 순수패(順水壩) 계취패(鷄嘴壩), 물 흐름을 차단하기 위한 난수패(攔水壩), 난하패(壩河壩), 수력을 감소하기 위한 감수패(減水壩), 곤수패(滾水壩), 물 흐름을 분산하기 위한 도수패(挑水壩) 등 여러 종류가 있다. 이들은 선척의 통과와는 직접 관계는 없다. 谷光隆, 『明代河工史研究』, 同朋舍, 1991.
256) 영파부는 동남의 요지로 바닷길이 모여드는 곳이다. 남쪽은 복건과 광동, 동쪽으로는 왜인의 상업 선박이 왕래하여 물화가 풍부하다. 동쪽으로 정해현(定海縣)으로 나가는 데 교문(蛟門)과 호준(虎蹲)은 하늘이 내려준 요해처로 역시 동남의 요지다. 『대명일통지』 권46, 영파부.
257) 영파부성 서남쪽 150리 되는 곳에 있다. 둘레가 800리로, 소흥부와 태주부에 걸쳐 있다. 280개의 봉우리가 있다. 그 앞 5개의 봉우리는 매우 높고 형상이 마치 연꽃 같다. 도서(道書)에 이 산은 단산(丹山)으로 적수(赤水)의 천상에 석창(石窓)이 있는데, 네 개의 구멍이 일(日)·월(月)·성(星)·신(辰)의 빛으로 통한다고 하여 사명산이라 했다고 한다. 게다가 석루(石樓)와 석고(石鼓)가 모두 기이하여 모두 하나 같지 않았다. 『대명일통지』 권46, 영파부.
258) 윤1월 21일 주 166) 참조.
259) 부성 동남쪽 12리 되는 곳에 있다. 양주의 진산(鎭山)이다. 『사기』에는 우임금이 대월(大越) 상묘산(上苗山)에 이르렀을 때, 작(爵)에는 덕(德)이 봉(封)에는 공(功)이 있어야 하는데, 이름을 회계라고 고쳐 월은 단절되었다고 한다. 월 구천(勾踐)이 오 부차(夫差)와 싸워 크게 대패하자 병사 5천여 명을 이끌고 그 산중에 숨었던 곳이라고 한다. 『산해경』(山海經)에는 산 위에는 금과 옥이, 아래에는 영석(瑛石)과 백옥이 많다고 한다. 『대명일통지』 권45, 소흥부.

140

등에 닿아 있으니, 바로 하지장(賀知章, 659~744)²⁶¹⁾이 어렸을 때 살던 곳이었다.

노를 저어 영파부에 이르렀는데, 성은 강을 막아 축조되어 있었다. 성은 모두 중문이고 문은 모두 2층이었다. 성문 밖은 중성이고 성의 주위에 판 해자 역시 이중으로 되어 있었다. 성은 모두 홍문이고 문에는 쇠빗장이 있었으며, 배 한 척만 드나들 수 있게 되어 있었다. 노를 저어 성 안으로 들어가 상서교(尙書橋)에 이르렀는데 강의 넓이는 100여 걸음쯤 되었다. 또 혜정교(惠政橋)와 사직단²⁶²⁾을 지났다.

무릇 성 안에서 지나친 큰 다리만도 10여 개 이상이었다. 높고 넓은 집들은 강 언덕에 줄지어 서 있었는데, 붉은 돌기둥이 거의 반 정도를 차지하고 있었다. 그 기묘함과 아름다움은 이루 말할 수 없었다.²⁶³⁾ 노를 저어 북문으로 나오니 북문 역시 남문과 같았다. 성 둘레나 그 넓이는 알

---

260) 항주부성 남쪽 10리 되는 곳에 있다. 『여지지』(輿地志)에 진시황이 동쪽으로 유람할 때, 이 산에 올라 회계를 건너려고 하여 오월(吳越)이라고도 한다. 『대명일통지』권45, 소흥부. 일명 천주봉(天柱峯)·탁필봉(卓筆峯)이라고도 한다. 진시황이 이곳에 올라 동해를 바라보았다고 하는데, 진망산 북쪽 8리에 진시황이 신하들과 더불어 올라 진을 바라다보았다는 망진산(望秦山)이 있다. 가정『절강통지』권9, 소흥부.
261) 당대 강소 회계 영흥(永興) 출신이다. 자는 계진(季眞), 스스로 호를 사명광객(四明狂客)이라 했다. 태자 세마(洗馬) 덕인(德仁)의 족손(族孫)으로 어렸을 때 문사(文詞)로 이름을 떨쳤고 진사에 급제했다. 처음에는 국자사문박사(國子四門博士)에 제수되었고, 태상박사(太常博士)·예부시랑·집현원학사·황태자시강·비서감 등의 관직을 지냈다. 현종 천보 3년(744) 도사가 되어 낙향하여 자택을 도관(道觀)으로 만들었다. 얼마 지나지 않아 86세로 죽었다. 『구당서』권109 중, 하지장열전.
262) 사(社)는 5토(五土)의 신을 제사지내는 것이고, 직(稷)은 5곡(五穀)의 신을 제사지내는 것이다. 주·현의 몇 개 처에 설치했고, 명 선종 선덕 3년에는 담광(譚廣)이 위소에도 주·현과 똑같이 사직단을 설치할 것을 주청했다. 만력『대명회전』권11, 이부 10 제사단장(祭祀壇場); 권37, 호부 22 고(誥); 『명사』권155, 담광열전(譚廣列傳).
263) 영파부의 귀인과 문물은 동남 여러 군 가운데서 최고며, 백성들은 상업을 즐겨한다. 부의 백성들은 나무를 하거나 어업을 통해 의식을 자급자족한다. 가정『절강통지』권65, 잡지(雜志).

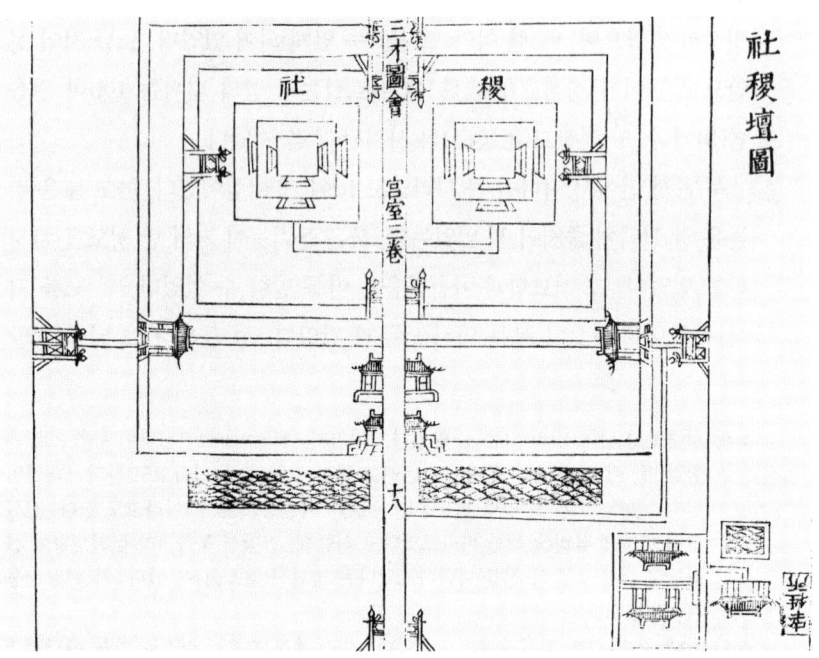

사직단. 이곳에서는 토지와 오곡의 신에게 제사를 지낸다(『삼재도회』).

수 없었다. 부의 치소, 영파위(寧波衛)²⁶⁴⁾와 은현(鄞縣)²⁶⁵⁾의 치소, 그리고 사명역²⁶⁶⁾은 모두 성 안에 있었다. 대득교(大得橋)를 지났는데 다리에는 세 개의 홍문이 있었다. 비가 심하여 강 가운데서 정박했다.

---

264) 영파부치 서쪽에 있다. 송 경원부(慶元府)의 옛터다. 명 태조 홍무 원년에 명주위를 설치했다. 태조 14년(1381) 2월에 지금의 이름으로 고쳤다. 『대명일통지』 권46, 영파부: 『명 태조실록』 권135, 경진.
265) 부곽(附郭)으로 옛 월의 동쪽 경계다. 진대에 은현을 설치하고 회계군에 예속시켰다. 왕망(王莽)이 은현으로 했으나 동한대(東漢代)에 옛 이름으로 다시 고쳤다. 당대에 은주를 폐하고 무현(鄮縣)으로 하여 월주(越州)에 예속시켰다. 현종 개원 중에 은현으로 고치면서 명주(明州)에 예속시켰다. 송대 이후 명조도 이에 따랐다. 『대명일통지』 권46, 영파부.
266) 송대 통판청(通判廳)의 터다. 원대에 월호(月湖)로 옮겨 설치했다. 송대의 함허관(涵虛館)을 역으로 하였고 수마참(水馬站)을 설치했다. 명 태조 홍무 원년에 마참(馬站)을 파하고 수참(水站)을 설치하면서 지금의 이름으로 정했다. 건륭 『절강통지』 권 88, 역전 상편. 영파부치 서남쪽 200보 되는 곳에 있다. 가정 『절강통지』 권16, 건치지.

2월 __ 하늘엔 천국, 지상엔 소주와 항주

【2월 초1일】 자계현(慈溪縣)[1]**을 지나다.**

이날은 비가 내렸다. 신청교(新淸橋)와 진사향(進士鄕)을 지나 송나라 석장군묘(石將軍墓)[2]에 이르렀다. 묘의 크기는 관부(官府)와 같았

---

1) 진·한 이래 구장(句章)에 속했다. 수(隋) 문제 개황(開皇) 9년(589) 여조(餘姚)·은(鄞)·무현(鄮縣)을 합쳐 구장현(句章縣)을 설치했다. 당 현종 개원(開元) 26년(738) 무현을 나누어 자계현을 설치했다. 현 이름의 내력은 이러하다. 한(漢)의 동암(董黯)이 그 어머니에게 효도를 다했는데, 어머니가 질병이 들자 구장현의 남계수(南溪水)를 마시게 되었다. 동암은 그 근처에 집을 지어 물을 길어 봉양했다. 마침내 '자(慈)'자를 계곡에 이름 붙여 현명(縣名)이 되었다. 명 태조 홍무 19년(1386) 5개의 향(鄕)과 30개의 도(圖=里)로 구성되었다. 성조 영락 16년(1418) 자계현의 도장을 잃어버리자 폐단을 방지하기 위해 자계(慈溪)를 자계(慈谿)로 고쳤다. 천계(天啓) 『자계현지』 권1, 연혁; 권10, 지리지 영파.

2) 현 서쪽 9리 망하교(望河橋)에 있다. 송 석수신(石守信)을 제사지낸다. 명 선종 선덕 연간의 진사로 형부상서를 지낸 육유(陸瑜)가 그를 위해 쓴 기록에 석수신은 개봉인(開封人)으로 송의 건국을 도운 원훈이다. 숭신군절도사 겸 중서령(崇信軍節度使 兼 中書令)에 승진했고, 마침내는 위국공(衛國公)에 봉해졌다. 57세로 죽었으며, 상서령에 추증되었고 무위군왕(武威郡王)에 추봉되었다. 시호는 무열(武烈)이다. 남송 고종 건염(1127~30) 중에 고종이 절강에 행차했을 때, 금나라가 남침해오자 왕조의 운명이 매우 급박해졌고, 백성이 도탄에 빠지게 될 (강소성) 고교(高橋)라는 곳에서의 전투가 닥쳐왔다. 충의로 명령을 수행하여 이 어려움을 구해야 하는 상황이었다. 이때 짙은 안개가 낮을 어둡게 만들었다. 단지 신병(神兵)만이 들에 보일 뿐이었다. 큰 깃발이 길을 이끄는데, 석장군(石將軍)이었다. 갑자기 발생한 일로 적의 무리는 놀라 달아나 (강소성) 양주와 (산동성) 기주(沂州)

으며 정표³⁾하는 문이 세워져 있었다. 부성에서부터 이곳에 이르는 10여 리 강기슭에는 시전과 큰 배가 구름같이 모여 있었다. 이곳을 지나가자 소나무와 대나무, 등나무와 귤나무⁴⁾가 양쪽 기슭에 숲을 이루었다. 또 다정(茶亭),⁵⁾ 경안포(景安鋪), 계금향(繼錦鄕)의 유씨정절문(兪氏貞節門)⁶⁾을 지나 서진교(西鎭橋)에 이르니 다리가 높고 컸다. 두 개의 큰 다리를 지나 서패청(西壩廳)에 이르렀다. 패의 양쪽 기슭은 돌로

사이에서 패했다. 송 왕조의 중흥을 무위군왕(석장군)의 영험이 음지에서 도왔던 것이다. 이에 향민들이 그 공을 생각하고 제사지냈는데, 묘의 이름을 장군으로 칭한 것이다. 가정『영파부지』권15, 단묘(壇廟). 석수신에 대해서는『송사』권250에 열전이 있다.

3) 정표라는 것은 충효와 절의 인물이 있으면 그 집에 황제 또는 지방장관이 기를 걸어 칭찬해주는 것을 말한다. 후세에는 편액을 걸어주었다. 명초 효행이나 절의가 있는 자를 향리가 추천하여 천거하고 각 지방에서 보고하면 풍헌관(風憲官)이 그 사실을 조사하여 상주하면 즉시 정표한다. 그후에는 단지 일반 백성들이나 가난한 마을의 부녀자들만 상주의 대상이 되었다. 만력『대명회전』권79, 예부 37 정표.

4) 영파는 금두귤(金荳橘)로 유명한데, 그 형태가 마치 콩과 비슷하고 맛은 달며 향은 대귤(大橘)보다 뛰어나다. 가정『절강통지』권70, 잡지(雜志).

5) 정(亭)은 진·한대 행정구역의 하나다. 향(鄕) 아래 정이 있는데 10리를 관할한다. 정은 일종의 경찰기구인 동시에 전(傳)이나 역전(驛傳)의 보조기관 역할을 담당했다. 명대의 향약제도 아래서는 관내의 촌마다 정이 설치되어 향약이 강해졌다. 松本善海,『中國村落制度の史的硏究』, 岩波書店, 1977. 정은 명대의 포(鋪)와 비슷하다. 만력『소흥부지』권9, 고적 1. 그런데 여기서 다정이라 한 것은 자계현 강산(岡山)에 송의 승상 사숭지(史嵩之)의 묘가 있는데, 전수(殿帥) 범문호(范文虎)가 다국(茶局)을 설치하여 차를 공납했다. 기사묘(冀史墓)는 황폐하고 퇴락하지 않아 매년 청명절 하루 전에 현령이 산에 들어가 어린 차 잎을 제조하는 것을 감독하여 먼저 기사묘에 제사한 뒤 다국을 열고 차를 제조하였고, 곡우가 되는 날 현으로 돌아왔다고 한다. 명 성조 영락기에도 현관이 그 관습을 이어받아 국을 설치하였다고 하는 점에서 다정이라는 말이 나온 듯하다. 가정『절강통지』권10, 지리지 영파.

6) 최부가 기록한 유씨가 여기에 소개하는 여인인지는 정확히 알 수는 없지만, 영파부의 열녀였던 유씨의 이야기를 소개하기로 한다. 유씨는 은현 출신으로 20세에 장지통(章智通)이라는 자에게 시집갔는데, 24세에 남편이 죽었다. 부모가 그 뜻을 굽히려고 하였지만 머리카락을 자르고 스스로 정절을 지킬 것을 맹서했다. 방적에 힘쓰고 어린 자식을 보살펴 성인이 될 때까지 38년 동안 수절했다. 유사(有司)가 상주하여 그 문에 정표했다. 가정『영파부지』권40, 열녀.

방죽. 흙이나 돌로 둑을 쌓아 물의 흐름을 막는다(『천공개물』).

둑을 쌓고 물을 막아 언(堰, 방죽)⁷⁾을 만들어 외강과 서로 통할 수 없게 했다. 양옆에 기계를 설치했는데 대나무로 새끼를 꼬아 닻줄을 만들어 배를 끌어당겨 지나가게 했다.

서서향(西璵鄕)의 신언(新堰)⁸⁾에 이르렀다. 이 방죽은 옛 찰자항(刹子港)이다. 안공언(顔公堰)⁹⁾으로 후에 항을 막았기에 언을 없애서 전지(田地)를 만들면서,¹⁰⁾ 물을 끌어 동쪽으로 돌려서 광리교(廣利橋)¹¹⁾의 남쪽에 이르게 하고 이곳에 패를 설치하여 밖으로 강과 호수를 막아 관선을 끌어당겨 건너게 했다. 이를 신언이라 했는데 그 규모는 서패와 같았다. 이곳에 이르러 또 배를 끌어당겨 지나갔다.

신교(新橋)와 개희교(開禧橋),¹²⁾ 그리고 요평처사(姚平處士)¹³⁾의 무덤을 지나 자계현에 이르렀다. 노를 저어 그 안으로 들어가니 경원문(經元門), 종영문(鍾英門), 도당리문(都堂里門), 도헌교(都憲橋), 진사문, 덕성교(德星橋),¹⁴⁾ 보봉문(寶峯門)이 있었다. 임청정(臨淸亭) 앞에 이르러 배를 얼마간 멈추었다가 밤에 강을 올라 북으로 향했는데, 닭 울음소리가 들리기에 강기슭에서 정박하고 날이 새기를 기다렸다. 그

---

7) 패를 말한다. 윤1월 29일 주 255) 참조.
8) 현의 동남쪽 12리 되는 곳에 있다. 송 이종(理宗) 보우 5년(1253~58) 오잠(吳潛)이 건설했다. 돌을 날라 강안 10여 장을 꾸몄다. 언 아래는 수로와 보도가 한 개로 물은 동쪽으로부터 자정(慈定) 한 읍을 지나는데, 토지는 염분에 침해될 염려가 없었다. 가정『영파부지』권5, 산천.
9) 안공언(顔公堰)이 아니라 안가언(顔家堰)인 듯하다. 현 동남쪽 15리 되는 곳에 있다. 가정『영파부지』권5, 산천.
10) 화서호(花嶼湖)는 당 덕종 정원 10년(794) 자사(刺史) 임동(任侗)이 수축했는데, 지금은 폐하여 전(田)으로 만들었다. 가정『절강통지』권10, 지리지.
11) 현 남쪽 13리 되는 곳에 있다. 가정『영파부지』권5, 산천 하편.
12) 가정『절강통지』에는 희(橲)가 희(禧)로 되어 있다. 현의 동남쪽에 있으며, 송 인종 황우(1049~53) 중에 건설되었다. 가정『절강통지』권10, 지리지 영파.
13) 주역에 정통한 한대 경방(京方)의 제자다. 하동(河東) 출신으로 낭(郞)·박사가 되었다.『한서』권88, 유림열전.
14) 현 서남쪽에 있는데 당 태종 정관(627~649) 중에 건립했다. 가정『절강통지』권10, 지리지 영파.

강의 이름을 물으니 요강(姚江)¹⁵⁾이라 했으며, 강가의 역은 차구역(車廐驛)¹⁶⁾이라 했다. 역승은 진고(秦高)였다.

【2월 초2일】 여요현(餘姚縣)¹⁷⁾을 지나다.

이날은 흐렸다. 아침 일찍 출발하여 서북쪽으로 올라가니 강과 산은 크고 높았으며, 들이 평평하게 펼쳐져 있으며, 인가는 조밀하여 경치와 풍물이 풍성했다. 저녁에 오령묘(五靈廟),¹⁸⁾ 역전포(驛前鋪), 요강역,¹⁹⁾ 강교(江橋)²⁰⁾를 지나서 여요현에 이르렀다. 강이 성을 에워싸고 서쪽으로 흐르고 있다. 연금향(聯錦鄕)에 조서교(曹墅橋)가 있었는데 다리는 3개의 홍문²¹⁾으로 되어 있다.

---

15) 여요현 남쪽 10보 되는 거리에 있는데, 일명 순강(舜江)이라고도 한다. 옛적에는 혜강(慧江)이라고도 했다. 송대에 방생지를 설치했고, 강 넓이는 400척이다. 발원지는 태평산(太平山)으로 단계(斷溪)의 서쪽을 지나 상우현 통명패(上虞縣 通明壩)에 이른다. 후에 바다로 흘러들어가는데 조수가 매일 밤에 두 번 들어오지만 염분이 없다. 가정『절강통지』권9, 지리지 9. 자계현 남쪽에 자계(慈溪)가 있는데 하나는 전강(前江), 즉 요강(姚江)의 하류로 흘러가 남계(藍溪)·문계(文溪)와 합류한다. 『명사』권44, 지리지 5. 여요현치 남쪽에 있다. 조수가 200여 리를 흐르나 물에 소금기가 없다. 『대명일통지』권45, 소흥부.
16) 현의 서남쪽 40리 되는 곳에 있다. 지명이 석대향(石臺鄕)으로 원대에 설치했고, 명은 이에 따랐다. 은현과 상접해 있다. 차구역이 설치된 곳은 차구산으로 월왕 구천이 마구간을 이곳에 두고 수레를 멈춘 뒤 말에게 여물을 먹인 곳이다. 『독사방여기요』권92, 절강 4. 참선(站船) 7척이 비치되어 있었다. 蘇同炳, 『明代驛遞制度』, 中華叢書審編委員會印行, 1969.
17) 소흥부성 동쪽 180리 되는 곳에 있다. 순임금의 서자가 봉해진 지역으로 순의 성이 요(姚)라 이러한 이름이 붙었다. 진대(秦代)에는 현으로 회계군에 속했다. 명은 원대에 여요주(餘姚州)라고 한 것을 고쳐 현으로 했다. 『대명일통지』권45, 소흥부.
18) 여요현 동쪽 2리 되는 곳에 있다. 시숙(施宿), 『회계현지』권6, 능침(陵寢).
19) 여요현성 동쪽 1리 되는 강 북안에 있다. 송대에 영파역을 성 서쪽에 설치한 것을 명 초에 다시 설치했다. 『독사방여기요』권92, 절강 4.
20) 소흥부성 안에 있다. 『서북환준기』(西北寰宅記)에 강교는 송의 강표(江彪)가 거주하던 곳이다. 『대명일통지』권45, 소흥부 관량(關梁). 길이는 24장으로 명 세종 가정 34년(1555) 독신(督臣) 호종헌(胡宗憲)이 왜구를 물리친 곳이다. 『독사방여기요』권92, 절강 4.

등과문(登科門)과 장씨광명당(張氏光明堂)을 지나 3경에 하신패(下新壩)에 이르니, 이 패 역시 전에 본 적 있는 신언과 형태가 같았다. 또 배를 끌어당겨 하신패를 지나니 커다란 다리를 지나 큰 나무 수십 그루가 강 가운데 늘어서 있었다. 날이 밝을 무렵 중패(中壩)에 이르니, 이 패는 또 하신패와 형태가 같았다. 또 배를 끌어서 강을 거슬러 올라가니 상우강(上虞江)[22]이었다.

【2월 초3일】 상우현(上虞縣)[23]을 지나다.

이날은 맑았다. 두 개의 큰 다리를 지났다. 강의 남쪽으로 올라가니 한 관인이 가마를 타고 왔는데, 상우현의 지현으로 현에서 오는 것이었다. 상우현은 강 언덕에서 2, 3리쯤에 있었다. 황포교(黃浦橋), 화도포(華渡鋪), 채묘포(蔡墓鋪), 대판교(大板橋), 보청운문(步青雲門), 신교포(新橋鋪)를 지나 조아역(曹娥驛)[24]에 이르니 역승은 서심(徐深)이란 사람이었다. 역의 북쪽에 패가 있어서 배에서 내려 둑을 지나 조아강

---

21) 무지개 형태로 만들어진 문을 가리킨다.
22) 상우현 서쪽 30리, 소흥부성 동쪽 92리 되는 곳에 있는데, 즉 조아강(曹娥江)이다. 한대 조우(曹盱)의 딸이 효를 행하다 죽어 이러한 이름이 붙었다. 『초학기』(初學記)에는 강이 군현을 돌아 흐른다 하여 이름 붙은 것으로 회계강(會稽江)·산음강(山陰江)·상우강(上虞江)이 있는데, 회계현 동쪽으로부터 현 서남쪽의 동산(東山) 아래를 거쳐간다. 비파기(琵琶圻) 또는 비파주(琵琶洲)라고 한다. 만력『소흥부지』권7, 산천 4.
23) 소흥부성 동쪽 120리 되는 곳에 있다. 순임금의 서자를 회계(會溪)에 봉하였기에 읍(邑)으로 상우현을 두었다. 진대(秦代)에는 현으로 회계군에 속했다. 당 덕종 정원(785~805) 초에 재차 상우현을 설치하고 월주(越州)에 예속시켰다. 송 이후 명조도 이에 따랐다. 『대명일통지』권45, 소흥부.
24) 난궁산(蘭窮山) 아래 조아강 가에 있다. 원 성종 대덕(1297~1307) 중에 거센 물결에 의해 무너져 현 서쪽으로 옮겼으나, 명 태조 홍무 초에 지금 위치로 옮겼다. 가정『절강통지』권16, 건치. 소병동(蘇炳同) 씨는 이 조아역에 대해서 언급이 없는데, 만력『대명회전』에 산음현(山陰縣) 전청역(錢淸驛)과 상우현의 조아역은 혁파되었다고 기재되어 있는 사실로 보아 이 이후에 없어진 것으로 보인다(만력『대명회전』권145, 병부28 수마역[水馬驛] 상). 세종 가정 3년(1524) 지현 구양호(丘養浩)가 중건했다고 한다. 가정『절강통지』권16, 건치지.

(曹娥江)²⁵⁾에 이르러 강을 가로질러 건넜다. 건너편 언덕에도 패가 있었는데, 양호순검사(梁湖巡檢司)²⁶⁾와 남북으로 마주보고 있었다.

또 배에서 내려 둑을 지나서 서쪽으로 2리쯤 가니 동관역(東關驛)²⁷⁾에 이르렀다. 다시 배를 타고 문창교(文昌橋), 동관포, 경령교(景靈橋), 황가언포(黃家堰鋪), 과산포(瓜山鋪), 도가언포(陶家堰鋪), 제양포(第洋鋪)를 지나 4경에 이름도 알 수 없는 강가에 이르러 유숙했다.

【2월 초4일】 소흥부(紹興府)²⁸⁾에 도착하다.

이날은 맑았다. 감수(鑑水)²⁹⁾에서 배를 저어 올라갔는데, 경호(鏡湖)³⁰⁾의 한 지류로부터 흘러와 성을 둘러싸고 있었다. 해가 뜰 무렵 소흥부에 도착했다. 성의 남쪽에서 감수를 거슬러 동쪽으로 가다가 북쪽으로 올라 창안포(昌安鋪)를 지나 성으로 들어갔다.

성은 수구에 해당하는 홍문이 있었는데 대개 4중의 철문으로 되어 있

---

25) 소흥부성 동남쪽 70리 되는 곳에 있다. 한 조아(曹娥)가 아버지의 주검을 구하려고 강에 몸을 던져 죽은 곳이다. 현의 장인 도상(度尚)이 강의 남쪽 길 근처에 장사지내주었다.『대명일통지』권45, 소흥부.
26) 상우현 서쪽 30리 양호패(梁湖壩)에 있는데 원의 백관역(百官驛) 옛터에 있다. 명 태조 홍무 초에 건립했다. 가정『절강통지』권16, 건치지.
27) 회계현 동쪽 90리 되는 곳에 있다. 조아강이 그 동쪽으로 흘러간다. 가정『절강통지』권16, 건치지.
28) 「우공」의 양주 땅으로 춘추전국시대에는 월국(越國)이었다. 뒷날 초국(楚國)에 병합되었지만, 진(秦)이 초를 멸하고 회계군 치소를 오(吳)에 두자 이곳도 그 지역에 속하게 되었다. 송대는 전 왕조에 따라 월주(越州)라고 하였는데, 남송 고종 소흥(1131~62) 초에 처음으로 소흥부로 승격시켰다. 원대에 소흥로로 고쳤고, 명조는 다시 소흥부로 하여 8개의 현을 통할했다. 가정『절강통지』권45, 소흥부.
29) 감수는 감호(鑑湖)를 일컫는 것 같다. 감호는 소흥부성 서남쪽 30리 되는 곳에 있다. 옛적에는 남호라고도 불렀다.『여지지』(輿地志)에 남호는 교외의 성곽을 휘감고 도는데, 산봉우리와 하얀 물, 비취색 바위가 서로 비춰주고 있다고 한다.『대명일통지』권45, 소흥부.
30) 경호는 소흥부성 남쪽 3리 되는 곳에 있다. 감호·장호(長湖)·대호(大湖)라고도 한다. 후한 순제 영화 5년(140) 태수 마진(馬臻)이 처음으로 당(塘)을 축조하여 물을 가둬 밭 9천 경(頃)에 관개했다. 만력『소흥부지』권7, 산천 4. 여기서 감호와 경호는 같은 호라는 사실을 알 수 있다.

소흥부. 이곳은 절동지방에서 경치가 뛰어난 곳으로, 바다와 강으로 둘러싸인 동남의 대도회지다.

었다. 광상교(光相橋) 등 다섯 개의 큰 다리와 경괴문(經魁門), 연계문(聯桂門), 우성관(祐聖觀), 회수측비(會水則碑)를 지났다. 10여 리쯤에 관부가 있었는데, 적룡이 우리를 강기슭으로 인도했다. 도로 또는 시정(市井)의 번성함, 그리고 사람과 물자의 풍성함은 영파부보다 3배나 되는 듯했다.[31]

총독비왜서도지휘첨사(總督備倭署都指揮僉事)[32] 황종(黃宗), 순시해도부사(巡視海道副使)[33] 오문원(吳文元),[34] 포정사분수우참의(布政司分守右參議)[35] 진담(陳潭)[36] 등이 징청당(澄淸堂)[37] 북벽에 나란히 앉아 있었는데, 무장한 병사, 태(笞)와 장(杖)[38]이 갖추어져 있었다. 그

---

31) 소흥부는 절동(浙東, 절강성 동부) 지방에서 경치가 뛰어난 곳으로, 바다와 강으로 둘러싸인 동남의 대도회지다. 『대명일통지』 권45, 소흥부.
32) 제독(提督)·제조(提調)·순시비왜(巡視備倭)·영반비왜(領班備倭) 등의 이름이 있다. 『명사』권76, 직관지5. 총독비왜는 공·후·백으로 임명했으나, 명 태조 홍무 20년(1387) 이후는 도지휘가 통솔했다. 『천하군국이병서』(天下郡國利病書) 절강 하편. 명조는 항주에 도지휘사사를 설치하여 여러 위소를 통할했다. 내지의 위소는 주로 수어(守禦)를, 연해의 위소는 왜를 방비했다. 연해 위소는 9개로, 특별히 총독도지휘(總督都指揮) 1명, 파총지휘(把總指揮) 4명을 두었다. 가정『절강통지』권57, 경무지(經武志).
33) 순시해도부사에는 본래 시어랑(侍御郎)을 임명했으나, 명 태조 홍무 20년(1387) 이후는 안찰사(按察司)나 포정사(布政司)가 담당했다. 『천하군국이병서』절강 하편. 연해에는 특별히 순시부사(巡視副使) 1명을 두었다. 가정『절강통지』권57, 경무지.
34) 자는 선장(善長)으로 구녕인(甌寧人)이다. 명 헌종 성화 2년(1466) 진사에 합격하여 강서도감찰어사(江西道監察御史)에 제수되었다. 순안절강(巡按浙江)에 임명되어 간사한 폐단을 금하고 혁파하는 데 거리낌이 없었다. 절강부사(浙江副使)에 승진하여 해도의 순시, 전쟁 준비의 감독, 군비조달 등의 일을 담당했다. 하남안찰사에 승진한 뒤 치사(致仕)했다. 가정『건령부지』(建寧府志, 천일각) 권15, 선거 상편. 성화 19년(1483)에 절강안찰사부사에 임명되었다. 만력『항주부지』권19, 치직관(治職官).
35) 포정사는 한 성(省)의 정무를 담당한다. 좌참의와 우참의는 종4품으로 정원이 없다. 참의는 참정(參政, 종3품)과 더불어 어떤 일이 발생하면 첨설되며 성마다 제도가 다르다. 『명사』권75, 직관지 4.
36) 참지정사(參知政事)를 지낸 인물로 장락(長樂) 출신이다. 만력『항주부지』권14, 회치직관표(會治職官表) 4.

들은 앞에 놓여 있는 탁자 가까이에 나를 불러 세우더니 나의 성명과 주소, 처음 나아간 관직, 표류의 전말, 상륙해 협박당한 사실, 가져온 무기의 유무를 물었다.

나는 전에 파총관에게 이야기한 답으로써 대답했으며, 하산에서 적을 만난 일과 선암리에서 장(杖)을 맞은 사실, 그리고 가지고 온 행장에 말안장 한 개를 첨가하여 기재했다.

3명의 사상(使相)은 파총관이 보고한 공술서를 제시하면서 물었다.

"어째서 이 공술서의 전후가 상세하고 간략함이 서로 같지 않은가?"

그래서 나는 대답했다.

"파총관이 처음에 심문할 때에는 단지 표류 뒤에 정박한 사정만을 답했소. 오늘 포정삼사(布政三司)³⁹⁾가 다시 묻기에 자세히 적 등을 만난 일을 낱낱이 열거했을 뿐이오."

"공술서에 차이가 나면 그대는 벌을 받게 될 것이오. 그대는 마땅히 전의 공술서를 베껴 쓰되 한 자도 가감이 있어선 안 되오."

그래서 나는 그것을 다시 썼다.

그들은 다시 말했다.

"이제 당신이 항주⁴⁰⁾에 도착하게 되면 진수태감(鎭守太監),⁴¹⁾ 삼사대

---

37) 소흥부의 부서(府署)로 청백당(清白堂)이 있다. 가정『절강통지』권9, 소흥부. 절강 금화부(金華府)에는 징청당이라는 이름이 보인다. 원 성종 대덕(1297~1307) 중에 숙정염방사(肅政廉訪司)를 설치했는데, 지금은 순안(巡按)·분순어사(分巡御史)가 정치를 행하며 들어주는 곳이라 하여 이러한 이름을 붙였다고 한다.『절강통지』권47, 금화부.
38) 명조의 태형(笞刑)이나 장형(杖刑)은 모두 몽둥이 형으로 크기가 다르다. 작은 것을 태(笞), 큰 것을 장(杖)이라고 한다. 태는 큰 것이 지름 2분 7리, 작은 것이 1분 7리고, 장은 작은 것이 지름 2분 2리, 큰 것이 3분 2리다.『대명률』5형(五刑).
39) 삼사(三司)는 재정을 담당하는 포정사, 군사를 담당하는 도지휘사사(도사), 감찰을 담당하는 안찰사를 가리킨다.
40) 「우공」의 양주 땅으로 춘추시대에는 오월(吳越), 전국시대에는 초에 속했다. 진대(秦代)에는 회계군에 속했다. 수대에 군(郡)을 폐한 뒤 항주를 설치하고 치소를 여항(餘杭)에 두었다. 송대에 항주로 하고 고종이 남도(南渡)할 때, 도읍을 항주로 천도하면서 임안부(臨安府)로 승격시켰다. 원은 양절도독부(兩浙都督府)를

인(三司大人),⁴²⁾ 즉 도사(都司, 도지휘사사),⁴³⁾ 안찰사,⁴⁴⁾ 포정사⁴⁵⁾의 심문을 받고 북경에 가면 병부⁴⁶⁾와 예부⁴⁷⁾에서 다시 심문하게 될 것이오. 그때도 여기에서 공술한 대로 대답하고, 조금이라도 서로 다르면

두었는데 곧 항주로(杭州路)로 고쳤다. 명조 때 항주부로 고쳤고, 현 9개를 관할하였다. 『대명일통지』 권18, 절강포정사.

41) 일방(一方)을 총괄하는 것을 진수(鎭守), 일로(一路)를 담당하는 것을 분수(分守), 한 성(城)과 한 보(堡)를 수비하는 것을 수비, 주장(主將)과 함께 한 성을 지키는 것을 협수(協守)라고 한다. 『명사』 권76, 직관지 5. 명 인종 홍희 연간(1425)에 환관 왕안(王安)을 진수시킨 것이 시초다. 각 성(省)과 진(鎭)에 진수태감을 설치했다. 영종 정통 연간에 두루 설치했으나, 세종 가정 18년(1539)에 환관의 진수제도를 폐지했다. 『명사』 권74, 직관지 3. 명조 환관의 독특한 직으로 각 지방에 파견되어 현지의 군대를 감찰·관리하는 임무를 담당하는 특무 성격을 지닌 대표적인 존재다. 丁易, 『明代特務政治』, 群衆出版社, 1983; 野田徹, 「明代在外宦官の一形態」, 『九州大學東洋史論集』 24, 1996.

42) 각 성에는 도사·포정사·안찰사의 삼사를 설치하여 병사·형벌·전곡(錢穀, 재정)을 나누어 담당시켰다. 이들의 승진과 탄핵은 오군도독부나 형부와 호부가 담당했다. 당시 이부·호부·병부 3부의 권한이 가장 컸다. 『명사』 권72, 직관지 1. 대인의 의미와 호칭에는 여러 가지가 있으나 여기서는 관위를 가지고 칭하는 것을 말한다. 예를 들면 후한대는 대가(大家)나 호족을 말하기도 하고 환관이나 경관(京官), 그리고 외관(外官) 중에서 관위가 높은 자를 칭했다. 예로부터 높은 관직을 가진 자를 칭하는 것이다. 조익, 『해여총고』 권37, 대인.

43) 도지휘사(都指揮使, 정2품) 1명, 도지휘동지(都指揮同知, 종2품) 2명, 도지휘첨사(都指揮僉事, 정3품) 4명, 그 예하에 경력사(經歷司) 경력(經歷, 정6품)·도사(都事, 정7품), 단사사(斷事司) 단사(斷事, 정6품)·부단사(副斷事, 정7품)·이목 각 1명, 사옥사(司獄司) 사옥(司獄, 종9품)·창고·목장, 대사·부사 각 1명이고, 행도지휘사사(行都指揮使司)의 관직 설치는 도지휘사사와 동일하다. 도사는 일방(一方)의 군정을 담당한다. 『명사』 권76, 직관지 5. 절강도지휘사사는 포정사 서쪽에 있다. 명 태조 홍무 3년(1370) 도지휘사사 서사마(徐司馬)가 이 지역에 항주위도지휘사사를 설치했다. 태조 8년에 지금의 명칭으로 고쳤다. 가정 『절강통지』 권13, 건치지.

44) 안찰사의 정식명은 제형안찰사사(提刑按察使司)다. 안찰사(정3품) 1명, 부사(정4품), 첨사(정5품)는 정원이 없다. 경력사는 경력(정7품) 1명, 지사(정8품), 조마소는 조마(정9품) 1명, 검교(종9품), 사옥사는 사옥(종9품) 1명으로 구성되어 있다. 안찰사는 한 성(省)의 형명이나 탄핵 등을 담당하고 있다. 절강등처제형안찰사(浙江等處提刑按察司)는 기가교(紀家橋) 동쪽에 있는데, 옛 송나라 악무목왕(岳武穆王, 악비)의 저택이다. 명 태조 홍무 초 제형안찰사로 고쳤다. 태조 17년 관청을 중건했다. 가정 『절강통지』 권13, 건치지.

아니 될 것이오."

그러고는 또 이렇게 말했다.

"처음에 그대들을 왜선(倭船)이 약탈하고 겁탈한다고 여겨 사로잡아 죽이려고 했소. 그대가 만약 조선인이라면, 그대 나라의 역대 연혁·도읍·산천·인물·풍속·제사의식·상제(喪制)·호구·병제·전부(田賦)와 의관제도를 자세히 써오시오. 그것을 여러 기관에서 대질하여 시비를 따질 것이오."

나는 말했다.

"연혁과 도읍을 말하자면 시작은 단군으로 당요(唐堯)[48]의 시대와 같았고,[49] 국호는 조선이며 도읍은 평양[50]으로 대대로 천여 년 동안 다

---

45) 절강등처승선포정사(浙江等處承宣布政司)는 오산(吳山)의 북쪽에 있다. 명 태조 홍무 원년 절강등처행중서성(浙江等處行中書省)을 설치했다가 태조 9년 절강등처승선포정사로 고쳤다. 가정『절강통지』권13, 건치지.
46) 상서(尚書, 정2품) 1명, 좌시랑(左侍郎)과 우시랑(右侍郎, 정3품) 각 1명이 있다. 그 예하에 사무청(司務廳)이 있는데 사무(司務, 종9품) 2명, 무선(武選)·직방(職方)·거가(車駕)·무고(武庫) 4청리사(清吏司)가 있으며, 각 낭중(郎中, 정5품) 1명, 원외랑(종5품), 주사(정6품) 2명이 있다. 관할 부서로 회동관(會同館) 대사(정9품) 1명, 부사(종9품) 2명, 대통관(大通館) 대사와 부사(품급이 없음) 각 1명이 있다. 상서는 천하 관군의 무위, 선발과 제수, 훈련 등의 일을 담당하고 시랑은 이를 보좌했다.『명사』권72, 직관지 1.
47) 상서(尚書, 정2품) 1명, 좌시랑·우시랑(정3품) 각 1명이 있다. 그 예하에 사무청이 있는데 사무(종9품) 2명, 의제(儀制)·주객(主客)·정선(精膳) 4청리사가 있는데 각각 낭중(정5품) 1명, 원외랑(종5품), 주사(정6품) 1명이 있다. 관할 부서로 주인국(鑄印局)이 있고, 대사 1명, 부사 2명이 있다. 상서는 천하의 예의·제사·연향(宴饗)·공거(貢擧)를 담당했다.『명사』권72, 직관지 1.
48) 도당은 요임금을 가리키는 말이다. 계왕(啓王)의 왕위를 계승한 장자 태강(太康)의 실정을 셋째가 한탄하는 노래 중에 '저 도당(陶唐)의 요임금 때부터 기주(冀州) 지방을 다스렸건만, 오늘 그 왕덕(王德)을 잃어 나라의 기강이 어지러워졌으니 끝내 멸망하게 되었도다. 도당(陶唐)은 제요씨(帝堯氏)다. 요가 처음 당후(唐侯)가 되었고, 후에 천자가 되어 도(陶)에 도읍했다. 이 때문에 도당이다.『서경』하서 오자지가(吳子之歌).
49)『삼국유사』(三國遺事)에서는『위서』(魏書)를 인용하여 요임금이 즉위한 지 50년인 경인년(庚寅年)에 평양성에 도읍을 정하고 조선을 개창했다고 했다. 그러나 일연(一然)은 세주(細註)에서 요임금의 즉위년은 무진(戊辰)이므로 50년은 정사

스렸소.[51] 그후 주(周) 무왕(武王)[52]이 기자[53]를 조선에 봉한 뒤 평양에 도읍을 정하고, 팔조(八條)[54]로써 백성을 교화했소. 지금 조선사람이 예의로써 풍속을 이룬 것이 이때부터요. 그후 연인(燕人) 위만이 망

(丁巳)지 경인이 아니라면서 정확하게는 알 수 없다고 했다. 『삼국유사』 권1, 기이(紀異) 1 고조선. 그런데 『동국통감』(東國通鑑) 외기(外紀) 단군조선에서 고조선의 건국을 요임금 즉위 25년 무진으로 보았고, 지금은 이 설에 따라 기원전 2333년을 고조선의 건국 원년, 즉 단기(檀紀)의 원년으로 삼고 있다.

50) 일반적으로 조선시대에는 평양을 고조선의 도읍, 즉 왕험(王險, 『삼국유사』에서는 왕검[王儉])으로 인식하고 있다. 사실 왕험성의 위치는 고조선이나 위만조선의 강역은 물론 한사군의 위치비정에서도 중요한 문제다. 고려시대 이후 조선 후기 실학자들에 이르기까지 왕험성의 위치는 현재의 평양으로 이해되어 왔다. 정약용, 『아방강역고』권1, 조선고(朝鮮考). 따라서 최부 역시 고려시대 이후 왕험성으로 인식된 평양을 고조선 이후의 도읍으로 인정하고 있다.

51) 『삼국유사』에 의하면 단군은 1,500여 년 동안 나라를 다스렸고, 1,908년을 살았다고 전한다. 또한 『제왕운기』(帝王韻紀)에서는 1,038년을 단군의 재위 년수로 전하고 있다. 이에 대하여 권근(權近)은 단군의 자손이 대대로 왕위를 이어간 기간을 통산한 것으로 이해했다. 『양촌집』(陽村集) 권1, 응제시(應製詩) 시고개벽동이주(始古開闢東夷主). 한편 왕의 신성성을 설명하는 방법의 하나로 왕은 신이나 시조의 혼령이 수육한 것이라는 관념에 비중을 둔 견해가 있다. 즉 고조선의 역대군장은 신성한 시조 왕의 육화(肉化)로 여겨져서 군장의 교체가 되풀이되더라도 통치의 주체는 어디까지나 시조왕이 된다고 하는 견해다. 단군의 재위 년수가 천년을 넘는 것은 왕의 신성성이 강조되면서 나타난 관념의 하나라는 것이다. 서영대, 「단군신화의 의미와 기능」, 『단군과 고조선사』, 사계절, 2000.

52) 주의 명군으로 서백(西伯, 문왕[文王])의 아들이다. 성은 희(姬), 이름은 발(發)로 음란하고 폭군이었던 은(殷)의 주왕(紂王)을 물리치고 천하를 다스렸다. 후세에 제(帝)의 칭호를 낮춰 왕이라고 했다. 『사기』 권3, 은본기(殷本紀); 권4, 주본기(周本紀).

53) 반고(班固)가 말했다. '현도와 낙랑은 본래 기자(箕子)에게 봉해진 곳이다. 무왕(武王)이 기자를 조선에 봉했다. 옛날에 기자가 조선에 살면서, 백성을 예의로 가르치고 전(田)·잠(蠶)·직(織)을 일으켰으며, 백성을 위하여 8조의 법으로 다스렸다.' 『자치통감』 권21, 한기(漢紀) 13 세종효무황제하지상(世宗孝武皇帝下之上) 3년. "기자는 성이 자씨(子氏)고, 휘는 서여(胥餘)다. 당 유종원(柳宗元)의 문집 '기자묘비주'(箕子廟碑註)에는 이름을 수유(須臾)라고 했다. 은나라 종실로서 기(箕) 지방에 봉해졌으므로 기자라고 불렀다. 주(周) 무왕 원년 기묘에 주나라를 피해 5천 명의 사람을 거느리고 조선에 들어왔는데, 그때 시서(詩書)·예악(禮樂)·의무(醫巫)·음양(陰陽)·복서(卜筮)의 무리와 백공기예(百工技藝)가 모두 따라왔다. 무왕이 나라를 봉해주니, 이름을 역시 조선이라고 일컫고 평양에

명하여 조선으로 들어왔는데,[55] 기자의 후예인 기준(箕準)을 축출하니 기준이 마한으로 달아나 그곳에 도읍을 정했소.[56] 그 사이에 구한(九韓),[57] 이부(二府),[58] 사군(四郡),[59] 삼한(三韓)[60]이 있었는데, 연대가

도읍했다. 성왕(成王) 무오년에 죽었으니, 재위한 것이 40년이었으며, 수(壽)한 것은 93세였다. 40세손인 부(否)에 이르러 진(秦)에게 복속되었다가, 부의 아들 준(準)이 위만(衛滿)에게 쫓겨나게 되었는데, 무릇 나라를 이어간 것이 41대로서 모두 929년이었다. 기준이 남쪽으로 달아나서 금마저(金馬渚, 지금의 익산)에 이르러 마한의 시조가 되었다.『증보문헌비고』권41, 제계고(帝系考) 역대기년 기자조선(箕子朝鮮).

54) 8조법금의 내용으로는 세 가지만 전할 뿐이다. "은의 도가 쇠하자 기자가 조선으로 갔는데, ……낙랑과 조선의 백성을 금하는 법 8조로 다스렸다. 사람을 죽인 자는 마땅히 죽음으로 값을 치른다. 상해를 입혔을 경우 곡식으로 갚는다. 도둑질을 하면 남자와 여자는 각각 노비로 삼고, 자속(自贖)하려는 자는 50만 전을 내게 한다. 비록 용서를 받아 백성이 되어도 풍속에 부끄러움을 씻지는 못하며 결혼을 하고자 해도 짝을 구할 수 없다. 이렇게 해서 백성들이 마침내 도둑질을 하지 않아서 대문을 닫고 사는 법이 없었다. 여자들은 모두 정조를 지키고 신용이 있어 음란하고 편벽된 짓을 하지 않았다."『한서』권28, 지리 8 하편.

55) 위만은 연나라 사람인데 조선이 이를 왕으로 삼았다.『사기』권115, 조선열전 색은술찬(索隱述贊). 한편 위만은 망명할 때 상투머리에 오랑캐 복장을 했다고 하는데, 이러한 점을 근거로 순수한 한인계(漢人系)가 아니라 조선인 계통으로 추정하기도 한다. 이병도, 「위씨조선흥망고」,『한국고대사연구』, 1976.

56) 조선의 왕 준(準)이 위만에게 격파당하자 그 무리 천여 명과 함께 바다로 도망하여 마한을 공격하고 무찌른 뒤 스스로를 한왕(韓王)이라고 했다.『후한서』권85, 동이열전.

57)『삼국유사』에서는『해동안홍기』(海東安弘記)를 인용하여 구한을 일본 · 중화 · 오월 · 탁라(托羅) · 빙유(鷹遊) · 말갈(靺鞨) · 단국(丹國) · 여진 · 예맥(濊貊) 등이라 했다.『삼국유사』권1, 기이 1 마한.

58)『한서』에 소제(昭帝) 시원 5년(기원전 82)에 두 개의 외부(外府)를 두었다고 한다. 조선의 옛 땅인 평나(平那)와 현도군 등을 평주도독부(平州都督府)로 삼고, 임둔 · 낙랑 등 두 군의 땅을 동부도위부(東部都尉府)로 한 것을 말한다.『삼국유사』권1, 기이 1 이부(二府).

59)『한서』권6, 무제본기 원봉 2년과 권95, 조선전 65. 조선에서는 4군을 낙랑 · 임둔 · 현도 · 진번이라 했다. 그렇지만『한서』권28, 지리 8 하편에서는 현도와 낙랑의 이름만 보이고, 같은 책 권27, 오행 7중 하편에서는 3군을 설치했다고만 기록되어 있다. 그렇기 때문의 4군의 정확한 설치시기와 위치문제에 대한 논란이 계속되어왔다.『중국정사조선전』(中國正史朝鮮傳) 역주 1, 국사편찬위원회, 1987.

까마득하여 모두 서술할 수가 없소. 서한(西漢) 선제(宣帝)[61] 때에 이르러 신라 박씨가 처음으로 나라를 세웠고,[62] 고구려 고씨[63]와 백제 부여씨[64]가 서로 연이어 일어나니, 옛 조선의 땅이 세 부분으로 나뉘게

---

60) 한(韓)은 세 종족이 있으니, 마한, 진한, 변진이다. 마한은 서쪽에 있는데 54국이 있으며, 그 북쪽에는 낙랑, 남쪽은 왜와 접해 있다. 진한은 동쪽에 12국이 있으며, 그 북쪽은 예맥과 접해 있다. 변진은 진한의 남쪽에 역시 12국이 있으며, 그 남쪽은 왜와 접해 있다. 모두 78개 나라로서 백제는 그 중의 한 나라다. 큰 나라는 만여 호, 작은 나라는 수천 호인데, 각기 산과 바다 사이에 있어서 전체 국토의 넓이가 사방 4천여 리나 된다. 동쪽과 서쪽은 바다를 경계로 하니 모두 옛 진국이다. 마한이 가장 강대해 그 종족들이 함께 왕을 세워 진왕으로 삼아 목지국(目支國)에 도읍하여 전체 삼한 지역의 왕으로 군림하는데, 여러 왕의 선대는 모두 마한 종족의 사람이다.『후한서』권85, 동이열전 75 한(韓).

61) 무제(武帝)의 증손 려(戾) 태자의 손자로 모친은 왕부인(王夫人)이다. 당시 권력을 쥐고 있던 곽광(霍光)에 의해 창읍왕(昌邑王)이 겨우 27일 만에 제위를 박탈당한 뒤, 후에 재상을 지낸 병길(丙吉)이 민간에서 자라고 있던 병이(病已), 즉 후의 선제를 추천하여 제위에 오르게 되었다.『한서』권8, 선제(宣帝) 본기.

62) 시조는 성이 박씨고 이름은 혁거세(赫居世)다. 전한 선제 오봉 원년(기원전 57) 4월 병진(또는 정월 15일이라고도 했다)에 즉위하여 거서간(居西干)이라 일컬었다. 이때 나이는 13세였고, 나라 이름을 서나벌(徐那伐)이라 했다. 이에 앞서 조선의 유민들이 산골짜기 사이에 나뉘어 살며 6촌을 이루고 있었다. 첫째는 알천 양산촌(閼川 楊山村), 둘째는 돌산 고허촌(突山 高墟村), 셋째는 취산 진지촌(珍支村, 또는 간진촌(干珍村)이라고도 했다), 넷째는 무산 대수촌(茂山 大樹村), 다섯째는 금산 가리촌(金山 加利村), 여섯째는 명활산 고야촌(明活山 高耶村)인데, 이것이 진한 6부가 되었다. 고허촌의 우두머리 소벌공(蘇伐公)이 양산 기슭을 바라보니, 나정(蘿井) 옆의 숲속에 말이 무릎을 꿇고 앉아 울고 있으므로 가서 보니 문득 말은 보이지 않고 다만 큰 알만 있었다. 그것을 쪼개니 어린아이가 나왔으므로 거두어서 길렀다. 나이가 10여 세에 이르자 남달리 뛰어나고 숙성했다. 6부 사람들은 그 출생이 신비하고 기이했으므로 그를 받들어 존경했는데, 이때 이르러 그를 임금으로 삼았다. 진인(辰人)은 호(瓠)를 박(朴)이라 일컬었는데, 처음에 큰 알이 마치 박과 같았던 까닭에 박을 성으로 삼았다. 거서간은 진(辰)말로 왕을 뜻한다. 또는 존귀한 사람을 부르는 호칭이라고도 했다.『삼국사기』권1, 신라본기 1 혁거세거서간(赫居世居西干).

63) 시조 동명성왕은 성이 고씨고 이름이 주몽(추모, 鄒牟) 또는 중해(衆解)라고도 했다.『삼국사기』권13, 고구려본기 1 동명성왕(東明聖王).

64) 백제의 시조 온조왕의 아버지는 추모(鄒牟)인데, 또는 주몽이라고도 했다. (주몽은) 북부여에서 난을 피하여 졸본부여에 이르렀다. 부여왕은 아들이 없고 딸만

되었소. 신라는 동남쪽에 웅거하여 경주를 도읍으로 삼았고, 고구려는 서북쪽에 위치하여 요동과 평양을 도읍으로 삼았는데, 여러 번 도읍을 옮겨 그 땅을 기억하지 못하오. 백제는 중서남쪽에 자리잡고 직산(稷山)·광주(廣州)·한양·공주·부여를 도읍으로 삼았소.[65]

당나라 고종(650~683)[66] 때 신라 문무왕이 당나라 군대와 연합하여

> 셋이 있었는데, 주몽을 보고는 보통 사람이 아니라는 것을 알고 둘째 딸을 아내로 삼게 했다. 얼마 지나지 않아 부여 왕이 죽자 주몽이 왕위를 이었다. (주몽은) 아들 둘을 낳았는데 맏아들은 비류(沸流)라 했고, 둘째 아들은 온조(溫祚)라 했다. 또는 주몽이 졸본에 도착하여 월군(越郡)의 여자를 아내로 맞아들여 두 아들을 낳았다고도 했다. 주몽이 북부여에 있을 때 낳은 아들(유리)이 와서 태자가 되자, 비류와 온조는 태자에게 용납되지 못할까 두려워 마침내 오간(烏干)과 마려(馬黎) 등 10명의 신하와 더불어 남쪽으로 갔는데 백성들이 따르는 자가 많았다. (그들은) 드디어 한산(漢山)에 이르러 부아악(負兒嶽)에 올라가 살만한 곳을 바라보았다. 비류가 바닷가에 살고자 하니 열 명의 신하가 간했다. '이 강 남쪽의 땅은 북쪽으로는 한수를 띠처럼 띠고, 동쪽으로는 높은 산을 의지했으며, 남쪽으로는 비옥한 벌판을 바라보고, 서쪽으로는 큰 바다에 막혔으니 지리의 이점을 얻기에 좋은 형세입니다. 여기에 도읍을 세우는 것이 또한 좋지 않겠습니까?' 라 하니, 비류는 듣지 않고 그 백성을 나누어 미추홀(彌鄒忽)로 돌아가 살았다. 온조는 하남(河南)의 위례성에 도읍을 정하고 10명의 신하를 보좌로 삼아 국호를 십제(十濟)라 했다. 이때가 한 성제 홍가 3년(기원전 18)이었다. 비류는 미추홀의 땅이 습하고 물이 짜서 편안히 살수 없어서 위례에 돌아와 보니, 도읍이 안정되고 백성들도 평안하므로 부끄러워하고 후회하다가 죽으니, 그의 신하와 백성들은 모두 위례에 귀부했다. 그후 (처음) 올 때 백성들이 즐겨 따랐다고 하여 국호를 백제로 고쳤다. 그 계통은 고구려와 더불어 부여에서 같이 나왔기 때문에 부여를 씨(氏)로 삼았다. 『삼국사기』 권23, 백제본기 1 시조온조왕.

65) 백제 최초의 도읍을 직산(稷山)으로 인식하고 있는 것은 『고려사』 권58, 지 10 지리 1 청주목 천안부 직산현 이래, 『신증동국여지승람』 권16, 충청도 직산현 건치연혁 등을 비롯한 각종 지리지 및 사서에서 보편적인 현상이다. 특히 『신증동국여지승람』 권16, 충청도 직산현 누정(樓亭)에 인용된 서거정(徐居正)의 '직산현제원루시서'(稷山縣濟源樓詩序)에서는 『삼국사절요』를 편찬할 때 각종 사서를 확인했다고 하면서 백제의 수도가 직산 – 남한산성(광주) – 북한산성(한도) – 금강(공주) – 사비하(부여) 등지로 옮겨졌다고 기록하고 있다. 이와 같은 백제 초기 도읍지의 직산설은 정인지와 서거정에 의해 정리되었다고 할 수 있다. 그러나 정약용은 이와는 달리 『삼국사기』와 중국사서인 『북사』(北史)와 『수서』(隋書)의 내용을 대조하면서 이와 같은 정인지와 서거정의 직산설을 비판하고 있다. "『고려사』 지리지에는 지금의 직산현을 위례성이라고 했는데, 이를 지리서가 계승해서

고구려와 백제를 멸하고 삼국을 통일했소. 그 뒤 견훤이 전주에서, 궁예는 철원에서 반란을 일으켰소. 고려 왕씨(왕건)가 공덕이 높고 융성해서 백성이 왕으로 추대하니 궁예는 스스로 달아났고 견훤은 자진해서 투항했소. 신라왕이 부고(府庫, 궁정의 문서와 재물을 넣어두는 곳)와 군현을 가지고 항복하니, 다시 고려가 삼국을 통일하고 개성에 도읍을 정하여 역사가 전해온 지 거의 500년이 되었소.

지금은 역성혁명을 이루어 조선이 되어 한양에 도읍을 정한 지 100년쯤 되었소.

산천으로 말하면 장백산이 동북에 있는데 일명 백두산[67]이라고 하며, 횡으로 천여 리나 뻗쳐 있고, 높이는 이백여 리나 되오. 그 산정에는 못이 있는데 둘레가 80여 리나 되며 동쪽으로 흘러 두만강이 되고, 남쪽으로 흘러 압록강이 되오. 또 동북쪽으로 흘러 속평강이 되고, 서북쪽으로 흘러 송화강이 되오. 송화강 하류는 곧 혼동강[68]이오.

묘향산은 북쪽에 있고, 금강산[69]은 동쪽에 있으며 그 산은 1만 2천여

마침내 없앨 수 없는 전범(典範)을 만들었다. 이로써 길가의 작은 고을에 엄연히 경읍(京邑)의 이름을 씌웠다"라고 하면서 직접적으로 직산설을 비판하고 있다. 다만 정약용은 직산이 백제의 수도로 인식된 것은 백제가 한성에서 웅진으로 천도하면서 문주왕이 잠시 직산에 머물며 정황을 살폈던 것에서 유래했을 것이라 추측했다. 『아방강역고』 권7, 위례고(慰禮考).

66) 휘는 치(治), 태종의 아홉 번째 아들이다. 모친은 장손황후(長孫皇后)로 태종 정관 2년(628)에 태어났다. 태종 5년에 진왕(晋王)에 봉해졌고, 17년 태자 건승(乾承)을 폐하고 태종과 장손무기(長孫無忌)·방현령(房玄齡)·이적(李勣) 등이 의논하여 진왕을 황태자로 했다. 태종 23년 왕이 죽자 황태자가 22세 되는 그해 6월 황제위에 올랐다. 『구당서』 권4·5, 고종본기.

67) 『산해경』(山海經)에서는 불함산(不咸山)이라 했고, 『당서』에서는 태백산(太白山)이라 했다. 산은 압록강과 토문강(土門江)의 두 강 사이로부터 남남쪽으로 연지봉(臙脂峯)과 허항령(虛項嶺)에 이르러서 천평(天坪)이 되고, 동남쪽으로 뻗어 보다산(寶多山)·사이봉(沙伊峯)·완정령(緩項嶺)·어은령(漁隱嶺)이 되어 원산(圓山)에 이른다. 『증보문헌비고』 권19, 산천 1 산 1 백두산.

68) 백두산 꼭대기에 못이 있는데 둘레가 80리다. 남으로 흐르는 것은 압록강, 북쪽으로 흐르는 것은 송화강과 혼동강, 동북으로 흐르는 것은 소하강과 속편강, 동쪽으로 흐르는 것은 두만강이다. 『신증동국여지승람』 권50, 희령도호부 백두산.

봉이나 되오. 지리산은 남쪽에 있고 구월산[70]은 서쪽에 있소. 위에서 말한 네 산은 극히 높고 험준하며 뛰어난 경관과 아름다움을 지닌 명산이오. 삼각산은 바로 국도의 진산[71]이오. 대동강·살수(지금의 청천강)·임진강·한강·낙동강·웅진·두치진(豆恥津)·영산진(榮山津) 등은 강 중에서 큰 것에 속하오.[72]

인물로 말하자면 신라에 김유신,[73] 김양(金陽),[74] 최치원,[75] 설총,[76] 백제의 계백,[77] 고구려의 을지문덕,[78] 고려의 최충,[79] 강감찬,[80] 김취려(金就礪),[81] 우탁(禹倬),[82] 정몽주[83] 등이 있고, 조선의 인물은 일일

---

69) 남쪽으로 회전령(檜田嶺)·진부령(珍富嶺, 간성[干城]의 영로조[嶺路條]에는 진부령[陳富嶺]이라고 했다)·마기(磨耆, 간성의 산천편에는 마기(麻耆)라고 했다)·흘리령(屹里嶺)·미시령(彌時嶺), 서쪽으로 설악산, 동남쪽으로 오색령(五色嶺)·연수령(連水嶺)·조침산(曹枕山), 또 남쪽으로 구룡령(九龍嶺)과 오대산에 이른다. 『증보문헌비고』 권19, 산천 1 산 1 금강산(金剛山).
70) 구월산 한쪽 기슭은 동쪽으로 고령(古靈)과 양산(楊山)에 이르러, 남쪽에 안악군(安岳郡)의 치소가 있고, 한쪽 기슭은 북북으로 뻗어 사왕산(四王山)과 봉황산(鳳凰山)에 이르러, 남쪽에 장련현(長連縣)의 치소가 있고, 또 다른 기슭은 서쪽으로 건지산(乾止山)에 이르러 남쪽에 은률현(殷栗縣)의 치소가 있다. 『증보문헌비고』 권19, 산천 1 산 1 구월산.
71) 경사의 진산(鎭山)이다. 남쪽으로 문수산(文殊山)에 이르러 백악산(白岳山)·응봉(鷹峯)·인왕산(仁王山)이 되고, 왕궁이 있다. 낙산치(酩山峙)는 왼쪽에 있고, 모악산(母嶽山)은 오른쪽에 웅거했으며, 목멱산(木覓山)은 앞에서 읍하는 형상이고, 한강은 남쪽을 지나간다. 『증보문헌비고』 권19, 산천 1 산 1 삼각산.
72) 강 가운데 나라 안에서 으뜸이 되는 것이 12인데, 1은 한강, 2는 예성강, 3은 대진(大津), 4는 금강, 5는 사호강(沙湖江), 6은 섬강(蟾江), 7은 낙동강, 8은 대동강, 9는 청천강, 10은 용흥강(龍興江), 11은 압록강, 12는 두만강이다. 산은 삼각산, 강은 한강을 우선으로 했으니 경도를 높인 것이다. 『증보문헌비고』 권19, 산천 1 산 1 총설.
73) 진평왕 17년(595)에 출생하여 문무왕 13년(673)에 죽었다. 신라의 삼국통일에 중심적인 역할을 담당한 장군이며 대신이다. 증조부는 법흥왕 19년(532) 신라에 투항한 금관가야의 구해왕이며, 할아버지는 무력(武力), 아버지는 서현(舒玄)이다. 『삼국사기』 권41, 열전 1 김유신 상편.
74) 애장왕 9년(808)에 태어나서 문성왕 19년(857)에 죽었다. 태종 무열왕의 9대손이며, 증조부는 이찬 주원(周元), 할아버지는 소판 종기(宗基), 아버지는 파진찬 정여(貞茹)며, 자는 위흔(魏昕)이다. 9세기 초 신라의 왕위계승쟁탈전에 적극 참여하여 신문왕과 문성왕의 즉위에 참여했다. 『삼국사기』 권44, 열전 4 김양.

이 헤아릴 수 없소.

세속에서 받드는 것은 예의를 숭상하고, 오륜을 밝히며, 유학을 존중

---

75) 문성왕 19년(857)에 출생했으나 언제 죽었는지 알 수 없다. 신라 하대의 학자며 문장가다. 자는 고운(孤雲) 또는 해운(海雲)으로 경주 사량부(沙梁部 또는 本彼部) 출신이다. 경문왕 8년(868)에 12세의 어린 나이로 중국 당나라에 유학을 떠나 7년 만인 874년에 18세의 나이로 예부시랑(禮部侍郎) 배찬(裵瓚)이 주관한 빈공과(賓貢科)에 합격했다. 29세에 신라에 돌아오자, 헌강왕이 시독 겸 한림학사 수병부시랑 지서서감사(侍讀兼翰林學士守兵部侍郎知瑞書監事)에 임명했다. 『삼국사기』 권46, 열전 6 최치원.

76) 태종 무열왕 2년(655)에 출생했으나 죽은 연도는 알 수 없다. 신라 중대의 대학자로 자는 총지(聰智)다. 부는 원효(元曉), 모는 요석공주(瑤石公主)다. 육두품 출신인 듯하며, 관직은 한림(翰林)에 이르렀다. 『증보문헌비고』에는 경주 설씨(慶州薛氏)의 시조로 기록되어 있다. 우리 말로 구경(九經)을 읽고 후생을 가르쳐 유학의 종주가 되었다. 그리하여 신라 10현의 한 사람이며, 또 강수(强首)·최치원과 더불어 신라 3문장의 한 사람으로 꼽힌다. 『삼국사기』 권46, 열전 6 설총.

77) 출생연도는 알 수 없고 의자왕 20년(660)에 죽었다. 백제 말기의 장군으로 계백(拒伯)이라고도 표기한다. 관등은 달솔(達率)이다. 660년 김유신(金庾信)과 소정방(蘇定方)의 5만여 나·당 연합군이 백제의 요충지인 탄현(炭峴, 지금의 대전 동쪽 마도령)과 백강(白江, 지금의 금강)으로 진격해 오자, 결사대 5천 명을 뽑아 황산벌(黃山伐, 지금의 충청남도 연산)에 나가 맞이하여 싸우다 전사했다. 『삼국사기』 권47, 열전 7 계백.

78) 생몰년 미상이며, 고구려의 장군이다. 『자치통감』에는 '위지문덕'(尉支文德)이라고도 표기했다. 『삼국사기』 을지문덕전에서는 그의 세계(世系)를 알 수 없다고 했다. 그러나 『해동명장전』에 "을지문덕은 평양 석다산(石多山) 사람이다"라고 했다. 영양왕 23년(612) 수 양제(煬帝)의 총지휘 아래 대규모의 군단을 편성해 고구려에 대한 침공을 감행했을 때, 살수(薩水, 지금의 청천강)를 건너는 수나라 군사를 배후에서 공격해 불과 2,700명만을 살려보내는 대전과를 거뒀다. 『삼국사기』 권44, 열전 4 을지문덕.

79) 고려 성종 3년(984)에 출생하여 문종 22년(1068)에 죽었다. 자는 호연(浩然), 호는 성재(惺齋)·월포(月圃)·방회재(放晦齋)며 시호는 문헌(文憲)이다. 고려 전기의 문신으로 사학 12도(私學十二徒)의 하나인 문헌공도(文憲公徒)의 창시자다. 목종 8년(1005)에 문과에 장원으로 급제해 우습유(右拾遺)에 올랐고, 현종 4년(1013)에 거란의 침입으로 소실된 역대의 문적을 재편수하는 국사수찬관(國史修撰官)을 겸해 『칠대실록』 편찬에 참여했다. 『고려사』 권95, 열전 8 최충.

80) 고려 정종 3년(948)에 출생하여 현종 22년(1031)에 죽었다. 고려 전기의 명신으로 성종 3년(983)에 과거 갑과에 장원으로 급제한 뒤 예부시랑이 되었다. 거란의

하여, 해마다 봄과 가을에 양로연(養老宴)[84]·향사례(鄕射禮)[85]·향음주례(鄕飮酒禮)[86]를 행하며 제사의 의식 즉 사직과 종묘,[87] 그리고 석전(釋奠)[88]과 여러 산천에 제사하오.[89] 형벌제도는 대명률을 따르고[90]

> 소손녕이 정병 100만을 이끌고 재침하자, 강찬이 원수가 되어 정예기병 12,000명을 산기슭에 잠복 배치한 뒤 큰 새끼줄로 쇠가죽을 꿰어 성 동쪽의 냇물을 막아두었다가 때를 맞추어 물을 일시에 내려보내 대첩을 거두었다.『고려사』권94, 열전 7 강감찬.
> 81) 출생연도는 알 수 없고 고려 고종 21년(1234)에 죽었다. 고려 후기의 무신으로 음서(蔭敍)로 정위(正衛)가 되어 동궁위(東宮衛)에 배속되었다가, 이후 장군이 되어 동북의 거란을 지켰고, 대장군에 발탁되었다. 고종 묘정(高宗廟庭)에 배향되었으며, 시호는 위열(威烈)이다.『고려사』권100, 열전 16 김취려.
> 82) 고려 원종 4년(1263)에 출생하여 충혜왕 복위 3년(1342)에 죽었다. 고려 말 정주학 수용 초기의 유학자로 자는 천장(天章) 또는 탁보(卓甫·卓夫), 호는 백운(白雲)·단암(丹巖), 시호는 문희(文僖)다. 세상에 역동선생(易東先生)이라 일컬어졌다. 충렬왕 4년(1278) 향공진사(鄕貢進士)가 되고, 과거에 급제하여 영해사록(寧海司錄)이 되었다. 벼슬에서 물러난 뒤에는 예안(禮安)에 은거하면서 후진 교육에 전념했다. 당시 원나라를 통해 새로운 유학인 정주학(程朱學)이 수용되고 있었는데, 이를 깊이 연구해 후학들에게 전해주었다.『고려사』권109, 열전 22 우탁.
> 83) 고려 충숙왕 복위 6년(1337)에 출생하여 공양왕 4년(1392)에 죽었다. 고려 후기의 문신이며 학자로, 초명은 몽란(夢蘭) 또는 몽룡(夢龍), 자는 달가(達可), 호는 포은(圃隱)이다. 공민왕 6년(1357) 감시(監試)에 합격하고, 1360년에는 문과에 장원했다. 대사성 이색(李穡)은 그를 높이 여겨 '동방 이학(理學)의 시조'라 했다. 대명(對明) 국교를 회복하는 데 큰 공을 세웠고, 당시 이성계의 위망(威望)이 날로 높아지자, 조준(趙浚)·남은(南誾)·정도전(鄭道傳) 등이 그를 추대하려는 책모가 있음을 알고 이들을 제거하려 하였으나, 도리어 선죽교(善竹橋)에서 살해당한다.『고려사』권117, 열전 30 정몽주.
> 84) 양로례는 연령과 덕행을 숭상하기 위한 것이다.『세종실록』권62, 15년 10월 정축; 박익환,『조선향촌자치사회사-유향소와 향규, 향촌자치규약을 중심으로』, 박영사, 1995.
> 85) 향사례는 매년 3월 3일과 9월 9일에 개성부 및 각 주·부·군·현에서 행하며, 하루 전에 그 고을의 관사(官司)인 주인이 향중(鄕中)에서 '효도하며 동생에게 자애롭고, 충성스러우며 믿을 수 있고, 예를 좋아하며 어지럽지 않은 자'를 주빈으로 택한다. 당일에는 주인이 학당 근처에 단을 만들고 동편에 서향하여 자리를 잡으며, 주빈 2품 이상은 단 서편에 동향하고 북상으로 앉으며, 중빈(衆賓, 3품) 이하는 남쪽으로 가서 동쪽으로 올라가 앉는다. 서인은 단 아래에 동서로 서로 마주보고 북쪽으로 올라가 자리잡는다. 술 탁자는 단 남쪽에서 동쪽에 가깝게 베

상제는 주자가례를 따르며,[91] 의관은 중국의 제도를 쫓고[92] 호구와 병제 전부는 내가 유신(儒臣)이므로 상세하게 알지 못하오."

"인정을 추쇄한다는 것은 무슨 말이오?"

"제주는 큰 바다 가운데 있어 뱃길이 험한데다 멀어서 범죄자가 도망

풀되 자리에 오르지 않는 사람의 술 탁자는 그 앞에 베풀며, 단에서 90보 거리에 과녁을 세우고 향음주(鄕飮酒) 때와 같이 주인과 빈객이 두 번 절하고 주악하며 헌작(獻酌)하되 술을 세 번 돌린다. 그리고 사사(司射)가 주빈에게 활을 쏠 것을 청하여 허락하면 사사는 주인에게 고하고 서쪽 계단으로 내려와서 제자에게 활 도구를 들이라 명하고, 사사는 궁시(弓矢)를 가지고 다시 단에 올라 쏘기를 마치면 빈주가 짝이 되어 활을 차례로 쏜다. 『한국민속대관』 제2권 일상생활·의식주, 고려대학교 민족문화연구원, 1980.

86) 대개 주례(酒禮)를 베푼 것은 술 마시는 것을 숭상함은 아니다. 신명을 받들고 손님을 대접하며 나이 많은 자를 부양하기 위한 것이다. 그런 까닭에 제사 때 술 마시는 것은 술잔을 올리고 술잔을 돌려주고 하는 것으로 절차(節次)를 삼고, 회사(會射) 때 술 마시는 것은 읍양(揖讓)하는 것으로 예를 삼는다. 향사례는 친목을 가르치기 위한 것이다. 박익환, 앞의 책, 1995.

87) 사직제와 종묘제는 대사로서 『대전회통』에 자세하게 나온다. 종묘에서는 4계절의 첫 달 상순 및 납일(臘日)에, 영녕전(永寧殿)에서는 봄·가을 첫 달 상순에, 사직에서는 봄·가을 중간 달 첫 번째 '무'(戊)자가 든 날과 납일에 제사 지낸다. 이상은 대사(大祀)다.

88) 문묘(文廟)의 제사를 석전제(釋奠祭)라 한다. 원래 석전은 고대 산천과 묘사(廟社) 그리고 학궁(學宮)의 제사를 통틀어 지칭하는 말이었으나, 송대 이후 공자에 대한 제사만을 말하게 되었다. 『주석 경국대전』 역주편, 한국정신문화연구원, 1989. 한편 조선에서는 공자에 대한 제사는 중사(中祀)로서 봄·가을의 중간 달 첫 번째 '정'(丁)자가 든 날에 지낸다. 『대전회통』 권3, 예전 제례(祭禮).

89) 여러 산천에 제사를 지내는 것에 대해서는 중사와 소사가 있다. 중사(中祀)는 풍(風)·운(雲)·뇌(雷)·우(雨)·악(岳)·해(海)·독(瀆)에 봄·가을 중간 달 상순(上旬)에 제사 지내는 것이며, 소사(小祀)는 명산대천 봄·가을 중간 달에 제사 지내는 것을 말한다. 『대전회통』 권3, 예전 제례.

90) 형률의 적용은 대명률을 이용하는 것으로 조선의 각 법전에 나타나 있다. 『경국대전』에 의거 대명률을 적용하되 『경국대전』과 『속대전』에 해당 율문(律文)이 있을 경우에는 두 법전에 따른다고 했다. 『경국대전』 권5, 형전(刑典) 용률(用律).

91) 혼인이나 상례는 대체로 『주자가례』에 따랐다. 『대전회통』에 혼인은 일체 『주자가례』에 의한다고 되어 있다. 『대전회통』 권3, 예전 혼가(婚嫁).

92) 조선의 의관제도는 거여(車輿)를 비롯하여 관(冠)·복(服)·대(帶)·홀(笏)·패옥(佩玉)·말(襪)·화혜(靴鞋)·안구(鞍具) 등에 대하여 각 관품에 따라 자세하게 기록했다. 『대전회통』 권3, 예전 의장(儀章).

쳐 들어가는 소굴이 되었기에 가서 그들을 찾아내는 것이오."

"제주와 우리 중국의 거리는 몇 리나 되오?"

나는 뱃길이 먼 것을 짐짓 크게 떠벌렸다.

"그 상세함은 알 수가 없소. 대개 배가 큰 바다에서 순풍을 만나면 하루에 천 리를 갈 수 있소. 지금 우리가 제주로부터 바다를 떠다닌 것을 주야로 따진다면 곧 29일(실제로는 14, 15일)이나 되오. 심한 바람에 떠밀려서 빨리 가기가 나는 듯하여 중국 해안에 이르러 정박했으니, 아마도 중국부터 제주까지는 수만 리 정도일 것이오."

"그대의 나라는 우리 조정과 거리가 얼마나 되오?"

"전해 듣기로는 우리 국도로부터 압록강을 지나 요동성을 경과하여 황도(천자의 도읍, 북경)에 다다르자면 3,900여 리가 된다 하오."[93]

총병관(總兵官)[94] 등 3명의 사상은 나에게 다과를 대접하는 한편 단자(부조 등 남에게 보내는 물건의 수량과 이름을 적은 종이)를 써서 주었다. 단자 중에는 나에게 보내는 예물이 있었는데, 돼지고기 한 쟁반, 거위 두 마리, 닭 네 마리, 물고기 두 마리, 술 한 동이, 쌀 한 쟁반, 호두 한 쟁반, 채소 한 쟁반, 죽순 한 쟁반, 국수 한 쟁반, 대추 한 쟁반, 두부 한 쟁반이었다. 또 음식과 양곡 등을 배리와 군인에게도 차별적으로 준다고 적혀 있었다.

나는 곧 사례의 시를 지어 두 번 절하니, 그들도 일어나 공손히 답례한 다음 이렇게 말했다.

---

93) 명 성조 영락제는 영락 7년(1409) 사행로로 북경을 통과하는 육로를 허락했다. 영락 19년(1421) 수도를 북경으로 천도한 뒤부터는 해로보다 육로가 편리했기 때문에 육로가 사행로로 정례화되었다. 서울에서 의주까지 약 천여 리, 의주에서 요양(요동도사)까지 380리, 요양에서 산해관까지 834리, 산해관에서 북경까지 670리로 총 3천여 리 정도였다. 김구진, 「조선전기 한·중관계사의 시론—조선과 명의 사행과 그 성격에 대하여」, 『홍익사학』 4, 1994.

94) 총병관은 공·후·백·도독으로 임명하며 진수절강총병관은 1명으로 명 세종 가정 34년(1555)에 설치했는데, 절강과 직례의 해방(海防)을 담당했다. 세종 35년에 진수절직으로 개칭했고, 42년에는 진수절강으로 고쳤다. 옛적에는 정해현(定海縣)에 주둔하였는데, 후에 항주로 이주했다. 『명사』 권76, 직관지 5.

"그대가 쓴 사례의 시를 보니 이 지방의 산천을 어찌 그리도 상세히 아시오? 이 지방 사람에게 들어서 쓴 것이 아니오?"

"의지할 데도 없고 말도 통하지 않는데, 누구와 더불어 이야기를 하겠소? 나는 일찍이 중국 지도를 본 적이 있기에 이곳에 이르러 기억을 살려 기록했을 뿐이오."

대답을 마치고 나는 서너 명의 관인과 더불어 탁자 옆에서 두 손을 마주 잡고 서 있었는데, 적룡의 군리 한 명이 바깥에서 나의 종자인 김도종을 때려 상처를 입혔다. 나는 그 일을 써서 여러 관인에게 보이니 한 관인이 총병관에게 달려가서 고했다. 총병관이 그 군리를 잡아들여 장형을 가하고, 적룡 역시 아랫사람을 제대로 부리지 못한 죄로 장형을 가했다.

우리는 물러나서 다시 호수를 따라 노를 저어 성 밖으로 나가서 영은교(迎恩橋)를 지나 봉래역(蓬萊驛)95) 앞에 이르러 정박하고 유숙했다. 저녁에 지부(부의 장관)로 성이 주(周)라는 사람96)과 회계(會稽),97) 산음(山陰)98)의 현관(縣官)99) 두 명이 모두 양식과 음식을 넉넉하게 보내주었다.

---

95) 부성 서쪽 영은문(迎恩門) 밖에 있다. 당대에는 서정역(西亭驛), 송대에는 인풍역(仁風驛)이라고 한 것을 명조에 들어와서 지금의 이름으로 고쳤다. 강 동안의 옛 조아역(曹娥驛)이다. 『독사방여기요』 권92, 절강 4.

96) 소흥부 지부에 당시 주라는 성을 가진 이를 찾을 수 없다. 보전(莆田) 출신인 주진륭(周進隆)이라는 인물이 헌종 성화 23년(1487)에 소흥부 추관(推官)에 임명되었다는 기록이 보인다. 지부는 성화 22년에 흥현(興縣) 출신의 증수(曾樕), 효종 홍치 2년(1489)에는 회안 출신의 유흥(游興)이 임명되었다. 건륭 『소흥부지』(중국지방지집성) 권16, 직관지 2; 권17, 직관지 3.

97) 부곽(附郭)이다. 본래 진대(秦代) 산음현의 땅이다. 한·진(晉)대는 이에 따랐으나, 진(陳)이 나누어 회계현을 설치했다. 수대는 산음현을 줄여 편입시켰다. 당은 다시 산음현을 설치하여 월주(越州)에 예속시켰다. 송대는 회계와 산음현의 치소를 소흥부성 안에 두었다. 명조도 이에 따랐다. 『대명일통지』 권45, 소흥부.

98) 부곽이다. 본래는 월왕 구천(勾踐)의 나라다. 진대(秦代)에 산음현을 설치하고 회계군에 예속시켰다. 읍이 산의 북쪽에 있었던 까닭으로 이러한 이름이 붙었다. ……동한 때 회계군의 치소를 이곳에 옮겼다. 수 초에 폐하고 회계현에 편입시켰

【2월 초5일】 서흥역(西興驛)[100]에 도착하다.

이날은 맑았다. 총병관 등 3명의 사상이 나란히 교자를 타고 새벽녘 봉래역에 도착했는데, 다시 우리 일행을 끌어다가 행장을 가져오게 하고 하나하나 점검했다. 내가 가져간 것은 인신 한 개, 마패 한 척, 말안장 한 부, 여러 가지 문서와 책을 넣은 크고 작은 상자 두 개, 의복과 이불, 갓과 갓끈, 동완(구리주발)을 넣은 작은 가죽부대 한 개, 그리고 관모와 관모상자였다. 정보, 김중, 손효자, 이정, 안의, 이효지, 최거이산과 노비 두 명은 가져온 것이 없거나 군인 보자기에 넣었으며, 군인들이 가져온 것은 보자기나 자루에 싸기도 하고 또는 없기도 했다.

점검을 마치고 나에게 말했다.

"먼저 항주(杭州)[101]의 진수태감과 수의(綉衣)의 삼사대인(三司大人)이 다시 물을 것이니 그대는 일일이 밝혀서 대답하되 틀림이 있어서는 안 될 것이오."

그러고는 우리에게 다과를 접대했다. 나는 사양하고 물러나왔다.

생각건대 총병관은 지휘첨사[102]를 가리키는 말이다. 소흥부는 월왕(越王)의 옛 도읍으로 진한시대에는 회계군으로 절강(浙江) 동쪽 하류

다. 당초에 다시 설치한 이래 명조도 이에 따랐다. 『대명일통지』 권45, 소흥부.
99) 산음현관과 회계현관은 누구를 가리키는지 알 수 없으나, 당시 산음 지현에는 효종 홍치 원년에 임명된 이량(李良), 회계 지현에는 성화 22년에 임명된 한상(韓祥)이라는 인물이었다. 건륭『소흥부지』 권16, 직관지 2; 권17, 직관지 3. 지현(知縣, 정7품) 1명, 현승(縣丞, 정8품) 1명, 주부(主簿, 정9품) 1명, 그 예하에 전사(典史) 1명이 있다. 지현은 한 현의 정령을 담당하는데, 부역이나 세량의 징수와 회계, 황책의 편조, 양로, 귀신의 제사, 공사(貢土), 선량의 표창, 구휼, 보갑의 규찰, 도적의 체포, 소송 등을 담당했다. 『명사』 권75, 직관지 4.
100) 서흥진(西興鎭) 남안(소산현 서쪽 10리)에 있다. 당대는 장정역(莊亭驛), 송대는 일변역(日變驛)이라고 했다. 후에 지금의 이름으로 고쳤다. 『독사방여기요』 권92, 절강 4.
101) 2월 4일 주 40) 참조.
102) 지휘첨사(정4품)는 위(衛)에 편성된 위소관(현재의 장교)이다. 위에는 4명의 지휘첨사가 편성되어 있었다. 본래 총병관은 지휘첨사보다 관품이 높은 공·후·백이나 도독으로 임명했다. 『명사』 권76, 직관지 5.

에 위치하고 있었다. 부의 치소와 회계, 산음 두 현 그리고 소흥위[103]의 치소 와룡산(臥龍山)[104]은 모두 성 안에 있었다. 회계산[105]은 성 동쪽 10여 리쯤에 있고, 그 밖의 진망산(秦望山)[106] 등 높은 산들은 겹겹이 포개져 있었는데, 험준하고 가팔라서 수많은 봉우리와 계곡이 동서남의 세 방향에서 수려함을 다투며, 북쪽은 큰 바다에 연해 있었다. 들은 평탄하고 넓으며 구릉 하나 없었다.

난정(蘭亭)[107]은 누공부(婁公埠) 위쪽 천장사(天章寺)[108] 앞에 있는

---

103) 부치(府治)의 동남쪽에 있다. 명 태조 홍무 12년(1379) 4월에 설치했다.『명태조실록』권124, 병인.
104) 소흥부성 안에 있다. 산이 감아 돌아가는 모습이 마치 누운 용과 같다. 월(越)의 대부(大夫) 종(種)을 이곳에 장사지내 종산(種山)이라고도 한다.『대명일통지』권45, 소흥부. 중산(重山)이라고도 하는데 후세 사람들이 종(種)을 중(重)으로 잘못 전했기 때문이다. 옛적에는 좋은 차가 산출되었고, 산록에는 삼급천(三汲泉)이 있다. 수 문제 개황 11년(591) 월국공(越國公) 양소(楊素)가 종산에 성을 쌓았다. 수 이래 당과 송이 이 산을 주택(州宅)으로 했다. 송이 남천할 때 고종(1127~62)이 이 산에 어가를 쉬었는데, 주치(州治)를 행궁으로 했다. 가정『절강통지』권9, 지리지.
105) 소흥부 동남쪽 20리 되는 곳에 있다.『원화군현도지』(元和郡縣圖志) 권27, 강남도 월주.
106) 윤1월 29일 주 260) 참조.
107) 소흥부성 서남쪽 27리 되는 곳에 있다. 진(晉)의 우군장군(右軍將軍)이며 회계내사(會稽內史)인 왕희지가 동지인 태원(太原)의 손작(孫綽)·진류(鎭留)·사안(謝安)과 그 아들 헌지(獻之) 등 42명과 이곳에서 수계했다. 수경주(水經注)에 서릉호(西陵湖) 남쪽에 천주산(天柱山)이 있다. 호구(湖口)에 정(亭)이 있는데 난정(蘭亭)이라고 한다. 또한 난상리(蘭上里)라고도 한다. 태수 왕희지와 사안 형제가 수차례 가서 만들었다. 오군태수(吳郡太守)를 난정후(蘭亭侯)에 봉한 것은 이 정의 이름을 따서 봉호(封號)로 했기 때문이다. 만력『소흥부지』권9, 고적 1. 이곳은 산이 높고 고개가 험하며 무성한 수풀과 긴 대가 들어찬 죽림이 있다. 또 맑은 냇물과 거세고 잦은 여울물이 좌우를 비추며 띠처럼 둘러져 있다. 그 물을 끌어대어 술잔을 흘리는 구곡(九曲)의 유수(流水)를 만들었다. 현재 소흥 시내 서남쪽으로 12.5킬로미터 떨어진 곳에 있는 난저산(蘭渚山) 아래 있다. 월왕 구천이 이 일대에 난을 심었다고 전해져 난정이라는 이름이 생겼다고 한다. 박한제,『강남의 낭만과 비극』, 사계절, 2003.
108) 소흥부성 서남쪽 35리 되는 곳에 있다. 송대에 세웠는데 그 안에 난정, 곡수 그리고 왕희지의 화상이 있다.『대명일통지』권45, 소흥부.

데, 왕희지(王羲之)[109]가 수계(修契, 물가에서 행하는 요사[妖邪]를 떨쳐버리기 위한 제사)한 곳이다.[110] 하가호(賀家湖)[111]는 성의 서남쪽 10여 리쯤에 있는데, 하지장(賀知章)[112]의 천추관(千秋觀)[113] 옛터가 있다. 섬계(剡溪)[114]는 진망산 남쪽 승현(嵊縣)[115]의 땅에 있으며 (회계)부와의 거리는 100여 리쯤 되는데, 왕자유(王子猷, 왕희지)가 대규(戴逵)[116]를 찾아간 시내다.[117] 강 흐름은 네 줄기[118]인데, 하나는 태주의 천태산[119]에서 나와 서쪽으로 흘러가 신창현(新昌縣)[120]과 승현에 이르며, 북쪽으로 흘러가서 회계와 상우현을 경유하여 바다로 들

---

109) 진대(晉代) 산동 낭야(瑯琊) 출신으로 자는 일소(逸少), 사도 왕도(王導)의 종자(從子)다. 부는 광(曠)으로 회남태수(淮南太守)를 역임했다. 관직명 때문에 왕우군(王右軍)이라고도 불린다. 특히 예서에 뛰어났다. 작품으로는 해서로 「낙의론」(樂毅論)·「황정경」(黃庭經), 행서로 「난정서」(蘭亭序), 초서로 「십칠첩」(十七帖)이 유명하다. 『진서』(晉書) 권80, 왕희지열전.

110) "일찍이 왕희지가 동지들과 회계와 산음의 난정에서 모아 연회를 베풀 때 그 자신이 서(序)를 지어 그 뜻을 진술했다. 그 글에 '진(晉) 목제 영화 9년(353) 만춘(晩春, 음력 3월) 초에 회계와 산음의 난정에 모여 계사(禊事)의 모꼬지를 행하였다……'라고 보인다. 『진서』 권80, 왕희지열전.

111) 하가호(賀家湖) 혹은 하감호(賀鑑湖)라고 한다. 즉 만력『소흥부지』에 경호(鏡湖)를 당 현종(712~756) 때, 하지장에게 조칙으로 감호일곡(鑑湖一曲)을 사여하여 하감호라고도 한다고 한 부분에서 확인할 수 있다. 만력『소흥부지』 권7, 산천 4.

112) 당 회계 영흥(永興) 출신이다. 자는 계진(季眞)이다. 스스로 사명광객(四明狂客) 또는 비서외감(祕書外監)이라고 칭했다. 문사(文辭)와 초서 그리고 예서에 능했다. 관은 현종 개원(713~741) 중 예부시랑 겸 집현원학사, 비서외감(祕書外監) 등을 역임했다. 현종 천보 3년(744)에 도사가 되어 향리에 돌아가 자신의 저택을 도관으로 했다. 『신당서』 권196; 『구당서』 권190 중, 하지장열전.

113) 원명은 천추홍희관(千秋鴻禧觀)으로 회계현치 동북 3리 되는 곳에 있다. 당대 하지장 저택에 설치하고 도관 이름을 천추(千秋)라 했다. 송대에 지금의 이름으로 고치고 사(祠)로 했다. 『대명일통지』 권45, 절강 4.

114) 승현(嵊縣) 남쪽에 있고 일명 대계(戴溪)라고도 한다. 진(晉)의 왕희지가 눈 내리는 밤에 대규(戴逵)를 방문한 곳이다. 『대명일통지』 권45, 소흥부 4.

115) 소흥부성 동남쪽 180리 되는 곳에 있다. 한대 섬현(剡縣)의 땅으로 회계군에 속했다. 당 초에 승주(剡州)를 설치하고 아울러 나누어 섬성현(剡城縣)을 두었다. 후에 주를 폐하고 섬현으로 하면서 월주에 예속시켰다. 송대 이후 승현으로 했다. 『대명일통지』 권45, 소흥부.

어가 동소강(東小江)¹²¹⁾이 된다. 하나는 산음의 서북쪽을 지나 소산현
(蕭山縣)¹²²⁾의 동쪽을 경유하여 다시 산음으로 돌아가 회계에 이르러
서 바다로 들어가는데 이것을 서소강(西小江)¹²³⁾이라 한다. 하나는 상

---

116) 초국(譙國, 안휘성 북부) 출신으로 자는 안도(安道)다. 시문과 서화에 능하고 고금(鼓琴)에 탁월했다. 태제(太宰) 무릉왕(武陵王) 희(晞)는 대규가 고금에 능하다는 말을 듣고 사인(使人)을 보내 불렀으나 거문고를 깨뜨리고 응하지 않은 것은 물론, 무제(武帝)의 부름을 받고도 응하지 않았다. 후에 회계의 섬현에 옮겨 살았다. 『진서』 권94, 대규열전.
117) 왕희지가 대규를 찾아온 이후 이러한 이름으로 불렸다. 강희 『소흥부지』 권8, 산천 5. 왕희지가 일찍이 산음(山陰)에 거주하고 있을 때, 밤눈이 그치자 달빛이 맑고 환했다. 사방이 하얗게 빛나자 홀로 술을 따르며 좌사(左思)의 초은시(招隱詩)를 읊었다. 문득 대규가 떠올랐다. 이때 대규는 섬현에 있었는데, 왕희지는 즉시 밤에 작은 배를 타고 출발해 날이 샐 무렵 비로소 도착했으나 대문 안으로 들어가지 않고 돌아갔다. 『진서』 권80, 왕희지열전.
118) 하나는 천태산(天台山)에서 북쪽으로 흘러 신창에서 만나 섬계로 들어간다. 하나는 동양(東陽)의 옥산(玉山)에서부터 동쪽으로 흘러 현의 성 남문에서 만나 섬계로 들어간다. 하나는 봉화(奉化)로부터 사계(沙溪)의 서남쪽에서 물줄기가 변하여 북으로 흘러 두담(杜潭)에 이르러 포구(浦口)로 나아가 섬계로 들어간다. 하나는 영해(寧海)로부터 삼갱(三坑)을 거쳐 서쪽으로 돌며 삼십육도(三十六渡)가 되어 두담(杜潭)과 합쳐 섬계로 들어간다. 강희 『소흥부지』 권8, 산천 5.
119) 윤1월 21일 주 166) 참조.
120) 소흥부성 동남쪽 220리 되는 곳에 있다. 한대에는 섬(剡)의 동비(東鄙)였다. 오대 양(梁) 태조 개평(907~910) 중에 오월왕이 처음으로 13향을 나누어 신창현을 두었다. 송대 이후 역대왕조도 이에 따랐다. 『대명일통지』 권45, 소흥부.
121) 소흥부성 동남쪽 90리 되는 곳에 있다. 소순강(小舜江)이라고도 한다. 서쪽은 회계, 동쪽은 상우현인데 그 수원은 포양강(浦陽江)이며 동북으로 흘러 양포(陽浦)를 지나 조아강(曹娥江)으로 흘러들어간다. 만력 『소흥부지』 권7, 산천 4.
122) 소흥부성 서북쪽 93리 되는 곳에 있다. 본래 한대 회계군 여기현(餘曁縣)이다. 손오(孫吳)가 영흥현(永興縣)으로 고쳤다. 수대에 줄여 회계현에 편입시켰다. 당 고종 의봉(676~679) 초에 다시 설치했다. 당 현종 천보 초에 소산현으로 고쳤다. 송대 이후 이에 따랐다. 『대명일통지』 권45, 소흥부.
123) 소흥부성 서북쪽 45리 되는 곳에 있다. 그 수원은 갈려져 제기의 완강(浣江)으로부터 50리를 거쳐 현의 경계로 들어간다. 처음에는 대락향(大樂鄉)을 거쳐 서북으로 흘러 소산현(蕭山縣)에 들어가고 그곳에서 꺾여 동북으로 흘러 바다로 들어간다. 만력 『소흥부지』 권7, 산천 4. 명 영종 정통 12년(1447)에 산음 출신인 왕신(王信)의 상주대로 소산과 산음의 두 현에서 인부를 동원하여 준설하도록 했다. 천순 원년(1457)에는 지부 팽의(彭誼)가 백마산갑(白馬山閘)을 설치하여

우현 동쪽에서 나와 여요현[124]을 지나고 또 동쪽으로 자계현을 거쳐 정해(定海)[125]에 이르러 바다로 들어가니 이것이 여요강[126]이다. 이는 내가 지나온 강이다. 마지막 하나는 금화(金華)[127]의 동양(東陽)[128]에서 나와, 포강(浦江),[129] 의오강(義烏江)과 합류하여 제기현(諸曁縣)[130]에 이르고 산음과 소산을 거쳐 절강으로 들어가니 이것이 제기강[131]이다.

삼강구(三江口)의 조수를 통하게 했다. 갑의 동쪽으로 물이 넘쳐흘러 전(田)으로 만들자 강물이 바다로 통하지 않게 되었다.

124) 2월 초2일 주 17) 참조.
125) 윤1월 20일 주 161) 참조.
126) 현 남쪽 10보 정도 되는 곳에 있다. 순강(舜江)이라고도 한다. 만력『소흥부지』 권7, 산천 4.
127) 「우공」의 양주 땅으로 춘추시대에는 월의 서쪽 경계 지역이었고, 진대(秦代)에는 회계군에 속했다. 양대(梁代)에 금화군으로 고쳐 두었다. 송은 무주(婺州)라고 했고 태종 순화(990~994) 초 군(軍)을 고쳐 보영(保寧)이라고 하고 절동로(浙東路)에 예속시켰다. 원대에 무주로를 설치했지만 명조가 금화부로 고쳤다. 『대명일통지』 권42, 금화부.
128) 금화부성 동쪽 150리 되는 곳에 있다. 본래는 한대 오상현(烏傷縣)의 땅으로 회계군에 속했다. 오(吳)는 동양군(東陽郡)에 속했다. 진대(晉代) 이후에도 이에 따랐으나 당대는 의오현(義烏縣)의 땅이 되었다. 당 중종 수공(685~688) 초에 나누어 동양현을 두고 무주(婺州)에 예속시켰다. 오대 때 전씨(錢氏)가 상주하여 동상(東傷)으로 고쳤으나, 송대에 다시 동양으로 고쳤으며, 명조도 이에 따랐다. 『대명일통지』 권42, 금화부. 동양계(東陽溪)가 현 북쪽 5리 되는 곳에 있다. 일반적으로 하부(河埠)라고 하는데 서쪽으로 흘러 의오현 경계에 이른다. 『독사방여기요』 권93, 절강 5.
129) 규장각 판본에는 '금화부동'(金華府東)에서 방점을 끊었는데 '금화부동양'(金華府東陽)에서 끊어야 할 것이다. 포양현(浦陽縣)에는 포양강은 있지만 양포강은 존재하지 않는다. 동양현(東陽縣)은 금화부성 동북쪽 120리 되는 곳에 있다. 당대는 의오(義烏)와 난계현(蘭溪縣)의 땅이다. 당 현종 천보(742~755) 중에 나누어 포양현을 두고 동양군에 예속시켰다. 오대 때 전씨(錢氏)가 상주하여 포강현으로 개칭한 이래 명조도 이에 따랐다. 포양강은 포강현 경계 지역에 있다. 그 수원은 심요산(深裊山)과 암갱산(巖坑山)으로 본래 오월(吳越) 3강의 하나다. 『대명일통지』 권42, 금화부.
130) 소흥부성 남쪽 120리 되는 곳에 있다. 본래 월왕 윤상(允常)이 도읍한 지역이다. 진대(秦代)에 제기현을 설치하고 회계군에 예속시켰다. 한대 이후 모두 이에 따랐으나 수·당대에 월주로 예속시켰다. 송대에 나누어 의안현(義安縣)을

그 사이에 천원(泉源)의 지류가 돌아나가다 제방에 막히고, 모였다가 제방으로 모여 들어오는 모습이 마치 맥이 얽히고 등나무가 덩굴져 끊어지지 않는 것과 같았다. 우리는 감수를 거슬러서 서쪽으로 운전포(韻田鋪)와 엄씨정절문(嚴氏貞節門), 그리고 고교포(高橋鋪)를 지나서 매진교(梅津橋)에 이르렀다. 언덕에서 5리쯤 떨어진 곳에 우뚝 솟은 산이 있는데, 동쪽에는 깎아놓은 듯 높이 솟은 석벽이 있고 그 앞에 두 개의 큰 석인이 서 있었다. 그중 하나는 사람의 형상과 흡사했다.

융광교(融光橋)를 지나서 가교포(柯橋鋪)에 이르니 남쪽에는 작은 산이 있고 산허리에 정자터가 남아 있는데, 사람들이 말하기를 채옹(蔡邕)[132]이 연죽(椽竹)을 얻어 피리를 만들었다는 가정(柯亭)[133]의 허물어진 터라 한다. 계속 원두교(院杜橋)와 백탑포(白塔鋪), 그리고 청강

설치하였고, 후에 다시 줄여 제기에 편입시켰다. 원대에 제기주로 승격시켰다. 명 초에는 제전주(諸全州)로 하였으나 마침내 제기현으로 했다.『대명일통지』권45, 소흥부.

131) 『대명일통지』에 제기현에는 완포(浣浦)가 있다고 기록했다.『대명일통지』권45, 소흥부. 그런데『독사방여기요』에는 완강(浣江)으로 나와 있다. 현치의 남쪽에 있는데, 즉 포양강이다. 일명 풍강(豊江)·청익강(靑弋江)·완포(浣浦)·완저(浣渚)라고도 한다. 성의 동쪽을 감싸고 북으로 흘러 산음현에 이르러 전청강(錢淸江)이 된다.『독사방여기요』권92, 절강 4.

132) 두 명의 채옹이 있는데, 먼저 후한시대 인물인 채옹의 자는 백개(伯喈), 하남성 진류어(陳留郡) 출신으로 어머니에 대한 효로 유명하고 천문을 즐기며 음률을 다루는 데 능했다. 후한 영제 중평 6년(189) 영제가 죽고 동탁이 사공(司空)이 되었을 때 등용되어 시어사(侍御史)·지서어사(指書御史)·상서를 지냈다. 고양향후(高陽鄕侯)에 봉해졌다.『후한서』권60 하, 채옹열전. 또 한 인물은 상우(上虞) 출신으로 진류(陳留)의 채옹과 동시대로 자도 백개(伯喈)라고 한다. 은둔생활을 했으며 효행으로 이름 높다.『상우록』(尙友錄) 권18.

133) 산음현 서북쪽 40리 되는 곳에 있다. 한나라 채옹이 회계의 가정(柯亭)으로 피난했다. 연죽을 바라보니 기이한 음이 나는 것을 알았다. 이를 떼어내어 피리로 만들었는데 보기(寶器)가 되었다. 중랑적(中郎笛)이라 불렀다.『대명일통지』권45, 소흥부. "채옹이 오원태수(五原太守) 왕지(王智)의 모함을 받고 강해(江海)로 몸을 피했을 때 오(吳)와 회(會)에 간 적이 있었다"라는 주(注)에 "장즐문사전(張騭文士傳)에 말하기를 옹(邕)이 오인(吳人)에게 고하기를 '내가 일찍이 회계 고천정(高遷亭)을 지난 적이 있다. 집의 대나무로 된 서까래(椽竹) 동쪽 16번째 마디가 피리가 될 만했다. 떼어서 사용하니 특이한 소리가 났다'. 복도장적

교(淸江橋)를 지나 전청역(錢淸驛)¹³⁴⁾에 이르렀다. 강이름은 일전강(一
錢江)¹³⁵⁾이었다. 밤에 염창관(鹽倉館)·백학포(白鶴鋪)·전청포(錢淸
鋪)·신림포(新林鋪)·소산현¹³⁶⁾ 지방을 지나서 서흥역에 이르니 날이
밝아오고 있었다. 강이름은 서흥하였다.

【2월 초6일】 항주에 도착하다.

이날은 흐렸다. 서흥역 서북쪽은 평탄하고 넓어서 전당강(錢塘江)¹³⁷⁾
조수가 밀려오면 호수가 되고, 조수가 빠지면 육지가 되었다. 서흥역은
항주 사람들이 해마다 8월 18일 조수가 가장 크게 들 때 전당강의 파도
를 구경하는 곳이다.¹³⁸⁾ 우리 일행은 역 앞에서 배에서 내려 강기슭으
로 올라 수레를 타고 10여 리쯤 되는 절강에 이르러 다시 배에 올라 강

부서(伏滔長笛賦序)에 말하기를 '가정의 관(館)은 대나무로 서까래를 만들었는
데 옹이 떼어내어 피리를 만드니 기이한 소리가 대단히 뛰어났다'라고 했다."
『후한서』 권60 하, 채옹열전. 상우현에 채묘산(蔡墓山) 또는 채옹묘산(蔡翁墓
山)이 있는데 옹전을 인용하여 옹이 월에 피난하여 가정의 관(館)에서 묵었다.
연죽(椽竹)으로 피리를 만들었다고 한다. 가정『절강통지』 권9, 지리지.

134) 소흥부 서북 전청진(錢淸鎭)에 있는데 명 무종 정덕 10년(1515)에 폐했다.『독
사방여기요』 권92, 절강 4.
135) 전청강(錢淸江)을 가리키는 듯하다. 소흥부성 서쪽 55리 되는 곳에 있다. 한 유
총(劉寵,『후한서』, 권106)이 일전(一錢)만을 받았다는 일로 이러한 이름이 붙
었다. 남송 고종 건염 3년(1129) 고종이 절서(浙西)로 돌아와 금나라 병사를 방
어했다.『대명일통지』 권45, 소흥부. 소산현 동남쪽 15리 되는 곳에 있다. 포양
강 또는 동소강이라고도 하는데(『독사방여기요』 권92, 절강 4), 최부가 지나간
강은 포양강의 하류였다.
136) 2월 초5일 주 122) 참조.
137) 인화현성(仁和縣城) 동쪽 3리 되는 곳에 있는 절강(浙江)이다. 엄주부(嚴州府)
동려현(桐廬縣)으로부터 흘러 부양현(富陽縣) 경계에 이른다. 군의 서남쪽을 흘
러 동북을 향해 해영현(海寧縣) 경계와 접하면서 해문(海門)으로 나아가 바다
로 들어간다. 해조로 유명하다.『독사방여기요』 권90, 절강 2.
138) 매년 8월 18일 조수가 발생하면 군인(郡人)들이 모여 관망한다. 수영을 잘 하는
자는 파도를 거슬러 올라가는데 (그 모습이 마치) 나타났다 없어졌다 해서 이를
농조(弄潮), 즉 조수를 희롱하는 것이라고 한다. 원의 경백선(裵伯宣)의『절강
조후도설』(浙江潮候圖說)을 인용하여 전당강의 조수에 대해 기술했다. 가정『절
강통지』 권2, 지리지.

을 건넜다. 강물이 굽이굽이 흘러 산을 끼고 돌아가고, 산에 부딪친 물결이 일어날 기세가 있어서 절강(浙江)[139]이라 했다. 절은 제(淛)라고도 한다.[140] 강의 폭은 8, 9리쯤 되었고, 줄기는 서남으로 복건(福建)까지 닿아 동북으로는 바다로 통했다. 화신(華信)[141]이 축조해 상하 조수를 막은 당(塘)[142]이 있었는데, 단어취(團魚嘴)[143]에서 범촌(范村)까지 약 30리, 또 부양현(富陽縣)[144]까지 합치면 60여 리나 되었다. 석축은 오히려 완고하여 새것처럼 보였는데, 그래서 이 강을 전당강이라 했다.

우리가 당에 이르러 다시 연안을 따라 걸으니 서쪽 강가에 육화탑(六和塔)[145]이 서 있었다. 연성사(延聖寺)[146]와 절강역[147]을 지나 항주성 남문

---

139) 항주부성 동쪽 3리 되는 곳에 있다. 구지(舊志)에 의하면 흡현(歙縣) 옥산(玉山)으로부터 흘러나온다. 그 물은 건덕(建德)을 거쳐 무계(婺溪)와 합쳐진 후에 부춘현(富春縣)을 거쳐 절강이 되어 바다로 들어간다. 강 입구에 산이 있어 강의 조수가 산에 부딪쳐 열 번이나 꺾이고 굽이 돌아 절강이라고 했다. 『대명일통지』 권38, 절강포정사.

140) 당대에 흡(歙)·선(宣)·지(池)·길(吉) 4주자사(四州刺史)를 지낸 노조(盧肇)는 절(浙)은 절(折)이라고 했다. 조수가 바다로 나갈 때 굴절하고 역류하기 때문이다. 『대명일통지』 권38, 절강포정사.

141) 한대에 군의조(郡議曹)였다. 이길보(李吉甫), 『원화군현도지』(元化郡縣圖志) 권25, 강남도.

142) 공조(功曹) 화신이 당을 쌓아 해수를 막기로 의논했다. 토석(土石) 1곡(斛, 10두[말], 19.4리터)을 가져오는 자에게 1,000전을 주어 1개월 만에 완성했다. 전당(錢塘)이라고 불렸다. 가정『절강통지』 권2, 지리지 항주.

143) 취(嘴)는 물이 합류하는 곳에 설치하여 물의 흐름을 조절하는 역할을 했던 것 같다(6월 4일자 일기). 이러한 곳에 마을이 형성된 것을 가리키는 것은 아닌지?

144) 항주부성 서쪽 90리 되는 곳에 있다. 본래 한대의 부춘현(富春縣)은 회계군에 속했다. 동한대는 오군(吳郡)에, 삼국시대의 오(吳)는 동안군(東安郡) 치소를 부춘에 설치했으나 곧바로 군을 폐지하고 오군에 예속시켰다. 진대(晉代)에 부양현으로 고쳤다. 수대에는 항주에 예속시켰고, 명조도 이에 따랐다. 『대명일통지』 권38, 절강포정사.

145) 항주부성 남쪽 13리 개화사(開化寺) 앞에 있다. 송 태조 개보 3년(970) 지각선사(智覺禪師)가 세웠다. 이보다 앞서 후량(後梁) 태조 개평 5년(911) 전왕(錢王)이 인왕폐원(仁王廢院)의 땅을 파다 대전(大錢)을 얻었다. 상서라고 생각하여 대전사를 세웠다. 송대에 들어서 사찰이 폐해지자 선사가 전씨 남과원(錢氏南果園)에 탑을 세워 강의 조수를 진압했다. 탑은 9층으로 후에 폐했는데, 남송

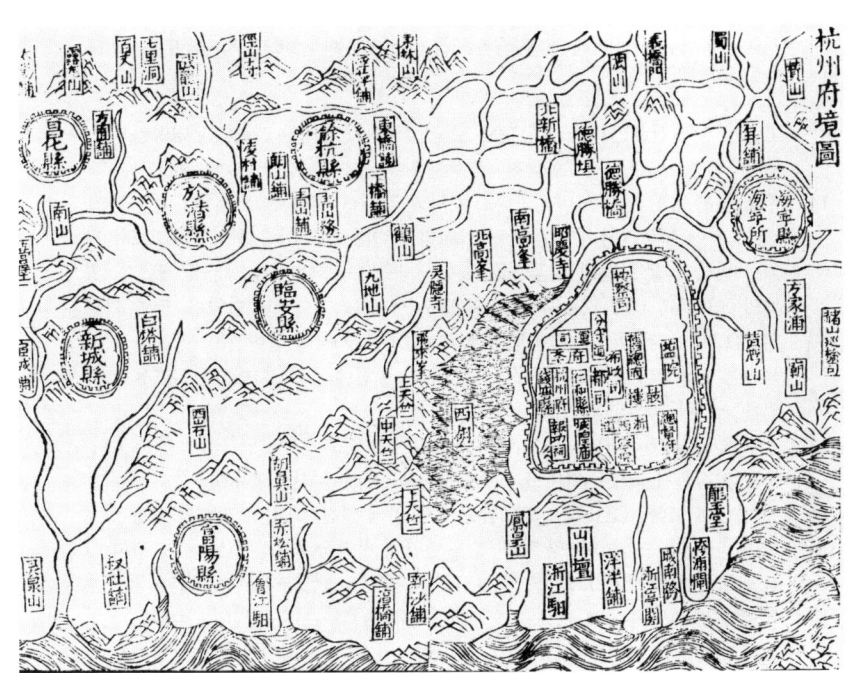

항주. 이곳은 절강성의 성도(省都)였다(『삼재도회』).

에 도착했다. 성은 중성에 첩문(疊門)으로 되어 있었고, 문에는 3층 누각이 있었다. 성 안으로 들어가 문괴문(文魁門) · 영순궁(靈順宮)¹⁴⁸⁾ · 숙헌문(肅憲門) · 징청문(澄淸門) · 남찰원(南察院)¹⁴⁹⁾ · 우성전(祐聖殿)¹⁵⁰⁾ · 토지묘(土地廟)¹⁵¹⁾ · 지송방포(芝松坊鋪)를 지나 무림역(武林驛)¹⁵²⁾에 이르렀다. 성문에서 역까지 10여 리쯤 되었다.

적룡과 우리는 비 때문에 하루를 쉰 것을 제외하고는 때로 밤을 새워

고종 소흥 연간(1131~62)에 7층으로 건설하다가 공사를 그쳤다. 『대명일통지』 권38, 절강포정사; 『서호유람지』(西湖遊覽志) 권24, 절강승람(浙江勝覽).

146) 후조문(候潮門) 밖에 있다. 송 태조 건덕 연간(963~967)에 오월왕이 청파문(淸坡門) 밖에 세우면서 사숙원(士宿院)이라고 이름했다. 인종 천성 2년(1024) 탁월한 법사가 강에 임해서 공양을 하며 제방을 수축하는 사(士)를 구제했다. 황제의 조(詔)에 의해 지금 위치로 옮겼다. 사액(賜額)이 연성이었다. 영종 가정 연간(1208~24) 어대(御帶) 진옥절(陳玉節)이 절 옆에 천비전(天妃殿)을 세워 해신을 받들었다. 명 태조 홍무 24년(1391) 총림(叢林)으로 했다. 『서호유람지』 권19, 남산분맥성내승적(南山分脈城內勝蹟).

147) 전당현 남쪽 10리 되는 곳[龍山閘]에 있다. 명 태조 홍무 3년(1370)에 세웠다. 가정 『절강통지』 권14, 건치지; 『서호유람지』 권19, 남산분맥성외승적.

148) 옛 이름은 보산원(寶山院)이다. 남송 영종 가태 연간(1201~1204)에 승상 정청지(鄭淸之)가 수축했다. 명 영종 정통 연간에 진인(眞人) 장담(張澹)이 편액 이름을 영순(靈順)이라고 했다. 『서호유람지』 권17, 남산분맥성내승적.

149) 절강에는 찰원이라는 공서로 순무도찰원(巡撫都察院)과 순안찰원(巡按察院), 그리고 순염찰원(巡鹽察院)이 있었다. 여기서 말하는 남찰원은 순안찰원을 가리키는데 포정사 남쪽 봉산문(鳳山門) 북쪽에 있다. 원대에 강남행어사대(江南行御史臺)를 설치하여 매년 감찰어사 2명을 파견하여 성지(省地)를 분순시켰다. 두 찰원이 있는데 하나는 안찰사 오른쪽 기가교(紀家橋) 왼쪽에 있다. 이를 북찰원이라고 한다. 하나는 조천문(朝天門) 밖 정양문(正陽門) 북쪽에 있는데 이를 남찰원이라고 한다. 가정 『절강통지』 권13, 건치지.

150) 항주부치의 홍례방(興禮坊) 내에 있다. 남송 효종(1162~89)이 왕이었을 때의 저택이다. 광종(1189~94)과 영종(1195~1224)이 이곳에서 태어났다. 효종 순희 3년(1176) 노씨(老氏)의 궁으로 고쳤다. 북극우성진군(北極佑聖眞君)을 모셨다. 명 태조 홍무 15년(1382) 도관을 통할하는 도기사(道紀司)를 이 관(觀) 중에 설치했다. 가정 『절강통지』 권70, 잡지(雜志) 사관; 『서호유람지』 권17, 남산분맥성내승적.

151) 농촌의 일반적인 지방신이다. 강남의 작은 집락촌에는 묘가 없고 몇 개의 집락이 연합하여 토지묘를 가지고 있다. 濱島敦俊, 「明淸時代, 江南農村の '社'と土地廟」, 『山根敎授退休記念 明代史論叢』.

가면서 천여 리의 땅을 지나왔다. 그런데도 진수태감 장경(張慶)[153]은 오히려 지완지죄(遲緩之罪, 늦었다는 죄목)로써 적룡을 책하여 곤장을 때렸다.[154] 저녁에 역승[155] 양수록(楊秀祿)이 찬거리를 가져와 저녁식사를 베풀어주었다.

【2월 초7일】 항주에서 머물다.

이날은 흐렸다. 새벽에 태감이 관리를 시켜 내게 물어왔다.

"정인지(鄭麟趾),[156] 신숙주(申叔舟),[157] 성삼문(成三問),[158] 김완지(金浣之),[159] 조혜(趙惠),[160] 이사철(李思哲),[161] 이변(李邊),[162] 이견(李堅)[163] 등은 모두 조선사람들인데, 이들이 무슨 관직을 맡았는지 일

---

152) 항주부 지송방(芝松坊)에 있다. 오 원년(1364) 무림문 밖에 세웠는데 명 태조 홍무 2년(1369)에 이곳으로 옮겼다. 『서호유람지』 권15, 남산분맥성내승적.
153) 명 헌종 성화 연간에 진수절강태감으로 임명된 듯하다. 당시 절강안찰사였던 양계종(楊繼宗)과는 꺼리는 사이가 되자 장경의 형으로 사례감(司禮監)에 있던 장민(張敏)은 자주 황제 앞에서 계종을 험담했으나 받아들여지지 않고 오히려 꾸중을 듣게 되자 형인 장민은 동생 장경에게 서신을 보내 양계종을 잘 대해주도록 일렀다. 『명사』 권159, 양계종열전. 절강의 장경은 사천의 채용득(蔡用得)과 함께 당시 황제의 위세를 빌려 유사를 학대하는 등 국체를 손상시킨 대표적인 인물이었다. 『명사』 권180, 왕규열전(汪奎列傳).
154) 명대에 공사로 마땅히 기한을 정하여 발송하는 관물·죄인·가축이 있으면 사람을 선발하여 보내는데, 지체되거나 기한을 어기는 자가 있으면 하루에 태(笞) 20에 처했다. 3일마다 1등을 가했지만 최고는 태 50까지였다. 『대명률』 병률 공사응행계정(公事應行稽程).
155) 윤1월 28일 주 250) 참조.
156) 조선 태조 5년(1396)에 출생하여 성종 9년(1478)에 죽었다. 조선 초기의 문신으로 자는 백저(伯雎), 호는 학역재(學易齋), 시호는 문성(文成)이다. 정도전(鄭道傳)·권우(權遇)의 문인이다. 태종 11년(1411) 생원시에 합격했고, 1414년 식년문과에 장원으로 급제하여 예빈시주부(禮賓寺主簿)에 제수되었다. 다음해 예문관부교리에 개수(改授)되고, 이어 감찰과 예조좌랑을 역임했다. 유학과 전고(典故)에 밝아 조선 초기 대표적 유학자의 한 사람으로 추앙되었다. 비록 큰 정치력은 발휘하지 못했으나 세종~문종대에 국왕의 신임을 받으면서 문한(文翰)을 관장하고 역사·천문·역법·아악을 정리했다. 이와 아울러 한글창제에도 참여하는 등 문풍 육성과 제도 정비에 기여했다. 『문과방목』 태종 14년(1414) 식년시 을과 1.

일이 써서 보고하도록 하시오."

나는 답했다.

"정인지와 신숙주, 그리고 이사철은 모두 위가 정1품이고, 성삼문의

---

157) 조선 태종 17년(1417)에 출생하여 성종 6년(1475)에 죽었다. 조선 전기의 문신으로 자는 범옹(泛翁), 호는 희현당(希賢堂) 또는 보한재(保閑齋), 시호는 문충(文忠)이다. 세종 20년(1438) 사마양시에 합격하여 동시에 생원과 진사가 되었다. 이듬해 친시문과에 을과로 급제하여 전농시직장(典農寺直長)이 되고, 1441년에는 집현전부수찬을 역임했다.『훈민정음』을 창제할 때 참가하여 공적이 많았다.『문과방목』세종 21년(1439) 친시 을과 3, 세종 29년(1447) 중시 을과 2.

158) 조선 태종 18년(1418)에 출생하여 세조 2년(1456)에 죽었다. 사육신의 한 사람으로 자는 근보(謹甫), 호는 매죽헌(梅竹軒), 시호는 충문(忠文)이다. 세종 17년(1435) 생원시에 합격하고, 1438년에는 식년문과에 정과로 급제했으며, 1447년에 문과중시에 장원으로 다시 급제했다. 집현전학사로 뽑혀 세종의 지극한 총애를 받으면서 홍문관수찬(弘文館修撰)과 직집현전(直集賢殿)으로 승진했다. 훈민정음 창제에 크게 공헌했다.『문과방목』세종 20년(1438) 식년시 정과 19; 세종 29년(1447) 중시 을과 1.

159) 세종 27년(1445) 염법(鹽法) 시행 문제로 충청도에 파견되었다.『세종실록』권109, 27년 9월 을해.

160) 출생 연도는 알 수 없고 세조 10년(1464)에 죽었다. 조선 전기의 문신으로 자는 제부(濟夫), 호는 시재(施齋), 시호는 공안(恭安)이다. 세종 21년(1439) 전라도 병마도절제사를 지냈다. 1442년 호조참판으로 있을 때, 하정사(賀正使)로 명나라에 다녀왔다.『세종실록』권85, 21년 6월 무자; 권98, 24년 10월 갑오.

161) 조선 태종 5년(1405)에 출생하여 세조 2년(1456)에 죽었다. 조선 전기의 문신으로 자는 성지(誠之), 시호는 문안(文安)이다. 세종 14년(1432) 식년문과에 병과로 급제하여 집현전박사가 되고, 1434년에 집현전부수찬에 승진되었다. 이조참판·예조판서·이조판서를 지냈다. 문종 2년(1452) 사은부사가 되어 명나라에 다녀와서 우참찬이 되었다. 단종 원년(1453) 수양대군(首陽大君, 세조)이 단종의 보좌세력인 황보인(皇甫仁)과 김종서(金宗瑞) 등 원로대신을 살해, 제거하는 이른바 계유정난에 가담하여 협력한 공으로 정난공신(靖難功臣) 1등이 되고, 견성군(甄城君)에 봉하여졌다.『문과방목』세종 14년(1432) 식년시 동진사(同進士) 6.

162) 고려 공양왕 3년(1391)에 출생하여 조선 성종 4년(1473)에 죽었다. 조선 전기의 문신으로 시호는 정정(貞靖)이다. 세종 1년(1419) 식년문과에 동진사(同進士)로 급제, 승문원박사가 되었으며, 한문훈해(漢文訓解)에 정통하여 부교리에 올랐다. 1427년에 사역원판관이 되어, 이로부터 항상 승문원과 사역원의 직을 겸임했다. 형조판서·영중추부사(領中樞府事)를 지냈는데, 화어(華語)에 능통하여 중국에까지 알려졌다.『문과방목』세종 1년(1419) 식년시 동진사 4.

위는 정3품¹⁶⁴⁾에 이르렀소. 이변, 김완지, 조혜, 내가 후진(後進)의 선비라 그들의 직품은 알 수 없소."

역에서 일을 맡은 고벽(顧壁)이라는 사람이 와서 우리에게 말했다.

"당신들 양식은 조정에서 공급하고 있는 수량에 따라 지출¹⁶⁵⁾하는데, 1년은 기다려야 문적(文簿, 문서와 장부)이 병부에 도착할 것이오. 이곳 역승은 귀주(貴州)¹⁶⁶⁾ 이인(이민족)이라 인사(人事, 사람 사이에 지켜야 할 일)에 어두워, 마치 어린아이와 같아 상사(上司)에게 품의를 할 수 없어 당신들의 양식이 부족하게 되었소."

---

163) 이견(李堅)은 이견기(李堅起, 일명 李堅基)로 생각된다. 세종 29년(1447)에 성절사(聖節使) 이견기와 주문사(奏聞使) 김하(金何)가 칙서를 받들고 북경으로부터 돌아왔다는 기록이 있다.『세종실록』권115, 29년 1월 임신. 성절사로 북경에 갔었기 때문에 중국의 환관이 이름을 안 것으로 생각한다. 이견기는 우왕 10년(1384)에 출생하여 단종 3년(1455)에 죽었다. 조선 전기의 문신으로 자는 필휴(匹休), 호는 남정(楠亭), 시호는 안성(安成)이다. 세종 1년(1419) 식년문과에 동진사(同進士)로 급제하여 판한성부사 · 지중추원사 · 호조판서 · 이조판서를 역임했다. 세종 28년(1446)에 성절사로 주문사 김하와 함께 명나라에 갔다가 다음해에 돌아왔다. 문종 즉위년(1450)에는 각종 방물(方物)을 가지고 사은사로 북경에 다녀왔다.『문과방목』세종 1년(1419) 식년시 동진사 22.

164) 문관 벼슬 중 통정대부(通政大夫), 통훈대부(通訓大夫)와 무관 벼슬 중 절충장군(折衝將軍), 어모장군(禦侮將軍)과 왕의 친척 중 명선대부(明善大夫), 창선대부(彰善大夫)와 왕의 사위 봉순대부(奉順大夫), 정순대부(正順大夫) 등에 해당하는 품계를 말한다. 이중 통정대부 · 절충장군 · 명선대부 · 봉순대부 이상은 당상관(堂上官)에 해당하며, 통훈대부 · 어모장군 · 창선대부 · 정순대부 이하는 당하관에 해당한다.『역주 경국대전』주석편, 한국정신문화연구원.

165) 역에서 지급하는 규정에 대해서는 만력『대명회전』권148, 병부 31 역전 4 응부통례(應付通例)에, 이민족 · 관원 · 특은(特恩), 또는 이민족이 요청하는 경우에 명 조정에서 사용하는 물품에 대해서는 만력『대명회전』권111, 예부 69 급사(給賜) 2에 구체적으로 제시되어 있다.

166)「우공」의 형주(荊州)와 양주(梁州) 두 주의 남쪽 경계다. 본래 서남이(西南夷)의 지역이다. 송 태조 개보 연간(968~976)에 대만곡락총관부(大萬谷樂總管府)를 설치했다. 남송 영종 가정 연간(1208~24)에 지금의 포정사가 있는 치소로 옮겼다. 원대에 순원등로군민안무사(順元等路軍民按撫司)를 설치하고 팔번순원등처군민선위사(八番順元等處軍民宣慰司)에 예속시켰다. 명 태조 홍무 초에 귀주선위사사로 고치고 사천포정사에 예속시켰으나, 성조 영락 11년(1413)에 귀주포정사로 바꿨다.『대명일통지』권88, 귀주포정사.

그리고 이어서 말했다.

"여기 와서 겪어 보니 모두 한인(閑人, 한가한 사람)이어서 그들과는 이야기도 할 수 없소. 신기(神氣, 정신과 기력)만 상할 뿐이오."

저녁에는 안찰제조학교부사(按察提調學校副使)[167] 정(鄭) 대인[168]이 어느 대인과 함께 역에 도착하여 나를 불러 물었다.

"당신네 나라의 과거제도는 어떠하오?"

나는 대답했다.

"진사시[169]·생원시[170]·문과시[171]·무과시[172]가 있고, 또 문무과 중시[173]가 있소."

---

167) 부사와 첨사는 도(道)를 나누어 순찰하는데 제학(提學)을 전적으로 담당하는 직책도 있다. 학정(學政)은 모두 제학헌신제조(提學憲臣提調)를 따른다고 한 부분에서 정 대인은 학정을 담당한 관료였던 것으로 볼 수 있다. 『명사』 권75, 직관지 4.

168) 명 효종 홍치 원년(1488)에 절강등처안찰사부사(浙江等處按察使副使)를 지낸 인물로 정기(鄭紀)가 있다. 만력 『항주부지』 권19, 치직관(治職官). 자는 정강(廷綱), 호는 동원(東園)으로 선유(仙遊) 출신이다. 영종 천순 4년(1460)의 진사로 태상경(太常卿)과 남경호부상서까지 지냈다. 『국조헌징록』 권31, 남경호부상서 정기(南京戶部尙書 鄭紀).

169) 생원진사시라고 하여 조선시대 성균관에 입학할 자격을 부여하는 것을 본래의 목적으로 실시한 과거다. 소과(小科) 또는 사마시(司馬試)라고도 한다. 고려시대 국자감시(國子監試)와 승보시(陞補試)를 계승한 것으로, 진사시는 전자를 생원시는 후자를 계승하여 성립된 제도다. 진사시는 부(賦)와 시(詩)의 제목으로 문예창작의 재능을 각각 시험했다. 그리하여 합격자에게 진사라고 하는 일종의 학위를 수여했다. 조좌호, 『한국과거제도사연구』, 범우사, 1996.

170) 생원시는 오경의(五經義)와 사서의(四書疑)의 제목으로 유교경전에 대한 지식을 시험했다. 합격자에게 생원이라고 하는 일종의 학위를 수여했다. 조좌호, 같은 책, 1996.

171) 조선시대 문관(文官)을 등용하기 위해 실시한 과거시험이다. 문과의 응시자격은 생원진사시와 같았다. 말하자면 신분상의 하자만 없으면 누구라도 응시할 수 있다는 것이었다. 물론 천인(賤人)과 공상인(工商人)은 제외되었다. 다만 응시할 수 없는 결격 사유를 밝힌 예가 있을 뿐이었다. 그 대표적인 것이 『경국대전』에 나오는 규정이다. 이 규정에 의하면, 어떤 죄를 범해 평생 동안 관직에 나아갈 수 없다는 판정을 받은 이른바 죄범영불서용자(罪犯永不敍用者)의 아들, 관리로서 금전상의 부정을 범한 장리(贓吏)의 아들, 재가(再嫁) 또는 그 밖의 부도덕한 행실을 저지른 부녀자의 아들이나 손자, 그리고 서얼(庶孼)의 자손들(子

"시험은 어떻게 치르오?"

"인(寅)·신(申)·사(巳)·해(亥) 연도 가을에 유생들을 모아 삼장(三場)[174]으로 시험을 치르오. 초장에서는 의(疑)[175]·의(義)[176]·논

子孫孫)은 문과나 생원진사시에는 응시할 수가 없었다. 다시 말해서 이들이 바로 '신분상 하자'가 있는 사람들이었다. 조좌호, 같은 책, 1996.

172) 조선시대에 무관을 임용하기 위해 실시된 과거시험이다. 조선시대 무과에는 문과와 마찬가지로 3년에 1번씩 정규적으로 실시되는 식년무과(式年武科)와 그 밖에 임시로 특설되는 증광시(增廣試)·별시(別試)·알성시(謁聖試)·정시(庭試)·춘당대시(春塘臺試) 등 각종 비정규 무과가 있었다. 식년무과는 식년문과와 같이 초시(初試)·복시(覆試)·전시(殿試) 등 3단계의 시험이 있었다. 초시는 식년(子·卯·午·酉에 해당하는 해)의 전해 가을에, 복시와 전시는 식년 봄에 실시되었다. 초시에는 원시(院試)와 향시(鄕試)가 있어 원시는 훈련원이 주관해 70명을 선발하고, 향시는 각 도의 병마절도사가 주관해서 모두 120명을 선발했다. 처음에는 목전(木箭)·철전(鐵箭)·편전(片箭)·기사(騎射)·기창(騎槍)·격구(擊毬) 등 6기(技)를 고시했으나, 『속대전』 이후는 목전·철전·편전·기추(騎芻)·유엽전(柳葉箭)·조총(鳥銃)·편추(鞭芻)를 고시했다. 복시는 식년 봄에 초시 합격자를 한성에 모아 병조와 훈련원이 주관해 강서(講書)와 무예를 고시, 28명을 선발했다. 각종 별시무과에서는 뽑는 인원도 일정하지 않았다. 대체로 식년시 규정인 28명보다 훨씬 초과하는 경우가 많아 보통 몇백명, 심한 경우는 몇천에 달하기도 했다. 조좌호, 같은 책, 1996.

173) 조선시대 당하관(堂下官) 이하의 문무관에게 10년마다 한 번씩 치르게 하는 과거로 처음에는 정년(丁年)에 행하던 것을 뒤에 병년(丙年)으로 바꾸어 실시했다. 응시자격도 처음에는 중앙과 지방의 종3품 중직대부(中直大夫) 이하로 되어 있었으나, 『경국대전』에는 당하관 이하의 문·무신으로 바뀌었다. 그리고 대간에게 고신(告身)을 빼앗긴 자들도 응시할 수 있었다. 시험과목은 그때마다 품정(稟定)하였으나, 대개 표(表)와 책(策) 중의 하나를 국왕의 친림하에 전정(殿庭)에서 보도록 했다. 중시의 인원은 그때그때 국왕에게 아뢰어 정하였으며, 가장 적게 뽑은 때는 중종 11년(1516)의 3명이고, 가장 많이 뽑은 때는 세종 29년(1447)의 19명이었다. 조좌호, 같은 책, 1996.

174) 식년문과에는 초시·복시·전시의 3단계 시험이 있었는데, 이중 초시와 복시는 초장·중장·종장으로 나누어 고시했다. 이를 동당삼장(東堂三場)이라 하며, 자(子)·오(午)·묘(卯)·유년(酉年)에 정기적으로 과거를 개설했다. 초시는 상식년(上式年) 가을에, 복시와 전시는 식년 봄에 거행했다. 조좌호, 같은 책, 1996.

175) 의(疑), 즉 사서의(四書疑)는 『중용』(中庸)·『대학』(大學)·『논어』(論語)·『맹자』(孟子)의 글귀 가운데 상호 모순되는 듯한 부분을 적시(摘示)하여 합리적인 해석을 구하는 것이다. 『대전회통』 예전.

(論)¹⁷⁷⁾ 중 두 편을, 중장은 부(賦)¹⁷⁸⁾ · 표(表)¹⁷⁹⁾ · 기(記)¹⁸⁰⁾ 중 두 편을, 종장은 대책(對策)¹⁸¹⁾을 시험하여 약간의 인재를 뽑소.¹⁸²⁾ 다음해 봄에 또 입격자(入格者)¹⁸³⁾들을 모아놓고 다시 삼장으로써 시험¹⁸⁴⁾을 치르는데, 초장에서는 사서오경을 배강(背講〔背誦〕, 책을 보지 않고 외움)하여 사서삼경에 능통한 자를 취하고, 중장은 부 · 표 · 기 중 두 편을, 종장은 책문(策文)을 시험하여 33명을 선발하오. 다시 이들을 모아 대책으로 시험하여 석차¹⁸⁵⁾를 가리는데, 이것을 문과등제라 하오.¹⁸⁶⁾ 방방(放榜, 합격자 발표)을 허가한 뒤에 임금이 홍패¹⁸⁷⁾(紅牌, 붉은 색

---

176) 의(義), 즉 오경의(五經義)는 역시서춘추례기(易詩書春秋禮記) 등 5경(經)의 한 구절을 따서 그 의의를 서술하라는 것이었다. 『대전회통』예전.
177) 한문문체의 하나인 논설문의 일종으로 사리를 판단하여 시비를 밝히는 문체라 할 수 있다.
178) 한문문체의 하나로 부는 본래 『시경』의 표현방법 가운데 하나로서, 작자의 생각이나 눈앞의 경치 같은 것을 있는 그대로 드러내 보이는 것이다.
179) 신하가 임금에게 올리는 문장 형식으로 자기의 심중을 나타내 임금에게 알린다는 의미에서 표라 했다. 중국 한나라 때 시작되어 우리 나라에는 삼국시대에 전해진 것으로 보인다.
180) 한문문체의 하나로 사실을 그대로 적는 글을 말한다. 사물을 객관적인 관찰과 동시에 기록하여 영구히 잊지 않고 기념하고자 하는 데에 목적을 두는 글이다.
181) 과거시험의 한 과목 또는 그때 작성하는 문장이다. 중국 한나라의 관리등용시험에서 그 시초를 찾을 수 있다. 정사(政事)나 경의(經義)상의 문제를 내면 수험자는 거기에 답했는데, 책(策)은 이때 문제를 써놓은 글이다.
182) 초장(初場)에는 오경과 사서의 의(疑)나 의(義) 또는 논(論) 중의 2편, 중장(中場)에는 부(賦) · 송(頌) · 명(銘) · 잠(箴) · 기(記) 중의 1편, 표(表)와 전(箋) 중의 1편, 종장(終場)에는 대책(對策) 1편이다. 『대전회통』권3, 예전 제과 식년문과 초시.
183) 사마시(생원과 진사)에 합격한 사람은 입격자, 문과에 합격한 사람은 급제출신자, 잡과에 합격한 사람은 출신자라고 한다. 『대전회통』권3, 예전 제과.
184) 문과복시의 고시과목은 초장이 강경시험으로서 문과 초시의 제술시험과 달랐고, 중장과 종장은 같았다. 『대전회통』권3, 예전 제과.
185) 갑과 3명, 을과 7명, 병과 23명이다. 『대전회통』권3, 예전 제과 식년문과 전시.
186) 식년문과의 전시(殿試)는 대책 · 표 · 전(箋) · 잠(箴) · 송(頌) · 제(制) · 조(詔) 중 1편을 시험했다. (속) 논(論) · 부(賦) · 명(銘)을 추가했다. 『대전회통』권3, 예전 제과.

종이에 쓴 합격증서)를 하사하고, 화[188](어사화, 문무과 급제자에게 하사하는 종이로 만든 꽃), 개(蓋, 일산)를 주어 사흘간 거리를 행진[189]한 후, 은영연(恩榮宴)[190]과 영친연(榮親宴),[191] 그리고 영분연(榮墳宴)[192]을 베푸는데 이로써 벼슬길[193]에 나아가는 것을 허락하는 것이오."

"문체와 격식은 어떠하오?"

"표는 송과 원의 『파방』(播芳)[194]을, 기와 논은 당과 송을 본뜨고,[195] 의(義)는 오경문에서,[196] 의(疑)는 사서문[197]에서 뽑아 표제를 삼고, 아

---

187) 『대전회통』 권3, 예전 홍패식.
    敎旨
    具官某文科(武科則稱武科) 某科(稱甲·乙·丙)
    第幾人及第出身者
    年寶 月 日
188) 『용재총화』에 의하면 가는 참대오리 2개를 푸른 종이로 감고 비틀어 꼬아서 군데군데에 다홍색·보라색·노란색의 무궁화 송이를 꿰었다 한다.
189) 진사 급제자는 거리를 행진한다. 세락수(細樂手)와 광대 그리고 재인을 대동하는데 광대는 창우(倡優)를 말한다. 『경도잡지』(京都雜志) 유가(遊街).
190) 조정에서 베풀어주는 잔치로서, 영의정을 압연관(押宴官), 호조·예조·병조의 판서를 부연관(赴宴官)으로 하여 전정(殿庭)에서 급제자에게 주는 축하연이다. 당상(堂上)에 압연관·부연관·문무과시관 등이 앉고, 계단을 중심으로 동쪽에 문과급제, 서쪽에 무과급제자가 등급순으로 앉는다. 조좌호, 『한국과거제도사 연구』, 범우사, 1996.
191) 조선 세종 11년(1429)에 시골 출신 급제자를 위해 제정했다. 급제자가 고향에 돌아오는 날에 본향인리(本鄕人吏)의 환영을 받으면서 유가(遊街)하고, 향교를 방문하여 알성하며, 수령이 급제자와 그 부모를 공관에 초대하여 주연을 베풀어 주었다. 조좌호, 같은 책, 1996.
192) 영친연(榮親宴)의 일종으로 부모가 없는 자는 관가에서 갖추어 주는 제물을 가지고 분묘에 제사지냈다. 조좌호, 같은 책, 1996.
193) 문과 갑과 1등으로 합격한 자는 종6품을, 그 밖은 정7품에, 을과는 정8품에, 병과는 정9품에 제수했다. 『대전회통』 권1, 이전 제과.
194) 파방의 의미는 잘 알 수 없으나, 표문의 문체는 산문으로 쎠어진 한(漢)과 진대(晉代)의 고체(古體)와 당·송대 이후에 사륙변려문(四六騈儷文)으로 저술된 당체와 송체가 있었고, 우리 나라의 경우 산문으로 된 것이 없지는 않으나 사륙변려문의 형식이 주종을 이루었다. 이병혁, 「정과문(丁科文)의 형식고(形式考)(Ⅱ)－표(表)·책(策)을 중심으로」, 『부산한문학연구』 2, 1987.

울러 중국의 격식을 쫓으며, 대책은 『문선』(文選)[198]을 참고하고 있소."

"당신은 어느 경을 익혔소?"

"사서오경은 비록 정연(精研, 깊이 연구하는 것)하지 못했지만, 대략은 섭렵했소."

"경서의 이름을 하나하나 들어보시오."

"『중용』·『대학』·『논어』·『맹자』를 사서라 하고, 『주역』·『시경』·『서경』·『춘추』·『예기』를 오경이라 하오."

"'역'이란 무슨 뜻이오?"

"역은 글자 형상으로써 말하면 해(日)와 달(月)이 합쳐진 글자로, 교역(交易)[199] 또는 변역(變易)[200]의 뜻을 가지고 있소."

"역의 위수(位數, 사물의 이치)는 어떤 사물에 의존하고 있소?"

"하출도(河出圖)와 낙출서(洛出書)[201]가 나오자 성인이 그것을 본받은 것이오."

"하도와 낙서가 아니면 역을 만들지 못했다는 말이오?"

---

195) 중국 북송시대 범중엄(范仲淹)의 「악양루기」(岳陽樓記), 왕우조(王禹祖)의 「황강죽루기」(黃岡竹樓記), 구양수(歐陽脩)의 「취옹정기」(醉翁亭記), 소식(蘇軾)의 「희우정기」(喜雨亭記) 등이 명작인데 이들 작품의 영향을 받았다는 의미일 것이다.

196) 2월 초7일 주 176) 참조.

197) 2월 초7일 주 175) 참조.

198) 양 무제의 장자인 소명태자(昭明太子) 소통(蕭統)이 찬술했다. 구본(舊本) 30권으로 되어 있다. 동주(東周) 이래 양대(梁代)에 이르는 뛰어난 문학작품을 뽑아 모은 것이다. 수록작품은 작가가 130여 명, 작품은 약 800여에 달한다. 내용은 부(賦)·시(詩)·조문·제문 등 37종의 문체로 분류하였으며 진대(晉代) 작품이 많다. 『사고전서총목』(四庫全書總目) 권186, 집부(集部) 39 총집류 1, 문선주(文選註) 60권.

199) 단지 군왕의 명을 청하자 장왕(莊王)이 말하기를 군이 신하에게 명령하지 않고 교역으로 말한다. 교역이라는 것은 왕래하는 것이다. 『춘추공양전』 선왕 12.

200) 역이라는 이름은 역(易)과 불역(不易), 변역으로부터 시작되었다. 역은 한 이름으로 변역 또는 불역이라는 세 이름을 포함하고 있다. 『주역정의』(周易正義) 논역지삼명(論易之三名).

"천하만물에는 모두 그 나름대로 자연의 이치가 있소. 비록 토끼나 파는 사람이라 하더라도 주역으로 그의 앞날을 헤아릴 수 있는 것이오."

둘이 서로 쳐다보더니 나에게 이렇게 말했다.

"당신은 참으로 독서를 많이 한 선비 같소. 이 지방 사람들은 정말로 무식하기 짝이 없소."

정 대인의 이름은 잊었는데, 호는 동원자(東園子), 서재 이름은 복재(復齋)202)였다.

【2월 초8일】 항주에 머무르다.

이날은 흐렸다.

고벽이 와서 나에게 일렀다.

"지금 들은 바에 의하면, 당신들의 일은 사람을 시켜 밤낮으로 달려 북경에 상주한 다음, 곧바로 회보를 기다렸다가 비로소 풀어줄 것이오. 이곳에서 북경까지는 뱃길로 5천여 리나 되니, 당신은 이곳에서 여러 날을 머무르게 될 것이오."

"내가 이곳에 도착하고 나서 언어가 달라 실로 보지도 말하지도 못하는 사람과 다름없었소. 지금과 같이 보고 들은 것을 앞으로도 즉시 설명해주어 멀리서 온 사람들을 보살펴주기 바라오."

"국법은 아주 엄하고, 율조(律條)도 매우 중하여, 외국인에게 기밀을 누설하면 신례(新例)에 의하여 충군(充軍)될 것203)이니, 무릇 내가 말한 바는 다른 사람에게 알리지 말고 혼자만 알고 있기 바라오."

그러고는 사람 수를 점검하고 갔다.

---

201) 역은 인위적으로 만들어진 것이 아니다. 하늘이 만들어낸 시귀(蓍龜)에 따라 천지의 변화를 배우고 하늘이 가리키는 길흉을 찾아내며 하도와 낙서에 따라서 성인이 이를 체계화한 것이다. 전설에 따르면 하도는 포희(包犧) 시대에 황하에 나타난 용마(龍馬)의 문신이고, 낙서는 우임금이 치수하던 때 낙수(洛水)에서 나온 신구(神龜)의 문신으로 어느 것이나 역의 기본으로 생각되어왔다. 『주역』 계사(繫辭) 상편 제11장.

202) 2월 초7일 주 168) 참조.

관인 두 사람이 와서 말했다.

"도사와 총병관, 그리고 태감이 총병관의 처소에서 점검한 그대들의 활 한 장, 칼 한 파 등을 살펴보고자 하오."

그러고는 거두어 갔다.

얼마 있자니 또 한 사람이 와서 물었다.

"경태 연간(景泰, 1450~56)[204]에 우리 나라 급사중(給事中)[205] 장녕(張寧)[206]이 명을 받들어 당신 나라에 사신으로 가서, 금정시(金亭詩)[207]『황화집』(皇華集)[208]을 지었다고 하는데, 당신도 알고 있소?"

나는 대답했다.

---

203) 재외 군·민 등이 조공해오는 외국인과 사사로이 왕래하거나 물품을 요구하거나 돌보아주다 사람을 해치거나 사정을 누설하는 경우에 변위(邊衛)에 충군시켰다. 『대명률』 문형조례(問刑條例) 이율(吏律) 2 누설군정대사조부(漏泄軍情大事條附).

204) 장녕이 조선에 온 것은 명 경종 경태 연간이 아니라 세조 6년(명 영종 천순 4년, 1460)이었다. 『성종실록』 권208, 18년 10월 임신.

205) 이·호·예·병·형·공 육과(六科) 도급사중(都給事中, 정7품) 1명, 좌·우급사중(종7품) 각 1명, 급사중(종7품) 이과 4명, 호과 8명, 예과 6명, 병과 10명, 형과 8명, 공과 4명으로 후에 증가되고 줄어드는 것이 일정치 않았다. 『명사』 권74, 직관지. 급사중은 어사와 함께 관직은 낮았지만 황제 이목(耳目)의 관으로 언로와 봉박의 기능을 담당했다. 조영록, 『중국근세정치사연구』, 지식산업사, 1987.

206) 자는 정지(靖之), 해염(海鹽) 출신이다. 명 경종 경태 5년(1454)의 진사로 예과 급사중에 제수되었다. 명 영종 천순(1457~63) 중에는 조선과 모린위(毛憐衛)가 서로 살해하는 사건이 벌어지자 황제의 명을 받고 이를 해결하기도 했다. 『명사』 권180, 장녕열전.

207) 금정시는 『황화집』(청운문화사, 1992)에 실려있지 않아 내용을 알 수 없다.

208) 장녕이 지은 『황화집』의 서문은 최항(崔恒, 1409~74)의 문집에 전한다. 최항, 『태허정문집』(太虛亭文集, 한국문집총간 9집) 권1, 서류(序類) 장녕황화집서(張寧皇華集序). 장녕이 시를 지은 일에 대해서 실록에는 다음과 같이 쓰고 있다. 장녕이 박원형에게 말하기를 '지난해 진감(陳鑑)과 고윤(高閏)의 『황화집』이 있었는데, 우리와 같은 시문은 시문집이 있을 수가 없습니다' 했다. 박원형이 말하기를 '대인의 말은 진실로 겸손의 말씀입니다. 제가 대인이 지은 글을 모두 전하께 아뢰었습니다' 했다. 장녕이 말하기를 '전하의 명이 계시다면 반드시 진감과 고윤의 시문집에 계속하여 덧붙일 것이 아니라 따로 기록하는 것이 좋을

"장(張) 급사중이 우리 나라에 도착하여 『황화집』을 지었는데, 그중 「한강루에 오르다」(漢江樓)[209]라는 시는 다음과 같은 구절로서 그 평판이 아주 자자하오."

것입니다' 라 했다. 『세조실록』 권19, 6년 3월 을미. 『황화집』은 조선시대 명나라의 사신과 조선의 원접사(遠接使)가 서로 주고받은 시를 모은 책으로 50권이다. 명나라 사신이 처음으로 조선에 온 세종 32년(1450)부터 인조 11년(1633)까지 180여 년 동안 24차례에 걸쳐 양측이 주고 받은 시를 모아 편집했다. 그 뒤 개별적으로 전해오던 것을 영조 49년(1773)에 영조의 명으로 다시 수집·정리해 간행했다. 여기에 실린 명나라의 사행은 명나라 황제의 등극이나 복위, 황태자의 탄생이나 책립을 알리는 조서를 전달하는 일과 조선왕에게 시호를 내리는 일이 위주였다. 그리고 여기에 실린 시의 작자는 명나라 사신과 이를 맞는 조선의 원접사(또는 접반사)와 그 관료들이다. 여기에는 당대를 대표하는 조선의 문사 221명의 시가 실려 있다. 임기중, 「19세기 한·중 외교화답시의 현대적 의미」, 『동악어문논집』 35, 1999. 그렇지만 『황화집』의 간행을 세조 3년(1457)에 사신으로 조선에 온 진감(陳鑑)이 만든 것을 최초로 보는 견해도 있다. 안장리, 「조선전기 황화집 및 명사신의 조선관련서적 출판에 대한 연구」, 『국어교육』 107, 한국국어교육연구회, 2002.

209) 원명은 「등한강루시」(登漢江樓詩)다. 천순 4년 3월 5일에 좌의정 신숙주, 우의정 권람(權擥), 형조판서 박원형, 도승지 윤자운(尹子雲), 좌승지 이극감(李克堪)이 시로 화답했다. 장녕은 세조 6년(1460)에 사신으로 왔을 때 한강에 이르러 누(樓)에 올라 조망하고, 재상들과 더불어 술을 들면서 서로 즐거워했다. 술이 거나하게 취하자 기녀와 악공에게 음악을 연주케 했다. 장녕이 즉시 「한강루에 오르다」라는 시 10수를 짓고, 드디어 무충(武忠)과 재상 등과 더불어 같이 배를 타고 술자리를 벌였다. 『세조실록』 권19, 6년 3월 임오. 후에 성종이 수가(隨駕) 한 문신에게 중국 사신 장녕의 시를 화답케 했다.

> 동국(東國)에 높은 누각 있는데
> 누각 앞에는 한강 물이 흐르네.
> 햇빛이 청작방을 흔드는데
> 그림자는 백구주에 떨어지네.
> 멀리 바라보니 저 하늘 끝간 데 없고
> 공중에 오르고 땅에 뜨려고 하네.
> 창안에 들어온 바람과 햇빛이 좋으니
> 평상에 내려 거듭 오래 머무르네.

임금이 말하기를 "내가 누제(樓題)를 보니, 장녕의 이 시가 제일 좋았다"고 했다. 『성종실록』 권243, 21년 8월 무신.

햇빛이 청작방(靑雀舫)을 흔드는데
그림자는 백구주(白鷗洲)에 떨어지네.
멀리 바라보니 저 하늘 끝간 데 없고
공중에 오르고 땅에 뜨려고 하네.

그러자 그는 희색이 만면했다.
또 한 사람이 말했다.
"장 급사중은 관직을 물러난 후 집에 은거하고 있는데, 집은 가흥부(嘉興府)[210] 해염현(海鹽縣)[211]에 있으며 여기서 100리쯤 떨어져 있소. 장공이 항성(항주)에 도착하여 조선 문사가 표류해왔다는 말을 듣고 조선의 사정을 물으려고 며칠 동안 기다리다가 어제 돌아갔소."
그 사람의 이름을 물으니 왕개(王玠)로 급사중의 조카라고 했다.
진량(陳梁)이라는 자가 와서 말했다.
"내가 일찍이 장녕 대인과 같이 귀국에 갔다가 돌아왔소."
나는 물었다.
"장공의 관직은 어디까지 올랐으며, 어떠한 연유로 사직하고 은거하고 있소?"
"장공의 관직은 도급사중에 올랐다가 뒤에는 도어사[212]도 역임했소. 아들이 없어 벼슬하지 않았으며, 42세[213]에 집에 돌아와 요양하고 있소."

---

210) 양주의 땅으로 춘추시대에는 장수(長水), 또는 취리(檇李)라고 했다. 처음에는 오와 월이 경계를 나누었고, 후에는 월의 경계가 되었다. 전국시대는 초에 속했다. 진대에는 회계군의 땅이었다. 삼국시대 오가 이곳에 가화현(嘉火縣)을 두었는데 후에 가흥현으로 고쳤다. 남송 영종 경원(1195~1200) 초에 주를 승격시켜 가흥부를 두었다. 원대에 가흥로를 설치한 것을 명조가 다시 가흥부로 했다. 『대명일통지』 권39, 가흥부 6.
211) 가흥부성 동남쪽 80리 되는 곳에 있다. 진대(秦代)에 오현(吳縣)을 나누어 해염현을 설치하고 회계군에 예속시켰다. 송 초에는 수주(秀州)에, 후에는 가흥부에 예속시켰다. 원대에 주로 승격시켰으나 명조는 현으로 했다. 『대명일통지』 권39, 가흥부.

【2월 초9일】 항주에 머무르다.

이날은 맑았다. 어제 와서 활과 칼을 가지고 간 관인이 다시 와서 말했다.

"당신의 활과 칼은 진수 어른께서 놓아두고 보려 하오."[214]

나는 말했다.

"그렇게 하겠소."

고벽이 다시 와서 말했다.

"해상 군관이 가지고 온 문서에 적힌 바로는 당신이 배 14척을 거느리고 바다에서 제멋대로 활동하고 있었다 했는데, 지금 순안어사(巡按御史)[215]가 말하기를 '이전에 14척이 있었다면, 어찌하여 그들을 잡아오지 않았는가' 하며 그들(군관)을 죄로 다스려야 한다고 했소. 진수와 삼사[216]의 의논이 일치되지 않았는데 왜냐하면 당신의 진술이 명확하여, 왜구가 아님을 자세히 알게 되었기 때문에 지금은 벌써 의논이 정해져서 지휘[217] 양왕(楊旺)을 차출하여 당신을 북경까지 호송하고 다시 귀국하도록 조치함으로써, 다른 의론이 없어지게 된 것이오. 3, 4일

---

212) 도어사(정3품)는 백관을 규탄하고 억울하고 잘못된 일들을 밝힌다. 각 도에 파견되어 천자의 이목으로 풍기를 바로잡는 일을 담당했다. 『명사』 권73, 직관지 2. 장녕의 열전에 의하면 도급사중(정7품)까지 승진했다. 왕횡(王竑)이 장녕을 첨도어사(僉都御史, 정4품)에 천거했으나 결국 복건 정주지부(汀州知府, 정4품)에 임명되었다. 『명사』 권180, 장녕열전; 『국조헌징록』 권91.
213) 장녕이 귀향을 청한 때는 41세였다. 공경들이 서로 천거하였으나 응하지 않고 한가롭게 30년간 지내다 죽었다. 가정『절강통지』 권47, 인물지.
214) 조선의 사행이 북경으로 들어갈 때 거쳐야 하는 요동도사의 관료나 환관, 그리고 장교들의 대부분도 조선의 활이나 종 등을 요구했다.
215) 명은 안찰사부사나 첨사를 설치하여 외대(外臺)라고 했다. 매년 단지 순안어사 1명을 파견하여 이치(吏治)를 탄핵하고 추거(推擧)하는 일을 담당했다. 가정『절강통지』 권13, 건치지.
216) 2월 초4일 주 39) 참조.
217) 위지휘사(衛指揮使司)는 경위(京衛)의 편성과 같은데, 지휘사(정3품) 1명, 지휘동지(종3품) 2명, 지휘첨사(정4품) 4명, 진무사 진무(종5품) 2명, 그 예하에 경력사, 경력(종7품)·지사(정8품)·이목(종9품)·창대사(倉大使)·부사 각 1명. 통할하는 천호소에 따라 그 수는 일정하지 않다. 『명사』 권76, 직관지 5.

이곳에 있을 것이니 당신은 마음을 놓아도 좋을 것이오."

아울러 포정사 대인 서규(徐圭)와 안찰사부사 위부(魏富)[218]가 역의 객관[219]으로 우리를 불러놓고 말했다.

"당신을 본국으로 돌아가게 할 것이니, 마음을 놓고 숙사로 돌아가 쉬시오."

나는 즉시 시를 지어 사례한 뒤 물러났다.

북경사람 이절(李節)이 와서 나의 의복이 남루하고 얼굴에 때가 많이 낀 것을 보고 말했다.

"이 지방사람들은 얼굴을 단장하는 것을 자랑으로 여기는 까닭에 당신들을 보면 모두 웃으면서 조선인은 다 그런 줄로 여길 것이오. 양지바른 곳에서 몸을 씻는 게 좋겠소."

나는 바로 종자들에게 명하여 각자 몸을 씻게 하고, 곧이어 정보 등과 함께 양지바른 곳에 둘러앉아 먼지와 때를 씻어냈다.

이절이 다시 와서 나의 피부가 다 벗겨지고, 발톱이 모두 빠진 것을 가리키며 말했다.

"근심과 재난으로 신체를 돌보지 않은 증거로군요."

나는 말했다.

"내가 바다에 있을 때 목구멍에서 피를 여러 번 토하고, 입안에 침이 마르기를 3일이 되었는데, 지금 피부가 바닷물에 젖어 변한 것을 알았

---

218) 명 헌종 성화 말에 절강안찰사부사를 역임한 인물로 만력『항주부지』에는 위복(魏福)이 아니라 위부(魏富)가 있다. 만력『항주부지』권19, 풍속. 위부는 자가 중례(仲禮)고, 용계(龍溪) 출신이다. 성화 2년(1466)의 진사로 어사에 제수되었다. 순안광동(巡按廣東)을 역임한 후 절강부사에 임명되었으며, 형부시랑까지 올랐다. 무종 정덕 8년(1513)에 죽었다.『국조헌징록』권46 형부3 형부우시랑위부전(刑部右侍郎魏富傳).

219) 역참(驛站)은 명령전달과 사객(使客)을 접대하는 임무를 맡았는데, 대문·방표(坊表)·정(亭)·정청(正廳)·후청(後廳)·퇴당(退堂)·중문·천당(穿堂)·침방(寢房)·고방(庫房)·주방·마방(馬房)·고루·마신묘(馬神廟)·역승(驛丞)의 저택·역승의 관청·이사(吏舍)·역옥(驛獄)·창방(倉房)·초방(草房) 등으로 구성되었다. 소병동,『명대역체제도』(明代驛遞制度).

고, 발은 맨발로 험한 땅을 걸어다녀서 상한 것이오. 일찍이 듣기를 '신체는 감히 훼손하지 않는 것이 효의 시작이다'[220]라고 했소. 나의 몸과 피부의 상처가 이와 같으니 진실로 불효자요."

"상한 것이 아니오. 당신이 다치고자 한 것이 아니라, 하늘이 실로 당신을 다치게 했으니 비록 상처가 났다 하더라도 어찌 다쳤다고 하겠소? 상심할 필요 없습니다."

이절의 친구가 『소학』[221] 한 권을 소매에 넣어가지고 와서, 이절에게 부탁해 나에게 선물로 주고 시를 얻고자 했다.

나는 말했다.

"공이 없으면서 남이 주는 것을 받는다면 이것은 염치를 손상하게 하는 것[222]이니 감히 사양하오."

이절이 말했다.

"그 사람이 시 한 수를 얻으려고 하는 것은 그것을 기념하고자 했던 것이오."

"시를 짓는 것도 시원치 않고, 글씨도 잘 쓰지 못하는데, 좋지 않은 것으로 남의 좋은 것과 바꾸는 것은 내가 원하는 바가 아니오."

그 사람이 다시 소매에 책을 넣고 돌아갔다.

이절이 나에게 말했다.

"사귀는 것을 도로써 하고, 사람을 접하는 데 예로써 하면 공자 또한 이를 받는데, 어찌 물리치심이 그리도 심하시오?"

---

220) 『효경』(孝經) 개종명의장(開宗明義章).
221) 『소학』은 유교사회의 도덕규범 중 기본적이고 필수적인 내용을 가려 뽑은 서물로 8세 안팎의 아동들에게 유학을 가르치기 위하여 만든 수신서다. 송나라 주자(朱子)가 엮은 것이라고 씌어 있으나 실은 그의 제자 유자징(劉子澄)이 주자의 지시에 따라 편찬한 것이다. 남송 순희 14년(1187)에 완성되었으며, 내편 4권, 외편 2권 모두 6권으로 되어 있다. 내용은 일상생활의 예의범절, 수양을 위한 격언, 충신과 효자의 사적 등을 모아놓았다. 우리 나라에도 일찍이 들어와 사대부의 자제들은 8세가 되면 유학의 초보로 이를 배웠다.
222) 상렴(傷廉). 맹자가 말했다. 취할 수도 있고 취하지 않을 수도 있는 경우에 이를 취한다면 그것은 염결(廉潔)을 상하는 것이다. 『맹자』 이루 하편.

"그 사람은 책을 기꺼이 주는 것이 아니라, 시를 얻는 것에 뜻이 있는 것이오. 사람을 사귀는 데 도로써 하지 않고, 사람을 접대하는 데 예로써 하지 않았으니 내가 만약 한 번 받는다면, 시를 팔아서 값을 취하게 되는 것이므로 이를 물리쳤소."

이절은 "과연 그렇겠소" 하고 물러갔다.

저녁에 이절은 그의 벗 김태 등 세 사람과 함께 와서 우리에게 음식을 대접했다.

【2월 초10일】항주에 머무르다.

이날은 맑았다. 고벽이 와서 말했다.

"당신은 북경으로 가는 길을 알아야 할 것이오. 우리 나라 소주(蘇州),[223] 항주와 복건,[224] 그리고 광동(廣東)[225] 등지에서는 바다를 다니

---

223) 「우공」의 양주 땅이다. 주(周) 태백(泰伯) 중옹(仲雍)이 처음으로 이곳에 거주했다. 무왕(武王)이 중옹의 증손을 이곳에 봉하고 오국(吳國)으로 했다. 합려(闔閭) 이후 모두 이곳을 도읍지로 삼았다. 전국시대에는 월에, 후에 초에 속했다. 진대(秦代)에 회계군 치소를 오에 두었다. 수 문제 개황(581~600) 중에 오주(吳州)를 소주라고 고쳤다. 고소산(姑蘇山)이 있어 이러한 이름이 붙었다. 원 순제 지원(1335~40) 중에 평강로(平江路)로 고치고 절강행성(浙江行省)에 예속시켰다. 주원장이 황제에 등극하기 전인 오(吳) 원년(1364)에 소주부로 고치고 남직례(南直隸, 남경)에 예속시켰다.『대명일통지』권8, 소주부.
224) 복건은 옛 민(閩)과 월(越)의 땅이다. 한대에는 양주부 자사가 관할했다. 동한시대에는 이곳에 회계남부도위(會稽南部都尉)를 두었다. 당 초에는 강남도(江南道)에 속했고, 다시 강남동도처치사(江南東道處置使)에 예속시켰다. 당 대종 대력(766~779) 중에 처음으로 복건관찰사의 치소를 복주(福州)에 두었다. 원대에 복건등처행중서성을 천주에 두었으나 곧 복주로 옮기고 복건도선위사사(福建道宣慰使司)를 설치했다. 명조는 복건등처승선포정사사(福建等處承宣布政使司)를 설치하여 8개의 부를 관할케 했다.『대명일통지』권74, 복건포정사.
225) 옛 백월(百越)의 땅이다. 한대에 교주부(交州部) 자사를 두었는데 남해군(南海郡) 등을 잘 조사하여 임용하였으며 치소는 일정하지 않았다. 당 태종 정관(627~649) 중에 영남도(嶺南道)를 설치했다. 송대에 광남동로경략안무사(廣南東路經略安撫司)를 설치하여 광주(廣州)의 수신(守臣)이 겸하여 관할하도록 했다. 원대에 광동도선위사(廣東道宣慰司)와 숙정렴방사(肅政廉訪司)를 광주에 설치했다. 명조는 광동등처승선포정사사(廣東等處承宣布政使司)를 설치하여 광

회회국 사람. 회회국은 지금 중앙 아시아의 투르키스탄 일대를 가리킨다(『삼재도회』).

며 장사하는 사선(私船)[226]이 점성국(占城國),[227] 회회국(回回國)[228] 등지에서 홍목(紅木)[229]과 후추[胡椒],[230] 그리고 번향(番香)[231]을 수매하느라 배가 끊이지 않지만[232] 열이 가면 다섯만 돌아오게 되니, 그 길이 이렇듯 매우 험난하오. 그러나 북경으로 가는 하로(河路)[233]는 아주 좋소.

이런 까닭으로 유구(琉球)[234] · 일본[235] · 섬라(暹羅, 타이)[236] · 만랄

주 등 10부를 통할케 했다.『대명일통지』권79, 광동포정사.
226) 명조는 한 조각의 나무도 허가 없이는 바다로 나갈 수 없다는 해금정책을 실시하였던 관계로 대외무역을 조공선 이외는 불허했다. 이러한 상황 때문에 선박 제조능력은 쇠퇴하였다고 한다. 그렇지만 민간에서는 사사로이 선박을 이용한 여러 외국과 무역을 하였는데, 이 배들을 사선이라고 한다. 辛元歐,『中國近代船舶工業史』, 上海古籍出版社, 1999.
227) 윤1월 초8일 주 78) 참조.
228) 중앙 아시아의 투르키스탄 일대를 가리킨다.
229) 소목(蘇木)은 단목(丹木) · 목홍(木紅) · 다목(多木) · 소방(蘇芳, 蘇枋) · 소방목(蘇方木) · 적목(赤木) · 홍목(紅木) 등으로 지역과 시대에 따라 그 명칭이 달랐다. 소목은 생산지가 소방국(蘇方國)이므로 소목으로 생략하여 부른다. 이시진(李時珍),『본초강목』(本草綱目) 권35, 목부(木部) 소방목(人民衛生出版社, 1978). 동남 아시아의 수출품 중에 임산물로 향목(香木), 특히 백단(白檀)이나 흑단(黒檀, 티크)이 있다. 또 염료로 사용되는 소목(蘇木)도 있다. 大木昌,「東南アジアと交易の時代」,『世界歴史』15, 岩波書店, 1999.
230) 윤1월 16일 주 116) 참조.
231) 향목 중에 침목(沈香)은 천축(天竺) 여러 나라에서 생산한다. 밀향(蜜香)은 이를 잘라서 5, 6년 두면 그 향을 얻을 수 있다. 남해 여러 산에서 생산된다. 정향(丁香)은 곤륜과 교주(交州) · 애주(愛州) 등지에서 생산된다. 단향(檀香)의 종류는 황 · 백 · 자의 여러 종류가 있으며, 지금 사람들이 많이 사용한다. 광동 · 운남 · 점성 · 자바 · 섬라 · 삼불제(三佛齊) · 회회국 등지에서 산출된다.『본초강목』권34, 목부. 동남아시아의 수출품 중에 하나가 침향(沈香) · 안식향(安息香) 등이 있다. 같은 책.
232) 5세기 초부터 17세기 말에 걸쳐 동남아시아 지역은 일찍이 없었던 교역 활황을 경험했다. 이 3세기에 걸친 기간을 오스트레일리아의 역사가 앤소니(Reid Anthony)는 '교역의 시대'라고 불렀다. 같은 책.
233) 명 성조 영락 13년(1415) 해운과 육운으로 조운미를 운반하던 제도를 폐지하고 오로지 남북을 관통하는 하나의 수도(水道), 즉 대운하에 의해 조운미가 강남으로부터 북경과 통주(通州)로 운반되었다. 星斌夫,『明代漕運の研究』, 日本學術振興委員會, 1963. 이 조운로를 하로라고 한다.

가237) 등에서 공물을 진상할 때, 모두 복건포정사에서 배를 정박238)한 뒤 이 항주부에 이르게 되고 가흥을 지나 소주239)에 도착하오. 천하의 견직물인 사(紗)240)와 라(羅),241) 여러 가지 보화242)는 모두 소주로부터 나오지요. 소주를 떠나 상주(常州)243)를 지나면 진강부(鎭江府)244)에 이르러 양자강을 지나게 되는데, 강은 항주부로부터 천여 리나 떨어져 있소. 양자강은 물결이 매우 세차고 험악하여 풍랑이 없어야 비로소

---

234) 윤1월 초8일 주 80) 참조.
235) 윤1월 초8일 주 83) 참조.
236) 윤1월 초8일 주 77) 참조.
237) 윤1월 초8일 주 79) 참조.
238) 유구의 조공로는 복건 민현(閩縣)이며 2년 1공으로 인원은 150명을 초과하지 않도록 했다. 일본의 조공로는 절강 영파부를 경유하며 10년 1공으로 인원은 200명을 초과하지 않도록 했다. 섬라는 3년 1공이며 조공로는 광동이다. 만랄가의 조공로는 광동이다. 만력『대명회전』권105, 예부 63 조공 1; 권106, 예부 64 조공 2. 섬라와 만랄가는 광동에 들어온 뒤 복건을 경유할 가능성은 있지만 일본은 복건포정사를 경유하지 않았다.
239) 2월 초10일 주 223) 참조.
240) 군성(郡城, 소주부)에서 생산한다. 은조(銀條)라고 하는데, 즉 한대의 이른바 방공(方空)이라는 것이다. 화문은 협직(夾織)이라고도 하는데 금실로 채색하고 장식한 것이 있다. 제품 중 가볍고 밀도가 있는 것을 추사(芻紗)라고 한다. 정덕『고소지』(姑蘇志) 권14, 호구.
241) 소주부에서 생산하는데, 화문(花紋)이 가장 귀하다. 정결하고 하얀 제품이 그 다음이고 그 밖에 도라(刀羅)나 하서라(河西羅)가 있다. 정덕『고소지』권14, 호구.
242) 소주부에서 산출되는 보화로 사방에서 떠받치는 견(絹)이나 대단히 정교한 저사(紵絲)·태호석(太湖石)·붓 등 다양하다. 정덕『고소지』권14, 호구.
243) 「우공」의 양주 땅이다. 주(周) 초에는 오에, 후에는 월에, 그 다음에는 초에 속했다. 진대(秦代)에는 회계군의 땅이었다. 수 문제 개황 중에 군(郡)을 폐하고 상주를 설치했다. 원대는 상주로(常州路)를 승격하여 절강행성에 예속시켰다. 명 홍무 초에 상주부로 고치고 남직례에 예속시켰다.『대명일통지』권10, 상주부.
244) 「우공」의 양주 땅이다. 춘추시대에는 오에, 후에는 월에, 월이 패한 뒤에는 초에 속했다. 진대(秦代)에는 회계군의 땅이었다. 송 태조 개보(968~975) 말에 진해군(鎭海郡)을 진강군(鎭江郡)으로 고치고, 휘종 정화(1111~17) 중에 진강부로 승격시켰다. 원대는 진강로로 고치고 강절행성에 예속시켰다. 명 초는 강회부(江淮府)로 하였다가 후에 진강부로 고치고 남직례에 예속시켰다.『대명일통지』권11, 진강부.

건널 수 있을 것이오. 이 강을 지나면 바로 경하(京河)에 다다르게 되는데, 운하로 거의 40일 정도 걸린다오. 지금이 봄인 것이 다행이지 만약 여름이었다면 찌는 듯한 더위와 숨막힐 것 같은 열기로 병이 생길 것이니 어찌 갈 수 있겠소. 또 산동(山東)²⁴⁵⁾과 산서(山西),²⁴⁶⁾ 그리고 섬서(陝西)²⁴⁷⁾의 세 포정사에서는 해마다 가뭄으로²⁴⁸⁾ 황폐화되어 인육을 먹고, 백성은 거처할 곳을 잃었소. 양자강을 지나 천여 리를 가면 산동지방에 도달하게 되니, 당신들 스스로 신중히 의논해서 이를 처리해야 좋을 것이오."

그러고는 죽순(竹笋〔筍〕)²⁴⁹⁾을 선물로 주면서 말했다.

"이것은 채식²⁵⁰⁾이니 바로 먹어도 좋소. 당신 나라에도 죽순이 있지요?"

---

245) 『우공』의 청주(青州)·연주(兗州) 땅이다. 한대에는 청주부자사(青州部刺史)·연주부자사(兗州部刺史)를 두었다. 원대에 산동을 직례성부(直隸省部)로 하고 산동동서도선위사(山東東西道宣慰司)의 치소를 익도(益都)에 두었다. 또한 산동동서도숙정염방사(山東東西道肅政廉訪司)의 치소를 제남(濟南)에 두었다. 명조는 산동등처승선포정사(山東等處承宣布政司)를 두고 제남·연주·동창·청주·등주·내주 6부를 관할케 했다. 『대명일통지』 권22, 산동포정사.

246) 『우공』의 기주(冀州) 땅이다. 원대는 하동산서도선위사사(河東山西道宣慰使司)를 대동(大同)에, 하동산서도숙정염방사(河東山西道肅政廉訪司)를 기녕(冀寧)에 두었다. 명조는 산서등처승선포정사를 두었다. 『대명일통지』 권19, 산서포정사.

247) 『우공』의 옹주(雍州)와 양주(梁州) 2주 땅이다. 한대에 이곳에 도읍하고 사례교위(司隸校尉)를 두었다. 송 초에 섬서로를 두었다. 원대에 섬서등처행중서성(陝西等處行中書省)을 안서(安西)에 두었다. 명조는 섬서등처승선포정사(陝西等處承宣布政司)를 두었다. 『대명일통지』 권22, 산동포정사.

248) 최부가 항주에 도착하여 고벽과 가뭄에 대하여 이야기하고 있는데 4, 5년 전인 성화 20년(1484), 21년에는 산동·산서와 섬서에서 계속하여 기근이 발생했다. 『명 헌종실록』 권256, 성화 20년 9월 무자; 권264 21년 4월 기미 및 정축; 권265 21년 윤4월 무술.

249) 대나무 싹(萌)이다. 대나무 어린 잎(芽)과 줄기다. 대나무 태(胎)다. 이시진(李時珍)이 말했다. "순은 대나무로부터 나온다."『본초강목』권 27, 채부(菜部) 죽순. 항주부에서는 담죽(淡竹)·수죽(水竹)·남천죽(南天竹)·왕망죽(王莽竹) 등 다양한 대나무가 산출되고 있어 죽순을 식용으로 이용하고 있었다. 가정『절강통지』권70, 물산.

250) 소식(素食)은 육식을 하지 않고 채식을 하는 것을 말한다.

"우리 나라의 남쪽 지방에 죽순이 있는데, 5월이 되어야 비로소 자라 나오."

"이 땅에서는 겨울과 봄이 바뀔 때 싹이 트고, 정월에 크게 성장하며, 큰 것은 십여 근이나 되오. 당신 나라와 이 땅의 풍토는 차이가 있군요."

【2월 11일】항주에 머무르다.

이날은 흐렸다. 양수록(楊秀祿)과 고벽이 함께 왔다. 고벽이 말했다.

"항주 서산(西山) 팔반령(八般嶺)[251]에 오래된 절이 있는데, 이름은 고려사(高麗寺)[252]요. 절 앞에는 옛 사적을 기록한 비석 두 개가 있으며, 이곳에서 15리쯤 떨어져 있소. 조광윤(趙匡胤)[253]의 송나라 때 고려 사신이 조공을 바치러 와서 (절을) 세웠다고 하오.[254] 당신 나라 사람이 남의 나라에 와서 절을 세웠다고 하니, 불교를 숭상하는 뜻을 알 만하오."

---

251) 인화현(仁和縣)에 팔반령(八般嶺)이 아니라 팔반령(八蟠〔盤〕嶺)이 있다. 가정 『절강통지』권2, 지리지.
252) 혜인사(惠因寺)라고도 한다. 항주부성 서쪽 12리 되는 곳에 있다. 옥잠산(玉岑山)과 서로 마주보고 있다. 원지(元志)에 고려 목기전(木起殿)에서 유래했고, 그 안에 송 어서비(御書碑)가 보존되어 있다고 한다. 후당 명종 천성 2년(927)에 세웠다. 『대명일통지』권38, 절강포정사.
253) 탁군(涿郡) 출신으로 모친은 두씨(杜氏)다. 후주 세종(954~959)이 죽고 공제(恭帝)가 즉위하자 귀덕군절도사(歸德軍節度使)가 되어 거란의 침입을 막으려 출동하다 개봉에서 가까운 진교역(陳橋驛)에서 변을 일으켜 황제 위에 오른다. 『송사』권1~3, 태조본기.
254) 후당 명종 천성 2년(927) 오월(吳越)의 전류(錢鏐), 즉 충무숙왕(忠武肅王)이 항주 서호(西湖)에 혜인선원(惠因禪院)을 건설했다. 송 신종 원풍 8년(1085) 고려국 왕자 승통(僧統) 의천이 입공할 때 정원(淨源) 법사의 학현수교(學賢首敎)를 청했다. 철종 원우 2년(1087)에 금서(金書)의 한역화엄경(漢譯華嚴經) 300부를 가지고 절에 들어갔고, 화엄대각(華嚴大閣)을 지어 탑에 두고 숭배했다. 이를 고려사라고 칭했다. 『서호유람지』권4, 남산승람; 飽志成, 『高麗寺與高麗王子』, 杭州大學出版社, 1998.

조광윤. 중국 송조의 창시자이며 초대 황제이다(『삼재도회』).

"이것은 고려인이 세운 것이오. 지금 우리 조선에서는 이단을 물리치고, 유교를 존숭하여, 사람들이 모두 집에 들어가서는 효도하고, 밖에 나가서는 공경하며, 임금께 충성하고, 벗을 믿는 것[255]을 본분으로 삼고 있소. 만약 머리를 자른 사람이 있다면 모두 충군시킨다오."

"무릇 사람이 불교를 섬기지 않으면 반드시 귀신에게 제사를 지내게 되는데, 그렇다면 당신 나라에서는 귀신을 섬기는 게 아니오?"

"우리 나라 사람들은 모두 사당을 만들어서 조상에게 제사를 올리니, 마땅히 섬겨야 할 귀신을 섬김이요, 음사(淫祀)에 제사 지내는 것을 숭상하지 않소."

잠시 후 양수록이 이별을 고하고 나갔다.

고벽이 공문 한 장을 보여주었다. 항주부에서 앞으로 지나갈 부·현·역에 알려 우리를 호송하게 하는 문서였다. 거기에는 다음과 같이 적혀 있었다.

항주부의 해양 정세에 관한 일[256]
절강등처승선포정사사(浙江等處承宣布政使司)의 차부(箚付)[257]

---

255) 여기에 한 사람이 있어서 집에 들어가면 어버이를 효성 있게 섬기고, 밖에 나가면 어른들을 공경하며 선왕의 도를 지켜서 뒤에 배울 자를 기다린다. 『맹자』 등문공장구 하편.

256) 이 기록이 『성종실록』 권215, 19년 4월 무신에 보인다. 하책봉사(賀冊封使) 안처량(安處良)이 돌아오다가 요동에 이르렀는데, 먼저 통사를 보내어 치계(馳啓)했다. "신(臣)이 북경에 있으면서 지난 3월 16일에 상마연(上馬宴)을 한 뒤 20일에 통사 탁현손(卓賢孫)으로 하여금 예부에 사연을 적은 단자(單子)를 정납(呈納)하게 하였는데, 주객사 원외랑(主客司 員外郞)이 탁현손에게 말했다. '그대 나라 사람 최부 등이 표류하다가 절강 지방에 도착하였는데, 절강 총병관(浙江摠兵官) 등의 주본(奏本)을 본부에 내렸다. 최부가 틀림없이 그대의 나라 사람인가?' 하므로, 탁현손이 주본을 청하여 보니, 곧 제주 경차관 최부가 같은 배에 탄 43명과 더불어 표류해서 절강에 도착하여 머문 일이었다. 원외랑이 말했다. '최부의 호송 절차는, 최부가 북경에 도착되기를 기다렸다가 마땅히 주달(奏達)하고서 의논해 시행해야 할 것이니, 그대들은 먼저 가는 것이 좋겠다' 했다. 탁현손이 주본을 등사(謄寫)하기를 청해서 가지고 왔기에 지금 동봉해서 아룁니다."

를 받드니, 이 문서는 흠차진수절강사설감태감(欽差鎭守浙江司設監太監) 장경(張慶)과 순안절강감찰어사(巡按浙江監察御史) 창형(暢亨)258)이 모여서 앞의 일을 조사한 안건을 뽑아 적었는데, 그 문서에 총독절강비왜서도지휘첨사(總督浙江備倭署都指揮僉事) 황종(黃宗)과 순시해도절강안찰사부사(巡視海道浙江按察司副使) 오문원(吳文元)의 보고문[呈文],259) 그리고 정해,260) 창국위(昌國衛)261) 등과 태주부 등의 아문이 각기 보고한 문서에 의거한 것이다.

문서에 의하면, '홍치 원년(1488) 윤정월 17일, 높은 곳에 올라가 해문위262) 도저천호소(桃渚千戶所)263)의 우두외양을 바라보니 배가 사자채264) 등으로 침입하는 것을 발견했다'라는 내용이 있다. 해양의 배에 관한 것은 중대한 일에 관련되므로 즉시 총독, 순해, 분수(分

---

257) 상관이 위원을 파견하여 일을 처리할 때 모두 차문(箚文)을 준다. 이 문서를 차부라고 한다. 『육부성어』(六部成語) 이부. 상관이 하급관리에게 주는 문서다. 부(符)는 고대에 중대한 사명을 집행할 때 사용하는 일종의 증빙문서다. 공문서 종류에 하가 상에 고하는 문서를 주소(奏疏), 대등한 관계에 보내는 문서를 자문(咨文), 대등한 관계라 할지라도 예속관계가 없을 때 사용하는 문서를 자정(咨呈), 상이 하에 행하는 문서를 차문(箚文) 또는 비답(批答)이라고 한다. 倪道善, 『明淸檔案槪論』, 四川大學出版社, 1990.
258) 자는 문통(文通), 하진(河津) 출신이다. 명 헌종 성화 14년(1478)의 진사로 장원(長垣) 지현에서 어사로 발탁되어 순안절강(巡按浙江)이 되었다. 효종 홍치 원년(1488) 2월에는 진수중관 장경(鎭守中官 張慶)을 법으로 다스리도록 하였으나 도리어 장경으로부터 인사평가가 공평하지 않았다는 점을 비난받아 3개월의 급여를 정지당했다. 『명사』 권180, 창형열전.
259) 하급관청에서 상급관청에 보내는 문서다. 평자(平咨)는 육부・포정사・도사가 서로 문서를 보낼 때 사용하는 양식이다. 倪道善, 앞의 책, 1990.
260) 명 태조 홍무 20년(1387) 2월에 설립하였고(『명 태조실록』 권180, 갑진), 전선 40척을 배치했다. 만력『항주부지』 권57, 경무지(經武志).
261) 명 태조 홍무17년(1384) 9월 상산현성(象山縣城)에 설립했고(『명 태조실록』권165, 정미), 전선 29척을 배치했다. 만력『항주부지』 권57, 경무지.
262) 명 태조 홍무 20년(1387)에 설치했다. 『명 태조실록』 권180, 홍무 20년 2월 갑진조.
263) 명 태조 홍무 20년 2월에(『명 태조실록』 권180, 갑진), 도저천호소는 홍무 30년(1397)에 설치되어 해문위에 예속되었다. 『대명일통지』 권47, 태주부. 약간의 전선을 배치했다. 만력『항주부지』 권57, 경무지.

守), 분순관(分巡官) 등에게 문서를 보내 파총관과 소속 연해의 군위와 순사, 그리고 출해 등의 관을 독려하여 군선을 통솔시켜 초계하여 조사시키고, 굳건히 수비태세를 갖추도록 했다.

계속해서 도저천호소의 보고를 받은 서도지휘첨사 황종 등의 보고문에 의하면, '도저천호소의 천호와 백호 유춘(柳春) 등이 기군(旗軍)을 거느리고 임해현[265]의 20도[266]에 먼저 가서, 해당지역의 화갑(火甲)[267]과 함께 사람과 배를 체포했다.

그들을 압송하여 도저천호소에 이르러 심문하니 언어가 알아듣기 어려워 성명과 내력 등의 연유를 옮겨 적었다는 서찰을 보고해 순안절강감찰어사 창형과 회동하여 의논했는데, 조사한 기록은 외국인 최부를 심문하니 비록 공술서에 의거한 것이지만, '최부는 조선사람으로 제주 등에 갔다가 폭풍에 떠밀려 천자대국의 경계에 이르게 된 사정'을 알게 되었다. 다만 외국인은 속임이 많아 진위를 헤아리기가 어려운데 하물며 정박시킨 배 안에 일찍이 어떤 무기류 또는 다른 행장 등의 물건이 있었는지 보고하지 않았기에 모두 마땅히 자세히 조사해야 할 것이다.

또한 이미 총독비왜서도지휘첨사 황종, 순시해도부사 오문원, 분수우참의(分守右參議) 진담(陳潭), 분순부사(分巡副使) 양준(楊峻)[268]의 보고문에 의거하니, 파총송문등위소 비왜지휘동지(把摠松門等衛

---

264) 천태현(天台縣) 동쪽 40리 되는 곳에 반산(盤山)과 연결되는데, 북쪽 입구에 마치 입을 딱 벌린 모양이 사자와 같은 사자암이 있다. 『대명일통지』 권47, 태주부. 이 부근에 채(寨)를 설치한 것 같다.
265) 윤1월 16일 주 115) 참조.
266) 송・원・명시대 화중과 화남의 향촌조직 중 향(鄕)−도(都)−리(里)・보(保)・촌(村)의 한 단위로 지역에 따라서는 도(圖) 또는 촌(村)으로 구성했다. 栗林宣夫, 『里甲制の硏究』, 文理書院, 1971.
267) 명대의 향촌방어체제 중에서 보갑(保甲)과 비슷한 제도다. 명 선종 선덕 연간에 출현했다. 화갑은 유민이 발생한 변방 지역에서 먼저 실시했다. 헌종 성화 6년(1470)에는 적이 지나는 곳에 40리마다 한 개의 성보를 설치하고 거주민을 모집하여 화갑을 편성했다. 陳寶良, 『明代鄕村防禦體制』, 齊魯學刊, 1993.

所 備倭指揮同知)²⁶⁹⁾ 유택(劉澤)이 외국인 43명을 송치하고, 회동하여 심문하여 한 사람씩 이름을 기록했다고 운운했다. 재삼 회동하여 심문했는데 다름이 없었다.

인신과 마패, 방록(榜錄), 문적(文籍, 책), 관모, 의포(衣包) 등의 물건을 하나하나 점검하니 명백하여 최부 등에게 물품을 돌려주어 수령케 했다. 더불어 포획한 외국선(최부의 배를 일컬음)은 끌어내어 오(塢, 마을)²⁷⁰⁾ 위의 둑 밖에 두고, 연유를 적어 관련인과 칼 한 자루, 활 한 장을 딸려 보내 관아에 보내게 했다.

절강 도사와 포정사, 그리고 안찰사의 삼사와 장인도지휘첨사(掌印都指揮僉事)²⁷¹⁾ 최윤(崔胤), 좌포정사(左布政使) 서규(徐圭), 부사 위부(魏富)가 회동하여 재차 조사하니 의견이 서로 같았다.

그러나 폭풍을 만나 표류한 외국인과 배에 관계된 일이므로 이치로서는 마땅히 문서를 보내어 통지함은 물론이거니와, 수령한 최부의 안을 절강포정사로 돌려보내, 이전에 회동심의한 사리대로 최부 등은 절강포정사에서 비문(批文)²⁷²⁾을 주어 지휘첨사 양왕을 선발하여 북경까지 호송케 하고, 더불어 소속 역에 행문을 보내 선발된 관원에

---

268) 자는 유고(惟高), 강서 진현(進賢) 출신이다. 명 헌종 성화 2년(1466)의 진사로 감찰어사에 발탁되어 절강순안·포정사를 역임한 뒤 광록경(光祿卿)에 발탁되었다. 『국조헌징록』 권71, 남경광록시경 양준전(南京光祿寺卿 楊峻傳).
269) 송문위는 명 태조 홍무 26년(1393) 6월에 설치되었고 해문위에 속했다. 『명 태조실록』 권228, 정미. 약간의 전선을 배치했다. 가정 『절강통지』 권57, 경무지.
270) 한대 서북변에는 흉노 등 이민족의 동향을 감시하는 오후(塢候)라고 하는 채(砦, 요새)가 존재했다. 오의 기원에 대해서 정설은 없지만 둘러싸인 토지를 의미하고, 생산과 방어를 겸한 집락(集落)을 말한다. 熊本崇, 『中國史槪說』, 白帝社, 1998. 소성(小城)이나 들에 있는 촌을 말한다. 본래 흙으로 만든 장벽인데 한대는 주로 강족(羌族)과 접하는 서북변에 설치한 소규모의 방어시설이었다. 후한 말 이후 자위를 위해 촌락은 오로 둘러쌌다. 이 오로 둘러싸인 거주공간을 말한다. 오는 화북에 집중했고, 강남을 중심으로 전국적으로는 촌락이라고 한다. 『中國史』 제2권, 三國·唐, 山川出版社, 1996.
271) 도지휘사사나 동지는 항상 1명으로 도사의 일를 통할하는데, 이를 장인(掌印)이라고 한다. 『명사』 권76, 직관지 5.

선선(仙船)과 참선(站船)(『삼재도회』).

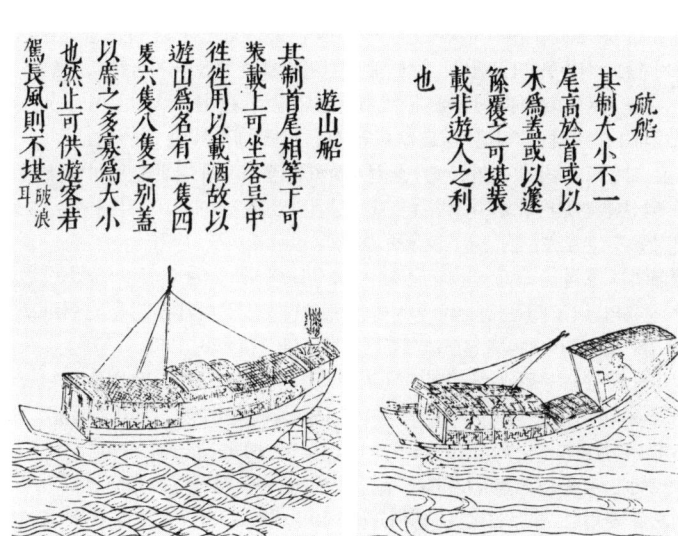

유산선(游山船)과 항선(航船)(『삼재도회』).

게 마땅히 늠급(廩給)²⁷³⁾과 참선(站船)²⁷⁴⁾을 지급한다.

아울러 호송하는 군여(軍餘)²⁷⁵⁾와 최부 등에게 구량²⁷⁶⁾과 홍선(紅船),²⁷⁷⁾ 그리고 각력(脚力)²⁷⁸⁾을 제공할 것이며, 앞으로 지나갈 곳에 행문을 보내 일체 제공케 한다. 딸려보내는 칼 한 자루와 활 한 장을 차례차례로 옮겨 관의 창고에 넣어두도록 하고, 관고(官庫)에서는 받았다는 보고를 한다. 또한 즉시 연서하고 상주하여 시행하는데 먼저 모두 초안대로 시행할 것이니 각각 보고문을 보내라.

【2월 12일】 항주에 머무르다.

이날은 맑다. 나는 정보 등에게 말했다.

"고벽은 성심으로 우리를 대접했다. 무릇 보고 들은 바를 모두 알리고

---

272) 비(批)는 신하가 제출한 문서 말미에 결재하는 것을 말하며, 문서의 일종에 비답(批答)이라는 것이 있는데 황제가 신하의 상주문에 대해 가부를 써서 답하는 문서 또는 회답의 문서를 말한다. 비문도 이러한 문서를 가리키는 듯하다.

273) 명 초에 공적인 업무나 사객(使客)에게 미(米)를 지급했다. 후에는 늠급을 지급하지 않고 식미를 지급했다. 후에 재차 관원에게는 늠급을 지급하고 관원이 아닌 자는 구량(口糧)을 지급했다. 역에서는 약간의 차이가 있지만 매일 3승(升, 명대의 1승은 약 1.7리터) 정도를 지급했다. 만력『대명회전』권39, 늠급.

274) 수로 교통의 요지에 수역(水驛)을 설치하였는데 여기에 참선을 배치했다. 참선은 역선(驛船)을 말하며 그림을 그려 장식하였고 1척에 10명의 수부(水夫)를 편성했다. 星斌夫,『明清時代交通史の硏究』, 山川出版社, 1971.

275) 명대에는 호적을 크게 민호·군호·장호(匠戶)·조호(竈戶)로 나누었는데, 이 중 군호의 1정(丁)은 정군의 의무를 담당했다. 정군 이외의 정을 군여라고 한다. 徐仁範,「明中期の北邊防衛と軍戶」,『集刊東洋學』78, 1999.

276) 명대의 구량은 동원될 때 현지에서 지급하는 수당을 말한다. 단 성을 떠나는 거리가 40리 이상일 때이며 지급액은 1일 1승이다. 奧山憲夫,「明代の北邊における軍士の月糧について」,『山根幸夫教授退休記念 明代史論叢』, 1990.

277) 수로에는 체운소(遞運所)가 있는데 거기에 배치된 배는 홍색으로 칠해져서 홍선으로 불린다. 수부는 싣는 양에 따라 10명에서 13명까지 편성했다. 星斌夫, 앞의 책, 1971.

278) 역부 외에 각력이라는 인부가 있었다. 사객의 하물 등을 운반하는 자로 역전에 항상 있는 것은 아니고 때에 따라 가까운 곳의 양호(糧戶)로부터 제공하는 잡역의 일종이다. 만력『항주부지』권31, 정역(征役).

숨기지 아니하여 내가 일에 대처할 때, 어둡지 않게 했으니 은정이 매우 두텁다. 신물(信物)을 주고자 찾아보니 나의 행장에는 마땅한 것이 없고 있는 것이라곤 단지 이 옷뿐이니 나는 옷을 벗어주고자 한다."

정보 등이 말했다.

"일전에 옷 한 벌을 벗어 허천호에게 주더니 오늘 또 벗어주면 옷 한 벌만 남습니다. 멀고 먼 만리 길에 옷이 해지면 누가 기워주겠습니까?"

"옛날 사람 가운데에는 옷 한 벌로 30년을 지낸 자가 있었다.[279] 내가 타향에서 손님 노릇을 할 것은 단지 1년 동안일 것이다. 지금 계절이 점차 따뜻해지니 베옷 한 벌로도 충분히 감당할 수 있다. 뱀이나 물고기[280]도 은혜를 고맙게 여기고 보답하고자 하는데, 하물며 사람은 어떠하겠는가?"

옷을 벗어 고벽에게 주니 그는 손을 흔들어 사양했다.

나는 말했다.

"친구 사이에 선물을 주는 것은 비록 거마(車馬)일지라도 고맙다고 절하지 않는데,[281] 하물며 이것은 누추한 옷에 불과하오. 옛날 한퇴지

---

279) 백결 선생을 말하는 듯하다. 생몰 연대는 알 수 없고 신라시대의 음악가로 금(琴)의 명수였다. 『삼국사기』의 기록에 의하면, 그는 이름도 성도 알 수 없으며, 가세가 빈곤하여 늘 누더기옷을 입고 다녔는데, 그 모양은 마치 메추리가 매달린 것 같았다고 한다. 그래서 사람들은 그를 백결(百結, 백 번을 기웠다는 뜻) 선생이라고 불렀다.

280) 진대 왕상(王祥)이라는 지극히 효가 깊은 인물이 있었다. 일찍이 어머니를 여의었다. 계모 주씨(朱氏)는 자애롭지 못했으며 남을 곧잘 헐뜯어 아버지로부터 사랑을 잃게 되었다. 왕상은 매번 외양간을 청소하는데도 공손하고 근면했다. 부모가 질병이 들자 옷도 벗지 않고 탕약도 몸소 달여 맛볼 정도였다. 어머니가 일찍이 살아 있는 생선을 먹고 싶어했으나 날씨가 추워 얼음이 얼었다. 왕상이 옷을 벗고 얼음을 깨고 생선을 구하려 하자 홀연히 얼음이 저절로 깨지며 두 마리 잉어가 튀어나왔다. 또 어머니가 참새 고기가 먹고 싶다고 생각하자 황작 수십 마리가 장막 안으로 날아 들어왔다. 『진서』 권33, 왕상열전.

281) '붕우지사(朋友之賜) 수거마불배(雖車馬不拜)'의 뜻은 다음 기록에서 보인다. "친구가 죽었는데 맡아서 데려갈 사람이 없었다. 공자께서 말씀하시기를 '나의 집에 빈소를 차리라' 했고, 친구가 주는 선물이 수레와 말이라도 제육(祭肉)이

(韓退之)²⁸²)는 옷을 남겨둠으로써 태전(大顚)²⁸³)과 작별했으니,²⁸⁴) 즉 이별을 할 때 옷을 남겨두는 것은 곧 옛 사람의 뜻이오."

그러자 고벽은 "본래 사양하려고 했으나 성의를 저버리는 것 같아 두렵소" 하며 받아갔다.

절강포정사는 동남으로는 바다에 이르고 남으로는 복건의 경계에 이르며 11개의 부와 주²⁸⁵)를 관할하고 76개의 현²⁸⁶)을 통솔한다. 그중에 항주가 제일로, 오대 때는 오월국(907~978)²⁸⁷)이었고, 송나라 고종(1127~62)²⁸⁸)이 남쪽으로 양자강을 건너 천도했던 땅으로 임안부

아니면 절하지 않으셨다." 『논어』 향당(鄕黨). 즉, 공자는 친구가 선물을 주면 그것이 아무리 값지고 훌륭한 것이라도 절하지 않았다는 것을 말한다.

282) 한유(韓愈)로 당송팔대가의 한 사람으로 당 창려(昌黎) 출신이다(『신당서』 권176에는 등주(鄧州) 남양 출신이라고 함). 자는 퇴지(退之), 시호는 문(文)으로 육경과 백가의 학문에 능통했다. 헌종 원화(806~820) 중에 박사와 중서사인을 역임했다. 헌종이 불골(佛骨)을 금중(禁中)에 맞아들이려 할 때 극력 간하다 조주자사(潮州刺史)에 좌천되었다 후에 국자좨주·병부시랑·이부시랑을 거쳤다. 목종 장경 4년(824)에 죽었다. 『구당서』 권160, 한유열전. 송 신종 원풍(1078~85) 중에 창려백(昌黎伯)으로 추봉(追封)되었다.

283) 당의 노승으로 성은 양씨(楊氏)다. 처음에는 나부산(羅浮山)에, 후에는 조양(潮陽)의 영산(靈山)에 거주했다. 산에 있는 것을 불러 10일 동안 머무르게 하면서 한유와 왕래했다. 당 목종 장경(821~824) 중에 부좌(趺坐, 책상다리하고 앉은 자세)로 입적했다. 한유, 「여맹상서서(與孟尙書書)」; 『대명일통지』 권80, 조주부; 『전등록』 권14, 조주 태전화상.

284) 태전(大顚)이 매우 총명하며 도리를 알았고 육체를 밖으로 내놓는 데 능했고 스스로를 견뎌내는 것을 이치로 했다. 사물에 침해되거나 어지럽혀지지 않으면서, 스스로 깨달음은 어려운 것이라고 생각했다. 한유와 서로 왕래했는데, 한유가 신에게 제사를 지내려고 해상에 이르렀다가 오두막집을 지었다. 원주(袁州)로 돌아갈 때 한유가 의복을 벗어주고 이별했다. 한유, 「여맹상서서」.

285) 11개의 부와 주는 항주·가흥·호주·엄주·금화·구주·처주·소흥·영파·태주·온주를 가리킨다. 『대명일통지』 권38, 절강포정사.

286) 명 헌종 성화 이전에는 항주부는 9개, 가흥부는 7개, 호주부는 6개, 엄주부는 6개, 금화부는 7개, 구주부는 5개, 처주부는 10개, 소흥부는 8개, 영파부는 5개, 태주부는 5개, 온주부는 5개 즉, 73(후에 75)개의 현을 통할했다. 『대명일통지』 권38~권48. 그러나 성화 5년(1469, 12월 임신) 태주부에 태평현(太平縣)이, 7년(정월 계묘) 금화부에 탕계현(湯溪縣)이, 23년(11월 갑진) 호주부에 효풍현(孝豊縣)이 신설되었다.

한유. 당송 8대가의 한 사람이다(『삼재도회』).

오자서. 춘추시대 오나라의 대부다(『삼재도회』).

다.289) 부치와 인화(仁和),290) 그리고 전당291) 등의 두 현치 및 진수부 · 도사 · 포정사 · 염운사(鹽運司)292) · 안찰원293) · 염법찰원(鹽法察院)294) · 중찰원(中察院)295) · 부학296) · 인화학297) · 무림역298) 등이 모두 성 안에 있었다. 성 안에는 오산(吳山)299)이 있는데, 경치가 매우 뛰

---

287) 오월의 창시자는 전류(錢鏐)로 907년에 후량(後梁)의 태조 주전충(朱全忠)으로부터 오월국왕에 봉해졌다. 오월국은 서쪽으로는 양씨(楊氏)의 오(후에는 남당), 남쪽으로는 왕씨(王氏)의 민(閩)과 국경을 접하고 있었다. 항주에 도읍하였고 주 13, 군(軍) 1, 현 86, 호수는 약 55만, 병력은 11만 정도였다.『中國史』제3권, 五代 · 元, 山川出版社, 1997.

288) 남송을 창업한 황제로 휘종의 제9자인 강왕(康王) 조구(趙構)다. 자는 덕기(德基), 모는 현인(顯仁) 황후 위씨(韋氏)다. 1127년 5월 남경 응천부(應天府)에서 제위에 오르고 연호를 건염(建炎)이라고 했다.『송사』권24~권32, 고종본기.

289) 1126년 말 송의 수도 개봉이 금나라에 함락당하고, 다음해에 황제 휘종과 흠종을 포함한 종실 500명, 중신 등 2,500여 명을 포로로 하는 정강(靖康)의 변을 당하자 남쪽으로 피난하여 임안(현 항주)에 도읍하고 강왕 조구(趙構)를 남송 황제로 추대했다.『中國史』제3권, 五代 · 元, 山川出版社, 1997.

290) 부곽(附郭)이다. 본래 당대에는 전당(錢塘)과 염관(鹽官) 2현의 땅이다. 오대 양대(梁代)에 전씨(錢氏)가 처음으로 두 현의 땅을 나누어 전강현(錢江縣)을 두었다. 송 태종 태평흥국(976~983) 중에 인화(仁和)로 고쳤다. 원 · 명조 모두 이에 따랐다.『대명일통지』권38, 절강포정사.

291) 부곽(附郭)이다. 진이 전당현(錢塘縣)을 설치하고 회계군에 예속시켰다. 한대에 회계서부도당군(會稽西部都唐郡)으로 했다. 수대는 항주의 치소를 당으로 하면서, 당(唐)을 당(塘)으로 고쳤다. 송대 이후 이에 따랐다.『대명일통지』권38, 절강포정사.

292) 정식명은 양절도전염운사(兩浙都轉鹽運司)이며 용금문(湧金門) 안에 있다. 송대에는 양절전운사사(兩浙轉運使司)로 송 태종 태평흥국 2년(977)에 봉황산(鳳凰山) 쌍문 안에 설치했고, 신종 희녕(1068~77) 중에 지금의 장소로 옮겼다. 원 순제 지정 14년(1354) 도전운염사(都轉運鹽司)로 고치고 오로지 염과(鹽課)를 담당케 했다. 명조도 이에 따랐으며 운사동지(運使同知, 정4품) · 부사(정5품) · 판관(운판, 정6품) · 경력(정7품)을, 그 분사(分司)로 비험소(批驗所) · 염과사(鹽課司)를 설치했다. 가정『절강통지』권13, 건치지;『명사』권75, 직관지. 도전운염사사는 도전운사(都轉運使, 종3품) 1명, 동지(종4품) 1명, 부사(종5품) 1명, 정원이 없는 판관(종6품) 등으로 구성되었다. 도전운사는 염정(鹽政)을 담당하는데 양회(兩淮) · 양절(兩浙) · 장로(長蘆) · 하동(河東) · 산동 · 복건의 6곳에 설치했다.『명사』권75, 직관지.

293) 순안찰원(巡按察院)을 가리킨다.

294) 정식명은 순염찰원(巡鹽察院)이다. 포정사 동쪽에 있다. 옛날 태평흥국 전법사

어나며300) 산 위에는 10묘(廟)가 있으니, 오자서묘301)·삼모관(三茅觀)302)·사성묘(四聖廟)303) 등이었다. 또 9개의 우물과 3개의 못이 있었다. 오산의 대정(大井)이 위에 있고, 곽파(郭婆)·상팔안(上八眼)·

(傳法寺) 터다. 명 영종 정통 3년(1438) 어사를 파견하여 양절(兩浙)의 염과(鹽課)를 순시하게 했다. 마침내 사(寺)를 고쳐 행대(行臺)로 했다. 가정『절강통지』권13, 건치지.
295) 건륭『강남통지』에는 '회안부의 시원(試院)을 부치의 남쪽, 부학(府學)의 서쪽에 있다. 즉 중찰원의 공서다' 라는 기록이 보이나, 중찰원이 어떠한 부서인지는 설명이 없다. 권91, 학교지. 중찰원은 북찰원의 잘못이 아닌가 한다. 절강에는 2개의 찰원이 있었는데 남찰원과 북찰원이다. 남찰원에 대해서는 이미 언급하였고, 북찰원은 안찰사 오른쪽 기가교(紀家橋) 왼쪽에 있다. 가정『절강통지』권13, 건치지.
296) 부에 유학(儒學)을 설치하고 교수(종9품) 1명, 훈도 4명을 두었다. 교수는 소속의 생원을 가르치는 일을 담당했다.『명사』권75, 직관지 4. 항주부치의 북쪽에 있다. 옛적에는 봉황산(鳳凰山) 오른쪽에 있었다. 남송 고종 소흥(1131~62) 초에 지금의 위치로 옮겼다. 원 순제 지원(1335~40) 중에 군수 하사충(夏思忠)이 땅을 매입하여 넓혔다. 명 태조 홍무 8년(1375) 중건했다.『대명일통지』권38, 절강포정사.
297) 현에도 유학을 설치하고 교유(教諭) 1명, 훈도 2명을 두었다.『명사』권75, 직관지 4. 명 태조 홍무 11년(1378), 즉 원대의 서호서원(西湖書院)을 유학으로 고쳤다. 영종 천순 2년(1458) 지금의 위치로 옮겼다. 가정『절강통지』권14, 건치지.
298) 2월 초6일 주 152) 참조.
299) 항주부치 동남쪽에 있다. 늙고 사리에 분명한 고로(故老)가 말했다. 춘추시대에 오의 남쪽 경계로 월과 구분했다. 그 때문에 오라고 호칭하여 오산이 되었던 것이다. 또는 오의 자서(子胥)가 간하다가 죽음을 당하자 그 위에 사당을 세웠는데 오(伍)를 잘못하여 오(吳)라고 부르게 되었다는 것이다. 서산(胥山)이라고도 한다. 가정『절강통지』권2, 지리지.
300) 산에는 사관(寺觀)이 있고 왼쪽으로는 양자강이, 오른쪽으로는 서호를 바라다볼 수 있는 명승지다.『대명일통지』권38, 절강포정사.
301) 오자서의 본명은 오원(吳員)으로 춘추시대 초나라 출신이다. 자가 자서다. 부와 형이 초의 평왕(平王)에게 죽음을 당했다. 뒤에 오를 도와 초를 멸했으나 월의 뇌물을 받은 태재(太宰) 비(嚭)에게 헐뜯음을 당하여 죽게 된다.『사기』권66, 오자서열전. 오산에 있고, 오나라 사람들이 자서를 불쌍히 여기고 강 위에 사당을 세우고 서산(胥山)이라고 했다. 당 소종 건녕(894~898) 중에 자서를 오안왕(吳安王)으로 봉했다. 명조도 유사에게 세시에 제사를 지내도록 했다.『대명일통지』권38, 절강포정사.
302) 항주부치 남쪽 칠보산(七寶山) 기슭에 있다. 모군상(茅君像)이 있다. 옛적에는

하팔안(下八眼)·중팔안(中八眼)·서사정(西寺井) 등의 우물이 그 다음에 있고, 작은 도랑을 파 서호(西湖)³⁰⁴⁾의 우물을 성 안으로 끌어들이고 있다.

부의 진산은 무림산(武林山)³⁰⁵⁾이다. 서호는 성의 서쪽 2리에 있으며 남북의 길이와 동서의 지름이 10리로, 산천이 수려하고 노래와 악기 소리가 가득한 곳이다.³⁰⁶⁾ 죽각(竹閣)³⁰⁷⁾은 광화원(廣化院)³⁰⁸⁾에 있으며

고기물(古器物) 3개, 즉 송대의 정(鼎), 당대의 종(鍾), 당 저수량(褚遂良, 『신당서』 권105; 『구당서』 권80)의 음부경(陰符經)으로 지금은 존재하지 않는다. 『대명일통지』 권38, 절강포정사.

303) 고산(孤山)에 있다. 관에는 향련정(香蓮亭)·읍취당(挹翠堂)이 있다. 즉, 송대의 승려 혜근(慧勤)이 거주한 곳이다. 『대명일통지』 권38, 절강포정사. 사성연상관(四聖延祥觀)을 가리키는 것은 아닌지? 옛적에는 고산(孤山)에 있었다. 남송 고종이 강왕(康王)이었을 때 금나라에 사신을 보냈다. 밤에 네 거인이 장(杖)을 잡고 사행을 보호하고 있었다. 이를 방사(方士)에게 묻자 '자미(紫微)에 대장 넷이 있습니다. 천봉(天蓬)·천유(天猷)·익성(翊聖)·진무(眞武)입니다' 라고 했다. 왕이 이를 이상히 여기고 즉위하면서 관(觀)을 세워 제사지냈다. 지금 육일천(六一泉)의 지역이다. 원 초에 양련진가(楊璉眞伽)가 무림문 밖으로, 순제 지정 연간(1341~67)에 다시 갈령(葛嶺)으로 옮겼다. 『서호유람지』 권8, 북산승람.

304) 항주부성 서쪽에 있고 주위의 둘레가 30리다. 그 수원은 무림천(武林泉)으로 산천이 뛰어나고 경치와 풍물이 화려하여 당대 이래 동남 지방에서 유람하고 감상하는 데 빼어난 곳이었다. 옛적에 서호에 볼 만한 10가지 경치가 있다고 하는데 평호추월(平湖秋月)·소제춘효(蘇隄春曉)·단교잔설(斷橋殘雪)·뇌봉락조(雷峯落照)·남병만종(南屛晩鍾)·국원풍하(麴院風荷)·화항관어(花港觀魚)·유랑문앵(柳浪聞鶯)·삼담인월(三潭印月)·양봉삽운(兩峯挿雲)이다. 『대명일통지』 권38, 절강포정사.

305) 항주부성 서남쪽 15리 되는 곳에 있다. 『한서』 지리지 주(註)에 무림산은 무림수(武林水)가 나오는 곳으로 영은(靈隱) 또는 영원(靈苑), 선거산(仙居山)이라고도 하며, 본래의 명칭은 호림(虎林)이라고도 한다. 당대에 휘(諱)를 피하기 위해 호(虎)를 무(武)로 했다. 『대명일통지』 권38, 절강포정사.

306) 지금 호수에는 사시(四時)가 있고 사녀(士女)들이 즐겁게 놀고 노래하며 북치는 소리가 그치질 않는다. 『대명일통지』 권38, 절강포정사.

307) 고산에 있다. 당 백거이(낙천)가 세우고 누워 쉬었다. 그 사이에 여러 종류의 대나무를 심었다. 『대명일통지』 권38, 절강포정사.

308) 고산에는 옛적에 광화사(廣化寺)가 있었다. 고산사(孤山寺)라고도 한다. 진(陳)

백낙천(白樂天)[309]이 세운 것으로 낙천의 시에 '밤들어 대집 사이에서 잠이 든다'[310]는 곳이 바로 이곳이다. 악악왕(岳鄂王, 악비) 묘[311]는 서하령(棲霞嶺)[312] 입구에 있고, 냉천정(冷泉亭)[313]은 영은사(靈隱寺)[314] 앞 비래봉(飛來峯)[315]의 아래에 있다. 고지(古誌)에 허유(許由)[316]가

> 문제 천가(560~565) 초에 세웠다. 영복사(永福寺)라 이름했다. 송대에 광화라고 고쳤다. 『서호유람지』 권2, 고산삼제승적(孤山三堤勝蹟).

309) 백거이, 자는 낙천(樂天), 만년에는 스스로를 향산거사(香山居士), 취음(醉吟)선생이라고 했다. 산서 태원(太原) 출신으로 당 덕종 정원 14년(798) 진사에 합격하여 비서성교서랑(祕書省校書郎)에 제수되었다. 이후 항주자사(杭州刺史)·형부상서 등의 관직을 역임했다. 작품으로 저 유명한 당 현종과 양귀비의 사랑을 노래한 「장한가」(長恨歌)가 있다. 『신당서』 권119; 『구당서』 권166, 백거이열전.

310) 저물녘에 솔 처마 아래 앉아 있다가　　　　晚坐松檐下,
　　　밤들어 대집 사이에서 잠이 든다.　　　　　宵眠竹閣間.
　　　청허당에서 약을 달여 먹고　　　　　　　　清虛堂服藥,
　　　그윽한 외로움 산에 돌아가네.　　　　　　　幽獨抵歸山.
　　　공교함은 졸렬함보다 나을 수 없고　　　　　巧未能勝拙,
　　　바쁨은 응당 한가로움에 미치지 못하네.　　 忙應不及閑.
　　　늙지 않으려면 특별히 도를 닦아야 하느니　無老別修道,
　　　여기에 나아가면 현관이라네.　　　　　　　 卽此是玄關.
　　　•『백거이전집』 권20, 숙죽각(宿竹閣).

311) 서하령(棲霞嶺) 아래에 있다. 악비(岳飛)는 송 고종 때에 분연히 중원을 회복하려 하였으나 진회(秦檜)에게 죽음을 당하고 이곳에 묻혔다. 그 묘 위에 고목의 가지가 있다. 『대명일통지』 권38, 절강포정사; 가정『절강통지』 권19, 사사지(祠祀志).

312) 갈령(葛嶺)의 서쪽에 있다. 검문령(劍門嶺)이라고도 한다. 『독사방여기요』 권90, 절강 2.

313) 비래봉(飛來峯) 아래에 있다. 당 자사 원려(元籛)가 세웠다. 『대명일통지』 권38, 절강포정사. 백거이는 동남 산수 중에서는 여항군(餘杭郡)이, 항주부에서는 영은사(靈隱寺)가, 사관(寺觀) 중에서는 냉천정이 최고라고 기록하고 있다. 정은 산 아래 물 중앙에 있다. 가정『절강통지』 권2, 지리지.

314) 무림산에 있다. 진(晉) 성제 함화(326~334) 초에 세웠다. 관풍(觀風)·허백(虛白)·후선(候仙)·견산(見山)·냉천(冷泉) 5정이 있다. 백거이가 말하는 이른바 5정이 서로 마주보고 있다는 것이 바로 이것이다. 사찰 밖 좁은 길 9리의 소나무는 당대의 군수 원인경(袁仁敬)이 심었다. 『대명일통지』 권38, 절강포정사.

315) 항주부성 서쪽 20리 되는 곳에 있다. 송 안수(晏殊, 『송사』 권311)의 지지(地志)에 동진(東晉) 성제 함화 중에 서천 승려 혜리(慧理)가 이 산에 올라 감탄하며 말하기를, 이 산이야말로 중천축국(中天竺國) 영취산(靈鷲山)의 소

일찍이 영은간(靈隱澗)에서 물을 마셨다는 것이 이곳이다.

표충관(表忠觀)³¹⁷⁾은 용산(龍山)³¹⁸⁾ 남쪽에 있는데 소동파(蘇東坡)³¹⁹⁾가 지은 비문³²⁰⁾이 있고, 풍황령(風篁嶺)³²¹⁾은 방목 마장의 서쪽

령(小嶺)이다. 언제 날아왔는지 알 수 없다고 했다. 이런 연유로 비래(飛來)라고 했다. 일설에는 취령(鷲嶺)이라고 한다.『대명일통지』권38, 절강포정사.

316) 상고의 고사(高士)로 양성(陽城) 괴리(槐里) 출신이다. 자는 무중(武仲), 패택(沛澤) 중에 숨어 살았다. 요임금이 천하를 물려주려고 하는 것을 거절하고 기산(箕山)에 숨었고, 또 구주(九州)의 장으로 삼으려고 한다는 소식을 듣고 귀를 영수(穎水)의 해안에서 씻었다고 한다.『사기』권34, 연소공세가(燕召公世家);권61, 백이전주(伯夷傳注); 황보밀(皇甫謐),『고사전』(高士傳) 상편;『낭야대취편』(瑯琊代醉編) 권17.

317) 용산(龍山)에 있다. 송 군수 조변(曺抃)이 전씨분묘(錢氏墳廟)가 황폐하자 조정에 청하여 용산의 사찰을 폐하고 관(觀)으로 했다. 사액(賜額)을 표충이라고 하였으며, 소식(蘇軾)이 비명(碑銘)을 썼다.『대명일통지』권38, 절강포정사.

318) 항주부성 남쪽 10리 되는 곳에 있다. 와룡산(臥龍山)이라고도 한다. 진(晉) 곽박(郭璞,『진서』권72)이 용이 날고 봉황이 춤춘다고 한 산이다.『대명일통지』권38, 절강포정사.

319) 이름은 소식(蘇軾)이고 자는 자첨(子瞻)으로 미주(眉州) 미산(眉山) 출신이다. 순(洵)의 아들로 철(轍)의 형이다. 호는 철관도인(鐵冠道人)·정상재(靜常齋)·설랑재(雪浪齋)이고, 시호는 문충(文忠)이다. 당송8대가의 한 사람으로 신종 희녕(1068~77) 중에 왕안석(王安石)의 신법에 반대하여 항주통판(杭州通判)·지호주(知湖州)에 좌천되었다. 후에 황주단련부사(黃州團練副使)가 되어 설당(雪堂)을 서호의 동파(東坡)에 쌓고 스스로를 동파거사(東坡居士)로 호했다. 당시의 대유 정이(程頤)와 다툴 정도였고, 불로(佛老)를 좋아했으며, 문장은 한유(韓愈)나 구양수(歐陽脩)와 더불어 복고를 주창했다.『송사』권338, 소식열전.

320) 소식이 지은 비명 내용은 대략 다음과 같다. 송 신종 희녕 10년(1077) 10월 무자(戊子) 자정전대학사 우간의대부 지항주군사(資政殿大學士 右諫議大夫 知杭州軍事) 신 조변(曺抃)이 말했다. '옛 오월국왕 전씨분묘(錢氏墳廟) 및 부·조·비·부인·자손의 분묘가 전당(錢塘)에 있는 것이 26기, 임안(臨安)에 있는 것이 11기인데, 황폐하여 수리하지 않아 부로가 지나가다가 눈물을 흘리는 자가 있다. ……지금 전씨의 공덕은 두융(竇融)보다 뛰어나고 아직 100년도 지나지 않았는데 분묘는 수리되지 않고 도를 행함에 마음이 아파 눈물이 나올 정도로 이는 매우 충신을 권장하고 민심을 위로하고 답하는 바가 아닙니다. 신이 바라는 것은 용산(龍山)의 폐불사(廢佛祠)인 묘인원(妙因院)을 관(觀)으로 하여 전씨의 자손을 자연(自然)이라는 도사(道士)로 삼아 거주케 합니다.' 가정『절강통지』권2, 지리지.

에 있으니 소동파가 승려 변재(辨才)322)를 방문한 곳이다.323) 남병산(南屛山)324)은 흥교사(興敎寺)325) 뒤에 있는데, 절벽의 떨어져 나간 곳에 단지 사마온공(司馬溫公, 사마광)326)이 예서로 쓴 '가인괘'(家人卦)327)와 미원장(米元章)328)이 쓴 '금대'(琴臺) 두 글자가 있었다. 소동

---

321) 항주부성 서쪽 12리 되는 곳에 있다. 긴 대나무, 괴석(怪石), 바람소리가 쓸쓸하고 상쾌한 데서 유래한다.『대명일통지』권38, 절강포정사.
322) 당대에도 송대에도 변재라는 승려가 있다. 후자는 서호에 은거하며 살았는데,『동파』(東坡) 및『회해록』(淮海錄)에 보인다.『혜여총고』권39, 양변재(兩辨才).
323) 소식이 용정(龍井)의 변재를 방문했다. 송별하는데 풍황령까지 다다랐다. 좌우가 놀라며 말했다. '배웅하는데 호계(虎溪)를 지났다.' 변재가 웃으며 말했다. '두자(杜子)에 이르기를 (나와) 그대는 두 늙은이가 되었네. 왕래하는 것도 역시 풍류다.' 마침내 풍황령 위에 정을 세웠다. 이름을 과계(過溪), 또는 이로(二老)라고 했다.『서호유람지』권4, 남산승적.
324) 항주부성 서쪽 3리 되는 곳에 있다. 기이한 돌들이 솟아나 수려한데, 그중에 한 동굴을 뚫고 그 위에 석벽이 병풍처럼 늘어서 있다.『대명일통지』권38, 절강포정사.
325) 옛 이름은 선경(善慶)이다. 제운정(齊雲亭)과 청광루(淸曠樓)가 있다.『서호유람지』권3, 남산승적.
326) 사마온공은 사마광(司馬光)을 가리킨다. 자는 군실(君實)로 섬주(陝州) 하현(夏縣) 출신이다. 호는 제물자(齊物子), 시호는 문정(文正)이다. 송 인종 보원(1038~39) 초에 진사가 되었다. 신종 때 왕안석이 신법을 실시하자 뜻이 맞지 않아 관직을 떠났으나 철종(哲宗)이 등극하자 상서좌복야(尙書左僕射)에 임용되어 신법당을 축출했다. 태사온국공(太師溫國公)에 추증되었고, 속수향(涑水鄕)에 거주하여 세상 사람들이 속수 선생(涑水先生)으로 불렀다. 저서에는 유명한『자치통감』이 있다.『송사』권336, 사마광열전.
327)『주역』가인괘는 남편을 위로하고 아들을 귀히 여기는 현모양처를 나타내고 있다. 노태준 옮김,『신해 주역』, 홍신문화사, 1988. 괘에는 다음과 같은 글이 씌어져 있다. 즉 예·악은 잠시도 우리 몸에서 떠나게 할 수 없는 것이다. '도불원일인'(道不遠一人)이라는『예기』하편 악기(樂記) 및『중용』의 각 1절을 인용하고 있다. 전해 내려오기를 당나라 사람들이 8분(分)의 서를, 후세 사람인 사마광이 6자를 썼다고 하는데 그렇지 않다. 만력『항주부지』권20, 산천 1;『서호유람지』권3, 남산승적.
328) 미원동(米元童)이 아니라 미원장(米元章)이다.『서호유람지』권3, 남산승적. 송의 미불(米芾)로 자가 원장이고 호는 해악외사(海嶽外史)다. 세상에 미양양(米襄襄)·미남궁(米南宮)·미전(米顚) 등으로 불린다. 오나라 출신으로 한묵(翰墨)에 뛰어나며 특히 왕헌지(王獻之)의 붓 의도를 깨달아 산수 인물화에 일가를

파의 시에 '내가 남병산의 금즉어(金鯽魚, 금붕어)를 안다' [329]라는 것이 바로 이것이다. 소공제(蘇公堤)[330]는 홍교사와 서로 마주보고 있었다. 소동파가 수항주(守杭州)였을 당시에 쌓은 것으로 길이가 10여 리가 되었다.[331] 가운데에 6개의 다리[332]가 있었는데 정덕관(旌德觀)[333]은 소공제의 제1교 아래에 있다. 원소(袁韶)[334]가 주청하여 사당을 세

이루었다. 관직은 예부원외랑 · 지회양군(知淮陽軍) 등을 역임했다. 서실(書室)을 앙고당(仰高堂)이라고 한다.『송사』권444, 미불열전.

329) 내가 남병산의 금즉어를 알고 나서 　　　　　　　　我識南屛金鯽魚,
　　　거듭 와서 난간을 비비며 재 끝에 먹이를 훝네. 　重來拊檻散齋餘.
　　　다시 옛 절을 따라서 심인을 얻으니 　　　　　　　還從舊社得心印,
　　　전생에 사경하던 일을 찾아 살피는 것 같다. 　　　似省前生覓手書.
　　　줄뿌리풀 호수에 합해져 오래도록 무성한데 　　　封含平湖久蕪沒,
　　　사람들 풍년을 겪으면서 소박함을 숭상하네 　　　人經豊歲尙凋疏,
　　　어느 누가 고적이 없음을 가슴 아파 하리 　　　　惟憐寂寞高常侍,
　　　늙어가며 미친 노래로 맹제택(孟諸澤)을 추억하네 老去狂歌憶孟諸.
　　•『소식전집』권31, 거항주15년복유서호용구양찰관운(去杭州十五年復遊西湖用歐陽察判韻).

330) 서호에 있다. 송 철종 원우 연간(1086~93)에 소식이 봉전(封田, 뿌리가 여러 해 동안 쌓여 논이 된 땅)을 호중(湖中)에 쌓아 남북으로 지름 30리의 장제(長堤)를 만들어 통행할 수 있게 했다. 게다가 사람을 모집하여 호수 가운데에 수초의 일종인 마름을 심어 그 이익을 얻어 수리비용으로 대비했다. 호(湖)의 제(堤)가 완성되자 부용(芙蓉, 연)과 버드나무를 심었는데, 그 위에서 바라보면 마치 그림 같았다. 항주 사람들이 소공제라고 이름했는데, 후에 여혜경(呂惠卿,『송사』권471)에 의해 훼손되었다.『대명일통지』권38, 절강포정사.

331) 항주는 본래 바다에 가까워 땅과 물이 짜서 거주민이 극히 적었다. 당 자사 이필(李泌)이 처음으로 서호의 물을 끌어들여 6정(井)을 만들어 민인들이 물을 쓰는데 충족하게 되었다. 백거이가 또 서호를 준설하여 천 경(頃)에 이르는 땅에 관개하여 민인을 풍요롭게 했다. 그러나 송 이후 이를 폐하자 마름이 무성하여 전(田)으로 변하고 물은 거의 없는 것과 마찬가지였다. 이러한 상태에서 소식이 제(堤)를 쌓았던 것이다.『송사』권338, 소식열전.

332) 6개의 다리 이름은 앙파(映波) · 쇄란(鎖瀾) · 망산(望山) · 압제(壓堤) · 동포(東浦) · 과홍(跨虹)이다.『대명일통지』권38, 절강포정사;『서호유람지』권2, 고산삼제승적.

333) 정덕관은 본래 향정사(定香寺)였다. 지금은 단지 정향교(定香橋)만 있다. 남송 이종 보경 연간(1225~27)에 임안부윤(臨安府尹) 원소(袁韶)가 다시 관(觀)을 세웠다. 허주(虛舟)와 청풍정(清風亭)이 있다.『서호유람지』권2, 고산삼제승적.

있는데, 전당의 명인 허유로부터 장구성(張九成)³³⁵⁾까지와 절부(節婦) 5명 등 39명을 택하여 전기를 적고 사당을 세웠다.³³⁶⁾

풍낙루(豊樂樓)³³⁷⁾는 성의 서쪽 용금문(湧金門)³³⁸⁾ 밖 서호의 기슭에 있고, 그 북쪽에 환벽원(環碧園)³³⁹⁾이 있다. 옥련당(玉蓮堂)은 용금문의 성 북쪽에 있고, 문 안에는 용금지(湧金池)³⁴⁰⁾가 있다. 옥호원(玉壺園)³⁴¹⁾은 전당문(錢塘門) 밖에 있으며, 소동파가 남의당(南漪堂)³⁴²⁾의 두견화(杜鵑花)³⁴³⁾를 읊은 곳이다.³⁴⁴⁾ 문의 서쪽에는 선득루(先得

---

334) 자는 언순(彦淳)으로 경원부(慶元府) 출신이다. 남송 효종 순희 14년(1187)의 진사로 금나라 사신의 오만함을 꺾은 인물이다. 임안부윤(臨安府尹, 항주부)이 되었을 때 소송이 매우 간결하고 정치했다. 『송사』 권415, 원소열전.

335) 송대 전당(錢塘) 출신으로 자는 자소(子昭), 호는 횡포거사(橫浦居士), 시호는 문충(文忠)이다. 재상 진회(秦檜)와 불화하여 좌천되었다. 일찍부터 불자와 교유하고 의론에 편파적인 부분이 많아 주희는 그의 저서를 배척했다. 『송사』 권374, 장구성열전.

336) 당 이름은 선현당(先賢堂) 또는 앙고당(仰高堂)이며 허유(許由) 이하 40명을 제사 지냈다. 남송 이종 보경 연간(1225~27)에 송 태종시대의 인물인 반랑(潘閬), 『송사』 권466)과 절효부손부인(節孝婦孫夫人) 5명을 제외했다. 『서호유람지』 권2, 고산삼제승적.

337) 항주부성 서쪽 감호(鑑湖)에 있다. 송대 양정(楊靖)이 세웠다. 처음 이름은 중락정(衆樂亭)이었는데, 곧 용취루(聳翠樓)로 고쳤다. 휘종 정화(1111~17) 중에 지금 이름으로 고쳤다. 『대명일통지』 권38, 절강포정사; 『서호유람지』 권8, 북산승적(北山勝蹟).

338) 옛 이름은 풍예문(豊豫門)이다. 송대에 풍악루와 서로 마주보고 있는 것이 마치 병풍과 장지 같았다. 『서호유람지』 권3, 남산승적.

339) 풍예문 밖 유주사(柳州寺) 옆에 있다. 양군왕부원(楊君王府園)이다. 함순(咸淳) 『임안지』(臨安志) 권86, 원정(園亭). 옛 이름은 청휘원(淸暉園)으로 고종의 별장이 있다. 『서호유람지』 권8, 북산승적.

340) 항주부성 안에 있다. 오월왕이 서호의 물을 끌어들여 호수로 만들었다. 『대명일통지』 권38, 절강포정사.

341) 남송 이종(1225~64) 때의 어원(御園, 궁정 정원)이다. 본래는 부왕(鄜王) 유기(劉錡)의 별장이었으나, 후에 관가(官家)에 속했다. 『서호유람지』 권8, 북산승적.

342) 전당문 밖 보리사(菩提寺)에 있다. 『절강통지』 권39, 고적.

343) 철쭉의 일종이다. 크기는 큰 것이 4, 5척(명대의 1척은 약 31센티미터), 작은 것이 1, 2척이다. 홍척촉(紅躑躅)·영산홍(映山紅)·산석류(山石榴)라고도 한다. 그 황색에 독이 있는 것은 양척촉(羊躑躅)이다. 『본초강목』 권17, 초부(草部)

樓)³⁴⁵⁾가 있다. 운동원(雲洞園)³⁴⁶⁾은 소경사(昭慶寺)³⁴⁷⁾의 북쪽에 있고 꽃과 버들이 섞여 있었으며 가운데에 부인의 묘가 있다.

석함교(石函橋)³⁴⁸⁾는 수마두(水磨頭)에 있는데 백낙천의 호석기(湖石記)³⁴⁹⁾에 이르기를 '전당은 일명 상호(上湖)라 하며 북쪽에는 석함(石函)이 있다'고 한 것이 이것이다. 총의원(摠宜園)³⁵⁰⁾은 덕생당(德生堂)³⁵¹⁾의

양척촉(羊躑躅) 부록 산척촉(山躑躅). 2~3월 두견이 울 때 개화하며 2종류가 있다. 그 하나는 잎이 나고 후에 꽃이 피는 것으로 색은 붉은색으로 마치 혈(血)과 같다. 또 하나는 꽃이 먼저 피고 후에 잎이 나는 것으로 색은 약간 담색이다. 『용동소품』(湧幢小品) 두견.

344) 남의당의 두견화 천하에 없는데,　　　　　南漪杜鵑天下無,
　　　피향전의 비단 자리 붉게 물들이네.　　　　披香殿上紅氍毹.
　　　학림의 병화는 한바탕의 꿈이러니　　　　　鶴林兵火眞一夢,
　　　낭풍원에 가지 않고 서호로 돌아가네.　　　不歸閬苑歸西湖.
　　　• 宋 王十明,『東坡詩集註』권25, 보살남의당두견(菩薩南漪堂杜鵑)

345) 일명 망호루(望湖樓)라고도 하며 소경사(昭慶寺) 앞에 있다. 오월의 충의왕(忠懿王) 전숙(錢俶)이 세웠다.『서호유람지』권8, 북산승적.

346) 양화왕(楊和王)의 별장이다. 흙을 북돋아 동(洞)으로 만들었고, 굴곡 통행케 하였고 운기가 있게 꾸몄다.『서호유람지』권8, 북산승적.

347) 항주부성 서쪽에 있다.『대명일통지』권38, 절강포정사. 만력『항주부지』에는 대소경율사(大昭慶律寺)가 전당문 밖에 있는데 송 태조 건덕 2년(964)에 세웠고, 태종 태평흥국 7년(982)에 편액을 하사받았으며 계단이 있다고 기록했다. 만력『항주부지』권99, 사관 1.

348) 일명 서석두교(西石頭橋)라고도 한다. 전당위사(錢塘尉司) 서쪽 덕생당 앞에 있다. 당대의 자사 이필(李泌)이 세웠다. 수갑(水閘)이 있는데 호의 물을 빼서 하호(下湖)로 흘러 들어가게 했다. 함순『임안지』권21, 강역 ;『서호유람지』권9, 북산승적.

349) 원 제목은 전당호석기(錢塘湖石記)로 백거이가 항주자사로 있던 목종 장경 4년(824) 3월 10일에 기록했다. 전당호에 대한 일로 자사가 알아야 할 일이 4가지 있다고 그를 설명하고 있다. 전당호는 상호(上湖)라고도 하는데, 둘레가 30리다. 북쪽에는 석함이 있고, 남쪽에는 견(笕, 대나무를 걸쳐 물을 통하게 하는 것)이 있다. 물을 방출하여 논을 관개하는데, 1촌(寸)을 줄이면 15여 경(頃)을 관개할 수 있다.『백거이전집』권68, 上海古籍出版社, 1999.

350) 총의원(摠宜園)이 아니라 총의원(總宜園)이다. 단교 입구에 있는데 환관 장씨의 별서(別墅, 별장)이다.『서호유람지』권2, 고산삼제승적.

351) 함순『임안지』에 의하면 남송 고종 소흥 연간(1131~62)에 서호를 방생지로 할 것을 청했다. 영종 경원 4년(1198) 안무사(按撫使) 조사익(趙師嵒)이 석함교(石

서쪽에 있으며, 소동파의 시에서 '옅은 화장과 짙은 화장이 서로 어울리네'[352]라고 한 두 글자를 따서 어서(御書)로 당의 액자에 썼다. 단교(斷橋)[353]는 총의원의 서쪽에 있으며 '단교의 지는 해에 오사모(烏紗帽)[354]를 벗었다'는 곳이 이곳이다.

서석두(西石頭)[355]는 석함교의 서쪽에 있으며, 진시황이 동쪽으로 순행하여 바다에 배를 띄웠을 때 배를 댔던 곳이다.[356] 고산(孤山)[357]은 서호의 고산로(孤山路) 서쪽 산의 동쪽에 있는데 임화정(林和靖, 林逋)[358]이 숨어 살던 오두막집의 옛터와 무덤이 있었다. 삼현사(三賢祠)[359]는 소공제 제3교의 아래에 있으니, 곧 백문공(白文公, 백낙천)과 임화정, 그리고 소문충공(蘇文忠公, 소식)을 모신 사당이었다.

이상이 고벽이 나에게 말해준 것이다.

函橋) 서쪽에 창건했다.『절강통지』권39, 고적.

352) 물빛은 잔잔하니 맑아서 좋고　　　　　　　　　　水光瀲灩晴方好,
　　　산색은 빈 산에 보슬비 오니 기관(奇觀)이로다.　　山色空濛雨亦奇.
　　　서호를 서시(西施)에 비하여 보면　　　　　　　　若把西湖比西子,
　　　옅고 짙은 화장한 얼굴들 서로 어울리네.　　　　　淡粧濃抹總相宜.
　　・『소식전집』권9, 음호상초청후우이수(飲湖上初晴後雨二首),『上海古籍出版社』, 2000.

353) 서호 고산 옆에 있다. 본래 이름은 보우교(寶祐橋)다. 당대부터 단교라고 불렀다.『대명일통지』권38, 절강포정사;『서호유람지』권2, 고산삼제승적.

354) 오사모라는 것은 조회 및 사적으로 알현할 때 빈객의 복장이다.『당서』권24, 거복지(車服志).

355) 대불두(大佛頭)라고도 한다. 석함교 서쪽에 있다. 동사과(董嗣果),『서호백영』(西湖百詠) 상편.

356) 진시황이 동순(東巡)하여 바다로 나아갈 때 배를 이곳에 묶어두었던 곳이다. 동사과,『서호백영』상편.

357) 항주부성 밖 서호상에 한 봉우리로 독립해 있다. 서호 중의 산으로 매우 뛰어난 곳이며 그 위에 임포(林逋)의 사당이 있다.『대명일통지』권38, 절강포정사.

358) 본명은 임포(林逋)로 송대 전당(錢塘) 출신이다. 자는 군복(軍復), 시호가 화정(和靖)이다. 서호 고산에 오두막집을 짓고 20년 동안 성시(城市)에 나오지 않고 스스로 묘를 오두막 옆에 지었다. 매실을 심고 학을 길러 사람들이 매서학자(梅妻鶴子)라고 불렀다.『송사』권457, 임포열전.

359) 고산의 남쪽에 있다. 당나라 백낙천, 송나라 임포와 소식을 제사지낸다. 처음 항주 사람들이 백낙천을 죽각(竹閣)에서 제사지냈으나, 후에 임포와 소식도 포함

항주는 동남의 한 도회지로 집들이 이어져 행랑을 이루고,[360] 옷깃이 이어져 휘장을 이루었다. 저잣거리에는 금은이 쌓여 있고 사람들은 수가 놓인 비단옷을 입었으며, 외국배와 큰 선박이 빗살처럼 늘어섰고,[361] 시가는 주막과 가루(歌樓)가 지척으로 마주보고 있다.[362] 사계절 내내 꽃이 시들지 않고 8절기[363]가 항상 봄의 경치니 참으로 별천지라 할 만하다.[364]

【2월 13일】항주를 떠나다.

이날은 흐렸다. 지휘첨사 양왕이 우리를 호위하여 무림역[365]에서 길

하게 되어 삼현당(三賢堂)이라고 불렸다. 남송 고종 소흥 연간(1131~62)에 폐했으나, 부윤(府尹) 주종(周淙)이 기수선왕묘(寄水仙王廟)의 곁채로 옮겼다. 삼현사는 당의 이필(李泌)을 포함하여 사현사(四賢祠)가 된다. 만력 『항주부지』 권 47, 사묘 중.

360) 동남의 도회지로 번화한 낙토로 산천은 수려하고 마을은 풍요로웠다. 만력 『항주부지』 권18, 형승 중. 항주의 인구는 이미 남송 공종 덕우 원년(1275)에는 100만을 넘어섰다. 남송대에는 조정에서 주택 증축비를 부담하여 아름다운 이층의 저택을 짓도록 했다. 마르코 폴로는 항주를 도시의 한쪽에서 다른 쪽까지 달리고 있는 도로를 따라 양쪽으로 주택들이 있는데, 건물도 크고 정원도 붙어 있다고 묘사했다. 마르코 폴로, 김호동 옮김, 『동방견문록』, 사계절, 2000.

361) 500~600명을 태울 수 있는 정크선이 출현하여 무역은 동아프리카 해안, 마다가스카르까지 항해가 가능했다. 중국에 들어오는 배가 싣고 오는 물건은 고가품이었다. 벵갈에서는 물소뼈, 인도와 아프리카에서는 상아·산호·진주·수정·향료·장뇌 등이 들어왔다. J. Gernet, 栗本一南 譯, 『中國近世の百萬都市-モンゴル襲來前後の杭州』, 平凡社, 1990.

362) 시대는 다르지만 남송대의 항주는 상업의 융성, 인구의 집중, 끊임없는 여행객이나 상인의 존재는 필연적으로 여행자가 식사를 하는 장소나 유흥을 즐길 수 있는 장소를 제공해야 했다. 말하자면, 다관(茶館)이나 호화의 주루(酒樓)가 그것이다. 주루는 화려한 색채로 장식하였고 금색의 등이나 꽃, 분재, 우화한 의자 등이 있었다. 회랑에는 정장을 한 기녀들이나 미녀가 손님에게 술을 권했다. 멀리서 이들을 보면 마치 선녀와 같다. J. Gernet, 같은 책, 1990.

363) 춘분·입춘·입하·하지·입추·추분·입동·동지를 말한다.

364) 성벽 밖의 호안(湖岸)과 남쪽 교외에는 공원이나 정원이 있어 거주민들은 자유롭게 출입하고 축제일에는 진귀한 꽃이나 수목을 감상할 수 있다. 항주는 세계 최고의 도시다. 그곳에는 너무나도 다양한 즐거움이 있다. 천국에 있는 것이 아닌가 하는 환상조차 든다. 마르코 폴로, 최의순 옮김, 『동방견문록』, 동서문화사, 1978.

진시황. 전국시대를 통일하고 진(秦)을 창업했다(『삼재도회』).

을 떠나 20여 리쯤 가니 성의 북문에 이르렀다. 문에는 3층으로 된 겹성이 있고 외문은 2층이었는데, 현판에는 '무림지문'(武林之門)366)이라 쓰어 있었다. 성 안에서 층문(層門) 14개, 대교 10여 개, 묘 3개, 포(鋪)367) 2개를 지났다. 당나귀를 타고 빨리 달려서 그 이름을 모두 기억할 수 없다.

기억나는 것은 수정공관(水亭公館) · 해원문(解元門) · 진교사(眞敎寺)368) · 등영주문(登瀛洲門) · 운봉문(雲鳳門) · 관광문(觀光門) · 진사방 · 공원(貢院)369) · 형구문(亨衢門) · 천승묘(千勝廟)370) · 안공묘

---

365) 2월 초6일 주 152) 참조.
366) 송대는 여항문(餘杭門), 속칭 북관문(北關門)이라고 했다. 문으로 들어가면 남쪽에 호림산(虎林山)이 있는데 호림이 오음(吳音)으로 발음할 때, 잘못 와전되어 무림이 되었다고 한다. 또 호림은 영은산(靈隱山)을 가리키는데 당의 휘(諱)를 피하기 위해 무림이라 했다고 한다. 항주부성은 시내의 하(河)와 연결되어 있는데 주위가 6,400여 장, 높이가 3장이다. 원 순제 지정 연간(1341~67) 장사성(張士誠)이 축조했다. 명 초에 중수했는데 문이 13개로 그중의 하나가 무림문이다. 가정『절강통지』권14, 건치지;『서호유람지』권20, 북산분맥성내승적(北山分脈城內勝蹟).
367) 윤1월 26일 주 237) 참조.
368) 문금방(文錦坊) 남쪽에 있다. 원 인종 연우 연간(1314~20)에 회회대사(回回大師) 노정(老丁)이 세웠다. 속칭 예배사(禮拜寺)라고 한다. 이보다 앞서 남송이 임안부(臨安府, 항주)를 수도로 정하자 중원에 거주하던 서역인들도 남쪽으로 내려왔다. 원대에 내부한 자도 종종 강소 · 절강 · 복건 · 호광 지역에 있었는데 항주가 가장 많았다. 이들을 색목(色目)이라고 한다. 이들은 그 추장을 추대하여 통할했는데, 이를 만랄(滿剌)이라고 했다.『서호유람지』권18, 남산분맥성내승적(南山分脈城內勝蹟).
369) 송대에는 관교(觀橋) 서쪽, 신장교(新莊橋) 동쪽에 있었다. 원대는 상부교(祥符橋)에 있던 것을 명 태조 홍무 초 항주부학 서쪽, 즉 인화현(仁和縣) 터로 옮겼다. 그후 인재가 많이 배출되자 직예의 가흥(嘉興)과 호주부(湖州府)가 속하게 되었으나 땅이 좁아 모두 수용할 수 없자 영종 천순 3년(1459) 관교의 동쪽으로 옮겼다.『서호유람지』권21, 북산분맥성내승적.
370) 천승장군묘로 신안방(新安坊)에 있다. 장아부(張亞夫)를 신으로 섬긴 것인데 이는 순자(巡子)다. 금오대장군(金吾大將軍)을 제수했고 낙양에 묘를 세웠다. 송이 남도(南渡)할 때, 변경(抃京, 현 개봉)에 묘가 있는 자는 항주에서 제사 지냈다. 이에 이곳에 묘를 세웠다. 원 순제 원통 연간(1333~34)에 훼손된 것을 명 태조 홍무 연간에 승려 광성이 중건했다.『서호유람지』권16, 남산분맥성내승적.

(晏公廟)[371] 등이다. 겹성 밖에는 오산역[372]이 있었고, 역 앞에는 오산포가 있었다. 또 3개의 대교와 4개의 문 이름은 모두 잊었다. 문밖 10여 리 사이에는 상점이 인접해 있고, 또 성 안과 같이 성황을 이루었다.

천비궁(天妃宮)[373]에 이르렀는데, 궁 앞은 덕승패하(德勝壩河)[374]였다. 강변에는 아름다운 배들이 이어져 있는데[375] 수를 셀 수가 없을 정

---

371) 협성(夾城) 숭과사(崇果寺) 안에 있다. 후주(後周) 세종 현덕 2년(955) 오월왕이 세웠다. 옛 이름은 나한원(羅漢院)이다. 송 영종 치평(1064~67) 중에 숭과라고 한 것을, 명 태조 홍무 초 안공(晏公)을 봉하는 것으로 바꾸었다. 서로 전해오기를 수신(水神)을 위해서라고 한다. 그 때문에 군영(軍營) 가운데 조운을 담당하는 곳은 종종 묘를 세웠다. 『서호유람지』 권23, 북산분맥성외승람. 상주성(常州城) 중 백운도구(白雲渡口)에 안공묘가 있다. 언제 시작되었는지 알 수 없다. 명의 대장군 서달(徐達)이 장사성(張士誠)과 싸울 때 불리하게 되자 명 태조 홍무제가 상고(商賈)로 꾸며 직접 응원하러 갔다. 양자강에 큰 바람이 일어 배가 뒤집히려고 하자 홍무제가 두려워하며 신을 구했다. 홀연히 붉은 도포를 입은 자가 배를 모래 위로 끌어올렸다. 홍무제가 나를 구한 자가 누구냐고 묻자, '안공이다'라고 하는 것이었다. 홍무제가 그를 신소왕부안공도독대원수(神霄王府晏公都督大元帥)에 봉했다. 『속통고』에는 임강부 청강진(臨江府 淸江鎭)에도 안공묘가 있었는데, 신의 이름은 수자(戌仔)로 명 초에 평랑후(平浪侯)에 봉했다고 한다. 조익, 『해여총고』(陔餘叢考) 권35, 안공묘(晏公廟).
372) 항주부성 무림문 밖에 있다 명 태조 홍무 7년(1374)에 세웠다. 항주역이라 했는데 홍무 9년에 개칭했다. 『서호유람지』 권23, 북산분맥성외승적.
373) 양자강과 한수 사이에 배를 띄우는 자들은 천비를 받든다. 해상은 더욱 그렇다. 장섭(張燮)의 『동서양고』(東西洋考)에 의하면 천비는 보지(甫之) 미주서(湄州嶼) 출신이다. 오대 민(閩)의 도순검(都巡檢) 임원(林愿)의 제6녀다. 후진(後晉) 고조 천복 8년(943)에 태어나 송 태종 옹희 4년(987)에 화거(化去)했다. 후에 항상 붉은 옷을 입고 해상에 왕래했다. 마을 사람들이 경건하게 제사지냈다. 명 태조 홍무 5년(1372)에 해운을 도와주어 성비(聖妃)에 봉했다. 성조 영락 중에 천비묘를 건설했고, 강호 사이에 천비라고 칭해졌다. 천진(天津)은 천후궁(天后宮)이라고 한다. 조익, 『해여총고』 권35, 안공묘. 명산·대천이나 충신·의사(義士)는 소재지의 유사(有司)가 제사를 지내는데, 단 남해의 여신인 영혜부인(靈惠夫人)은 원 세조 지원(1264~94), 순제 지원(1335~40) 중에 해운을 하는데 기이하게 응하여 천비라는 신호(神號)를 가봉(加封) 하였는데 묘호(廟號)는 영자(靈慈)다. 직고(直沽)·평강(平江)·주경(周涇)·천(泉)·복(福)·흥화(興化) 등지에 묘가 있다. 『원사』 권76, 제사지 5.
374) 항주부성 북쪽 무림문 밖에 있고, 명 태조 홍무 5년(1372)에 세웠다. 『대명일통지』 권38, 절강포정사.

도였다. 양왕이 아우 양승(楊昇)과 송문위천호(松門衛千戶) 부영(傅榮), 전당사람 진훤(陳萱)과 종자 이관(李寬), 하빈(夏斌), 당경(唐敬), 두옥(杜玉) 등 7, 8명과 함께 같은 배를, 나는 배리 들과 북경 사람 이절, 김태와 함께 같은 배를 탔다. 그리고 허상리 등이 다른 배를 탔다.

보제교(普濟橋)[376]를 지났다. 다리에는 3개의 홍문이 있고, 다리 위에는 화광사(華光寺)[377]가 있었다. 강장교(江漲橋)[378]를 지났는데 다리에는 4개의 홍문이 있고, 다리 위에는 강장포(江漲鋪)가 있었다. 향적사(香積寺)[379] 앞에 이르러 조금 머물렀는데, 절에는 병방리(兵房吏)[380]와 전부리(典簿吏)[381]가 있었다. 절은 소동파가 노닐던 곳[382]이었다. 덕승패에서 이곳에 이르니 온주(溫州)[383]·처주(處州)[384]·태주·엄주(嚴州)[385]·소흥[386]·영파[387] 등 절강 이남의 상선이 모두 집결하는 곳으로 돛대가 빽빽하게 모여 있는 듯했다. 밤에 통시교(通示

---

375) 불리(紼纚). 두둥실 물에 뜬 버드나무 배, 밧줄을 가지고 잡아매리라. 『시경』 소아 채숙(采菽).
376) 부제교가 아니라 보제교(普濟橋)다. 『서호유람지』 권17, 남산분맥성외승적.
377) 화광사(華光寺)가 아니라 화광묘(華光廟)다. 보제교 위에 있다. 본래의 이름은 보산원(寶山院)이다. 남송 가태 연간(1201~1204)에 세웠다. 승상 정청지(鄭淸之)가 중수했고 오현(五顯)의 신을 모셨다. 오통(五通)과 오성(五聖)이라고도 한다. 양자강 이남에서 모두 받드는데, 항주가 가장 성하다. 『서호유람지』 권17, 남산분맥성외승람.
378) 북신교 남쪽에 있으며 넓이는 20여 장이다. 가정 『절강통지』 권2, 항주부.
379) 항주부성 북쪽 8리 고산경(瓜山涇)의 남쪽에 있다. 옛 이름은 흥복(興福)으로 송 진종 천희(1017~21) 초에 지금의 이름으로 고쳤다. 『대명일통지』 권38, 절강포정사.
380) 병부 하의 이원(吏員)을 가리키는 듯하다. 명 초 유사(有司)에 사리(司吏)를 설치했는데, 일의 번잡함과 간결함에 따라 그 수는 달랐다. 영종 정통 원년(1436)에 천하의 이원을 경감했는데, 방(房)마다 단지 사리 1명, 전리(典吏) 1명만을 두게 했다. 만력 『대명회전』 권7, 이부 6 이원.
381) 공부는 정7품, 제사 및 예악을 담당하는 부서인 태상시(太常寺)도 정7품, 제형(祭亨)·연로(宴勞)·주례(酒醴)·선수(膳羞)를 담당하는 광록시(光祿寺)는 종7품, 의료를 담당하는 태의원(太醫院)은 정7품, 천문을 담당하는 흠천감(欽天監)은 정7품, 환관 소속 아래 정6품의 전부(典簿)가 편성되어 있었다. 『명사』 권72~74, 직관지 1~3.

橋)³⁸⁸⁾ 등 3개의 다리를 지났는데, 넓은 강에 세워진 5개의 홍문은 높고도 컸다.

---

382) 절강 향적사의 기록은 정확히 알 수 없으나, 소동파가 읊은 향적사는 광동 혜주부 박라현(廣東 惠州府 博羅縣)에서 7리 되는 곳에 위치하고 있다.

2년을 개구리 시골땅에 유학하다가	二年流落蛙魚鄕,
아침에 와서 싹을 패는 보리 기쁘게 보네.	朝來喜見麥吐芒.
동풍에 이는 파도 고요한 무늬로 춤을 추고	東風搖波舞淨緣,
초하루 내리는 이슬 교황처럼 달구나.	初日泫露酣嬌黃.
왕성한 봄날의 진흙에 무릎 빠지고	汪汪春泥已沒膝,
번쩍이는 가을 벼 처음 모를 나눈다.	剡剡秋穀初分秧.
뉘 말했나, 만리타향에 나오니 벗이 없어	睢言萬里出無友,
이 두 곡식을 보니 기뻐 미칠 것 같네.	見此二美喜欲狂.
삼산이 병풍처럼 안으니 절집은 작고	三山屛擁僧舍小,
한 시냇물 빠르게 흘러가니 솔그늘 싸늘해라.	一溪雷轉松陰涼.
물의 힘을 이용해서 절구질을 하고	要令水力供臼磨,
지맥을 보아서 제방을 더하네.	與相地脈增堤防.
부슬부슬 내리는 눈 속에 면을 거두는 것 보이고	霏霏落雪看收麵,
은은히 북소리 울리는 중에 쌀겨 찧는 소리 들리네.	隱隱疊鼓聞舂糠.
한 번 마시고 흩어지니 운자약이 하얗고	散流一啜雲子白,
불 때어 십자로 갈라지니 옥 같은 살갗 향기로워.	炊裂十字瓊肌香.
어찌 옛맛으로 뇌환을 추천하겠는가	豈惟牢丸荐古味,
진일로 하여금 천장을 흐르게 하네.	要使眞一流天漿.
시를 지어 배를 받드니 곧 엎어지고	詩成捧腹便絶倒,
서생이 먹는 것을 말하니 참으로 고황 같을세.	書生說食眞膏肓.

• 『소식전집』 권39, 유박라향적사(游博羅香積寺).

383) 「우공」의 양주 땅이다. 춘추전국시대에는 월에, 진대(秦代)에는 민중군(閩中郡)에 속했다. 당 상원(고종 674~675, 숙종 760~761) 초에 온주를 설치했다. 그 지역이 항상 따뜻하고 조금 추워 이러한 이름이 붙었다. 원대에 남송 도종 함순연간(1265~74)에 서안부(瑞安府)라고 하던 것을 온주로로, 명조는 온주부로 고쳤다. 『대명일통지』 권48, 온주부.

384) 「우공」의 양주 땅이다. 춘추전국시대에는 월에, 진대(秦代)에는 회계군에 속했다. 수대에 영가군(永嘉郡)을 폐하고 처주의 치소를 괄창(括蒼)에 두었다. 당 대종 대력(766~779) 중에 다시 처주를 설치했다. 원대에는 처주로로, 명조는 처주부로 고쳤다. 『대명일통지』 권44, 처주부.

385) 「우공」의 양주 땅이다. 춘추시대에는 오에, 후에는 월에, 전국시대에는 초에, 진대(秦代)에는 장(鄣)·회계 2군에 속했다. 당 초에 다시 목주(睦州)를 설치하고, 그 위에 동려(桐廬)에 엄주(嚴州)를 두었다가 곧바로 폐했다. 원대에는 건

【2월 14일】숭덕현(崇德縣)[389]**을 지나다.**

이날은 흐리다. 사촌하(謝村河)를 거슬러 동쪽으로 나아가니 남쪽 기슭에 돌로 쌓은 새 제방이 보였는데 길이가 30여 리나 되었다. 물어본 즉 도사, 포정사, 안찰사가 새로 쌓은 것이라 했다. 12리를 지나 양견제교(洋堅濟橋), 보안교(普安橋), 대윤묘(大尹廟)에 이르렀다. 강의 이름은 홍려하(鴻麗河)고, 강 위의 관청은 당서진(塘西鎭)이다.

한신(韓紳)이란 관인이 내게 물었다.

"당신 어머니께서는 당신이 이곳에 도착했는지 알고 있소?"

"바다와 하늘이 끝이 없고 망망해서 소식을 알 길이 없으니[390] 어머니는 틀림없이 내가 이미 물고기 밥이 되었다고 생각하실 것이오. 어머니의 마음을 상하게 했으니 이보다 더 큰 불효가 없을 것이오. 지금 대국의 두터운 은혜를 입고 살아서 고향에 돌아가 모자가 서로 보게 된다면, 지하에서 어머니를 만나는 즐거움보다 클 것이오."[391]

과당교(跨塘橋)[392]・만수교(萬壽橋)・복록수교(福祿壽橋)・복덕교

덕로(建德路)로 했으나, 명조는 건안부(建安府)로 했다가 곧 엄주부로 고쳤다. 『대명일통지』 권41 엄주부.
386) 2월 초4일 주 28) 참조.
387) 윤1월 12일 주 89) 참조.
388) 강창교 남쪽에 있다. 명 선종 선덕 연간(1426~35)에 승 각징(覺澄)이 세웠다. 『서호유람지』 권22, 북산분맥성외승적.
389) 가흥부성 서남쪽 90리 되는 곳에 있다. 본래는 가흥현 땅이다. 송대는 가흥부에 속했고, 원대에 가흥주로 승격시켰으나, 명조가 현으로 했다. 『대명일통지』 권39, 가흥부.
390) 안묘어심(贋杳魚沈). 소식이 끊긴 것을 말한다. 봉황도 홀로요 난조(봉황의 일종)도 홀로다. 『비파기』(琵琶記) 임장감탄(臨粧感歎).
391) 모자상견(母子相見) 유승수하지융융의(有勝隧下之融融矣). 춘추시대 정(鄭)의 장공(莊公)이 모친인 무강(武康)을 영성(穎城)에 가두어두고 황천(黃泉, 죽기 전)에 이르기 전에는 다시 만나지 않겠다고 맹세했다. 장공은 이 말을 한 것을 후회했다. 이때 성문을 지키던 관리인 영고숙(穎考叔)이라는 자가 한 가지 계책을 내놓았다. "만일 땅을 샘이 나도록 파고 무덤길을 만들어서 이것이 '황천으로' 서로 만난다면 누가 맹세를 깼다고 하겠습니까"라고 하자 공은 기뻐하여 이를 따랐다. 『좌전』 은공 원년 4월.

(福德橋)·보제교·팽화교(彭和橋)를 지났다. 강 이름을 물으니 승심하(丞沈河)라고 한다. 또 은영문(恩榮門)·대덕신교(大德新橋)·삼리교(三里橋)·산천단(山川壇)·오계교(浯溪橋)를 지나 숭덕현에 이르렀다. 지현 조희현(趙希賢, 자는 堯卿)393)이 식량과 음식을 매우 넉넉하게 보내왔다.

수부(水夫)394)가 나에게 말했다.

"지나온 곳에 장안역(長安驛)395)이 있었는데, 대인은 아십니까?"

"알지 못했소."

"그럼 지휘 양왕의 종자 진훤이 식량과 음식을 지급받아 몰래 빼돌린 일도 모르시겠군요."

우리는 다시 숭덕하(崇德河)에서 배를 두고 육지로 올라 종교(終橋)·세과국(稅課局)396)·영안교(永安橋)·양제원(養濟院)397)·삭의문(朔義門)을 지났다. 지나는 동안 큰 홍교 6, 7개가 있었다. 3경에 조림역(皂林驛)398)을 지나 밤새도록 갔다.

---

392) 『대명일통지』에는 과당교(跨塘橋)로 되어 있다. 가흥부성 남쪽 징해문(澄海門) 밖 원앙호에 걸려 있다. 『대명일통지』 권39, 가흥부.

393) 하북성 고읍(高邑) 출신으로 명 헌종 성화 4년(1468) 향시(鄕試)에 합격해 지현에 제수되었다. 융경『조주지』(趙州志, 천일각 간) 권8, 인물.

394) 수부는 수역(水驛)이나 체운소에 편성했는데, 배 1척에 10명이 원칙이었다. 이들은 역 근처의 양호(糧戶)로 편성되었다. 정덕『대명회전』 권191, 수역.

395) 해녕현지(海寧縣志)에 현 서북쪽 20리 되는 곳에 있다고 기록되어 있다. 당 태종 정관 5년(631)에 상정역(桑亭驛)을 설치했다. 태종 8년에 의정역(義亭驛)으로 고쳤다. 원이 수마(水馬) 2참(站)을 설치했고, 세조 지원 연간에 장안수마역(長安水馬驛)으로 고쳤는데 명조가 폐했다. 『절강통지』 권88, 역전 상편.

396) 부에는 사(司)를, 현에는 국(局)을 설치했다. 대사(종9품) 1명을 두어 세량을 담당했다. 『명사』 권75, 직관지 4. 명 초에 세과국을 두었으나 무종 정덕 연간(1506~21)에 국(局)을 소(所)로 고쳤다. 가정『절강통지』 권14, 건치지.

397) 명 태조 홍무 초에 양제원을 설립하여 고아, 가난한 자, 병들어 의탁할 곳이 없는 자를 거처하게 했다. 만력『대명회전』 권80, 예부 38 휼고빈(恤孤貧). 춘파문(春波門) 밖 천마교(天馬橋)에 있다. 북송 때는 광혜원(廣惠院)이었다. 북송대에는 늙고 병든 자에게는 월 미 5두와 1,000전을, 어린이에게는 미 3두와 500전을 주었다. 가정『절강통지』 권14, 건치지.

【2월 15일】 가흥부(嘉興府)[399]**를 지나다.**

이날은 맑았다. 삼탑만(三塔灣)[400]을 거슬러 올라 삼탑포를 지나 경치가 빼어난 용연(龍淵)[401]에 도착했다. 그 앞에 세 개의 큰 탑이 강을 굽어보고 있어서 여기서 지명이 비롯된 것 같았다. 용왕묘[402] · 가화체운소(嘉禾遞運所)[403] · 조씨(趙氏) 정절문[404] · 사직단 · 향주교(香珠

---

398) 옛적에는 동향현(桐鄕縣)에 속했으나 지금(가정 연간)은 숭덕현 남쪽으로 옮겼다. 가정『절강통지』권14, 건치지. 참선 12척을 배치했다. 소동병, 앞의 책.
399) 2월 초8일 주 210) 참조.
400) 용담(龍潭)이라는 곳에 백용혈(白龍穴)이 있는데, 바람과 물결이 때때로 발생하여 돌풍이 배와 노를 뒤집자 이곳에 거주하는 사람들이 삼탑(三塔)을 세워 이를 가라앉혔다. 가정『절강통지』권3, 지리지. 운하가 이곳을 지나는데 이를 삼탑만이라고 한다.『독사방여기요』권91, 절강 3.
401) 용담은 항주부성 서남쪽 4리 되는 곳에 있다. 가정『절강통지』권3, 지리지.
402) 본래의 이름은 순제용왕묘(順濟龍王廟)다. 가흥부성 서쪽 통성문(通城門) 밖에 있다. 원 지원지비(至元志碑)에 '묘묘(廟墓) 아래가 백용담인데 깊고 험하여 헤아릴 수가 없을 정도다. 종종 바람과 비가 배와 돛대를 부러뜨린다. 비가 그치면 물 속으로부터 흰 빛이 세 갈래로 나타난다. 당나라 때 이승(異僧) 행운(行雲)이 하루는 큰 돌을 운반하여 막았다. 못이 막히고 마침내는 빛이 발생한 곳에 삼탑을 건설하여 이를 다스렸다. 사를 가람신호(伽藍神號)라고 했다'라는 기록이 있다. 송 영종 가정 10년(1217) 가뭄이 들자 읍인들이 용을 기원하여 비가 내렸다. 사부(祠部)가 용택후(龍澤侯)라는 작위를 내리고 사(祠)를 순제(順濟)라고 했다. 광서『가흥부지』권10, 단묘(壇廟).
403) 가흥부성 성문 밖에 있다. 원 초에 설치하였는데, 순제 지정(1341~67) 말에 병란에 훼손되었던 것을 명 홍무 원년 4월 역승을 두고, 참선 17척을 배치했다. 광서『가흥부지』권28, 우전(郵傳). 역전의 하나로 양식과 물건을 운반하는 일을 담당했고, 대사 1명, 부사 1명을 두었다.『명사』권75, 직관지 4. 명대의 역전제도는 처음에는 남경을 중심으로 역로가 설치되었지만, 후에는 북경을 중심으로 수륙의 편리를 이용했는데, 각지의 지세와 사회, 그리고 경제 사정에 의해 마역(馬驛) · 수역(水驛) · 수마역(水馬驛), 그리고 수륙체운소가 배치되었다. 星斌夫,『明淸時代交通史の硏究』, 山川出版社, 1971.
404) 가정『절강통지』에는 조씨(趙氏) 성을 가진 열녀를 소개하고 있다. 최부가 본 열녀의 정절문이 이 조씨와 동일 인물인지는 확실하지 않지만 그 예를 소개하기로 한다. '위란(衛蘭)의 처 조씨는 이름이 정단(靜端)으로 숭덕현(崇德縣) 출신이다. 27세에 남편이 죽었을 때, 약한 갓난아이가 있었다. 재가를 권하자 정단은 우물을 가리키며 맹세하기를 이 우물은 고칠 수 있지만 나의 마음은 고칠 수 없다며 헛된 말을 하지 말라고 했다. 그후 열심히 양잠과 실짜기로 시부모를 모셨

橋)를 지나 서수역(西水驛)⁴⁰⁵⁾에 도착했다. 역 앞에 돌기둥을 세워 집과 행랑을 만들었는데 강에서 백여 보 떨어져 있었다. 행랑 아래에 닻줄로 배를 매었다.

역승 하영(何榮)이 시 3절구를 지어 보내주기에 화답하니 하영은 별도로 채찬(菜饌)·건계(乾鷄)·문어(八帶魚)⁴⁰⁶⁾ 등을 나누어주면서 말했다.

"우리 조정의 낭중(郞中)⁴⁰⁷⁾ 기순(祁順)⁴⁰⁸⁾과 행인(行人)⁴⁰⁹⁾ 장근(張謹)⁴¹⁰⁾은 예전에 조선 사신으로 가 『황화집』을 지었소. 당신 나라 사람

다. 시부모가 죽자 힘써 장례를 치렀다. 어려운 생활 40여 년 동안 절개를 지키기에 변함이 없었다. 명 무종 정덕 연간(1506~21)에 72세로 죽었다.' 가정『절강통지』 권49, 인물지.

405) 통성문(通城門) 밖에 있다. 가정『절강통지』 권14, 건치지.
406) 양신(楊愼)은 하라어(何羅魚)가 지금의 팔대어라고 했다. 팔대어는 즉 팔초어(八稍魚)로 머리는 하나에 8개의 몸으로 되어 있다. 그러나 하라어가 10개의 몸이 있는 것과는 차이가 있다.『흠정속통지』 권179, 곤충초목략(昆蟲草木略).
407) 여기서 낭중은 호부낭중(戶部郞中)을 말한다. 호부에는 상서(정2품) 1명, 좌·우시랑(정3품) 각 1명이 있고, 절강·강서·호광·합서·광동·산동·복건·하남·산서·광서·귀주·운남의 13청리사(淸吏司)에 낭중(정5품)이 1명, 선종 선덕 연간 이후에 산서는 3명, 섬서·귀주·운남은 각 2명, 산동은 1명을 두었다.『명사』 권72, 직관지 1.
408) 자는 치화(致和), 호는 달암(達菴)과 손천거사(巽川居士). 동완(東莞) 출신이다. 명 영종 천순 4년(1460)의 진사로 병부주사에 제수되었고, 호부원외랑·낭중에 승진했으며, 헌종 성화 11년(1475)에 건저(建儲) 문제로 조선에 사신으로 갔다. 관은 강서포정사(江西布政司)까지 역임했고, 효종 홍치 10년(1497)에 죽었다.『국조헌징록』 권86, 강서포정사포정사기공순묘지명(江西布政司布政使祁公順墓地銘).
409) 행인사(行人司)는 사정(司正, 정7품) 1명, 좌·우사부(左·右司副, 종7품)가 각 1명, 행인(行人, 정8품) 37명으로 구성되었으며, 직책은 주로 사신이나 조칙의 반행, 종실의 책봉, 이민족의 초무, 현재(賢才) 초빙 등의 일을 담당했다.『명사』 권74, 직관지 3.
410) 장근(張謹)이 아니라 장근(張瑾)이다. 명 헌종 성화 8년(1472)에는 기공병부원외랑(紀功兵部員外郞)이 되었고,『명사』 권155, 유취열전[劉聚列傳], 헌종 10년에는 기공낭중(紀功郞中)이었다.『명사』 권171, 왕월열전(王越列傳). 그런데 『성종실록』 권64, 7년 2월 갑신에 기순과 장근에 대한 기록이 보인다. 상사(上使)인 기순은 광동인(廣東人)으로 갑과에 급제했고, 부사인 장근은 소주인(蘇州人)으로 북경에서 성장했는데, 22세에 과거에 합격했다는 것이다.

들과 시를 주고받았는데 서거정⁴¹¹⁾이 제일 첫머리에 나오더군요. 시에 이르기를 '명 황제가 삼한 사정을 물으면 문물과 의관이 상국과 같다고 하리라'⁴¹²⁾고 했소. 지금 당신을 보니 진실로 천재일우의 기회가 아닌가 싶소. 더구나 시로써 화답하니 삼가 미미한 예물이지만 음식을 조금 지급하려 하니, 바라건대 눈에 찬다면 매우 다행이겠소."

나는 말했다.

"기 낭중의 문장은 청아하고 덕망이 높아 모두들 흠모하고 있소. 지금은 어떤 관직에 있으며, 장 행인은 또한 어떠한 직무를 맡고 있소?"

"기 낭중은 좌천되어 귀주(貴州)⁴¹³⁾ 석천부(石阡府)⁴¹⁴⁾ 지부⁴¹⁵⁾를 역임하다가 죽었고, 장 행인은 죄를 지어 지금은 금의위(錦衣衛)⁴¹⁶⁾에 충군⁴¹⁷⁾되었소."

---

411) 자는 강중(剛中)이며, 시호(諡號)는 문충(文忠)으로 경상도 대구 출신이다. 문충공 권근(權近)의 외손이다. 세종 20년(1438)에 생원시와 진사시 두 시험에 합격하고, 세종 26년(1444)에 문과 3등으로 급제하여 사재 직장(司宰直長)에 제수되었다. 집현전(集賢殿) 박사와 부수찬(副修撰), 지제교 겸 세자우정자(知製敎 兼 世子右正字), 부교리를 지냈다. 세조 3년(1457)에 중시(重試)에 장원으로 합격하여 통정대부(通政大夫) · 사간원 우사간(右司諫) · 지제교에 제수되었다. 다음해 정시(廷試)에서 합격하여 공조 참의(參議)가 되었고, 이조 참의 · 형조 참판(參判) · 사헌부 대사헌(大司憲) · 예문관 제학(提學) · 예조 참판 · 공조 판서(判書) · 의정부 좌찬성(左贊成) 등을 역임했다. 『경국대전』(經國大典) · 『동국통감』(東國通鑑) · 『여지승람』(輿地勝覽) · 『역대연표』(歷代年表) · 『동인시화』(東人詩話) · 『태평한화』(太平閑話) · 『필원잡기』(筆苑雜記) · 『동인시문』(東人詩文) 편찬에 참여했다. 『문과방목』 세종 26년(1444), 식년시 을과 3; 세조 3년(1457) 중시 병과 1; 세조 12년(1466) 발영시(拔英試) 2; 세조 12년(1466) 등준시(登俊試) 1.

412) 성종 7년(1476)에 낭중 기순과 행인 장근이 사신으로 오자, 서거정이 원접사(遠接使)가 되었는데, 기순은 사림(詞林)에 뛰어나 압록강에서 서울까지 도로와 산천의 경치를 문득 시로 표현해 읊으니, 서거정이 즉석에서 그 운에 따라 화답하되 붓을 휘두르기를 물 흐르는 듯하며, 어려운 운을 만나서도 10여 편을 화답하는데 갈수록 더 기묘해지니, 두 사신이 자신도 모르게 무릎을 꿇었다. 기순이 태평관부(太平館賦)를 짓자 서거정이 차운(次韻)하여 화답하니, 기순이 감탄하기를 "부(賦)는 예전에 차운하는 이가 아직 있지 아니했으니, 이것도 사람이 하기 어려운 것이다. 공과 같은 재주는 중조(中朝)에 찾아도 두세 사람에 불과할 뿐이다"라고 했다. 『성종실록』 권223, 19년 12월 계축.

연이어 하영이 물었다.

"서거정[418]은 지금 어떤 관직에 있소?"

"의정부좌찬성[419] 직에 있소."

"서거정은 문장가로서 역시 해동의 인물이지요."

서수역을 출발하여 큰 다리를 지나 가흥부(嘉興府)[420]에 도착했다. 바로 이곳이 옛날 취리성(檇李城)[421]으로 월(越)이 오(吳)를 물리친 곳이다. 성에는 부치(府治)와 수수(秀水),[422] 가흥 두 현의 치소가 있다.

---

413) 귀주는 본래 서남이(西南夷)인 나시귀국(羅施鬼國)의 땅이었다. 원대에 이 지역에 팔번순원등처군민선위사사도원수부(八番順元等處軍民宣慰使司都元帥府)를 두었다. 명 태조 홍무 초에 그 지역을 호광·사천·운남 3포정사로 나누었는데, 성조 영락 11년(1413)에 귀주등처승선포정사사(貴州等處承宣布政使司)를 두어 귀주선위사사(貴州宣慰使司)와 사주부(思州府) 등을 통솔케 했다. 『대명일통지』 권88, 귀주포정사.

414) 「우공」의 형주(荊州) 남예(南裔) 땅이다. 원대에 석천등처장관사를 두어 사주군민선무사(思州軍民宣撫司)에 예속시켰다. 명 성조 영락 11년(1413) 석천부로 고치고 귀주포정사에 예속시켰다. 『대명일통지』 권88, 귀주포정사.

415) 윤1월 20일 주 163) 참조.

416) 금의위는 시위(侍衛)·집포(緝捕)·형옥(刑獄)의 일을 담당했다. 또한 조회나 순행시에 의장, 그리고 숙직 등을 담당한다. 항상 훈척(勳戚)이나 도독이 통솔하며, 은음(恩蔭)이나 기록관(寄祿官)이 임명되는데 정해진 인원은 없다. 『명사』 권76, 직관지 5.

417) 범죄자를 군사로 충당하는 것을 말한다.

418) 2월 15일 주 411) 참조.

419) 의정부는 백관을 통솔하고 서민을 평안케 하며, 음양을 다스리고, 나라를 통할한다. 정1품으로 좌·우의정(종1품)이 각 1명, 좌·우찬성이 각 1명이다. 『경국대전』 권1, 이전 경관직 정일품아문.

420) 2월 15일 주 399) 참조. 만력 『대명일통지』에 가흥역이라는 명칭이 보이지 않는다. 만력 『대명일통지』 권145, 병부 28 역전 1. 현재의 단계에서는 연혁을 고증할 수 없으나 『명문형』(明文衡) 권26, 徐一夔, 與王待制書에 가흥역이라는 명칭이 보인다.

421) 가흥부성 서남쪽 45리 되는 곳에 있다. 춘추시대에 월왕 구천이 오왕 합려(闔廬)를 취리에서 싸워 이겼다. 『사기』 권41, 월왕구천세가. 오왕이 부상을 당하고 이곳에서 죽었다. 『대명일통지』 권46, 영파부.

422) 부곽(附郭)으로 본래는 오나라 가흥현의 땅이다. 명 선종 선덕 4년(1429)에 나누어 수수현치(秀水縣治)를 가흥부성 내 서북쪽 80리 되는 곳에 두었다. 『대명일통지』 권39, 가흥부.

강은 성을 휘감고, 동남쪽에서 남쪽, 서쪽을 지나 다시 북쪽으로 흘러갔다. 도시 가옥의 규모나 경물(景物, 풍경과 산물)의 번화함[423]은 영파부와 같았다.

삼청갑(杉靑閘)[424]을 지나 당나라 승상 육지(陸贄)[425]의 고향에 도착했다.[426] 마을은 성 서쪽에 있고 정문이 강가에 있다. 또 안양문(安洋門)·운정문(雲程門)·책병교(冊兵橋)·영복교(永福橋)·송청(松靑)순검사[427]를 지났다. 밤에 비가 내리는데도 순풍을 타고 새벽녘에 이르

---

423) 『한서』지리지에 강동(江東) 지역의 큰 도회지다. 구지(舊志)에 말하기를 삼강(三江, 송강(松江)·누강(婁江)·동강(東江))과 인접하고 대해가 그 동남쪽을 돌고 진택(震澤, 태호)이 그 서북쪽으로 돌아 모여드는 택국(澤國, 호수가 많은 지방)의 아름다운 곳이다. 가정『절강통지』권64, 잡지(雜志).
424) 갑은 언(堰)과 같은 것으로 물 흐름을 막아 수량을 조절하고 관개에 사용하는 동시에 하천이 범람하는 것을 막는 시설이다. 山根幸夫,『明代徭役制度の展開』, 東京女子大學學會, 1966. 양안으로부터 석루(石壘)를 돌출시켜 축조하여 가운데를 수면 아래까지 두꺼운 판으로 된 문을 내려 이것을 위아래로 개폐하는 장치다. 谷光隆,『明代河工史硏究』, 同朋舍, 1991. 최부는 6월 4일자 일기에서 "양쪽 언덕에 돌로 제(堤)를 쌓고 그 가운데에 배 한 척이 지나갈 수 있게 한다. 또 넓은 판자로 그 흐름을 막아서 물을 저장하는데 판자의 많고 적음은 물의 얕고 깊음에 따른다. 또 제 위에 목교(木橋)를 설치하여 사람들이 왕래할 수 있게 했다. 또 두 개의 기둥을 목교의 양쪽 옆에 세워 패(壩)의 제도와 같이 하여 배가 도착하면 곧 그 다리를 들어올려 줄로 기둥에 매고 넓은 판자를 끌어올려서 그 흐름을 통하게 한 후에 배를 당겨서 지나가게 한다. 배가 지나가면 다시 이것을 막았다"라고 서술했다.
425) 자는 경여(敬輿), 소주 가흥(蘇州 嘉興) 출신이다. 18세에 진사에 급제하였고, 관은 당 덕종 연간(779~804)에 한림학사를, 후에 중서시랑과 동평장사(同平章事)를 역임했다.『신당서』권157, 육지열전;『구당서』권139.
426) 육지(陸贄)의 조상 저택이 항주부치 서남쪽에 있었는데, 지(贄)의 조상 이름은 제망(齊望)으로 당대에 비서감(秘書監)이 되었다. 대종 대력(766~779) 중에 저택을 사찰로 했다. 비각(碑刻)이 존재하는데, 지금은 폐하고 보화창(寶花倉)이 되었다. 가정『절강통지』권3, 지리지.
427) 삼청갑순검사의 오기인 것으로 보인다. 수수현(秀水縣)에는 송청순검사(松靑巡檢司)가 아니라 삼청갑순검사(杉靑閘巡檢司)가 현 동북쪽 5리 되는 곳에 있다고 했으며, 또 만력『대명회전』권138, 병부 21 관진(關津) 1에도 삼청갑순검사라는 곳은 있지만 송청순검사라는 명칭은 보이지 않는다. 만력『대명회전』권138, 병부 21 관진 1.

러 평망역(平望驛)[428]에 도착하여 정박했다.

【2월 16일】 오강현(吳江縣)[429]을 지나 소주부에 도착하다.

　이날은 흐렸다. 평망하(平望河)[430]를 거슬러 올라 영은문·안덕교(安德橋)·대석교(大石橋)[431]·장로포(長老鋪)·야호(野湖)[432]·원앙호(鴛鴦湖)[433]를 지났다. 호숫가는 돌로 방죽[堰]을 쌓았는데, 거의 10여 리나 되었다. 오강호(吳江湖)·석당(石塘)·대포교(大浦橋)·철포교(徹浦橋)를 지나 구리석당(九里石塘)에 도착했는데, 당은 태호(太湖)와 경계를 이루었다. 태호[434]는 「우공」에 '진택(震澤)을 정했다'[435]는 것과 『주례』 직방(職方)[436]에 '양주의 수택(藪澤)을 구구(具區)라고 했다'는 것[437]이 바로 이것이다. 또는 이것을 오호(五湖)라고도 하는데 그

---

428) 오강현(吳江縣) 남쪽 45리 되는 곳에 있다. 당대에는 오흥군(吳興郡)에 속한 수마역(水馬驛)이었다. 정덕 『고소지』(姑蘇志) 권26, 창장(倉場) 역체(驛遞).
429) 소주부성 남쪽 40리 되는 곳에 있다. 한대 이래 오현(吳縣)의 땅이었다. 오대 후량(後梁) 태조 개평(907~910) 중에 오월 왕 전씨가 처음으로 오강현을 두었다. 원대에 주로 승격시켰던 것을 명 태조 홍무 초에 현으로 고쳤다. 『대명일통지』 권8, 소주부.
430) 안동현(安東縣) 북쪽 80리 되는 곳에 있다. 『대청일통지』 권64, 회안부. 『독사방여기요』에는 평망진(平望鎭)이라는 명칭이 보인다. 오강현 남쪽 45리 되는 곳에 있으며, 가호(嘉湖)를 지키는 중요한 길이다. 운하가 오강현으로부터 남쪽으로 평망진에 이르고 가흥부에 접하고 있다는 기록에서 평망진 근처의 하(河)를 평망하라고 부르는 것 같다. 『독사방여기요』 권24, 강남 6.
431) 소주는 택국(澤國)으로 성 내외를 감싸도는 것이 모두 물이라고 할 정도로 소주는 주변에 호수와 강이 많다. 따라서 소주에서의 교량 수는 상당수에 이르렀다. 정덕 『고소지』 권16, 교량 상편.
432) 야호가 아니라 분호(汾湖, 일명 分湖)인 것으로 보인다. 가흥부에서 소주부로 가는 길목에 있는 호수로 오강현과 가흥부에 나뉘어 속해 있다. 정덕 『고소지』 권10, 수(水).
433) 원앙호는 가흥부성 남쪽에 있는 호수로, 일명 남호(南湖)라고도 한다. 호수 중에 원앙이 많아 또는 그 동서 양쪽 호수가 서로 접해서 이렇게 불렸다고 한다. 『대명일통지』 권39, 가흥부. 오강현 남쪽 40리 되는 곳에 있는 앵두호(鶯脰湖, 일명 鶯闘湖)인 것 같다. 최부의 여정상 원앙호가 오강현에서 나올 수가 없다. 아마도 순서를 잘못 인식한 것으로 생각된다.

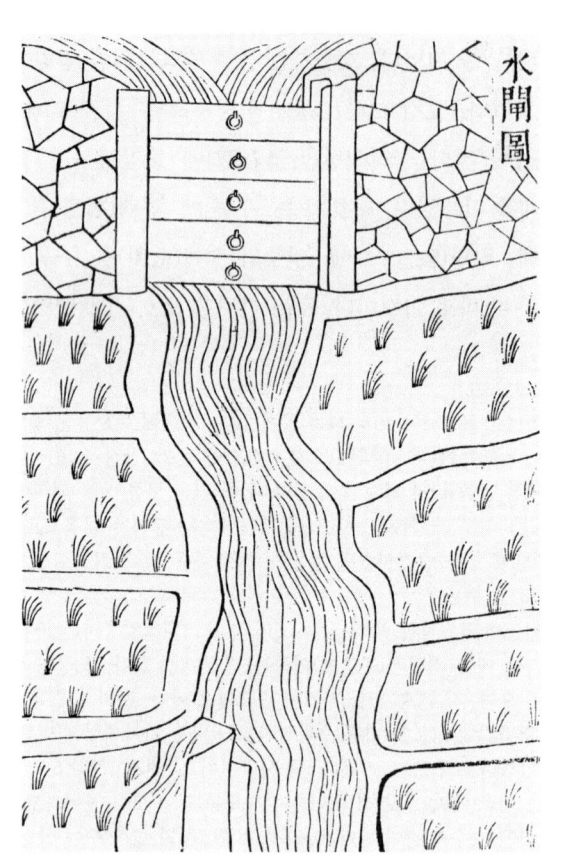

수갑도. 수량을 조절하는 관개시설이다(『천공개물』).

호숫가의 길이가 500여 리나 되기 때문에 붙여진 이름이고, 범려(范蠡)[438]가 놀던 곳이다.[439]

호수 가운데에는 동정(洞庭)[440]의 동서로 산이 둘 있는데, 일명 포산(苞山)[441]이다. 한눈으로 천 리를 볼 수 있으며, 높은 바위와 여러 산이 넓고 아득히 펼쳐져 있었다.[442] 호수의 동북쪽에는 영암산(靈岩山)[443]이 태호를 내려다보고 있었다. 일명 연석산(硯石山)이라고 하는데, 오

---

434) 태호는 소주부성 서남쪽 50리 되는 곳에 있다. 「우공」에는 진택(震澤), 「주관」(周官)·『이아』(爾雅)에서는 구구(具區), 『사기』와 『국어』에서는 오호(五湖)라고 하며, 『도경』(圖經)에서는 공호(貢湖)·유호(遊湖)·서호(胥湖)·매량호(梅梁湖)·금정호(金鼎湖)를 5호라고 하고, 위(魏)의 위소(韋昭)는 서호·여호(蠡湖)·조호(洮湖)·격호(滆湖)·태호를 5호라고 했다. 오의 우번(虞翻)은 물이 다섯 길로 통한다고 하여 5호라고 했다. 그 지역은 소주·상주·가흥·호주에 걸쳐 있다. 『대명일통지』 권8, 소주부.

435) 회수와 바다 사이가 양주다. 팽려(彭蠡)란 호수에 방죽을 쌓자 철따라 날아다니는 물새들이 그곳에 살게 되었다. 세 갈래의 강물을 바다로 들어가게 하자 진택이란 못의 물이 일정해져 호숫가에는 가는 대와 굵은 대들이 잘 자랐다. 『상서』 하서 우공.

436) 천하의 지도와 지형을 담당하고 각 방국(邦國)·도비(都鄙)·사이(四夷) 등의 인민과 그 재용·구곡(九穀)·육축(六畜)의 수를 판별하고 각지의 이익과 손해를 주지시킨다. 『주례』 하관 직방씨.

437) 동남은 양주다. 진산은 회계(會稽)다. 대택(大澤)은 구구(具區)가 있다. 하류에는 삼강(三江)이 있다. 관개용 수침(水浸)에는 오호가 있다. 『주례』 하관 직방씨. 여기서 구구는 옛 태호를 말한다. 막리무산(莫釐武山)의 동쪽에 있는데 태호와 연결된다. 그런데 정덕『고소지』에서는 『주례』에서 언급하고 있는 5호가 다른 곳에 소재하는 것이라며 고증할 수 없다고 서술하고 있다. 정덕『고소지』 권10, 수.

438) 범려(范蠡)는 자가 소백(少伯)으로 춘추시대 월의 상장군(上將軍)이다. 본래는 초의 완(宛)의 삼호(三戶) 출신이다. 문종(文種)과 함께 월왕 구천(句踐)을 받들었다. 『사기』 권41, 월왕구천세가; 권129, 화식열전(貨殖列傳).

439) 범려가 배를 타고 오호의 입구로 들어갔다. 정덕『고소지』 권10, 수.

440) 소주부성 서쪽 130리 되는 태호 안에 있다. 일명 포산(包山)이라고 하며, 『한서』에 '아래에 동혈(洞穴)이 있는데 자맥질하여 물밑까지 들어가면 어디든지 통한다'고 하여 지맥(地脈)이라고 한다. 도교의 서(書)에 제9동천(第九洞天)이라고 한다. 『대명일통지』 권8, 소주부.

441) 포산(苞山)이 아니라 포산(包山)이다. 『대명일통지』 권8, 소주부; 정덕『고소지』 권9, 산 하편.

(吳)가 연석 관왜궁(館娃宮)⁴⁴⁴⁾을 지었다는 곳이다. 산은 고소산(姑蘇山)⁴⁴⁵⁾에서 10리 떨어져 있으며, 산세가 연속하여 태호를 감싸고 있다. 호수의 북쪽에도 산이 하나 있는데, 바라보면 넓고 아득하여 횡산(橫山)⁴⁴⁶⁾이라 한다.

태호패에 도착하니 패의 석축은 호수의 남북에 걸쳐 있다. 50여 리 정도 거리에 수홍교(垂虹橋)⁴⁴⁷⁾가 있는데, 홍문이 무려 400여 개나 되었으며, 조그만 구멍이 계속 이어져 있고, 큰 것은 목장교(木莊橋)나 만경교(萬頃橋)⁴⁴⁸⁾ 등과 같았다. 태호패를 돌아 북쪽으로 가서 용왕묘, 태호묘,⁴⁴⁹⁾ 축성문(祝聖門)을 지났는데, 문 앞에 큰 탑이 서 있었다. 탑

---

442) 동정산은 사람이 사는 장소와는 다른 지역으로 여러 봉우리는 모두 아름답고 특이한데 표묘봉(縹緲峯)이 가장 높고 그 정상에 올라가면 오월의 여러 산이 아득하게 눈앞에 펼쳐진다. 정덕『고소지』권9, 산 하편.

443) 소주부성 서남쪽 25리 되는 곳에 있는데 연석산(硯石山)이라고도 한다. 오왕의 관왜궁(館娃宮) 옛터다. 구지(舊志)에 아래로 태호를 조감하고 동정(洞庭)의 두 산을 바라볼 수 있다고 했다.『대명일통지』권8, 소주부.

444) 영암산(靈巖山) 위에 있고 고소대(姑蘇臺)가 그 앞에 있다. 오나라 사람들이 미녀를 왜(娃)라고 하는데 서시(西施)에서 이름을 딴 것이다.『대명일통지』권8, 소주부.

445) 소주부성 서쪽 40리 되는 곳에 있으며 고서산(姑胥山)이라고도 한다. 고소대가 그 위에 있고, 한대 사마천이 일찍이 고소대에 올라 오호를 바라보았다고 한 것이 바로 이곳이다.『대명일통지』권8, 소주부.

446) 소주부성 서남쪽 20리 되는 곳에 있다. 호산(湖山)의 가운데 의거하고 있는데 산에는 5개의 작은 성과, 명인원(明因院)과 보적사(寶積寺)가 있다.『대명일통지』권8, 소주부.『수서』십도지(十道志)에 산의 사면이 모두 횡(橫)이어서 이름 붙여졌다고 한다. 거호산(踞湖山)이라고도 하는데 산이 태호에 임한 것이 마치 두 다리를 뻗고 앉은 모양이어서 이러한 이름이 붙었다. 권9, 산 하편.

447) 오강현 동문 밖에 있다. 일명 이왕(利往), 장교(長橋)라고도 한다. 송 인종 경력 8년(1048)에 현위(縣尉) 왕정견(王廷堅)이 세웠다. 나무로 만들었는데 동서로 40여 척이다. 원 진종 태정 2년(1325) 판관 장현조(張顯祖)가 72개의 동(洞)을 뚫었다. 정덕『고소지』권20, 교량 하편.

448) 원 순제 지정 연간(1341~67)에 세웠다. 정덕『고소지』권20, 교량 하.

449) 강 남쪽 유석(酉昔) 방교(坊橋) 옆에 있다. 송 진종 대중상부(1008~16) 중에 건립했고, 남송 고종 소흥 15년(1145)에 사액되었다. 봄과 가을에 제사를 지내는데 축문에는 바람과 파도가 일지 않아 백성들이 편안하게 거주하고 새로 일군 논에서 농사를 지을 수 있도록 기원하고 있다. 정덕『고소지』권28, 단묘 하편.

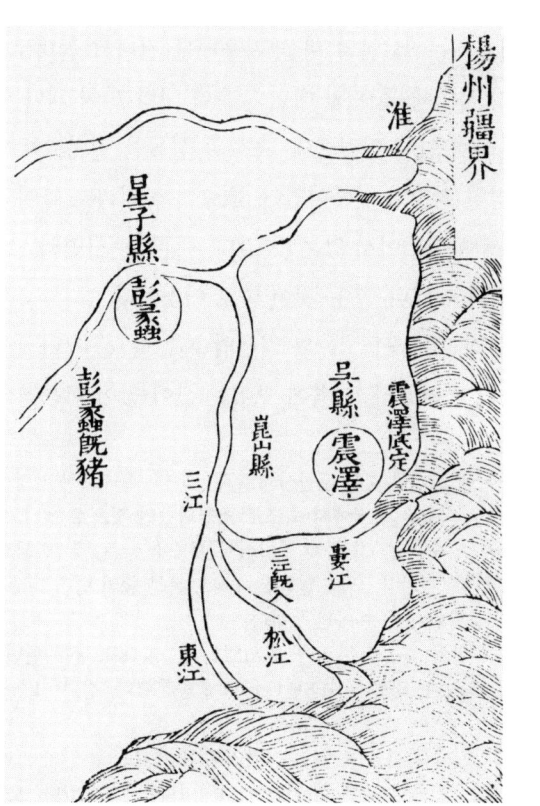

『상서』「우공」에 보이는 진택(『삼재도회』).

은 14층⁴⁵⁰⁾으로 층마다 모두 옥개(屋蓋)를 가설했으며, 바라보면 마치 하늘에 오르는 사다리 같다.

주절문(駐節門)을 지나 송릉역(松陵驛)⁴⁵¹⁾에 도착했다. 잠깐 배를 멈추었다가 지나갔다. 은영문·회원문(會元門)⁴⁵²⁾·도실조사문(都室造士門)·진사문⁴⁵³⁾·예모문(鸞髦門)·유학⁴⁵⁴⁾·대명교(大明橋)·등과문을 지났다. 태호패는 역 앞의 마을 가운데를 지나서 곧바로 오강현에 다다랐는데, 그 사이에 돌로 된 대교 홍문이 대략 70여 개나 있었다. 역과 현은 모두 태호 안에 있었는데, 초석과 섬돌을 펼치고 위에는 돌기둥을 세워 조영한 장려한 건물이었다. 호수가 둘러싸고 돌아 돛과 돛대가 마을 중에 빽빽이 들어서 있는 것 같다. 이른바 '사면의 고기잡이 집이 현성을 둘러싸고 있다'⁴⁵⁵⁾는 것이 바로 이것이다.

노를 저어 삼리교(三里橋)⁴⁵⁶⁾와 영은암(迎恩菴)을 지나 윤산호(尹山湖)⁴⁵⁷⁾를 거슬러 올라갔다. 서쪽에 보이는 산이 있어 이름을 물으니 사

---

450) 탑(塔)이 중국에 전래된 것은 후한시대로 추정되며, 실례로서 가장 오래된 것은 북위의 탑이다. 목탑은 중국에서 최초로 조영되었던 것으로 생각되며, 그 층수는 중국인들이 양수(陽數)를 특히 좋아했기 때문에 3·5·7·9 등의 홀수로 구성되었다고 한다. 김희경, 『탑』, 열화당, 1982. 본문 중의 탑은 14층으로 표현되었기 때문에 정확한 층수는 아닌 듯하다.
451) 옛적에는 오강현치(吳江縣治) 남쪽에 있었는데, 명 태조 홍무 원년 유학(儒學)의 왼쪽으로 옮겼다. 영종 천순 8년(1464)에 중건했다. 정덕『고소지』 권36, 역체(驛遞).
452) 과거에 급제하거나 관직을 표장(表奬)하기 위해 방(坊, 성 안의 거리)으로 구분되어 있었는데, 그 중 하나에 회원방(會元坊)이라는 것이 있다. 오강현에는 명 헌종 성화 17년(1481)에 조관(趙寬)을 위해 세운 방(坊)으로 현학(縣學) 앞에 있다. 문은 이 근처에 있었을 것이다. 정덕『고소지』 권17, 방항(坊巷).
453) 오강현에는 진사방(進士坊)이라는 것이 범종(范宗)·막진(莫震)·매륜(梅倫)·황저(黃著)·오홍(吳洪)·섭신(葉紳) 등을 기리기 위해 9군데에 설치되어 있었다. 정덕『고소지』 권17, 방항.
454) 오강현치 동남쪽에 있다. 남송 고종 소흥 연간(1131~62)에 세웠고, 명 태조 홍무 중에 재건했다.『대명일통지』 권8, 소주부.
455) 이관(李貫), 오강현시(吳江縣詩)(『방여승람』(方輿勝覽) 권2, 평강부)의 내용이다. 오(吳) 지방의 풍속은 물고기를 잘 잡는다. 그들은 강호에서 성장하여 수족(水族)의 성질을 잘 알고 있고, 어구도 대단히 많다. 정덕『고소지』 권13, 풍속.

자산(絲子山)이라 했다. 그 북쪽에 있는 산이 고소산(姑蘇山)이다. 송강(松江)⁴⁵⁸⁾은 윤산호의 동쪽에 있었다. 다시 노를 저어서 윤산포·윤산교를 지났다. 왼쪽에 배로 만든 부교(浮橋)⁴⁵⁹⁾가 있는데 거의 3리 정도에 이르렀다. 보대교(寶帶橋)⁴⁶⁰⁾에 이르자 홍문이 55개나 있었는데 배와 수레가 왕래하는 요충이었다. 보대교가 담대호(澹臺湖)⁴⁶¹⁾에 걸쳐 있는데, 호수와 산이 좋은 경관을 이루고 있어서 바라보면 마치 허리띠를 두른 것 같았다. 추응박(鄒應博)⁴⁶²⁾이 중건⁴⁶³⁾한 것이라 한다.

3경이 되어 소주성⁴⁶⁴⁾을 동·남·서로 돌아 고소역⁴⁶⁵⁾ 앞에 도착했다. 보대교에서 역에 이르기까지 양쪽 호숫가에 시가와 상점이 이어져 있었고, 상선이 성시를 이루고 있어서 진실로 '동남 제일의 도회지'⁴⁶⁶⁾

---

456) 북문 밖에 있다. 창장(倉場) 왼쪽에 있는데, 원 진종 태정 1년(1324)에 세웠고, 명 영종 천순 6년(1462)에 중건했다. 정덕『고소지』권20, 교량 하편.
457) 소주부 동남쪽 20리 되는 윤산시(尹山市) 동북쪽에 있다. 『강남통지』권12, 여지지(輿地志) 소주부.
458) 삼강(三江)의 하나로 소주 서남쪽 70리 되는 곳에 있는데 태호에 이르른다. 이를 송강이라고 한다. 옛 입택강(笠澤江)이다. 정덕『고소지』권10, 수.
459) 배를 가지고 만드는데 물살이 급한 곳에서는 다리를 만들지 못하기 때문에 배를 띄워 건너가게 한다. 『삼재도회』궁실(宮室) 권2, 부교. 명 태조는 회수(淮水)를 건널 때 부교를 만드는 제도를 처음으로 정했는데, 당시 배 45척을 연결해서 만들었다. 『명 태조실록』권82, 홍무 6년 5월 계묘조.
460) 소주부성으로부터 15리 떨어져 있다. 담대호에 걸쳐 있으며 남북으로 길이가 30여 장으로, 지금은 소장교(小長橋)라고 부른다. 전해지기로는 당 왕중서(王仲舒)가 세웠다고 한다. 사람들이 비용을 서로 내어 세워 이러한 이름이 붙었다. 정덕『고소지』권19, 교량 상편.
461) 본문에는 '담(儋)'으로 표기되었으나 정덕『고소지』권10, 수;『대명일통지』권8, 소주부에는 '담(澹)'으로 표기되어 있다. 소주부성 남쪽 18리 되는 곳에 있다. 『사기』에 공자의 제자 담대멸명(澹臺滅明)이 남쪽으로 유람하다 강에 이르러 이곳에 집을 지었다. 후에 우묵 들어가 호가 되었다.『대명일통지』권8, 수.
462) 남송 이종(理宗) 소정 4년(1231) 9월 14일 중봉대부(中奉大夫)로 새로이 직비각(直秘閣)에 제수되었다. 6년 11월 임안으로 들어갔다. 정덕『고소지』권3, 고금수령표 중편.
463) 남송 이종 소정 5년(1232)에 군수 추응박이 거듭 수리했으며, 명 영종 정통 연간(1436~49)에 순무시랑 주침(周忱)이 재차 수리했다. 정덕『고소지』권19, 교량 상편.

라 할 수 있었다.

【2월 17일】고소역 앞에서 숙박하다.

이날은 맑았다. 소주는 옛날 오왕(吳王) 합려(闔閭)⁴⁶⁷⁾가 오자서(伍子胥)⁴⁶⁸⁾로 하여금 성을 쌓게 해 도읍했던 곳이다. 성 둘레는 항주와 비슷하며, 부치와 오현(吳縣),⁴⁶⁹⁾ 장주현(長洲縣)⁴⁷⁰⁾의 치소도 모두 성 안에 있었다. 성의 서문(胥門)⁴⁷¹⁾에 고소대(姑蘇臺)⁴⁷²⁾가 있었는데, 지금은

---

464) 소주부성은 합려의 옛 성이다. 합려 당시에 자서(子胥)가 국가를 세우려고 할 때 큰 성을 쌓았는데 주위의 둘레가 47리에 달했다. 명조는 오를 평정하고 더욱 수축하여 높이와 넓이가 견고하고 치밀해졌다. 지금의 성은 '아'(亞)자의 형태를 띠고 주위는 34리 정도다. 정덕『고소지』권16, 성지.

465) 옛 이름은 고소관(姑蘇館)으로 서문(胥門) 뒤, 하서성(河西城) 아래에 있다. 남송 고종 소흥 14년(1144) 군수 왕환(王喚)이 세웠고, 명 홍무 1년(1368) 지부 하질(何質)이 반문(盤門) 밖으로 옮겼다. 처음 이름은 고소(姑蘇)였고, 참제령(站提領) 1명이 담당했다. 홍무 2년 참(站)을 역(驛)으로, 제령(提領)을 승(丞)으로 고쳤다. 정덕『고소지』권26, 역체.

466) 오 지방은 번성하여 사방 교외에 공지가 없고 그 풍속은 사치스러우며 검소함이 적다. 바다와 육지의 풍요로움이 있어 상고가 모여들고 의복은 곱고 저택은 화려했다. 정덕『고소지』권13, 풍속.

467) 춘추시대 오의 왕이다. 부차(夫差)의 부로 이름은 광(光)이다. 초를 무찌르고 위세를 떨쳤으나 월왕 구천(句踐)과 싸워 부상을 당하여 죽었다. 합려(闔廬)라고도 한다.『사기』권31, 오태백세가(吳太伯世家).

468) 초나라 사람이다. 이름은 원(員), 부와 형이 모두 초 평왕(平王)에게 살해당하자, 오로 도망가 오왕을 도와 초를 토벌했다. 평왕의 묘를 파헤쳐 사체에 매질을 하였고, 후에 월을 토벌하려고 하였으나 오왕 부차가 월의 뇌물을 받고 자서를 자살케 했다.『사기』권66, 오자서열전.

469) 부곽(附郭)이다. 본래는 오국이다. 진이 오현을 회계군 치소로 했다. 수·당대에는 소주에 속했다. 송대에는 송강부(松江府) 치소였고, 명조도 이에 따랐다. 『대명일통지』권8, 소주부.

470) 부곽(附郭)이다. 본래는 오의 장주원(長洲苑)이다. 한대는 오현의 땅이 되었다. 당 중종 만세통천(696~697) 초에 분리하여 장주현을 두었다. 당 대종 대력 연간(766~779) 이후 명대까지 현으로 했다.『대명일통지』권8, 소주부.

471) 고서문(姑胥門)이라고도 한다. 월 절서(絶書)에 밖에 구곡로(九曲路)가 있는데, 합려가 이곳에서부터 고소대를 유람했는데 태호가 바라다보인다고 한다. 정덕『대고소지』권16, 성지.

부교. 물살이 급한 곳에 배를 연결해 만든 다리다(『삼재도회』).

보대교. 담대호에 걸쳐 있으며 남북으로 길이가 30여 장에 이른다.
지금은 소장교라 부른다.

없어지고 역이 되었다. 물 속에 나무를 세워 황주(湟柱, 제방을 방호하기 위한 목책)를 만들고 돌 제방을 삼면에 쌓았다.[473] 황화루(皇華樓)[474]는 그 앞에 있고, 뒤에는 소양루(昭陽樓)[475]가 있었다.

나는 부영(傅榮)에게 물었다.

"이 역이 만약 고소대의 터라면 옛날 오왕이 대를 축조한 곳이오?"

"아니오. 옛날의 고소대는 고소산에 있었소, 오왕 합려가 산세를 따라 만든 것을, 부차(夫差)[476]가 호화스럽게 개축한 것이오.[477] 그 터가 아직 남아 있으며 소흥 연간(紹興, 1131~62)[478]에 이곳에 대를 쌓고는 고소라고 명했다는데, 지금은 없어지고 역이 되었소. 또 성 안에 대를 쌓고는 편액을 '고소'라고 했소."[479]

동쪽에는 체운소(遞運所)[480]가 있고 또 산해진(山海鎭)이 있었다. 태호의 물은 석당을 경유하여 운하로 흘러 들어가고, 성 동쪽을 거쳐

---

472) 고소산(姑蘇山) 위에 있다. 오왕 합려가 산에 대(臺)의 기초를 세웠다. 『대명일통지』 권8, 소주부. 서대(胥臺) 또는 고여(姑餘)라고도 한다. 합려가 만들었고 봄과 여름에 이곳에서 지냈다고도 한다. 정덕『고소지』 권33, 고적.

473) 정덕『고소지』는 구제기(丘霽記)를 인용하여 고소역을 설명하고 있다. 다시 말해서 반문(盤門) 밖에 설치한 역이 소주부서로부터 멀어 예빈들이 왕래하는 데 불편해 서문 밖 체운소 남쪽으로 성을 등지고 하(河) 앞지역으로 옮기려고 했으나 좁아 수중에 나무를 심고 황주(湟柱)로 석제(石堤)를 만들었다. 3면으로 46 장이다. 정덕『고소지』 권26, 역체.

474) 황화루(皇華樓)가 아니라 황화정(皇華亭)이다. 고소역 오른쪽에 있다. 정덕『고소지』 권26, 역체.

475) 정덕『고소지』에는 소사루(昭賜樓)로 되어 있다. 정덕『고소지』 권26, 역체.

476) 춘추시대 오의 왕이다. 오왕 합려가 월왕 구천의 공격을 받아 부상당하여 죽자 아들인 부차가 왕위에 오른다. 월과의 싸움에서 부친의 원수를 갚았으나 구천의 책략에 휘말려 기원전 473년에 멸망당하여 자살한다. 『사기』 권31, 오태백세가; 정덕『고소지』 권33, 고적.

477) 부차가 대(臺)짓기를 3년 동안이나 했으나 뜻을 이루지 못하자, 다시 자재 모으기 5년 만에 마침내 완성했다. 정덕『고소지』 권33, 고적.

478) 남송 고종의 연호로 건염(建炎)과 소흥(紹興)이 있다. 건염은 1127~30년, 소흥은 1131~62년까지다.

479) 남송 고종 소흥 14년(1144) 군수 왕환(王喚)이 세웠고 성 위에 대를 세웠다. 즉 고소대다. 정덕『고소지』 권26, 역체; 권33, 고적.

고소산 위에 있는 고소대.
오나라 왕 합려가 만들었다 한다(『삼재도회』).

서쪽으로 가서 역에 도달했다. 오자서(伍子胥)가 살았던 곳이기 때문에 서호(胥湖)[481]라 부르는데, 호수의 넓이는 백여 보쯤 되었다. 북쪽으로는 시가지를 둘러싸고 돌고 있었는데, 햇빛이 반사되니 난간 사이로 빛이 떠서 움직이는 듯했다. 성 서쪽의 여러 산 가운데 천평산(天平山)[482]을 고을의 진산으로 부르고 있었으며, 그 산 중에서 경관이 뛰어난 영암(靈岩)·오오(五塢)[483]·앙천(仰天)[484]·진대산(秦臺山)[485]이 질서정연하게 줄지어 있었다. 역이 그곳에 설치되었는데, 그 경치가 빼어났다.

정오에 성이 각각 왕(王)과 송(宋)이라는 안찰어사 두 대인이 역으로 와 예빈관(禮賓館)에서 나를 기다리고 있었다.

그들이 물었다.

"당신은 몇 품이오?"

나는 대답했다.

---

480) 서문 밖에 있다. 원대에 체운참(遞運站)을 두었다. 명 태조 홍무 5년(1372) 지금의 이름으로 고쳤다. 헌종 성화 9년(1473) 구수(丘守)가 고소역을 세웠다. 후에 철폐했으나 다시 새롭게 만들어 역과 나란히 서 있다. 정덕『고소지』 권26, 역체.
481) 5호의 하나로 서산(胥山)에 가까운 호수를 말하며 넓이가 56리다. 정덕『고소지』 권10, 수.
482) 소주부성 서쪽 20리 되는 곳에 있다. 산은 크고 높아 특별히 빼어났는데 여러 봉우리들이 두 손을 마주잡고 예를 표시하는 형상으로 매우 험준하고 가파랐다. 소주부의 진산이다. 『대명일통지』 권8, 소주부.
483) 차오산(茶塢山)의 오기인 것 같다. 이 산은 천평산의 지산(枝山)으로 진대(晉代, 265~418)와 송대(宋代, 420~479) 이후에 금산(金山)으로 불렸다. 정덕『고소지』 권8, 산 상편; 『독사방여기요』 권24, 강남 6.
484) 적산(赤山) 동쪽에 있다. 천평산으로부터 5리 정도 떨어져 있다. 이전에는 마안산(馬鞍山)이라고도 불렸는데 송대의 범문정(范文正, 범중엄)을 사모하는 마음에서 사람들이 지금의 이름으로 고쳤다. 정덕『고소지』 권8, 산 상편.
485) 천평산 오른쪽에 있다. 홀림(笏林)과 전봉(巓峯)이 서로 이웃해 있다. 큰 바위에 진대(秦臺) 두 자를 써넣었다. 진시황이 회계를 유람할 때, 이곳에 올랐기 때문에 이 같은 이름이 붙여졌다고 하며, 일명 신대(晨臺) 또는 신대(神臺)라고도 한다. 정덕『고소지』 권8, 산 상편.

"5품관이오."

"당신은 시를 지을 줄 아시오?"

"우리 나라 선비들은 모두 경학을 궁리하는 것을 업으로 삼고 있소. 그러나 풍월을 읊조리는 것을 천시하기 때문에 나 역시 시사(詩詞)는 배우지 않았소."

"기자가 조선에 봉해졌는데 지금 그 후예는 있소? 또 사당이나 무덤이 있어 제사를 받들고 있소?"

"기자의 후손인 기준은 위만에게 쫓겨나 마한으로 도망하여 도읍했으나, 후에 백제에게 멸망당했으며, 지금은 후사가 없소. 기자묘(箕子廟)[486]는 평양에 있는데 국가에서 해마다 봄·가을에 짐승과 예물로써 제사를 지내고 있소."

"당신네 나라는 무슨 비결이 있어서 수·당의 군대를 물리칠 수 있었소?"

"모신(謀臣)과 맹장(猛將)이 병사를 지휘하는 데 도리가 있었으며, 병졸된 자들은 모두 충성스러워 죽음을 두려워하지 않았소. 그 때문에 고구려는 작은 나라였으나, 충분히 중국의 백만 대군을 두 번이나 물리칠 수 있었소. 지금은 신라와 백제, 그리고 고구려가 한 나라로 통일되어, 인물은 많고 국토는 광대해져 부국강병하오. 충직하고 슬기로운 인재는 수레에 싣거나 말(斗)로 헤아릴 수 없을 정도로 많소."

두 대인이 묻기를 마치고, 외랑(外郎)[487]에게 명하여 쌀 한 쟁반,

---

486) 기자묘는 평양에 있다. 봉사(奉事) 2명을 두었는데, 1명은 이조에서 평안도가 천거한 청남(淸南)과 청북(淸北)의 도민과 암행어사가 추천한 사람을 윤번으로 임명했다. 1명은 관찰사가 선우씨(鮮于氏)인 사람 3명을 골라 임용후보자로 이조에 보고하여 임용하게 한다. 근무일수가 30개월이 되면 임시봉사(臨時奉事)로 하여 단일후보자로 임용했다. 또 15개월이 되면 임시직장(臨時直長)으로 하여 단일후보자로 임용 추천했다. 재차 15개월이 되면 임시령(臨時令)으로 승진시켜서 30개월이 된 후 인사이동 시기를 기다려서 내직으로 옮겼다. 『대전회통』 권1, 이전 숭인전(崇仁殿).

487) 명 말 사람들은 이원(吏員)을 외랑이라고 했다. 『일지록』 권24.

두부 한 쟁반, 국수 한 쟁반을 보내주도록 했다. 나는 시를 지어 답례했다.

성이 정(鄭)이라는 관리가 약헌(約軒)의 시에 화운(和韻)[488]을 요구하기에 나는 즉시 차운(次韻)[489]했더니, 쌀 여섯 말, 거위 한 마리, 나물 한 쟁반, 호도(胡桃) 한 쟁반을 보내왔다. 또 나태감의 가동(家僮)으로 유(柳)라는 아이는 나이가 겨우 열대여섯인데도 언사가 청아했는데, 성 안에서 음식을 가져왔다. 이절과 김태도 음식을 가져 왔다.

자정 무렵에, 달빛을 받으면서 노를 저어 북쪽으로 가 창문(閶門)을 지나니 창문 밖에는 통파정(通波亭)[490]이 호수를 굽어보고 있는데, 옛 이름은 고려정(高麗亭)[491]이었다고 한다. 송 원풍 연간(元豊, 1078~85)[492]에 세워진 것으로 고려의 조공 사신을 접대하던 곳이었다고 한다. 정자 앞에는 가옥과 담장이 연이어 있었고, 배가 빗살과 같이 줄지어 있었다.

접관정(接官亭)[493]에 이르러 배를 댔다. 정자의 서쪽을 바라보니 큰 탑이 있었는데, 한산선사(寒山禪寺)[494]로 그곳이 바로 '고소성 밖 한산

---

488) 화운(和韻)은 타인의 시에 운을 맞춰 시를 짓는 것을 말한다. 유공부(劉貢父)의 『시화』(詩話)에 이르기를 당대의 갱화(賡話, 타인과 서로 시를 이어 부르는 것)에 차운(次韻, 선후가 바뀌지 않음)과 의운(依韻, 똑같이 한 운에 있는 것)이 있었다. 차운은 당대의 원진(元稹, 779~831)과 백거이로부터 시작되었다. 『해여총고』 권23, 화운.
489) 타인의 시와 같은 운자(韻字)를 그 순서 그대로 사용하여 시를 짓는 것을 말한다.
490) 소주부에 5관이 있었다. 그 중의 하나가 통파관(通波館)이다. 후에 폐지하고 주방(酒坊)으로 했다. 대신 통파신관이라는 것을 설치했는데 창문(閶門) 밖에 있었다. 옛 이름은 고려정이다. 정덕『고소지』 권26, 역체.
491) 송 신종(神宗) 원풍 2년(1079)에 고려사정관(高麗使亭館)을 수리했다는 기록이 보이는데(『속자치통감장편』(續資治通鑑長編) 권298, 6월 경자), 정덕『고소지』에는 신종 7년(1084) 조(詔)에 의해 축조되었고, 남송 이종 가희(1237~40) 중에 조여근(趙與懃)이 개창했다고 기록했다. 정덕『고소지』 권26, 역체.
492) 송 신종의 연호로 희녕(熙寧, 1068~77)과 원풍(元豊, 1078~85)의 두 연호를 사용했다.
493) 창문(閶門) 밖에 있다. 정덕『고소지』 권26, 역체.

사⁴⁹⁵⁾라는 시에 나오는 절이다. 지명을 물으니 풍교(楓橋)⁴⁹⁶⁾라 했고, 강 이름은 사독하(射瀆河)⁴⁹⁷⁾라고 했다.

소주는 옛날 오회(吳會)라고 불렸는데, 동쪽은 바다에 연해 있으며, 삼강(三江)⁴⁹⁸⁾을 끌어당기며 오호⁴⁹⁹⁾에 둘러싸여 있었다. 기름진 땅은 천리나 되고 사대부가 많이 배출되었다.⁵⁰⁰⁾ 바다와 육지에서 나는 진귀한 보물, 즉 사(紗)⁵⁰¹⁾나 라(羅),⁵⁰²⁾ 그리고 능단(綾⁵⁰³⁾段) 등의 비단,

---

494) 창문(閶門) 서쪽 10리 풍교(楓橋) 아래에 있다. 옛 이름은 묘리보명탑원(妙利普明塔院)이다. 송 태종 태평흥국(976~983) 초에 절도사 손승우(孫承祐)가 세웠다. 송 인종 가우(1056~63) 중에 보명선원(普明禪院)으로 고쳤다. 당나라 사람들이 이미 한산사를 칭하였기 때문이다. 정덕『고소지』권29, 사관 상편.

495) 달 지고 까마귀 울자 서리 하늘에 가득하고　　　月落烏啼霜滿天,
　　　물가의 단풍 어선의 물빛이 시름 속 잠을 깨운다.　江楓漁火對愁眠.
　　　고소성 밖 한산사에서 울리는　　　　　　　　　姑蘇城外寒山寺,
　　　한밤의 종소리 나그네 뱃전에 다다르네.　　　　夜半鍾聲到客船.
　　　• 王安石 編,『당백가시선』권9, 풍교야박(楓橋夜泊).

496) 소주부성 서쪽 7리 되는 곳에 있다. 산과 물이 있어 놀고 쉴 만한 곳으로 남북에서 왕래하려면 반드시 이곳을 지나야 한다.『대명일통지』권8, 소주부.

497) 풍교 북쪽 10리 되는 곳에 있는데, 진시황이 이곳에서 화살을 쏘았다고 하여 이름이 붙었다. 석독(石瀆)이라고도 한다. 정덕『고소지』권33, 고적.

498) 곤산현(崑山縣) 남쪽 9리 되는 곳에 있다.「우공」의 세 갈래 강물을 바다로 흘러들어가게 하자 태호가 일정해졌다. 당대 중초(仲初)의 오도부(吳都賦)의 주에 송강 70리에서 갈라져 흐르다 동북으로 흘러 바다로 들어가는 것을 누강(婁江), 동남으로 흐르는 것을 동강(東江), 송강과 합하여 삼강(三江)이라고 한다. 지금도 삼강구라고 하는데 춘추시대 범려가 배를 타고 삼강구로 나아갔다는 곳이 바로 이곳이다.『대명일통지』권8, 소주부.

499) 오호는 태호(太湖)라고도 하는데, 오호라고 칭하는 이유에 대해서는 여러 가지 설이 있다. 주위가 500리여서, 또는 태호가 동으로는 송강(松江), 남으로는 삽계(霅溪), 서로는 형계(荊溪), 북으로는 격호(滆湖)로 통하고, 동으로 구계(韭溪)와 인접한다. 즉 5개의 길과 통하기 때문에 오호라고 한다. 또 서호(胥湖) 등 5개 호수의 물이 태호로 통하기 때문이라는 설도 있다. 정덕『고소지』권10, 수.

500) 당경지(唐景之)가 오(吳)를 칭하여 '집에는 불효자가 없고, 조정에는 충성스럽지 않은 신하가 없다. 문으로는 유자 중의 중심인물이 되고, 무는 장수가 된다. 아름답구나' 라고 할 정도다. 정덕『고소지』권43, 인물1.

501) 소주부성에서 생산되는 소자(素者)를 은조(銀條)라고 하는데, 즉 한대의 방공(方空)이라는 것이다. 화문(花紋)이라는 것은 협직(夾織)이라고 하여 역시 금실

금, 은, 주옥, 그리고 장인과 예술인, 거상들이 모두 이곳에 모여든다. 예로부터 천하에서 강남을 가장 아름다운 곳이라 했고, 강남 중에서도 소주와 항주가 제일이었는데, 소주가 더 뛰어났다.

낙교(樂橋)[504]는 성 안에 있는데, 오현과 장주현(長洲縣) 두 현치 사이의 경계에 있었다. 거기에는 상점이 별처럼 밀집되어 있으며, 여러 강과 호수가 흐르고 있어 그 사이로 배들이 드나들었다. 사람들과 물자는 사치를 자랑하고 있었고, 누대(樓臺)는 서로 연결되어 있다. 또 창문과 마두(馬頭, 부두나 나루터) 사이에는 초(楚, 호남성)와 민(閩, 복건성)의 상선들이 핍주(輻輳)하여 운집해 있었다. 호수와 산의 맑고 아름다운 경치는 형형색색의 자태를 뽐내고 있었다.

그러나 우리는 밤중에 배를 타고 고소역에 도착했고, 다음날 역시 바라볼 기회를 얻지 못할 것이다. 게다가 밤에 배를 타고 성 옆을 지났기 때문에 백낙천[505]의 이른바 칠언(七堰)[506] · 팔문(八門) · 육십방(六十坊)[507] · 삼백구십교(三百九十橋),[508] 지금은 옛것을 없애고 새롭게 꾸민것, 뛰어난 경치와 기이한 유적들을 모두 상세히 기록할 수 없다.

로 채색하고 장식한다. 곡문(縠文)은 추사(縐紗)라고 한다. 정덕『고소지』권14, 생식(生植).
502) 소주부성에서 생산되며 화문이 가장 귀하고, 소(素, 백색)가 그 다음이다. 별도로 도라(刀羅)와 하서라(河西羅)가 있다. 정덕『고소지』권14, 생식.
503) 소주부 여러 현에서 생산된다. 오강현이 가장 성하고 당대는 공납품이었다. 이를 오릉(吳綾)이라고 한다. 가벼운 난작문(鸞鵲紋)이라는 것은 장식과 서화에 사용되었다. 정덕『고소지』권14, 생식.
504) 소주부성 중앙에 있는데 서쪽은 오현에, 동쪽은 장주현에 속한다. 오 대제 적오 2년(239)에 세웠다.『대명일통지』권8, 소주부; 정덕『고소지』권19, 교량 상편.
505) 2월 12일 주 309) 참조.
506) 7언은 전언(錢堰) · 대언(大堰) · 막기언(莫技堰) · 고추언(高湫堰) · 율목언(栗木堰) · 평호언(平湖堰) · 매호언(梅湖堰)을 가리킨다. 물이 들어오면 가두어 비가 내리지 않을 때 갑문을 열어 물을 방출한다. 은현(鄞縣)과 정해현(定海縣) 등의 7향이 관개의 도움을 받는다. 보경(寶慶)『사명지』(四明志) 권12, 은현지.

【2월 18일】 석산역(錫山驛)⁵⁰⁹⁾에 도착하다.

이날은 맑다. 새벽녘에 양왕과 같은 배를 타고 있던 오막(吳邈)이라는 관인이 나에게 글을 보내왔다.

"공이 품행이 단정한 선비라는 말을 들었소. 한형(韓荊)⁵¹⁰⁾ 양동료

---

507) 지지난해 중양절엔 여항군에 있으면서　　　　前年九日在餘杭,
　　 손님 불러 허백당에서 잔치 벌렸지.　　　　　　呼賓命宴虛白堂.
　　 지난해 중양절엔 낙양에 이르렀고　　　　　　　去年九日到東洛,
　　 올 중양절에는 오 땅에 오게 되었네.　　　　　　今年九日來吳鄕.
　　 쑥대 같은 양 귀밑머리 일시에 세었지만　　　　兩變蓬鬢一時白,
　　 국화꽃은 세 곳 모두가 누런 빛이네.　　　　　　三處菊花同色黃.
　　 날이 더할수록 늙어감을 알겠거니　　　　　　　一日日知添老病,
　　 해가 더해질수록 아쉬운 중양절.　　　　　　　　一年年覺惜重陽.
　　 강남 땅의 구월은 낙엽이 지지 않아　　　　　　江南九月未搖落,
　　 버들 부들 짙푸르고 벼 이삭 향기로워.　　　　　柳青蒲綠稻稷香.
　　 고소대 정자는 푸른 놀에 기대 있고　　　　　　姑蘇臺榭倚蒼靄,
　　 태호산의 물은 맑은 빛을 머금었네.　　　　　　太湖山水含清光.
　　 애석해라 틈을 얻은 때 하늘 빛도 좋은데　　　可憐暇日好天色,
　　 관청의 아전들 고요하니 풍경이 서늘해라.　　　公門吏靜風景凉.
　　 배를 젓고 말을 몰아 빈객과 더불어　　　　　　榜舟鞭馬取賓客,
　　 누각과 자리를 쓸어내고 술자리를 벌이네.　　　掃樓拂席排壺觴.
　　 활시위를 당기는 듯한 손놀림에 호금소리 청원하고　胡琴清圓指撥刺,
　　 아름다운 오 땅의 예쁜이들 눈과 눈썹이 길도다.　　吳娃美麗眉眼長.
　　 한 곡조 피리 소리 수심이 어린 듯하고　　　　笙歌一曲思凝絶,
　　 금비녀로 재배하니 그 광택 오르내리네.　　　　金鈿再拜光低仰.
　　 햇발이 떨어지려 하니 등촉을 갖추고　　　　　日脚欲落備燈燭,
　　 바람이 점차 높아져 술병에 더해지네.　　　　　風頭漸高加酒漿.
　　 술잔은 연잎처럼 넘실거리고　　　　　　　　　觥盞艶翻菡萏葉,
　　 춤추는 머리 수유처럼 떨어지네.　　　　　　　舞鬟擺落茱萸房.
　　 반쯤 취해 난간을 잡고 일어나 사방을 돌아보니　半酣憑檻起四顧,
　　 일곱 언덕에 여덟 문 열 마을이로세.　　　　　　七堰八門六十坊.
　　 원근의 높고 낮은 곳에 절들이 나오고　　　　　遠近高低寺間出,
　　 동서남북으로 다리가 서로 바라보네.　　　　　東西南北橋相望.
　　 물길 맥은 노 비늘처럼 차례대로 나뉘어 있고　水道脈分棹鱗次,
　　 저자거리는 성책처럼 네모로 펼쳐 있네.　　　　里閭碁市城冊方.
　　 사람 연기 나무빛으로 틈새가 없는데　　　　　人煙樹色無罅隙,
　　 십 리에 한 조각 푸르름 아득하고나.　　　　　十里一片青茫茫.

(楊同僚)도 같은 배에 있으니 귀한 걸음을 옮겨서 자리를 빛내주기를 바라니 사양하지 마시오."

스스로 묻노니, 무슨 재주와 정사가 있는가	自問有何才與政,
높은 마루 큰 집의 한가운데 거처하네	高廳大館居中央.
구리 마패 지금 나라를 윤택케 하는 부절이요	銅魚今乃澤國節,
자사란 직책 옛 오나라 도읍지의 왕과 같네.	刺史是古吳郡王.
교외에 군마가 없고 고을에 일이 없으니	郊無戎馬郡無事,
문에는 의장대가 있고 허리에는 문장을 찼네.	門有棨戟腰有章.
태평성대인데도 부끄러울 따름이니	盛時儌來合慚愧,
장년의 세월 어느덧 지나버려 감상에 젖네.	壯歲忽去還感傷.
일하다 깨어 돌아감 응당 불가하니	從事醒歸應不可,
사또가 취해 쓰러진들 무얼 꺼리랴.	使君醉倒亦何妨.
청컨대 그대여 잔을 멈추고 내 말을 들어보소	請君停酌聽我語,
이 말은 참으로 헛된 발광이 아니로세.	此語眞實非虛狂.
오십이 지나버려 요절은 면했으니	五旬已過不爲夭,
칠십을 기약함은 대개 상도라.	七十爲期蓋是常.
국화술 등고의 모임을 알아야 할지니	須知菊酒登高會,
이로부터 스무 장은 더 없을 것이네.	從此無多二十場.

• 『백거이전집』권21, 구일연집취제군루겸정주은이판관(九日宴集醉題郡樓兼呈周殷二判官).

508) 소주는 택국으로 성 내외를 둘러싼 것이 모두 물로 교량을 많이 설치했다. 390교의 의미는 소주부성 내에 있는 관에서 건설한 많은 교량을 말한다. 『대명일통지』권8, 소주부: 정덕『고소지』권19, 교량 상편. 시의 내용은 다음과 같다.

황리마을 입구에 꾀꼬리 울려 하니	黃鸝巷口鶯欲語,
오작하 머리에 얼음 녹으려 한다.	烏鵲橋頭冰欲銷.
동서남북 물마다 짙푸른 파도	綠浪東西南北水,
삼백 구십 다리의 붉은 난간.	紅欄三百九十橋.
원앙새 꼬리 쌍쌍이 허탕하고	鴛鴦蕩漾雙雙翅,
버드나무 가지마다 섞여 있네.	楊柳交加萬萬條.
묻노니 봄바람이여 아침저녁으로 부는데	借問春風來早晚,
다만 어제부터 오늘 아침까지만 불 것인가.	只從前日到今朝.

• 『백거이전집』권24, 정월삼일한행(正月三日閒行).

509) 무석현(無錫縣) 남문 밖에 있다. 송대 이전에는 태평(太平)·남문·북문의 3역이 있었다. 원대에 낙사(洛社)와 신안수마참(新安水馬站) 각 1개소를 설치하고 각각 제령(提領) 1명을 두었다. 명 태조 홍무 초에 참을 폐하고 지금 장소에 무석역(無錫驛)을 두었으나, 태조 9년에 지금의 이름으로 고쳤다. 정덕『상주부지속집』(常州府志續集, 천일각 간) 권6, 관사(官寺).

진훤이 나를 인도하기에 나와 정보가 그 배로 갔다. 오막과 양왕이 탁자에 의자를 둘러놓고, 손을 모아 나에게 절하고 앉기를 권했다. 그들은 차와 밥을 대접했고 예절을 베풂이 매우 조심스러웠다.

우리는 풍교에서 순풍을 만나 돛을 달고 북으로 향했다. 동쪽에는 호구사(虎丘寺)⁵¹¹⁾가 있고 탑이 있다. 서쪽에는 방산(方山)이 있고 역시 탑이 있는데 모두 하늘을 받치는 기둥같이 보였다. 사독포(射瀆鋪)와 조왕경교(趙王涇橋)⁵¹²⁾를 지나 호서진(滸墅鎭)⁵¹³⁾에 이르렀다. 진 앞에는 초관(鈔關)⁵¹⁴⁾이 있는데 남북으로 왕래하는 선박은 이 항구에 머물면서 일일이 점검 받은 연후에 떠나갔다. 성이 나(羅)인 어떤 태감⁵¹⁵⁾이 원래는 절강에 있으면서 베를 짜고 염색하는 등의 일을 관리⁵¹⁶⁾하다가 지

---

510) 당의 한조종(韓朝宗, 『신당서』 권118)을 말한다. 한조종이 형주(荊州) 자사(刺史)가 되었는데, 대단히 명망이 있어 사람들 모두가 조종에게 알려지기를 바랐다고 한다. 이백의 여한형주서(與韓荊州書)에 '이백이 듣기를, 천하의 담사(談士)가 서로 모여 말하기를, 살아서 만호후(萬戶侯)에 봉해지지 않더라도, 다만 한형주를 알기를 바란다. 어떻게 하여 사람들의 흠모가 이럴 정도인가'라고 쓰고 있다. 『이태백문집』 권25, 표(表).

511) 호구산(虎丘山)에 있다. 진대(晉代)의 사도 왕순(王珣)과 그 동생 민(珉)이 저택을 버리고 절로 만들었다. (양의 고승) 생공(生公)의 강당이 있다. 옛날 생공이 경을 강할 때 믿는 사람들이 없자 돌을 모아 신도로 하고 경을 강하자 이치를 깨닫고 돌들이 수긍했다. 『대명일통』 권8, 소주부.

512) 정덕 『고소지』에는 조왕당교(趙王塘橋)로 표기되어 있다. 정덕 『고소지』 권19, 교량 상편.

513) 강소성 오현에 설치된 초관의 하나로, 명 경종 경태 원년(1450)에 설치하여 헌종 성화 4년(1468)에 일시 폐했으나, 경종 7년 다시 설치하여 명 말까지 존립했다. 김민호, 「명대 초관세의 징수체계와 성격 변화」, 『중국사연구』 21, 2002.

514) 초관은 선박이 왕래하는 수로의 요충지에 설치하고, 선박과 화물에 대한 세금을 거둬들이는 관청이다. 명 초에는 단지 상세만 있었으나, 선종 선덕 연간(1426~34)에 처음으로 초관을 설치했다. 만력 『대명회전』 권35, 호부 22 초관.

515) 환관의 최고 계급이다. 환관은 12감(監) · 4사(司) · 8국(局)으로 조직되었는데, 감(監)에는 태감(정4품) 1명, 좌 · 우소감(左 · 右少監, 종4품) 각 1명, 좌 · 우감승(左 · 右監丞, 정5품) 각 1명, 전부(정6품) 1명 등으로 편성했다. 『명사』 권74, 직관지.

516) 명 중기 이후 직조태감(織造太監)이라는 직책이 있었는데 남경 · 소주 · 항주 등지에 파견되어 황제나 궁정에 사용하는 특수한 용의(龍衣)를 만드는 것을 담

금은 또한 소주를 지나 북경으로 향하면서 먼저 이곳에 와서 머물렀다. 어사 삼 대인이 와서 배 위에서 나를 전송했다.

어사 삼 대인이 나를 맞이하고 예로써 대접하며 물었다.

"그대는 예의국의 호인(好人)으로 우리는 당신을 공경하오. 천순(天順, 1457~64)과 성화 연간(成化, 1465~87)에 어떤 태감이 당신 나라의 칙사로 봉해졌는지, 성명을 아시오?"

나는 답했다.

"천순 연간은 아직 어릴 때라서 국사를 모두 알지 못하지만, 성화 연간에 태감 정동(鄭同)[517]과 강옥(姜玉),[518] 그리고 김흥(金興)[519]이 사신으로 왔던 걸로 기억하오."[520]

"정, 강 태감은 이미 작고(作古)하고 김 태감만이 북경에 있소."

당했다. 『명사』 권74, 직관지. 북경에는 어용과 궁내에서 사용하는 단필(段匹)의 염색을 담당하는 내직염국(內織染局)이, 소주에는 직염국이 천심교(天心橋) 동쪽에 있었는데 명 태조 홍무 원년에 세웠다. 정덕『고소지』권21, 관서 상편.

517) 조선 출신의 환관이다. 명 헌종 성화 4년(1468)에 사신으로 조선에 갈 때, 그를 수행하는 인원들이 역에서 소란을 피워 이 이후에는 학행이 있는 신하들을 조선에 파견하기로 했다. 『명사』 권320, 조선열전. 정동은 황해도 신천에서 출생한 화자(火者)로 15세인 세종 10년(1428)에 사신으로 왔던 조선 출신 태감 창성·윤봉 등과 함께 중국 황실로 선발되어 갔다. 그는 영종 정통제, 경종 경태제, 헌종 성화제의 3황제를 모시면서 조선 출신 태감들이 본국에 사신으로 파견되던 관례에 따라 단종에서 성종조에 이르기까지 5회에 걸쳐 조선에 출입하면서 조선의 대명외교(對明外交)를 돕기도 했다. 그러나 그는 흠차(欽差)로서 위세를 떨쳐 지나다니는 역로(驛路)가 소연했으며, 고향인 신천을 현에서 군으로 승격시키는 등 조정의 골치를 아프게 했다. 그가 마지막 사행을 마치고 돌아가던 성종 14년(1483) 10월 10일에 병으로 고향 땅인 황해도 중화 생양관에서 죽었다. 정동은 함께 입명(入明)하던 성화제의 보모인 조선 출신 궁인 한씨의 도움을 받아 어마태감(御馬太監)까지 올랐다. 그는 상당한 재력을 모아 북경 향산(香山)에 홍광사(洪光寺)를 세웠다. 본국에 사신으로 와서 명산 고찰을 찾아 유람을 즐기기도 했는데, 이 향산사는 아마도 금강산의 어느 절이었을 것으로 추측된다. 조영록, 「물소뿔 무역을 통해서 본 조·명 관계」 및 「선초(鮮初)의 조선출신 명사고(明使考)」, 『근세동아시아 삼국의 국제교류와 문화』, 지식산업사, 2002; 박현규, 「조선출신 정동이 세운 북경 향산 홍광사와 유람작품 감상」, 『중국문학』 41, 영남중국어문학회, 2003.

"작고라는 글자를 알지 못하오."

"중국 사람들은 죽은 사람을 작고했다고 하오. 이미 고인이 되었음을 말하오. 그대 나라에서는 무엇이라 하오?"

"물고(物故)라 합니다."

"물고는 무슨 뜻이오?"

"물(物)이란 일(事)이고 고(故)는 없다는 것이오. 죽은 사람은 다시 일을 할 수 없음을 말하는 것이오."

"당신 나라는 어떤 경전을 중하게 여기오?"

"선비는 모두 사서오경을 배워 익힐 뿐 다른 기예는 배우지 않소."

"그대의 나라에도 학교가 있소?"

"국도에 성균관521)이 있고 종학522) · 중학 · 동학 · 서학 · 남학523)이 있고, 주 · 부 · 군 · 현에는 향교와 향학당(鄕學堂)524)이 있으며, 집집마다 국당(局堂)525)이 있소."

"옛날 성현 중 어떤 분을 높이고 받드오?"

---

518) 조선 세조 14년(1468)에 명 사신 태감(太監) 강옥(姜玉)과 김보(金輔)가 2월 북경을 출발하면서 가족의 안부를 물었다. 강옥의 집은 공주(公州)고, 김보의 집은 장단(長湍)이었다. 『세조실록』 권45, 14년 2월 을묘. 강옥은 조선 세종 9년(1427)에 화자(火者)로 북경에 보낸 인물이다. 『세종실록』 권37, 9년 7월 병오.

519) 본래의 이름은 김안명(金安命)이며 청주(淸州) 사람으로 중국 조정에 입조(入朝)한 내사(內史)다. 단종 즉위년 8월에 상선감(尙膳監) 좌감승(左監丞) 김유(金宥), 우감승(右監丞) 김흥(金興) 등이 고명(誥命)과 면복(冕服) · 사제(賜祭) · 사부(賜賻) · 사시(賜諡)를 받들고 왔다. 『단종실록』 권2, 즉위년 8월 을유.

520) 『예종실록』 권4, 예종 1년 윤2월 기미, 『성종실록』 권115, 11년 3월 정미, 『성종실록』 권156, 14년 7월 임진에 그들이 사신으로 온 기록이 보인다.

521) 유학 교육에 대한 일을 관장한다. 모두 문관을 임용한다. 동지사(同知事) 이상은 타관이 겸직한다. 지사가 업무를 주관하며 직강(直講) 이상 1명은 구임관(久任官)이다. 박사 이하는 또 의정부 사록(司錄) 1명과 봉상사(奉常事)의 직장(直長) 이하 2명이 겸임하고 순차로 승진 또는 전보시키되 1년에 두 차례 인사이동 때 3명을 퇴관시킨다―7월에 2명을 퇴관시킨다. 좨주(祭酒)와 사업(司業)은 사림 가운데 학문과 덕행에서 명망이 있는 자를 임용후보자로 뽑되 간혹 단독후보로 추천하여 임용했다. 직강과 전적 중 각 명은 자체에서 뽑아 임용했다. 『대전회통』 권1, 경관직 정삼품아문 성균관.

"대성지성문선왕(大成至聖文宣王)526)을 높이고 숭배하오."
"그대 나라의 상례는 몇 해 동안 행하오?"
"주문공가례527)를 따르고 참최(斬衰)528)와 재최(齊衰)529)는 모두 3

---

522) 종실에 대한 교육을 관장한다. 성균관 사성(司成) 이하와 전적 이상으로 겸직시킨다. 『대전회통』 권1, 경관직 정사품아문 종학.
523) 사학(四學)으로 경도 관내 유생의 교육을 관장한다. 중·동·남·서학에서는 성균관 전적(典籍) 이하가 겸직한다. 『대전회통』 권1, 이전 경관직 종6품아문 사학.
524) 향학은 본래 고려시대 지방에 설치한 교육기관으로 조선시대에는 향교로 발전한다. 지방에 설치한 관립 학교다.
525) 고구려시대에 민간 사설 교육기관으로서 국당이 있어 일반 서민의 자제들을 교육시켰다. 사람들은 학문을 좋아하며 궁벽한 마을에서 땔나무를 팔아 연명하는 집에 이르기까지 서로 삼가 힘쓰며, 네거리 곁이면 어디서나 위엄을 갖춘 집을 지어 국당(『구당서』에는 경당)이라 부르고, 미혼의 자제들이 무리를 지어 거처하며 경을 읽고 활 쏘는 것을 익혔다. 『신당서』 권 222, 동이열전 고려.
526) 공자를 가리킨다. 『송사』 권8, 진종본기(眞宗本紀) 12월 임신. 당 개원 27년(739)에 공자를 추시(追諡)하여 문선왕이라 하였고, 송 진종 대중상부 원년(1008)에 원성문선왕(元聖文宣王)으로, 진종 5년(1012)에 현성문선왕(玄聖文宣王)을 지성문선왕(至聖文宣王)으로 고쳤다. 원 무종 대덕 11년(1307)에 대성지성문선왕(大成至聖文宣王)으로, 명 세종 가정 9년(1530)에 사전(祀典)을 고치고 처음으로 목신주(木神主)를 모셨는데 지성선사공자신위(至聖先師孔子神位)라고 하였다가 청 순치 9년(1652)에 대성지성문선선사공자(大成至聖文宣先師孔子)로, 14년(1657)에 지성선사공자로 고쳤다. 조선에서는 대성지성문선왕(大成至聖文宣王)이라 했다. 『대전회통』 권3, 예전 제례.
527) 윤1월 초3일 주 26) 참조.
528) 참최는 부친상을 당했을 때, 단을 감치지 않은 상복을 3년 동안 입는 것을 말한다. 『경국대전』 권3, 예전 오복. 상례의 오복제도(五服制度)에 따른 상복으로, 상복 가운데 가장 중하게 여겨 가장 긴 3년 간을 입게 되어 있으며, 그 친족을 참최친(斬衰親)이라고 부른다. 참최복의 재료로는 베 가운데 가장 굵은 생포(生布, 가공하지 않은 베)를 사용한다. 참이란 마르지 않는다는 뜻으로, 참최복은 생포의 가장자리를 바느질하여 마무르지 않은 채 만든 상복을 말한다. 장철수, 『한국 전통사회의 관혼 상제』, 한국정신문화연구원. 1984.
529) 재최는 모친상을 당했을 때 단을 감친 상복을 3년 동안 입는 것을 말한다. 또한 등급별로 구분되어 있다. 『경국대전』 권3, 예전 오복. 상례(喪禮)의 오복제도(五服制度)에서의 상복으로 흔히 '자최'라고도 한다. 재최의 재(齊)는 옷자락을 꿰매어 마름질한다는 뜻으로, 재최는 옷의 끝단을 꿰맨 상복, 즉 재최복을 말하기도 한다. 재최라는 말도 이 상복의 형태에서 나온 것으로, 재최에는 올이 굵은

년이오. 대공(大功)530) 이하 모두 등급이 있소."

"그대 나라의 예(禮)와 형은 몇 조(條)가 있소?"

"예531)에는 길(吉)532)·흉(凶)533)·군(軍)534)·빈(賓)535)·가례(嘉禮)536)가 있으며, 형537)에는 참(斬)538)·교(絞)539)·유(流)540)·도

거친 베로 상복을 짓는다. 재최의 경우 상복을 입는 기간은 3년, 1년, 5개월, 3개월로 정해졌다. 장철수, 같은 책, 1984; 김장생, 『가례집람』(家禮輯覽).

530) 오복 자체가 망인과의 친등관계에 따라 참최·재최·대공(大功)·소공(小功)·시마(緦麻)의 다섯 등급으로 나뉜다. 대공복이라고도 한다. 이러한 상복을 입어야 하는 범위의 친척을 대공친이라고 부르며, 이 옷을 만들 때 사용하는 베를 가리켜 대공포라고 한다. 한편, 자최복까지는 재료인 베를 생포(生布)로 규정하고 있는 데 비하여, 대공복 이하의 재료는 숙포(熟布)로 규정하고 있다. 대공친은 9개월 동안 상복을 입어야 한다.

531) 조선시대 나라에서 시행하기로 규정한 다섯 가지 의례로 오례의(五禮儀)라고도 한다. 국가질서에 관계되는 예로 왕조례(王朝禮), 한 인간의 일생에서 갖추어야 할 예로 사서례(士庶禮, 사대부와 서인의 예)를 규정했다. 여기에서 사서례는 관혼상제의 사례를 말하는 것이고, 왕조례는 길례(吉禮)·흉례(凶禮)·군례(軍禮)·빈례(賓禮)·가례(嘉禮)를 말하는 것이다. 오례는 이와 같은 왕조례의 다섯 가지 예를 한정하여 일컫는 말이다. 『국조오례의』(國朝五禮儀).

532) 길례는 종묘사직과 산천·기우·선농(先農) 등 국가에서 행하는 의례 및 관료와 일반백성의 시향행사(時享行事)를 지낼 때의 예를 말한다. 『국조오례의』.

533) 국장(國葬)을 포함하는 상례를 가리킨다. 같은 책.

534) 군사의식을 말한다. 같은 책.

535) 외국사신을 접대하는 의식을 말한다. 같은 책.

536) 중국에 대한 사대례(事大禮)와 궁중의식 절차와 혼례 등을 말한다. 같은 책.

537) 죄질에 따라 죄인에게 가하는 태(笞)·장(杖)·도(徒)·유(流)·사(死) 등 다섯 가지 형벌인데, 조선의 건국과 더불어 태조의 교서에 모든 공사 범죄의 판결은 명나라의 『대명률』에 맞춘다는 원칙에 세워 『대명률』이 조선시대 모든 형률의 기준이 되었다. 『대명률』에 의하면 태형은 10~50의 5등급, 장형은 60~100의 5등급, 도형은 반 년씩 차이를 두어 1~3년의 5등급, 유형은 500리씩 차이를 두어 2,000~3,000리의 3등급, 사형은 교(絞)와 참(斬)의 2종으로 나누고 있다. 『경국대전』; 오도기, 「조선왕조의 오형」, 『사회과학연구』 5, 조선대학교사회과학연구소, 1982.

538) 신체를 절단하는 극형이다. 주로 반역·살인·강도 등 극죄인에게 행해졌다. 서일교, 『조선왕조 형사제도의 연구』, 박영사, 1968.

539) 죄인의 목에 형구를 사용해 죽이는 형벌로 교수형을 말한다. 참형이 신체를 절단하는 극형이었음에 비해 후자는 신체를 온전히 유지시킨 점에서 다소 가벼운 형이었다. 강상죄(綱常罪)·절도죄·군율위반자 등 중죄인에게 행해졌다.

(徒)⁵⁴¹⁾·장(杖)⁵⁴²⁾·태(笞)⁵⁴³⁾가 있는데 모두 대명률을 따르오."

"그대 나라는 어떤 달력과 연호를 사용하고 있소?"

"명나라의 달력과 연호를 따르고 있소."⁵⁴⁴⁾

"금년 연호는 무엇이오?"

"홍치 원년(弘治元年, 즉 명 효종 원년, 1488)이오."

"시일이 얼마 지나지 않았는데 어찌 그것을 알고 있소?"

"대명(大明, 태양)이 바다 위에 처음 떠오를 때 만방을 비추니, 하물며 우리 조선은 대국과 일가를 이루며 공물 헌납을 끊이지 않았으니⁵⁴⁵⁾

---

540) 유배(流配)·귀양·정배(定配)·부처(付處)·안치(安置)·정속(定屬)·충군(充軍)·천사(遷徙)·사변(徙邊)·병예(屛裔, 변방으로 내쫓음)·투비(投畀, 왕명으로 지정한 곳에 죄인을 귀양 보냄) 등으로 표현했다. 또 간단히 배(配)·적(謫)·방(放)·찬(竄)·사(徙) 등으로도 불렀다. 조선시대에는 『대명률』을 형법전으로 적용했다. 그런데 반드시 장형을 함께 처해 장 100에 유(流) 2,000·2,500·3,000리 3등급이 있었다.

541) 일정한 기간 지정된 장소에서 노역에 종사하게 하던 형벌이다. 비교적 중한 죄를 지은 사람을 구속해 전염(煎鹽, 소금 굽는 일)·초철(炒鐵, 쇠를 녹이는 일) 등의 노역에 종사시키도록 되어 있으나, 우리 나라에서는 그 외 제지(製紙)·제와(製瓦)·제탄목(製炭木) 등에도 사역되었다. 또한, 이 형에는 반드시 장형(杖刑)을 부과했다. 장 60을 치고 도(徒) 1년에 처하거나, 장 70에 도 1년 반, 장 80에 도 2년, 장 90에 도 2년 반, 장 100에 도 3년 등 다섯 등급이 있었다.

542) 조선시대 큰 형장(荊杖)으로 볼기를 치는 형벌이다. 이 형에 사용되는 형구는 큰 형(荊) 나뭇가지로 만들며 반드시 옹이나 눈(節目)을 깎아 상부관서에서 내린 교판(較板)에 맞추어 길이 석 자 다섯 치, 대두(大頭)의 지름 3푼 2리, 소두의 지름 2푼 2리로 하여 소두 쪽으로 볼기를 치도록 되어 있다. 장 60·70·80·90·100까지 5등급이 있었다.

543) 조선시대 작은 형장으로 볼기를 치는 형벌이다. 이 형에 사용되는 형구는 작은 형 나뭇가지로 만들며, 반드시 옹이나 눈을 깎아 상부관서에서 내린 교판(較板)에 맞추어 길이 3자[尺] 5치[寸], 대두(大頭)의 지름 2푼[分] 7리(厘), 소두의 지름 1푼 7리로 하여 소두 쪽으로 볼기를 치도록 되어 있다. 태 10·20·30·40·50까지의 5등급이 있었다.

544) 조선 왕조를 세운 태조 이성계는 즉위한 8월에 전 밀직사(密直使) 조림(趙琳)을 명에 파견하여 조선의 승인을 요청하는 동시에 사대의 예를 할 것을 표명했다. 『태조실록』권1, 태조 원년 8월 무인. 조선은 정종이 즉위한 후 명에 고명(誥命)과 인신(印信)을 요청하자, 건문제는 이를 승인했다. 다시 말해서 명이 조선을 정식으로 승인한 것이다.

참최도. 부친상을 당했을 때 입는
명조 때의 상복이다(『삼재도회』).

재최도. 모친상을 당했을 때 입는
명조 때의 상복이다(『삼재도회』).

어찌 알지 못하겠소."

"그대 나라의 관복도 중국과 같소?"

"조복(朝服)[546]·공복[547]·심의(深衣)[548]·원령(圓領, 團領)[549]은 모두 중국의 복식 규정을 따르지만 첩리(帖裏, 포의 일종)[550]의 주름은 조금 다르오."

나에게 배리 이하를 불러와 상하의 주례를 행하게 하기에 정보 등에

---

[545] 조선은 1년 4사(使), 즉 정월 초하루를 경하하는 하정사(賀正使), 황제의 생일을 축하하는 성절사(聖節使), 황태자의 생일을 축하하는 천추사(千秋使), 동지사(冬至使)를 파견했다. 조선은 태조부터 세종 때까지 58년 사이에 399차례나 명에 사절을 파견했다. 1년 평균 6.9회의 비율이다. 이에 반해 명은 조선에 모두 95차례를 보내왔다. 1년 평균 1.6회에 불과했다. 김한규, 『한중관계사』Ⅱ, 아르케, 1999.

[546] 나라의 대사(大祀)·경축일·원단(元旦)·동지와 조칙(詔勅)을 반포할 때나 표(表)를 바칠 때에 입었던 관복(冠服)이다. 조근(朝覲)의 복이라고 하여 왕이나 신하가 천자에게 나아갈 때 입는 옷이라는 뜻에서 나왔다. 조복이 처음 제정된 것은 태종 16년(1416)이며, 1426년에 약간의 수정을 거쳐 확정되었다. 『경국대전』; 유희경, 『한국복식사연구』, 이화여자대학교출판부, 1980.

[547] 관원이 조정에 나아갈 때 입는 관복으로 신하가 임금에게 상주할 일이 있어 조견(朝見)할 때, 사은 또는 사퇴 관계로 배알할 때 착용했다. 머리에는 복두(幞頭)를 쓰고, 포(袍)에 대(帶)를 띠며, 흑화(黑靴)를 신고, 홀(笏)을 들었다.

[548] 유학자들이 입던 겉옷으로 백세포(白細布)로 만들며 깃과 소맷부리 등 옷의 가장자리에 검은 비단으로 선(襈)을 두른다. 대부분의 포(袍)와는 달리 의(衣)와 상(裳)이 따로 재단되어 연결되며, 12폭의 상이 몸을 휩싸게 되어 있어 심원한 느낌을 준다. 그러므로 심의라는 말도 이런 뜻에서 유래된 것으로 여겨진다. 복건(幅巾)·대대(大帶)·흑리(黑履)와 함께 착용한다.

[549] 목둘레가 둥근 깃의 총칭으로 곡령(曲領)·반령(盤領)·단령(團領) 등이 이에 속한다. 이중에서도 U자형의 깃은 단령, 목에 바투 붙은 깃은 반령이라고 한다. 이경자, 『한국복식사론』, 일지사, 1983.

[550] 상의와 하의를 따로 구성하여 허리에 연결시킨 포(袍)로, 한자어로는 첩리(帖裏, 貼裏)와 천익(天益, 天翼, 千翼), 그리고 철익(綴翼, 膝翼) 등으로 표기한다. 착용은 대체로 고려 중엽 이후부터로 추측되며, 조선 초에 벌써 여러 계층에서 다양한 용도로 쓰였고 중엽에 들어서는 널리 보편화되었다. 그 뒤 용도에 변화가 있기도 했으나, 말엽까지 가장 일반적인 쓰임은 무관의 공복(公服)과 교외 거동 때 시위복(侍衛服)으로서였다. 강순제, 「첩리소고」, 『성심여자대학논문집』 12, 1981.

게 손을 모아 절하여 겸손함을 표하는 예를 행하게 했다. 태감과 삼 대인이 담소하고 나서 쌀 20두, 돼지고기 한 쟁반, 채소 한 쟁반, 약과 한 쟁반, 술 다섯 동이를 보내주어 우리 일행은 사례하고 물러나왔다.

배를 타고 보원교(普圓橋)·보은교(普恩橋)·호서포(滸墅鋪)·오가점(吳家店)·장공포(張公鋪)·불평득승교(不平得勝橋)·통병교(通兵橋)·망정(望亭)순검사[551]·마묘포(馬墓鋪)·순안교(純安橋)[552]를 지났다. 밤새 가서 4경에 석산역(錫山驛)에 도착하여 유숙했다.

【2월 19일】 상주부(常州府)[553]에 도착하다.

이날은 맑았다. 아침 일찍 무석현(無錫縣)[554]의 지현[555]이 와서 음식을 주었다. 석산역을 출발하여 건도교(建渡橋)를 지나 무석현의 치소로

---

551) 무석현에는 망고(望高)가 아니라 망정순검사(望亭巡檢司)가 설치되었다. 현 남쪽 50리 되는 곳에 있으며 원대에 신안순검사를 설치했는데, 명 태조 홍무 2년(1369) 지금의 이름으로 고쳤다. 정덕『상주부지속집』권6, 관사; 만력『대명회전』권138, 관진 1.

552) 순안교(純安橋)가 아니라 신안교(新安橋)의 오기가 아닐까. 신안교는 현 남쪽 18리 되는 곳에 있고 운하에 임해 있어 신안계(新安溪)와 통하고 있다. 정덕『상주부지속집』권4, 지리 4. 최부가 망정순계사를 지나 신안교 방향으로 올라갔던 것으로 추측되기 때문이다.

553) 「우공」의 양주 땅이다. 주(周) 초에는 오에, 후에는 월과 초에 속했다. 진대(秦代)에는 회계군 지역이었다. 수 문제 개황(581~600) 중에 진릉군(晉陵郡)을 폐하고 상주(常州)를 설치했다. 원대에 상주로로 승격하고 강절행성(江浙行省)에 예속시켰다. 명 태조 홍무 초에 상주부로 고치고 직례경사(直隷京師)에 예속시켰다.『대명일통지』권10, 상주부.

554) 상주부성 동쪽 90리 되는 곳에 있다. 주(周) 태백(泰伯)이 처음으로 봉해진 지역이다. 한대는 무석현으로 회계군에 속했다. 현에 산이 있는데 옛적에는 주석이 산출되었다. 한 초에 이르러 주석이 고갈되었고, 그 때문에 무석(無錫)이라는 이름이 붙었다. 신(新)의 왕망이 유석(有錫)이라 고친 것을 동한대에 다시 무석으로 했다. 당대에는 상주에 속했고, 원대에 주로 승격시켰으나 명조가 재차 현으로 했다.『대명일통지』권10, 상주부.

555) 명 헌종 성화 23년(1487)에 지현으로 임명된 인물은 영화(榮華)로, 자는 궁실(躬實), 남전(藍田) 출신이다. 진사로 어사에 승진했다.『상주부지』(중국지방지집성) 권14, 직관표 하편;『무석금궤현지』(無錫金匱縣志, 중국지방지집성) 권15, 직관편 성화중수(成化重修)『비릉지』(毗陵志, 천일각 간) 권2, 지리.

들어갔다. 현은 구오(句吳)의 태백(太伯)[556]이 도읍한 곳이다. 건홍교(建虹橋) · 도헌문(都憲門) · 소사구제(少司寇第)[557] · 억풍교(億豊橋) · 진사방을 지나 석산(錫山)[558] 아래에 도착했다. 석산은 무석현의 서북쪽에 있다. 다시 석산을 출발하여 십리포(十里鋪) · 고교(高橋)순검사[559] · 번봉포(藩葑鋪) · 낙사포(洛社鋪)[560] · 석독교(石瀆橋) · 횡림진포(橫林鎭鋪) · 횡림교(橫林橋)[561] · 척서포(戚墅鋪) · 흥명교(興明橋)를 지나 검정(劍井)[562]에 도착했다. 검정은 동쪽 언덕에 있는데 지붕이 씌워져 있었다. 이곳은 서기가 서려 있는 곳이다.[563]

이날 저녁 마안포(亇鴈鋪)의 큰 다리를 지나 채릉교(采菱橋)에 이르

---

556) 구오(句吳)는 주(周) 태왕(太王)의 아들로 태백(太伯)의 호다. 왕이 된 계력(季歷)의 형으로 후에 동생인 중옹과 함께 형만(荊蠻)으로 달아나 스스로 구오라고 칭했다. 형만이 그를 오태백(吳太伯)으로 추대했다. 태백은 무석현에서 60리 떨어진 매리(梅里)에 거주했다. 『사기』 권31, 오태백세가.
557) 무석현에는 명 무종 정덕 7년(1512) 지부 이숭(李嵩), 지현 고문치(高文豸)가 호부시랑 소보를 위해서 세운 소사도방(少司徒坊)이 있다. 성화중수『비릉지』 권1, 지리. 여기에서 소사구제는 이 인물의 저택으로 생각된다.
558) 무석현 서쪽 7리 되는 혜산(慧山)의 동쪽 봉우리다. 주(周) · 진(秦)대에 연(鉛)과 주석을 산출했다. 옛적에 땔감을 마련하려는 자가 산 밑에서 고명(古銘)을 얻었는데 '주석이 있으면 천하가 다툴 것이요, 주석이 없으면 천하가 평안할 것이다' 라고 씌어 있었다. 『대명일통지』 권10, 상주부.
559) 무진현 서북쪽 15리 되는 곳에 있다. 명 태조 홍무 2년(1369)에 세웠다. 정덕 『상주부지속집』 권6, 관사.
560) 낙사포(落社鋪)가 아니라 낙사포(洛社鋪)이다. 무석현에는 원대에 14개의 급체포를 설치했으나 명대에는 5개가 없어지고 9개 포만 남았다. 그중의 하나가 낙사포다. 정덕『상주부지속집』 권6, 관사.
561) 무진현 동쪽 40리 되는 곳에 있다. 명 무종 정덕 4년(1509) 지현 주관(朱錧)이 중수했다. 성화중수『비릉지』 권1, 지리.
562) 양호현(陽湖縣) 영풍동향(永豊東鄕)에 있다. 풍토기(風土記)에 이르기를 갈선옹(葛仙翁, 진대[晉代]의 갈홍[葛洪])이 학을 놓아둔 곳이라 했다. 검이 치솟아 물로 들어가자 흰 무지개가 하늘에 걸쳤다. 강희『강남통지』 권32, 상주부.
563) 풍토기에 갈선옹이 말을 주둔시킨 곳으로 부성 사람 중에 추밀사에 제수될 장원급제자가 있을 것이라고 했다. 이 정(井)은 (이 일이 일어나기) 한 해 앞서 상서로운 기운이 며칠 동안이나 계속되었다. 읍재(邑宰)인 육원광(陸元光)이 돌을 세워 그 기이함을 기록했다. 『대명일통지』 권10, 상주부.

렀다. 다리의 동서에는 각각 2층 누각을 만들어 요로를 차지하고 있었는데 이것이 곧 진사패루(進士牌樓)다. 큰 홍교 3개를 지나 상주부에 이르러 동수관(東水關)을 따라 성으로 들어갔다. 부치와 무진현치(武晉縣治)564)가 모두 성 안에 있었다. 지나온 홍교 또한 7, 8개나 되었다.

10여 리를 가서 비릉역(毘陵驛)565)에 이르러 잠시 머물렀다가 서수관(西水關)으로 나왔다. 상주부는 곧 연릉군(延陵郡)566)으로 구오(句吳) 계자(季子)567)의 채읍(采邑)568)이었다. 호수와 산의 아름다움과,569) 정대(亭臺)의 설치는 예로부터 인구에 회자되었다.570) 또 체운소(遞運所)571)와 패하교(沛河橋)를 지나 분우대패(犇牛大壩)572)에 이르러 배를 언덕 위로 끌어올렸다. 제방의 끝을 겨우 건너니 날이 밝았다.

---

564) 부곽(附郭)이다. 본래는 한대의 단도(丹徒)와 곡하(曲河) 2현의 땅이었다. 삼국시대 위 명제 청룡(233~236) 초에 단도를 무진으로 고쳤다. 진(晉) 무제 태강(280~289) 초에 별도로 무진현을 단양(丹陽)의 동쪽 경계에 설치했다. 오대 양오(楊吳) 때, 무진현치를 군성으로 옮기고 진릉현(晉陵縣)과 함께 부곽이 되었다. 명조는 진릉현을 없애고 무진현에 포함시켰다. 『대명일통지』권10, 상주부.
565) 조경문(朝京門) 내에 있다. 원대의 만호부(萬戶府)로 송대 이전에는 비릉역이었으나 후에 형계관(荊溪館)으로 고쳤다. 원대는 수마참(水馬站)을 설치하고 제령(提領) 1명을 두었다. 명 홍무 원년 무진참(武進站)으로, 홍무 6년에는 참을 비릉역으로 고쳤다. 정덕『상주부지속집』권6, 관사.
566) 「우공」의 양주 땅으로 춘추시대에 오에 속했고, 연릉(延陵) 계자(季子)의 채읍(采邑)이었다. 한대에 비릉(毘陵)으로 고쳤다. 『원화군현도지』권25, 강남도 1.
567) 춘추시대 오나라 사람으로 오왕 수몽(壽夢)의 제4자다. 왕은 현명한 제4자 계찰(季札)에게 왕위를 물려주려고 했으나 거절했다. 계찰을 연릉에 봉했기 때문에 연릉계자라고 한다. 『사기』권31, 오태백세가.
568) 채지(采地)·식읍(食邑)·봉읍(封邑)이라고도 한다. 안사고(顔師古)가 말하기를 채(采)는 관(官)의 의미로, 관직에 대해 그 조세수입을 군주로부터 부여받은 토지를 가리킨다고 했다. 內田智雄, 『譯註 歷代刑法志』卷8.
569) 산과 물이 멀리까지 이어지고 자연 환경은 뛰어나며, 땅은 넓고 물은 깊어 산과 못이 맑고 넓었다. 『대명일통지』권8, 상주부.
570) 예를 들면 강음현(江陰縣)에 있는 희춘루(熙春樓)에 오르면 사방을 내려다볼 수 있는 경치 좋은 곳이었고, 파란 빛깔이 물 위에 떠오른다고 하는 부취정(浮翠亭), 무진현의 금우대(金牛臺), 의흥현(宜興縣)의 조대(釣臺) 등은 유명하다. 『대명일통지』권8, 상주부.

【2월 20일】 여성역(呂城驛)⁵⁷³⁾을 지나 진강부(鎭江府)⁵⁷⁴⁾에 도착하다.

이날은 맑다가 오후에 구름이 짙게 끼며 어두워졌다.

아침에 장점포(長店鋪)와 여성진순검사(呂城鎭巡檢司),⁵⁷⁵⁾ 그리고 태정교(泰定橋)를 지나 여성역에 이르렀다. 여성패·여성갑·여성포·청휘관(淸徽觀)⁵⁷⁶⁾·청룡교(靑龍橋)·당가구(唐家溝)·책구포(柵口鋪)·육조포(陸朝鋪)·자운사(慈雲寺)⁵⁷⁷⁾·성서포(聖墅鋪)·칠성교(七星橋)·장락포(長樂鋪)·정선원(定善院)·혜정교(惠政橋)를 지나 운양역(雲陽驛)⁵⁷⁸⁾에 이르니 강의 이름이 윤하(潤河)였다.

운양교⁵⁷⁹⁾·승은문(承恩門)·귀신단(鬼神壇)⁵⁸⁰⁾·영진관(寧眞觀)·

---

571) 서문 밖에 있다. 명 태조 홍무 초에 분우진(犇牛鎭)에 세웠다. 영종 천순 6년 (1462) 지부 왕조(王樋)가 지금의 지역으로 옮겼다. 옛 비릉역이 체운소의 역할을 하고 있다. 성화중수『비릉지』권6, 관사.

572) 분우패(奔牛壩)나 분우언(奔牛堰)으로 표기하고 있다. 무진현 서쪽 30리 되는 곳에 있는데 한나라 때 금송아지가 모산(茅山)에서부터 이곳으로 달려와 이 같은 이름이 붙었다고 한다. 송 철종 원부 2년(1099) 분우오삽(奔牛澳脑, 수문)을 수리하여 축조했다. 남송 효종 순희 5년(1178) 조신(漕臣) 진현(陳峴)이 분우(奔牛)와 여성(呂城)의 높고 얕은 곳을 파고 넓혀 조운할 수 있도록 상주했다. 옛적에는 상하 2개의 갑(閘)이 있었으나 명 초에 갑을 패(壩)로 고쳤다. 정덕『상주부지속집』권6, 관사; 『대명일통지』권8, 상주부; 『독사방여기요』권25, 상주부.

573) 여성진(呂城鎭)에 있다. 건륭『진강부지』권16, 공서(公署). 단양현(丹陽縣)에 여성역이 있었으나 후에 폐했다. 『대명일통지』권145, 병부 28 역전 1.

574) 2월 초10일 주 244) 참조.

575) 여성역(呂城驛) 동쪽에 있다. 명 태조 홍무 원년에 세웠고, 홍무 9년 진동운하의 물가로 옮겼다. 건륭『진강부지』권16, 공서.

576) 청휘관(淸徽觀)이 아니라 청미관(淸微觀)이다. 여성진에 있는데, 옛 이름은 숭수원(崇壽院) 또는 성수원(聖壽院)이다. 원 인종 연우 연간(1314~20)에 세웠고, 명 태조 홍무 13년(1380) 다시 건설하였고, 영종 정통 13년(1448)에 중건했다. 건륭『진강부지』권20, 사관(寺觀).

577) 금단현치(金壇縣治)의 동쪽 100보(명대의 1보는 약 1.56미터) 되는 곳에 있다. 양 무제 대동(大同, 535~545) 초에 여릉왕부(廬陵王府) 병조(兵曹) 주상(周祥)이 세웠다. 송대에 지금의 이름으로 고쳤다. 건륭『진강부지』권20, 사관.

578) 처음에는 성안 운하에 임해 있었는데 후에 관선(官船)이 불시에 역에 이르러 수관(水關)을 밤에도 문 닫을 수가 없어 재난의 우려로 인해 남문 밖으로 옮겼다. 건륭『진강부지』권16, 공서.

신교(新橋)·신하교(新河橋)를 지나 단양현(丹陽縣)[581]에 이르렀는데, 현은 강가에 임해 있었다.

단양현을 지나 신묘(新廟)를 경유하여 광복교(廣福橋)와 칠성묘,[582] 그리고 백강묘(栢岡廟)를 지났다. 밤에 감수갑(減水閘)[583]과 만경호(萬景湖), 그리고 신풍진(新豊鎭)[584]을 지났다. 큰비가 왔지만 밤새도록 길을 재촉해 진강부의 신문(新門)에 이르렀다.

【2월 21일】 양자강(揚子江)[585]에 도착하다.

이날은 흐렸다. 우리는 남수관(南水關)에서 전성하(專城河)를 거슬러 올라가 부성(진강부)을 끼고 남·서를 따라 신패를 지나 경구역(京口驛)[586]에 이르러 배를 대고 머물렀다. 저녁에는 걸어서 경구갑을 지

---

579) 조거(漕渠) 위에 있는데 청화교(淸化橋)라고도 한다. 『대명일통지』 권11, 진강부.

580) 명 태조 홍무 4년(1371)에 황제의 특별 명령으로 군·읍·이사(里社)에 각각 제사를 지내지 않는 귀신단을 설치하여 성황신으로 제례를 담당하게 했다. 관리와 인민의 선악을 감찰하여 화와 복을 내렸다. 신관이 부임하면 반드시 먼저 묘에 배알한 뒤 신에게 서약을 하여 음양이 조화를 이루어 민인을 편안하게 할 것을 기약했다. 『오도문수속집』(吳都文粹續集) 권16, 사묘.

581) 진강부성 동쪽 60리 되는 곳에 있다. 본래는 진대(秦代)의 운양현(雲陽縣)이다. 당 현종 천보(742~755) 초에 단양현으로 고쳤다. 송·원·명조도 모두 이에 따랐다. 『대명일통지』 권11, 진강부.

582) 7월 초하루부터 7일 저녁까지 각 도교 사원에서 단을 세워 별을 제사지낸다. 이를 칠성두단(七星斗壇)이라고 한다. 북두칠성을 제사지내는 것이다. 『제경세시기승』(帝京歲時紀勝) 칠성단(七星壇).

583) 예를 들면 월하(月河)를 준설하는데 장마로 비가 많이 내릴 때를 대비하여 감수갑을 설치하여 물을 저장하고 빼는 역할을 한다. 『명신경제록』(名臣經濟錄) 권50, 공부 유천화치하시말(劉天和治河始末).

584) 단도현(丹徒縣) 동남쪽 45리 되는 곳에 있으며 신풍당(新豊塘)과 가깝다. 『대청일통지』 권62, 진강부.

585) 진강부성 서북쪽 6리 되는 곳에 있다. 『독사방여기요』 권25, 강남 7.

586) 본래는 경구갑(京口閘) 내 운하에 임해 설치했으나, 명 신종 만력 7년(1579) 지부 종경양(鍾庚陽)이 서성(西城) 운하와 접하는 사직단 왼쪽으로 옮겼다. 건륭 『진강부지』 권16, 공서.

나 통진(通津) 체운소587)에 다다랐다. 통진은 물이 얕아서 반드시 조수가 들어오는 것을 기다려야 비로소 대강(大江, 양자강)으로 통할 수 있어, 배를 갈아타고 조수가 이르기를 기다려 강을 건널 준비를 했다.

이절과 김태 등이 이별하며 말했다.

"수행하는 길에 누차 보살펴 주었고 많은 은혜를 입었습니다. 오늘 서로 이별하여 당신은 양주로 향하고 우리는 의진(儀眞)588)으로 갑니다. 나는 늦봄에 북경으로 가는데 그때 회동관(會同館)으로 당신을 보러 가겠습니다."

진강부는 과거 윤주성(潤州城)589)으로 손권(孫權, 181~251)590)이 단도(丹徒)로 옮겨 철옹성591)을 쌓고 경성이라 불렀다.592) 부치와 단도현치(丹徒縣治)593)는 성 안에 있으며, 성의 동쪽에는 철옹지가 있으나 그 성은 없어졌다. 향오정(向吳亭)594)은 성의 서남쪽에 있고, 북고산(北固

---

587) 진강부 소재의 체운소로 명 신종 만력 9년(1581)에 폐했다. 경구역(京口驛)에서 일을 담당하게 되었다. 만력『대명회전』 권147, 병부 30 역전 2.

588) 양주부성 서쪽 70리 되는 곳에 있다. 본래 한대 강도현(江都縣)의 땅이다. 당대에는 양주 양자현(揚子縣) 지역이다. 송 휘종 정화(1111~17) 중에 의진군으로 했다. 원대에 진주(眞州)라고 한 것을, 명 태조 홍무 2년(1369) 의진현으로 고치고 양자현을 없앤 뒤 편입시켰다.『대명일통지』 권12, 양주부.

589) 윤주(聞州)가 아니라 윤주(潤州)이다. 윤주성이라고 칭하게 된 것은 수 문제 개황 연간(581~600)이었으나 곧바로 폐하고 연릉현(延陵縣)으로 했다.『태평환우기』(太平寰宇記)에 의하면 개황 15년(595)에 연릉진을 폐하고 장주(蔣州)의 연릉과 영년(永年), 상주(常州)의 곡하(曲河) 3현으로 진성(鎭城)에 윤주를 설치했다고 한다. 건륭『진강부지』 권1, 건치연혁.

590) 삼국시대 오의 건국자다. 오군(吳郡) 부춘(富春) 출신으로 자는 중모(仲謀), 부(父)는 손견(孫堅)이며 형인 손책의 대업을 이어받아 양자강 하류에 세력을 구축하고 건업(建業, 현 남경)에 도읍했다. 유비(劉備)를 도와 조조(曹操)를 적벽(赤壁)에서 물리친 고사는 유명하다.『삼국지』 권47, 오주전(吳主傳).

591) 둘레가 630보로 당 희종 건부(874~879) 중에 주보(周寶)가 윤주수(潤州帥)가 되어 나성(羅城) 20여 리를 축조하여 철옹성이라고 했다. 그 견고함을 일컫는 것이다.『대명일통지』 권11, 진강부.

592) 손권이 치소를 오에서 단도(丹徒)로 옮기고 경성(京城) 또는 경지경구(京地京口)와 서릉(徐陵)이라고 불렀다. 건륭『진강부지』 권1, 건치연혁.

593) 부곽이다. 오의 주방읍(朱方邑)인데 후에 곡양(谷陽)이라고 했다. 진대(秦代)에

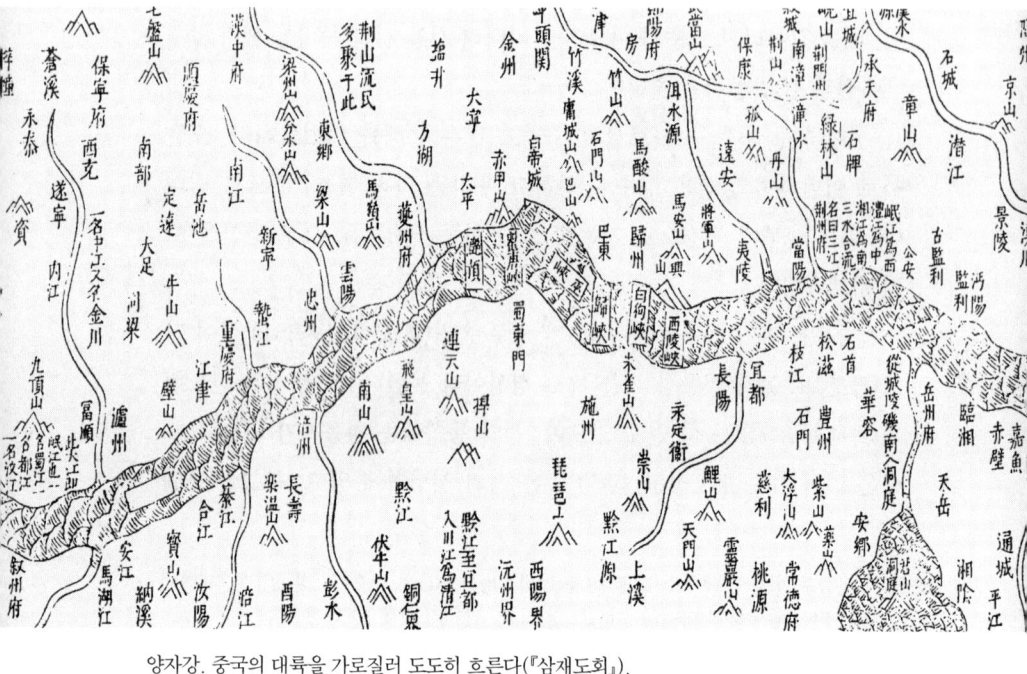

양자강. 중국의 대륙을 가로질러 도도히 흐른다(『삼재도회』).

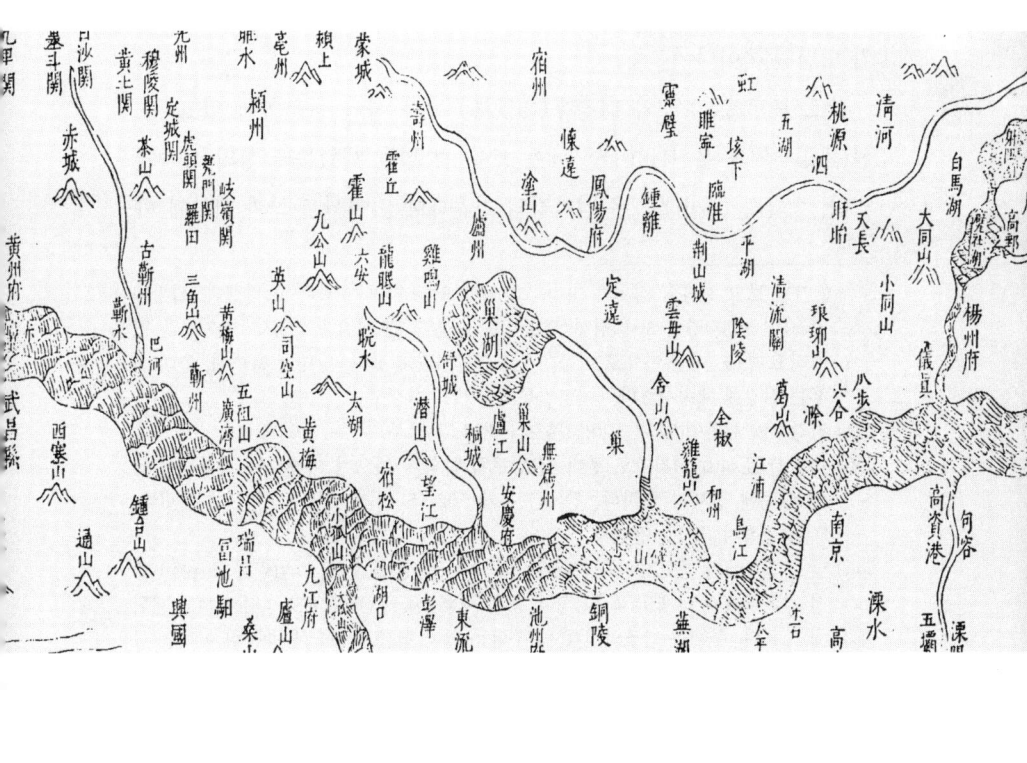

山)⁵⁹⁵⁾은 서북쪽에 있으니, 양 무제(武帝, 502~549)⁵⁹⁶⁾가 명명한 곳이다. 대공산(戴公山)⁵⁹⁷⁾은 서남쪽에 있는데, 송 무제(武帝, 483~493)⁵⁹⁸⁾가 노닐던 곳이다.⁵⁹⁹⁾

감로사(甘露寺)⁶⁰⁰⁾와 다경루(多景樓)⁶⁰¹⁾가 성의 동북쪽에 있고, 초산(焦山)⁶⁰²⁾과 은산(銀山)⁶⁰³⁾에는 모두 큰 절을 세웠는데 성의 북쪽에 있다.⁶⁰⁴⁾ 금산(金山)⁶⁰⁵⁾은 양자강의 가운데에 있어서 은산과 더불어 마

운기를 보고 길흉을 점치는 자가 '그 땅에 왕의 기운이 있다'고 말했다. 시황제가 죄인 3,000명을 보내 경현산(京峴山)을 뚫고 긴 터널을 만들어 그 기운을 없애려고 했다. 이런 이유로 이름을 단도(丹徒)라고 했다. 당대는 윤주에, 송대 이후는 진강에 예속시켰다.『대명일통지』권11, 진강부.
594) 진강부치 서쪽에 있다.『대명일통지』권11, 진강부.
595) 북고산(北顧山)이라고도 한다. 진강부치 북쪽에 있으며 아래로는 양자강에 임해 있는데 산세가 험하다. 양(梁) 무제(502~549)가 일찍이 이 산에 올랐다.『대명일통지』권11, 진강부.
596) 남조 양(梁)의 창립자 소연(蕭衍)이다. 자는 숙달(叔達)이고 남란릉(南蘭陵) 출신이다. 501년 남제(南齊)의 황제 동혼후(東昏侯)를 타도하고, 다음해 4월 제위에 오른다. 무제는 남조의 다른 군주와는 달리 학문과 예술에 충분한 이해는 물론 스스로도 예술 활동을 하는 다재다능한 황제였다.『남사』(南史) 권6, 양본기(梁本紀).
597) 일명 황학산(黃鶴山)·황곡산(黃鵠山)·홍학산(鴻鶴山)이라고도 한다. 진강부 서남쪽 3리 되는 곳에 있다. 송나라 대옹(戴顒)이 이곳에 은거하여 대공산이라고 불렀다.『독사방여기요』권25, 강남 7.
598) 송의 창립자 유유(劉裕)로, 자는 덕서(德輿)고 팽성현(彭城縣) 출신이다. 유유의 선조는 서진 말 전란을 피해 팽성현에서 양자강 남안의 경구(京口)로 옮겼다. 한 초원왕(楚元王) 유교(裕交)의 21세 손이다. 동진 멸망 후 420년에 제위에 올랐다.『남사』권1, 송본기(宋本紀) 상편.
599) 송 무제가 미천하였을 때, 이곳에 유람하며 쉬었다.『대명일통지』권11, 진강부.
600) 북고산(北固山) 위에 있다. 오 오정공(烏程公) 감로(265~266) 중에 세워져 이러한 이름이 붙었다. 그 안에 양 무제의 '천하제일강산'이라는 6자가 씌어 있다. 하사받은 철가마솥이 2개 있다.『대명일통지』권11, 진강부.
601) 감로사 안에 있다.『대명일통지』권11, 진강부.
602) 진강부성 동북쪽 강 가운데에 있다. 후한의 초선(焦先)이 이곳에 은거하여 이러한 이름이 붙었다. 근처에 해문산(海門山)이 있고 금산(金山)과 15리 정도 떨어져 마주보고 있다.『대명일통지』권11, 진강부.
603) 진강부성 서쪽에 있다. 절벽이 여러 장이나 된다. 옛 이름은 수토산(竪土山)이었다. 금산과 대치하고 있어 은산이라고 했다.『대명일통지』권11, 진강부.

양조의 창립자 무제 소연(『삼재도회』).

송조의 창업자 무제 유유(『삼재도회』).

송의 제3대 황제 진종(『삼재도회』).

주보고 있다. 그 바로 위쪽에는 용연사(龍延寺)가 있는데 송 진종(眞宗, 997~1022)⁶⁰⁶⁾이 꿈속에서 노닐던 곳이다. 부성의 동북쪽 모퉁이는 강 언덕을 내려다보고 있는데, 강은 곧 양자강이다. 속칭 양자강(洋子江)이라고도 한다. 강의 폭은 20여 리고 강의 수원은 민산(岷山)⁶⁰⁷⁾이다. 한수⁶⁰⁸⁾와 만나고 남경⁶⁰⁹⁾을 지나서 이 진강부에 이르러 바다로 흘러 들어가니, 곧 「우공」에 '민산에서 강을 인도한다'⁶¹⁰⁾는 곳이 바로 이곳이다.

동쪽은 오군(吳郡)⁶¹¹⁾과 회계군(會稽郡)⁶¹²⁾으로 통하고, 서쪽은 한수와 면수(沔水)⁶¹³⁾에 접하며, 북쪽은 회수(淮水)⁶¹⁴⁾와 사수(泗水)⁶¹⁵⁾에

---

604) 초산에는 초산사가, 은산에는 원대에 건설한 사찰이 있다. 『대명일통지』 권11, 진강부.
605) 진강부성 서북쪽 7리 되는 강안에 있다. 송의 주필대(周必大)가 '이 산을 양자강이 휘감아 돌아가고 큰 바람이 사방에서 일어나면 그 기운이 마치 떠서 움직이는 것 같아 부옥산(浮玉山)이라고도 한다'고 기록했다. 당의 배두타(裵頭陀)가 이 산을 파서 금을 얻어 금산이라고 한다. 『대명일통지』 권11, 진강부.
606) 송의 제3대 황제로 태종의 셋째아들이다. 휘(諱)는 긍(恆), 모는 원덕황후 이씨(元德皇后 李氏)다. 『송사』 권7, 진종본기.
607) 영하위성(寧夏衛城) 북쪽에 있으며 산은 검고 수목이 없다. 조수(洮水)가 그 아래로 흘러간다. 서로 전해오기를 우임금이 이곳에서 장인(長人)으로부터 흑옥서(黑玉書)를 받았다고 한다. 『대명일통지』 권37, 영하위. 무주강(茂州羌)의 열아촌(列鵝村)에 있는데 홍몽(鴻蒙)이라고도 한다. 농산(隴山)의 으뜸이어서 농촉(隴蜀)이라고도 하고, 문초산(文焦山)이라고도 한다. 권67, 성도부(成都府). 이 산에 대해서는 여러 가지 설이 있다. 대체적으로는 사천성과 감숙성에 있다고 하는데, 북위 여도원(酈道元)의 『수경주』(水經注)에서는 사천성 송번현(松潘縣)이나 무현(茂縣)으로 보고 있다. 『수경주』 권33, 강수(江水).
608) 한수는 잠강현(潛江縣) 서북쪽 40리 되는 곳에 있다. 섬서(陝西) 영강주(寧羌州) 파총산(嶓冢山)에서 발원한다. 『독사방여기요』 권127, 천독(川瀆) 4. 현재의 무한에서 양자강과 합류한다.
609) 윤1월 21일 주 175) 참조.
610) 민산도강(岷山導江). 민산에서부터 양자강을 다스리기 시작하여 동쪽으로 별도로 타수(沱水)를 이루게 했고 다시 동쪽으로 흘러 풍수(澧水)에 이르도록 했다. 『상서』 하서 우공. 우임금의 치수에 대한 업적을 이야기하고 있는 부분이다.
611) 진대까지 오군은 강남 회수와 사수(泗水) 이남으로부터 절강 가흥과 호주 경계에 이르는 지역을 일컫는다. 진(晉)과 십육국 시대에는 한군(漢郡)인데 오현 등 11개의 현을 통할한다. 『독사방여기요』 권1, 역대주역형세 1·3.

이르고, 남쪽으로는 민과 절강과 닿으니 진실로 사방으로 통하지 않는 곳이 없었다.[616]

【2월 22일】 광릉역(廣陵驛)[617]에 도착하다.

이날은 맑았다. 수부신사(水府神祠)[618]에서 배를 출발해 양자강에 이르렀다. 강가의 5, 6리에 육지에서 배를 밀어 움직이는 사람들이 잇

---

612) 지금의 소주·상주·진강부 및 절강 경내의 주군은 군치(郡治)가 모두 오(吳)다. 소주부 부곽인 오현이 바로 이곳이다. 진·십육국 시대에는 진군(秦郡)으로 산음현 등 13현을 통할했다. 『독사방여기요』 권1, 역대주역형세 1·3.

613) 한수의 지류로 저수(沮水)라고도 한다. 『수경』(水經)에 '면수는 섬서성 무도저현(武都沮縣)의 동쪽 낭곡(狼谷)에서 발원하여 동남쪽으로 흘러 한수에 들어간다'고 했다. 『독사방여기요』 권127, 천독 4.

614) 하남 동백현(棟柏縣) 동백산(棟柏山)으로부터 발원한다. 『독사방여기요』 권127, 천독 4. 중국에서는 이 회수를 기준으로 북쪽은 보리·밀·조·수수 등 밭작물 지역으로, 남쪽은 논농사 지역으로 구분한다.

615) 산동 사수현에서 발원하여 남쪽으로 흘러 패현(沛縣)을 지나 서주성에 다다른다. 동북쪽으로 흘러 변수(汴水)와 합하여 성을 싸고 돌아 동남쪽으로 흘러 회수에 도달한다. 옛날 주(周) 현왕(顯王) 때 9정(鼎, 천자가 소유하는 보물)을 사수에 빠뜨렸다고 한다. 진(秦)나라 때 정(鼎)의 기운이 물 위로 올라오자 시황제가 수천 명을 동원하여 이를 찾으려 했으나 손에 넣지 못했다. 그래서 이를 정복(鼎伏)이라고 한다. 『대명일통지』 권18, 서주.

616) 진강부는 동으로는 오군과 회계군으로 통하고, 남으로는 강과 호수에 접해 있고, 서로는 한수(漢水)나 면수(沔水)와 접하고, 북으로는 회수나 사수와 대하고 있는 곳이다. 배와 수레가 모여드는 곳이다. 『대명일통지』 권11, 진강부.

617) 양주부성 남문 밖 관하(官河) 서안에 있다. 참선 17척, 참마(站馬) 16필, 포진(鋪陳) 60이 있었다. 수부 170명, 마부 8명이 편성되어 있었다. 가정 『유양지』(惟陽志) 권7, 공서지(公署志).

618) 수부묘(水府廟)라는 것이 금산사(金山寺) 안에 있었다. 오대 양씨(楊氏)가 강에 의거하여 마당(馬當)을 상수부(上水府)에, 채석(采石)을 중수부(中水府)에, 금산(金山)을 하수부(下水府)에 봉했다. 지금은 유사가 세시에 제사 지낸다. 『대명일통지』 권11, 진강부. 3명의 수신을 제사지낸 것을 말한다. 송의 진종(998~1022)이 봉선을 마치고 조서를 내려 강주(江州)의 마당 상수부를 복선안강왕(福善安江王)에, 태평주(太平州) 채석 중수부를 순성평강왕(順聖平江王)에, 윤주(潤州) 금산 하수부를 소신태강왕(昭信泰江王)에 봉했다. 『송사』 권102, 예지(禮志) 5.

따랐다. 우리들이 돛을 올려 강 한가운데에 이르니 금산 밑에서 강돈(江豚, 돌고래)[619]이 물결을 가르며 지나가는 것이 마치 전마가 무리를 지어 달리는 것처럼 보였다. 서진도(西津渡)[620]의 마두석제(馬頭石堤)에 도착하니 나무 장대를 물 가운데 세워 긴 다리를 만들었는데 왕래하는 사람들이 모두 배의 닻줄을 다리 밑에 매어놓고 다리를 따라 제(堤)의 언덕에 오른다. 강회승개루(江淮勝槩樓)는 가파른 길에 우뚝 서 있어.[621] 우리는 걸어서 누각 밑을 지나가야만 했다. 과주진(瓜洲鎭)[622]을 지나 시례하(是禮河), 일명 진상하(鎭上河)에 이르렀다. 거기서 다시 배를 타고 갔다.

양왕이 부영을 시켜 나에게 물었다.

"그대 나라의 한노노인(韓老老人)이 우리 나라에 들어왔는데 알지 못하오?"

나는 말했다.

"한씨 성을 가진 분이 명나라에 들어갔다는 것을 들은 적이 있소."

"바로 맞소. 이 한씨가 곧 당신 나라 사람으로 우리 나라에 들어와 대행황제(大行皇帝, 임금이 승하한 뒤 시호를 올리기 전의 칭호),[623] 즉

---

619) 해희(海豨, 큰 돼지). 강에서 사는 것을 강돈(江豚)·강저(江猪)·수저(水猪)라고 한다. 『본초강목』 권10, 인부(鱗部) 해돈어(海豚魚).
620) 진강부 서쪽 9리 되는 곳에 있다. 산산도(蒜山渡) 또는 경구도(京口渡)라 하며 속명은 서마두도(西馬頭渡)다. 『대명일통지』 권11, 진강부; 『대청일통지』 권63, 진강부.
621) 동남지역의 빼어난 곳으로 강이 맑고 푸른 지역이다. 『대명일통지』 권12, 양주부.
622) 양주부성 남쪽 45리 되는 강가에 있다. 양자강의 모래 벌판으로, 그 형태가 마치 오이 같다. 거주민들이 조밀하게 모여 있고, 상인들이 모여드는 곳이다. 당 태종 이후 점차 남북의 요지가 되었다. 『대명일통지』 권12, 양주부; 『독사방여기요』 권23, 강남 5.
623) 황제가 붕어(崩御)하면 조신(朝臣)들이 대행황제라고 칭한다. 위(魏)의 손육(孫毓)이 말하기를 대행이라고 칭한 것은 한씨(漢氏)로부터다. 『한서』에 붕어했는데 아직 시(諡)가 없는 상황 아래서 다음 황제가 등극했을 경우 신하들이 칭할 때 언사에 다름이 있어야 했기 때문에 대행이라고 한 것이다. 『문헌통고』 권121, 왕례고(王禮考) 국휼(國恤).

江豚

江豚即江猪狀似䢒鼻中
有聲腦上有孔噴水直上
出入波浪中見則有風無
鱗黑色多脂膏以其腦中
有井故又名井魚入耳豚
子繫著水中毋自來就而
䑛之其子如鱧魚子數萬
為群隨毋而行

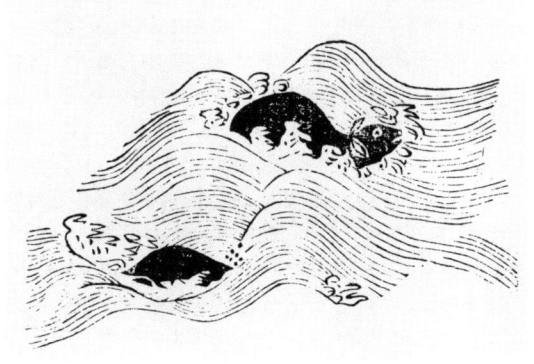

양자강에서 서식하고 있는 돌고래(『삼재도회』).

성화제의 유모가 되었는데 지금은 이미 작고(624)하여 천수사(天壽寺)에 봉분(625)을 만들었소."

부영이 말했다.

"지휘(양왕)가 한씨의 장례를 감독한 까닭으로 물은 것이오."

반계문(攀桂門)·남동전창(南東甎廠)(626)·기구우택사(祈求雨澤祠)·칠전포(七錢鋪)·화가원포(花家園鋪)·어정포(魚井鋪)·금성택(衿城澤)·양자포(楊子鋪)를 지나 양자교에 도착했다. 다리는 없어지고 단지 누각에 현판만 매달려 있었다. 또 교창(橋倉)이 있었다.

날이 저물 무렵 청량포(淸凉鋪)를 지나 밤에 광릉역에 이르니 역의 북쪽 1리에 양주부성이 있고, 성 안에 부치와 양주위,(627) 강도현치(江都縣治),(628) 양회운염사(兩淮運鹽司)(629)가 있었다.

---

624) 부는 영정이며, 모는 김씨로, 성조 영락 8년(1410) 4월 9일에 태어나 헌종 성화 19년 5월 18일 죽었다.『성종실록』권162, 15년 1월 임진. 한노노(韓老老)의 이름은 계란(桂蘭)인데 본관은 청주 한씨로 영정(永叮)이다. 오빠는 확으로 대대로 재상 집안이다. 세종 10년에 명 헌종 성화제의 후궁으로 뽑혀 영종 정통제, 경종 경태제를 거쳐 성화 19년(1483)에 74세로 죽었다. 그녀는 법도 있는 가문에서 자라 명 황실에서도 사리와 예절에 밝아 빈(嬪)들 사이에서 노노(老老) 또는 여사(女師)라 존칭되었으며, 특히 성화제가 어릴 때 양육의 공이 있었다. 그가 죽자 성화제는 제문을 지어 사례감(司禮監)을 보내어 장사 지내게 하고, 고명과 조정 대신에게 묘지와 묘표를 짓게 하는 등 극진한 예를 표시했다. 그녀가 명 황실에 간택될 때 병석에서 오빠 확이 약을 가져다주자 "동생 한 사람을 팔아 부귀영화를 누린 것으로도 모자라서 남아 있는 동생마저 팔아 넘기려고 약을 주는가?" 하고 쏘아붙였다고 한다. 동생 한 사람이란 그의 언니로 조선 태종 17년 명나라 태종 영락제의 후궁으로 뽑아가 황제가 죽을 때 순장을 당한 비운의 여인이다. 조선 출신 환관이 조선에 여러 차례 내왕하면서 위세를 떨친 것도 그녀의 후광을 입어 가능했다. 조영록,『근세 동아시아 삼국의 국제 교류와 문화』, 지식산업사, 2002.

625) 명 헌종 성화제는 내관감(內官監) 태감 손진(孫振)에게 장역(葬域)을 경영하게 하고, 사설감(司設監) 태감 왕거, 내관감 태감 우적(牛迪)과 곡청(谷淸)에게 상사(喪事)를 모두 담당케 했다. 장례는 이해 6월 21일에 치렀는데, 묘는 도성 서쪽 향산(香山) 언덕에 있다.『성종실록』권162, 15년 1월 임진.

626) 과주진(瓜洲鎭) 신패(新壩)의 북쪽에 있다. 가정『유양지』권7, 공서지.

627) 명 태조 홍무 4년(1371) 12월에 설치했다. 양주부성 서남쪽에 있다.『명 태조실록』권70, 임오조;『대명일통지』권12, 양주부.

【2월 23일】양주부[630]**를 지나다.**

이날은 비가 왔다. 아침에 광릉역을 떠나 양주부성을 지났는데, 이곳은 옛날 수나라 강도(江都)의 땅[631]으로 강좌(江左)[632]의 큰 진이었다. 번화가가 10리에 걸치고 10리 주렴(珠簾)[633]과 24교,[634] 36피(陂)[635]

---

628) 부곽(附郭)이다. 본래는 진(秦) 광릉현(廣陵縣)의 땅이다. 한대에 강도현을 두고 광릉국에 예속시켰다. 명 성조 영락 19년(1421) 다시 강도현을 설치했다. 『대명일통지』 권12, 양주부.

629) 정식 명칭은 양회도전운염사사(兩淮都轉運鹽使司)다. 양주부성 동쪽에 있는데 옛적에는 태주(泰州) 북관(北關)에 있었다. 명 태조 홍무 3년(1370) 이곳으로 옮겼다. 『대명일통지』 권12, 양주부. 양회(兩淮)는 회남(淮南)과 회북(淮北)을 말하는데 지금의 강소성 양자강 이북 중 회수 이남을 회남, 이북을 회북이라고 한다. 이 지역의 동해안 일대에는 제염장(製鹽場)이 산재하였으며, 제염장을 관할하는 관청이었다. 佐伯富, 『中國鹽政史의 研究』, 法律文化社, 1987. 분사(分司)가 3, 염장(鹽場)이 30, 비험염인소(批驗鹽引所)가 2, 반힐사염순검사(盤詰司鹽巡檢使)가 2곳 있었다. 가정 『유양지』 권9, 염정지(鹽政志).

630) 「우공」의 양주 땅이다. 춘추시대에는 오에, 후에는 월에, 전국시대에는 초에 속했다. 진대(秦代)의 구강군(九江郡) 땅이었고, 한 초에는 회남국(淮南國)이었다가 다시 오국이 되었다. 수대에 와서 처음으로 양주로 고쳤다. 명조는 순제 지정 21년(1361) 회남부(淮海府)를 유양부(惟陽府)로, 순제 26년에는 양주부로 고쳤다. 『대명일통지』 권12, 양주부.

631) 수대에 처음으로 양주라 했고, 양제(煬帝) 대업(605~617) 초에 강도군치를 강양현(江陽縣)에 두었다. 『대명일통지』 권12, 양주부.

632) 양자강의 하류 지방, 즉 지금의 강소와 절강 지방을 가리킨다.

633) 송의 황정견(黃庭堅)이 지은 양주희제(揚州戱題)에 다음의 시가 있다.

십 리에 봄바람 불어 주렴을 걷으니	春風十里珠簾捲,
삼생은 두목지와 방불하네.	髣髴三生杜牧之.
붉은 작약 가지 끝에 처음 고치 슬고	紅藥梢頭初繭栗,
양주의 풍물에 귀밑머리 실같아라.	揚州風物鬢成絲.

최부가 양주의 아름다움을 묘사한 것이다.

634) 양주부성에 있다. 수대에 설치했고, 성문방시(城門坊市)로 이름을 붙였는데, 후에 후주 세종 현덕 4년(957) 한령곤(韓令坤)이 주성(州城)을 축조하고 동서로 길을 내면서 교량을 세웠는데, 이른바 이십사교(二十四橋)라는 것이다. 설치와 폐지를 고찰할 수 없다. 당대 두목(杜牧)이 지은 '二十四橋明月夜, 玉人何處敎吹簫'라는 시가 있다. 『대명일통지』 권12, 양주부.

635) 피(陂)는 제(堤)와 같은데, 『대명일통지』에서 양주부의 애경피(愛敬陂)를 소개하고 있다. 강도현(江都縣) 서쪽 50리 되는 곳에 있는데 남쪽으로 의진현(儀眞縣)과 접한다. 한대 광릉현(廣陵縣) 태수 진 등이 당(塘)을 준설하고 피를 쌓

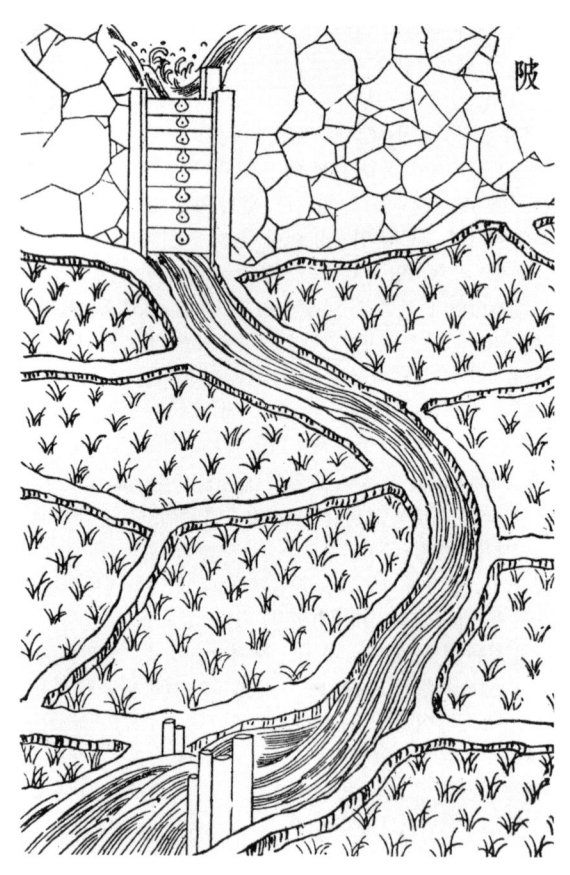

피(陂). 제(堤)라고도 하며 제방과 같은 구실을 한다(『천공개물』).

의 경치는 여러 군 중에 으뜸이고,⁶³⁶⁾ 이른바 봄바람이 성곽을 어루만지고 생황의 노랫가락이 귀에 가득한 곳이었다.⁶³⁷⁾ 우리는 배를 타고 지나갔기 때문에 경관을 볼 수 없었으며, 단지 보이는 것은 진회루(鎭淮樓)⁶³⁸⁾뿐이었다. 누는 성의 남문으로 3층이었다.

강을 따라 동·북으로 가서 하국공신도묘(夏國公神道廟)⁶³⁹⁾·관음당·회원장군 난공(懷遠將軍蘭公)의 묘·안공묘(晏公廟)⁶⁴⁰⁾·황건패(黃巾垻)·북래사(北來寺)·죽서정포(竹西亭鋪)⁶⁴¹⁾·수정청(收釘

       왔다. 백성들이 이를 사랑하여 이러한 이름이 붙었다. 진공당(陳公塘)이라고도 한다.『대명일통지』권12, 양주부.
636) 양자강과 회수 지역의 가장 큰 도회지로 동남 지역에서 번화한 지역이며 강은 맑고 푸른 지역이다. 특히 강도현은 사방의 여행객들이 모여들어 사람이 많고 물품이 가장 풍성한 곳이었다.『대명일통지』권12, 양주부; 가정『유양지』권11, 풍속지. 당대에는 사천성의 성도(成都)와 더불어 세상에서 가장 번화하고 사치스러운 곳이어서 '익일양이'(益一揚二), 즉 익주가 제일이요 양주가 두번째라는 말이 생겨났다.『원화군현도지』권2, 회남도.
637) 강북의 아지랑이 속에   江北煙光裏,
     회수의 남쪽은 좋은 일도 많네.   淮南勝事多.
     저자에 등촉을 들고 들어가고   市廛持燭入,
     이웃마을엔 배를 띄워 지나가네. 鄰里漾船過.
     땅이 있는 곳마다 대를 심고   有地惟栽竹,
     거위를 기르지 않는 집이 없네.   無家不養鵝.
     성곽에 봄바람 끓어오르는데   春風蕩城郭,
     귀에 가득한 피리소리.   滿耳是笙歌姚合.
  •『요소감시집』(姚少監詩集) 권6, 양주춘사삼수(揚州春詞三首).
  '온 성 안에 봄바람 흐드러지고 설레는 풍악의 물결소리여'라고 양주의 봄을 노래한 시다.
638) 양주부치 남쪽 성 위에 있고, 송나라 때 세워졌는데 규모가 매우 장대하다.『대명일통지』권12, 양주부.
639) 강도현 동남쪽 관하 위에 있다. 진원후(鎭遠侯)로 하국공에 추증된 고성(顧成)의 묘다. 가정『유양지』권7, 공서지. 고성의 자는 경소(景韶), 시호는 무의(武毅)며 강도현 출신으로 명 태조 홍무제를 도와 군공을 세워 건성위지휘첨사(堅城衛指揮僉事)에 승진했다. 묘족(苗族)을 평정하는 데 공을 세웠고, 혜제 건문(1399~1402) 때 연왕(燕王, 후의 영락제)에게 포로가 되었으나 풀려나 북평(北平, 현 북경)의 세자를 도왔다. 연왕이 즉위 후에 진원후에 봉해졌으며 귀주(貴州)의 묘족을 방비했다.『명사』권144, 고성열전.

廳) · 양자만(揚子灣)순검사642) · 만두관황묘(灣頭關荒廟) · 봉황교 · 돈회자포(墩淮子鋪) · 하박팔탑포(河泊八塔鋪) · 제오천포(第伍淺鋪) · 세과국(稅課局)643) · 사리포(四里鋪) · 소백보공사(邵伯寶公寺) · 영은문을 지났다. 지나온 곳에 갑이 두 개 있었다. 소백역(邵伯驛)644)에 이르니 역의 북쪽에는 소백태호645)가 있었다.

노를 저어 호수 주변을 2, 3리 정도 가니 소백(邵伯)체운소646)에 이르렀다. 강물이 넘치고 바람이 어지럽게 불어서 밤에 건널 수 없어 하룻밤을 머물렀다. 항주성에서 지나온 위소 역시 교대로 차출된 백호(百戶)가 그들을 호송했다. 양주위의 백호 조감(趙鑑)이라는 자가 이렇게 말했다.

"6년 전에 당신 나라 사람 이섬(李暹)647) 역시 표류해 이곳에 도착했다가 귀국했는데 알고 있소?"

"그렇소."

이섬이 표류한 전말을 묻자 조감이 말했다.

---

640) 양주부성 대동문 밖 동수관(東水關) 동쪽에 있다. 언제 창건되었는지 확실하지 않으나, 명 헌종 성화 12년(1476)에 중수했다. 가정『유양지』권38, 잡지.
641) 양주부성 동북쪽 5리 되는 곳에 있으며 북로에 있다.『대명일통지』권12, 양주부; 가정『유양지』권7, 공서지.
642) 만력『대명회전』에는 역의 설치와 폐지에 대한 기록이 보이지 않는다.
643) 양주부에는 세과국(稅科局)이 아니라 과세사(稅課司)가 남문 안에 설치되어 있었다. 가정『유양지』권7, 공서지.
644) 강도현 북쪽 45리 되는 소백진 관하 동안에 있다. 참선 16척, 하선(河船) 1척, 말 14필, 포진 70이며, 수부 170명, 마부 14명이 편성되었다. 가정『유양지』권7, 공서지. 수륙의 큰 도로다.
645) 양주부성 북쪽 45리 되는 곳에 있다. 동으로는 애릉호(艾陵湖)와, 서로는 백묘호(白茆湖)와 접해 있고, 남으로는 신성호(新城湖)와 통해 있다. 근처에 소백태(邵伯埭)가 있다. 진 효무제 태원 11년(386) 사안(謝安)이 신성을 축조하면서 성 북쪽 20리 되는 곳에 언을 쌓아 민전(民田)에 관개하게 했다. 백성들이 그 덕을 소공(邵公)에 견주어 이름을 붙였다.『독사방여기요』권23, 강남 5.
646) 강도현 소백진가 북쪽에 있고, 홍선 55척, 포진 69, 수방부(水防夫) 450명을 편성했다. 가정『유양지』권7, 공서지.
647) 윤1월 초3일 주 29) 참조.

"이섬은 처음에 바람에 떠밀려 양주 굴항채(掘港寨)에 표착했소. 수채관 장승(張昇)이 백호 상개(桑愷)⁶⁴⁸⁾를 보내 체포하여 옥중에 가두었소."

한 순검(巡檢)⁶⁴⁹⁾이 말했다.

"풀어주어 서방사(西方寺)⁶⁵⁰⁾에서 편안히 쉬게 하라 하고, 배를 타고 가는 곳이 어디인지 심문했소. 1개월 가까이 머무르게 되었는데 연해비어도지휘(沿海備禦都指揮) 곽(郭) 대인⁶⁵¹⁾이 이섬이 진술한 내용에 타고 온 배가 '돛 열 폭으로는 바람에 견딜 수 없었다'는 구절을 보고 그가 호인임을 알게 됨으로써 손님으로 대접을 하게 되었소."

백호 조감이 나에게 물었다.

"당신이 표착했던 해안에서 이곳에 이르기까지 대개 몇 리나 되오?"

"우두외양에서 도저소, 항주에 이르고 또 양주에 이르렀는데 지나온 길이 거의 2,500리 정도 될 것이오."

"이섬은 고향이 아득히 멀다고 근심했었소. 지금 당신의 처지를 보면 이섬의 몇 배나 더 걱정이 되겠소이다."

"이섬은 단지 길이 멀다고 근심했지만 내가 슬퍼하는 것은 아버지가 돌아가셨는데 아직 염(殮)을 하지 못했고, 어머니는 일흔에 가까운 노인으로 집에 계시는데 자식된 도리를 다하지 못하며, 나그네길은 더욱

---

648) 상개는 조선『성종실록』에는 상개(桑鎧)로 표기되어 있다. 이섬 등이 처음 장사진(長沙鎭)에 배를 정박했을 때 천호 상개라는 자가 병사를 거느리고 와서 이들 일행을 포박하여 갔다.『성종실록』권157, 14년 8월 임오.
649) 순검관(巡檢官)의 이름은 섭총이다. 이섬 일행이 장사진에서 묵고 있을 때 섭총이 '변방을 범하여 여기까지 왔다'고 하며, 사정을 묻기에, 이섬이 사실 그대로 써서 대답했다. 그러나 약 2경쯤 되어 군사들이 갑옷을 입고 북을 치며 나오면서 죽이려고 하자 순검이 큰 소리로 물리쳐 죽음을 면할 수가 있었다.『성종실록』권157, 14년 8월 임오.
650) 서방선사(西方禪寺)라고도 한다. 양주부성 서북 사망정(四望亭) 북쪽에 있다. 당 진종 영정 연간(805)에 세웠고, 명 태조 홍무 5년(1372) 승려 보득(普得)이 중건했다. 가정『유양지』권38, 잡지.
651) 곽 대인의 이름은 곽총(郭銃)으로 총병관의 관직이었고 소주에서 근무하고 있다가 굴항에 와서 이섬을 심문했다.『성종실록』권157, 14년 8월 임오.

멀어 비통한 마음에 하늘이 노랗고 앞이 깜깜하오."

【2월 24일】 우성역(盂城驛)⁶⁵²⁾에 도착하다.

이날은 맑았다. 소백체운소로부터 소백호신당(邵伯湖新塘)⁶⁵³⁾을 따라 소백순검사⁶⁵⁴⁾·소백진(邵伯鎭)⁶⁵⁵⁾·마가도포(馬家渡鋪)·삼구포(三溝鋪)·요포(腰鋪)·노근열녀사(露筋烈女祠)⁶⁵⁶⁾·노근포(露筋鋪)·왕금포(王琴鋪)·팔리포(八里鋪)를 지났는데, 신당의 석축은 길이가 30여 리 정도였다. 다시 신개호(新開湖)⁶⁵⁷⁾를 따라 자정 무렵 우성역에 도착했다. 역은 고우주성(高郵州城)⁶⁵⁸⁾ 남쪽 3리쯤에 있었다.

【2월 25일】 고우주를 지나다.

이날은 흐렸다. 닭이 울 무렵 우성역을 떠나 고우주, 즉 옛 한주(邗州)를 지났다. 한구(邗溝)⁶⁵⁹⁾는 한강(寒江)이라고도 하는데, 남북의 수로를 둘러싸고 있는 요충지였다. 주성은 큰 호수를 둘러싸고 있는데,

---

652) 고우주(高郵州) 남문 밖에 있다. 참선 18척, 참마 14필, 포진 68, 수부 170명, 마부 14명으로 편성했다. 가정『유양지』권7, 공서지.
653) 양주부성 서북쪽 10리 되는 곳에 있다. 길이와 넓이가 2리 정도로 서남으로 상뇌당(上雷塘)과 접하고 있는데 합류하여 조하(漕河)로 흘러들어간다.『독사방여기요』권23, 강남 5.
654) 정식명은 소백진순검사(邵伯鎭巡檢司)다. 의진현 북쪽 45리 되는 곳에 있다. 가정『유양지』권7, 공서지.
655) 마가도(馬家渡)로부터 남쪽으로 팔탑포(八塔鋪)에 이르는 곳에 별도로 하나의 제방을 쌓아 좁은 하(河)를 만들어 하제(河堤)가 보호될 수 있도록 했다. 지금 이를 소백진이라고 한다.『독사방여기요』권23, 강남 5.
656) 고우주 남쪽 30리 되는 곳에 노근묘(露筋廟)가 있는데 이것을 가리키는 것 같다. 옛부터 전해오기를 여인이 밤중에 이곳을 지나가자 하늘이 흐려져 모기가 극성을 부렸다. 한 농부의 집이 있었는데, 그 시어머니만 머물게 하고 여인은 내가 차라리 이곳에서 죽을지언정 절조를 잃지 않겠다고 했다. 마침내 모기가 피부를 물어뜯어 죽게 되었다.『대명일통지』권12, 양주부.
657) 고우주 서북쪽 3리 되는 곳에 있다. 그 물의 동남쪽은 모두 운하와 통하며 길이와 크기가 각각 150리다. 천장(天長) 이동의 물은 모두 이 호수에 모여 회수로 흘러들어간다.『독사방여기요』권23, 강남 5.

바로 고우호(高郵湖)⁶⁶⁰)며, 강호의 승경지며 사람과 물산이 번성한 곳으로, 강북 제일의 택국(澤國)⁶⁶¹)이다.

아마 하(夏)의 우임금 때 양자강과 회수(淮水)는 아직 통하지 않았기 때문에, 「우공」에 '강해(江海)를 따라 회수와 사수에 도달한다'고 했을 것이다.⁶⁶²) 오왕⁶⁶³) 때에 오면 비로소 한구⁶⁶⁴)가 개통되었고, 수나라 사람들이 넓혀서⁶⁶⁵) 배가 다닐 수 있었다.

다시 서하당(西河塘)에 도착했다. 당(塘)은 호숫가에 있었는데 목책(木柵)의 길이가 70여 리 정도였다. 호수 가운데에는 섬이 있고 섬에는 칠공묘(七公廟)⁶⁶⁶)가 있는데, 바라보면 희미한 것이 마치 신선이 사는 선경과 같았다.

번장군묘(樊將軍廟)⁶⁶⁷) · 전총포(前總鋪)⁶⁶⁸) · 당두포(塘頭鋪)순검

---

658) 양주부성 북쪽 120리 되는 곳에 있다. 춘추시대에는 오 한구(邗溝)의 땅이었다. 진대(秦代)에는 고우정(高郵亭)이었고 한대에 고우현을 두었다. 원대에 고우로를 고우부로 고쳐 양주로에 예속시켰으나, 명조는 오왕 3년(1366) 주를 현으로 고쳤다. 『대명일통지』 권12, 양주부.
659) 한강(邗江) 또는 합독거(合瀆渠)와 관하, 즉 옛 한구로 지금은 조하(漕河)다. 옛날 오왕 부차(夫差)가 패자가 되려고 광릉성(廣陵城) 동남쪽에 한성(邗城)을 쌓고 깊은 도랑을 파서 한강으로 했다. 또한 한구라고도 한다. 강의 동북쪽으로부터는 사양호(射陽湖)에 통하고 또 서북쪽은 회수로 들어가니 일명 조하라고 한다. 『좌전』에는 '오성(吳城)의 한구가 강회(江淮)와 통한다'고 했는데 바로 이곳이다. 『대명일통지』 권12, 양주부; 『독사방여기요』 권23, 강남 5. 강도현에 한구성(邗溝城)이 있는데, 『좌전』 애공(哀公) 5년에 오가 한구에 성을 쌓아 강회로 통하게 했다. 『독사방여기요』 권23, 양주부.
660) 일명 신개호(新開湖)라고도 한다. 고우주 서북쪽에 있고 길이는 3리, 물결의 높이는 150장으로 천장(天長) 이동의 물은 모두 이곳에 모여 운하로 들어간다. 항가취(杭家嘴)로부터 장가구(張家溝)에 이르는 남북으로 30여 리로 모두 벽돌로 계단을 쌓은 제방으로 되어 있다. 서풍이 불면 파도가 크게 일어 배들을 손상시키고 파괴하며 전량(錢糧)을 파손하며 인명을 손상시킨 일은 이루 말할 수 없다. 『대명일통지』 권66, 양주부; 황훈(黃訓), 『명신경제록』 권51, 공부.
661) 『산당고색』(山堂考索)에 회수의 동쪽은 천과 못의 나라다. 작은 섬(사주)과 큰 저수지는 물 흐름이 둘러싸고 있어 사람들이 들어가지 못하는 곳으로 모두 수채(水寨)다. 『독사방여기요』 권23, 강남 5.
662) 회수와 바다 사이가 양주다. 강과 바다를 따라 올라가면 회수와 사수에 도착한다. 『상서』 하서 우공.

사・장가포(張家鋪)・정정포(井亭鋪)・당만포(塘灣鋪)를 지나 계수역(界首驛)669)에 이르렀다. 계수역은 체운소670)와 동서로 마주보고 있었다.

진훤은 군리671)로서 양왕을 따라왔는데, 글을 조금 알아 양왕이 서수(書手, 서기)672)의 직책을 맡겼다. 진훤은 탐욕스럽기가 이루 말할 수 없었고 간사하기 짝이 없었다. 이에 우리 군인 김속이 그런 사실을 양왕에게 호소하자, 양왕은 오히려 김속을 붙잡아 장형 10여 대를 때렸

---

663) 앞의 주. 춘추시대 오의 왕이다. 오왕 합려가 월왕 구천의 공격을 받아 부상당하여 죽자 아들인 부차가 왕위에 오른다. 월과의 싸움에서 부친의 원수를 갚았으나 구천의 책략에 휘말려 기원전 473년에 멸망당하여 자살한다.『사기』권31, 오태백세가.
664) 2월 25일 주 659) 참조.
665) 한구를 독수(瀆水) 또는 산양독(山陽瀆)이라고도 하는데, 옛 물길은 굴곡되어 수 문제(581~604)가 거듭 수축하여 물이 잘 통하게 했다.『원화군현도지』권2, 회남도.
666) 경칠공묘(耿七公廟)가 아닌지? 고우호 안에 강택묘(康澤廟)가 있는데 속세에서는 경칠공묘라 한다. 송의 경우덕(耿友德)을 제사지낸다. 우덕은 당 소종(889~904) 때의 인물로 천성이 충직하고 성실하여 죽어 신이 되었는데, 기도하면 배를 항업하는 자가 빠져 죽는 일이 없었다.『강남통지』권40, 여지고(輿志考).
667) 보정부 역주(易州)와 하남 상부현(祥符縣)에서도 번쾌를 제사 지내는 번장군묘가 있는 점(『대명일통지』권2, 보정부 및 권26, 하남포정사)으로 보아 한고조 유방을 도와 한을 창업하는데, 공을 세운 번쾌(樊噲)의 묘가 아닌가 한다.
668) 총포는 급체총포(急遞總鋪)를 말한다. 태창(太倉)・상숙(常熟)・무진현(武進縣)에 설치한 경범죄자의 뇌옥(牢獄)이다. 濱島敦俊,『明代江南農村社會の硏究』, 東京大學出版會, 1982.
669) 고우주 북쪽 계수진에 있다. 참선 18척, 참마 15필, 포진 48, 수부 170명, 마부 15명으로 편성했다. 가정『유양지』권7, 공서지.
670) 고우주 북쪽 계수진에 있다. 홍선 58척, 포진 71, 수방부 490명으로 편성했다. 가정『유양지』권7, 공서지.
671) 윤1월 18일 주 126) 참조.
672) 본래는 명대에 이장 직책의 하나였던 부역황책 편조의 업무를 분리시켜 서수(書手)와 이서(里書) 등이 담당하게 했다. 요역의 일종이다. 山根幸夫,『明代徭役制度の展開』. 여기서는 글을 아는 군사에게 사무를 담당했다는 의미라고 보아야 할 것이다.

다. 내가 정보를 시켜 양왕에게 말했다.

"지휘는 우리를 호송하는 것이 임무인데, 제멋대로 혼자서 장형을 집행했소. 나는 이국인이지만 명률에는 법조문이 있지 않소? 내가 데리고 있는 이 사람들은 실로 보지 못하고 말하지 못하는 사람과 똑같은데, 잘못된 것이 있더라도 자초지종을 설명하고 타일러서 보살펴 주어야 하는데, 도리어 매를 맞았으니, 상국이 먼 나라의 사람을 호송하는 도리가 아니오."

양왕이 답을 하지 못했다.

부영이 몰래 나에게 말했다.

"양공은 원래 북경 사람인데 항주위(杭州衛)[673]에 파견되어 왔소. 그는 글을 읽을 줄 몰라서 사리에 어둡소. 내가 누차 그에게 간언했지만, 그는 우리 말을 듣지 않고 잘못된 일을 행하니, 그를 책망해도 소용이 없소."

비를 무릅쓰고 길을 재촉해 자영천(子嬰淺)을 지나 계수대호(界首大湖)[674]를 따라 내려갔는데, 호수 주변에는 긴 제방이 있었다. 순검사[675]와 괴각루(槐角樓)[676]를 지나 밤에 범수포(范水鋪) 앞에 머물렀다.

【2월 26일】 회음역(淮陰驛)[677]에 도착하다.

이날은 흐렸다. 사광대호(汜光大湖)[678]와 보응대호(寶應大湖)[679]를

---

673) 항주에는 항주전위(杭州前衛)와 우위(右衛)가 있다. 모두 명 태조 홍무9년 (1376) 2월에 설치했다. 『명 태조실록』 권110, 홍무 9년 2월 기묘.
674) 심구진(沈邱縣) 동북쪽 40리 되는 곳에 있다. 본래 황하의 물길이 진흙으로 막혀 호수가 되었는데 길이가 30여 리다. 호수 남쪽 2리 되는 곳에 작은 호수가 있는데 길이는 2, 3리다. 명 헌종 성화 연간에 영주(穎州) 동지 유절(柳節)이 민을 독려하여 두 개의 거(渠)를 설치하여 물을 얕게 했다. 『하남통지』 권8, 산천 하편.
675) 괴루각을 지났다고 하는 것으로 보아 순검사는 괴루순검사인 듯하다. 보응현 남쪽 20리 되는 괴루진에 있다. 가정 『유양지』 권7, 공서지.
676) 보응월하(寶應月河)에 있다. 형태가 구부러져 마치 기와점(箕瓦店) 같다. 『명사』 권85, 하거지(河渠志) 3.
677) 옛터는 회안부성 서문 밖 관하 서안에 있다. 명 태조 홍무 초에 지부 요빈(姚斌)이 국화구(菊花溝)를 개통하면서 수륙의 편리를 위해 신성의 동북으로 옮겼다. 만력 『회안부지』(淮安府志) 권3, 건치지.

지나 안평역(安平驛)⁶⁸⁰)에 도착했다. 또 보응현치(寶應縣治)⁶⁸¹)를 지났고 백마대호(白馬大湖)⁶⁸²)와 백마포·황포포(黃浦鋪)·평하교리(平河橋里)·경하진점(涇河鎭店)·십리정포(十里亭鋪)를 지났다. 밤에 회음역에 머물렀다. 사수포⁶⁸³)로부터 이곳에 이르기까지 백여 리 사이에 동쪽 연안에 긴 제방이 있었는데, 석축·목책으로 된 것이 끝없이 이어져 있었다.

【2월 27일】 회안부(淮安府)⁶⁸⁴)를 지나다.

이날은 비가 왔다. 회음역 건너편에는 마두성⁶⁸⁵)이 있고, 문 밖에는 표모사(漂母祠)⁶⁸⁶)가 있었다. 그 북쪽에 있는 과하교(胯下橋)⁶⁸⁷)는 한

---

678) 범광호(范光湖)가 아니라 사광호(氾光湖)다. 보응현 서남쪽 15리 되는 곳에 있으며 동서로 길이가 30리, 남북으로 넓이가 10리다. 조하(漕河)가 이곳을 지나가는데 바람과 물결이 세차 어려움이 많다. 융경『보응현지』권2, 구역;『독사방여기요』권23, 강남 5.
679) 운하 서쪽에는 백마(白馬)·사광(氾光)·벽사(甓社) 등 17개 호수가 있는데, 지금 모두 그것을 분별할 수가 없다. 대략 이를 이름하여 보응호라고 한다.『치하주적서』(治河奏績書) 권1, 천택고(川澤考).
680) 보응현의 북문거리에 있다. 명 태조 홍무 원년 역승 정자부(程子溥)가 개설했다. 세종 가정 연간(1522~66)에 편찬된 지방지에는 참선 18척, 포진 67, 참마 12필, 마부 22명으로 되어 있으나, 목종 융경 연간(1567~72)에 편찬된 지방지에는 참선 15척, 수부 150명, 역마 106필, 마부 16명으로 편성했다고 기록하고 있는 점에서 약간의 변동이 보인다. 가정『유양지』권7, 공서지; 융경『보응현지』권3, 건치.
681) 양주부 북쪽 120리 되는 곳에 있다. 본래 한대는 평안현(平安縣)으로 광릉군(廣陵郡)에 속했다. 당대 상원 연간(고종 674~676, 숙종 760~762)에 국보를 얻자 이에 보응현이라고 했다. 원대에 고우부에 예속시켰는데 명조도 이에 따랐다.『대명일통지』권12, 양주부.
682) 보응현 북쪽 15리 되는 곳에 있다. 동서로 15리, 남북으로 3리다. 융경『보응현지』권2, 구역.
683) 범수포(范水鋪)가 아니라 사수포(氾水鋪)다.
684) 「우공」의 양주 땅이다. 춘추시대에는 오에, 후에는 월에, 전국시대에는 초에 속했다. 진은 구강군(九江郡)에 속했다. 당 현종 천보(742~756) 초에 회음군(淮陰郡)을 설치했다. 남송 이종 소정(1228~33) 초에 회안군을 두었다. 명조는 원대의 회안로를 회안부로 고쳤다.『대명일통지』권13, 회안부.

신(韓信)⁶⁸⁸⁾이 식객노릇을 하며 수모를 당했던 곳⁶⁸⁹⁾이었다. 역은 체운소⁶⁹⁰⁾와 접해 있고 체부창(遞夫廠)⁶⁹¹⁾과 마주보고 있었다. 역에서 배를 타고 회안부 부근을 지났는데, 부는 옛날 동초주(東楚州)⁶⁹²⁾로 동남 지방의 요충지였다.⁶⁹³⁾ 그 옛 성⁶⁹⁴⁾ 안에는 부치, 산양현치(山陽縣治),⁶⁹⁵⁾ 회안위⁶⁹⁶⁾와 도당부(都堂府),⁶⁹⁷⁾ 총병부(總兵府),⁶⁹⁸⁾ 어사부(御史府) 등의 여러 관서가 있었다.

---

685) 마두순검사가 청하현치(淸河縣治) 동쪽 마두진 내 소하구(小河口) 서쪽에 있는 것으로 보아 이 근처에 존재하였던 것으로 생각된다. 만력『회안부지』권3, 건치지.

686) 옛날에 회안부성 서문 안에 있던 것을 명 헌종 성화(1465~87) 초에 서문 밖으로 옮겼다. 만력『회안부지』권6, 학교지. 표모(漂母)라는 것은 물로 솜을 치는 노파라는 의미로 한신(韓信)이 가난하여 배고픈 시절 걸식을 하고 다니며 성 아래서 낚시를 하고 있을 때 여러 노파들이 물로 솜을 치고 있었다. 이중 한 노파가 한신의 배고픔을 알고 밥을 먹여주었다.『사기』권92, 회음후열전(淮陰侯列傳).

687) 회안부성 서쪽 40리 되는 곳에 있다.『대명일통지』권13, 회안부.

688) 한 고조의 신하다. 회음(淮陰) 출신으로 소하(蕭何)나 장량(張良)과 함께 3걸이라고 칭해진다. 처음에는 항우를 찾아갔으나 등용되지 못하자 한에 귀부하여 공을 세워 한왕(漢王)이 되었으나 후에 모반죄로 살해당한다.『사기』권92, 회음후열전;『한서』권34, 한팽영로오열전(韓彭英盧吳列傳).

689) 회음에서 도살업을 가진 한 소년이 한신에게 '비록 신체는 장대하고 도검을 찼다고 할지라도 마음은 비겁할 것이다'라고 모욕을 주었다. 많은 사람들이 한신을 욕보이면서 '한신이 나를 죽일 것이다. 나를 찔러라. 그렇지 못하다면 내 다리 밑을 통과하라'고 하자 한신은 생각 끝에 고개를 숙이고 그 소년의 다리 밑을 기어 나왔던 것이다. 이에 시장 사람들이 모두 한신을 겁쟁이라고 한 데서 유래한다.『사기』권92, 회음후열전.

690) 옛날에는 회안부치 동북쪽 5리 되는 곳에 있었는데 명 태조 홍무 4년(1371)에 개설했고, 태조 9년 지부 반걸(潘傑)이 중수했다. 선종 선덕 2년(1427) 부성 서문 밖으로 옮겼다. 만력『회안부지』권3, 건치지.

691) 운도(運道)에 해당하는 요충지에 부창을 세우고 주현에서 인부를 선발하여 교대로 운반하게 하는 곳이었다. 호세영(胡世寧),『호단민주의』(胡端敏奏議) 권7, 진언치하통운이제국저이구민생소(陳言治河通運以濟國儲而救民生疏).

692) 수대에는 초주, 당 고조 무덕 4년(621)에 동초주라고 했으나, 고조 8년에 다시 초주라고 했다.『독사방여기요』권22, 강남 4.

693) 수륙 교통의 요지로 서쪽으로는 회수, 동으로는 바다에 다다른다. 남북의 요지며 양자강과 회수의 요충지다.『대명일통지』권13, 회안부.

한신. 한 고조 유방의 신하였다(『삼재도회』).

옛 성의 동쪽[699]에는 신성[700]을 쌓았는데, 신성 안에는 대하위(大河衛)[701]가 있으나 다른 관서는 아직 설치되지 않았다. 신성과 구성 사이의 거리는 약 1리 정도며 호수가 두 성의 내외곽을 둘러싸고 있었는데, 성과 인가가 모두 평도(平島) 안에 있었다. 남도문(南渡門)에서 북쪽으로 가서 회하(淮河)[702]에 도착했다.

그 사이에 금룡사대왕묘(金龍四大王廟)[703]·부교정(浮橋亭)·용흥탑(龍興塔)·종루전(鐘樓殿)·뇌신점(雷神店)[704]·서호하(西湖河)·

---

694) 산양현(山陽縣)의 구성(舊城)을 가리키는데 산양현치 북서쪽 10리 되는 곳에 있다. 『수경주』에 회수가 동북으로 흘러 회음고성(淮陰古城)을 지난다고 했는데, 한신이 이곳에서 낚시를 했다고 한다. 심약(沈約)은 동진(317~419) 초에 처음으로 성을 쌓았다고 한다. 만력『회안부지』권3, 건치지;『독사방여기요』권22, 강남 4.
695) 부곽(附郭)이다. 본래는 한대 임회군(臨淮郡) 사양현(射陽縣)의 땅이다. 동한대에는 광릉군에 속했다. 진(晉) 말에 산양군을 설치했는데 경내에 땅이 있어 산양이라고 한 데서 유래한다.『대명일통지』권13, 회안부.
696) 회안부치 남쪽, 즉 원대의 회남로총관부치(淮南路總官府治) 자리다. 명 태조 홍무 원년에 설치했다.『대명일통지』권13, 회안부.
697) 수·당대의 도당은 상서성을 가리켰으나(『통전』권22, 직관전 4 상서성), 명대는 도어사·부도어사·첨도어사를 도당이라고 한다. 회안부에는 명 경종 경태(1450~57) 초에 도어사 왕횡(王竑)이 구성 남문 내에 세운 도찰원과 세종 가정 16년(1537) 도어사 주금(周金)이 세운 도찰원 2개가 있다. 만력『회안부지』권3, 건치지.
698) 조운총병부(漕運總兵府)가 2개소 있었다. 하나는 남부(南府)라고 하여 구성 남문 내에 독무나 도찰원과 나란히 있고, 하나는 북부(北府)라 하여 회안부치 동쪽에 있다. 대부분이 이곳에 거처했다. 만력『회안부지』권3, 건치지.
699) 신성은 구성 북쪽 1리 되는 곳에 있다.『독사방여기요』권22, 강남 4. 따라서 여기에서 구성의 동쪽이라는 것은 북쪽의 오기인 것 같다.
700) 회안부성 서쪽 30리 되는 곳에 있다. 남송 도종 함순 5년(1269) 신성현(新城縣)을 두어 요충지로 하고 초주(楚州)에 예속시켰다. 원대에 산양현성을 둔 곳이다.『독사방여기요』권22, 강남 4.
701) 회안부치 동북쪽 신성 내에 있다. 명 태조 홍무 5년(1372) 2월 설치했다.『대명일통지』권13, 회안부;『명 태조실록』권72, 홍무 5년 2월 경인조.
702) 회안부성 북쪽 5리 되는 곳에 있다. 사주(泗州) 구산(龜山)의 북쪽으로부터 흘러 회안부 경계에 흘러들어가 부성의 동쪽을 둘러싸고 돌아 바다로 들어간다.『대명일통지』권13, 회안부.

취로화상탑(嘴老和尙塔)·초청(鈔廳)⁷⁰⁵⁾·판갑(板閘)⁷⁰⁶⁾·이풍갑(移風閘)⁷⁰⁷⁾·봉저문(鳳翥門)·공부창(工部廠)⁷⁰⁸⁾·청강갑(淸江閘)⁷⁰⁹⁾·등교기봉문(騰蛟起鳳門)·청강핍주문(淸江輻輳門)·상영창문(常盈倉門)⁷¹⁰⁾·천비묘(天妃廟)⁷¹¹⁾·동악인성궁(東嶽仁聖宮)⁷¹²⁾·영자궁(靈慈宮)⁷¹³⁾·평강공양후묘(平江恭襄侯廟)⁷¹⁴⁾·조운부(漕運府)⁷¹⁵⁾·총창

---

703) 대왕묘라고도 하는데 회안부성 밖 서남쪽 1리 되는 곳에 있다. 전해오기를 금룡사대왕이 잘 방어하여 그를 제사지낸다고 한다. 만력『회안부지』권6, 학교지.
704) 신화 중에 번개를 치는 신을 말한다. 뇌공이라고도 한다. 뇌택(雷澤) 중에는 뇌신이 있는데 용의 몸에 사람의 머리에 자신의 배를 두드린다.『산해경』해내동경(海內東經).
705) 명대에 선박이 왕래하는 수로에 초관(鈔關)을 설치하여 선박에 세금을 거두어들였다. 초관에는 공부초관(工部鈔關)과 호부초관(戶部鈔關) 2종류가 있는데, 당시 회안 등지에는 후자가 설치되어 있었다. 이민호,「명대 초관세의 징수추이와 성격 변화」,『중국사연구』21, 2002.
706) 산양현치로부터 서북쪽으로 10리 떨어져 있다. 명 성조 영락 15년(1417)에 세웠다. 만력『회안부지』권3, 건치지.
707) 산양현치로부터 서북쪽으로 20리 떨어져 있다. 명 성조 영락 13년(1415)에 세웠다. 만력『회안부지』권3, 건치지.
708) 공부사(工部司)의 별서(別署, 별도의 관청)다. 만력『회안부지』권3, 건치지.
709) 산양현치로부터 서북쪽으로 30리 떨어져 있다. 명 성조 영락 13년(1415)에 세웠다. 만력『회안부지』권3, 건치지.
710) 상영창(常盈倉)은 청강포(淸江浦)에 있다. 명 성조 영락 연간(1403~24) 평강백 진선(陳瑄)이 세웠다. 만력『회안부지』권3, 건치지. 명대에는 마정(馬政)을 담당하는 태복시(太僕寺) 하에 상영고라는 관청이 있다.『명사』권74, 직관지 3.
711) 영자궁(靈慈宮)을 천비궁이라고도 하는데 조운의 안전을 위해 세웠다. 이 영자궁은 3군데 설치했는데, 한 군데는 회안부성 서남쪽의 것으로 옛 이름은 자극궁(紫極宮)이다. 궁 앞에는 둥근 연못이 있고 버드나무를 심었으므로 만류지(萬柳池)라고도 한다. 그 위에는 승선교(昇仙橋)를 설치했으며, 송 영종 가정 연간(1208~24) 초주 안무(安撫) 가섭(賈涉)이 중건하였는데 후에 훼손되었다. 원 순제 지정 연간(1341~67)에 다시 세웠다. 하나는 청강포에 있다. 명 선종 선덕 연간 평강백 진선(陳瑄)이 세웠다. 하나는 신성 대북문(大北門) 뒤 대하(大河)에 있다. 운관(運官)이 세웠다. 만력『회안부지』권6, 학교지. 최부가 본 것은 청강포에 있는 것이 아닌가 한다.
712) 동악묘가 구성 동쪽에 있다. 옛부터 전해오기를 당 태종 정관 연간(627~649)에 정화절(程和節)이 이곳에서 방비하면서 창건했다고 한다. 명 성조 영락 연간(1403~24) 도지휘 시문(施文)이 중건했다. 만력『회안부지』권6, 학교지.

동위(總廠東衛)[716]·총창서위(總廠西衛)·복흥갑(福興閘)[717]·현제사(玄帝祠)·우성사(佑聖祠)·신장갑(新藏閘) 등이 있었다.

또 그 사이에는 봉양중도(鳳陽中都)[718]·봉양좌위(鳳陽左衛)·용호우위(龍虎右衛)·용강좌위(龍江左衛)·표도위(豹韜衛)·표도전위(豹韜前衛)[719]·회안위·대하위(大河衛)·진강위(鎭江衛)·고우위(高郵衛)·양주위·의진위(儀眞衛)·수군좌위(水軍左衛)·수군우위(水軍右衛)·부군전위(府軍前衛)·사주위(泗州衛)·비주위(邳州衛)·수주위(壽州衛)·장회위(長淮衛)·여주위(廬州衛) 등이 있었다.

회남(淮南)과 강북, 그리고 강남의 모든 위가 이곳에서 모여 배를 만드는데, 모두 선창(船廠)을 가지고 있었다.[720]

무릇 양자강과 회하[721] 사이 4, 5백 리에는 큰 호수가 많았는데, 소백호, 고우호, 계수호, 백마호 등과 같은 큰 호수는 사방이 끝없이 펼쳐져 있었다.

이날은 큰비를 무릅쓰고 회하, 즉 황하를 건넜다.

나는 부영에게 말했다.

"「우공」을 보면, '황하[722]는 적석(積石)[723]·용문(龍門)[724]·화음(華

---

713) 산양현 청강포에 있다. 명 선종 선덕 연간(1426~35) 평강백 진선이 세웠다. 『대명일통지』 권13, 회안부.
714) 청강포에 있다. 부치에서 서북쪽으로 30리 떨어진 곳에 있는데, 명 영종 정통 6년(1441) 예부의 지시에 의해 건설했다. 만력『회안부지』 권6, 학교지. 공양(恭襄)은 평강백 진선의 시호다. 진선은 자가 언순(彦純), 합비(合肥) 출신으로 성조 영락제가 즉위하자 총병관에 임명되어 해운을 담당했다. 이후에는 조운(漕運)을 담당하여 공적을 세웠다. 특히 하를 준설하여 백성들이 그 편리함을 입게 되자 청하현(淸河縣)에 사당을 세웠다. 영종 정통 연간(1436~49)에 유사에게 춘추에 제사를 지내도록 했다. 『명사』 권153, 진선열전.
715) 조운총병부를 가리키는 것 같다. 만력『회안부지』 권3, 건치지.
716) 총창이라는 것은 배를 만들고 수리하는 곳이었던 것 같다. 청대에는 조운의 요지인 소주·양주·진강부의 수차창(水次倉)에 총창을 설립하여 해선(海船)을 만들었다. 『흠정대청회전칙례』(欽定大淸會典則例) 권135, 공부 도수청리사(都水淸吏司).
717) 산양현치로부터 서북쪽으로 40리 떨어져 있다. 만력『회안부지』 권3, 건치지.

陰)⁷²⁵⁾ · 저주(底柱)⁷²⁶⁾ · 대비(大伾)⁷²⁷⁾ 등 여러 산을 지나서 홍수(洚水)⁷²⁸⁾와 대륙⁷²⁹⁾을 지나 나누어서 구하(九河)⁷³⁰⁾ · 역하(逆河)⁷³¹⁾가 되

718) 봉양(鳳陽)은 명 태조 주원장의 고향으로 이곳에 중도(中都)를 건설했다. 정식 명은 중도유수사(中都留守司)다.

위소명	설치연도	소속	출전	비고
봉양중도유수사	홍무 2년	중도유수사	권45, 9월 정해조	
봉양좌위	홍무 12년	중도유수사	권126, 9월 기유조	
봉양우위	홍무 2년	좌군도독부	권44, 8월 갑인조	용호위
용강위	홍무 25년	전군도독부	권219, 7월 계사조	용강위를 용강좌위로
표도위	지정 24년(1364)	전군도독부	권14, 갑신년 3월 갑오조	
표도전(좌?)위		전군도독부		
회안위	홍무 원년(1368)	중군도독부	대명일통지 권13, 회안부	
대하위	홍무 5년(1372)	중군도독부	권72, 2월 경인조	
진강위	홍무 원년	중군도독부	독사방여기요 권23	
고우위	홍무 원년	중군도독부	권70, 4년 12월 임오조	천호소가 동 4년 위로 승격
양주위	홍무 4년	중군도독부	권70, 12월 임오조	
의진위	홍무 8년	중군도독부	권133, 8월 신유조	의진천호소 동 13년 위로 승격
수군좌위	홍무 3년	좌군도독부	권54, 7월 임진조	수군위는 분리
	홍무 4년		권70, 12월 무술조	수군위가 좌 · 우 위로 분리
수군우위	홍무 4년	우군도독부	권70, 12월 무술조	
부군전위	홍무 11년	12위	권120, 10월 갑술조	
사주위	홍무 13년	중군도독부	권133, 8월 신유조	
비주위	홍무 13년	중군도독부	권129, 정월 을사조	
수주위	홍무 13년	중군도독부	권133, 8월 신유조	
장회위	홍무 4년	중도유수사	권64, 4월 을미조	
여주위	홍무 3년	중군도독부	권133, 8월 신유조	여주천호소 3년 위로 승격

※ 위소의 편성과 통할에 대해서는 『명사』 권90, 병지2. 참조.

719) 표도전위는 표도좌위의 오기다. 명대에 표도전위는 설치하지 않았다. 『명사』 권 90, 병지 2.
720) 조선창이 청강포에 있었다. 통할하는 3개의 총이 있었는데 남경총(南京總)이

어 동북쪽 바다로 들어간다.732) 회수733)는 동백산(桐柏山)734)을 지나 사수,735) 기수(沂水)736)와 만나서 동쪽 바다로 들어간다'737)고 했소. 임지

34위, 중도총(中都總)이 12위, 회대총(淮大總)이 14위로 모두 64위의 운선이 만들어지고 있었다. 만력『회안부지』권3, 건치지.
721) 회안부성 북쪽 5리 되는 곳에 있다. 사주 구산으로부터 북쪽으로 흘러 부의 경계로 들어간다. 부성을 돌아 흘러 동쪽으로 바다로 들어간다. 『대명일통지』권 13, 회안부.
722) 황하는 청해성(靑海省)에서 발원하여 적석산(積石山)을 거쳐 감숙성으로 흘러간다. 또다시 영하회족(寧夏回族) 자치구의 하곡(河谷)을 지나 내몽골의 하투(河套) 평야로 들어간다. 산서와 섬서 사이를 지나 동관(潼關)에서 급히 동쪽으로 물길을 돌려 하남성의 섬현(陝縣) 산동성의 이진(利津)을 거쳐 발해로 들어간다. 『수경주소』권1~5, 하수(河水).
723) 섬서 서녕위(西寧衛) 서남쪽 170리 되는 곳에 있다. 『독사방여기요』권52, 섬서 1.
724) 섬서성 서안부 동주(同州) 한성현(韓城縣) 동북쪽 80리, 산서 하진현(河津縣) 서북쪽 30리 되는 곳에 있다. 황하를 끼고 있는 험준한 지역이다. 옛적에는 진요(津要)라고도 했다. 『진기』(秦記)에 용문 밖에 폭포가 있고 양 옆으로는 산이 있어 수륙으로 통할 수가 없다 했다. 고기가 자라도 올라갈 수가 없다. 강하의 대어라도 힘든 곳이라고 했다. 『독사방여기요』권52, 섬서 1; 『대명일통지』권 35, 섬서포정사.
725) 화산의 북쪽을 의미한다. 화산은 태화산(泰華山)과 소화산(少華山)이 있다. 전자는 화음현(華陰縣) 남쪽 10리 되는 곳에 있는데, 즉 서악(西嶽)이다. 백호통(白虎通)에 서방의 태음(太陰, 달)이 지배하여 만물이 꽃을 피우는 것이라 화산이라고 한다. 이 산은 깎이어 된 산으로 사방의 높이가 5천 인(仞), 주대에 1척은 22.5센티미터, 명대는 31.1센티미터)에 달한다. 『대명일통지』권32, 섬서포정사.
726) 지주산(砥柱山)이라고도 하는데 섬주성(陝州城) 동쪽 40리 황하 중에 있다. 「우공」에 이르기를 황하를 인도하여 동쪽으로 흘러 지주산에 이른다. 이 돌의 형상이 마치 기둥 같아 이름이 붙었다. 산에는 3문이 있는데 우임금이 뚫어 황하로 통하게 하였는데 남쪽에 있는 것을 귀문(鬼門), 가운데 있는 것을 신문(神門), 북쪽에 있는 것을 인문(人門)이라고 한다. 이 때문에 3문이라고 한다. 『대명일통지』권 29, 하남부.
727) 여양산(黎陽山) 또는 청단산(靑澶山)이라고도 하는데 준현(濬縣) 동쪽 2리 되는 곳에 있다. 산의 높이가 40장(명대의 1장은 3.1미터)이고, 둘레는 15리다. 산봉우리는 수려하고 경치가 뛰어나 마치 병풍을 세운 것 같다. 『대명일통지』권4, 대명부.
728) 기주(冀州) 치소 북쪽에 있다. 속명은 고홍거(枯洚渠)다. 『금사』(金史)에 남궁(南宮) 아래 홍수가 있는데 고독(枯瀆)이 바로 이곳이다. 『대명일통지』권3, 진정부.
729) 하북성 임현(任縣)의 동북을 가리킨다. 『이아』 석지(釋地)에 노(魯)에는 대야(大野)가 있고, 진(晉)에는 대륙이 있다. (주) 지금 거록(鉅鹿)의 북쪽 광하택

기(林之奇)738)가 말하기를 '황하의 하류는 연주(兗州)739)에서 이를 받고, 회수의 하류는 서주(徐州)740)에서 이를 받는다'고 했소. 그렇다면 회

    (廣河澤)이다. 안사고(顔師古)의 주에 '대륙은 택명(澤名)으로, 거록의 북쪽에 있다'고 했다. 『한서』 권28 상, 지리지 상편.
730) 계속해서 동으로 낙수의 구비를 지나 대비산(大伾山)에 이르도록 했으며 북으로 강수(降水)를 지나 대륙호에 이르도록 했다. 다시 북으로 아홉 가닥으로 나뉘도록 했다가 같은 황하의 줄기로 맞아 바다로 빠지게 했다. 『상서』 하서 우공. 우임금 당시 황하의 9개 지류, 즉 도해(徒駭)·태사(太史)·마협(馬頰)·복부(覆鬴)·호소(胡蘇)·간(簡)·혈(絜)·구반(鉤盤)·격진(鬲津)이다. 북에서 나뉘어 9개의 하가 되는데, 연주(兗州)의 경계에서 그 물이 넘치는 것을 줄인다. 『상서』(십삼경주소, 신문풍출판공사) 하서 우공.
731) 아홉 가닥으로 흩어졌던 흐름이 함께 모여 한가닥으로 다시 이루어졌는데, 이를 역하라 하며 발해로 들어간다. 『상서』 하서 우공.
732) 황하를 인도하여 적석산을 거쳐 용문산에 이르도록 했다. 그러고는 남으로 화산(華山)의 북쪽 기슭에 이르도록 했으며 동으로 지주산(厎柱山)에 이르러서는 다시 동으로 흘러 맹진(孟津)에 이르도록 했다. 이어 동으로 낙수(洛水)의 구비를 지나 대비산(大伾山), 비(伾)에 이르도록 했으며 북으로 강수(降水)를 지나 대륙호에 이르도록 했다. 다시 북으로 아홉 갈래로 나뉘도록 했다가 같은 황하의 줄기로 만나 바다로 빠지게 했다. 『상서』 하서 우공.
733) 2월 21일 주 614) 참조.
734) 동백산(桐栢山)이라고도 하며 하남성 당현(唐縣) 동쪽 190리 되는 곳에 있다. 그 산의 동남쪽으로는 수주(隨州)의 경계, 서쪽으로는 조양(棗陽)의 경계와 접한다. 봉우리는 기이하고 뛰어나다. 회수가 그 아래로부터 발원한다. 『대명일통지』 권30, 남양부.
735) 산동 사수현(泗水縣) 배미산(陪尾山)으로부터 나온다. 그 수원으로 4개의 천(泉)이 있다. 천 모두가 통하고 있어 이러한 이름이 붙었다. 서남쪽으로 흘러 서주(徐州)를, 동남쪽으로 흘러 비주(邳州)를 지나 바다로 들어간다. 『대명일통지』 권13, 회안부.
736) 비주성(邳州城) 서쪽에 있다. 산동 기주(沂州)로부터 서쪽으로 흘러 하비(下邳)에 이르른다. 서남쪽으로 흘러 사하(泗河)에 들어가 회수에 도달한다. 『대명일통지』 권13, 회안부.
737) 회수를 다스려서 동백산(桐柏山)으로부터 동쪽으로 흘러 사수(泗水)와 기수(沂水)를 합쳐 동쪽으로 바다에 흘러들어간다. 『상서』 하서 우공.
738) 자는 소영(少穎), 호는 졸재(拙齋), 시호는 문소(文昭)로 복주(福州) 후관(侯官) 출신이다. 남송 고종 소흥 21년(1151)에 진사에 합격하였고, 교서랑(校書郞) 등을 역임했다. 주요 저서로는 『춘추주례설』(春秋周禮說)·『논맹양자강의』(論孟揚子講義)·『도산기문』(道山記聞) 등이 세상에 전해졌다. 『송사』 권433, 임지기열전.

수와 대하는 발원지가 다르며 물줄기도 다르고, 바다로 들어가는 지역 역시 다르오. 그런데 지금 합하여 회하라고 하는데, 그건 어떤 이유요?"

부영이 대답했다.

"우리 명나라는 대하의 물길을 뚫어 회수로 들어가게 하고, 회수와 합류하여 바다로 들어가게 하오. 대하는 옛 물길을 잃어버려 「우공」에서 말하는 것과는 다르오."

회하에는 실로 여러 강물이 모이는 곳인데, 황하는 회수와 합하여 서하(西河)[741]가 된다. 제수(濟水)[742]·누수(漊水)[743]·문수(汶水)[744]·수수(洙水)[745]·사수[746]와 합류하고, 다시 변수(汴水)[747]와 합류하며,

---

[739] 「우공」의 서주와 연주 2주 땅이다. 춘추시대에는 노국이었고, 전국시대에는 초에 속했다. 진대(秦代)에는 설군(薛郡)이었다. 동한대에는 임성국(任城國) 산양(山陽) 태산군(泰山郡) 땅이었으며 겸해서 연주를 두었다. 수대에는 임성군을 폐하고 연주를 두었다. 명조는 연주부로 승격시켰다. 『대명일통지』 권23, 연주부.

[740] 「우공」의 서주 땅이다. 춘추시대에는 송(宋)의 땅이었고, 전국시대에는 초에 속했다. 진대에는 팽성현을 두고 사수군에 예속시켰다. 항우가 자립하여 서초패왕(西楚覇王)이 되어 이곳에 도읍했다. 한대에 패군(沛郡)을 나누어 초국을 세우면서 서주를 두었다. 명조는 처음에는 봉양부(鳳陽府)에 후에는 남직예(南直隷, 남경)에 예속시켰다. 『대명일통지』 권18, 서주.

[741] 흑수(黑水)와 서하는 옹주(雍州)에 있다. (주) 안사고가 말하기를 '서하는 용문의 하다. 기주(冀州) 서쪽에 있어서 서하'라고 한다. 『한서』 권28 상, 지리지 상편.

[742] 하동군(河東郡) 원현(垣縣) 왕옥산(王屋山)에서 발원한다. 연수(沇水)라고도 한다. 『수경주』 권7, 제수. 문상현 북쪽에 있다. 대청하(大淸河)라고도 한다. 「우공」에 동쪽으로 흘러 도구(陶丘)의 북쪽으로 나아간다. 또 동쪽으로 흘러 황하에 도달한다. 재차 동북쪽으로 흘러 문수(汶水)와 합류하고, 또 북동쪽으로 흘러 바다로 들어간다. 『대명일통지』 권23, 연주부.

[743] 옛 이름은 누수(婁水), 지금은 구계하(九溪河)라고 한다. 영순(永順)의 경계로부터 흘러 구계위 경계로 들어간다. 성의 서·남·동, 3면을 도는데 그 형태가 허리띠와 같다. 또 동쪽으로 흘러 풍수(灃水)와 만난다. 『독사방여기요』 권77, 호광 3 악주부(岳州府) 부견(附見) 구계위(九溪衛).

[744] 문수의 발원지는 3곳이 있는데, 하나는 태산의 선대령(仙臺嶺)이고, 하나는 내무현 원산(萊蕪縣 原山)의 북쪽이다. 또 하나는 내무현 채자촌(寨子村)으로 태안주 정봉진(靜封鎭)에 이르는데 참문(塹汶)이라고 한다. 서남쪽으로 흘러 조래산(徂來山)의 북쪽에서 소문하(小汶河)와 합류한다. 재차 서남쪽으로 흘러 광하(洸河)로 들어가 제하(濟河)로 흘러간다. 『대명일통지』 권22, 제남부.

또 동쪽으로 기수⁷⁴⁸⁾와 합하여 동하(東河)가 된다. 서하의 물빛은 황색이므로 황하라 부르며, 동하의 물빛은 청색이므로 청하⁷⁴⁹⁾라고 부른다. 동하와 서하는 이곳에서 합류하기 때문에 모두를 회하라고 부르는데, 회하의 넓이는 10여 리 정도이며, 깊이는 알 수 없고, 물살이 매우 빠르며, 강변에는 경칠공신사(耿七公神祠)가 있다. 또 귀산(龜山)⁷⁵⁰⁾이 회하에 임하여 있다.

조감(趙鑑)이 말했다.

"이 귀산 기슭에는 신령한 동물이 있는데, 모습이 마치 원숭이와 같소. 주름진 코, 높은 이마, 몸은 푸른색이며 머리는 흰 색이오. 눈빛은 마치 번개와 같소. 민간에 전해지기를 대우(大禹)⁷⁵¹⁾가 치수할 때에 큰 밧줄로 이 동물을 묶어 이곳에 살게 함으로써 회수가 조용히 흐르도록 했다고 하오.⁷⁵²⁾ 지금 사람들이 이 동물의 형상을 그려 회수의 거친 물결과 바람의 험난함을 면하고 있소."

내가 "그런 이야기는 도리에 맞지 않아 믿을 수 없소"라고 하니 조감

---

745) 연주부성(兗州府城) 동북쪽 20리 되는 곳에 있다. 또 곡부현(曲阜縣) 5리에 있다고 한다. 남쪽에 있는 것을 수수, 북쪽에 있는 것을 사수라고 하며, 이 두 수 사이에 공자가 거주했다고 하는데 고증할 수가 없다.『대명일통지』권23, 연주부.
746) 2월 21일 주 615) 참조.
747) 개봉부(開封府) 형양현(滎陽縣) 대주산(大周山)에서 발원하여 경(京)·색(索)·수(須)·정(鄭) 4수와 합류하여 동남쪽으로 흘러 중모현(中牟縣)에 이르러 북쪽으로 흘러 바다로 들어간다.『대명일통지』권26, 개봉부 상편.
748) 2월 27일 주 736) 참조.
749) 청하현치 서쪽에 있다. 즉 사수의 하류다. 그 수원은 태안주(泰安州)며 서주를 거쳐 비주에 다다른다. 동쪽 경계를 직하(直河), 서쪽 경계를 사하(沙河)라고 하며 더욱 남쪽으로 흘러가 현 서북쪽에 있는 삼차하구(三汊河口)에 이르러 대청하와 소청하로 나뉘어 남쪽인 회수로 들어간다.『대명일통지』권13, 회안부.
750) 동산현(銅山縣) 경계 북쪽에 있다.『위서』지형지(地形志)에 팽성(彭城)에 구산이 있다. 구지(舊志)에는 주 동북쪽 30리 되는 곳에 있는데, 석동(石洞)이 있다. 대단히 어두워 예측할 수가 없는데 세속에서 선인동(仙人洞)이라고 한다.『대청일통지』권69, 서주부.
751) 요임금과 순임금을 받들고 대홍수를 다스렸다. 순임금으로부터 선양을 받아 하(夏)왕조를 연 성왕이다(『사기』권2 하본기(夏本紀).

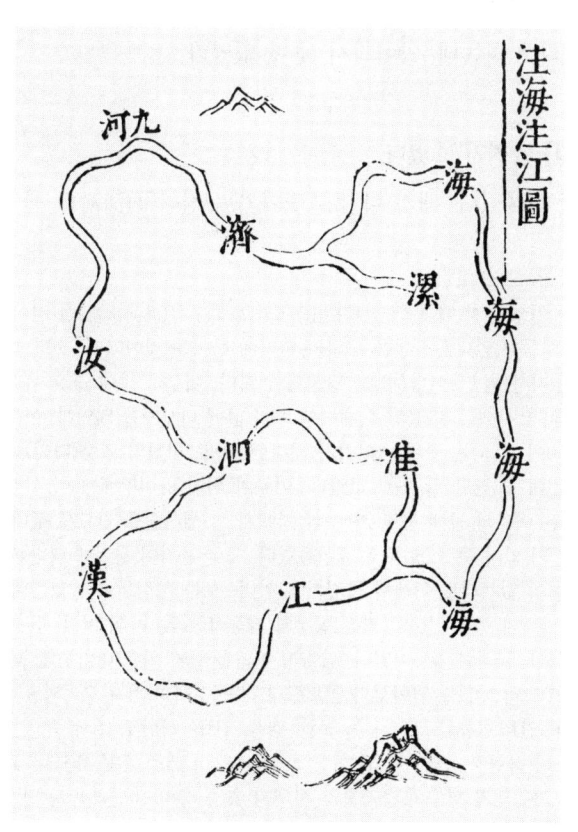

구하(九河). 우임금 당시 황하의 9개 지류를 말한다(『삼재도회』).

이 묵묵히 있었다.

우리는 회하를 지나 동하를 거슬러 올라가서 청구역(淸口驛)753)에 도착했다.

밤에 청하현(淸河縣)754)을 지나 사람이 살지 않는 기슭에 정박했다. 일찍이 듣기에는 청하현치에는 한신성(韓信城)755)과 감라성(甘羅城)756)이 있다고 하는데, 밤이라서 볼 수 없었다.

【2월 28일】 날씨가 흐렸다.

세찬 바람이 불었다. 배가 바람을 맞아가며 청하구(淸河口)를 거슬러

---

752) 우임금이 치수를 할 때 동백산(桐栢山)에서 회하수신(淮河水神)을 잡아 무지(無支)라고 이름 지었다. 이 신을 구하의 다리에 묶어둔 것이다. …… 당 대종 영태(765) 초 자사(刺史) 이탕(李湯) 당시의 일이다. 어부가 밤에 구산 아래서 낚시를 했는데, 낚시에 걸린 물건을 제어할 수가 없어 나오지를 않았다. 어부가 밑바닥까지 50여 장 되는 곳에 내려가자 대철(大鐵)로 구산의 밑둥(다리)에 쇠사슬을 묶었는데 그 끝을 알 수가 없었다. 어부가 마침내 이탕에게 이 사실을 고했다. 이탕은 어부와 물에 능한 자 수십 명에게 그 쇠사슬을 찾도록 했다. 힘으로 제어할 수가 없자 큰 소 50두로 끌어올렸다. 조금 움직여 물가에 다다를 무렵 하늘에 바람이 없는데도 거세게 물결이 일었다. 보는 사람들이 놀랐는데, 쇠사슬 끝에 한 마리의 푸른 원숭이 같은 형상의 짐승이 있었다. 흰 머리, 긴 머리카락, 눈부신 치아, 금색의 발톱이었다. 갑자기 머리를 물가 위로 내미는데 높이가 5장 정도로, 쭈그리고 앉고 일어섰다 엎드렸다 하는 것이 마치 원숭이와 같았다. 『태평환우기』 권16, 하남도 16 사주; 『여지광기』 권16, 하남도 16 사주.
753) 옛적에는 청하현치 동쪽 5리 되는 곳에 있었다. 명 태조 홍무 4년(1371)에 세웠다. 해가 거듭되자 회수의 충격으로 무너져 효종 홍치 10년(1497) 현치의 서쪽 2리 되는 곳으로 옮겼다. 만력『회안부지』 권3, 건치지.
754) 회안부성 서쪽 45리 되는 곳에 있다. 송대의 사주(泗州) 청하구(淸河口)의 지역이다. 남송 고종 소흥(1131~62) 초에 이곳에 많은 병사를 주둔시켰다. 도종 함순(1265~74) 말에 처음으로 청하군 및 현을 설치했다. 원 세조 지원 중에 군(軍)을 폐하고 현을 회안로에 예속시켰다. 명조는 현으로 고쳤다. 『대명일통지』 권13, 회안부.
755) 회안부성 서쪽 10리 되는 곳에 있다. 서로 전해오기를 한신이 봉토를 받고 처음으로 수축한 곳이라고 한다. 『독사방여기요』 권22, 회안부.
756) 옛 회음현치 북쪽에 있다. 서로 전해오기를 진(秦)의 감라(甘羅)가 축조했다고 한다. 『대명일통지』 권13, 회안부.

올라갔다. 삼차천포(三汊淺鋪)를 지나고 백양하(白洋河)⁷⁵⁷⁾를 거슬러 올라갔다. 밤중에 도착하여 백양하 언덕에서 정박했다. 지명은 알지 못한다.

【2월 29일】날씨가 맑았다.

새벽에 길을 떠나 장사충천(張思忠淺)⁷⁵⁸⁾과 백묘천(白廟淺)을 지나 도원역(桃源驛)⁷⁵⁹⁾에 이르렀다. 역 서쪽에 삼결의묘(三結義廟)⁷⁶⁰⁾가 있었는데, 유비,⁷⁶¹⁾ 관우,⁷⁶²⁾ 장비⁷⁶³⁾의 사당이다. 역 안에는 거사비(去思碑)⁷⁶⁴⁾가 있었다. 용구하(龍溝河)를 거슬러 올라가 도원현⁷⁶⁵⁾을 지나 북쪽으로 갔다. 최진(崔鎭)⁷⁶⁶⁾을 지나 해질 무렵 고성역(古城驛)⁷⁶⁷⁾에 이르렀다.

---

757) 숙천현 동북쪽 35리 되는 곳에 있다. 다시 말해서, 소하(小河)의 지류로 대하로 흘러들어간다.『독사방여기요』권22, 회안부.
758) 도원현에는 장사충(張思忠)이 아니라 지부 호사충(胡思忠)의 묘가 있으므로 오기로 생각된다. 만력『회안부지』권3, 건치지.
759) 도원현치로부터 북쪽으로 반 리 떨어진 곳에 있다. 명 태조 홍무 4년(1371)에 세웠다. 만력『회안부지』권3, 건치지.
760) 도원현치에서 동쪽으로 80보 되는 곳에 있다. 명 태조 홍무 12년(1379)에 수리했다. 만력『회안부지』권6, 학교지.
761) 삼국시대 촉한(蜀漢)의 천자다. 자는 현덕(玄德)으로 후한 말 혼란시에 촉(蜀, 사천성)에서 제위에 올라 성도(成都)를 도읍으로 하여 한의 후계자로 자임하고 위(魏)의 조조(曹操), 오의 손권(孫權)과 싸웠으나 오에 패하여 병사했다. 소열제(昭烈帝)라고 한다.『삼국지』권32, 촉서 2.
762) 삼국시대 촉의 명장이다. 자는 장생(長生) 또는 운장(雲長)으로 촉의 유비를 섬기며 용맹을 떨치다 오의 손권에게 살해당한다.『삼국지』권36, 촉서 6. 후에 영웅으로 추앙되어 관제묘(關帝廟)라는 사당을 지어 제사를 지낸다.
763) 삼국시대 촉의 명장으로 자는 익덕(益德)이다. 관우와 함께 유비를 도와 무공을 세워 차기장군(車騎將軍)이 되었으나 후에 부하에게 살해당했다.『삼국지』권36, 촉서 6.
764) 왕성(王成)·황패(黃霸)·주읍(朱邑)·공수(龔遂)·정홍(鄭弘)·소신신(召信臣) 등이 있을 때, 민은 부유하고, 떠날 때는 생각하게 하며, 살아 있을 때는 영예롭고 죽으면 제사를 받는다고 하듯이(『한서』권89, 순리전〔循吏傳〕), 덕정을 행한 관료가 지방을 떠난 후에 그 지역의 사민들이 기념하기 위해 세운 비를 말

관우. 삼국시대 때 유비를 섬기며 용맹을 떨쳤다(『삼재도회』).

【2월 30일】숙천현(宿遷縣)[768]을 지나다.

이날은 흐렸다. 아침에 고성역에서 무가구(武家溝)를 지나 백양하,[769] 육가돈(陸家墩), 소하구(小河口)[770]를 거슬러 올라가서 종오역(鍾吾驛)[771]에 이르렀다. 역 앞에는 황화문, 비영문(蜚英門), 쌍계문(雙桂門) 등이 있었다. 역의 북쪽은 숙천현(宿遷縣)이었다. 그리고 체운소[772]를 지났다. 순풍에 돛을 다니 빠르게 나아가는 것이 마치 나는 듯했다. 조하천(皁河淺), 청돈천(青墩淺), 사방천(沙方淺) 등을 지났다. 3경에 직하역(直河驛)[773]에 이르렀다. 5경에 큰 천둥이 치고 우박이 내렸다.

한다. 『명신완염록』(明名臣琬琰錄) 권15, 호부상서진공신도비명(戶部尚書陳公神道碑銘).

765) 회안부성 서북쪽 160리 되는 곳에 있다. 본래 당대에는 숙천현의 도원진(桃園鎭)이었다. 원 초에 다시 도원현을 두고 회안로에 예속시켰다. 후에 잘못되어 원(園)이 원(源)으로 되었다. 『대명일통지』 권13, 회안부.

766) 도원현 서북쪽 30리 되는 곳에 있다. 『대명일통지』 권64, 회안부.

767) 도원현치로부터 서북쪽으로 60리 떨어져 있다. 명 세종 가정 45년(1566)에 없어지면서 순검사로 되었다. 만력 『회안부지』 권3, 건치지; 만력 『대명회전』 권145, 병부 28 역전 1.

768) 비주성(邳州城) 남쪽 120리 되는 곳에 있다. 춘추시대의 종오자국(鍾吾子國)이며, 또한 숙국(宿國)이 천도한 곳이다. 당대에 처음으로 숙천현으로 고치고 서주에 예속시켰다. 송대에 비주에 속했다. 『대명일통지』 권13, 회안부.

769) 숙천현 동남쪽 35리 되는 곳에 있다. 봉양부의 홍현(虹縣)으로부터 흘러들어온다. 즉 북장수(北漳水)의 하류다. 옛적에는 거대하게 수중에 침몰하는 모습이 바라보면 마치 바다와 같아 이러한 이름이 붙었다. 『대청일통지』 권69, 서주부.

770) 숙천현치 서남쪽 10리 되는 곳에 있으며, 그 수원은 변하(汴河)며 사수로 들어간다. 천(淺)이 좁아 이러한 이름이 붙었다. 지금 조운로 중에서 가장 험하게 물결치는 곳이다. 만력 『회안부지』 권3, 건치지.

771) 숙천현치에서 서남쪽으로 1리 떨어져 있다. 명 태조 홍무 원년에 창건되었는데 처음 이름은 수역(水驛)이었다. 태조 5년 지금의 이름으로 고쳤다. 만력 『회안부지』 권3, 건치지.

772) 명 태조 홍무 4년(1371) 건설된 비주 동남쪽 90리에 있는 비주체운소를 가리키는 듯하다. 만력 『회안부지』 권3, 건치지.

773) 비주 동남 65리 되는 곳에 있다. 직하역은 명 세종 가정 45년(1566)에 없어지고 순검사가 되었다. 『독사방여기요』 권22, 강남 4; 만력 『대명회전』 권145, 병부28 역전 1.

3월_조운로의 격류를 헤치고

【3월 초1일】 비주(邳州)¹⁾를 지나다.

이날은 흐렸다. 직하역(直河驛)²⁾을 경유해 용강천(龍江淺), 시두만천(匙頭灣淺), 합기천(合沂淺) 등을 지났다. 기수(沂水)³⁾는 동북쪽에서 흘러와 직하(直河)⁴⁾와 합류했다. 계속 가서 하비역(下邳驛)⁵⁾에 도착했는데, 이 역은 비주성의 남쪽에 있다. 비주는 옛 담자국(郯子國)⁶⁾으로 성 동쪽에 담자묘⁷⁾가 있는데, 이곳이 중니(仲尼, 공자)가 담자에

---

1) 회안부성 서북쪽 450리 되는 곳에 있다. 본래는 하(夏)의 비국(邳國)이다. 후에 설(薛)에 속하였는데, 제(齊)가 병합했다. 진대(秦代)에 하비현(下邳縣)을 설치하고 담국(郯國)에 예속시켰다. 후주가 동서주(東徐州)를 비주로 고쳤다. 원대 귀덕부(歸德府)에 속했던 것을 명조가 하비현을 없애고 편입시켰다. 『대명일통지』 권13, 회안부.
2) 비주 치소로부터 동남쪽으로 60리 떨어져 있다. 명 태조 홍무 23년(1390)에 세웠다. 만력『회안부지』 권3, 건치지.
3) 2월 27일 주 736) 참조.
4) 비주 치소 동남쪽 50리 되는 곳에 있다. 비주 목영호(沐纓湖)에서 갈라져 나와 남쪽으로 흘러 사하로 들어간다. 곧바로 흐르고 꼬불꼬불하지 않아 이런 이름이 붙었다. 만력『회안부지』 권3, 건치지.
5) 비주 치소로부터 서남 사수 북쪽에 있다. 명 태조 홍무 3년(1370)에 세웠다. 만력『회안부지』 권3, 건치지.
6) 춘추시대에 담자국으로 불렀다. 『설문』(說文)에 담(郯)은 동해현(東海縣)으로 제(帝) 소호(少昊)의 후예가 봉해진 곳이다. 만력『회안부지』 권1, 군현표.

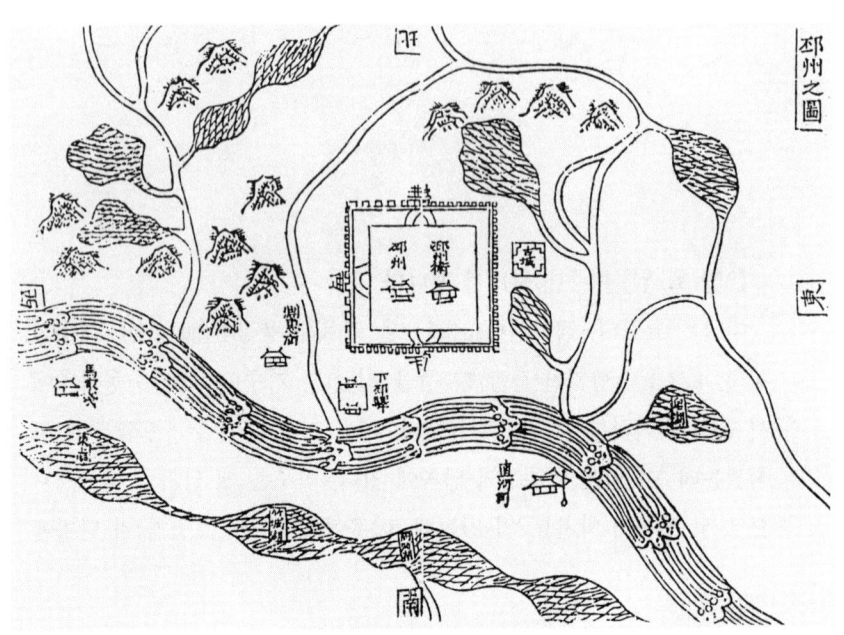

비주의 관청과 역. 비주는 회안부성 450리 되는 곳에 있다(『회안부지』).

게 죄인을 심문하고 소송을 담당하는 관리에 대해 물었던 곳이다.[8] 서쪽에 애산(艾山)[9]이 있는데, 노공(魯公)[10]과 제후(齊侯)[11]가 서로 회맹했던 곳이다.[12] 또 반하산(半河山)[13]이 있는데 산 위에는 양산사(羊山寺)[14]가 있다. 또 석경산(石磬山)[15]이 있는데 강 언덕에서 6, 7리 떨어져 있다. 「우공」의 '사빈부경'(泗濱浮磬)[16] 주에 이르기를, "하비[17]에 석경산이 있으니, 이곳은 옛날에 경을 취하던 곳이다"라고 하는데

---

7) 비주 치소 동북쪽에 있다. 공자가 일찍이 재판한 곳이다. 담성(郯城)의 남쪽은 비주에 접했는데 지금은 폐했다. 만력『회안부지』권6, 학교지.
8) 공자의 나이 10세 또는 27, 28세에 담자를 찾아가 묻고 배웠다. 주에 실관(失官)이라고 하는 것은 현재 있는 관직을 다스리지 못하는 것을 말한다. 공자는 악(樂)을 주나라 경왕(敬王)의 대부인 장홍(萇弘)에게서 배우고 죄인을 심문하고 소송을 담당하는 관리에 대해 담자에게 물었다. 이것은 성인은 정해진 스승이 없다는 것을 말한다. 『좌전』소공(昭公) 17년 4월.
9) 비주 북쪽 100여 리 되는 곳에 있다. 산동 기수현(沂水縣)의 경계와 접한다. 지지(地志)에 기수는 태산군(泰山郡)으로부터 나온다고 했는데 현의 애산(艾山)이 바로 이것이다. 『대명일통지』권13, 회안부.
10) 노공은 은공(隱公)을 가리킨다. 춘추시대 노의 임금이다. 혜공(惠公)의 서장자로 이름은 식고(息姑)다. 『사기』권33, 주노공세가(周魯公世家).
11) 춘추시대 제나라의 이공(釐公)을 가리킨다. 『사기』권32, 제태공세가(齊太公世家); 杜建民 編, 『中國歷代帝王世系年表』, 齊魯書社, 1998.
12) 은공 6년 5월 신유에 은공이 제후와 애(艾)에서 회맹했다. 『춘추좌씨전』권1, 은공.
13) 반하산(半河山)이 아니라 반하산(絆河山)이다. 비주 치소 서북쪽 57리 되는 곳에 있다. 사하의 흐름과 서로 연결되어 막고 있다. 만력『회안부지』권3, 건치지.
14) 비주 북안의 이어산(鯉魚山)에 있다. 『문양주소』(文襄奏疏) 권4, 청첨하원소(請添河員疏).
15) 석경산(石磬山)이 아니라 경석산(磬石山)이다. 비주성 서남쪽 80리 되는 곳에 있다. 사수와 서로 가깝다. 산에 돌이 있는데 그 소리가 맑고 깨끗하여 석경으로 만들 수 있다. 『대명일통지』권13, 회안부; 만력『회안부지』권3, 건치지.
16) 사수에 부경의 돌 등이 있었다. 회수가의 이족(夷族)은 진주와 물고기를 바쳤는데 이들의 공물 바구니에는 검은 무늬를 넣어 짠 흰 빛의 비단이 담겨 있었다. 『상서』하서 우공. 그 소(疏)에 '돌은 사수가에 있는데 물 속에 돌이 보이는 것이 마치 떠 있는 것 같았다. 이 돌로 경(磬)을 만들 수 있어 부경(浮磬)이라고 했다'고 한다. 『상서』(십삼경주소) 권6 하서 우공.
17) 진대(秦代)에 비주를 하비현이라고 했다. 『대명일통지』권13, 회안부.

사실인지 아닌지는 알 수 없다.

항주의 이북은 땅이 모두 평야로 간혹 멀리 산이 보이는데, 양자강 이북에는 구릉이 하나도 없다. 이곳에 이르러 비로소 산을 보았으나, 역시 높고 크지 않아 우리 나라의 남산 정도와 같다.

비주의 지주[18] 이(李)씨[19]와 비주위[20] 지휘 한(韓)씨[21]가 나를 찾아와서 예로써 대우해주고, 국수 한 쟁반과 두부 한 쟁반, 채소 두 쟁반을 보내왔다.

하비역 앞에서 서쪽으로 돌아 비주성을 지나고, 나루터를 지나 백랑구(白浪口)와 건구아(乾溝兒)를 건넜다. 닭이 울 때 신안체운소[22]를 지나 해뜰 무렵 신안역[23]에 도착했다. 우리가 동하를 거슬러 올라간 이후에는 강폭이 넓고 양쪽 언덕이 높고 가팔라서 가끔은 관망할 수 없었다.

【3월 초2일】방촌역(房村驛)[24]을 지나다.

이날은 비가 조금 오고 큰 바람이 불었다. 신안역을 출발하여, 마가

---

18) 지주는 1명으로 종5품이다. 지주는 한 주의 정무를 담당한다. 주는 속주(屬州), 즉 부에 속한 주와 직예주(直隸州)가 있는데, 속주는 현, 직예주는 부와 비슷하다. 품질은 모두 같다. 234개의 주가 편성되어 있었다. 『명사』 권75, 직관지.
19) 명 효종 홍치 연간에 비주 지주를 역임한 자로 이유총(李惟聰)이라는 인물이 있다. 하남성 개봉부 기현(杞縣) 출신으로 공부원외랑을 지냈다. 만력『회안부지』 권2, 질관표(秩官表). 그런데 함풍『비주지』 권10, 관사 3에는 이유총은 홍치 2년(1489)에 임명된 것으로 되어 있다. 최부가 비주를 지난 것은 홍치 원년이므로 맞지 않는데 성화 연간에 이성(李姓)을 가진 자가 지주가 된 예가 지방지에는 보이지 않는다.
20) 명 태조 홍무 13년(1380) 정월 설립했다. 비주 치소에서 동남쪽으로 300보 떨어져 있다. 『명 태조실록』 권72, 을사조; 만력『회안부지』 권7, 병위지.
21) 비주위 지휘 한(韓)은 비주위 출신으로 후에 절강도지휘사가 된 한광(韓廣)과 임청위(臨淸衛) 황석사(黃石社) 출신인 한포아(韓鋪兒)가 있다. 『비지보』(邵志補) 권10, 군정 상편. 명 헌종 성화 6년(1470)에 지휘 한광 등이 비주위를 중수했다는 기록이 보인다. 만력『회안부지』 권7, 병위지(兵衛志).
22) 신안현 서쪽 7리 되는 곳에 있다. 『하남통지』 권40, 공서.
23) 비주 치소 북쪽 60리 되는 곳에 있다, 명 태조 홍무 23년(1390)에 세웠다. 만력『회안부지』 권3, 건치지.

천(馬家淺)과 쌍구(雙溝), 풍현(豊縣),²⁵⁾ 패현(沛縣),²⁶⁾ 소현(蕭縣),²⁷⁾ 탕산현(碭山縣)²⁸⁾등 4현의 부창²⁹⁾과 방촌집(房村集)³⁰⁾을 지났고, 또 금룡현성영묘(金龍顯聖靈廟)³¹⁾를 지나 여량소홍(呂梁小洪)³²⁾에 도착하여 대나무 줄로 배를 끌어올려서 니타사(尼陀寺)를 지났다.

서쪽 언덕에 관우, 위지공(尉遲公),³³⁾ 조앙(趙昻)³⁴⁾의 묘가 있었다.

---

24) 서주성 동남쪽 50리 되는 곳에 있다. 『독사방여기요』 권29, 강남 11.
25) 서주성 서북쪽 110리 되는 곳에 있다. 진대(秦代)에는 패현(沛縣)의 풍읍(豊邑)으로 사수군에 속했다. 한대에 현이 되어 패군(沛郡)에 속했다. 당대 이후는 서주에 속했고, 원대는 제녕로(齊寧路), 명대는 서주에 예속시켰다. 『대명일통지』 권18, 서주.
26) 서주성 서북쪽 180리 되는 곳에 있다. 옛날 핍양국(偪陽國)의 땅이다. 진대(秦代)에 패현을 설치하고 패수군치로 했다. 한대에 사수군을 패군으로 고치면서 치소를 상으로 옮겼으나 패현은 그대로 두었다. 유송(劉宋, 420~479) 대에는 서주에 속했다. 원대는 제주에 속했으나 명조는 서주에 예속시켰다. 『대명일통지』 권18, 서주.
27) 서주성 서쪽 50리 되는 곳에 있다. 옛 소국(蕭國)이다. 춘추시대에는 송읍(宋邑)이었고, 한대에는 소현으로 패군에 속했다. 수 초에 서주에 속했고 용성현(龍城縣)으로 고쳤다. 당대 이후 서주에 속했고, 원 초에 주에 편입시켰으나 곧 다시 설치했다. 명조도 이에 따랐다. 『대명일통지』 권18, 서주.
28) 탕현(碭縣)이 아니라 탕산현(碭山縣)이다. 서주성 서쪽 170리 되는 곳에 있다. 진대(秦代)에 탕군을 설치했는데, 동한대에 탕현을 탕산현으로 고쳤다. 명조는 서주에 예속시켰다. 『대명일통지』 권18, 서주.
29) 패현의 부창은 예비창 서쪽에 있는데 또 다른 부창이 설치되어 있었거나 아니면 최부가 잘못 인식하고 기술한 것은 아닌가 한다. 가정 『패현지』 권3, 건치.
30) 낮에 시(市)를 행하는 것을 북인들은 집이라 하고, 월인(粤人)은 이를 진허(趁墟)라고 한다. 『광지역』(廣志繹) 권2, 지시사(志時事). 정기시의 호칭이다. 일반적으로는 시(市)라고 하나, 화북에서는 집이라고 하는 경우가 많다. 화남에서는 허(虛)나 허(墟), 사천에서는 장(場)이라고 한다. 山根幸夫, 『明淸華北定期市の硏究』, 汲古書院, 1995.
31) 금룡사대왕묘(金龍四大王廟)라고도 한다. 강회(江淮) 일대에서 노하(潞河)에 이르는 곳에 이 묘가 전부 설치되어 있었다. 『용동소품』(湧幢小品)에 신의 성은 사(謝), 이름은 서(緒)로 남송 출신이다. 원나라 병사가 흥기하자 신은 황제의 외척으로 분하여 관직에 나아가지 않고 금룡산(金龍山)에 은거하여 망운정(望雲亭)을 지어 스스로 즐겼다. 명 성조 영락 중에 회통하를 뚫고 배들이 통과할 때 기도하면 모두 이루어졌다. 이에 홍(洪) 위에 사당을 세웠다. 동치 『서주부지』 권14, 사사고(祠祀攷).

위지경덕. 홍(洪)을 개착하였으나,
만년에 방사술로 세월을 보냈다(『삼재도회』).

방촌역을 지나 여량대홍(呂梁大洪)35)에 도착했다. 홍은 여량산36) 사이에 있었다. 홍의 양옆 수면 아래로 돌이 어지럽게 널려 있고, 가파르고 험한 바위가 높이 서 있었다. 높이 솟은 바위도 있고, 낮게 빽빽이 늘어선 것도 있었다. 강의 흐름은 꼬불꼬불하다가 여기에 이르러 탁 트여서 넓고 세차게 흘렀다. 그 세찬 기세가 바람을 내뿜는 듯하고37) 그 소리가 벼락 같아 지나는 사람의 마음이 두근거리고 정신이 혼미했다. 가끔

---

32) 서주부성 동남쪽 60리 되는 곳에 있다. 상·하 2개의 홍이 있는데 거대한 돌이 치아를 나열해놓은 것 같다. 물결치며 흘러가는 물살이 매우 빠르고 험하다.『대명일통지』권18, 서주. 홍이라는 것은 암석이 물 속에 숨어 있어 물 흐름을 방해하여 배를 저어 나아가는 데 매우 험난한 곳을 가리킨다. 정덕『대명회전』권158, 공부 12 하거. 홍은 물이 '급물', '소용돌이치는'의 의미로 여기에 홍부(洪夫)를 배치하여 통과하는 선척을 끄는 임무를 담당했다. 谷光隆,『明代河工史研究』, 同朋舍, 1991. 홍에 대해 최부는 6월 4일 일기에서 "양 언덕에 역시 돌로 언(堰)을 쌓고 그 위에 배를 몰 수 있는 길을 만든다. 또 대나무로 만든 닻줄을 사용하여 끌어당기는데, 배 한 척을 당기는 데에 인부는 백여 명이, 소는 곧 10마리가 필요했다. 패(壩)나 갑(閘)이나 홍에는 모두 관원이 있었는데, 인부와 소를 모아놓고 배가 오는 것을 기다렸다. 제당(堤塘)과 취(嘴)는 모두 돌로 쌓았는데, 혹은 목책으로 만든 것도 있었다"고 묘사했다.

33) 당 고조 무덕(618~626) 중에 위지경덕(尉遲敬德)이 홍을 개착했다.『독사방여기요』권29, 강남 11을 참조하면 울지공(蔚遲公)이 아니라 위지공(尉遲公)이 맞다. 그의 이름은 공(恭), 시호는 충무(忠武)로 삭주(朔州) 선양(善陽) 출신이다. 수 양제 대업(605~617) 말에 종군하여 조산대부(朝散大夫)가 되었으며, 당 태종 때에 악국(鄂國)에 봉해졌다. 만년에는 방사술로 세월을 보냈다.『신당서』권89, 위지경덕전(尉遲敬德傳);『구당서』권68, 위지경덕전.

34) 한대 천수(天水) 출신으로 마초(馬超)가 기성(冀城)을 공격할 때 양부(楊阜)·윤봉(尹奉)과 함께 마초를 살육하여 물리치는 공적을 세워 조정에 알려져 익주자사(益州刺史)가 되었다. 돈황태수에 봉해졌다.『대명일통지』권35, 공창부.

35) 여량소홍과 대홍은 7리 정도 떨어져 있다. 동치『서주부지』권11, 산천고.

36) 서주성 동남쪽 60리 되는 곳에 있다. 그 아래에 2개의 홍이 있고, 홍 위에는 운몽성(雲夢城)과 양왕성(梁王城)이 있다. 그 지방 사람들이 운몽은 한신(韓信)이고, 양왕은 팽월(彭越)이라고 한다.『대명일통지』권18, 서주.

37) 장자(莊子)가 여량의 폭포는 30인(仞)이며, 거품을 내며 40리를 흘러간다고 한 것이 바로 이곳이다.『대명일통지』권18, 서주. 공자가 여량을 구경하였는데 그 곳에는 30길의 물이 걸려 있고 거품을 일으켜 물고기나 자라도 헤엄을 칠 수 없었다고 했다.『장자』달생(達生).

은 배가 뒤집힐까봐 걱정이 되었다.

동쪽 언덕에 돌로 제방을 쌓았는데 어긋나게 파서 물 흐름을 끊었음에도 불구하고, 비거도(鼻居舠, 거룻배)라 할지라도 대나무 끈을 이용하여 소 열 마리의 힘을 쓴 후에야 위로 끌어올릴 수 있을 정도였다.

우리는 청산(靑山)[38]과 용신사(龍神祠)[39] 앞에서 여량홍의 물을 거슬러서 형승루(形勝樓)를 지나고, 밤에 공부분사(工部分司), 왕가교(王家橋), 이가교(李家橋), 노담묘(老聃廟)[40]를 지나, 수수묘(水首廟) 앞에 이르렀다. 여량홍의 급류가 거의 8, 9리쯤 되었다.

진훤이 나에게 말했다.

"여기가 여량홍입니다. 우임금이 뚫어 트이게 한 이후에,[41] 진숙보(秦叔寶)[42]란 자가 이 홍을 맡아 관리하고 보수했습니다."

"「우공」의 '치량급기'(治梁及岐)[43] 구절 가운데 주에 말하기를 '양은 여량산에 있다'[44]고 했고, 역도원(酈道元)[45]이 말하기를 '여량의 바위가 우뚝 솟아 강물의 흐름이 격렬하게 부딪쳐 천지가 진동한다'[46] 했으

---

38) 산 동쪽에 촌이 있는데 청산두(靑山頭)라고 한다. 동치『서주부지』권11, 산천고.
39) 여량하홍(呂梁下洪)에 있다. 황하의 용신(龍神)을 제사지낸다. 『대명일통지』권18, 서주. 용왕묘도 있는데 운룡산(雲龍山) 북쪽에 있다. 서주홍(徐州洪) 주사(主事)가 봄과 가을에 제사를 지낸다. 동치『서주부지』권14, 사사고(祠祀攷).
40) 노담은 노자를 가리킨다. 초 고현(苦縣) 출신으로 성은 이, 이름은 이(耳), 자는 담(聃)이다. 『사기』권63, 노장한비열전(老莊韓非列傳).
41) 바다와 태산과 회수 사이에 서주가 있다. 회수와 기수를 다스리자 몽산과 우산 지역에도 곡식을 심을 수 있다는 것이 그것이다. 『상서』하서 우공.
42) 진경(秦瓊)의 자는 숙보(叔寶)로 제주(齊州) 역성(歷城) 출신이다. 당 태종 정관 13년(639) 익국공(翼國公)에서 재차 호국공(胡國公)에 봉해졌다. 서주도독(徐州都督)에 추증되었다. 『신당서』권89, 진경전; 『구당서』권68, 진숙보전.
43) 기주(冀州) 호구산(壺口山)에서 시작하여 양산(梁山)과 기산(岐山)까지 다스렸다. 『상서』하서 우공. 우임금 당시 서주 지역의 치수 상황을 인용하고 있다.
44) 『상서』에서 양기(梁岐)는 옹주(雍州)에 있다고 한다. 『상서』(십삼경주소) 권6, 하서 우공.
45) 자는 선장(善長), 하북성 범양(范陽) 출신이다. 북위 효문제 태화(477~499) 중에 상서주객랑(尙書主客郞)이 되었다. 하천 수계를 기준으로 서술한 지리서『수경주』40권을 편찬했다. 『위서』권89, 역도원전.

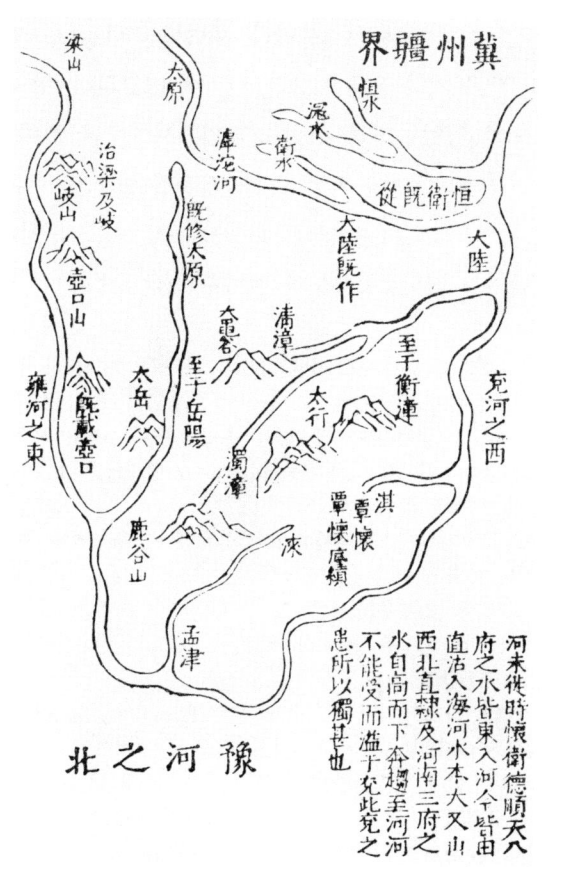

『상서』「우공」에 보이는 '치량급기'(治梁及岐).
우임금 당시 서주지역의 치수상황을 인용하고 있다(『삼재도회』).

니 이 홍이 바로 그것이 아니겠는가?"

"그렇습니다. 그런데 「우공」에는 '여량은 기주(冀州)⁴⁷⁾에 있다' 고 기재되어 있는데, 이 홍은 서주(徐州)⁴⁸⁾에 속하니 의심스럽습니다."

【3월 초3일】 서주를 지나다.

이날은 비가 오고 세찬 바람이 불었다. 새벽에 구녀총(九女塚)⁴⁹⁾과 자방산(子方山)⁵⁰⁾을 지나 운룡산(雲龍山)⁵¹⁾에 이르렀다. 산 위에 석불사(石佛寺)⁵²⁾가 있었는데 매우 화려했다. 서쪽에는 희마대(戲馬臺)⁵³⁾와 발검천(拔劍泉)⁵⁴⁾이 있었다. 또 황충집(蝗蟲集)·부창⁵⁵⁾·광운창(廣運倉)⁵⁶⁾·국저문(國儲門)·화성묘(火星廟)⁵⁷⁾를 지나 팽성역(彭城驛)⁵⁸⁾에 이르렀다. 등용문과 진사주헌(進士朱軒)이 역 앞에

---

46) 하수(河水)는, 선무현(善無縣) 고성 서남쪽 80리 되는 곳으로 나아가 서쪽으로 흘러 여량의 산을 거쳐 여량홍이 된다. 그 산은 층층의 암석으로 산봉우리는 깊고 넓으며 계곡은 돌고 단에는 깊다. 거대한 돌이 우뚝 솟아 절벽은 천 길이다. 물 흐름은 급격하고 높이 물결쳐 마치 천둥처럼 빠르고 번개처럼 비상하여 천지를 진동한다. 『수경주』 권3, 하수.
47) 기주는 옛 9주의 하나로 지금의 하북성·산서성·하남성 황하 이북 등지를 가리킨다. 명대에는 북경 지역의 순천부(順天府)·보정부(保定府)·진정부(眞定府)·순덕부(順德府)·영평부(永平府) 및 산서포정사의 일부가 여기에 해당한다. 『대명일통지』 권1, 순천부; 권19 산서포정사.
48) 윤1월 초8일 주 73) 참조.
49) 구녀고퇴(九女孤堆)라고도 하며 서주성 동쪽 토산(土山) 아래 있는데, 전해 내려오길 고총(古塚)이라고 한다. 동치『서주부지』 권18 중, 고적고.
50) 서주성 동쪽 3리에 있다. 계명산(鷄鳴山) 또는 팽성산(彭城山)이라고도 한다. 현지(縣志)에 '장량(張良)이 피리를 불어 초나라 병사를 흩어지게 한 곳' 이라고 한다. 동치『서주부지』 권11, 산천고.
51) 서주성 동남쪽 2리 되는 곳에 있다. 송나라 때 속세를 등진 장천기(張天驥)가 거주한 곳이다. 『대명일통지』 권18, 서주.
52) 흥화사(興化寺)라고도 한다. 운용산 남쪽에 있다. 명 태조 홍무 연간 또는 혜제 건문 5년(1403, 건문 5년은 존재하지 않음)에 세웠는데 돌로 불상을 만들어 이러한 이름이 붙었다. 동치『서주부지』 권18 상, 고적고; 『대명일통지』 권18, 서주.
53) 서주성 남쪽에 있다. 일찍이 항우가 이곳에서 말이 노는 것을 봤다고 하여 이러한 이름이 붙었다. 유송(劉宋)의 무제(420~422)가 팽성에 있을 때 9일 동안 이 대(臺)에 올랐다. 뒤에는 대두사(臺頭寺)가 있다. 『대명일통지』 권18, 서주.

있었다. 서주부성은 팽성역 서북쪽 2, 3리에 있었다. 서주는 옛날 대팽씨국(大彭氏國)이었다.[59] 항우[60]는 서초패왕이라 자칭[61]하고 이 성의 동쪽에 도읍을 정했는데, 성을 방호하는 제방[垓子]이 있다. 또 황루(黃樓)[62]의 옛터가 있는데 소식[63]이 수서주(守徐州)[64]라는 관직에 있을 때 세운 것이다. 소철(蘇轍, 1039~1112)[65]의 황루부[66]는

---

54) 현지(縣志)에 서주성 남쪽 30리 되는 호산(湖山) 아래 있다고 한다. 또 서주성 남쪽 정당산(丁塘山)에도 발검천이 있다. 또 서주성 동북쪽 이랑산(二郎山) 북쪽에도 발검천이 있다. 모두 전해 내려오기를 한 고조가 병사를 주둔한 곳으로 끌어 맞춘 설이다. 한나라 병사가 초나라에 곤란을 당했다. 모두가 갈증이 났지만 물이 부족했다. 고조가 검을 빼어 땅을 가르자 샘이 용솟음쳐서 흘러나왔다. 이 지방 사람들이 용추(龍秋)라고 부른다. 가정『서주부지』권4, 지리 상 산천고; 동치『서주부지』권11, 산천고.
55) 2월 27일 주 691) 참조.
56) 서주성 남쪽 2리 되는 곳에 있다. 수몰되었는데, 명대에 주사 매수청(梅守清)과 윤량(尹梁)이 수복했다.『강남통지』권23, 여지지.
57) 남문 밖에 있다. 명 세종 가정 21년(1542) 지현 왕치(王治)가 옮겨 세웠다. 가정『서주부지』권8, 인사지.
58) 서주성 남쪽 2리 되는 곳에 있다.『독사방여기요』권29, 강남 11.
59) 옛 대팽씨국으로 춘추시대에는 송의 땅이었고, 전국시대에는 초에 속했다.『대명일통지』권18, 서주부.
60) 본명은 항적(項籍)으로 자가 우(羽)로 하상(下相) 출신이다. 항씨(項氏)는 대대로 초나라 장군으로 항 지역에 봉해져 성이 항씨로 되었다. 한 고조 유방과 천하를 다투었으나 패하여 오강(烏江)이라는 곳에서 죽었다.『사기』권7, 항우본기.
61) 항우는 자립하여 서초의 패왕이 되었는데 9군의 왕이 되었고 팽성에 도읍했다. 화식전(貨殖傳)에서는 서초(西楚)를 회수 이북의 지역으로 패(沛)·진(陳)·여남(汝南)·남군(南郡)을 가리킨다. 맹강(孟康)은 옛 이름인 강릉(江陵)을 남초(南楚), 오(吳)를 동초(東楚), 팽성을 서초라고 했다.『사기』권7, 항우본기.
62) 서주성 동북쪽에 있다. 소식(蘇軾)이 지서주(知徐州)였을 때 서성(徐城)을 증축하여 물을 막았다. 누(樓)를 지어 벽에 황토를 발라 흙이 물을 이겨냈다. 객들과 그 위에서 놀았고 동생인 소철(蘇轍)이 부(賦)를 지었다.『대명일통지』권18, 서주.
63) 2월 12일 주 319) 참조.
64) 소식이 지서주로 있을 때 황하가 조촌(曹村)을 무너뜨리고, 양산박(梁山泊)을 범람하여 남청하(南清河)를 넘어 성 밑으로 모여들었다. 성이 무너질 것 같자 부민들이 다투어 빠져나가려 했다. 소식이 그대들이 나가면 백성들이 동요한다고 보고 다시 불러들였다. 동남쪽으로 긴 제방을 쌓았다. 희마대(戲馬臺)로부터 성까지 쌓아 성을 보호했다.『송사』권338, 소식열전.

희마대. 항우가 팽성에 도읍했을 때 말을 희롱한 곳이다(『삼재도회』).

지금까지 칭송되고 있다.

역을 출발하여 부창을 지났는데 창은 두 강물이 교류하는 중간에 있었다. 이곳을 지나 백보홍(百步洪)[67]에 이르니 사수[68]·수수(洙水)[69]·제수[70]·문수[71]·패수(沛水)가 합류한다. 동북에서 변수[72]와 수수(睢水)[73]가 합류하고, 서북쪽으로부터 서주성 북쪽에 이른다. 사수는 맑고, 변수는 탁한데 모여서 남쪽으로 흘러 이 홍으로 들어간다. 홍의 여울이 급한 곳은 비록 여량홍의 크기에는 미치지 못하지만 험준함은 더욱 심했다. 돌이 어지럽게 널려 쌓여 있는 모습이 마치 범의 머리와 사슴의 뿔과 같았다. 사람들은 이를 번선석(飜船石, 배를 뒤집는 돌)[74]이라 불렀다. 물은 기세당당하게 달리다가 돌에 부딪치고 물길이

---

[65] 자는 자유(子由), 호는 난성(欒城)으로 19세에 형 소식과 함께 진사과에 합격했다. 당송8대가의 한 사람이다. 형을 대소(大蘇)라고 하는 것에 비해 소소(小蘇)라고 한다. 『송사』 권339, 소철전.

[66] 부의 대체적인 내용은 다음과 같다. 즉 한 무제 원광 연간(기원전 134~기원전 129)에 황하가 흘러넘쳐 거야(鉅野)에 가까워졌고 회수와 사수를 넘쳐 양과 초가 해를 입기를 20여 년이 되어 백성들은 물고기나 자라 신세가 되어 의지할 곳이 없었다는 것이다. 천자가 태산에 올라 제사를 드렸다. 『난성집』(欒城集) 권16, 황루부; 『蘇轍集』, 河洛圖書出版社, 1975.

[67] 서주성 동남쪽에 있다. 돌은 어지럽게 널려 있고 물은 소용돌이치고 급히 흘러 배가 나아가기가 매우 어렵다. 서주홍이라고도 한다. 『대명일통지』 권18, 서주; 동치 『서주부지』 권11, 산천고.

[68] 2월 21일 주 615) 참조.

[69] 2월 27일 주 745) 참조.

[70] 2월 27일 주 742) 참조.

[71] 태안주(泰安州)에서 발원하는데 서남쪽으로 흘러 연주부에 도달한다. 영양(寧陽)·평음(平陰)·문상현(汶上縣)의 경계를 지난다. 또 서쪽으로 흘러 동평주(東平州) 경계에 이르러 제하(濟河)로 들어간다. 옛 물길은 동북쪽으로 흘러 동아현(東阿縣)의 경계를 지나고 다시 동북쪽으로 흘러 제남부 경계에 이르러 바다로 들어간다. 『대명일통지』 권23, 연주부.

[72] 하남 개봉부 경계로부터 동쪽으로 흘러 소현(蕭縣)을 지나 서주성 동북쪽에 도달한다. 사수와 통한다. 『대명일통지』 권18, 서주.

[73] 소현 남쪽 50리 되는 곳에 있다. 하남성 영성현(永城縣)으로부터 흘러 소현의 경계로 들어온다. 재차 동쪽으로 흘러 서주·숙주의 경계로 들어간다. 『독사방여기요』 권29, 강남11.

꺾여 흐름이 막히는가 하면 용솟음쳤다가 뚝 떨어지기도 했다. 천둥소리처럼 울리고 싸리눈을 뿜어내듯 세차게 부딪치며 부서져내리니 배가 다니기 매우 어려웠다.[75]

공부분사 청풍당(淸風堂) 앞에서 인부(人夫)[76] 백여 명을 써서 양쪽 언덕에서 우리 배를 끌어올리는데, 대나무 줄로 배를 묶어 위로 잡아당겼다. 나는 부영 등과 함께 언덕에 올라가서 배를 끌어올리는 길을 따라 걸어가다가 깔아놓은 돌이 견고하고 가지런히 정돈된 것을 보고 부영에게 물었다.

"이 길을 닦은 사람의 공적이 후세에 남겠습니다."

"옛날에 이 길은 지형이 낮고 좁아 물이 조금이라도 불면 길을 찾을 수 없었으며, 물이 빠지면 흙이 없어지고 돌이 나오므로 걷는 것이 어려웠소. 근년에 곽승(郭昇)[77]과 윤정용(尹庭用)이 연이어 보수하고 판석으로 계단을 장식하고 못을 두드려 박고 석회를 부어서 이와같이 견고하게 되었소."

밤에 변수와 사수가 모이는 곳에서 정박했다.

---

74) 서주성 동남의 백보홍(百步洪)은 매우 급하고 험준하여 배가 나아가기 대단히 힘들며, 상하외홍(上下外洪)에 거대한 돌 100여 개가 짐승이 쭈그리고 앉은 형태를 취하고 있어 사람들이 번선석이라고 부른다. 『명문해』(明文海) 권382, 상로(商輅) 중수서주백보홍기(重修徐州百步洪記).

75) 구지(舊志)에 '물 속에 거대한 암석이 깎아지른 듯이 높이 솟아 있는 것이 들쭉날쭉하고, 물결은 매우 세차고 빠르게 흘러 수리나 가야 잔잔해진다. 배가 이곳을 지나갈 때, 조금이라도 게을리하면 배가 망가지고 뒤집어져 물에 빠진다'고 기록되어 있다. 동치『서주부지』 권11, 산천고.

76) 우리 나라에서만 사용하는 2자를 병합한, 즉 공부(功夫)의 조자(造子)다. 신라시대의 영천 청제비(永川 菁堤碑)에 '법부'(法夫)라는 글귀가 보이는데, 이를 법공부(法功夫), 즉 공사에 동원된 인원으로 해석했다. 이기백, 『신라정치사회사연구』, 일조각, 1997; 김종훈, 『한국고유한자연구』, 집문당, 1983.

77) 명 헌종 성화 4년(1468) 공부주사 곽승이 외홍—서쪽의 홍—의 가파른 돌 30여 덩어리를 뚫었다. 또 벽돌을 사용하여 돌계단을 만들어 배를 끌 수 있는 작은 길을 내었다. 길이가 131장이다. 『조하도지』(漕河圖志) 권1, 조하.

【3월 초4일】 날씨가 맑았다.

배를 저어 체운소[78]에 이르니, 체운소 앞에 기봉문(起鳳門)과 목욕당(沐浴堂)이 있었다. 또 배로 다리를 만들어 물의 흐름을 막았는데, 이를 대부교(大浮橋)[79]라 불렀다. 다리의 위아래는 돛대를 묶은 것 같고, 다리 가운데의 두 배를 들어올려 왕래하는 배를 통행시키고, 배가 지나가면 들어올린 배 2척을 내려 다시 원래대로 돌려놓았다. 우리 배는 이 다리와 탑응부창(搭應夫廠)을 지나 소현(蕭縣)의 수차창(水次倉)[80] 강가에 이르러 정박했다.

【3월 초5일】 유성진(留城鎭)[81]을 지나다.

이날은 맑았다. 새벽에 배를 출발시켜 구리산(九里山)[82]을 지나 동산(洞山)에 이르렀는데, 이 산에는 시왕전(十王殿)이 있었다. 진량홍포

---

78) 서주에는 서주체운소와 패현체운소가 있었으나 모두 신종 만력 원년(1573)에 폐지했다. 만력『대명회전』 권147, 병부 30 역전 2. 여기서는 서주체운소를 가리키는 듯하다.
79) 만회교(萬會橋)라고도 하는데 서주성 동북쪽 3리 되는 곳에 있다. 사수에 걸쳐 있다. 배 30여 척을 나란히 세워 철로 동쪽의 두 배를 엮어 때때로 위아래로 끌어올리거나 내려 남북의 배들이 통과하도록 했다. 『대명일통지』 권18, 서주.
80) 곡창(穀倉)을 가리킨다. 명 성조 영락제가 수도를 남경에서 북경으로 옮기고 강남 지역에서 물자를 수송하기 위해 조운로를 정비했다. 조운로를 통해 곡물을 운반하는 방법은 3번 바뀌게 되는데, 제일 먼저 성조 영락 9년(1411)에 지운법(支運法)이 시행되었다. 말하자면, 과주(瓜州)·회안(淮安)·서주·임청(臨淸)·덕주(德州) 등 대운하에 연하는 요지에 수차창이라는 곡창을 설치하여 조운미를 전문적으로 운반하는 운군이 수차창에서 다음 수차창으로 운반하는 방법이다. 『명사』 권79, 식화지 3.
81) 원문에는 유성진(劉城鎭)으로 되어 있으나 유성진(留城鎭)이 맞다. 패현 동남쪽 20리 되는 곳에 있다. 장량(張良)이 한 고조를 만난 곳이다. 후에 고조가 장량을 3만 호(戶)에 봉하려고 하자, 장량이 유(留) 땅에 봉하는 것만으로도 족하다고 했다는 고사가 있다. 『대명일통지』 권18, 서주.
82) 서주성 북쪽 9리 되는 곳에 있다. 산 북쪽에 손씨묘비(孫氏墓碑)가 있다. 그 위에 구억산(九嶷山)이라고 새겨넣었는데 구리산이라고도 한다. 혈(穴)이 은밀하게 낭야왕(琅琊王)의 집과 통한다고 하여 황지혈(黃池穴)이라고도 부른다. 『대명일통지』 권18, 서주.

(秦梁洪鋪)[83]와 다성점(茶城店), 그리고 양산사(梁山寺)를 지나 경산(境山)[84]의 시진(市鎭)에 이르렀다. 경산에는 위아래로 절이 있었는데 모두 거찰이었다. 또 집전(集殿)과 백묘아포(白廟兒鋪),[85] 그리고 협구천(夾溝淺)을 지나 협구역(夾溝驛)[86]에 이르렀다. 이름이 생각나지 않는 역승이 진훤의 말을 따르지 않고, 우리에게 매우 넉넉하게 음식을 대접했다. 두옥(杜玉)에게 한 말의 쌀을 보냈는데, 진훤과 두옥이 서로 다투어 빼앗으려다가 두옥이 진훤의 이마를 쳤다.[87]

협구역을 떠나 황가갑(黃家閘)[88]에 이르렀는데 갑 위에는 미산만익비(眉山萬翼碑)[89]가 있었다. 나는 정보를 시켜 양왕에게 말하여 그것을 보려고 했으나, 양왕이 응하지 않다가 무리하게 요구한 후에야 허락했다.

그 비문은 대략 다음과 같다.

우리 태조 고황제(高皇帝, 홍무제)가 회전(淮甸, 회하유역)에서 즉위하여 천하를 하나로 통일하고 남경에 수도를 세우고 천하를 다스렸다. 우리 태종 문황제(文皇帝, 성조 영락제)가 고황제의 대업을 이어받아 북경으로 천도[90]함에 이르러 방악(方嶽),[91] 제진(諸鎭)[92]과

---

83) 서주에는 진량홍포를 비롯해서 36개의 천포(淺鋪)가 설치되었다.『조하도지』권1, 조하.
84) 서주성 북쪽 40리 되는 곳에 있다. 전해오기를 '서주에 봉해지는 경계가 이 산이다'라고 한다.『대명일통지』권18, 서주.
85)『조하도지』권1, 조하에 백묘아천이 있으므로 백묘아포가 맞을 것이다.
86) 서주성 북쪽 90리 되는 곳에 있으며, 수역이다.『독사방여기요』권29, 강남.
87) 옥비훤액(玉枇萱額)이 아니라 옥비훤액(玉批萱額)이다.
88) 명 영종 천순 3년(1459) 서주 판관 반동(潘東)이 건의하여 설치했다. 북으로 패현 신흥갑(新興閘)에 이른다.『조하도지』권1, 조하.
89) 미산은 패현 동남쪽 3리 되는 곳에 있다. 가정『패현지』권1, 여지지. 미산호(微山湖)에 수몰되면서 대운하의 산증인인 미산만익비는 지표상에서 사라졌다. 박태근,『한국일보』1997년 11월 24일자.
90) 명 성조 영락제는 영락 15년(1417) 북경 궁전의 개축 공사를 시작하여, 5년 뒤인 1420년 9월 봉천전(奉天殿)·화개전(華蓋殿)·근신전(謹身殿)을 완성했다. 다음해 정월 새로운 북경의 궁전에서 조하 의식을 거행했다.

사이(四夷)⁹³⁾가 조공하며 해마다 모두 기내(畿內, 북경)에 모였다.⁹⁴⁾ 전(滇, 운남성), 촉(蜀, 사천성), 형초(荊楚, 호남·호북성),⁹⁵⁾ 구월(甌越, 광동성), 민(閩, 복건성), 제(淛, 절강성)가 모두 양자강을 경유하여 동해(황해)로 배를 띠워 연안을 따라 북쪽으로 천진(天津)⁹⁶⁾에 들어가고, 노하(潞河)⁹⁷⁾를 건너서 경사에 도착하니 그 강과 바다의 광활함과 풍파의 험난함으로 인하여 경사에 공물을 수송하기가 어려웠다.⁹⁸⁾

---

91) 방악은 사방의 악(岳)을 가리키는데, 동악은 태산(泰山, 岱宗), 서악은 화산(華山), 남악은 형산(衡山), 북악은 항산(恒山)이다. 『상서』 주서 주관(周官)에 '요·순은 예전의 도에 따라 백관을 세웠다. 안으로 백규(百揆)와 사악(四岳)을 두고 밖으로 주목(州牧)과 후백(侯伯)을 두었다……6년마다 오복(五服)은 내조(來朝)한다. 다시 6년 후 왕은 사계의 순행을 하여 사악에서 치란을 살핀다. 제후는 사악 중 자기가 속하는 산에서 알현한다'는 부분이 있다.
92) 진(鎭)이라는 것은 원래 주대(周代) 왕기(王畿)를 중심으로 매 500리의 간격을 1등으로 하여 모두 9등으로 나누었다. 이때 8등에 해당하는 것이 진복(鎭服)이다. 진복은 이복(夷服)과 번복(蕃服) 사이에 존재한다. 정현(鄭玄, 127~200)은 진(鎭)을 이적 외의 지역이라고 해석했다. 『주례』 하관 직방씨.
93) 동이(東夷)·남만(南蠻)·서융(西戎)·북적(北狄)으로 이민족을 총칭하는 말이다. 『예기』 왕제.
94) 영락제는 즉위 직후 주변 여러 나라에 적극적으로 입조를 재촉하고 사신을 조선·안남·일본·섬라(暹羅)·유구·점성(占城) 등지에 파견했다. 영락제가 이렇게 조공관계를 적극적으로 맺으려고 했던 이유는 정난(靖難)의 변에 의해 조카인 건문제를 축출하고 제위를 찬탈했기 때문이다. 조공국이 많으면 많을수록 이적이 영락제를 연모하는 표시가 되기 때문이었다. 寺田隆信, 『永樂帝』, 中央公論社, 1997; 檀上寬, 『永樂帝』, 講談社, 1997.
95) 『시경』 상송(商頌) 은무(殷武)에 "용맹하고 날쌔라 은나라 임금, 떨치고 일어나서 형초치셨네"라는 부분에 대해 『시경』(십삼경주소, 신문풍출판사)에서 형초는 형주(荊州)의 초국(楚國)이라고 했다.
96) 명대에 천진은 주·현 계통의 행정구역이 아니라 천진위(天津衛)·천진좌위(天津左衛)·천진우위(天津右衛)가 설치되어 있었다. 천진위와 천진좌위는 성조 영락 2년(1404), 천진우위는 영락 4년에 설치되었다. 『명 태종실록』 권37, 12월 병자조; 권61, 10월 갑자조.
97) 대통하(大通河)로 옛적에는 통혜하(通惠河)라고 했다. 창평주(昌平州) 백부촌(白浮村) 신산(神山)에서 발원하여 유하(楡河)를 지나 도성을 관통하여 통주 고려장에 이르러 백하(白河)로 흘러들어간다. 만력 『대명회전』 권196, 공부 16 하거 1.

이에 우리 태종 문황제는 동남지역의 해운의 어려움을 걱정하여 바로 고굉대신(股肱大臣, 황제가 가장 신뢰하는 신하)을 불러 서주, 양주, 회안, 제남(濟南)에 가서 지세를 헤아리고 수성(水性)에 순응하여 동쪽은 과주(瓜洲),[99] 서쪽은 의진현(儀眞縣)으로부터 모두 패[100]를 만들어 양자강으로 새지 않게 했다.[101] 근세의 옛 규약(舊規)에 의거해서 뱃길을 뚫고 물을 끌어들여 운하를 만들어 모두 양주에 모이게 했다. 양주를 경유하여 회안에 도착하고, 회안에서 서주에 이르고, 서주에서 제남에 도달한다. 제남 이남은 수세가 남쪽으로 흘러 황하에 접하고 회수에 모여 바다로 들어간다. 제남 이북은 수세가 북으로 흘러 위하(衛河)[102]에 접하고 백하[103]에 모여 바다로 들어간다. 황제께서는 다시 지형의 남북이 높낮이가 같지 않아 물길이 새어나가서

---

98) 명 초에는 해운을 통해 천진 부근의 직고(直沽)까지 곡물을 운반했다. 그러나 해운은 바다가 험하여 전복되고 물에 익사하는 폐단이 발생하여 군민이 모두 두려워했다. 게다가 왜구가 습격하기도 했다. 星斌夫, 『明代漕運の研究』, 日本學術振興會, 1963.

99) 과주진(瓜洲鎭)이라는 곳이 강도현 남쪽 40리 되는 강가에 있다. 『원화군현지』에 옛적에는 과주촌으로 양자강 가운데에 모래가 퇴적한 곳으로 모래가 점차 불어나면 과자(瓜字, 오이모양)의 형태를 이룬다고 했다. 멀리 양자강도구(揚子江渡口)와 접하며 당 현종 개원(713~741) 이후 남북의 요충지가 되었다. 『대청일통지』 권67, 양주부.

100) 윤1월 29일 주 255) 참조.

101) 명 태종 홍무 24년(1391) 진흙이 쌓여 막힌 이래 원대에 만든 회통하(會通河)를 새로 준설하고 황하와 위하(衛河)를 연결하여 양자강과 북경 근처를 직접 연결하려고 했다. 산동 제녕주(濟寧州) 동지 반숙정(潘叔正)이 이러한 계획을 제안하자 영락제는 공부상서 송례(宋禮), 도독 주장(周長) 등을 파견하여 시찰케 했다. 『용당소품』 권16, 하편; 『명 태종실록』 권74, 영락 9년 2월 기미조.

102) 어하(御河)라고도 한다. 경주성(景州城) 동쪽 20리 되는 곳에 있다. 위휘부(衛徽府)에서 발원하여 고성(故城)의 오교(吳橋)와 동광현(東光縣)의 경계를 지나 창주(滄州)에 이르른다. 서쪽으로 흘러 청현의 경계로 들어가고 동북쪽으로 190리를 흘러 바다로 들어간다. 『대명일통지』 권2, 하간부.

103) 백수하(白遂河)라고도 한다. 밀운(密雲)으로부터 흘러 우란산(牛欄山)에 이르러 조하(潮河)와 합류하여 통주에 이르러 직고(直沽)로 흘러들어간다. 『대명일통지』 권1, 순천부.

주원장. 중국을 약 300년 동안 지배한 명나라의
초대 황제다(『주원장전』).

조운선. 조운로를 통해 곡물을 운반했다(『천공개물』).

물을 가둬둘 수 없어, 운하를 경영하는 장구한 방법이 아니라고 생각하여 유사(有司)로 하여금 갑[104]을 설치하게 했다. 5~7리에 한 갑을 두기도 하고 또는 수십 리에 한 갑을 설치하여 물을 모아 배를 건너게 했다. 지금에 이르기까지 이 물줄기가 마르지 않아 이로부터 방악, 번진과 사이(四夷)가 조빙 회동하고, 군민(軍民)의 공부(貢賦) 수송[105]과 상고(商賈)의 무역이 모두 이곳을 경유하게 되어, 조운의 이로움이 비로소 천하에 통하여 만민을 구제하고, 다시는 강과 바다에서 풍파를 만나는 위험이 없어졌다.

우리 태종 황제가 이를 성취하신 것은 실로 우임금의 공적을 계승하여 하늘의 부족함을 보충하고 만세가 태평하도록 대업을 열어놓은 것이었다. 더욱이 서주는 옛날 팽성[106]으로 동방의 대군이었고 회수와 제수에 둘러싸여서 남경과 북경을 잇는 중요한 요충지였다. 서주의 북쪽 황가촌(黃家村) 동쪽 산에 계곡 하나가 있는데, 남쪽으로 흘러 갑으로 들어갔다. 물결이 매우 빠르고 거칠며 돌아 흐르는 곳이 많아서 모래가 밀리고 막혀 수심이 얕아지니 배가 이곳을 지날 때 항상 지장을 받아 백성들이 매우 근심스러워했다.

천순(天順, 영종, 1457~64) 무인년(1458) 봄에 유사가 상소문을 갖추어 조정에 올리니[107] 우리 영종(英宗) 예황제(睿皇帝)께서 대업

---

104) 2월 15일 주 424) 참조.
105) 성조 영락 11년(1413)에 회통하를 경유하여 회안·양주·서주·연주 등처의 세량 100만 석을 수송했다. 이전의 해운에 의해 수송하던 액수에 필적한 양이었고, 2년 뒤인 영락 13년에는 절강성의 가흥·호주·항주, 남직예의 소주·상주·진강 등지의 세량이 운반되었다. 星斌夫, 앞의 책, 1963.
106) 옛 대팽씨국(大彭氏國)으로 춘추시대에는 송의 땅이었고, 전국시대에는 초에 속했다. 진대(秦代)에는 팽성현으로 사수군(泗水郡)에 속했다.『대명일통지』권 18, 서주부.
107) 태감 완통(阮通)이 이르기를 산동 조래(徂徠) 등지의 천원(泉源)은 옛적에는 주사 1명을 선발하여 서(徐)와 여(呂) 2홍을 관리했는데, 명 경종 경태 연간에 이를 폐하자, 영종 천순 2년(1458)에 이르러 다시 이를 선발할 것을 상주하여 허락을 받는다고 했다.『명 영종실록』권290, 천순 2년 4월 무오조.

을 크게 계승하여 전대의 공훈을 더욱 돈독히 했다. 이에 유사를 불러 갑을 설치함으로써 통하게 하고 관(官)을 설치하여[108] 이를 관리하게 했다. 이때부터 배가 왕래하면서 다시 이전과 같은 우환이 없어졌다.

갑을 감독하는 관리〔閘官〕[109]가 갑문을 열고 인부[110]로 하여금 나의 배를 위로 끌어올려 지나가게 했다. 또 가다가 의정(義井)·황가포(黃家鋪)·후촌포(候村鋪)·이가중포(李家中鋪)·신흥갑(新興閘)[111]·신흥사(新興寺)·유성진(留城鎭)을 지나서 삼경에 사구갑(謝溝閘)[112]에 이르렀다.

【3월 초6일】 패현(沛縣)[113]을 지나다.

이날은 맑았다. 새벽에 고두하갑(沽頭下閘)[114]·고두중갑(沽頭中閘)[115]·사학(社學)[116]·고두상갑(沽頭上閘)[117]·소양호(昭陽

---

108) 황가갑은 북으로 16리 되는 곳에 신흥갑(新興閘)이 있고, 명 영종 천순 3년 (1459)에 서주판관(徐州判官) 반동이 건의하여 설치했다.『조하도지』권1, 조하.
109) 갑관은 패관(壩官)과 같이 갑의 문을 열고 닫아 물을 모으고 줄이는 임무를 담당한다.『명사』권75, 직관지 4.
110) 갑에서 수량조절이나 또는 배가 항해하는 데 판자를 내리고 들어올리는 역할을 담당하는 갑부(閘夫)를 일컫는다. 요역의 일종이다. 山根幸夫,『明代徭役制度の展開』, 東京女子大學學會, 1966.
111) 패현 치소로부터 남쪽 58리 되는 곳에 있다. 북으로 18리 되는 곳에 사수갑(謝溝閘)이 있다. 명 선종 선덕 8년(1433) 공부주사 후휘(侯暉)가 건의하여 설치했다.『조하도지』권1, 조하.
112) 패현 치소 북쪽 15리 되는 곳에 있으며 북쪽으로 10리에 고두하갑(沽頭河閘)이 있다. 명 선종 선덕 8년(1433) 공부주사 후휘(侯暉)가 건의하여 설치했다.『조하도지』권1, 조하.
113) 서주성 서북쪽 180리 되는 곳에 있다. 옛 핍양국(偪陽國)의 지역이다. 진대(秦代)에 패현을 설치하고 사수군의 치소로 삼았다. 한대에 사수를 패군으로 고쳤다. 유송대(劉宋代, 420~479)에 서주에 속했다. 원대에는 제주(濟州)에 속했으나 명조는 서주에 예속시켰다.『대명일통지』권18, 서주.
114) 패현 치소로부터 동남쪽 3리 되는 곳에 있다. 언제 창건하였는지 알 수 없다. 가정『패현지』권2, 건치지.

湖)[118] · 금구아천(金溝兒淺)[119]을 지났는데 금구 상 · 중 · 하천 세 곳이 있었다. 패현에 도착했다. 패현은 한 고조(高祖, 기원전 206~195)의 고향[120]으로 현의 동북쪽에 있는 강이 바로 포하(泡河)[121]다. 포하의 언덕 너머에는 높은 돈대[122]가 있고 그 앞에 정문이 있는데 현판에 '가풍대'(歌風臺)[123]라 씌어 있었다. 이는 고조가 대풍을 노래한 곳이다.[124] 패현의 동남쪽에는 사정역(泗亭驛)[125]이 있는데, 이곳은 고조가 젊었을 때 사수정(泗水亭)[126]의 정장(亭長)[127]을 했던 곳이다. 포하의

115) 패현 치소로부터 동남쪽 10리 되는 곳에 있다. 명 헌종 성화 23년(1487) 공부낭중 고여경(顧餘慶)이 건의하여 설치했다. 가정『패현지』권2, 건치지.
116) 패현 치소로부터 남쪽으로 1리 정도 떨어진 곳에 성수사학(聖水社學)과, 치소로부터 황하의 동안에 천진사학(天津社學)이 설치되었다. 모두 명 세종 가정 11년(1532) 지현 양정(楊政)이 세웠다는 것으로 보아 최부가 본 것은 유학(儒學)이었던 것 같다. 가정『패현지』권2, 건치지.
117) 애선갑(隘船閘)이라고도 한다. 패현 치소로부터 동남쪽으로 15리 되는 곳에 있다. 원 인종 연우 2년(1315)에 세웠다. 명조가 개수했다. 가정『패현지』권2, 건치지.
118) 원문은 도양호(刀陽湖)로 되어 있으나 소양호(昭陽湖)가 맞다. 패현 동쪽 8리 되는 곳에 있다. 호는 대략 60여 리인데 모든 천(泉)이 모여 동북쪽으로 흘러간다. 산동성 연주부 추현(鄒縣) · 등현(滕縣) 60리 되는 곳에서 발원하여 호로 들어온다. 6, 7월에는 사대부들이 배를 띄우는 경치가 뛰어난 곳으로 8경 중의 하나다. 소서호(小西湖)라고도 불린다. 가정『패현지』권1, 여지지.
119) 금구아천(金溝兒淺)이 아니라 금구구천(金溝口淺)이다.『조하도지』권1, 조하. 천(淺)에는 천부(淺夫)가 2명에서 20명까지 존재했다. 가정『패현지』권3, 호구지.
120) 한 고조는 유방을 말하며 패풍읍(沛豊邑) 중양리(中陽里) 출신이다. 그 주에 응소(應劭)가 말하기를 '패(沛)는 현(縣)이다. 풍(豊)은 그 향(鄕)이다.' 맹강(孟姜)이 말하기를 '후에 패는 군(郡)이 되었고, 풍은 현이 되었다.' 안사고가 말하기를 '패는 본래 진대(秦代) 사수군에 속한 현이다. 풍은 패의 사람이 모여드는 읍이다' 라고 했다.『한서』권1, 고제본기 상편.
121) 패현 서쪽에 있다. 풍수(豊水)가 사정역(泗亭驛)의 앞을 돌아 사수로 들어간다.『대명일통지』권18, 서주.
122) 돈(墩)은 봉화를 올리는 곳이고, 대(臺)는 적의 동정을 살피는 곳이다.
123) 패현 치소 동남쪽 사수의 서안에 있다. 한 고조가 영포(英布)를 정벌하고 패현에 돌아와 부로들을 위해 이곳에서 연회를 베풀었다. 당시 고조가 대풍가(大風歌)를 읊었는데 후세 사람들이 가풍대라 하고, 노래를 돌에 새겼다.『대명일통지』권18, 서주. 명 헌종 성화 연간 홍수로 붕괴되어 하의 동안 유리정(琉璃井) 뒤로 옮겼다. 가정『패현지』권8, 고적지.

서쪽 언덕에는 이교(圯橋)¹²⁸⁾가 있는데 장량(張良)¹²⁹⁾이 신발을 주웠던 곳이며,¹³⁰⁾ 비운갑(飛雲閘)¹³¹⁾은 포하의 하구에 있었다. 우리는 그 강을 거슬러 올라가면서 비운갑과 가풍대, 그리고 이교를 일일이 찾아 다니면서 보고 사정역 앞에 도착하였다. 사정역과 강과의 거리는 30보 정도 되었다.

부영이 나에게 말했다.

"그대는 우리 대국의 제도를 어떻게 생각하시오? 강남에서 북경에 이르기까지 옛날에는 조운로가 없었소. 지원(至元,¹³²⁾ 원 세조,

---

124) 대풍(大風)이 불어 구름은 높이 휘날리고, 위엄은 해내에 떨치고 고향으로 돌아가는데, 어찌하면 용감한 장수를 얻어 사방을 지킬 수 있으랴. 『한서』 권1, 고제본기 하편.

125) 패현 치소로부터 동남쪽으로 1리 되는 곳에 있다. 명 성조 영락 13년(1415) 지현 이거현(李擧賢)이 세웠다. 헌종 성화 18년(1482)에 황하의 범람으로 붕괴되어 구역의 남쪽으로 옮겨 세웠다. 참선 11척, 배 1척에 수부 10명, 모두 103명이 편성되었다. 가정 『패현지』 권2, 건치지 ; 권3, 부역지.

126) 패현 치소 동남쪽에 있다. 『대명일통지』 권18, 서주.

127) 고조는 장성하자 임시적인 이(吏)로 사상(泗上)의 정장(亭長)이 되었다. 그 주에 '안사고가 말하기를 진법에 10리를 1정(亭)으로 했고, 정장이라는 것은 정을 다스리는 이(吏)다.' 『한서』 권1, 고제본기 하편.

128) 『한서』 복건(服虔)의 주에 의하면 초나라 사람들은 교(橋)를 이(圯)라고 한다. 『한서』 권40, 장진왕주전(張陳王周傳).

129) 한 고조의 명신이다. 자는 자방(字方), 시호는 문성(文成)이다. 선조는 한(韓)의 재상이었다. 한이 진(秦)에 멸망당하자 장량은 복수를 위해 시황제를 박랑사(博狼沙)라는 곳에서 살해하려고 했으나 실패했다. 후에 한 고조를 섬겨 천하를 평정하고 유후(留侯)에 봉해졌다. 『한서』 권40, 장진왕주전.

130) 장량이 한가롭게 하비교(下邳橋) 위를 걷고 있을 때, 한 미천한 노부(老父, 황석공[黃石公])가 장량이 있는 곳으로 와서는 신발을 다리 밑으로 던졌다. 그리고 장량을 돌아보면서 신발을 주워 오라고 했다. 장량이 놀라 그를 때리려고 하자 도리어 노부는 억지로 신발을 주워 오게 했다. 무릎을 꿇고 바치자 노부는 그것을 발로 받고 웃으며 갔다. 『한서』 권40, 장진왕주전.

131) 비운갑(雲飛閘)이 아니라 비운교갑(雲飛橋閘)이다. 패현 치소 동남쪽 포하구(泡河口)에 있다. 명 경종 경태 6년(1455)에 소주판관 반동(潘東)과 지현 고신(古信)이 세웠다. 후에 폐지했다. 가정 『패현지』 권1, 여지지.

132) 원문에는 지정(至正, 원 순제, 1341~67)으로 되어 있으나, 운하를 개통하기 시작한 것은 지원 연간이다.

가풍대. 한나라 고조가 노인들에게 연회를 베푼 곳이다(『삼재도회』).

1264~94) 연간 이후에 물길이 통하는 계책을 비로소 마련했고,[133] 우리 태종대에 이르러 평강후(平江侯)[134]를 두어서 통로를 관리하게 했소. 맑은 수원을 관리하여 통하게 하고, 제하와 패하를 준설하고, 회음(지금의 강소성 지역)을 뚫어서 양자강에 도달하게 되니. 그 일대가 연이어져서 멀리 있는 나루까지 통하여 배로 건너게 되었소. 그러한 공적은 길이 보전되어 백성은 그 은혜[135]를 평생 누리게 될 것이오."

내가 대답했다.

"지금까지 이 뱃길이 아니었다면 이 험하고 가파른 먼 길에 백지파행(百枝跛行, 절룩거리면서 감)의 고통이 더 컸을 것입니다. 지금 이처럼 배 안에 편안하게 누워 먼길을 가면서 넘어질 걱정이 없는 것 역시 그 은혜를 입은 것입니다."

사정역을 출발하여 수모신묘(水母神廟)를 지나 밤이지만 계속 갔다.

【3월 초7일】 날씨가 흐리다가 비가 내렸다.

새벽에 묘도구(廟道口)와 호릉성갑(湖陵城閘)[136]을 지나 연주부(兗州府)[137] 지방에 도착했다. 연주는 옛 노국(魯國)[138]이다. 사하역(沙河驛)[139]을 지나 잠시 머물렀다가 맹양박갑(孟陽泊閘)[140]을 지나

---

133) 남송을 멸한 원은 세조 지원 13년(1276) 사하를 이용하여 회안(淮安)으로부터 산동성 동아(東阿)까지의 제주운하(濟州運河)를, 세조 26년(1289)에는 동아로부터 임청(臨淸)을 연결하는 회통하를, 세조 29년에는 통주와 대도(북경) 사이의 통혜하(通惠河)를 뚫어 대운하를 완성했다. 『원사』권64, 하거지.
134) 진선(陳瑄)을 가리킨다. 자는 순언(彦純), 시호는 공양(恭襄)으로 합비(合肥) 출신이다. 명 성조 영락 원년 총병관에 임명되어 해운을 감독했다. 회통하가 완성되자 해운을 폐하고 조운을 진선에게 담당하게 했다. 인종 홍희제 때 대대로 평강백(平江伯)을 세습하게 했는데, 선종 선덕 8년(1433)에 죽었다. 평강후에 봉해졌고, 태보(太保)에 추증되었다. 『명사』권153, 진선열전.
135) 민수기사(民受其賜). 공자께서 말씀하시기를 관중(管仲)이 환공(桓公)을 도와서 제후들의 패자가 되게 하고 천하를 하나로 통일하여 바로잡았으니 백성들은 지금도 그 혜택을 받고 있는 것이다. 『논어』헌문.
136) 패현 치소로부터 북쪽으로 60리 되는 곳에 있다. 명 선종 선덕 8년(1433)에 설치했다. 다음해에 관리를 두었다. 가정『패현지』권2, 건치지.

팔리만갑(八里灣閘)[141]에 도착했다. 갑 서쪽에는 어대현(魚臺縣)[142] 이 있고 현 앞에는 관어대(觀魚臺)[143]가 있었다. 이곳은 노나라 은공 (隱公)[144]이 고기를 잡았던 곳[145]인데, 현의 이름이 여기에서 연유된 것이다.

---

137) 「우공」의 서주와 연주 2주 땅이다. 춘추시대에는 노국(魯國), 전국시대에는 초에 속했고, 진대에는 설군(薛郡)이었다. 동한시대에 임성국(任城國) 산양(山陽) 태산군(泰山郡)의 지역으로 겸해서 연주를 두었다. 수는 임성군(任城郡)을 폐하고 연주를 두었다. 원 초에 연주로 하고 제녕로(濟寧路)에 예속시켰다. 명조도 이에 따랐으며, 태조 홍무 중에 연주부로 승격시켰다.『대명일통지』권23, 연주부.

138) 주공(周公)을 곡부(曲阜)에 봉했는데 이를 노국이라고 했다. 주공의 아들 백금(伯禽)을 봉했다. 3세 양공(煬公)에 이르러 곡부의 서성(西城)으로 옮겼다. 그 후 경공(頃公)이 초에 멸망당하여 그 지역은 초로 편입되었다. 만력『연주부지』권1, 연혁지.

139) 연주부성 남쪽 70리 되는 곳에 있다. 가정『산동통지』권15, 공서. 본래는 연주부 경계 지역에 사하와 노교역(魯橋驛)을 설치했으나, 명 세종 가정 45년(1566) 하교역(河橋驛)으로 병합했다. 만력『연주부지』권18, 역전지.

140) 북으로 18리 되는 곳에 팔리만갑(八里灣閘)이 있다. 원 성종 대덕 8년(1304)에 세웠다. 만력『연주부지』권20, 조하.

141) 북쪽 8리 되는 곳에 곡정갑(穀亭閘)이 있다. 명 선종 선덕 8년(1433)에 세웠다. 만력『연주부지』권20, 조하.

142) 연주부성 남쪽 170리 되는 곳에 있다. 춘추시대에는 노(魯)의 당읍(棠邑)으로 은공(隱公)이 고기를 잡은 곳이다. 한대에는 방여현(方與縣)을 설치하고 산양군(山陽郡)에 예속시켰다. 당대에 어대현을 설치하고 연주에 예속시켰다. 명조는 처음에는 서주, 곧 제녕부(濟寧府), 홍무 18년(1385)에는 연주부에 예속시켰다.『대명일통지』권23, 연주부.

143) 어대현 북쪽 13리 되는 곳에 있다. 노나라 은공이 고기를 잡은 곳이다. 또 북쪽에는 무당정(武唐亭)이 있는데 두예(杜預)는 '은공이 융(戎)과 회맹(會盟)한 곳이다'라고 했다.『대명일통지』권23, 연주부.

144) 혜공(慧公)의 장서자로 이름은 식고(息姑)다. 태자 궤(軌)가 어려 섭정(攝政)이 되어 군(君)의 일을 담당했다. 후에 공자 휘(揮) 때문에 헐뜯음을 받아 시해당한다.『사기』권33, 노주공세가(魯周公世家).

145) (은공) 5년 봄 은공이 당(棠)에서 물고기를 잡았다. 두주(杜注)에 '지금 고평방(高平方)과 현 북쪽에 무당정이 있는데 노후(魯侯)가 고기를 관람한 곳이다'라고 한다.『춘추좌씨전』권1, 은공 5년. 집해(集解)에 당(棠)은 노나라 땅이다. 물고기를 넣어두고 바라보았다. 두예(杜預)가 말하기를 '고평 방여현 북쪽에 무당정(武棠亭)이 있다. 노후(魯侯)의 관어대이다'라고 했다.『사기』권33, 노주공세가.

상천포(上淺鋪)와 하천포(下淺鋪),[146] 그리고 하서집장(河西集場)을 지나 곡정갑(穀亭閘)[147]에 이르렀다. 강기슭에 올라 동북쪽을 바라보니 아득하게 보이는 곳에 산이 있었는데, 아주 높거나 가파르지 않았다.

부영이 그 산을 가리키며 말했다.

"저 산이 바로 이구산(尼丘山)[148]으로 공자(기원전 552~기원전 479)[149]가 태어난 곳[150]이오."

산 밑에는 공리(孔里)[151]와 수수(洙水), 사수, 기수 등의 강이 있었다.[152] 동북쪽을 바라보니 높은 산이 수백 리에 걸쳐 뻗어 있었는데, 마치 구름이 피어오르는 것 같았다.

부영이 그 산을 가리키며 말했다.

"저 산이 태산(泰山)[153]으로 옛날에는 대종산(岱宗山)이라 했소. 요임금과 순임금, 주나라 천자가 동으로 순시했던 곳이오."

---

146) 상하이천포(上下二淺鋪)라는 것은 맹양박갑상천포(孟陽泊閘上淺鋪)나 맹양박갑하천포(孟陽泊閘下淺鋪)를 가리킨다. 만력『연주부지』권20, 조하.
147) 북쪽으로 18리에 남양갑(南陽閘)이 있다. 원 문종 지순 2년(1331)에 건설했다. 만력『연주부지』권20, 조하.
148) 이산(尼山)이라고도 한다. 곡부현 동남쪽 50리 되는 곳에 있다. 사수의 추현(鄒縣) 경계와 연해 있다. 『대명일통지』권23, 연주부.
149) 윤1월 18일 주 142) 참조.
150) 숙량흘(叔亮紇)이 안씨(顔氏)와 야합한 뒤 이 산에서 기도하여 공자를 낳았다. 『사기』권47, 공자세가.
151) 공자가 죽자 그의 제자들과 노나라 사람들이 공자의 무덤 주위로 100여 채의 집을 짓고 거주하게 되자 공리라고 했다. 『사기』권47, 공자세가. 공림(孔林)의 남쪽에 있다. 『산동통지』권9, 고적지. 공리를 궐리(闕里)라고도 한다. 『공자가어』(孔子家語)에 "공자가 궐리에서 처음으로 학문을 가르쳤다"고 했고, 『한서』권67, 매복전(梅福傳)에 "중니(仲尼)의 묘(廟)는 궐리를 벗어나지 않았다"고 했는데, 안사고(顔師古)는 주(註)에서 "궐리는 공자의 옛 마을이다"라고 했다.
152) 공리 부근에 있는 이들 강 가운데 수수와 사수를 따서 유학을 일컫기도 한다. 말하자면, 유가에서 유학을 수사지학이라 한다.
153) 태안주(泰安州) 북쪽 5리 되는 곳에 있다. 즉 동악(東嶽)으로 대종(岱宗)이다. 순임금이 동쪽으로 순수할 때 이곳에 이르렀다. 『대명일통지』권22, 산동포정사. 봉선 의식을 드리는 곳이다.

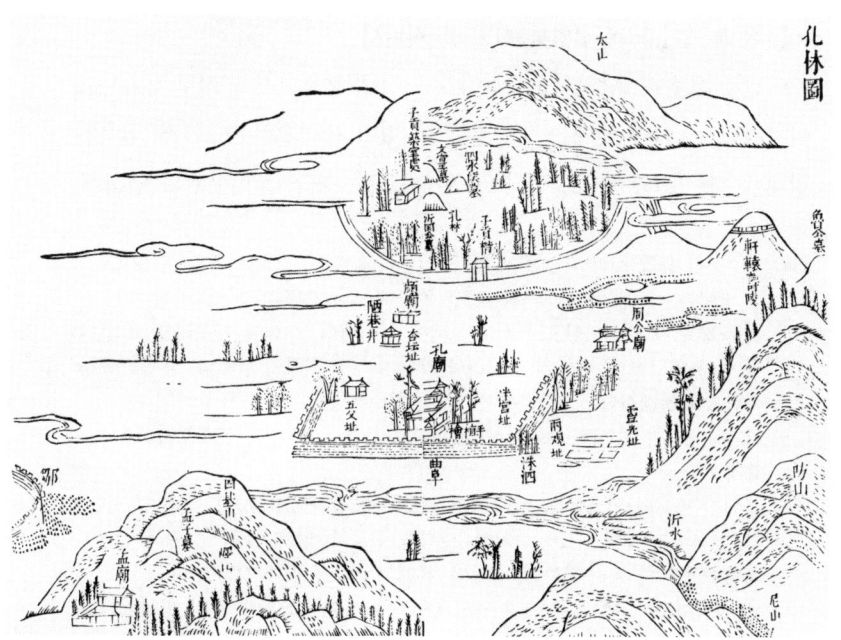

공림도. 공묘(孔廟)가 있는 곳이다(『삼재도회』).

여기서 육로를 따라가면 연주와 곡부현(曲阜縣)[154]을 지나 이구(尼丘)로 갈 수 있고, 수수와 사수의 강을 건널 수 있으며, 공리도 볼 수 있고 태산도 가까이에서 바라볼 수 있다.

옥황묘(玉皇廟)[155]를 지나 남양갑(南陽閘)[156]에서 머물렀다.

【3월 초8일】 노교역(魯橋驛)[157]을 지나다.

이날은 흐렸다. 남양갑으로부터 조림갑(棗林閘)[158]을 지나 노교역에 이르렀다. 노교역 앞에는 노교갑[159]이 있어 동쪽으로는 제(齊, 산동성 일대)[160]와 노(魯)[161]로 통하고, 서쪽으로는 거야(鉅野)[162]와 연하며,

---

154) 연주부성 동쪽 40리 되는 곳에 있다. 신농씨(神農氏) 소호(少昊)가 도읍으로 옮긴 땅이다. 주 무왕이 주공 단(旦)을 봉하여 노국(魯國)이 되었다. 진대에는 설군(薛郡), 한대에는 현으로 하고 노국을 설치했다. 수대에 곡부라고 고쳤는데 성 안의 언덕이 굴곡진 것이 수리나 되어 이러한 이름이 붙었다. 금대 이후 곡부현으로 정해졌다. 『대명일통지』 권23, 연주부.

155) 각 부·주·현에 세웠는데 건치(建置)가 일정치 않다. 만력『연주부지』 권24, 사묘지.

156) 조하갑(漕河閘)의 하나로 북쪽으로 제녕주 조림갑(棗林閘)이 12리 떨어져 있다. 만력『연주부지』 권19, 하거지; 만력『연주부지』 권20, 조하.

157) 제녕주 동남쪽 60리 되는 곳에 있다. 본래는 연주부 경계 지역에 사하와 노교역을 설치했으나, 명 세종 가정 45년(1566)에 하교역(河橋驛)으로 병합했다. 가정『산동통지』 권15, 공서; 만력『연주부지』 권18, 역전지.

158) 남양의 북쪽 12리 되는 곳에 있다. 원 철종 원우 5년(1090)에 건설했다. 갑관 1명, 인부 30명, 유부(溜夫) 150명으로 편성했다. 만력『연주부지』 권19, 하거지; 가정『산동통지』 권13, 조하 및 권14, 교량.

159) 조림갑에서 북쪽 6리 되는 곳에 있다. 만력『연주부지』 권19, 하거지.

160) 현재의 산동성 청주부(青州府) 서쪽부터 제남(濟南)과 동창부(東昌府) 사이, 북으로는 하간부 경주(景州)와 창주(滄州), 동남으로는 바다에 연한 지역을 가리킨다. 『독사방여기요』 권1, 역대주역형세.

161) 현재의 산동성 연주부(兗州府) 이동의 지역으로 남쪽으로는 강남의 비주와 사주를 경계로 한다. 『독사방여기요』 권1, 역대주역형세.

162) 연주부성 서북쪽 100리 되는 곳에 있다. 「우공」에 대야호(大野湖)의 둑을 쌓았다고 하는 것이 바로 이곳이다. 주대에는 노(魯)에 속했고, 한대에 거야현을 설치하고 산양군(山陽郡)에 예속시켰다. 원 초에 제녕로의 치소였으나, 후에 노의 치소는 임성현(任城縣)이 되었고 거야현을 예속시켰다. 명조도 이에 따랐다. 『대명일통지』 권23, 연주부.

남쪽으로는 회(淮)¹⁶³⁾와 초(楚)¹⁶⁴⁾로 뻗었고, 북쪽으로 경사(북경)에 다다르니 사방으로 통하는 길이다. 노교갑의 서쪽에 흑연지(黑硯池)가 있는데 못의 물이 검었다.

성이 유(劉)인 태감¹⁶⁵⁾이 왕을 봉하고 북경으로 돌아가는 길이었다. 정기(旌旗, 깃발)와 갑옷과 투구의 성대함과 종과 북, 그리고 관현악기의 소리가 강하(江河)를 뒤흔들었다. 노교갑에 이르러 유 태감이 총으로 뱃사람을 함부로 쏘아대는 등 난폭하게 행동했다.

진훤이 말했다.

"이 배의 내관(內官)¹⁶⁶⁾도 저들같이 비뚤어져 있습니다."

부영이 나에게 물었다.

"그대 나라에도 이와 같은 태감이 있소?"

"우리 나라의 내관¹⁶⁷⁾들은 다만 궁중의 청소와 왕명을 전달하는 일을 담당할 뿐 공적인 일은 맡지 않습니다."

부영이 말했다.

"태상황제(명 헌종)¹⁶⁸⁾가 형여인(刑餘人, 환관)¹⁶⁹⁾을 신임했기 때문에, 환관이 중요한 권한을 가지고 근시(近侍)가 되니 문무관 모두 그에

---

163) 고대에는 회이(淮夷)라는 지역이 강남의 서주와 비주 등지를 가리켰다. 『독사방여기요』 권1, 역대주역형세.
164) 지금의 호광 형주부(荊州府) 이북으로부터 하남 유주(裕州)와 신양주(信陽州) 경계에 이르는 지역이다. 『독사방여기요』 권1, 역대주역형세.
165) 2월 18일 주 515) 참조.
166) 명대에는 내관(內官)과 내사(內使)가 있는데 내관은 관직을 가지고 있는 환관, 내사는 관직이 없는 환관 또는 왕부(王府)의 환관을 일컫는다.
167) 조정의 감선(監膳)·전령(傳令)·수문(守門)·소제(掃除)의 임무를 담당했다. 『경국대전』 권1, 이전 내시부.
168) 휘(諱)는 견심(見深)으로 영종 정통제의 장자, 모는 귀비 주씨로 처음 이름은 견준(見濬)이었다. 정통제가 몽골족인 오이라트족에게 포로가 되자 황태후가 황태자로 삼았으나 경종 경태 3년(1452)에 기왕(沂王)으로 폐해졌다. 영종 천순 원년(1457)에 재차 황태자가 되었고, 이름을 견심이라고 고쳤다. 영종 천순 8년 천순제가 죽자 황제 위에 올라 23년 동안 통치했다. 『명사』 권13~14, 헌종본기.

게 아첨하며 추종한다오."¹⁷⁰⁾

진훤이 말했다.

"의술과 도교, 그리고 불교 중 당신 나라에서는 어떤 것을 중히 여깁니까?"

"우리 나라는 유술(儒術)이 중요하고 의술이 그 다음이고, 불교는 있어도 좋아하지 않으며 도교는 없다."

진훤이 말했다.

"성화황제(명 헌종)는 도와 불 두 가지 법을 가장 중요시했는데¹⁷¹⁾ 지금 신황제(명 효종)는 그것을 일절 금지시켰습니다."¹⁷²⁾

내가 물었다.

"당신 나라는 지금 대명(大明) 시대인데, 모두들 대당(大唐)이라고 일컫는 것은 어찌된 이유입니까?"

부영이 대답했다.

---

169) 환관을 가리킨다. 『한서』 권77에 '이형여위주소(以刑餘爲周召)'라는 기록이 보인다. 안사고는 엄인(奄人, 환관)들이 권력이 있는 지위를 담당하게 된 것을 말하며, 주는 주공 단(旦)이고, 소는 소공 석(奭)을 말한다'고 주석을 달았다. 『한서』 권77, 개관요전(蓋寬饒傳).

170) 명 헌종 성화 연간에 서창(西廠)을 장악하여 권세를 부린 환관 왕직(汪直)은 정통조의 왕진(王振), 무종조(武宗朝)의 유근(劉瑾)과 버금가는 인물로 손꼽힌다. 성화 13년(1477)에 서창(西廠)을 세워 기존의 동창(東廠)과 함께 특무정치를 강화했으나 법외의 형벌이 자행된다는 대학사 상로(商輅)의 건의에 의하여 그 해에 일시 폐지되었다가, 곧 대어사 대진(戴縉)과 왕억(王億)이 서창의 설치가 필요하다는 주장에 따라 다시 설치되었으며, 세종 가정 18년(1539) 아주 폐지될 때까지 사대부로서 감히 왕직에 대항하려는 자가 없었다. 조영록, 『중국근세정치사연구』, 지식산업사, 1988.

171) 명 헌종 성화제는 대단히 방기(方技)를 좋아하고 도사 이자성(李孜省)과 승려 계효(繼曉)를 필두로 다수의 승려와 도사를 우대하고 환관이 제멋대로 관직을 제수하는 전봉관(傳奉官)이 배출되었다. 조익(趙翼), 『이십이사차기』(二十二史箚記) 권34, 성화가정중방기수관지람(成化嘉靖中方技授官之濫).

172) 명 효종 홍치제는 정액 이외의 승려에게 승려자격증인 도첩(度牒)의 지급 금지, 사사로이 사찰이나 도관을 창건하는 것을 단속했다. 홍치제의 불교정책에 대해서는 間野潛龍, 『明代文化史研究』, 同朋舍, 1979; 서인범, 「명 중기의 매첩제 연구」, 『동양사학연구』 85, 2003 참조.

"당 시대부터 전해 내려온 까닭에 습관이 되어버렸소."

"우리가 이 나라에 도착했을 때, 당신 나라 사람들이 모두 우리를 가리켜 '대대적오야기'(大大的烏也機)[173]라 했는데, 이는 무슨 말입니까?"

"이는 일본인이 우리 쪽의 대인을 호칭하는 것이오. 이 지방 사람들이 그대들이 일본에서 왔을 것이라고 생각해 이렇게 말했을 것이오."

우리는 노교갑에서 출발하여 통리왕묘(通利王廟)[174]와 노진교(魯津橋)를 지나 옥루교(玉樓橋)에 도착했다. 동로(東魯)[175]의 모든 물이 이곳에서 모여 흘렀다. 또 사가장갑(師家莊閘)[176]·하상포(下上鋪)·중가포(仲家鋪)·중가천갑[177]을 지나 신갑[178]에 이르렀다.

부영이 나에게 말했다.

"이 갑은 바로 도수감승(都水監丞)[179] 야선불화(也先不華)[180]가 세

---

173) 오야기(烏也機)는 일본말을 한자로 표현한 것인데 우두머리라는 뜻이다. 오야기(烏也機)는 중국 음으로 '우예지'로 일본어 '오야지', 즉 우두머리라는 뜻으로 사용한 것이다. 당시 일본의 아시카가(足利) 정권은 명나라에 대한 조공 무역을 10년에 1회씩 행했다. 1404년부터 시작된 조공은 반드시 정기적으로 행하여지지는 않았으나 16세기 중엽까지 계속되었다. 그들의 감합(勘合) 무역선이 지정된 절강 영파항(寧波港)에 도착하면 조공사신은 최부가 통과했던 운하를 따라 북경으로 내왕했기 때문에 운하의 종사자들은 오야지와 같은 간단한 일본어는 알고 있었을 것이다.
174) 관도현(館陶縣) 서남쪽 2리 되는 곳에 있으며 수신을 제사 지낸다. 사조제, 『북하기』(北河紀) 권8, 하령기(河靈紀).
175) 노는 산동 연주부 동남으로부터 강남의 비주(邳州)와 사주(泗州)의 경계에 이르는 지역이다. 『독사방여기요』 권1, 역대주역형세.
176) 사가장갑(師家莊閘)이 아니라 사가장갑(師家庄閘)이다. 제남부 남쪽 50리 되는 곳에 있다. 원 성종 대덕 2년(1298)에 세웠다. 가정 『산동통지』 권14, 교량.
177) 사가장갑에서 북쪽으로 6리 되는 곳에 있다. 명 선종 선덕 5년(1430)에 세웠다. 만력 『연주부지』 권19, 하거지; 만력 『연주부지』 권20, 조하.
178) 중가천갑에서 북쪽으로 5리 되는 곳에 있다. 원 순제 지정 원년(1341)에 세웠다. 만력 『연주부지』 권19, 하거지; 가정 『산동통지』 권20, 조하.
179) 도수감(都水監)은 하거(河渠)·제방·수리·교량을 담당한다. 도수감은 종3품으로 2명, 소감(少監)은 종5품으로 1명, 감승(監丞)은 정6품으로 2명이었다. 『원사』 권90, 백관지 6.

운 것이오. 회통하(會通河)¹⁸¹⁾가 여기에 이르러 모래가 물에 밀려오고 수세가 흩어져 배를 띄울 수 없어서 앞뒤에 빗장[牐]¹⁸²⁾을 설치했소. 신점(新店)¹⁸³⁾에서 사씨장(師氏莊)¹⁸⁴⁾까지 오히려 물이 얕아 매번 조선(漕船)이 이곳을 지날 때면 위아래 모두 힘을 다해 노력하면서 종일 큰 소리를 치는데도 한 치(약 3.11센티미터)를 나가면 한 자(약 31.1센티미터)를 물러나니 어쩔 수 없이 수레를 이용해서 육지로 운반했소.¹⁸⁵⁾ 그러나 이렇게 새 빗장을 세운 이후에는 배의 운항이 편안하고 순조롭게 되었소."

빗장의 동쪽에는 하신사(河神祠)¹⁸⁶⁾가 있고 서쪽에는 공서(公署)¹⁸⁷⁾가 있다. 공서의 남쪽에는 하관대(遐觀臺)가 있다. 대 위에 정자를 지어

---

180) 야선불화(也先不華)가 아니라 야선불화(也先不花)다. 몽골 겁렬씨(怯烈氏)다. 시호는 문정(文貞), 항양왕(恒陽王)에 추증되었다. 유종(裕宗)을 연왕(燕王)으로 봉하였을 때 태조가 야선불화에게 보좌하도록 했다. 성종 대덕 2년(1298)에 호광행성평장(湖廣行省平章)에 임명되었다. 대덕 8년에는 하남행성으로 옮겨졌고, 황하가 범람하려고 하자 유사와 병사를 독려하고 대비하여 개봉에는 위험이 닥치지 않았다. 『원사』 권134, 야선불화열전.
181) 제녕주(濟寧州) 남쪽에 있다. 원대에 만들었고 조운을 할 수 있게 했다. 제녕 분수갑으로부터 동창부 임청갑에 이르기까지 400여 리다. 오래 지나지 않아 막혔다. 명 성조 영락 9년(1411)에 대신을 파견하여 민부(民夫)를 거느리고 뚫었다. 『대명일통지』 권23, 연주부.
182) 회통하는 어대현(魚臺縣)으로부터 임청에 이르러 광수(洸水)・문수(汶水)・사수(泗水)・기수(沂水)가 흘러들어온다. 천(泉)은 170여 곳으로 이 네 개의 하천으로 모였다가 나뉘어 조거(漕渠)로 들어간다. 수부랑(水部郎) 1명을 두어 담당하게 했고, 삽(牐) 30여 곳이 있었는데 수진리(守津吏)를 두어 개폐를 담당하게 했다. 만력 『연주부지』 권13, 조하.
183) 북쪽으로 18리 되는 곳에 석불갑(石佛閘)이 있다. 원 성종 대덕 원년(1297)에 세웠다. 만력 『연주부지』 권20, 조하.
184) 사씨장(師氏莊)은 사가장(師家庄)을 가리키는 듯하다.
185) 원 세조 지원 26년(1289)에 회통하를 뚫었다. 처음에는 개하(開河)로부터 안산(安山)에 이르기까지는 육운이었고 산동 임청에서부터 차례차례 전달하여 운반했는데 대단히 고되었다. 만력 『연주부지』 권20, 조하.
186) 조하신사(漕河神祠)를 가리킨다. 제녕주성 남쪽 천정갑(天井閘) 위에 있다. 언제 세웠는지 알 수 없다. 유사가 봄과 가을에 제사를 지낸다. 만력 『연주부지』 권24, 사묘지.

동쪽으로 추역산(鄒嶧山)[188]을 마주했는데 편액에 '첨추'(瞻鄒)라 했다. 우리는 그 빗장을 지나 밤에 신점갑(新店閘)을 지나갔다.

【3월 초9일】 제녕주(濟寧州)[189]에 도착하다.

이날은 맑았다. 날이 새려고 할 때 갑을 지나니 곧 석불갑(石佛閘)[190] 이었다. 조촌갑(趙村閘)[191]을 지나 남성역(南城驛)[192]에 이르러 잠시 배를 정박했다가 길을 떠났다. 다시 진무묘(眞武廟)[193]를 지나서 하신갑(下新閘)[194]에 도착했는데, 갑은 월하구(月河口)[195]로부터 서쪽 800 여 척 떨어진 곳에 위치하고 있다. 월하[196]의 동쪽은 천정갑(天井閘)[197]

---

187) 주치(州治)는 옛 부치(府治)다. 명 태조 홍무 10년(1377) 처음으로 주가 되었다. 만력『연주부지』권2, 건치지.
188) 역산(嶧山)이라고도 한다. 추현(鄒縣) 동남쪽 25리 되는 곳에 있다. 진시황이 돌에 공적을 새겨넣고 이 산에 올랐다. 지금 돌로 새겨넣은 곳을 서문(書門) 이라고 하며, 송나라 때 이 산을 영암후(靈岩侯)로 봉했다. 『대명일통지』권23, 연주부; 만력『연주부지』권18, 산천.
189) 연주부성 서쪽 60리 되는 곳에 있다. 옛 서주의 땅이다. 춘추시대에는 노에, 전국시대에는 송에 속했다. 진대(秦代)에는 탕군(碭郡)에, 한대에는 산양군에 속했다. 원 초에 제주의 치소를 가야(鉅野)에 두었는데 후에 승격시켜 제녕로를 두었다. 명 태조 홍무 원년 노(路)를 부로 고쳤고, 홍무 18년(1385)에 부를 주로 하면서 연주부에 예속시켰다. 『대명일통지』권23, 연주부.
190) 원문에는 석복갑(石福閘)이라 되어 있으나 석불갑(石佛閘)이 맞다. 북쪽으로 7리 되는 곳에 조촌갑(趙村閘)이 있다. 원 인종 연우 6년(1319)에 건설했다. 만력『연주부지』권20, 조하.
191) 서북쪽 6리 되는 곳에 재성갑(在城閘)이 있다. 원 진종 태정 4년(1327)에 설치했다. 만력『연주부지』권20, 조하.
192) 원래의 명칭은 남성수역(南城水驛)이다. 성 남문 밖에 있다. 명 태조 홍무 5년(1372)에 지부 가암(賈巖)이 세웠다. 만력『연주부지』권27, 역전.
193) 경사에서 제사지내는 9묘가 있는데, 그중의 하나인 진무묘는 명 성조 영락 13년(1415)에 세워 북극우성진군(北極佑聖眞君)을 제사지낸다. 무종 정덕 2년(1507)에 영명현우궁(靈明顯佑宮)으로 고쳤다. 『명사』권50, 예지 4.
194) 재성갑 아래 월하구(月河口)에 있는데, 명 영종 천순 3년(1459)에 세웠다. 만력『연주부지』권20, 조하.
195) 월하구(越河口)가 아니라 월하구(月河口)다. 월하갑에 상신갑 · 중신갑 · 하신갑이 있으며 명 영종 천순 원년(1457) 공부주사 손인(孫仁)이 세웠다. 만력『연주부지』권19, 하거지.

과 가깝고, 북쪽은 회통하와 마주보고 있어 두 강물은 종횡으로 열십자를 이루고 있었다. 갑으로부터 월하는 서쪽으로 가기도 하고, 또는 역류하기도 하여 배를 끄는 데 매우 힘이 든다. 이에 갑을 양쪽 어구 사이에 설치하여 물이 차고 줄어드는 때에 따라 이를 닫고 열고 했다. 갑의 서북쪽 20리 정도에 획린퇴(獲麟堆)[198]가 있으니, 노나라 애공이 서쪽으로 사냥 가서 기린을 잡았다는 곳[199]으로 지금의 가상현(嘉祥縣)[200] 지방이다. 그 갑을 지나 제녕주성에 이르니, 동북쪽의 사하(泗河)[201]는 곡부현 방향에서, 광하(洸河)[202]는 조래산(徂徠山)[203] 방향에서 흘러와 노성(魯城)[204] 동쪽에서 합해지고[205] 조하(漕河)로 들어가 회수에

---

196) 제녕주 남쪽에 있으며 회통하의 지류다. 회통하와 합류하며 상인들이 반드시 이곳으로부터 나아간다. 『독사방여기요』 권33, 산동 4.
197) 제녕주성 남문 밖에 있다. 서쪽 3리 되는 곳에 분수갑이 있다. 원 세조 지원 31년(1294)에 세웠다. 옛 이름은 중갑(中閘)이며, 일명 회원갑(會源閘)이라고도 한다. 명조에 와서 중수하고 지금의 이름으로 고쳤다. 만력『연주부지』 권20, 조하.
198) 『대명일통지』에는 획린대(獲麟臺)라고 표기하고 있다. 거야현 동남쪽 50리 되는 곳에 있다. 서쪽으로 순행할 때 기린을 잡은 곳으로 후세에 이곳에 대를 세웠다. 『대명일통지』 권23, 연주부.
199) 애공(哀公) 14년(기원전 481) 서쪽 지방에서 사냥할 때 기린을 잡았다. 『춘추좌씨전』 애공 하편 14년. 즉 14년 봄에 애공이 노나라 대야(大野)에서 사냥을 했는데 숙손씨(叔孫氏)의 차부(車夫) 서상(鉏商)이 기린을 잡았다.
200) 제녕주성 서쪽 50리 되는 곳에 있다. 본래는 거야의 택지(澤地)다. 세상에 전해오기를 노나라 애공이 사냥할 때 기린을 잡은 곳이다. 당·송대 이래 임성현(任城縣)의 땅이었다. 금 세종 대정(1161~89) 말 처음으로 가상현을 두고 제주에 예속시켰다. 원대에는 단주(單州)에, 명조에는 연주부에 예속시켰다. 『대명일통지』 권23, 연주부.
201) 배미산(陪尾山)에서 발원하며 네 개의 천(泉)이 동시에 발원하여 사수현을 돌아 북쪽 8리 되는 곳에서 처음으로 합해져 하나가 된다. 서쪽으로 흘러 곡부현을 거쳐 연주부성 아래를 관통하여 제녕주에 이른다. 남북으로 갈라져 흐르는데 남쪽으로 흘러 서주로 들어가고, 북쪽으로 흘러 회통하로 들어간다. 『대명일통지』 권23, 연주부.
202) 영양현(寧陽縣) 서쪽 3리 되는 곳에 있다. 문수의 지류다. 남쪽으로 흘러 연주부성의 서북쪽을 거치고 또 서쪽으로 흘러 제녕주에 이르러 회통하로 들어간다. 『대명일통지』 권23, 연주부.
203) 태안주(泰安州) 동남쪽 40리 되는 곳에 있다. 그 위에 자원지(紫源池)가 있다. 『대명일통지』 권22, 제남부.

도달해서 바다로 들어간다.

회수를 넘으면 남경이다. 서북쪽에 거호(鉅湖)가 있어 동쪽으로 갈라져 조하로 들어가고 북쪽으로는 임청(臨淸)[206]에서 갈라져 위하(衛河)[207]를 나와 바다에 도달하니 바다를 지나면 북경이다. 양경(兩京, 북경과 남경) 사이의 거리는 3천여 리가 넘는다. 물은 모두 제녕에서 갈라지는데 성의 동쪽에는 광하, 서쪽에는 제하(濟河)[208]가 있어 두 하가 성을 둘러싸고 흘러, 성의 남쪽에서 합쳐져 흐른다. 두 하의 가운데에 토부(土阜, 토산)가 있다. 토산은 동북쪽에서 시작되어 천여 리나 길게 이어진다. 토산 위쪽에는 관란정(觀瀾亭)[209]이 있는데 손번(孫蕃)이 세운 것이다. 정자 아래를 경유하여 통진교(通津橋)[210]에 이르렀는데, 다리는 성 남문으로 가는 길목에 해당된다. 다리 남쪽에는 영원홍제왕묘(靈源弘濟王廟)[211]가 있다. 묘의 서북쪽 강 언덕에서 유숙했다.

---

204) 곡부현 서쪽 2리 되는 곳에 있다. 신농씨(神農氏)가 진(陳)으로부터 노(魯)로 옮겨 살았다. 제왕세기(帝王世紀)에 '황제(黃帝)가 수구(壽丘)에서 태어났는데 노의 동문(東門) 북쪽에 있다. 춘추시대에 이르러 노국이 그 성에 도읍했고 문이 12개였다'고 되어 있다. 『대명일통지』 권23, 연주부.
205) 노성은 곡부현의 별칭인데 만력『연주부지』의 지도를 확인하면 곡부현의 서쪽으로 사하와 광하(洸河)가 흐르는 것을 확인할 수 있다. 아마도 최부가 제녕주성의 동쪽을 곡부현의 동쪽으로 혼동한 듯하다.
206) 동창부성(東昌府城) 서북쪽 120리 되는 곳에 있다. 본래는 한대 청연현(淸淵縣)의 땅으로 위군(魏郡)에 속했다. 후위 태화 연간(227~232)에 현 서쪽 40리 되는 곳에 임청현을 두고 위주(魏州)에 예속시켰다. 명 태조 홍무 2년(1369)에 치소를 현 북쪽 8리 되는 임청갑(臨淸閘)으로 옮겼다. 경종 경태(1450~57) 초에 현 동북쪽 3리 되는 곳에 성을 쌓고 치소를 옮겼다. 『대명일통지』 권24, 동창부.
207) 3월 초5일 주 102) 참조.
208) 문상현(汶上縣) 북쪽에 있다. 일명 대청하(大淸河)라고도 한다. 「우공」에 '동쪽으로 나가 도구(陶丘) 북쪽으로 흐르게 했으며, 다시 동으로 흘러 가택(菏澤)에 이르도록 했다. 또 동북쪽으로 흘러 문수와 합치게 했고, 다시 동북쪽으로 흘러 바다로 흘러가도록 했다'고 되어 있다. 『대명일통지』 권23, 연주부.
209) 제남부 박돌천(趵突泉) 위에 있다. 『산동통지』 권9, 고적지.
210) 서문 밖에 있다. 만력『연주부지』 권18, 산천.

【3월 초10일】개하역(開河驛)²¹²⁾에 도착하다.

이날은 맑고 큰 바람이 불었다. 새벽에 제녕성을 출발하여 서쪽으로 분수갑(分水閘)²¹³⁾을 지나 남왕호(南旺湖)²¹⁴⁾에 이르렀다. 호수는 물이 가득하고 끝이 보이지 않을 정도로 넓었으며 다만 서쪽으로 멀리 산이 보일 뿐이었다. 동쪽에는 푸른 풀이 무성한 습지가 있었는데,「우공」에 '대야호(大野湖)에 둑을 쌓다'²¹⁵⁾라고 한 곳으로, 지금은 파묻혀버렸다. 호수 가운데 돌로 긴 제방을 쌓았는데, 이름을 관언(官堰)²¹⁶⁾이라 했다. 우리는 제방가를 따라 순풍을 타고 북쪽으로 갔다. 마장파포(馬長坡鋪)·안민포(安民鋪)²¹⁷⁾·뇌정포(牢正鋪)²¹⁸⁾·조정포(曹井

---

211) 용신묘(龍神廟)라고도 하는데, 운하 북안에 있다. 옛적에는 남문 밖에 있었다. 명 태조 홍무 2년(1369)에 동지 유대흔(劉大昕)이 세웠다. 명『노보기략』(盧輔記略)에 '제성(濟城)의 남쪽 광수와 사수가 합류하는 곳에 있는데, 원 세조 지원 29년(1292)에 그 시호(諡號)를 받들어 영원홍제왕(靈源弘濟王)이라고 했다'고 한다.『제녕직예주지』(濟寧直隸州志, 新修地方志叢刊) 권5, 질사지(秩祀志).
212) 개하수역(開河水驛)이다. 문상현 서남쪽 30리 되는 곳에 있다. 명 성조 영락 연간에 개통하면서 하도(河道)를 건립했다. 만력『연주부지』권27, 역전.
213) 제녕주 치소로부터 서쪽으로 3리 되는 곳에 있다. 서북쪽 150리 되는 곳에 문상현 개하갑이 있다. 원 성종 대덕 5년(1301)에 세웠다. 옛 이름은 상갑(上閘)으로 명조가 중수할 때 지금의 이름으로 고쳤다. 만력『연주부지』권20, 조하.
214) 문상현(汶上縣) 서남쪽 30리 되는 곳에 있다. 호의 넓이는 수십 리며 매년 호수의 물을 끌어들여 회통하로 들어가 그 물길의 얕음을 조절한다.『대명일통지』권23, 연주부.
215) 대야호의 둑을 쌓자 동원(東原) 땅이 평탄하게 되었다.『상서』하서 우공.
216) 남왕호 가운데 2곳의 긴 제(堤)를 쌓았다. 조거(漕渠)가 그 가운데를 지나가고 있다. 서쪽 제는 두문(斗門)이 있고 그 위에 다리가 있어 배를 끌고 당기는 데 편리하다. 그 밖으로 물을 가두었는데 이를 수궤(水櫃)라고 했다. 명 헌종 성화 4년(1468)에 첨사 진선(陳善)이 옛 토제(土堤)가 붕괴되기 쉬워 처음으로 돌을 사용하여 계단을 수리했다. 서쪽 제는 흙을 쌓아 축조했다. 동쪽 제는 매년 호수의 물을 끌어들여 두문으로부터 회통하로 물을 흘러가게 하고 있다. 만력『연주부지』권20, 조하.
217) 안민포(安民鋪)가 아니라 안거포(安居鋪)가 아닐까? 만력『연주부지』권19, 하거지.
218) 뇌정포(牢正鋪)가 아니라 내뢰파포(耐牢坡鋪)가 아닐까? 만력『연주부지』권19, 하거지.

鋪)²¹⁹⁾ 등을 지나 거야현(鉅野縣) 지방에 이르렀다. 화두만포(火頭灣鋪)·백취아포(白嘴兒鋪)·황사만포(黃沙灣鋪)·소장구포(小長溝鋪)²²⁰⁾ 등과 대장만집(大長滿集)을 지나 가상현(嘉祥縣) 지방에 이르렀다. 대장구포(大長溝鋪)·십자하포(十字河鋪)·사전포(寺前鋪)·손촌포(孫村鋪)²²¹⁾ 등을 지나서 문상현(汶上縣)²²²⁾ 지방에 이르렀다. 계수포(界首鋪)·노파갑(老坡閘)을 지나 분수용왕묘(分水龍王廟)²²³⁾에 이르렀는데, 큰 강이 동북쪽에서 흘러와서 묘 앞에 이르러 남북 두 갈래로 나뉘었다. 남쪽 갈래는 내가 이미 지나왔던 곳이며, 북쪽 갈래는 내가 앞으로 갈 곳으로 역류해서 올라간다. 묘는 두 강이 나뉜 곳에 있어 '분수'라고 이름했다. 동북쪽에서 흘러오는 큰 강을 물으니 사람들이 "제하²²⁴⁾의 근원입니다"라고 했으나 실상은 자세히 알지 못했다. 양왕과 그 무리가 사당 안에 들어가서 향을 피우고 신에게 예로써 제사를 지내면서 내게도 절을 하라고 했다.

내가 말했다.

"산천에 제사하는 것은 제후(諸侯)의 일이고, 사(士)와 서인(庶人)은 다만 조상에게 제사할 뿐이다.²²⁵⁾ 조금이라도 그 분수를 넘으면 예가 아니다. 예가 아닌 제사는 사람이 아첨하는 것이므로, 신도 이를 받아들이지 않는다.²²⁶⁾ 나는 우리 나라에 있을 때도 감히 산천의 신에게 절

---

219) 조정포(曹井鋪)가 아니라 조정교포(曹井橋鋪)가 아닐까? 만력『연주부지』권19, 하거지.
220) 대설호(大薛湖)에 설치된 포(鋪)들을 가리킨다. 만력『연주부지』권19, 하거지.
221) 손촌포(孫村鋪)가 아니라 손가포(孫家鋪)가 아닐까?『연주부지』권19, 하거지.
222) 동평주(東平州) 동남쪽 60리 되는 곳에 있다. 옛 궐국(厥國)으로 춘추시대는 노나라 중도(中都)의 땅이었다. 한대는 동평륙현(東平陸縣)을 두고 동군(東郡)에 예속시켰다. 금대에 문양현(汶陽縣)을 문상현으로 고치고 동평주에 예속시켰다. 명조도 이에 따랐다.『대명일통지』권23, 연주부.
223) 문상현 서남쪽 30리 운하 상에 있다. 문수가 서쪽으로 흘러들어가 이곳에서 갈라진다. 명 영종 천순 2년(1458)에 주사 손인(孫仁)이 중수했다. 만력『연주부지』권30, 군사(群祠).
224) 3월 초9일 주 208) 참조.
225) 윤1월 14일 주 110) 참조.

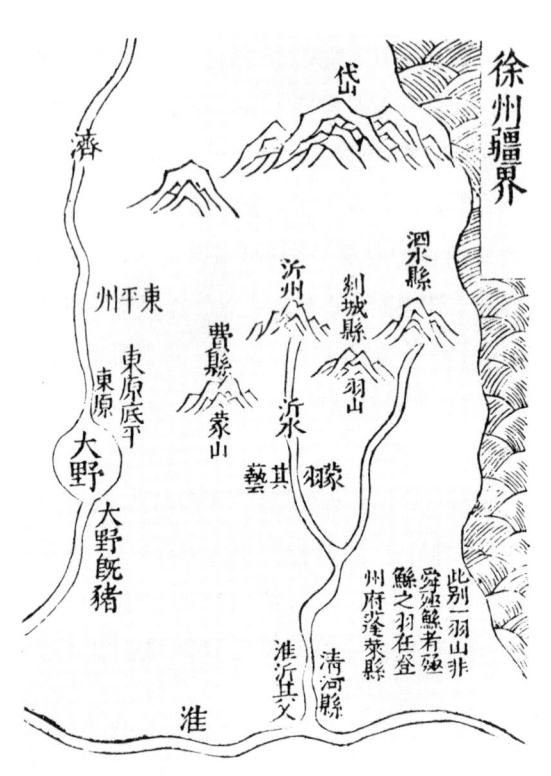

『상서』「우공」에 보이는 대야와 동원지역(『삼재도회』).

하지 않았는데, 하물며 다른 나라 사당에 절할 수 있겠는가?"

진훤이 말했다.

"이 사당은 용왕사(龍王祠)로 영험이 있기 때문에, 이곳을 지나는 자는 모두 정성을 다해 공손히 절하며 제사드린 후에 갔습니다. 그렇지 않으면 반드시 풍파의 위험을 만날 것입니다."

"바다를 경험한 사람에게 강 정도야 대수롭지 않다.[227] 나는 이미 수만 리 큰 바다의 사나운 파도의 위태로움을 경험했다. 이 같은 중국 내륙에 있는 강하의 물은 두려워할 것이 없다."

말을 마치기도 전에 진훤이 양왕에게 고했다.

"이 사람에게 절을 시킬 수 없고, 또 그 의지를 굽힐 수도 없습니다
……."

감성포(闞城鋪)를 지나 개하역에 이르니 이미 3경이었다. 이른바 관언도 감성포에 이르러 끊어졌다. 관언 안에는 갑이 있었는데, 서로의 거리가 8, 9리, 또는 10리가 되었고 무릇 14개가 있다. 관언의 길이 역시 백여 리가 넘었다.

【3월 11일】 날씨가 맑았다.

개하진포(開河鎭鋪)·유가구포(劉家口鋪)·표가구포(表家口鋪)[228]·개거두포(開渠頭鋪)·산진포(山津鋪)·장팔구포(張八口

---

[226] 선왕의 신과 교제함에 예로 제사를 지내고 유(類)를 구하며 그때 바치는 생폐(牲幣)·기복(器服)·성음(聲音)·안색(顏色)은 그 유(類)가 아니면 안 되고, 만약 그 유(類)가 아니면 이를 비례(非禮)라 한다. 예가 아닌 제사는 귀신도 받아들이지 않는다. 『오례통고』(五禮通考) 권14, 환구사천(圜丘祀天).

[227] 관우해자난위수(觀于海者難爲水). 맹자가 말씀하셨다. '공자께서는 동산(東山)에 올라가 보시고 노나라 작은 것을 깨달으셨으며, 태산에 올라가 보시고 천하가 작은 것을 깨달으셨다. 그러므로 바다를 본 사람에게는 다른 물은 물이 되기 어렵고, 성인(聖人)의 문안에 있던 사람에게는 다른 여러 말들이 올바른 말로 인정되기 어렵다.' 『맹자』 진심장구 상편.

[228] 표가구포(表家口鋪)가 아니라 원가구포(袁家口鋪)가 아닐까? 만력 『연주부지』 권20, 조하.

鋪)²²⁹⁾·보가구포(步家口鋪) 등을 지나 동평주(東平州)²³⁰⁾ 지방에 이르렀다. 동평주는「우공」의 '동원(東原)이 평탄하게 되었다'²³¹⁾라는 것으로 모래흙이 물에 밀려 떠내려가 습기가 많은 땅이었다. 또 근가구포(靳家口鋪)·율가장포(栗家莊鋪)²³²⁾·이가구포(李家口鋪)·유가장포(劉家莊鋪)·왕충구포(王忠口鋪)·풍가장포(馮家莊鋪)·장장구포(長張口鋪) 등을 지나 안산갑(安山閘)²³³⁾에 이르렀다. 언덕에 올라 사방을 바라보니 산이 서북쪽 사이로 길게 이어져 끊이지 않았다. 이를 물어보니 '양산(梁山)²³⁴⁾ 같기도 하고, 토산(土山)²³⁵⁾ 같기도 하고, 효당산(孝堂山)²³⁶⁾ 같기도 하다'고 했다. 이 산을 '효당(孝堂)이다'라고도 했는데, 곽거(郭巨)²³⁷⁾가 아들을 묻다가 금을 얻은 산이었다. 밤에 안산역²³⁸⁾에 이르렀다.

---

229) 장팔수포(張八口鋪)가 아니라 장팔노구포(張八老口鋪)다. 만력『연주부지』권20, 조하.
230) 연주부성 서북쪽 150리 되는 곳에 있다. 춘추시대는 수구국(須句國)이었고, 전국시대에는 송에 속했다. 진대에는 탕군(碭郡)에 속했고, 설군(薛郡)의 땅이었다. 한대는 동평국으로「우공」의 동원(東原)이 평탄해졌다는 의미를 가지고 있다. 후위 때 동평군이었다. 명 태조 홍무 초는 동평부로 했으나, 홍무 8년(1375)에 주로 항격시켜 제녕부에 속하게 했고, 홍무 18년 연주부에 예속시켰다. 『대명일통지』권23, 연주부.
231) 이곳의 흙은 붉고 찰지고 기름져 초목이 더부룩하게 잘 자랐다.『상서』하서 우공.
232) 율가장포(栗家莊鋪)가 아니라 과가장포(果家莊鋪)가 아닐까? 만력『연주부지』권20, 조하.
233) 안산역 왼쪽에 있다. 남쪽으로 문상현의 개하갑과 접하고 있다. 만력『연주부지』권20, 조하.
234) 수장현(壽張縣) 남쪽 90리 되는 곳에 있다. 한대의 양무왕(梁武王)을 이곳에 장사 지냈다. 도량산(刀梁山)이라고도 한다.『대명일통지』권23, 연주부.
235) 동아현(東阿縣) 남쪽 80리 되는 곳에 있다. 만력『연주부지』권18, 산천.
236) 평음현(平陰縣) 북쪽 50리 되는 비성현(肥城縣) 경계에 있다. 곽거(郭巨)가 어머니를 장례 지낸 곳이다. 만력『연주부지』권18, 산천.
237) 후한 때의 사람으로 집안이 가난한 가운데서도 늙은 어머니를 모시고 살았다. 아들이 1명 있었는데 늙은 어머니가 항상 밥을 덜어 손자에게 주었다. 곽거는 양식을 더 이상 얻을 수 없다고 판단하고 처와 상의하여 자식을 묻기로 했다.

【3월 12일】동창부(東昌府)[239]**에 도착하다.**

이날은 맑았다. 보량창(堡粮倉)·안산보포(安山保鋪)[240]·담가장포(譚家莊鋪)[241]·적수호구포(積水湖口鋪)[242]·소가장포(蘇家莊鋪)·형가장포(邢家莊鋪)·사고퇴포(沙孤堆鋪)와 대가묘포(戴家廟鋪)[243]를 지나 금선갑(金線閘)체운소[244]에 도착했다.

체운소 앞에는 경괴문(經魁門)이 있었으며, 문 오른쪽에 있는 인가에는 조롱(雕籠)을 걸어놓고 새를 기르고 있었다. 그 모습이 비둘기와 비슷했는데 부리는 빨갛고 길었으며 부리의 끝은 약간 노란색을 띠면서 꼬부라져 있고, 꼬리는 길어서 8, 9촌이나 되었다. 눈은 노랗고 등은 푸른색이었으며, 머리와 가슴은 검었다. 새가 사람의 말을 알아듣는데,

---

자식은 또 얻을 수 있지만 효는 두 번 다시 할 수 없다고 판단한 것이다. 처도 이 말에 거역할 수가 없었다. 곽거가 2척 정도의 구덩이를 파자 홀연히 황금 한 가마가 나왔다. 가마 솥 위에 '하늘이 효자 곽거에게 내리는 것으로 관이 이를 빼앗지 못하며 사람들이 이를 취할 수 없다'고 쒸어 있었다. 『태평어람』권411, 효자전.

238) 안산수역(安山水驛)이다. 동평주 서남쪽 15리 되는 곳에 있다. 명 성조 영락 9년(1411) 역승 채종정(蔡宗政)이 세웠다. 성조 13년 동지 유형(劉亨)이 중건했다. 만력『연주부지』권27, 역전.

239) 「우공」의 연주(兗州) 땅이다. 춘추시대에는 제 서비(西鄙) 요섭(聊攝)의 지역이다. 전국시대에는 위(魏)·제(齊)·조(趙) 3국의 경계다. 진한대에는 동군(東郡)의 땅이다. 원 초에 동평로(東平路)에 예속시켰다. 세조 지원(1264~94) 초에 분리하여 박주로(博州路)로 했다. 곧이어 동창로, 명조는 동창부로 고쳤다. 『대명일통지』권24, 동창부.

240) 안산보포(安山保鋪)가 아니라 안산상포(安山上鋪)와 하포(下鋪) 중의 하나가 아닐까? 만력『연주부지』권20, 조하.

241) 담가화포(譚家花鋪)가 아니라 담가장포(譚家莊鋪)가 아닐까? 만력『연주부지』권20, 조하.

242) 적수호구포(積水湖口鋪)가 아니라 적수호포(積水湖鋪)가 아닐까? 만력『연주부지』권20, 조하.

243) 대가묘포(戴家廟鋪)가 아니라 대가묘상포(戴家廟上鋪)가 아닐까? 만력『연주부지』권20, 조하.

244) 금면갑체운소(金綿閘遞運所)가 아니라 금선갑체운소(金線閘遞運所)다. 본래는 대가묘집(戴家廟集)에 세웠다. 동평주 치소로부터 40리 떨어져 있다. 만력『연주부지』권27, 역전.

말소리가 청아하고 둥글림이나 곡절이 분명했다. 사람들이 말을 하면 그 말에 일일이 대답했다.

내가 그 새를 보면서 부영에게 물었다.

"이 새가 말을 할 수 있으니 혹시 앵무(鸚鵡)[245]가 아닙니까?"

"그렇소."

"이 새는 농서(隴西, 감숙성)[246]에서 왔고, 나는 해동인(海東人)입니다. 농서와 해동은 서로 수만 리나 떨어져 있는데, 오늘 이렇게 만나게 되니 우연한 일이 아닌가요. 나와 이 새는 객지 타향에 와 있는 것도 같고, 고국을 그리워하는 마음도 같으며, 행색이 초췌한 것도 마찬가지입니다. 새를 보니 더욱 슬퍼지는 것 같습니다."

"이 새는 새장 속에 오래 갇혀 있다가 끝내는 타향에서 죽고 말 것이오. 그대는 귀국해 임금과 어버이에게 직책을 다할 텐데, 어찌 앵무와 같다 할 수 있겠소?"

앵무새가 뭐라고 말을 하는데 마치 그렇다고 하는 듯했다.

수장현(壽長縣)[247] 지방에 이르러 대가묘포[248] · 유가구포(劉家口

---

245) 앵모조(鸚母鳥) 또는 앵가(鸚哥)라고도 한다. 사천 · 운남 · 양광 지방에 서식한다. 『본초강목』 8편, 금부(禽府).

246) 진대(秦代)에 농서군(隴西郡)을 설치했다. 이 군이 농산(隴山)의 서쪽에 있어 농서(隴西)라고 부른다. 감구성 임조부(臨洮府)와 공창부(鞏昌府) 지역을 가리킨다. 『한서』 권28, 지리지 하편; 『독사방여기요』 권1, 역대주역형세. 당대의 진주(秦州) 청수현(淸水縣) 소농산(小隴山)에서 50리 떨어진 곳에 대진관(大震關)이 있는데 이곳에 앵무새가 많다. 『원화군현도지』 권39, 농우도(隴右道) 상편. 『건염필록』(建炎筆錄)에 의하면, 진봉제점형옥(秦鳳提点刑獄)이었던 곽호(郭浩)가 변방을 순시할 때 농구(隴口)에서 한 마리는 분홍, 한 마리는 흰 색의 앵무새가 나무 위에 있는 것을 발견했다. 농서에서 세공품으로 앵무새를 바쳤으며, 송대 휘종(1101~25)은 이 새를 안비각(安妃閣)에다 두고 시문을 가르쳤다고 한다. 『대명일통지』 권34, 봉상부(鳳翔府).

247) 동평주 서쪽 120리 되는 곳에 있다. 춘추시대에는 양읍(良邑), 한대에는 수량현(秀良縣)으로 동군(東郡)에 속했다. 동한대에 수장현으로 고쳤다. 송대 이후에는 동평부(東平府)에 속했으나, 명 태조 홍무 3년(1370) 수성(須城)과 양곡(陽穀) 두 현에 편입시켰다. 홍무 14년(1381)에 재차 현을 설치하고 동평주에 예속시켰다. 『대명일통지』 권23, 연주부.

鋪)·대양둔포(戴洋屯鋪)²⁴⁹⁾·장가장포(張家莊鋪)·사만포(沙灣鋪)와 감응사(感應祠)²⁵⁰⁾를 지나 동하현(東河縣)²⁵¹⁾ 지방에 이르렀다.

사만천포(沙灣淺鋪)·대하신사(大河神祠)²⁵²⁾·안가구포(安家口鋪)·북부교(北浮橋)·괘검포(掛劍鋪)·통변량(通汴梁)·통제갑(通濟閘)²⁵³⁾·차하(汉河)·사만순검사(沙灣巡檢司)²⁵⁴⁾·양하구(兩河口)·종루각(鍾樓閣)·고루각(鼓樓閣)·운진문(雲津門)을 경유하여 형문역(荊門驛)²⁵⁵⁾에 도착했다. 역승이 나와 부영을 황화당(皇華堂)으로 안내하여 차를 대접했다.

평하수포(平河水鋪)·신첨포(新添鋪)·형문상갑포(荊門上閘鋪)²⁵⁶⁾·형문하갑포(荊門下閘鋪)²⁵⁷⁾를 지나 양곡현(陽穀縣)²⁵⁸⁾ 지방에

---

248) 대가묘하포(戴家廟下鋪)로 생각된다. 만력『연주부지』권20, 조하.
249) 대양포(戴洋鋪)가 아니라 대양둔포(戴洋屯鋪)나 대양구포(戴洋口鋪)로 생각된다. 만력『연주부지』권20, 조하; 만력『연주부지』권19, 하거지.
250) 사만(沙灣)에 있다. 대하(大河)의 신을 제사 지낸다. 명 경종 경태 연간에 조칙으로 세웠다. 조종순정혜통현령광제대하(朝宗順正惠通顯靈廣濟大河)의 신으로 가봉(加封)했다.『북하기』권8, 하령기(河靈紀).
251) 동평주 서북쪽 70리 되는 곳에 있다. 춘추시대는 제의 가읍(柯邑)으로, 한대에 동아현을 설치하고 동군에 예속시켰다. 송대 이후 치소를 신교진(新橋鎭)으로 옮기고 동평부에 예속시켰다. 명 태조 홍무 8년(1375) 옛 치소로 옮겼다.『대명일통지』권23, 연주부.
252) 동아현 서남쪽 70리 되는 사만(沙灣)에 있다. 명 영종 정통 14년(1449)에 조칙에 의해 세웠다. 만력『연주부지』권30, 군사(群祀).
253) 통원갑(通源閘)이다. 광제거(廣濟渠)라고도 하며 장추성(張秋城) 남쪽 운하 서안에 있다. 명 경종 경태 4년(1453)에 도어사 서유정(徐有貞)이 사만이 하(河)를 붕괴시키는 것을 막았다. 광제거의 입구에 갑을 설치하고 통원갑이라고 했다. 만력『연주부지』권20, 조하; 만력『연주부지』권30, 하거지.
254) 명대에 동아현에는 순검사가 설치되었다는 기록을 찾을 수가 없었다. 사만순검사라는 명칭도 보이지 않는다. 만력『대명회전』권139, 병부22 관진(關津) 2; 만력『연주부지』권32, 병방(兵防).
255) 형문수역(荊門水驛)이다. 양곡현(陽穀縣) 동쪽 50리 되는 곳에 있다. 명 홍무 3년(1370)에 지현 유원(劉原)이 세웠다. 성조 영락 13년(1415)에 주부(主簿) 유원량(兪原良)이 중수했다. 만력『연주부지』권27, 역전.
256) 형문상갑 북쪽 3리 되는 곳에 형문하갑이 있다. 원 성종 대덕 6년(1302)에 세웠다. 명 영락 원년(1403)에 수리했다. 만력『연주부지』권20, 조하.

도착했다.

만동포(灣東鋪)²⁵⁹⁾·장가도구포(張家道口鋪)²⁶⁰⁾·칠급상갑(七級上閘)²⁶¹⁾·칠급하갑(七級下閘)²⁶²⁾·주가점갑(周家店閘)²⁶³⁾·아성상갑(阿城上閘)²⁶⁴⁾·아성하갑(阿城下閘)²⁶⁵⁾·이해무갑(李海務閘)²⁶⁶⁾을 지나서 숭무역(崇武驛)²⁶⁷⁾에 도착한 것은 5경쯤이었다.

동창부는 옛 제나라 때의 요섭(聊攝)²⁶⁸⁾으로 성은 역에서 북쪽으로 3, 4리쯤 떨어져 있는 강 언덕에 있었다. 성 안에는 부치·요성현치(聊城縣治)²⁶⁹⁾와 안찰사·포정사·남사(南司)²⁷⁰⁾·평산위(平山衛)²⁷¹⁾·예비창(預備倉)²⁷²⁾·선성묘(宣聖廟)²⁷³⁾·현학(縣學)²⁷⁴⁾ 등

---

257) 북쪽 10리 되는 곳에 아성상갑(阿城上閘)이 있다. 원 성종 대덕 3년(1299)에 세웠다. 명 영락 9년(1411)에 수리했다. 만력『연주부지』권20, 조하.
258) 동평주 서북쪽 140리 되는 곳에 있다. 춘추시대 제나라 땅이다. 희공(僖公) 때 제후(齊侯)·송공(宋公)과 강나라 사람(江人)과 황나라 사람(黃人)이 양곡(陽穀)에서 만났다. 수대에 양곡현을 두고 제주에 예속시켰다. 송대 이후 치소를 상순진(上巡鎭)으로 옮겼는데 명조도 이에 따랐다. 『대명일통지』권23, 연주부.
259) 관역만동안포(館驛灣東岸鋪) 또는 관역만서안포(館驛灣西岸鋪)가 아닐까 한다. 만력『연주부지』권20, 조하.
260) 장가구포(張家口鋪)가 아니라 장가도구포(張家道口鋪)가 아닐까 한다. 만력『연주부지』권20, 조하.
261) 북쪽 3리 되는 곳에 칠급하갑이 있다. 원 성종 원정 원년(1295)에 세웠다. 명 영락 원년(1403)에 중수했다. 만력『연주부지』권20, 조하.
262) 북쪽 12리 되는 곳에 요성현(聊城縣) 주관점갑(周官店閘)이 있다. 원 세종 대덕 원년(1297)에 세웠다. 명 영락 9년(1411)에 중수했다. 만력『연주부지』권20, 조하.
263) 동창부 동남쪽 30리 되는 곳에 있다. 원 성종 대덕 4년(1300)에 세웠다. 가정『산동통지』권14, 교량.
264) 북쪽 3리 되는 곳에 아성하갑이 있다. 원 성종 대덕 2년(1298)에 세웠다. 명 영락 9년(1411)에 중수했다. 만력『연주부지』권20, 조하.
265) 북쪽 12리 되는 곳에 칠급상갑이 있다. 원 성종 대덕 3년(1299)에 세웠다. 명 영락 9년(1411)에 중수했다. 만력『연주부지』권20, 조하.
266) 동창부 남쪽 20리 되는 곳에 있다. 원 성종 원정 2년(1296)에 세웠다. 가정『산동통지』권14, 교량. 무(務)라는 것은 선료(船料)를 거두어들이는 곳이다.
267) 숭무수역(崇武水驛)이다. 동문 밖 하(河) 서쪽에 있다. 가정『산동통지』권25, 공서.
268) 3월 12일 주 239) 참조.

이 있었다.

【3월 13일】청양역(淸陽驛)²⁷⁵⁾**을 지나다.**

이날은 맑았다. 통제교갑(通濟橋閘)²⁷⁶⁾ · 동악묘(東岳廟)²⁷⁷⁾ · 진사문 · 동창(東昌)체운소²⁷⁸⁾ · 태량창(兌粮廠)²⁷⁹⁾을 지나고, 또 제구포(堤口鋪) · 초장갑포(稍長閘鋪)²⁸⁰⁾ · 유행구포(柳行口鋪) · 방가구포(房家

---

269) 부곽(附郭)이다. 본래는 춘추시대 요섭(聊攝)의 지역이다. 진대에 요섭현을 두고 동군에 예속시켰다. 위진시대 모두 평원군(平原郡)에 속했다. 수대에 박주(博州)를 두었으나 후에 주를 폐하고 현으로 하면서 무양군(武陽郡)에 예속시켰다. 당대에는 박주의 치소로 했으나, 오대 후주가 무수현(武水縣)을 없애고 편입시킨 이래 명조도 이에 따랐다.『대명일통지』권24, 동창부.
270) 위진남북조 시대 제(齊, 479~502) · 양대(梁代, 502~557)부터 어사중승(御史中丞)을 남사라고 했다.『통전』권24, 직관 6어사대. 그러나 명대에는 포정분사(布政分司)를 남사(南司), 안찰분사(按察分司)를 북사(北司)라 한다.『절강통지』권31 가흥부.
271) 동창부 치소 동쪽에 있으며, 명 태조 홍무 4년(1371) 5월에 설치했다. 가정『산동통지』권11, 병방;『명 태조실록』권66, 갑진조.
272) 명 태조 홍무 초 전국의 현에 예비창을 설치하고 곡물을 사들이고 저장하여 기근 등에 대비했다. 만력『대명회전』권22, 예비창.
273) 곡부현(曲阜縣) 서쪽 8리 되는 노성(魯城) 내에 있다. 즉 궐리(闕里)의 고택(古宅)이다. 당 현종 개원(713~741) 초에 공자를 문선왕(文宣王)으로 가봉(加封)했다.『대명일통지』권23, 연주부.
274) 요성현(聊城縣) 치소 동북쪽에 있다. 옛적에는 성의 동쪽 철탑사(鐵塔寺) 남쪽에 있었다. 가정『산동통지』권15, 공서.
275) 청평현(淸平縣) 서쪽 30리 되는 곳에 있다. 가정『산동통지』권25, 공서.
276) 통제교는 동창부성 동문 밖에 회통하 상에 있다. 명 성조 영락 9년(1411)에 갑으로 고쳤다. 갑관(閘官) 1명과 인부 30명으로 편성했다. 가정『산동통지』권13, 조하.
277) 태안주(泰安州) 치소 서쪽에 있다. 묘제의 설치와 폐지는 한결같지 않다. 당대 이래 신으로 가봉(加封)했는데 봉호를 마치 사람이 죽은 뒤 신이 된 것처럼 했다. 명 태조 홍무 3년(1370)에 조칙으로 봉호를 폐로, 동악(東嶽) 태산(泰山)의 신이라고 칭했다. 유사가 춘추에 제사를 지낸다.『대명일통지』권22, 산동포정사.
278) 동문 밖 하(河) 동쪽에 있다. 대사 1명이 편성되어 있었다. 명 목종(穆宗) 융경(隆慶) 4년(1570)에 폐지했다. 가정『산동통지』권10, 직관; 권15, 공서 및 만력『대명일통지』권147, 역전 3.

口鋪)²⁸¹⁾·백묘아포(白廟兒鋪)²⁸²⁾·쌍도아포(雙渡兒鋪)²⁸³⁾·여가만포(呂家灣鋪)·교제포(校堤鋪) 등을 지났다. 강의 동쪽은 당읍현(堂邑縣)²⁸⁴⁾ 지방이고, 서쪽은 박평현(博平縣)²⁸⁵⁾ 지방이다. 홍가구포(洪家口鋪)와 양가구포(梁家口鋪) 등과 양가갑(梁家閘)²⁸⁶⁾과 감응신사(感應神祠)를 지나고, 원가만포(元家灣鋪)²⁸⁷⁾·마가만포(馬家灣鋪)·노제두포(老堤頭鋪)²⁸⁸⁾·중갑구포(中閘口鋪)·토교갑(土橋閘)²⁸⁹⁾·신개

---

279) 태량(兌糧)이라는 것은 호적이 있는 현과 토지를 소유하고 있는 현이 다른 경우, 토지를 소유하고 있는 부호나 세력가는 현 거주지의 현에서 본적이 있는 현의 세금을 납부하는 것을 말한다. 이러한 양을 보관하는 창고를 말하는 것 같다. 川勝守, 『中國封建國家の支配構造』—明淸賦役史の硏究, 1981.
280) 초장갑포(稍長閘鋪)가 아니라 초장갑포(稍張閘鋪)가 아닐까 한다. 가정『산동통지』권13, 조하.
281) 방가장포(房家莊鋪)가 아니라 방가구포(房家口鋪)가 아닐까 한다. 가정『산동통지』권13, 조하.
282) 백묘포(白廟鋪)가 아니라 백묘아포(白廟兒鋪)가 아닐까 한다. 가정『산동통지』권13, 조하.
283) 쌍도아포가 아니라 쌍제아포(雙隄兒鋪)가 아닐까 한다. 가정『산동통지』권13, 조하.
284) 동창부성 서쪽 40리 되는 곳에 있다. 본래는 한대 발간청현(發干淸縣)의 땅으로 동군에 속했다. 수대에 처음으로 이곳에 당읍현을 설치하고 모주(毛州)에 예속시켰다. 현 서북 당읍의 고성을 따서 이러한 이름을 붙였다. 송 신종 희녕(1068~77) 초에 치소를 동쪽 10리 되는 곳으로 옮긴 이후 명조도 이에 따랐다. 『대명일통지』권24, 동창부.
285) 동창부성 동쪽 45리 되는 곳에 있다. 본래는 제의 박릉읍(博陵邑)이다. 한대에는 박평현(博平縣)으로 동군에 속했다. 송 인종 경우 연간(1034~38)에 치소를 동남쪽 30리 되는 관하진(寬河鎭), 즉 지금의 치소로 옮겼다. 명조도 이에 따랐다. 『대명일통지』권24, 동창부.
286) 양가갑(梁家閘)이 아니라 양가향갑(梁家鄕閘)으로 생각된다. 북쪽 15리에 토교갑(土橋閘)이 있다. 명 선종 선덕 4년(1429)에 세웠다. 가정『산동통지』권14, 교량.
287) 표가만포(表家灣鋪)가 아니라 원가만포(袁家灣鋪)가 아닐까? 가정『산동통지』권13, 조하.
288) 노제두북감수갑(老隄頭北減水閘)이 설치되어 있었다. 박평현에 있으며 명 경종 경태 5년(1454)에 세웠다. 가정『산동통지』권14, 교량.
289) 당읍현 동북쪽에 있다. 북쪽 40리 되는 곳에 청평현 대가만갑(戴家灣閘)이 있다. 명 헌종 성화 10년(1474)에 순무 우부도어사 옹세자(翁世資)가 세웠다. 가정『산동통지』권14, 교량.

구포(新開口鋪)²⁹⁰⁾·함곡동포(涵谷洞鋪)²⁹¹⁾·함수갑(減水閘)²⁹²⁾을 지나 청평현(淸平縣)²⁹³⁾ 지방에 이르렀다. 추가구포(趨家口鋪)를 지나 청양역(淸陽驛)에 도착했다. 주가만포(朱家灣鋪)·정가구포(丁家口鋪)²⁹⁴⁾·십리정포(十里井鋪)·이가구포(李家口鋪)·대가만갑(戴家灣閘)²⁹⁵⁾을 지났다. 달밤을 이용하여 날이 샐 때까지 갔다.

【3월 14일】 날씨가 맑았다.

임청주(臨淸州)²⁹⁶⁾의 관음사(觀音寺) 앞에 이르렀다. 절은 두 강이 만나 돌출된 곳에 있고, 동서 양쪽에 갑을 네 개 설치하여 물을 모아두

---

290) 신개구도(新開口渡)가 임청주(臨淸州) 회통하 진당 영청문(眞當 永淸門)에 있다. 가정 『산동통지』 권14, 교량.
291) 함곡동(函谷洞)이 아니라 함곡동(涵谷洞)이 아닐까 한다. 가정 『산동통지』 권13, 조하.
292) 당읍현에 토성감수갑(土城減水閘)과 중전감수갑(中闐減水閘)이 설치되어 있었다. 전자는 명 헌종 성화 8년(1472)에, 후자는 명 경종 경태 5년(1454)에 세웠다. 감수갑은 비가 많이 오면 문을 열고 물을 빼어 배가 지나지 못하게 한다. 가정『산동통지』권14, 교량; 권13, 조하.
293) 동창부성 북쪽 90리 되는 곳에 있다. 본래는 한대 청양현(淸陽縣)의 땅으로 청하군(淸河郡)에 속했다. 수대에 청평현으로 고치고 청하군에 예속시켰다. 원대에는 덕주(德州)에 속했으나, 명조는 동창부에 예속시켰다. 『대명일통지』 권24, 동창부.
294) 정가구포(丁家口鋪)가 아니라 정가마두포(丁家馬頭鋪)가 아닐까 생각된다. 가정『산동통지』 권13, 조하.
295) 남쪽 48리 되는 곳에 당읍현 토교갑이 있다. 갑관 1명, 인부 30명으로 편성했다. 가정『산동통지』권13, 조하.
296) 동창부성 서북쪽 120리 되는 곳에 있다. 본래는 한대 청연현(淸淵縣)의 땅으로 위군(魏郡)에 속했다. 후위 효문제 태화 연간(477~499)에 현 서쪽 40리 되는 곳에 임청현을 두고 위주에 예속시켰다. 원대는 복주(濮州)에 속하였으나, 명 태조 홍무 2년(1369)에 치소를 현 북쪽 8리에 있는 임청갑으로 옮기면서 동창부에 예속시켰다. 경종 경태 초에 현 동북 3리 되는 곳에 성을 쌓고 치소를 옮겼다. 『대명일통지』권24, 동창부. 그런데『명사』(권41, 지리지 7)와 가정『산동통지』(권3, 건치연혁)는 임청주, 『대명일통지』에는 임청현이라 표기하고 있다. 이는 임청현이 효종 홍치 2년(1489)에 주로 승격되었기 때문이다. 『대명일통지』가 나온 후다.

었다. 절 동쪽에는 배로 부교297)를 만들어 현과 통하게 했다. 현성은 하의 동쪽 언덕 반 리쯤에 있으며, 현치와 임청위(臨淸衛)298) 치소는 모두 성 안에 있었는데, 북경과 남경으로 통하는 요충지로 상여(商旅, 상인)가 모여드는 지역이었다.299) 성 안팎 수십 리 사이에 누대(樓臺)가 밀집하고 시가지가 번성하며, 재화가 풍족하고, 선박이 모여드는 것이 비록 소주나 항주에는 미치지 못하지만, 산동에서는 으뜸으로 천하에 명성을 떨쳤다. 우리는 청천하(淸泉河)300)를 따라 북으로 가서 누부관(漏浮關)·약국(藥局)301)·신개상갑(新開上閘)302)·위하창(衛河廠)·판하갑(板下閘)303)·대부교(大浮橋)를 지나 청원역(淸源驛)304) 앞에

297) 임청현 관음사 남쪽에 있다. 임청현은 남북 사방의 상인들이 모여들고 운하로 나아가는 곳이다. 그러나 물길이 갑자기 격류로 바뀌고 빨라져 배가 뒤집어지고 익사하는 사람이 발생했다. 특히 관음각 아래가 가장 심한 곳이어서 이 지역 사람 왕정진(王珍廷)이 돈을 내어 헌종 성화 20년(1484)에 벽가하(壁家河)의 남안에 부교를 설치했다. 이때 배 8척, 백금 10근 이상이 들었다. 가정『산동통지』권14, 교량.
298) 임청현 치소 동북쪽에 있다. 명 영종 정통 14년(1449) 11월에 설치했다. 처음에는 연주호위(兗州護衛)였다.『명 영종실록』권185, 무인조; 가정『산동통지』권11, 병방.
299) 임청현은 남북의 요충지로 상인들의 배와 수레가 모여들고 운하로 나아가는 곳이다. 가정『산동통지』권14, 교량; 권7, 형세.
300) 태안현 성에서 28리 떨어진 곳에 청천하교(淸泉河橋)가 있다.『산동통지』권22, 교량지. 이 아래로 지나가는 하인 것 같다. 청천은 내무현(萊蕪縣) 동남쪽으로 40리 떨어져 있다. 안녕촌(安寧村)의 사토 속에서 나와 남쪽으로 흘러 문수(汶水)로 들어간다.『行水金鑑』(행수금감) 권84, 제수(濟水).
301) 송대 서민구제를 위한 관영 사업의 하나다. 호부의 비용으로 약재를 사서 싼 가격으로 공급하는 곳을 말한다. 宮崎市定,『アジア史硏究』. 홍치『황주부지』(黃州府志) 권3. 관제 혜정에 '매해 관에서 전(錢)을 지급하여 약과 음식을 사서 가난하고 병든 군민에게 나누어준다'는 기록이 보인다.
302) 임청현성 남쪽 회통하 남쪽에 있다 명 성조 영락 15년(1417)에 평강백 진선(陳瑄)이 세웠다. 가정『산동통지』권14, 교량.
303) 남판갑(南板閘)을 가리키는 듯하다. 운하는 청평현으로부터 흘러 경계로 들어가는데 삽(牐)이 2곳 설치되어 있었다. 신개상갑(新開上閘)과 남판갑이다. 남판갑은 임청현성 남쪽 회통하 남쪽에 있다. 갑을 설치할 때 벽돌로 언(堰)을 만들어 전갑(甎閘)이라 했고, 하나는 판(板)으로 막아 판갑(板閘)이라고 했다. 가정『산동통지』권14, 교량.

이르러 유숙했다.

【3월 15일】 아침에는 큰 번개가 치면서 비가 왔으나 오후에는 흐렸다.

요동사람 진기(陳玘)·왕찬(王鑽)·장경(張景)·장승(張昇)·왕용(王用)·하옥(何玉)·유걸(劉傑) 등이 장사 일로 일찍 이곳에 도착했는데, 우리들이 여기에 온 것을 듣고 청주 세 병, 엿 한 쟁반, 두부 한 쟁반, 떡 한 쟁반을 가지고 와서 우리에게 대접했다.

진기 일행이 말했다.

"우리 요동성 지역은 귀국과 이웃하여 의(義)가 한집안과 같습니다. 오늘 다행히 객지에서 서로 만나게 되어 감히 약소한 물품으로써 예를 표합니다."

내가 말했다.

"그대들의 땅은 고구려의 옛 도읍지다.[305] 고구려는 지금 조선의 땅이니 땅의 연혁은 비록 시대에 따라 다르지만, 그 실상은 한나라와 같소. 지금은 숨이 차 거의 죽을 뻔한 끝에 만리 밖에 표류하여 정박하니 사방을 둘러보아도 서로 아는 사람이 없었는데, 그대들을 만나게 되었소. 게다가 후한 은혜를 입으니 마치 한집안 일가친척을 본 것과 같소."

진기가 말했다.

"내가 정월에 길을 떠나 2월 초1일 이곳에 도착했는데 4월 초순쯤에 돌아가게 될 예정이니, 아마 다시는 서로 만나지 못할 듯합니다. 만약 먼저 제 고향을 지난다면, 안정문(安定門) 유학(儒學)에 다니는 제 아

---

304) 청원수마역(淸源水馬驛)이다. 임청현성 서남쪽 한구석에 있다. 가정 『산동통지』 권10, 직관; 권25, 공서.
305) 『한서』 지리지에 이르기를 요동군은 낙랑으로부터 3,600리 떨어졌으며, 속현으로는 무로(無慮) 등이 있다. 현도군은 낙랑으로부터 동북으로 4천 리 떨어졌으며, 속현으로 3개의 현을 두고 있는데, 고구려는 그중 하나다. 즉 이른바 주몽이 흘승골성과 졸본이라는 곳에 도읍을 정했는데, 대체로 한의 현도군 영역이며 대요국 동경의 서쪽이다. 한편 현도의 속현으로 고구려가 있다고 한다.

들 진영(陳瀛)을 찾아 저의 소식을 전해주십시오."

그러고는 서로 작별하고 떠났다. 우리 일행은 배를 저어 하진창(下津廠) 앞에 이르러 정박했다.

【3월 16일】 무성현(武城縣)³⁰⁶⁾을 지나다.

이날은 맑았다. 위하³⁰⁷⁾를 따라 북쪽으로 가서 배가권포(裵家圈鋪)³⁰⁸⁾에 이르니 동쪽은 하진현(夏津縣)³⁰⁹⁾ 지방, 서쪽은 청하현(淸河縣)³¹⁰⁾ 지방이다. 순검사³¹¹⁾·손가포(孫家鋪)·신개구포(新開口鋪)·초묘포(草廟鋪)³¹²⁾·황가구포(黃家口鋪)·평가구포(平家口鋪) 등을 지나 도구역(渡口驛)³¹³⁾에 이르렀다. 상가도포(商家道鋪)³¹⁴⁾를 지나서 무성현에 이르니 강이 성 서쪽을 둘러싸고 있었다. 강을 사이에 두고

---

306) 고당주(高唐州) 서북쪽 120리 되는 곳에 있다. 본래 조(趙) 평원군(平原君)의 봉읍지로 한대에 동무성현(東武城縣)을 두고 청하군(淸河郡)에 예속시켰다. 진대에 동자(東字)를 뺐다. 원대 이후 고당주에 속했다. 『대명일통지』 권24, 동창부.
307) 어하(御河)라고도 한다. 동광현(東光縣) 서쪽 3리 되는 곳에 있다. 대용만(大龍灣)과 소용만(小龍灣)이 있다. 물이 돌아 흘러 창주(滄州)에 이르른다. 서쪽으로 흘러 청현(靑縣)으로 들어간 뒤 동북쪽으로 흘러 바다로 들어간다. 가정『하간부지』 권1, 지리지.
308) 하진현(夏津縣) 서남쪽 40리 되는 곳에 있다. 위하가 지나가고 왕래하는 중요한 진(津)으로 순검사를 이곳에 설치했다. 『독사방여기요』 권34, 산동 5.
309) 고당주 서쪽 50리 되는 곳에 있다. 본래는 한대 유현(鄃縣)으로 청하군에 속했다. 당대에 하진현으로 고쳤다. 원대 이후 고당주에 속했다. 『대명일통지』 권24, 동창부.
310) 북직예 광평부성 동북쪽 200리 되는 곳에 있다. 본래는 주대의 감천시(甘泉市)로, 진대(秦代)에는 조현(措縣)으로 거록군(鉅鹿郡)에 속했다. 한대에는 신성현(信成縣)으로 청하군에 속했다. 진대(晉代)에 청하현으로 고쳤다. 원대에는 대명로(大名路), 명 초에는 대명부(大名府)에 속했으나, 태조 홍무 6년(1373)에 광평부(廣平府) 소속으로 고쳤다. 『대명일통지』 권4, 광평부.
311) 무성현 동북쪽 25리 되는 곳에 있어 갑마영(甲馬營) 순검사가 설치되어 있었다. 가정 『산동통지』 권10, 직관; 권15, 공서.
312) 초묘포(草廟鋪)가 아니라 초묘아포(草廟兒鋪)가 아닐까? 가정『산동통지』 권13, 조하.
313) 도구수역(渡口水驛)이다. 임청현성 북쪽 50리 되는 곳에 있다. 가정『산동통지』 권13, 조하.

진사문 두 개와 기우당(祈雨堂)이 있었다. 밤새도록 가서 갑마영역(甲馬營驛)³¹⁵⁾에 이르렀다.

【3월 17일】 날씨가 맑았다.
아침에 정가구포(鄭家口鋪)와 하구포(河口鋪) 그리고 진가구포(陳家口鋪)³¹⁶⁾를 지나 은현(恩縣)³¹⁷⁾ 지방에 이르렀다. 백마하구포(白馬河口鋪)³¹⁸⁾를 지나고, 하방천(下方遷)과 무곡사(無谷寺) 그리고 하구포(河口鋪)를 지나 양가장역(梁家莊驛)³¹⁹⁾에 이르렀다. 노를 저어 종각을 지나 저녁에 고성현(故城縣)³²⁰⁾ 앞에서 유숙했다.
내가 부영에게 말했다.
"오늘 밤은 달도 밝고 바람도 좋은데 어찌하여 가지 않습니까?"
"그대는 이 강에 떠다니던 시체 세 구를 보았을 것이오."
"보았습니다."

---

314) 상가도포(商家道鋪)가 아니라 상가도구포(商家道口鋪)가 아닐까? 가정『산동통지』권13, 조하.
315) 갑마영수역(甲馬營水驛)이다. 무성현 동북쪽 25리 되는 곳에 있다. 가정『산동통지』권10, 직관: 권25, 공서.
316) 진가구포(陳家口鋪)가 아니라 진가교포(陳家橋鋪)가 아닐까? 가정『산동통지』권13, 조하.
317) 고당주 북쪽 70리 되는 곳에 있다. 본래는 춘추시대 패구(貝丘)다. 진대(秦代)에는 거록군의 지역이었고, 한대에는 청하군을 두었다. 송대에 은주(恩州)로 고쳤다. 금대에는 대명부에 속하였고, 원대에는 직예성부(直隸省部)였다. 명조는 현으로 고치고 고당주에 예속시켰다.『대명일통지』권24, 동창부.
318) 백마묘포(白馬廟鋪)다. 가정『산동통지』권13, 조하. 백마하는 구룡산(九龍山)에서 발원하여 서쪽으로 흘러 사수(泗水)로 들어간다.『대명일통지』권23, 연주부.
319) 양가장수역(梁家莊水驛)이다. 제남부 덕주(德州) 남쪽 70리 되는 곳에 있다. 가정『산동통지』권10, 직관: 권25, 공서.
320) 하간부(河間府) 경주(景州) 남쪽 90리 되는 곳에 있다. 본래는 수대 청하군(清河郡) 역정현(歷亭縣) 지역이다. 원 초에 고성현으로 승격했고 하간로에 속했다. 세조 지원(1264~94) 초에 폐하고 고성진(故城鎭)으로 하면서 경주에 속했으나 곧 재차 현을 설치했다. 명조도 이에 따랐다.『대명일통지』권2, 하간부.

"그것은 모두 강도질하고 죽인 것이오. 이 지방은 계속 흉년이 들어 서로 이끌어서 도적이 된 자가 많소. 게다가 당신들이 표류하여 행장이 없어진 것은 알지 못하고, 도리어 이방인이므로 반드시 귀중한 물건을 가지고 왔다고 생각하여 모두 취하고자 하는 마음이 있을 것이오. 또 앞으로 지나갈 길은 인가가 적고 도적이 들끓기 때문에 가지 않는 것이오."

"이번 행로에서 이미 영파부의 도적을 만났는데, 평생에 서로 만나고 싶지 않은 것이 도적입니다."

"대개 중국 사람의 심성은 북방은 힘이 세고 몹시 사나우며, 남방은 부드럽고 온순하오. 영파의 도적은 강남인이므로 혹시 도적이 되었어도 대체적으로 빼앗기는 하지만 살인은 하지 않기 때문에 그대가 몸을 보전할 수 있었소. 북방인은 빼앗고 반드시 살인을 하여 도랑과 구덩이에 내버리기도 하고 강과 바다에 던져버리기도 하오. 오늘 떠다니는 시체를 본 것으로 알 수 있을 것이오."

【3월 18일】 덕주(德州)321)를 지나다.

이날은 맑았으나 강한 바람에 모래가 날렸다. 해가 뜰 무렵 맹가구포(孟家口鋪)322) · 병하구포(兵河口鋪) · 마가포(馬家鋪) 등과 사여수(四女樹)323) · 문영문(文英門) · 유피구포(劉皮口鋪) · 득의문(得意門) ·

---

321) 제남부성 동쪽 160리 되는 곳에 있다. 본래는 진대(秦代) 제군(齊郡)의 땅이다. 한대에 분리하여 평원군치(平原郡治) 평원현(平原縣)을 설치했다. 수대에 덕주를 설치했으나 곧 평원군으로 했다. 송대에 치소를 안덕현(安德縣)으로 옮겼으나, 명 태조 홍무 초에 안덕현을 없애고 주에 편입시켰다. 곧 옛 치소를 폐하고 능현(陵縣)으로 하여 주치를 이곳으로 옮겼다.『대명일통지』권22, 제남부.
322) 맹가구포(孟家口鋪)가 아니라 맹가장포(孟家莊鋪)로 생각된다. 가정『산동통지』권13, 조하.
323) 은현 서북쪽 50리 되는 곳에 사녀수진(四女樹鎭)이 있다. 서로 전해 내려오기를 한대에 부장(傅長)이라는 자가 4명의 딸을 낳았다. 그러나 형제가 없어 부모를 양육할 수 없게 되자 모두 홰나무 한 그루씩을 심어 이러한 이름이 붙었다.『대청일통지』권132, 동창부;『산동통지』권9, 고적지.

대부교를 지나 안덕역(安德驛)[324)]에 도착했다.

진훤이 나에게 물었다.

"당신 나라에서는 손님을 대접[酬酢][325)]할 때 차를 내놓습니까?"

"술을 쓰고 차는 사용하지 않소."

"우리 나라 사람들은 손님을 대접할 때 모두 차를 쓰는데, 정이 두텁고 멀리서 온 사람이면 술을 쓰기도 합니다."

내가 부영에게 상국의 산개(傘蓋)와 관모, 그리고 대(帶)·패(牌)의 제도에 대해 물었다.

"산과 사모(紗帽)에는 품급의 차이가 없소. 개(수레 위에서 사용하는 양산)는 1·2품은 겉은 다갈색의 비단, 속은 붉은 비단과 세 겹의 은색 부도(浮屠, 개의 꼭대기)로 하고, 3·4품은 1·2품과 같으나 부도는 붉은 색으로 하며, 5품은 겉은 청색 비단, 속은 붉은 비단으로 두 겹의 붉은 색 부도로 하고, 7·8·9품은 겉은 청색 비단, 속은 홍색 비단과 홑겹의 붉은 색 부도로 되어 있소.[326)] 대는 1품이 옥(玉), 2품이 서(犀, 물소 뿔), 3품이 화금(花金), 4품이 광금(光金), 5품이 화은(花銀), 6품이 광은(光銀), 7·8·9품은 각(角)으로 되어 있소.[327)] 패(牌)는 문직

---

324) 안덕수역(安德水驛)과 마역(馬驛)이 있다. 수역은 덕주성 서문 밖에, 마역은 남문 밖에 있다. 가정『산동통지』권10, 직관; 권25, 공서.

325) 주인이 객에게 답하는 것을 수(酬), 객이 주인에게 잔을 돌리는 것을 작(酢)이라고 한다.

326) 명 태조 홍무 원년(1368)에 서민들은 비단으로 된 양산(涼傘)은 사용할 수 없고 단지 유지(油脂)로 된 우산만을 허용했다. 태조 3년에는 경성 내외의 1·2품은 산개(傘蓋)——개(蓋)는 수레 위에서 쓰는 우산——를, 그외는 우산을 사용하도록 했다. 태조 16년에는 상서·시랑·좌우도어사·통정사·태상경·응천부윤(應天府尹)·국자좨주·한림학사에게 산개를 허용했다. 태조 26년에는 1·2품은 은부도정(銀浮屠頂)을, 3·4품은 홍부도정(紅浮屠頂)에 모두 흑색 차갈라표(茶褐羅表), 홍견리(紅絹裏)에 삼첨(三簷)을 우산은 홍주견(紅紬絹)을 사용한다. 5품은 홍부도정(紅浮屠頂)에 청라표(青羅表), 홍견리(紅絹裏), 양첨(兩簷)을, 우산은 똑같다. 6품에서 9품까지는 홍부도정(紅浮屠頂)에 청견표(青絹表), 홍견리(紅絹裏) 양첨(兩簷)을, 우산은 모두 유지(油脂)를 사용한다.『명사』권65, 여복(輿服) 1.

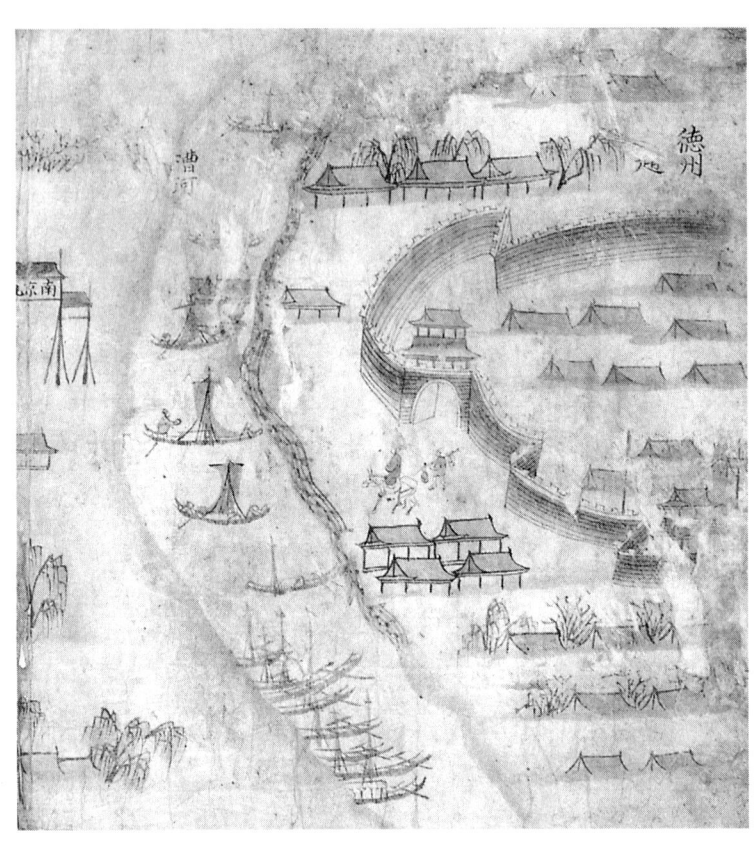

덕주의 풍경. 덕주는 제남부성 동쪽 160리 되는 곳에 있다(『항해조천도』).

(文職)은 1품에서 9품까지 모두 석패(錫牌)를 휴대하고 있는데, 한쪽 면에는 해서(楷書)³²⁸⁾로 담당하는 위문(衛門, 衙門)과 근무처, 다른 한 면에는 전서(篆書)³²⁹⁾로 '상천현대'(常川懸帶, 항상 휴대할 것) 네 자가 씌어 있고, 조례(皂隸)³³⁰⁾는 그것을 등에 지는데, 무직(武職)은 조례나 아문 모두 그것을 두르고 있소."

내가 또 물었다.

"달단(韃靼, 타타르족)³³¹⁾이 혹시 침입해 오기도 합니까?"

"전에는 침입이 있었지만 지금은 변방을 구분하여 진수(鎭守)³³²⁾가 병사와 군마를 거느리고 항상 지키고 막으니, 침범하지 않소."

밤에 덕주를 지났다. 강이 성을 서에서 북으로 감싸면서 흐르는데, 이곳이 옛 평원군(平原郡)³³³⁾이다. 땅이 넓고 인구가 조밀하여 상인들

---

327) 1품은 혁대와 패(佩, 혁대에 차는 장식)는 모두 옥(玉), 2품은 끈 달린(綬環犀) 물소 뼈, 3품은 혁대는 금, 패는 옥, 4품은 혁대는 금, 패는 약옥(藥玉), 5품은 혁대는 은, 패는 약옥, 6·7품은 혁대는 은, 패는 약옥, 8·9품은 혁대는 오각(烏角), 패는 약옥이다. 『명사』권67, 여복 3.

328) 한자 서체(書體)의 하나로 금예(今隸)·정서(正書)·진서(眞書)라고도 한다. 후한(後漢) 말에 한례(韓隸)의 파책(波峀)을 고치고 꺾고 치침을 더하여 이루어진 것으로 예서(隸書)와 해서(楷書)로 나뉘었다. 『中國書法大辭典』, 香港 書譜出版社, 1984.

329) 전서는 넓은 뜻으로는 예서(隸書) 이전에 있는 서체로 갑골문(甲骨文)·금문(金文)·석고문(石鼓文)·육국고문(六國古文)·소전(小篆)·무전(繆篆)·첩전(疊篆) 등이 모두 이에 속한다. 『中國書法大辭典』, 香港 書譜出版社, 1984.

330) 지후(祗候)라고도 하는데 관청의 잡무에 복역하는 공사조례(公使皂隸)와 관원의 역사(役使)에 복역하는 수종조례(隨從皂隸)로 구분한다. 후자는 관품에 따라 배속되는 인원이 다른데, 정통 연간의 규정에 의하면 1·2품의 12명으로부터 7·8·9품의 2명에 이른다. 만력 『대명회전』권157, 병부 40 조례.

331) 몽골인으로 고원(故元)의 후예다. 명 중기 이후 오이라트족의 에센(也先) 왕국 붕괴 이후 15세기 말부터 16세기 초에 걸쳐 몽고을 재통일한 부족이다. 특히 세종 가정 29년(1550)에는 북경까지 침입해 들어왔다. 『명사』권327, 달단열전(韃靼列傳).

332) 2월 4일 주 41) 참조.

333) 서한과 동한시대에 평원군이었으나, 수 양제 대업(605~616) 초에 덕주를 평원군이라고 했다. 당대에는 안덕현을 두면서 평원군 치소로 삼았다. 가정 『산동통지』권2, 건치연혁 상편.

이 모인다.³³⁴⁾ 이름을 알 수 없는 강 언덕에 도착하여 머물렀다. 부영이 나에게 말했다.

"태상황제(성화제)³³⁵⁾의 동모(同母) 동생이 어질고 덕이 있어 노(魯)를 봉지(封地)로 봉하고, 노왕³³⁶⁾으로 불렀는데, 덕주의 경계에서 삼백여 리 떨어진 땅에 있어서 그때의 사람들이 덕왕(德王)³³⁷⁾이라고 칭하오."

"덕왕은 어째서 북경에 있지 않고 외방에 있습니까?"

"왕의 형제가 북경 안에 있어서 다른 마음을 가지는 것을 두려워하여, 16세 이상이 되면 모두 왕으로 봉하여 밖으로 내보내오."³³⁸⁾

"덕왕은 산동의 관할 지역에서 자기 뜻대로 정사를 펼 수 있습니까?"

"왕부(王府)와 각사(各司)의 관리가 모든 정사를 맡고,³³⁹⁾ 교수관(敎授官)과 호위관(護衛官)³⁴⁰⁾이 있어 왕과 더불어 시서(詩書)를 강론하

---

334) 덕주의 형세는 동쪽으로는 방산(方山)이 지키고 서 있고, 서쪽으로는 위수(衛水)가 돌아 흘러가고 있다. 북경과 산동의 중요 지점으로 수륙으로 모이고 지나가는 곳이다. 가정『산동통지』권7, 형세.

335) 3월 8일 주 168) 참조.

336) 원래 노왕으로 불린 인물은 노황왕(魯荒王) 단(檀)이다. 태조의 서(庶) 10자다. 홍무 3년(1370)에 봉해졌고, 태조 18년에 산동성 연주부에 취임했다. 22세로 죽었다. 『명사』 권103, 제왕세표(諸王世表) 2.

337) 영종은 헌종 외에 서2자 덕장왕(德莊王) 견린(見潾) 등 9명의 아들이 있었다. 이 인물이 덕왕인데 영종 천순 원년(1457)에 봉해졌고, 헌종 성화 3년(1467)에 제남부에 취임했다. 무종 정덕 12년(1517)에 죽었다. 『명사』 권103, 제왕세표 5.

338) 황제의 적자(嫡子)는 황제의 위를 이어받고, 다른 여러 아들은 왕에 봉했다. 반드시 15세에 혼인시키고 황궁 밖에 나가 경사의 저택에 거주하게 했다. 성인이 되면 자신이 봉해진 지역에 취임하게 했다. 만력 『대명회전』 권56, 예부14 왕국례(王國禮) 2.

339) 명 초의 왕부 운영은 왕상부제(王相傅制)였다. 즉 왕국을 통할하는 상(相)과 왕의 보도(輔導)와 교화를 담당하는 부(傅)가 설치되었다. 각각 무관과 문관 1명을 임명했다. 그러나 행성(行省)이 폐지되면서 장사사체제(長史司體制)로 옮겨 갔다. 佐藤文俊, 「王府論」, 『明淸時代史の基本問題』, 汲古書院, 1997.

340) 명 태조 홍무 5년(1372)에 친왕호위지휘사사(親王護衛指揮使司)를 설치하여 왕부마다 3개의 호위군을 편성했다. 『명 태조실록』 권71, 홍무 5년 정월 임자조. 명대의 1위는 5,600명으로 3호위는 16,800이라는 계산이 되지만 실제적으로 제왕들의 호위 수는 1~3이었고, 그 군사수도 적었다. 川越泰博, 『明代建文朝史の硏究』, 汲古書院, 1997.

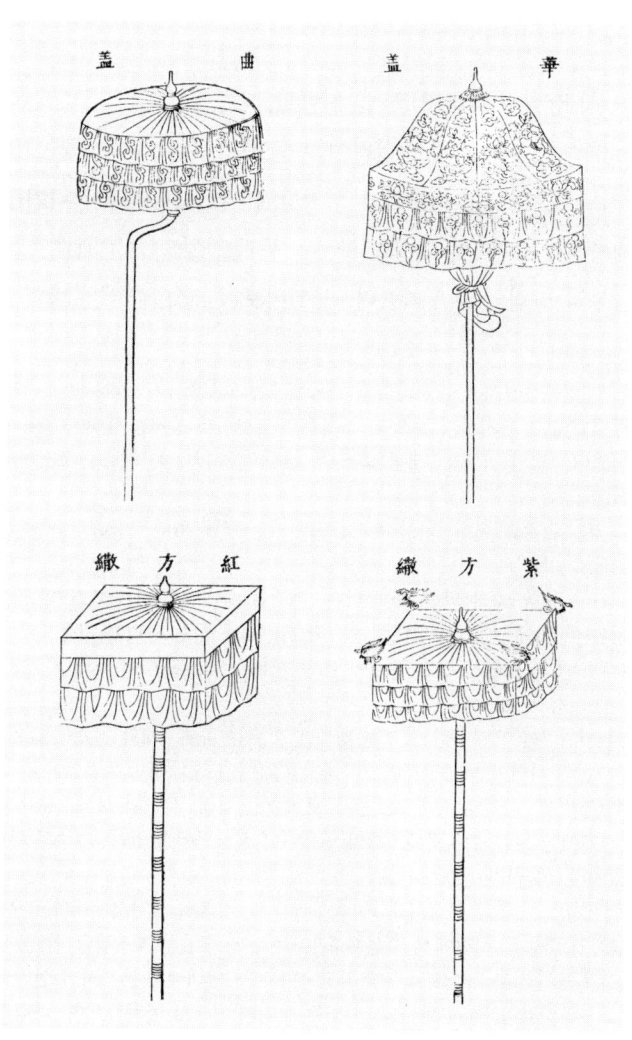

명대 때 수레 위에서 사용하던 양산의 여러 가지 종류(『삼재도회』).

고, 사어(射御, 궁술과 말타기)를 사열할 뿐이오. 정사를 행하는 것은 왕이 할 수 없고 모든 것이 조정에서 나온다오."³⁴¹⁾

【3월 19일】 양점역(良店驛)³⁴²⁾을 지나다.

이날은 맑았다. 아침 일찍 출발하여 피구포(皮口鋪)와 고가봉포(高家鳳鋪)를 지나고, 오교현(吳橋縣)³⁴³⁾ 지방에 이르렀다. 다시 나가구포(羅家口鋪)³⁴⁴⁾와 고관창포(高官廠鋪)³⁴⁵⁾ 등과 관왕묘(關王廟)³⁴⁶⁾를 지나고 제남부의 양점역에 도착했다. 상원아포(桑園兒鋪)³⁴⁷⁾ · 박피구포

---

341) 명대의 제왕분봉정책을 실시하면서 제왕에게는 영토를 지급하지 않고, 작위를 수여하지만 민을 통치하지 않으며, 봉록은 지급받아도 정치는 행하지 않는 것이 원칙이었다. 『명사』 권120, 제왕(諸王) 5. 군대의 출동권 등도 모두 조정의 지시를 받았다.
342) 양점수역(良店水驛)이다. 덕주 북쪽 70리 되는 곳에 있다. 가정『산동통지』 권15. 공서.
343) 경주(景州) 동쪽 50리 되는 곳에 있다. 본래는 수대 장릉현(將陵縣)의 땅으로 평원군(平原郡)에 속했다. 당대에 덕주(德州)에 속했다. 금대에 처음으로 현의 오천(吳川)에 오교현을 두고 경주에 예속시켰다. 명조도 이에 따랐다. 『대명일통지』 권2, 하간부.
344) 경주의 서안 북쪽으로부터 오교현 경계에 이르는 곳에 4개의 천포(淺鋪)가 있는데, 그중의 하나가 나가구포다. 『북하기』(北河紀) 권4, 하방기(河防紀).
345) 덕주위(德州衛) 동안의 북쪽으로부터 오교현 경계에, 서안의 북쪽으로부터 경주의 경계에 이르는데 이곳에 9개의 천(淺)이 설치되어 있었다. 그중의 하나가 고관창이다. 『북하기』 권4, 하방기.
346) 관우(?~219)는 중국 삼국시대 촉의 무장으로, 지금의 산서성(山西省) 운성현(運城縣)인 하동군 해현에서 출생했고, 자는 운장(雲長)이다. 삼국시대를 지나면서 관우는 충의의 화신으로 자리잡았으며, 수·당대에는 본격적인 신앙의 대상으로 추앙받았다. 특히 파사의 신 또는 호법의 신으로 여겨졌으며, 이러한 충절·벽사·호법의 특성 때문에 유·불·도 삼교에서 모두 받아들여졌다. 11세기 송대에는 관우신앙이 국교로 받아들여져서 대중적으로 자리잡았다. 게다가 당시 북방 이민족의 침략으로 인해서 구세의 영웅을 모색하게 되었는데, 이것이 관우신앙과 연계되기도 했다. 송 휘종 숭녕 2년(1103) 충혜공(忠惠公)이라는 시호가 내려졌고, 이후 숭녕진군(崇寧眞君)·충의무안왕(義勇武安王)·장무의 용무안왕(壯繆義勇武安王) 등 많은 시호가 내려져 관우의 위가 공(公)에서 왕(王)으로 격상되었다. 원대에는 몽골족에 의해서 한족의 통치수단으로 이용되면서 현성(顯聖)이라는 칭호가 덧붙여졌다. 명대에는 나관중의 『삼국지연의』

(薄皮口鋪)·낭가구포(狼家口鋪)·곽가구포(郭家口鋪)·구련와포(舊連窩鋪)³⁴⁸⁾를 지나서 연와역(連窩驛)³⁴⁹⁾에 이르렀다. 연와체운소³⁵⁰⁾에 이르러 정박했다.

【3월 20일】날씨가 맑았다.

새벽에 왕가구포(王家口鋪)를 지나 경주(景州)³⁵¹⁾ 지방 임가구포(任家口鋪)에 이르렀다. 동광현(東光縣)³⁵²⁾을 지났는데, 현치는 강의 동쪽 언덕에 있었다. 유방구포(油房口鋪)와 북하구포(北下口鋪)를 지나고 남피현(南皮縣)³⁵³⁾ 지방에 이르렀다. 북하구포(北下口鋪)³⁵⁴⁾를 지나

(三國志演義)가 지어지고 널리 읽혔던 시기였기 때문에, 관우가 전신(戰神)으로서 신격이 격상되었다. 그리고 이때 제군(帝君)이라는 칭호가 붙게 되어 드디어 황제의 반열인 관성제군(關聖帝君)에 오르게 되었다. 이와 같은 관우신앙은 한족 민중의 보편적인 신앙인 마을의 수호신으로 널리 숭앙되었으며, 무신(武神)과 재신(財神)으로의 성격까지 겸비했다. 이마이즈미 준노스케 지음, 이만옥 옮김,『관우』, 예담, 2002. 중국 땅에 들어서니 커다란 천(瀆)에 신을 섬기는데 묘사(廟祠)를 세우고 흙 또는 돌을 깎아 상을 만들어 설치했다. 관왕·문안왕묘·태산행사(泰山行祀)·관음묘·낭랑묘(娘娘廟)·이비묘(二妃廟) 등 명호(名號)가 모두 하나 같지 않다. 8, 9리 사이 4, 5곳에 몇 그루 나무를 심었다. 가난한 집에서 모두 상을 만들어 섬겼다. 정사룡,『조천록』(朝天錄) 권3, 중종 22년 7월 22일.

347)『독사방여기요』권31, 산동 2 덕주에는 상아원(桑兒園)으로 되어 있다. 덕주 북쪽 70리 되는 곳에 있다. 양점역을 이곳에 설치했다.
348) 구련와구포(舊連窩鋪)다.『조하도지』권1, 조하. 오교현에는 10개의 포가 있었는데 포마다 노인 1명, 부(夫) 10명, 수제부(修堤夫) 450명으로 편성했다. 가정『하간부지』권6, 하도지.
349) 참선 16척, 토민 10명, 수부 80명으로 편성했다. 가정『하간부지』권8, 재부지.
350) 홍선 34척, 수부 332명, 방부 20명으로 편성했다. 가정『하간부지』권8, 재부지.
351) 하간부성 남쪽 200리 되는 곳에 있다. 본래 한대 경성후국(景城侯國)이다. 후에 발해군을 두었다. 당 덕종 정원(785~805) 초에 처음으로 경주를 설치했다. 원대에 재차 경주를 설치하면서 치소를 수현(蓨縣)으로 옮겼다. 명조는 수현을 폐지하고 경주에 편입시켰다.『대명일통지』권2, 하간부.
352) 경주 동북쪽 70리 되는 곳에 있다. 본래는 한대의 구현(舊縣)으로 발해군에 속했다. 당 초에는 창주(滄州)에 속했으나, 덕종 정원(785~804) 초에 경주에 예속시켰다. 원대 이후 경주에 속했다.『대명일통지』권2, 하간부.

북직례에 소속된 경주의 풍경(『항해조천도』).

다시 교하현(交河縣)³⁵⁵⁾ 지방에 이르렀다. 조도만(曹道灣)과 박두진(泊頭鎭)³⁵⁶⁾을 지나 신교(新橋)³⁵⁷⁾에 도착했다. 진무묘(鎭武廟)와 약왕묘(藥王廟),³⁵⁸⁾ 그리고 척가언(戚家堰)의 군둔(軍屯, 둔전)³⁵⁹⁾을 지나 2경에 설가와리(薛家窩里) 앞에서 정박했다.

【3월 21일】 창주(滄州)³⁶⁰⁾를 지나다.

이날은 맑았다. 새벽에 삼진도포(三鎭道鋪)·풍가구포(馮家口鋪)·양교구포(楊橋口鋪)·전하남포(磚河南鋪)·전하남구포(甎河南口鋪) 등을 지나서 전하역(甎河驛)³⁶¹⁾에 이르렀다. 다시 왕가권구포(王家圈口鋪)·나가권구포(羅家圈口鋪)·홍피구포(紅披口鋪)·남관포(南關鋪)·장로(長蘆)순검사³⁶²⁾·장로염운사(長蘆鹽運司)³⁶³⁾·장

---

353) 창주 남쪽 70리 되는 곳에 있다. 본래는 한대의 구현으로 발해군에 속했다. 장무(章武)에 북피정(北皮亭)이 있어 이곳을 남피(南皮)라고 불렸다. 삼국 위대(魏代)에 남피현이라고 했다. 당대에 경주에 속했으나, 태종 정관(627~649) 중에 창주에 예속시켰다. 오대 이후 창주에 속했다.『대명일통지』권2, 하간부.
354) 북하천포(北下淺鋪)가 아니라 북하구포(北河口鋪)다.『조하도지』권1, 조하.
355) 하간부성 남쪽 80리 되는 곳에 있다.『대명일통지』권2, 하간부.
356) 박두진(薄頭鎭)이 아니라 박두진(泊頭鎭)으로 생각된다. 교하현 동쪽 50리 되는 위하(衛河) 서안에 있다. 상인들이 모여들어 이곳에 성을 쌓았다. 하를 관리하는 별도의 관리가 이곳에 주둔했다.『독사방여기요』권13, 직예 4.
357) 6월 4일자 일기에서는 신교역(新橋驛)으로 표시했다. 참선 15척, 토민 10명, 수부 80명으로 편성했다. 가정『하간부지』권8, 재부지.
358) 태고의 전설적인 제왕인 황제(黃帝) 때의 명의 편작(扁鵲)을 제사 지낸다.『대청일통지』권16, 하간부.
359) 명초 위소군의 군량을 공급하는 경제적 기반은 군둔제였다. 말하자면 수비나 전투에 참가하는 군사와 둔전을 경영하는 군사로 구분했다. 원칙적으로 둔전군에게는 각 50무(畝)의 토지와 소 그리고 농구가 지급되어 농경에 종사했다. 징수하는 둔전량의 24석(명대의 1석은 약 71.6킬로그램) 중에서 12석은 정량(正糧)의 명목으로 둔전군의 급여로, 나머지 12석은 수비군에게 지급했다(淸水泰次,『明代土地制度史硏究』, 大安, 1968; 王毓銓,『明代的軍屯』, 中華書局, 1961.
360) 하간부성 동쪽 150리 되는 곳에 있다. 춘추전국시대에는 연(燕)과 제(齊)의 경계 지역이다. 한대에 발해군 치소를 부양(浮陽)에 두었다. 후위 때 창주를 설치했다. 원대에는 하간로(河間路)에 속했고, 명조도 이에 따랐으며, 청지현(淸池縣)을 폐하고 편입시켰다.『대명일통지』권2, 하간부.

로체운소³⁶⁴⁾ · 종무과문(踵武科門)을 지나 창주의 발부창(撥夫廠)에 도착했다. 주성은 강의 동쪽 언덕에 임했는데, 곧 한나라 때의 발해군(渤海郡)³⁶⁵⁾이다. 강변에서 장대 위에 사람의 머리를 매달아 사람들에게 보이고 있었다.

부영이 나에게 말했다.

"저것은 강도의 머리요. 한나라 때 공수(龔遂)³⁶⁶⁾가 단기(單騎)로 이 지방에 와서 도적떼를 평정하고 나서 검을 팔고 소를 샀다는 이야기가 있소.³⁶⁷⁾ 이 지방에는 예로부터 도적이 많고 사람을 겁탈하고 죽이는 일이 허다하오."

---

361) 전하역(甎河驛)이 아니라 전하수역(甎河水驛)이다. 창주 치소 서남쪽에 있다. 참선 15척, 토민 14명, 수부 112명으로 편성했다. 가정『하간부지』권4, 궁실지(宮室志); 권8, 재부지.

362) 하간부 창주에 장로순검사를 설치했으나 후에 폐지했다. 만력『대명회전』권 138, 병부 21 관진(關津) 2.

363) 본래의 명칭은 장로도전운염사(長蘆都轉運鹽司)다. 창주 치소 서남쪽에 있다. 명 태조 홍무 2년(1369)에 산동과 북평 하간부 사이에 도전운염사를 설치하고 매년 염세(鹽稅)를 징수했다. 가정『하간부지』권4, 궁실지; 권8, 재부지.

364) 하간부 창주에 장로체운소를 설치했으나 후에 폐지했다. 만력『대명회전』권 147, 병부 30 역전 2.

365) 창주는 옛 발해의 땅으로 바닷물이 빙 돌아 들어가 발(渤)이라고 했다. 바다가 굽은 곳에 있어 이러한 이름이 붙었다. 한대 이후 발해군이라 불렸으나 후위 초에는 창수군(滄水郡)으로 했다. 수 양제 대업 2년(606)에 다시 발해군이라 칭했다. 가정『하간부지』권1, 지리지.

366) 자는 소경(少卿), 산양(山陽) 남평현(南平陽) 출신이다. 창읍(昌邑)의 낭중령(郎中令)을 지냈다. 창읍왕 유하(劉賀)의 행동이 올바르지 않자 간쟁을 하다가 눈물을 흘릴 정도로 강직하며 절개를 지킨 인물로 순리열전(循吏列傳)에 실려 있다. 전한 선제(기원전 74~기원전 49) 시대에 발해군 태수가 되어 기근을 다스렸다.『한서』권89, 공수열전.

367) 한의 선제가 즉위한 지 얼마 지나지 않아 발해군에 기근이 일어 도적이 발생했으나 지방관이 이를 잘 처리하지 못했다. 이에 승상과 어사가 공수를 천거하여 발해 태수에 임명했다. 그가 발해 경계에 이르자 군민이 새로운 태수가 온 사실을 듣고 병사를 보내 맞아들였다. 그는 이들을 모두 돌려보내고 소속 주와 현에 문서를 보내 도적을 쫓고 체포하려는 이(吏)들을 모두 파면시켰다. 공수는 호미와 낫 등 농기구를 소지한 자는 모두 양민으로, 병기를 소지한 자는 도적으로

다시 연방문(聯芳門)과 응규문(應奎門), 그리고 사간문(司諫門) 등을 지나 장로체운소 앞에서 정박했다.

내가 부영에게 물었다.

"회하를 지난 이후부터 병부와 형부, 그리고 이부 등 각 사관원 선박의 왕래가 끊이지 않는 것은 무엇 때문입니까?"

"지금 천자(효종 홍치제)께서 고명한 덕이 있어, 조신이 이전에 행한 일을 밝혀 작은 과실이 있는 자는 모두 관직을 낮추고 좌천시켰소.[368] 하로(河路) 중에 석패(錫牌)를 차고 돌아가는 자는 모두 좌천되어 고향으로 내려가는 조사(朝士)요. 전에 소흥부에서 당신이 어디서 왔는지 물었던 총병관 황종도 파직되어 돌아갔소."

"조신들 중에는 좌천되는 사람이 많은데, 어찌 환관들을 물리치지 못하고 그들 마음대로 행세[369]하게 합니까?"

"환관 중에도 죽음을 당하고 좌천된 자가 이루 헤아릴 수 없소.[370] 지금 운하로 경사로 가는 자는 모두 선제(先帝, 헌종 성화제)의 사신으로 파견되어 직무를 마치고 돌아가는데, 돌아가면 관직을 보존하기 어려

여겼다. 그가 단기(單騎)로 부에 이르자 군민이 모두 기뻐하고 도적질을 그만두었다고 한다. 또 그는 제의 풍속이 사치스럽자 농업을 장려하는 한편 백성 가운데 도검(刀劍)을 소지하고 있는 자는 검을 팔아 소를 사게 했고, 도를 팔아 송아지를 사게 했다. 『한서』 권89, 공수열전.

368) 홍치제가 즉위하자 과도관(科道官, 육과급사중과 도찰원어사)은 전 황제인 헌종 성화제의 폐단을 열거하고 개혁을 촉구했다. 특히 간신 이자성(李孜省), 태감 양방(梁芳), 외척 만귀(萬貴) 등의 불법을 탄핵했다. 그리고 환관들이 황제의 뜻을 받아들여 임명한 전봉관(傳奉官)을 대거 쫓아냈다. 이 와중에 대학사·통정사·시랑·지휘 등도 파직당했다. 조영록, 『중국근세정치사연구』, 지식산업사, 1987.

369) 명 성조 영락제가 설치한 동창(東廠) 외에 헌종 성화 13년(1477)에 재차 서창(西廠)을 설치하여 특무정치를 실시했다. 당시 권세를 떨친 태감으로 왕직(汪直)이라는 인물을 들 수 있다. 사대부들도 감히 왕직에게 대항할 할 수 없을 정도였다. 丁易, 『明代特務政治』, 北京, 1951.

370) 효종 홍치제가 즉위하자 과도관은 태감 양방 등이 저지른 여러 가지 불법적인 일을 열거하고 처형할 것을 주장했다. 그러나 상중이라 본인과 그 당인들을 좌천이나 변방의 수비에 처했다. 『명통감』(明通鑑) 권35, 성화 23년 9월 정미조.

울 것이오. 전에 만났던 태감 나공과 섭공 모두 정해진 날짜에 돌아오지 못했다고 좌천되어 봉어(奉御)³⁷¹⁾의 직책을 담당하게 되었소."

"지금 천하가 다시 요와 순 같은 군주를 얻어, 원개(元凱, 賢人才子)³⁷²⁾를 기용하고 사흉(四凶)³⁷³⁾을 쫓아내 조정이 깨끗해지고 천하가 안정되었으니, 또한 축하할 일이 아니겠습니까?"

"맞소. 맞소. 우리 황제께서 멀리하는 자는 소인과 환관이오. 매일 친히 경연³⁷⁴⁾을 열고 각로(閣老)³⁷⁵⁾·학사(學士)³⁷⁶⁾들과 더불어 시서(詩書)를 강론하고 정사를 논하기를 부지런히 힘쓰고 있소.³⁷⁷⁾ 지난 3월 9

---

371) 봉어는 정원이 없는 종6품의 관직이다. 환관 조직 12감 중에 도지감(都知監)이라는 직책이 있는데, 어가를 인도하고 경비하는 임무를 담당했다. 『명사』 권74, 직관지 3.

372) 옛적 고양씨(高陽氏, 전욱[顓頊])에게는 재자(才子), 즉 재능과 인덕을 갖춘 8명이 있었다. 8명은 그 후예들이다. 창서(蒼舒)·퇴개(隤凱)·도인(檮戭)·대임(大臨)·방항(尨降)·정견(庭堅)·중용(仲容)·숙달(叔達)을 가리키는데, 이들은 신중하고 현명하며, 심원하며 명확하고, 진실하며 돈독하여, 천하의 백성들이 이들을 팔개(八愷)라고 한다. 고신씨(高辛氏, 제곡[帝嚳])에게도 재자(才子) 8명이 있다. 백분(伯奮)·중감(仲堪)·숙헌(叔獻)·계중(季仲)·백호(伯虎)·중웅(仲熊)·숙표(叔豹)·계리(季狸)로 진심으로 근신하며 공손하게 관을 다스리고 널리 혜택을 베풀고 은혜롭고 화목하여 천하의 백성들이 이들을 팔원(八元)이라고 했다. 요임금이 인재를 천거하지 못하자 순임금이 요임금의 신하가 되어 팔개를 추천하여 후토(后土, 사공[司空])가 되어 모든 일을 처리했다. 『춘추좌씨전』 권20, 문공 18년.

373) 공공(共工)을 유주(幽州)로 유배 보내고, 환도(讙兜)를 숭산(崇山)에 귀양살이 보냈다. 삼묘(三苗)를 삼위산(三危山)으로 축출하고, 곤(鯀)을 우산(羽山)에서 참했다. 이와 같이 4가지 형벌을 가하자 천하만민이 따르게 되었다. 『서경』 우서 순전(舜典). 순임금이 요임금의 신하였을 때 사대문에서 제후들을 영접하고, 네 명의 악한 자들을 유배시켰는데, 혼돈(渾敦)·궁기(窮奇)·도올(檮杌)·도철(饕餮)을 사방의 먼 끝으로 버려 산중에 살면서 사람을 해치는 괴물인 이매(螭魅)를 막게 했다. 『춘추좌씨전』 권20, 문공 18년. 일설에는 궁기를 공공, 혼돈을 환도, 도철을 삼묘, 도올을 곤이라고 한다.

374) 효종 홍치제는 제위에 오른 뒤인 윤정월에 예부에 명하여 3월에 경연을 열 것이니 날짜를 택하고 행할 내용을 보고하라고 지시했다. 『명 효종실록』 권10, 윤정월 신미조. 이에 2월(권11, 신유조)에 예부가 경연의 의례에 대한 사항을 상주했고, 마침내 3월 병자에 처음으로 경연을 실시하는 한편 매월 삼순(三旬, 일순은 10일) 중 2일 동안 강연을 하도록 정했다. 『명 효종실록』 권12, 3월 병자조.

일에는 몸소 국자감378)에 납시어 선성(先聖, 공자)의 석전례379)를 거행했으니,380) 유교를 숭상하고 도를 중시하는 뜻 역시 지극합니다."

내가 웃으면서 말했다.

"천자도 열국의 신하에게 절을 합니까?"

"공자는 만세의 스승인데, 어찌 신하의 예로 대우하겠소? 천자께서도 석전례를 거행할 때 찬례관(贊禮官)381)이 '국궁배'(鞠躬拜, 몸을 굽혀 절하십시오)라고 하면 절을 하려고 하오. 그때 곁에 있는 다른 찬례

---

375) 각로는 본래 중서사인(中書舍人)을 칭하는 말이다. 지금은 세속에서 대학사를 칭하는 것이라고 하는데 잘못된 것이다. 당대에는 사인으로 오랫동안 근무한 자를 각로라고 했다. 명대에는 한림(翰林)으로 문연각(文淵閣)에 있으면서 고칙(誥勅)을 담당하는 자도 각로라고 했다. 『해여총고』(陔餘叢考) 권26, 각로.

376) 한림원 소속으로 황제의 명령, 문서의 작성, 역사의 기록 등 고문역할을 담당했다. 한림원은 학사 1명(정5품), 시독학사(侍讀學士)와 시강학사(侍講學士) 각 2명(종5품), 시독과 시강 각 2명(정6품), 오경박사 9명(정8품), 전적(典籍) 2명(종8품), 시서(侍書) 2명(정9품), 대조(待詔) 6명(정9품), 공목(孔目) 1명, 정원이 없는 서길사(庶吉士)로 편성됐다. 『명사』 권73, 직관지 2. 명대에는 내각(內閣)의 대학사(大學士)를 각신(閣臣) 또는 각로(閣老)라 불렀다. 명 태조 홍무제는 승상 제도를 없애고 5품관의 전각대학사(殿閣大學士) 여러 명을 두어 비서와 고문의 일을 담당하게 했다. 성조 영락제는 이들을 문연각(文淵閣)에 입각시켜 기무에 참여하게 했으며, 영종 정통 연간이 되면 그들이 시랑과 상서를 겸직하고, 사전(師傳)에 가자(加資)하게 되었다. 그래서 후에 내각의 수보(首輔), 즉 수석대학사(首席大學士)는 재상의 실권을 갖게 되었다. 그러나 정통 연간에 토목보의 변을 당하여 사례태감 왕진(王振)이 권력을 장악하고 그 권한이 내각의 수보를 능가하게 되었다. 그 이후 황제의 정국 운영 방법에 따라 내각수보와 사례태감의 권력이 서로 우열을 겨루는 일이 발생했다. 『명사』 72권, 직관지 1; 조익(趙翼), 『이십이사차기』(二十二史箚記) 권33, 명내각수보지권최중(明內閣首輔之權最重).

377) 미미불이(亹亹不已). 『시경』 대아 문왕에 '미미문왕, 영문불이'(亹亹文王, 令聞不已)라는 표현이 보인다. 즉 '끊임없이 애쓰시는 문왕께서는 명성이 온 세상에 그칠 날 없고'라는 뜻이다.

378) 국자감은 좨주(祭酒, 종4품) 1명, 사업(司業, 정6품) 1명과 그 부속기관으로 박사청 등이 있는데 박사청은 오경박사 15명(종8품), 조교 15명(종8품), 학정(學正, 정9품) 10명, 학록(學錄, 종9품) 7명 등으로 편성했다. 『명사』 권73, 직관지 2.

379) 고대의 성인이나 공자를 제사 지낼 때 행하는 예를 말한다. 『예기』에 '무릇 봄과 여름에는 교관이 그 선사에게 석전(釋奠)을 드려서 생도로 하여금 도덕을 함양

관이 '공자는 노나라³⁸²⁾의 사구(司寇)'³⁸³⁾라고 하면, 찬례관이 또 소리 높여 '평신'(平身, 몸을 펴십시오)이라고 말하오.³⁸⁴⁾ 예는 마땅히 절을 해야 하나 사실은 절을 하지 않는 것으로, 이것은 선사(先師)와 천자를 높이는 예이니 양쪽 다 도리에 어긋나지 않소."

"공자의 도는 천지보다 크고 일월보다 밝으며 사시보다 정확하고 천하 만대까지 무궁합니다. 경대부와 사, 그리고 서인³⁸⁵⁾이 도를 배워 행실을 바르게 하고, 제후는 도로써 나라를 다스리며, 천자는 도로써 천하를 태평스럽게 다스려야 합니다. 즉 천자로부터 서인에 이르기까지

하고 고매한 인격을 도야하게 한다. 가을과 겨울에도 또한 이와 같이 한다. 무릇 처음으로 학교를 세운 자는 반드시 선성과 선사에게 석전을 드린다. 그 전례를 행함에서는 반드시 폐백을 드린다. 무릇 석전제에는 반드시 합락(合樂)이 있어 그 예를 성대하게 한다. 나라에 변고가 있을 때는 이것을 그만둔다'라고 설명하고 있다. 『예기』 왕제 문왕세자. 명대는 홍무 원년(1368) 2월에 공자를 국학에서 제사 지내고, 매년 음력 2월과 8월에 정(丁)이 들어가는 첫번째 날에 황제가 향을 피우고 관을 파견하여 국학에서 제사 지냈다. 『명사』 권51, 예지 4.

380) 명 효종 홍치 원년(1488) 3월 병인에 석전례를 행하려고 했으나 비로 인해 9일로 변경했다. 태자태보 이부상서 왕서(王恕)를 파견하여 석전례를 행했다. 홍치제도 국자감에 나아가 석전례를 행했다. 『명 효종실록』 권12, 3월 무진조 및 계유조.

381) 제사와 예악을 담당하는 태상시(太常寺) 소속 전부청(典簿廳)의 관료로 찬례랑(贊禮郎, 정9품) 9명이 편성되어 있었다. 태상시는 경(卿, 정3품) 1명, 소경(少卿, 정4품) 2명 등으로 편성했다. 『명사』 권74, 직관지 3.

382) 지금의 산동 연주부 동남쪽으로 강남(안휘성)의 비주(邳州)와 사주(泗州)의 지역이 모두 노의 영토다. 노의 수도는 곡부(曲阜)로 소호(少皞)의 도읍지라고도 한다. 춘추에 백금(白禽)을 소고의 옛터에 봉했다. 『독사방여기요』 권1, 형세 1.

383) 주대의 관명으로 형벌 및 경찰의 일을 담당한다. 『상서』에 사구를 '법을 관장하며 악인을 징벌하여 다스리고 무법자를 벌한다'고 기록했다. 『상서』 주서 주관(周官).

384) 석전례의 의식과 절차 및 제례음식에 대해서는 만력 『대명회전』 권91, 예부 49 군사(群祀) 선사공자에 자세하게 기록되어 있다.

385) 중국에서는 서주 이래 주왕(周王)을 최고위로 하고 그 아래 제후·경·대부·사·서인으로 계층화가 이루어져 있었다. 이 가운데 대부까지는 영지를 소유한 귀족층이었다. 사의 개념은 시대에 따라 차이가 있지만 지식인과 관료 및 관료예비군을 의미한다. 읍제(도시) 국가의 상층 세습 귀족집단이 대부고 대부 위에 있는 유력자가 경이었다. 사족 가운데 하층무사가 사였다. 신채식, 『동양사개설』, 삼영사, 1999.

국자감. 명·청시대 때 북경에 설치했다.

모두 마땅히 선성과 선사의 예로써 섬겨야 하는데, 노나라의 사구라 하여 어찌 마땅히 절해야 할 자리에서 절하지 않을 수 있습니까? 만약 사구란 직책으로 공자를 칭한다면, 공자는 한 소국의 배신인데 어찌 천자의 존엄함을 낮추어서 제사를 지냅니까?" 이에 부영은 묵묵부답이었다.

밤중에 부영이 또 와서 나에게 말했다.

"방금 경사에서 온 사람이 말하기를, 상서(尙書)와 한 학사가 서로 서서 말한 것을 의심하여 교위(校尉)[386]가 체포하여 천자께 아뢰니 금의위(錦衣衛)[387]에 명령을 하달하여 옥에 가두어 어떤 말을 했는지 조사하도록 했다 하오. 학사는 몸을 내각에 담고 있어 지존께서 대소사가 있으면 모두 의논하는 처지인데, 지금 상서와 더불어 말하면서 사사로운 부탁이 있었는지 염려되어 이를 따져 묻게 한 것이라오."[388]

【3월 22일】 홍제현(興濟縣)[389]을 지나다.

이날은 흐렸다. 새벽에 안도새구포(安都塞口鋪)와 청수왕가구포(淸水王家口鋪)[390]를 지나 건녕역(乾寧驛)[391]에 이르렀다. 홍제현의 치소

---

386) 천자의 행렬 시에 현재의 의장대와 같이 어가(御駕)를 호위하면서 숙위(宿衛)의 역할을 담당했다. 이들은 금의위(錦衣衛)에 소속되었다.『명사』권76, 직관지 5.
387) 2월 15일 주 416) 참조.
388) 내각의 대학사를 가리키는 것으로 보인다. 명 태조 홍무제는 군주절대체제를 유지·존속시키기 위해 환관과 황실의 친위군대인 금의위(錦衣衛)에게 죄가 있거나 혐의가 있는 자를 체포·구금하고 형벌을 가할 수 있는 특수임무를 부여했다. 이러한 특무정치(特務政治)를 행함에 지위의 고하를 막론하고 황제권에 대한 음모 혐의가 있으면 황실의 뜰 아래서 곤장을 치는 정장제도(庭杖制度)가 있었다. 정장은 사례태감이 상좌에 앉아 감시하는 가운데 금의교위(錦衣校尉)가 이를 집행했다. 심지어 대학사라도 의심스러운 행동이 있을 때는 금의위에서 체포하여 심문하는 일이 가능했다. 정이(丁易),『명대특무정치』, 신화서점, 1983.
389) 하간부성 동쪽 180리 되는 곳에 있다. 송대에는 범교진(范橋鎭) 지역이었다. 송 휘종 대관(1107~10) 초에 홍제현으로 승격했다. 금대 초에 창주에 속했다. 원대에는 청주(淸州)에 속했으나, 명대에 하간부에 예속되었다.『대명일통지』권2, 하간부.
390) 청수왕가구포(淸水王家口鋪)가 아니라 청수구포(淸水口鋪)가 아닐까.『조하도지』권1, 조하.

는 역 뒤에 있고 역 앞에 큰 집이 있었다. 진훤이 말했다.

"이곳은 신황후 장씨392)의 사제(私第, 사택)393)입니다. 처음 신황제(홍치제)께서 황태자가 되었을 때,394) 흠천감(欽天監)395)이 상주하기를 '황후의 별이 하수(河水)의 동남쪽에 비칩니다' 하니, 선제(성화제)가 명하여 하의 동남지역 양가의 여자 삼백 명을 선발396)하여 경사에 모이도록 했습니다. 이중에서 황태후가 다시 선발해 장씨가 뽑혀 정후로 봉해졌습니다. 황후의 조부는 봉양부(鳳陽府)397) 지부였고, 아버지는 옛날 국자감 생도398)로 관직이 없었는데 지금은 특별히 도독399)에 임명되었습니다."

---

391) 건녕현 치소 서쪽 위하에 연해 있다. 명 태조 홍무 21년(1388)에 지현 유거경(劉居敬)이 세웠다. 참선 15척, 토민 12명, 수부 96명이 편성되었다. 가정『하간부지』권4, 궁실지; 권8, 재부지.

392) 효종 홍치제 효강황후(孝康皇后) 장씨를 가리킨다. 산동 홍제현 출신이다. 모는 김씨로 달이 품속으로 들어오는 꿈을 꾸고 황후를 낳았다고 한다. 헌종 성화 23년(1487)에 태자비가 되었다. 이해 효종이 즉위하자 황후에 책립되었다. 세종 가정 28년(1549)에 죽었다.『명사』권114, 후비열전.

393) 효종 홍치제는 황후를 위해 가묘(家廟)를 홍제현에 세웠는데 매우 장대하고 화려했다. 수년의 세월에 걸쳐 완성했다.『명사』권114, 후비열전. 사저는 후에 진무(眞武)를 제사지내는 숭진궁(崇眞宮)으로 변했다. 가정『하간부지』권3, 건치지.

394) 홍치제는 헌종 성화 11년(1475) 11월에 황태자가 되었다.『명 헌종실록』권147, 계축조.

395) 흠천감은 감정(監正, 정5품) 1명, 감부(監副, 정6품) 2명 등으로 구성했고, 천문을 살피고, 해와 달의 움직임을 살펴 달력을 만들며, 길흉을 점치는 일을 담당했다.『명사』권74, 직관지 3.

396) 태조는 천자·왕의 후비·궁빈(宮嬪) 등은 반드시 양가의 자녀를 선발하여 혼인하도록 했고, 대신이 추천하지 못하도록 했는데 출세를 노리는 자들이 간계를 행하고 나라에 이롭지 않은 것을 두려워했기 때문이다.『전고기문』(典故紀聞) 권2.

397)「우공」의 양주 땅이다. 옛날에는 도산(塗山)의 나라였다. 전국시대에는 초의 회남군(淮南郡)에, 진대(秦代)에는 구강군(九江郡)에 속했다. 한대에는 군을 고쳐 회남국으로 했다. 수 문제 개황(581~600) 초에 호주(濠州)로 됐다. 명 태조의 고향으로 오 원년(1364)에 임호부(臨濠府)로 고쳤다. 홍무 3년(1370)에 중립부(中立府)로 고치고 중도(中都)로 했다. 태조 7년 봉양부로 고쳤다.『대명일통지』권7, 봉양부.

398) 부는 만(巒)으로 태학에 향공(鄕貢)으로 들어갔다.『명사』권114, 후비열전.

좌위포(左衛鋪) · 유항구포(柳巷口鋪) · 삼성사(三聖祠) · 반고묘(盤古廟)[400] · 고토강(高土岡)을 지나 노대(蘆臺)의 옛 성[401]에 이르렀다. 성의 북쪽은 청현(青縣)[402]의 치소와 접해 있었고, 모두 강의 서북쪽 언덕에 있었다. 현의 앞쪽으로 통진(通眞)과 보정(保定), 그리고 호타하(滹沱河)[403] 세 강이 모였으므로, 이를 삼차(三叉)라고 불렀다. 또 종루각 · 사직단 · 초범정(峭帆亭)[404] · 중주집(中州集)을 지나 하간부(河間府)[405] 지방에 이르니 부성은 하의 북쪽 7, 8리 정도에 있다. 유하역(流河驛)[406]을 지나니 날이 이미 저물었다. 유하포[407]를 지나 밤 2경에 하관둔(夏官屯)[408]에 이르러 유숙했다.

---

399) 효종 홍치제가 자못 외가를 예우하여 황후의 아버지를 창국공(昌國公)에 임명하고, 동생 학령(鶴齡)은 수녕후(壽寧侯)에, 연령(延齡)은 건창백(建昌伯)에 봉했다. 홍치 초에 홍려시경(鴻臚寺卿)에 제수되었고, 중군도독부 동지에 승진했다. 『명사』 권114, 후비열전: 권300, 외척열전: 가정『하간부지』 권23, 인물지.

400) 천지개벽시에 나와 이 세상에 군림한 옛 천자다. 청현(青縣) 남쪽 15리 되는 곳에 있다. 원 세조 15년(1278) 4월 유사에 명하여 회천현(會川縣)의 반고왕사(盤古王祠)를 수리하게 했다. 명 성조 영락 4년(1406)에 향인(鄉人)들이 중수했다. 가정『하간부지』 권3, 건치지.

401) 청현 위하 서안에 있다. 주위의 둘레가 3리(하간부지는 32리)로 당대에 이곳에 노대군(蘆臺軍) 기지를 설치했는데 지금도 존재한다. 『대명일통지』 권2, 하간부.

402) 하간부성 동쪽 150리 되는 곳에 있다. 본래는 당대의 유주(幽州) 노대군(蘆臺郡)의 지역이다. 오대 때 거란에 빼앗겨 영주(寧州)가 설치되었다. 북주가 다시 이 지역을 되찾아 영안현(永安縣)을 두면서 창주에 예속시켰다. 명 태조 홍무 초에 청현으로 고치고 회천현(會川縣)을 이 지역에 편입시켰다. 『대명일통지』 권2, 하간부.

403) 호지하(滹池河) 또는 도해하(徒駭河)라고도 한다. 헌현(獻縣) 남쪽에 있다. 대희산(大戱山)에서 발원하여 대군(代郡) 노성현(鹵城縣)으로부터 동쪽으로 흘러 삼합현(三合縣) 진정(眞定)과 남관(南關)을 지나간다. 헌현의 성 남쪽을 지나 청현에 이르러 위하와 합쳐 바다에 이른다. 위(魏) 자사 왕질(王質)이 굴곡을 소통하게 하고 물길을 똑바로 흐르도록 했다. 『대명일통지』 권2, 하간부; 가정『하간부지』 권1, 지리지.

404) 청현 노대(蘆臺) 중주집(中州集)에 있고 장곡(張斛)의 시와 노래가 있다. 『대명일통지』 권2, 하간부.

【3월 23일】 정해현(靜海縣)⁴⁰⁹⁾을 지나다.

이날은 맑았다. 축시(丑時, 새벽 1~3시)에 배를 출발하여 조대포(釣臺鋪)⁴¹⁰⁾와 남가구포(南家口鋪), 그리고 쌍당포(雙塘鋪)⁴¹¹⁾를 지나 봉신역(奉新驛)⁴¹²⁾에 이르니 역은 정해현 현청 앞에 있었다.

내가 부영에게 말했다.

"수차(水車)⁴¹³⁾ 만드는 방법을 배우고 싶습니다."

"그대는 어디서 수차를 보았소?"

나는 말했다.

"지난번 소흥부를 지날 때 어떤 사람이 호수 언덕에서 수차를 돌려

---

405) 「우공」의 기주(冀州) 땅으로 춘추시대에는 진(晉)의 동양(東陽) 지역이고, 전국시대에는 연·조·제 3국의 경계 지역이다. 진대(秦代)에는 거록(鉅鹿)과 상곡(上谷) 2군의 땅이며, 한대에 하간국을 설치했다. 후위시대에 하간군을 설치했다. 원대에는 하간로였으나, 명 태조 홍무 초에 하간부로 고치고 북평포정사(北平布政司)에 예속시켰다. 지금은 직례 경사에 속한다. 『대명일통지』 권2, 하간부.
406) 청현 서안 북쪽에 있고 정해현(靜海縣) 경계에 이른다. 『산동통지』 권19, 조운.
407) 유하포(流河鋪)가 아니라 유하구포(流河口鋪)가 아닐까. 『조하도지』 권1, 조하.
408) 화북에서는 집락(集落)을 둔(屯)이라고 했다. 사(社)가 종전부터 존재하고 있던 집락을 일컫는 데 반해 둔은 이주와 개간에 의해 형성된 집락을 말한다. 栗林宣夫, 『里甲制の硏究』, 文理書院, 1971.
409) 하간부성 동쪽 180리 되는 곳에 있다. 송대에는 청주(淸州) 와구채(渦口寨)였다. 휘종 대관(1107~10) 중에 정해현(靜海縣)으로 승격되었다. 금대에는 청주에 속했으나, 원대에 이를 폐하고 회천현에 예속시켰으나 얼마 지나지 않아 다시 설치했다. 명 태조 홍무 초에 정(靖)을 정(靜)으로 고치고 하간부에 예속시켰다. 『대명일통지』 권2, 하간부.
410) 조대(釣臺)는 청현 북쪽 6리에 있고, 송대에 이곳에 채(寨)를 설치하여 청주에 예속시켰다. 『대명일통지』 권2, 하간부.
411) 쌍당포(雙塘鋪)가 아니라 쌍당포(雙堂鋪)가 아닐까?. 『조하도지』 권1, 조하.
412) 정해현 성 밖에 있다. 명 성조 영락 13년(1415)에 지현 상박(尙朴)이 세웠다. 참선 15척, 토민 13명, 수부 104명으로 편성했다. 가정『하간부지』 권4, 궁실지: 권8, 재부지.
413) 성종은 전라도 관찰사 이집에게 최부가 중국에 이르러 수차의 제도를 보고 왔다 하니, 뛰어난 목공으로 하여금 최부의 지시를 받아 수차를 만들어 보내도록 명했다. 『성종실록』권217, 19년 6월 병진. 전 사직(司直) 최부가 수차를 만들어 바쳤다. 『성종실록』 권219, 19년 8월 을미. 최부는 수차에 대한 관심이 깊었으며, 자세한 사항을 숙지한 후 귀국하여 수차를 만들어 보급했다.

반고. 중국 도교의 천지창조 설화에 나오는 인물이다(『삼재도회』).

수전에 물을 대고 있었는데, 힘은 적게 쓰고 물은 많이 퍼올리니 가뭄을 당했을 때 농사에 도움이 될 만합니다."

"그것을 만드는 방법은 목공이 아는 바이며, 나는 상세히 알지 못하오."

"옛날 송 인종(仁宗) 가우(嘉祐, 1056~63) 연간에 고려에 신속(臣屬)된 탁라도[414] 사람이 돛대가 부러지고 표류하여 해안에 닿아 소주 곤산현(崑山縣)[415]에 이르렀습니다. 지현 한정언(韓正彦)[416]이 술과 음식으로 위로하고, 오래된 돛대를 주목(舟木) 위에 설치했는데 움직이지 않는 것을 보고 공인(工人)을 시켜 돛대를 수리하고 회전축을 만들게 하여 그것을 눕히고 세우는 법을 가르쳐주니 그 사람들은 기뻐하여

---

414) 탐라가 고려 정부의 행정적 지배를 받는 시점은 태조대부터다. 태조 8년(925)에 탐라에서 공물을 바치고 있는데, 왕건은 그 이전부터 이곳에 영향력을 미치고 있었다. 고려는 탐라를 도(島)로 편제하고서 지배했다. 현종 2년(1011)에 국가에서 주기(朱記)를 내려주어 군현과 같은 대우를 받는 지역으로 승격되었지만, 실질적 행정단위는 여전히 도(島)였다. 숙종 10년(1105)에 탐라군이라는 군현명이 정해질 때까지 행정단위 명칭은 탁라도(托羅島)였다. 김일우,『고려시대 탐라사 연구』, 신서원, 2000.
415) 소주부성 동쪽 70리 되는 곳에 있다. 진대에는 누현(婁縣)의 땅으로 회계군에 속했다. 양(梁) 무제 대동(535~546) 초에 나누어 곤산현을 설치하였는데 산 때문에 이러한 이름이 붙었다. 당대에는 소주, 송대에는 평강부에 속했다. 원대에는 곤산주로 승격시켰으나, 명 태조 홍무 초에 현으로 고쳤다.『대명일통지』권8, 소주부.
416) 자는 사덕(師德), 안양(安陽) 출신이다. 위(魏)나라 충헌(忠憲) 왕기(王琦)의 종자(從子)다. 송 인종 가우 연간(1056~63)에 곤산현 지현을 역임했다. 석제(石堤)를 만들어 두문(斗門)을 소통하게 하고 당(塘) 70리를 만들어 군에 도달하게 하여 비옥한 토지 수백 경(頃)을 얻었다. 그 위에 주에 수송해야 할 부(賦) 13만을 곤산현으로 운반했다. 당을 만들 때 나머지 재료로 현의 창고를 만들어 이곳에 저장할 것을 청했다. 백성들이 대단히 기뻐했다. 그가 떠나갈 때 길을 막고 머무르게 하여 생사(生祠, 공덕 있는 사람을 연모하여 생존시에 세운 사당)를 세웠다. 사한기(思韓記)라고 돌에 새겨넣었다. 가정『곤산현지』권9, 명환(名宦). 후에 그는 철종 원우 4년(1089) 6월 지창주조청대부(知滄州朝請大夫)에서 소부감(少府監)으로, 철종 6년 정월에는 우조의대부홍려경(右朝議大夫鴻臚卿)에서 하동로전운사(河東路轉運使)가 되었다.『속자치통감장편』권429, 정미조; 권454, 무인조.

손뼉치며 빙글빙글 돌았습니다. 탁라는 지금 우리 나라의 제주입니다. 우리는 제주에 갔다가 표류하게 되어 이곳에 왔으니 그 사람들과 처지가 같습니다. 당신이 한공과 같은 마음으로 우리에게 수차 만드는 방법을 가르쳐주면 우리도 박수치며 좋아할 것입니다."

부영이 말했다.

"수차는 단지 물을 대는 데 사용할 뿐이니 배울 것이 못 되오."

"우리 나라는 논이 많고 자주 가뭄을 겪습니다. 만약 그 제도를 배워 우리 나라 사람을 가르쳐서 농사에 도움을 준다면 당신에게는 한마디의 수고이지만 우리 나라 사람들에게는 영원한 이익이 될 것입니다. 그러니 만드는 방법을 깊이 궁리하기를 바라며 미진한 것이 있으면 여러 수부[417]들에게 물어 명확히 나에게 가르쳐 주시오."

"이 북쪽 지방은 모래가 많고 수전이 없으므로[418] 수차가 소용없으니 수부들이 그 제도를 어찌 알겠소? 내가 잠시 생각해보겠소."

밥을 먹는 동안 부영이 간략하게 기계의 형태와 운영방법을 말해주었다.

"내가 본 것은 발로 돌리는 것이고, 이것은 손으로 돌립니다. 그 형태와 운용법이 조금 다른데 왜 그렇습니까?"

"그대가 본 것은 필시 도차(蹈車, 발로 밟는 수차)[419]인 것 같은데 내가 가르쳐주는 방법은 아주 편리하여 혼자서도 운용할 수 있소."

"소나무로 만들 수 있습니까?"

---

417) 2월 14일 주 394) 참조.
418) 중국의 기후는 진령산맥과 회하를 잇는 선을 기준으로 북쪽, 즉 화북의 토양은 석회토양이 발달했고, 염분을 풍부하게 포함하고 있다. 그러나 유기물이 적고 수분이 부족하여 생산성은 낮다. 중국어문학연구회, 『중국문화의 이해』, 학고방, 2000.
419) 호수와 연못에 물이 흐르지 않을 때 여러 사람이 모여 밟아 차를 돌리는데, 크기는 2장, 작은 것은 1장 정도다. 한 사람의 힘으로 하루 논 5무(畝, 명대의 1무는 약 5.8아르=30평), 소는 그 배인 10무에 물을 댈 수 있다. 『천공개물』(天工開物) 권 상편, 수리(水利).

"소나무는 가벼워서 만들 수 없소. 그 기틀은 오로지 위아래는 삼나무[杉木]만 쓰고, 그 장골(腸骨)은 느릅나무를 사용하오. 그 판은 녹나무[樟木]를 사용하며 그 수차의 중심은 죽편을 사용하여 묶고, 앞뒤의 네 기둥은 반드시 커야 하며 가운데 기둥은 조금 작아야 하고 그 수레바퀴와 중심부의 판자는 길고 짧음, 넓고 좁음이 같아야 하오. 만약 삼나무와 느릅나무, 그리고 녹나무 등을 사용하지 못하면 나뭇결이 단단하고 질긴 것을 사용해야 비로소 가능하오."[420]

독류(獨流)순검사[421]와 사령포(沙寧鋪)를 지나 무청현(武淸縣)[422] 지방에 이르렀다. 양청(楊靑)체운소[423]를 지나 사람들이 잠자리에 들

---

420) 최부의 수차 제조 방법은 다음과 같다. "농사를 짓는 데 쓸 경우 물을 올리려면 한 사람이 수차바퀴 머리 윗부분에 다가서서 두 손으로 운전한다. 배에다 설치하여 물을 긁어낼 때는 한 사람이 바퀴 곁에 앉아서 한 손으로 운전한다. 물을 운반하는 데 쓰려면 산이나 언덕에서는 수레를 만들어 약간의 복판(腹板)을 모름지기 길고 넓게 하되, 비록 4, 5장이어도 무방하다. 윤판(輪板)은 길어야 하고 장골(腸骨)은 많아야 하는데, 이는 복판을 보아 알맞게 만들어야 한다. 물가로부터 물을 끌어올리는 데는 그 물이 떨어지는 곳에 못을 만들어 모아두고 다른 수차로 차차 올리도록 한다. 대개 기계의 형태와 길고 짧음은 지세의 높고 낮음에 따르며, 복판이 넓고 좁음은 취하는 물의 많고 적음에 따르게 한다. 제도는 복판이 위는 도랑을 보게 하고 아래는 물바닥에 꽂히게 하며, 길이는 기계의 상하 끝까지 닿게 한다. 협판(挾板)은 복판보다 조금 좁게 하며 윤판은 협판보다 조금 좁게 한다. 장골은 윤판의 중간을 꿰뚫게 하되 어느 쪽으로도 기울지 않아야 한다. 또한 윤판의 길고 넓음과, 장골의 드물고 조밀함도 또한 똑같이 정제되어야 한다. 윤판과 장골의 수는 기수(奇數)를 쓰며, 축(軸)은 복판의 넓이를 보아 하고, 복(輻)은 윤판의 반쯤 되게 한다. 곡(穀)은 기계 머리의 한가운데 위치하고 축이 돌아가는 구멍은 모두 쇠로 씌워 원활하게 돌게 한다. 장골은 못(釘)을 주어 연결하되 대나무를 쓰고 기계의 기둥에도 못을 주되 쇠를 써서 한다. 앞뒤 네 기둥은 커야 하며 중간 기둥은 약간 작게 한다. 제작하는 나무는 기계에는 삼나무를 쓰고, 장골은 느릅나무를 쓰며, 윤판은 녹나무를 쓰고, 차장(車腸)은 죽편(竹片)을 써서 얽어맨다. 만일에 삼나무·느릅나무·녹나무를 얻지 못하면 모름지기 나뭇결이 단단하고 질긴 것을 쓸 것이며, 윤판에는 나무가 무거운 것을 쓰되, 두텁고 실한 것이라야 비로소 가할 것이다."『성종실록』권 219, 19년 8월 을미.
421) 정해현에 독류포(獨流鋪)는 존재한다. 만력『대명회전』에 하간부와 순천부에는 독류순검사라는 이름이 보이지 않는다. 만력『대명회전』권138, 병부21 관진(關津);『조하도지』권1, 조하.

무렵인 밤 10시경에 양청역(楊青驛)⁴²⁴⁾에 이르렀다. 지명은 모두 양류청(楊柳青)이었다. 잠시 머물렀다가 3경에 다시 배를 출발시켰다.

【3월 24일】 천진위(天津衛)⁴²⁵⁾를 지나다.

이날은 흐렸다. 새벽에 직고성(直沽城)⁴²⁶⁾을 지났는데, 강 이름은 고수(沽水)⁴²⁷⁾였다. 천진위성에 이르렀는데 위하는 남쪽에서부터 북쪽으로 흘러가니 이는 내가 따라서 왔던 물길이고, 백하⁴²⁸⁾는 북쪽에서부터 남쪽으로 가니 곧 내가 거슬러 올라가려는 물길로, 두 강은 성의 동쪽에서 합류하여 바다로 들어간다.⁴²⁹⁾ 성은 두 강이 모이는 곳에 임해 있으며 바다는 성의 동쪽 10여 리에 있었다. 옛날에는 양자강과 회수 이남의 조운은 모두 큰 바다로 나아가 다시 이곳에서 모여 경사(북경)에

---

422) 통주성(通州城) 남쪽 50리 되는 곳에 있다. 한대에는 옹노현(雍奴縣)으로 어양군(漁陽郡)에 속했다. 당 현종 천보(742~756) 초에 유주에 속해 있던 것을 처음으로 무청현으로 했다. 원대에는 대흥부(大興府)에 속했으나 곧 분할하여 곽주(漷州)에 예속시켰다. 명조는 통주에 예속시켰다. 『대명일통지』 권1, 순천부.
423) 무청현 동남쪽 150리 되는 곳에 있다. 『독사방여기요』 권2, 직례(直隸) 2.
424) 무청현 동남쪽 150리 되는 곳에 있다. 이전에 역과 체운소를 설치했는데 명 세종 가정 19년(1540)에 천진위(天津衛)를 설치했다. 『독사방여기요』 권2, 직례 2.
425) 명 성조 영락 2년(1404) 12월에 설치했다. 정해현 치소 북쪽 90리 되는 소직고(小直沽), 구체적으로는 백하(白河)의 서쪽, 위하의 남쪽에 있다. 『명 태종실록』 권37, 병자조; 가정 『하간부지』 권4, 궁실지; 『조하도지』 권1, 조하.
426) 무청현 동남쪽 120리 되는 곳에 있다. 위하·백하·정자고(丁字沽)가 이곳에서 합류하여 바다로 들어간다. 이곳으로부터 동남쪽으로 40리 떨어진 곳에 원 인종 연우 3년(1316)에 해청진(海淸鎭)을 설치했다. 『독사방여기요』 권11, 직례 2. 이곳에 위치한 성을 가리키는 듯하다.
427) 일명 서로수(西潞水) 또는 동로수(東潞水)라고도 한다. 『수경』(水經)에 '새외 단화령(丹花嶺)으로부터 발원하여 구천수(九泉水)와 합류하고 남쪽으로 흘러 안락고성(安樂故城)의 서남쪽을 거쳐 나산(螺山)의 물과 합류하여 서로가 된다. 또 남쪽으로 흘러 호노고성(狐奴故城)의 서쪽을 지나 포구수(鮑丘水)와 합류하여 동로하가 된다'고 기록되어 있다. 『대명일통지』 권1, 순천부.
428) 3월 초5일 주 103) 참조.
429) 정해현(靜海縣) 북쪽에 소직고(小直沽)가 있다. 위하가 서쪽으로부터 흘러와 백하와 합류하여 바다로 들어간다. 『명사』 권40, 지리지.

도차. 수차의 일종으로 발로 밟는다(『천공개물』).

도달했다.[430] 지금은 수로를 파고 수문을 설치하여 막기도 하고 열기도 해서 수운의 이익을 천하에 통하게 했다.

성 안에 천진위[431]와 천진좌위(天津左衛),[432] 그리고 천진우위(天津右衛)[433]의 관사가 있었는데 해운 등의 일을 나누어 관장했다. 성 동쪽에는 큰 사당이 강 언덕을 내려다보고 있었는데 현판의 글씨가 컸다. 멀리서 바라보니 그 위는 '천'(天)자고 그 아래는 '묘'(廟)자인데, 가운데 한 글자는 무슨 글자인지 알 수 없었다. 강을 거슬러 올라가 정자고(丁字沽)[434]·해구리(海口里)·하동(河東)순검사[435]·도화구(桃花口)[436]·윤아만포(尹兒灣鋪)[437]·포구아포(蒲溝兒鋪)[438]·하로미점포(下老米店鋪)를 지나 양촌역(楊村驛)[439]에 이르니 양촌역 서쪽에 순검사[440]가 있었다.

---

430) 명 태조 홍무제는 어사대부 탕화(湯和)에게 장군 서달(徐達)의 북정시에 사용될 군향을 해상으로 직고(지금의 천진 부근)에 운송할 것을 명했다.『명 태조실록』권34, 홍무 원년 8월 계미조.
431) 3월 초5일 주 96) 참조.
432) 명 성조 영락 2년(1405) 12월에 설치했다. 정해현 치소 북쪽 90리 되는 소직고에 있다. 천진위의 동쪽에 있다.『명 태종실록』권37, 병자조:『조하도지』권1, 조하.
433) 명 성조 영락 4년(1407) 10월에 설치했다. 정해현 치소 북쪽 90리 되는 소직고에 있다. 천진위 서쪽에 있다.『명 태종실록』권37, 병자조: 권61, 갑자조:『조하도지』권1, 조하.
434) 소직고 서남쪽에 있다. 가정『하간부지』권1, 지리지.
435) 하동순검사의 명칭은 물론 언제 설립되고 폐지되었는지 알 수 없다. 만력『대명회전』권138, 병부 21 관진 1에도 명기되어 있지 않다.
436) 양촌(陽村)으로부터 20리 떨어져 있다. 조운로상에 있다.『독사방여기요』권11, 직례 2.
437) 윤아만(尹兒灣)이 아니라 윤아만포인 것 같다.『조하도지』권1, 조하.
438) 포구아포(浦口兒鋪)가 아닐까.『조하도지』권1, 조하.
439) 무청현 남쪽 50리 되는 곳에 있다. 조운로상에 있다.『독사방여기요』권11, 직례 2.
440) 양촌순검사를 가리키는 듯하다.『대명회전』권138, 병부 21 관진 1.

【3월 25일】 날씨가 흐렸다.

이른 아침에 상로미점포(上老米店鋪)·백하리포(白河里鋪)·남채촌포(南蔡村鋪)·북채촌포(北蔡村鋪)·왕가무포(王家務鋪)·두구포(杜口鋪)·쌍천포(雙淺鋪)·몽촌포(蒙村鋪)·백묘아포(白廟兒鋪)·하서무(河西務)순검사[441]를 거쳐서 하서역(河西驛)[442]에 이르렀다. 역과 체운소[443]의 거리가 7, 8보쯤 떨어져 있었다.

부영이 나에게 말했다.

"절강삼사[444]에서 그대들이 표류한 일을 상주한 표문(表文)[445]에는 본래 경사에 도착해야 할 기한이 4월 1일이오.[446] 내가 표문을 받들고 가는데 기한 내에 도착하지 못할까 염려되어,[447] 이 역에서 역마를 타고 먼저 경사로 향할 것이오. 훗날 병부 앞에서 서로 만나도 함부로 읍례를 하여 아는 척해서는 안 될 것이오. 새 천자(홍치제)의 법도가 엄하기 때문이오."

---

441) 무청현에는 하서역(河西驛)이 설치되어 있었는데 순검사의 정식명은 하서순검사(河西巡檢司)가 아니라 하서무순검사(河西務巡檢司)다. 『대명회전』 권138, 병부 21 관진 1. 하서무는 원대 이래 조운로상의 중요한 교통로였다. 명대에는 초관(鈔關)의 하나로 상세를 징수하는 곳이었다. 『명사』 권81, 식화지 5.
442) 하서수역(河西水驛)으로 무청현 동북쪽 30리 되는 하서무(河西務)에 있다. 원 세조 지원 24년(1287)에 하서무마참(河西務馬站)을 설치했는데 바로 이곳이다. 광서 『순천부지』 권11, 경정지(經政志) 역전.
443) 통주에는 통주체운소가 설치되어 있었다. 『대명회전』 권147, 병부 30 역전 2.
444) 2월 초4일 주 42) 참조.
445) 명대에 황제에게 올리는 문서를 표문(表文)이라고 하며, 황후나 황태자에게 올리는 문서는 전문(箋文)이라고 한다. 『대명회전』 권75, 예부 33 표전의식(表箋儀式).
446) 명률에 군정(軍情)을 신속히 보고해야 하는 경우 신속히 하지 않으면 장(杖) 100에 처하고 파직시켜 등용하지 않았다. 『대명률』 권14, 병률 비보군정(飛報軍情).
447) 군정에 대한 일을 보고하는 경우 재외에 소재하고 있는 부와 주는 사람을 선발하여 하나는 포정사에, 다른 하나는 도지휘사사 및 소속 안찰사에 보고하도록 되어 있었다. 수어관(守禦官)은 도지휘사사, 도지휘사사는 소속 도독부, 하나는 포정사, 하나는 병부, 하나는 어전에 보고했다. 『대명률』 권14, 병률 비보군정.

【3월 26일】날씨가 맑았다.

큰 바람이 불어 모래바람이 하늘에 가득하여 눈을 뜰 수가 없었다. 순풍을 타고 요아도구(要兒渡口)[448]·하마두(下馬頭)[449]·납초청(納鈔廳)[450]·천비묘(天妃廟)[451]·중마두포(中馬頭鋪)·거영아포(車營兒鋪)[452]·상마두포(上馬頭鋪)·하서무[453]·토문루포(土門樓鋪)·엽청점포(葉淸店鋪)[454]·왕가파도구(王家擺渡口)·노가오(魯家塢)·반증구(攀繒口)를 지나 소가림리(蕭家林里) 앞 강의 건너편 언덕에 이르러 정박했다. 우리 배와 서로 마주보고 있는 곳에 뗏목 위에 집을 얽어매어 타고 온 10여 명이 정박했다. 도적이 와서 겁탈하는데 뗏목에 탄 사람 역시 건장해 서로 맞붙어 싸웠다.

진훤이 말했다.

"이처럼 도적이 멋대로 때리고 노략질을 하니 당신 무리를 나누어 각자가 서로 도적을 경계하여 조심해서 밤을 보내십시오."

천진위 이북은 흰 모래가 평야에 가득히 깔려 있었다. 광활한 들에는 풀이 없으며 오곡도 자라지 않고 인가도 드물었다. 조조(曹操)가 오환(烏丸)[455]을 정벌할 때 장수를 파견하여 호타하(滹沱河)로부터 노하(潞河)[456]와 사하(沙河)[457]로 들어가게 한 곳[458]이 바로 이 땅이다.

---

448) 요아도구(要兒渡口)가 아니라 요아도구포(要兒渡口鋪)가 아닐까?『조하도지』권1, 조하.
449) 하마두포(下馬頭鋪)는 장가만하마두포(張家灣下碼頭鋪)를 가리킨다.『조하도지』권1, 조하.
450) 명대의 초관은 선박 및 화물의 수량·용량·길이·면적 등을 기초로 또는 상품의 가격을 기준으로 세율을 정했다. 이민호,「명대 초관세의 징수추이와 성격변화」,『중국사연구』21, 2002. 납초청은 상세를 초(鈔, 지폐)로 징수하는 기구로 파악된다.
451) 하간부 정해현 대직고와 소직고에 각각 한 개씩 설치했다. 명 성조 영락제가 이곳을 지날 때 기도를 올려 영험을 얻었다고 한다.『하간부지』권3, 건치지.
452) 차영아(車榮兒)가 아니라 차영아포(車營兒鋪)가 아닐까?『조하도지』권1, 조하.
453) 3월 25일 주 441) 참조.
454) 엽청점(葉靑店)이 아니라 엽청점포(葉淸店鋪)다.『조하도지』권1, 조하.

【3월 27일】 날씨는 맑았지만 큰 바람이 불었다.

해뜰 때 화합역(和合驛)[459]에 이르렀다. 곽현(潞縣)[460]을 지났는데, 현치는 강 동쪽 언덕에 있었다. 마두(馬頭)순검사[461]와 최씨원정(崔氏園亭)[462]은 그 가운데 있었다. 이곳에 이르니 모래언덕이 높고 커서 마

---

455) 본래 동호(東胡)다. 한 초에 흉노의 모둔선우(冒屯單于)에게 멸망당했다. 살아남은 부족이 오환산(烏桓山)에서 거주하여 이러한 이름이 붙었다. 말을 잘 타고 활을 잘 쏘며 짐승을 잡는 일을 업으로 삼고 있었다. 『후한서』권90, 오환선비열전(烏桓鮮卑列傳). 후한 헌제 건안 12년(207) 하북을 평정한 조조가 마침내 오환을 평정하니 그 대부분이 선비의 여러 부락에 예속되었고, 북위의 화북통일 이후에는 점차 한민족에 융합되어져 다시는 동양사에서 그들의 집단적인 활동을 찾아볼 수 없게 되었다.

456) 3월 초5일 주 97) 참조.

457) 패주성(覇州城) 남쪽에 있다. 당하(塘河)와 합류하여 바다로 들어가는 곳인데 비어구(飛魚口)라고 부른다. 『태평환우기』(太平寰宇記)에는 오거수(五渠水), 또는 장명수(長鳴水)라고 한다. 후위 손원(孫願)이 일찍이 이곳에서 고기를 잡았다고 한다. 이외에 풍윤현(豊潤縣)에 사하(沙河)가 있는데 난주(灤州)로부터 발원하여 서북쪽으로 흘러 현의 동남쪽을 거쳐 바다로 들어간다. 『대명일통지』권1, 직례.

458) 후한 헌제 건안 11년(206) 8월에 오환이 천하가 어지러워지자 유주(幽州)를 공격하고 한족의 백성 10여만 호를 노략했다. 이때 원소(袁紹)가 요서 지방의 선우(單于)를 후히 대했지만, 수차 요새에 침입해 해를 끼쳤다. 이에 조조가 이들을 정벌하려고 거(渠)를 뚫었는데 호타(呼沱)로부터 고수(泒水)에 들어갔다. 이를 평로거(平虜渠)라고 한다. 또 구하구(泃河口)로부터 노하(潞河)까지 뚫었다. 이를 천주거(泉州渠)라 하며 바다로 통한다. 『삼국지』권1, 위서 무제본기.

459) 통주 동남쪽 35리 되는 곳에 있다. 옛 이름은 합하역(合河驛)이었다. 백하·유하(楡河)·혼하(渾河)라는 세 개의 하가 모여 이러한 이름이 붙었다. 명 성조 영락 연간에 설치했다. 신종 만력 4년(1576)에 장가만(張家灣)으로 옮기면서 지금의 이름으로 바뀌었다. 광서 『순천부지』권11, 경정지 역전.

460) 통주성 남쪽 45리 되는 곳에 있다. 한대에는 천주현(泉州縣)의 지역으로 어양군(漁陽郡)에 속했다. 진대(晉代)에는 연(燕)에 속했으나 후에 폐했다. 요대(遼代)에는 곽하(潞河)의 남쪽에 곽음진(潞陰鎭)을 설치했는데 후에 곽음현(潞陰縣)으로 했다. 원 초에는 대흥부(大興府)에 속했으나 후에 승격시켜 곽주(潞州)로 하여 대도로(大都路)에 예속시켰다. 명조는 현으로 고치고 통주에 예속시켰다. 『대명일통지』권1, 순천부.

461) 만력 『대명회전』에 곽현에는 양촌순검사를 설치했으나 후에 폐지했다고 기록하고 있다. 만력 『대명회전』권138, 병부 21 관진 1.

치 구릉 같았다. 화소둔(火燒屯)·공계점(公雞店)·이이사(李二寺)·장점아(長店兒)·대통관(大通關)·혼하구(渾河口)⁴⁶³⁾·토교(土橋)순검사⁴⁶⁴⁾를 지나 장가만(張家灣)⁴⁶⁵⁾에 이르렀는데, 여러 길로부터 공부(貢賦)와 조공, 그리고 상고(商賈)의 배가 모여드는 곳이었다.⁴⁶⁶⁾

【3월 28일】 북경 옥하관(玉河館)⁴⁶⁷⁾에 도착하다.

이날은 맑았다. 배에서 내려 나귀를 타고, 동악묘(東岳廟)⁴⁶⁸⁾와 동관포(東關鋪)를 지나 노하수마역(潞河水馬驛)⁴⁶⁹⁾에 도착했는데 일명 통진역(通津驛)으로 중문에는 크게 '환우통구역'(寰宇通衢驛)이라고 씌어 있었다. 서쪽에는 체운소⁴⁷⁰⁾가 있고 서북쪽으로 통주의 옛 성⁴⁷¹⁾이 있으며, 통로정(通潞亭)⁴⁷²⁾은 성 동남쪽에 있었다. 동쪽으로는 백하⁴⁷³⁾

---

462) 곽현 남쪽 소안촌(小安村)에 있다. 전해 내려오기를 읍인(邑人) 최례(崔禮)가 금나라를 섬겨 사향교유(四鄕敎諭)가 되었는데 금이 멸망하자 이곳에 은거하고 원정(園亭)을 만들어 꽃과 초목을 심고 기르며 스스로 즐겼다고 한다. 원나라의 명인들이 때때로 이곳에 가서 놀며 즐겼다고 한다. 『대명일통지』 권1, 하간부.

463) 고혼하(故渾河)라는 하(河)가 있는데 신성현(新城縣) 30리 되는 곳에 있다. 순천부 고안현(固安縣)으로부터 분리되어 지류가 웅현(雄縣)의 동북쪽 경계를 지나 패주(覇州)로 흘러들어간다. 명대 이래 물 흐름이 일정치 않다. 『대청일통지』 권10, 보정부.

464) 통주에는 북관순검사·홍인교(弘仁橋)순검사·장가만순검사가 설치되어 있었다. 토교순검사는 홍인교순검사의 잘못이 아닌가 한다. 정덕 『대명회전』 권113, 병부 21 관진 1.

465) 통주성 남쪽, 즉 백하 하류에 있다. 전해오기를 원나라 때 장씨 성을 가진 만호(萬戶)가 여기에 살아 이러한 이름이 붙었다고 한다. 『대명일통지』 권1, 순천부.

466) 명대 장가만까지는 조운에 의한 수로로 미곡 등을 운반했으나 이곳으로부터 북경까지는 육상 수송이었다. 이러한 관계로 강남에서 올라오는 조운미(漕運米)나 상인들의 배가 이곳에 몰리지 않을 수 없었다.

467) 옥하의 서안에 있어 속칭 옥하관이라고 불렸다. 『통문관지』(通文館志) 사대 상편, 입경(入京). 옥하관 동조(東照), 즉 동관에 머물렀다. 권발(權撥, 1478~1548), 『조천록』 중종 14년 10월 19일.

468) 통주에는 동악묘가 3군데 설치되어 있는데, 이중 최부가 본 것은 장가만 남문 안에 있는 것으로 추측된다. 광서 『순천부지』 권5, 지리지 사사(祠祀) 상편.

469) 통주고성(通州故城) 동관(東關) 밖 노하 서쪽에 있다. 역시 명 성조 영락 중에 설치한 체운소 승(丞) 1명이 있었다. 광서 『순천부지』 권11, 역전.

가 둘러싸고 있는데 백하는 일명 백수하(白遂河), 혹은 동로하(東潞河)
라고도 한다.

우리는 걸어서 성의 동문으로 들어가 정표전공상의문(旌表田拱尙義
門)과 대운중창문(大運中倉門), 그리고 진사문을 지나 옛 성의 서문으
로 나왔다. 또 신성[474]제일포(新城第一鋪), 대운서창문(大運西倉門),
현녕관(玄寧觀)[475]을 지나 성의 서문으로 다시 나오니, 성은 옛 성과 서
로 접해 있었다. 통주[476]는 진(秦, 기원전 221~기원전 207)나라의 상
곡군(上谷郡)[477]으로 지금은 순천부 관할이다.

주치 남쪽에는 통주위[478]·통주좌위·통주우위·정변위(定邊

---

470) 통주에는 통주체운소와 북관(北關)체운소가 있었다. 후에 북관체운소는 폐했다. 만력『대명회전』권147, 병부 30 역전 2.
471) 명 태조 홍무 원년(1368)에 장군 손흥조(孫興祖)에게 옛터에 쌓게 했는데 노하의 서쪽에 있다. 즉 지금 구성이라고 일컫는 곳이다. 광서『순천부지』권3, 지리지 성지.
472) 통주성 동남쪽에 있다. 왕망(王莽)이 세웠다.『대명일통지』권1, 순천부.
473) 3월 초5일 주 103) 참조.
474) 명 경종 경태 연간에 몽골의 침입 등으로 인하여 재차 성 7리를 쌓아 신성이라고 했다. 광서『순천부지』권3, 지리지 성지.
475) 현령관(玄靈觀)은 현녕관(玄寧觀)의 잘못이다. 순천부 남쪽에 있다.『대명일통지』권1, 순천부.
476) 순천부 동쪽 70리 되는 곳에 있다. 진대에는 어양군에 속했고, 한대에는 노현을 두었다. 금대에 통주로 승격시켰는데 통제(通濟)를 조운한다는 뜻에서 이름을 붙인 것이다. 명조는 노현을 폐하고 이곳에 편입시켰다.『대명일통지』권1, 순천부.
477) 진대의 상곡군은 지금(청대) 보정부와 하간부 및 순천부의 서쪽과 남쪽 경계 및 연경주(延慶州)와 보안주(保安州)로부터 선부진 경계까지를 가리킨다.『독사방여기요』권1, 역대주역형세 1. 최부는 통주가 옛 진(秦)의 상곡군으로 알고 있는데, 상곡군은 순천부 중에서도 순의현(順義縣)·창평현(昌平縣)·대흥현(大興縣)이 여기에 포함된다.『대명일통지』권1, 순천부.

478)

위소명	설치 연도	설치 장소	비 고
통주위	성조 영락 4년(1406)	통주 치소 남쪽	『대명일통지』권1, 순천부
통주좌위	성조 영락 연간	통주위 동남쪽	〃
통주우위	성조 영락 연간	통주 치소 동남쪽	〃
정변위	태조 홍무 26년(1393)	통주 치소 서남쪽	『명 태조실록』권225, 2월 신사조
신무중위	혜제 건문 2년(1400)	통주 치소 남쪽	『대명일통지』권1, 순천부

衛)⁴⁷⁹⁾·신무중위(神武中衛)가 있었다.

우리는 성의 서문 밖에서 나귀를 타고 영제사(永濟寺)와 광혜사(廣惠寺)⁴⁸⁰⁾를 지나 숭문교(崇文橋)에 이르렀다. 숭문교는 북경 성문 밖에 있었다. 양왕은 이관(李寬), 당경(唐敬), 하빈(夏斌), 두옥(杜玉) 등과 더불어 우리를 데리고, 황성의 동남쪽에 있는 숭문문(崇文門)으로 들어가 회동관⁴⁸¹⁾에 이르렀다. 북경(경사)은 곧 사이(四夷)가 조공을 바치는 땅으로 회동본관 외에 별관을 지어 회동관이라고 했다. 우리들이 잠시 묵은 숙소가 옥하⁴⁸²⁾의 남쪽에 있어서 옥하관이라고 불렀다.

【3월 29일】 병부⁴⁸³⁾에 나아가다.

이날은 맑았다. 양왕이 우리를 인도하여 옥하관의 문을 나왔다. 동쪽의 거리를 보니 다리가 있는데, 다리 양쪽에 문이 세워져 있고, 현판에는 '옥하교'⁴⁸⁴⁾라고 씌어 있었다. 서쪽 거리를 경유하여 걸어서 상림원감(上林苑監)⁴⁸⁵⁾·남훈방포(南薰坊鋪)·태의원(太醫院)⁴⁸⁶⁾·흠천감⁴⁸⁷⁾·홍

---

479) 정변위는 원래는 산서행도사(山西行都司)에 속했으나, 명 혜제 건문 4년(1402)에 통주로 옮기고 후군도독부에 예속시켰다. 『명 태종실록』 권12, 9월 을사조.
480) 순천부 서쪽 35리 되는 곳에 있다. 옛 이름은 오화사(五華寺)다. 명 영종 정통 7년(1442)에 다시 세웠다. 『대명일통지』 권1, 순천부.
481) 명 초에 남경의 공관(公館)을 회동관으로 했다. 성조 영락 초에 회동관을 북경에도 설치했다. 영종 정통 6년(1441)에 남북 2관으로 정했다. 북관(北館)은 6개소, 남관(南館)은 3개소를 두고 대사 1명, 부사 2명을 편성하고, 부사 1명이 남관을 관리했다. 만력『대명회전』 권145, 병부 28 역전 1.
482) 옥천산(玉泉山)에서 발원하여 궁정을 거쳐 도성으로 나아가 동남쪽으로 흘러 대통하(大通河)로 들어간다. 『대명일통지』 권1, 순천부. 옥하는 옥천산에서 발원하여 동쪽으로 30리 정도를 흘러 궁궐로 들어가 금수하(金水河)가 되고, 동쪽으로 흘러 궁궐의 동쪽 성으로 나아가다 꺾여 남쪽으로 흐르는 것이 옥하다. 또 남쪽으로 흘러 경성(京城)으로 나아가다 꺾여 동쪽으로 흐르는 것이 운량하(運糧河), 대통하(大通河)가 된다. 정사룡, 『조천록』(朝天錄) 권3, 중종 22년 8월 23일.
483) 2월 초4일 주 46) 참조.
484) 순천부 남쪽 옥하 위에 3개가 있다. 하나는 장안동가(長安東街), 하나는 문덕방가(文德坊街), 하나는 성원(城垣)에 가깝게 걸쳐 있다. 『대명일통지』 권1, 순천부.

려시(鴻臚寺)⁴⁸⁸⁾·공부(工部)⁴⁸⁹⁾를 지나 병부에 이르렀다. 상서 여자준(余子俊)⁴⁹⁰⁾이 청사에 앉아 있었고, 좌시랑(左侍郞) 하(何)⁴⁹¹⁾와 우시랑(右侍郞) 완(阮)⁴⁹²⁾은 한 청사에 마주앉아 있었으며, 낭중(郞中)⁴⁹³⁾ 두 명과 주사(主事)⁴⁹⁴⁾ 네 명은 같은 청사에 연이어 앉아 있었

---

485) 상림원감(上林院監)이 아니라 상림원감(上林苑監)이다. 좌·우 감정(監正, 정5품)이 각 1명, 좌·우 감부(監副, 정6품) 각 1명, 좌·우 감승(監丞, 정7품) 각 1명, 그 소속으로 전부청(典簿廳)이 있다. 전부(典簿, 정9품) 1명, 양목(良牧)·번육(蕃育)·임형(林衡)·가소서(嘉蔬署)가 있고, 전서(典署, 정7품) 1명, 서승(署丞, 정8품) 1명, 녹사(錄事, 정9품) 1명이 있다. 감정은 원유(苑囿)·원지(園池)·목축(牧畜)·수종(樹種)의 일을 담당했다. 『명사』 권74, 직관지 3.

486) 대의원(大醫院)이 아니라 태의원(太醫院)이다. 원사(院使, 정5품) 1명, 원판(院判, 정6품) 2명이다. 그 소속으로 어의(御醫, 정8품) 4명, 이목(종9품) 1명으로 편성했다. 생약고(生藥庫)와 혜민약국(惠民藥局)은 각 대사와 부사 1명이 있다. 태의원은 의료를 담당했다. 『명사』 권74, 직관지 3.

487) 3월 22일 주 395) 참조.

488) 경(정4품) 1명, 좌·우소경(종5품) 각 1명, 좌·우사승(종6품) 각 1명이고, 그 소속으로 주부청의 주부(종8품) 1명, 사의(司儀)와 사빈(司賓) 두 관청은 각 서승(署丞, 정9품) 1명, 명찬(鳴贊, 종9품) 4명, 서반(종9품) 50명으로 편성했다. 조회·빈객·길흉 등의 일을 담당했다. 『명사』 권74, 직관지 3.

489) 상서(정2품) 1명, 좌·우시랑(정3품) 각 1명, 그 소속으로 사무청이 있고 사무(종9품) 2명이 있다. 영선청리사(營繕淸吏司)·우형·도수·둔전청리사(屯田淸吏司)가 있는데 낭중(정5품)이 각 1명, 원외랑(종5품)이 각 1명, 주사(정6품) 각 2명으로 편성했다. 그 관할 하에 영선소(營繕所)와 문사원(文思院) 등이 있다. 상서는 백관이나 산택(山澤)에 대한 일을 담당했다. 『명사』 권72, 직관지 1.

490) 여자준은 자가 사영(士英), 시호는 숙민(肅敏)으로 청신(青神) 출신이다. 부는 상(祥)으로 호부낭중이었다. 경종 경태 2년(1451)에 진사에 합격하여 호부주사를 제수받아 원외랑에 승진했다. 헌종 성화 13년(1477)에 병부상서가 되었다. 몽골 방위를 위한 변장(邊牆)을 축조한 공로로 호부상서가 되었다. 성화 22년 2월에 선부와 대동진의 변장을 축조할 때 재정을 소비하고 백성을 고통스럽게 했다는 죄명으로 관직에서 물러났으나, 다음해 병부상서가 공석이 되자 효종 홍치제는 죄가 없다는 점을 인정하고 그를 병부상서에 다시 임명했다. 홍치 2년(1489)에 61세로 죽었다. 『명사』 권178, 여자준열전.

491) 하종(何琮)으로 생각된다. 자는 문벽(文璧)으로 절강 인화현(仁和縣) 출신이다. 경종 경태 5년(1454)의 진사로 한림원 서길사·예과급사중·통정사 우참의(通政司右參議)를 역임한 다음 헌종 성화 중에 좌참의와 좌통정에 승진했다. 우시랑과 좌시랑을 역임한 뒤 효종 홍치 2년 10월에 죽었다. 『국조헌징록』 권40, 병부 3 시랑. 병부좌시랑하종전(兵部左侍郞何琮傳).

다. 우리는 차례로 시랑, 상서, 낭중, 주사가 있는 관청을 방문했다. 낭중 등은 나에게 표류하여 온 일을 다시 묻지 않았으며, 뜰 안의 홰나무 그늘을 가리키며 시제로 절구를 지으라 했고, 또 도해(渡海)를 시제로 삼아 당률(唐律)⁴⁹⁵⁾을 지으라고 했다.

직방청리사(職方淸吏司)⁴⁹⁶⁾ 낭중 대호(戴豪)⁴⁹⁷⁾가 나를 청사 위로 인도했는데, 청사의 벽에 천하지도가 걸려 있어 내가 경유했던 곳을 한 번에 알 수 있었다.

---

492) 완근(阮勤)을 가리킨다. 본래 교지인(交趾人)으로 그 부가 내지로 옮겨와 산서 장자현(長子縣)을 적(籍)으로 삼았다. 경종 경태 5년(1454)에 진사가 되었고 태주지부(台州知府)를 지냈다. 혜정을 베풀었고 우부도어사(右副都御史)로 순무섬서(巡撫陝西)의 임무를 담당하면서 돈대(墩臺)를 수리했다. 시랑이 되었는데 이민족 출신으로 중국에서 이름을 떨친 자 중에 최고의 인물이었다. 『명사』 권178, 완근열전.

493) 무선청리사 · 직방청리사 · 거가청리사 · 무고청리사에는 낭중이 각 1명씩이었으나, 영종 정통 10년(1445)에 무선청리사와 직방청리사는 낭중 1명씩을 증설했다. 헌종 성화 3년(1467)에 차가청리사 1명을 증설했으나 신종 만력 9년(1581)에 모두 폐했다. 『명사』 권72, 직관지 1.

494) 무선 · 직방 · 거가 · 무고청리사에 주사(정6품)가 각 2명이 있다. 홍무 · 선덕 연간에는 무선사는 3명, 직방사는 4명을 증설했다. 영종 정통 14년(1449)에 거가 · 무고사는 각 1명을 증설했으나 후에 폐했다. 신종 만력 11년(1583)에 차가사주사를 1명 증설했다. 『명사』 권72, 직관지 1.

495) 율시(律詩)는 근체시(近體詩)의 기본형식의 하나로, 율(律)이란 시가의 성률(聲律)과 격률(格律)을 가리킨다. 구수(句數)의 제한과 압운의 제한, 전편을 통해 자음에 규칙이 있는 평측(平仄), 중간 두 연(聯)에 있는 대장(對仗) 등을 포괄한다. 율시는 문자 그대로 고전시가 가운데 격률이 엄밀한 시체(詩體)다. 당대에는 과거로 관리를 등용하면서 5언 12구의 장률(長律)을 시험 과목으로 택했기 때문에 율시의 창작은 일시에 기풍을 이루었다. 진백해 지음, 이종진 옮김, 『당시학의 이해』, 사람과책, 2001.

496) 직방청리사는 지도 · 군제 · 성황(城隍) · 진수(鎭戍) · 선발과 훈련 · 정토 등의 일을 담당한다. 『명사』 권72, 직관지 1.

497) 자는 사문(師文), 태주 태평(太平) 출신이다. 헌종 성화 14년(1478)의 진사로 병부주사와 직방낭중, 효종 홍치 연간에 광동우참정(廣東右參政)을 역임했고 37세로 죽었다. 『벽천문선』(碧川文選) 권2, 송대사문참정광동서(送戴師文參政廣東序); 『북계쟁고문』(北溪爭稿文) 권15, 대사문묘지명(戴師文墓地銘).

498) 윤1월 초8일 주 80) 참조.

낭중 등이 지도를 가리키며 나에게 말했다.

"그대는 어디서 출발하여 어디서 머물렀는가?"

내가 손으로 표류한 지역과 지나온 바다, 머물렀던 해안을 가리켰다. 바로 대유구국(大琉球國)[498]의 북쪽을 경유하는 해로였다.

대 낭중이 말했다.

"그대는 유구의 땅을 보았는가?"

"내가 표류해서 백해(白海)로 들어가 서북풍을 만나 남하했을 때 산 모양 같은 것이 보이기도 하고 보이지 않는 것 같기도 했습니다. 또 인가에서 연기가 나고 있었는데 그것이 유구의 땅인 것 같으나 정확히 알 수 없습니다."[499]

"그대가 데리고 온 사람 중에 죽은 사람이 있는가?"

"우리 43명은 바다와 같은 황제의 은혜에 힘입어 모두 생명을 보존했습니다."

"그대의 나라에서 상을 치를 때 주문공가례[500]를 따르는가?"

"우리 나라 사람들은 아들을 낳으면 먼저 소학[501]과 가례[502]를 가르치고, 과거 또한 이것에 정통한 자를 뽑습니다. 상을 치를 때나 집에 있을 때나 한결같이 그것을 따릅니다."

"그대의 국왕은 책을 좋아하는가?"

"우리 국왕은 하루에 네 번 유신(儒臣)을 접하시며[503] 학문을 좋아하

---

499) 최부가 지나온 백해는 유구국의 주변을 지나지 않았다. 정의현감이 백해에 대해 지적한 것과 지도를 통해 봤던 유구의 위치를 추정해 지나온 것이라 말한 것 같다. 그러나 최부의 항해를 통해 보면 유구 지역까지 내려가지 않았다. 유구지역까지 내려갔다면 다시 중국 절강 지역으로 가기 위해서는 동남풍이 불어 서북쪽으로 항해했다는 기록이 있어야 하는데, 이러한 내용은 최부가 기록한 표류과정 어디에도 보이질 않는다. 다만 윤1월 9일자 일기에서 최부가 유구로 오인한 기록은 보인다.

500) 윤1월 초3일 주 26) 참조.

501) 2월 초9일 주 221) 참조.

502) 송대의 주희(朱熹)가 가정에서 일용하는 예절을 모아 엮은 책으로 조선 영조 35년(1759)에 간행했다.

고 남의 장점 취하기를 즐겨하십니다."

질문을 마치고 나서 나에게 떡과 차를 보내었고, 당경(唐敬)이 우리를 인도하여 옥하관으로 돌아갔다.

저녁에 우리 말을 잘 알고 있는 하왕(何旺)이라는 자가 와서 나에게 말했다.

"당신 나라의 하책봉사(賀冊封使)인 재상(宰相) 안처량(安處良)[504] 등 24명이 이곳에 와서 40여 일을 머물다가 지난 3월 22일에 돌아갔습니다."

내가 그들과 서로 만나지 못한 것을 탄식하자 하왕이 말했다.

"당신 역시 환국할 텐데 무슨 탄식이 그리 심하십니까?"

"타향에서 지치고 피곤하여 사방을 둘러보아도 의지할 사람이 없으니, 만약 본국인을 만난다면 마치 부형을 보는 것과 같을 것이다. 더욱이 최근에 아버지가 돌아가셔서 어머니가 상을 치르게 되었고, 아우 또한 젊어서 세상일에 경험이 없으며, 집 또한 가난하여 조석끼니가 넉넉지 못한 때에 내가 바다를 표류하게 되었으니 집에서는 살았는지 죽었는지 알 수 없을 것이다. 다만 큰 파도가 하늘을 치고 창해가 끝이 없으므로 반드시 몸을 고기 뱃속에 장사 지낸 줄 여길 것이고, 가난한 집에서 거듭 상을 당하니 노모와 약한 아우의 아픔이 어떠하겠는가? 내가 만약 안영공(안처량) 일행을 만났다면 같이 고향으로 돌아갔을 것이고, 귀로의 걱정을 면할 수 있을 것이다. 만약 같이 가지 못하더라도 그가

---

503) 임금에게 경서를 강독하며 논평하고 사고하는 일을 관장한다. 타관(他官)으로 겸직하며 모두 문관을 임용한다. 영사(領事)와 참찬관(參贊官)은 비록 문관이 아니더라도 겸직시킨다. 시강관 이하는 홍문관 직제학 이하 관료가 품계에 따라 겸직했다.
504) 조선 국왕이 배신 안처량 등을 파견하여 태황태후와 황태후의 존호를 올린 것과 중궁을 책봉한 데 대해 표문을 바치고 축하하면서 공물을 바쳤다. 연회를 베풀어 의복을 하사했고 채단을 차등 있게 지급했다. 『명 효종실록』 권11, 홍치원년 2월 정사조. 이날의 기사는 하책봉사(賀冊封使) 안처량이 돌아오다가 요동에 이르러 통사를 보내어 치계한 내용으로 최부에 대한 기록이 비교적 상세하게 기록되어 있다. 『성종실록』 권215, 19년 4월 무신.

먼저 고국으로 돌아가 나의 소식을 잘 전해준다면 어머니와 아우의 슬픔을 조금이나마 덜어줄 수 있을 텐데, 하늘이 나를 불쌍하게 여기지 않았다. 단지 7일 차이로 본국의 사신을 서로 만나지 못했으니 어찌 통한의 일이 아니겠는가?"

4월_황제로부터 상을 받다

【4월 초1일】날씨가 맑았다.

새벽에 홍려시[1] 주부[2] 이상(李翔)[3]이 와서 말했다.

"오늘 병부가 당신 일을 상주하려고 하니, 당신은 마음을 놓으시오. 표류에 관한 일은 마땅히 예부에 보고해야 하나, 절강삼사[4]가 직접 병부에 보고하고 예부에는 보고하지 않은 까닭으로 예부가 상주하여 절강삼사에게 죄를 묻게 하고, 병부 역시 지휘 양왕을 장 20여 대에 처했습니다."[5] 그리고 그가 다시 말했다.

"당신 나라 사은사(謝恩使)[6]가 10일 안에 반드시 이곳에 도착할 것

---

1) 3월 29일 주 488) 참조.
2) 홍려시 소속으로 주부(종8품) 1명으로 편성되었다. 『명사』 권74, 직관지 3.
3) 조선 성종 11년(1480)에는 태감(太監) 왕직(汪直)이 조선에 이상을 파견했는데, 당시 그의 관직은 서반(序班)이었다. 『성종실록』 권127, 12년 3월 을유조. 그는 성종 연간 여러 차례에 걸쳐 조선에 들어왔다. 예를 들면 성종 19년(1488)에 사은사 성건(成健)이 "신이 요동에 도착하니, 진무(鎭撫) 왕헌(王憲)이 신에게 말했습니다. '해상(海上)에서 표류(漂流)한 당신 나라의 사람이 43명인데, 서반 이상이 칙령을 가지고 와서 근일에 이곳에 도착해서는 마땅히 그대의 나라에 가게 될 것입니다'라고 보고했습니다. 성종은 '이상이 서반이라 하여 소홀히 대하지 말도록 하라'고 전교했습니다." 『성종실록』 권215, 19년 4월 무오 및 기미.
4) 2월 초4일 주 42) 참조.
5) 군무 · 전량(錢糧) · 선법(選法) · 제도 · 형명 · 사죄 · 재이로 마땅히 상주해야 됨에도 하지 않은 경우에는 장 80이고, 상급 부서에 보고해야 함에도 하지 않은 경우에는 태(笞) 40에 처했다. 『대명률』 이율(吏律) 사응주불주(事應奏不奏).

이니, 기다렸다가 함께 돌아가는 것이 좋겠습니다."

"나는 외지에서 부친상을 당하여 급히 가는 중이었소. 하루라도 객지에 머무는 것이 마치 3년이 지나는 것과 같으니, 청컨대 족하께서 나를 빨리 돌아가게 해주시오."

이상은 고개를 끄덕였다. 절강에서 이곳에 오기까지 통사[7](통역관)를 만나지 못했는데, 여기에 와서 처음으로 이 사람을 만나게 되었다.

【4월 초2일】 날씨가 흐렸다.

회동관 부사[8] 이서(李恕)가 와서 우리에게 말했다.

"당신들 43명은 본국(명나라)에 사신으로 온 공물 바치는 사람이 아니기 때문에 하루 한 명에게 지급되는 것은 단지 진로미(陳老米, 묵은 쌀)[9] 한 되(1.8리터)뿐이고, 염찬(절인 음식)이 없습니다."[10]

걸어서 회동관문을 나오다가, 우연히 부영을 만나 옥하교 주변에서

---

6) 명 효종 홍치 원년(1488) 6월에 조선 사신이 왔다는 기록이 보인다. 『명 효종실록』 임인조. 사은사는 성건(成健)으로 그는 요동에 도착하여 이상으로부터 최부의 표류사실을 듣고 임금에게 치계하고 있다. 『성종실록』 권215, 19년 4월 무오조. 조선에서 명으로의 사신은 매해 신년에 하정사(賀正使), 황제의 생일에 성절사(聖節使), 황태자의 생일에 천추사(千秋使)를 파견하는 1년 3사가 원칙이었다. 그러나 비정기적인 사행도 계속 이어졌는데, 주문사(奏聞使)·계품사(計稟使)·주청사(奏請使)·사은사(謝恩使)·진하사(進賀使)·진위사(陳慰使)·진향사(進香使)·고부사(告訃使)·흠문기거사(欽問起居使) 등이 있었다. 한편 성종(1469~94) 때에는 모두 31번, 연평균 1.2회의 사행이 있었는 데 반해, 명사의 내빙은 모두 8회에 그쳤다. 박원호, 「명과의 관계」, 『한국사』 22-조선왕조의 성립과 대외관계, 국사편찬위원회, 1995.

7) 명조에는 홍무와 영락 이래 어전답응대통사(御前答應大通事)를 두었다. 도독·도지휘·지휘관 등이 18소의 소통사를 통솔했다. 공물을 바치러 오는 사이(四夷)나 투항해오는 이인(夷人), 도망해오는 인구를 담당하는데 모든 이민족의 사정을 잘 살펴 상주했다. 만력『대명회전』권109, 예부 67 빈객.

8) 병부 소속으로 2명의 부사가 있다. 종9품이다. 『명사』 권72, 직관지 1.

9) 『시경』에 '아취기진 식아농인'(我取其陳 食我農人)이라는 표현이 보인다. 다시 말해서 '먹고 남는 묵은 곡식으로 우리 농부들을 먹였다네'라는 뜻이다. 『시경』 소아 보전(甫田). 진름미(陳廩米)는 진창미(陳倉米)·노미(老米)·화미(火米)라고도 한다. 옥(屋, 지붕)이 있는 것을 늠(廩), 지붕이 없는 것을 창(倉)이라 하며 모

이야기를 나눴다.

내가 물었다.

"내가 지나온 남직례(南直隸)¹¹⁾에도 통주¹²⁾가, 북경에도 역시 통주¹³⁾가 있고, 회안부¹⁴⁾에도 청하현¹⁵⁾이 있고, 광평부(廣平府)¹⁶⁾에도 역시 청하현¹⁷⁾이 있습니다. 한 나라 안에 같은 이름의 주와 현이 있으니 어떤 연유입니까?"

부영이 대답했다.

"비록 이름은 우연히 같지만 관할하는 포정사가 다르니, 실상은 무방하오."

두 관적(官積)이다. 방(方, 사각)을 창(倉), 원을 균(囷)이라고 하며 사적(私積)이다. 진름미는 갱미(粳米)로 오랫동안 창고에 넣어둔 쌀인데 초를 담글 때 사용한다. 『본초강목』 권25, 곡부 진름미.

10) 표류한 이인(夷人)들이 경사(북경)에 도착하면 신미(薪米, 쌀과 땔감) 외에, 면으로 만든 짧은 옷 1건, 가죽신 한 켤레를 지급한다. 여름인 경우에는 목면으로 된 포의(布衣, 삼베옷) 2벌을 지급한다. 만력 『대명회전』 권111, 예부 67 급사(給賜) 2.

11) 원문에는 절강(浙江)으로 표기하고 있으나 남직례(南直隸)의 잘못이다. 『대명일통지』 권12, 양주부.

12) 양주부성 동쪽 400리 되는 곳에 있다. 본래는 한대 해릉현(海陵縣)의 동쪽 경계로 임회군(臨淮郡)에 속했다. 당대에 양주에 속했고, 후주에 이르러 정해군(靜海郡)을 통주로 고쳤다. 원대에는 양주로였으나, 명조는 주로 하면서 정해현을 폐하고 통주에 편입시켰다. 『대명일통지』 권12, 양주부.

13) 순천부 동쪽 45리 되는 곳에 있다. 진대에는 어양군에 속했고, 한대에는 노현(潞縣)을 두었다. 후위는 노군을 두었으나 수대에 폐하고 탁군(涿郡)에 편입시켰다. 금대에 노현을 통주로 승격시켰다. 통제(通濟)를 조운한다는 뜻에서 따온 것이다. 명조는 노현을 없애고 이곳에 편입시켰다. 『대명일통지』 권1, 순천부.

14) 원문에는 서주부(徐州府)라고 했으나 회안부의 잘못이다. 『대명일통지』 권12, 양주부.

15) 2월 27일 주 754) 참조.

16) 「우공」의 기주(冀州) 땅이다. 춘추시대에는 진(晉)에, 전국시대에는 조(趙)에 속했고, 진대(秦代)에는 한단군(邯鄲郡) 지역이었다. 한 초에 광평국(廣平國)을 두었다. 당 현종 천보(天寶, 742~755) 초에 명주대총관부(洺州大總管府)를 광평군으로 고쳤다. 명 태조 홍무 초에 원대의 광평로(廣平路)라 칭하던 것을 부로 고치고 북평포정사(北平布政司), 즉 지금의 직례경사(북직례)에 소속시켰다. 『대명일통지』 권4, 광평부.

17) 3월 16일 주) 310 참조.

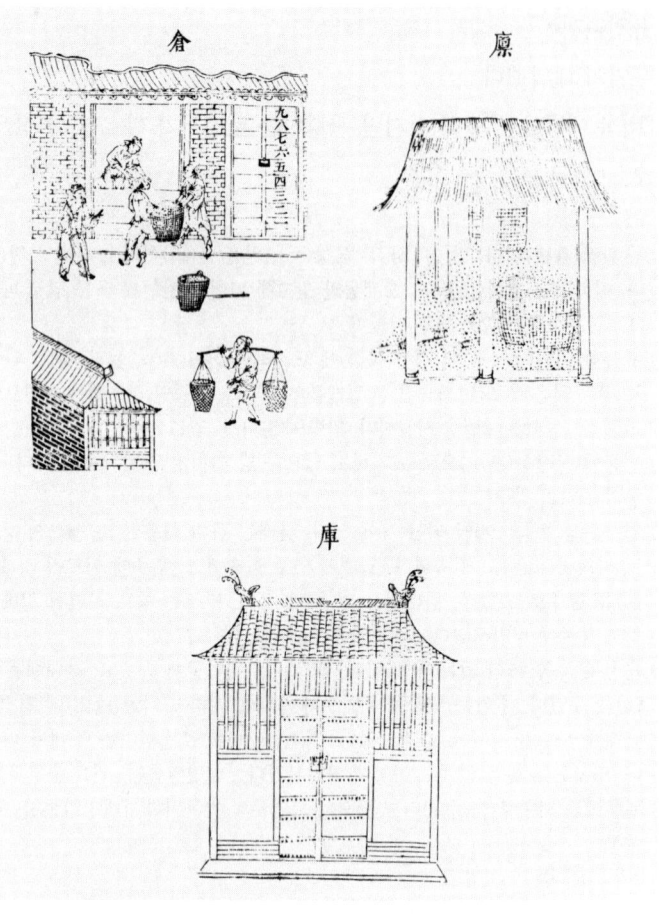

위 왼쪽부터 시계방향으로 창(倉), 늠(廩), 고(庫).
명대 창고의 다양한 형태다(『삼재도회』).

【4월 초3일】 날씨가 흐렸다. 저녁에 천둥번개가 치고, 우박이 왔다.

이상이 와서 말했다.

"나는 사실은 조선의 통사입니다.[18] 하루 이틀 전에 병부와 내정(궁정)에 일이 있었던 까닭에 당신들의 일을 상주하지 못했습니다.[19] 만약 오늘 상주하지 못하면 내일은 반드시 상주하겠습니다."

"천하의 곤궁한 사람[20] 중에 나와 같은 사람도 없을 것이오. 아버지는 이미 돌아가시고 어머니 또한 늙으셨으며, 아우는 유약하고 가정이 가난하여 제수품도 부족하오. 또 나는 표류하여 생사도 알리지 못했으니, 어머니와 아우가 내가 천자의 홍은(鴻恩)을 입어, 대국에 살아 있음을 어찌 알겠소? 반드시 내 상도 함께 치르려고 하여 슬픔이 하늘에 닿았을 것이오. 청컨대 족하께서 예부에 이 사실을 고하여 내가 이곳에 오래 머물지 않도록 해주시오."

"당신 사정은 당신 나라의 재상 안처량[21]이 이미 자세히 알고 돌아갔

---

18) 명조는 홍무와 영락 이후 도독·도지휘·지휘 등이 통할하는 18개소에 60여 명의 통사를 두었는데 조선은 5명이었다. 만력『대명회전』권109, 예부 67 각국 통사.

19) 병부와 내정의 일이라는 것은 4일 전인 3월 28일에 병부상서 여자준(余子俊)이 늙고 병든 것을 이유로 관직에서 물러날 것을 청했으나 홍치제가 허락하지 않았던 사실을 가리키는 듯하다.『명 효종실록』권12, 홍치 원년 3월 임진조. 이러한 내부적인 일로 인해 최부의 일을 상주하지 못한 것으로 생각된다.

20) 궁인(窮人).『맹자』에 '요임금이 순(舜)에게 천하를 넘겨주려 하자 순은 부모의 마음을 기쁘게 하지 못했다고 해서 마치 궁한 사람이 돌아갈 데가 없는 것과 같이 했다'는 표현이 보인다.『맹자』만장장구 상편. 순의 아버지는 고수고 어머니가 일찍 죽어 계모 밑에서 자랐다. 아버지는 완악하고 계모는 성질이 모질었으며 이복동생인 상(象)은 패악했다. 순이 효를 다하여 부모를 섬기려 해도 부모들은 언제나 순을 미워하고 죽이려 들었다. 순이 역산(歷山)에서 밭을 갈며 부모를 기쁘게 해드릴 수 없는 것을 안타깝게 생각하고 하늘을 부르며 소리내 울었다.『서경』우서 대우모(大禹謨). 그래서 최부도 부친의 상을 당하고도 참석할 수 없는 심정을 궁인으로 표현한 것이다.

21) 예종 원년(1469)에 시작하여 성종 2년에 끝난『세조실록』편수관으로 참여했는데 당시의 관직은 통덕랑(通德郞) 행 예문관 봉교(行藝文館奉敎)였고, 성종 22년(1486)에는 가선 대부(嘉善大夫) 전주 부윤(全州府尹)에, 성종 25년에는 한성부 우윤(漢城府右尹)에 임명되었다.『성종실록』권258, 22년 10월 정미; 권295, 25년 10월 신사.

습니다."²²⁾

"안 재상께서 어떻게 그것을 아시오?"

"절강진수가 보낸 지휘 양로(楊輅)가 당신에 관한 일을 보고하기 위해 육로를 통해 주야로 달려 3월 12일에 도착했습니다. 안공이 주본²³⁾을 베껴 갔습니다. 당신의 가족은 4, 5월 중에는 반드시 당신이 바다에서 죽지 않았음을 알게 될 것이니 근심할 것 없습니다. 다만 당신의 인정과 도리가 매우 간절하니, 진실로 가련히 여겨 동정할 만합니다. 내가 마땅히 병부와 예부에 알릴 것입니다."

【4월 초4일】 날씨가 맑았다.

하왕이 나를 자기 집으로 데리고 가서 음식을 대접하므로 고맙게 생각했다.

하왕이 말했다.

"표류하여 먼 곳에서 와서 인정상 불쌍히 여긴 까닭에 음식을 접대한 것이니 사례할 필요는 없습니다."

【4월 초5일】 날씨가 흐렸다.

양왕이 와서 말했다.

"주본은 초3일에 이미 예부로 내려보냈소."

【4월 초6일】 날씨가 맑았다.

유구국(琉球國) 사람 진선(陳善)과 채새(蔡賽)²⁴⁾ 등이 떡과 음식을

---

22) 하책봉사(賀冊封使) 안처량이 요동에 도착하여 통사를 보내 치계할 때, 최부의 표류 사실을 보고한 것으로 되어 있다. 여기에 따르면 안처량이 3월 17일 북경에 도착했을 때 예부에 보고된 절강총병관 등의 주본(奏本)을 주객사원외랑(主客司員外郎)으로부터 받아보고 그대로 등사했다가 요동에 이르렀을 때 치계했다고 한다.
23) 명대의 모든 공사(公事)는 제본(題本)으로, 그외의 일은 주본(奏本)으로 했다. 『만력야획편』(萬曆野獲編) 권20, 경직(京職) 장주이명(章奏異名).

풍성하게 준비하여 나와 종자에게 대접했다. 그 은혜에 감격했으나 그에 보답할 길이 없어 식량 다섯 되를 덜어서 그에게 주었더니, 손을 흔들어 거절했다. 이때 유구국 사신인 정의대부 정붕 등 25명이 공물을 바치는 일[25]로 후관에 머물렀다. 진선과 채새는 모두 그의 종자[26]였다. 예부에서 판사리(辦事吏)[27] 왕민(王敏)을 보내어 양왕을 불렀다. 내가 무슨 일인가 묻자 왕민이 대답했다.

"당신들이 올린 주본(奏本)의 초본(抄本)이 나와서 소리쳐 부른 것입니다."

【4월 초7일】비가 뿌렸다.

예부리[28] 정춘(鄭春)과 이종주(李從周) 등이 병부가 예부에 보낸 자문(咨文)[29]을 가지고 와 나에게 보였다. 그 자문은 절강삼사[30]의 보고에 의거했는데, 그 끝부분은 다음과 같다.

---

24) 채새(蔡賽)가 아니라 채빈(蔡賓)이 아닌가 한다. 『명 효종실록』에 의하면 '유구국 관생(官生) 채빈이 사신을 따라 조공해왔다'는 부분에서 확인할 수 있다. 『명 효종실록』 권12, 홍치 원년 4월 정미조.
25) 이 당시에는 유구국 사신 피양나(皮揚邢) 등이 절강으로부터 조공을 해왔다. 피양나가 유구국이 명 예부에 보내는 자문(咨文)을 가지고 와서 말하는 가운데 헌종 성화 21년(1485)에 정의대부(正議大夫) 정붕(程鵬)이 공물을 바치고 돌아왔다는 기록이 보인다. 『명 효종실록』 권12, 홍치 원년 3월 무인조. 정붕이 재차 명조에 조공해온 것은 4월이다. 『명 효종실록』 권13, 홍치 원년 4월 정미조.
26) 채새라고 한다면 종자가 아니라 관생(官生)이다. 그는 남경 국자감에서 5년 동안이나 공부를 하던 학생이었다. 『명 헌종실록』 권276, 성화 22년 3월 임신조.
27) 이(吏)가 되고 3년이 지나지 않은 자를 말한다. 그러나 명 헌종 성화 22년(1486)에는 반년을 감해주었고, 효종 홍치 4년(1491)에는 3개월, 효종 11년에는 다시 3개월을 줄여 2년이 되었다. 세종 가정 6년(1527)에 재차 반년을 감해주고 당해리(當該吏)로 발탁했다. 『대명회전』 권8, 이부 7 이역참발(吏役參撥).
28) 예부에는 도리(都吏) 4명, 영사(令史) 8명, 전리(典吏) 35명이 편성되어 있었다. 만력『대명회전』 권7, 이부 6 이원(吏員).
29) 자문은 상급 아문 간에 서로 사용하는 문서다. 『淸代六部成語詞典』, 天津人民出版社, 1990.

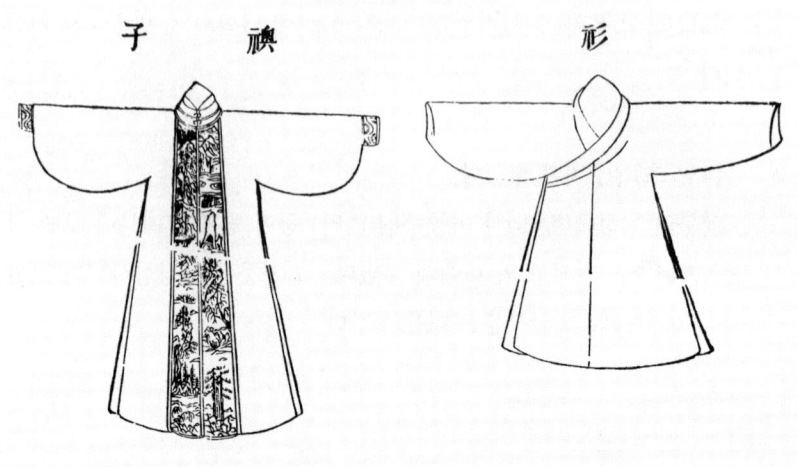
명대 일상복인 오자(왼쪽)와 서민의 복장인 삼(『삼재도회』).

그 최부안(崔溥案)[31]은 절강포정사가 선발하여 위임한 지휘첨사 양왕의 통솔하에 북경까지 호송하고 또한 연도의 위소에 행문(行文, 관서에서 공문을 왕복하는 문서)하여 관군을 선발하여 방비, 호송케 하여 경사에 도착하도록 하는 한편 이를 조목조목 열거하여 상주문을 갖추어 상신하니, 해당하는 본부(병부)의 관이 성지(聖旨)를 받드니, 성지는 '해당 부서는 잘 인식하여 이를 준수하라'는 것이었습니다.

담당 부서(절강포정사)에 보내는 최부의 안을 초록하며 기다리는 사이, 계속해서 본부가 보낸 문서에는 절강포정사의 비문(批文)[32]에 의거하여 지휘첨사 양왕을 선발 파견하여 앞의 외국인(최부 일행)을 수행하여 먼저 오도록 했습니다. 조사해 보니, 성화 6년(1470, 조선 성종 원년) 11월 중에 절강진수관 등이 상주하기를 풍파를 당한 조선의 김배회(金盃廻) 등 7명을 북경으로 호송했습니다.[33]

---

30) 절병삼사(浙兵三司)가 아니라 절강삼사(浙江三司)다.
31) 안(案)이란 판결문을 말하며 성안(成案)이라고도 한다. 中村茂夫, 『淸代刑法硏究』, 東京大學出版會, 1973.
32) 비문은 상급관청 또는 관리가 하급관청이나 관리의 신청에 대해, 또 관청이 인민으로부터의 청원에 대해 허가 여부를 결정할 때 사용하는 문서, 즉 지령을 일컫는다. 황제가 내리는 비(批)는 특히 어비(御批)라고 한다. 『淸國行政法』, 汲古書院. 1972.
33) 김배회의 표류기록은 중국측 기록인 『명실록』에는 보이지 않으나 『조선왕조실록』에 자세히 실려 있다. "한치의(韓致義)가 예부의 자문(咨文)을 가지고 왔는데, 그 글에 이르기를, "명나라 예부에서 바다의 선척(船隻)에 대한 일 때문에 병부의 자문에 의준(依準)하니, '조선 전라도 내에 있는 나주에서 폭풍을 만나 표류하던 사람인 김배회 등 7명과 그 몸에 지녔던 기물을 보내어 본부(예부)에 왔는데, 살펴보니 별다른 정상이 없었으므로, 사람마다 먼저 해당 절강포정사에서 면으로 짠 짧은 옷, 바지와 신발 그리고 몸에 지닐 기물을 지급하게 하고, 조선에서 온 배신(陪臣) 한치의 등에게 부탁하여 본국에 돌아가거든 수령하도록 했다 하므로, 이미 자세한 상주문을 올린 외에는 마땅히 일일이 자문에 적어 보내니, 번거롭지만 널리 알려서 시행하고 자문을 보내기 바랍니다'했다." 『성종실록』 권9, 성종 2년 1월 경진조. 김배회 등이 실제로는 제주 사람이었다. 김배회가 표류한 정황에 대해 『성종실록』 권9, 2년 1월 신사조와 갑오조에 구체적으로 묘사되어 있다. "승정원에서 김배회 등이 표류한 사건의 정상을 심문하고서 아뢰기

본부는 이미 상주하여 허가를 받고, 헤아려 추위를 피할 수 있는 의복과 각력(脚力, 운임 등의 경비)[34]과 구량(口糧)[35]을 지급하여 환국하게 했습니다. 지금 그 당시의 안(案)이 정문(呈文)[36]으로 본부에 도착했습니다. 살펴보니 풍파를 당한 외국인 최부 등 43명은 비록 해양에서 순시하여 붙잡기는 했으나 이미 절강진수(浙江鎭守)와 순안(巡按) 그리고 삼사관(三司官) 등이 회동하여 세밀히 조사하니 별로 군사의 기밀을 염탐하는 사정[37]도 없습니다. 하물며 이들 외국인은 풍파를 만나 표류하여 의복과 양식도 부족한 상태여서, 이를 조정이 먼 나라의 사람은 달랜다는 방침[38]을 헤아려, 마땅히 후한 은혜로 구

를, '그 공사(供辭)에 이르기를, 저희들이 지난 해에 제주에서 공물을 호송하여 서울에 도착해서 일을 마치고 제주로 돌아가다가, 해상에서 대풍을 만나서 표류하게 되었는데, 무릇 13일 만에 중국의 절강 지방에 도착했습니다. 두 척의 배가 바닷가에 정박하여 있는 것을 보고, 저희들이 조선국이라는 세 자를 써서 배 위에 있는 사람에게 보였더니, 그 사람이 우리 배에 와서 차와 죽을 먹여주고서, 이어서 저희들을 데리고 한 소(小)관인이 있는 곳에 이르렀습니다. 화포를 쏜 뒤에야 만나주었으며, 5, 6명을 시켜서 대(大)관인이 있는 곳으로 압송했는데, 또한 전과 같았습니다. 한 은대(銀帶)를 찬 관인이 와서 보고 말하기를, 진짜 고려 사람이다, 라 하고, 다음날 사람을 시켜 한 늙은 환관이 있는 곳으로 압송하였는데, 저희들의 근각(根脚)을 묻고서, 이어서 음식을 먹여주고, 또 쌀 10두를 준 다음에, 사람을 시켜 한 대관인이 있는 곳으로 압송했습니다. 사람마다 각각 전모(氈毛)·청면포(靑綿布)·철릭(帖裏)·겹옷·신발을 지급하고, 8일 동안 머물러 있었는데도, 하루에 세 끼니를 먹여주었습니다. 한 관인을 보내어 북경으로 압송하여 5일 동안 머물렀다가, 성절사 편에 풀어 보냈습니다. 라고 했습니다' 하니, 임금이 명하여 제주로 돌려보내게 했다. …… 조선에서는 표류한 김배회 등 7명을 돌려준 데 대한 표문(表文)을 작성하여 행상호군(行上護軍) 이수남(李壽男)을 북경에 보내 사은하게 했다."『성종실록』 권9, 2년 1월 신사조.

34) 여기서는 운임 등의 경비라는 의미로 사용되었지만 명대에는 수송을 위한 수단, 즉 수종(隨從)이라든지 운반이라든지 하는 노동력을 제공하는 자를 가리킨다. 星斌夫,『明淸時代交通史の硏究』, 山川出版社. 1971.
35) 2월 11일 주 276) 참조.
36) 2월 11일 주 259) 참조.
37) 간세(姦細)는 염탐하는 자라는 의미를 띠고 있다.『대명률』 중에 '반힐간세'(盤詰姦細)라는 조항이 보이는데 군사기밀을 염탐하는 자는 참형(斬刑)에 처했다.『대명률』 병률 관율(關律).

휼해야 하니 예부에 문서를 보내 헤아려 갈아입을 의복을 지급하여야 할 것입니다.

본부는 마땅히 관직이 있는 최부에게는 참마(站馬, 역마)[39]와 늠급(廩給,[40] 봉급)을, 그 밖의 사람들에게는 각력과 구량을 지급하고 수레를 주어 행장 등을 싣게 하고 또 해당 부(府)에 행문하여 한 명의 관을 선발하여 수행하게 하고, 연도의 군위(위소)는 군부[41]를 선발하여 지키게 해야 할 것입니다. 요동에 도달하면 진순관(鎭巡官)[42] 등이 별도로 통사 몇 명을 선발 파견하여 조선과의 경계지역까지 보내[43] 그들 스스로 돌아갈 수 있도록 해야겠습니다.

그러나 풍파를 만난 외국인의 귀국 조치에 대해서[44] 성지는 '당해 부서는 일의 이치를 잘 인식하고 있으라'는 것이었으나, 아직 감히 마음대로 처리할 수 없었습니다. 이에 홍치 원년(1488) 4월 초1일 태자태보(太子太保) 병부상서 여자준[45] 등은 제본(題本)[46]을 상신하여,

---

38) 순임금이 12주목(州牧)에게 말씀하셨다. "곡식에 있어 때를 놓치지 않도록 하오. 멀리 있는 사람은 달래고, 가까이 있는 사람은 도와주고, 덕을 두터이하여 참됨을 믿으며 간사한 자를 막으면 오랑캐족도 복종할 것이오."『서경』 우서 순전. 명태조의 민족정책은 '위덕겸시'(威德兼施)에 의한 '화이무간'(華夷無間) '일시동인'(一視同仁)이었다. 陳梧棟,『朱元璋研究』, 天津人民出版社, 1993.
39) 참은 단순히 관용적으로 역전이라는 의미로 사용되는 경우가 적지 않다. 특히 청대는 참이라고 하면 군참(軍站), 즉 군의 정찰 보고를 위해 관외 변경지역에 설치된 것을 말한다. 星斌夫,『明淸時代社會經濟史の研究』, 圖書刊行會, 1989.
40) 2월 11일 주 273) 참조.
41) 성빈부(星斌夫)는 군부(軍夫)를 위소군사로 인식하고 군정(軍丁)과 동일시하고 있다.『明淸時代交通史の研究』, 山川出版社, 1971. 그러나 군부는 군역을 담당하는 군사가 아니라 일반적으로 군호(軍戶)의 여정(餘丁) 중에서 잡역을 담당하는 이들이 아닌가 생각한다.
42) 명대에 진순관(鎭巡官)이라는 관직명은 없는데 요동진의 광녕과 요양에 순무도찰원(巡撫都察院)을 설치했던 사실(『요동지』권2, 건치지)에서 이 부서를 가리키는 것으로 보인다.
43) 일반적으로는 요동도사가 동영위 지휘 1명과 백호 4명으로 하여금 군사 200여 명을 지휘하여 명사를 호송하게 했다.
44) 원문의 故자는 귀(歸)자의 고어체다.

다음날 성지를 받들었는데 '이를 준수하라'는 것이었습니다. 이에 마땅히 행문하여 통지하는 것은 물론, 자문(咨文)에 열거하여 먼저 보내고 빈번히 본부가 상주하여 허가받은 성지 내 일의 이치를 받들어 준수하여 시행하겠습니다. 이에 자문을 보내는 것입니다.

나는 손효자를 시켜 쌀과 양(粮, 곡식)을 술로 바꾸어 정춘 등을 대접하게 했다.

정춘 등이 나에게 말했다.

"우리 두 사람이 와서 인정물품을 요구하는 것은 염치없는 일이지만, 동전이나 토포[47] 또는 조선의 여러 가지 산물을 가지고 가서 사용하려는 것일 뿐입니다. 술 마실 생각은 없습니다."

"우리는 바다에 표류하여 몸을 보전하지 못하고 간신히 살았을 뿐인데 어찌 몸 이외에 또 다른 물건이 있겠소? 당신들이 우리 행장을 조사해 보고 만약 물건이 하나라도 있다면 즉시 가지고 가시오."

천천히 그들의 의도를 살펴보니 내가 입고 있는 옷에 마음이 있는 듯했다. 나는 이정 등에게 양식을 덜어 전 10문으로 바꾸어 그들에게 주니, 이종주(李從周) 등은 이를 받지 않고 내 앞에 내던지며 정춘과 함께 매우 성을 내고 가버렸다.

밤에 안의와 이효지 등을 만나 말했다.

---

45) 병부상서 여(余)는 여자준을 일컫는다.『명사』권178, 여자준열전에 의하면, 헌종 성화 23년(1487) 정월 병부에 상서가 결(缺)하자 성화제는 그를 병부상서에 임명하고 태자태보(太子太保)를 가했다. 홍치 2년 2월 61세로 죽었다.『명 효종실록』권23, 홍치 2년 2월 신해조.

46) 명 초에 신민이 조정에 상소할 때는 주본(奏本), 동궁(황태자)에게 상소할 때는 계본(啓本)을 사용하도록 정했다. 모두 세자(細字, 가는 글자)였다. 후에 재경의 제사(諸司)는 주본이 불편하여 공사에 제본을 사용했다. 주본이나 계본보다는 약간 작으나 글자는 조금 크다.『예부지고』(禮部志稿) 권22, 의제사직장(儀制司職掌).

47) 포(布)에는 면포(綿布)·토포(土布)·갈포(葛布)·추포(麤布) 등이 있는데 이들 포는 부의(賻儀) 용품으로 쓰이기도 했다.『선조실록』권28, 25년 7월 신미.

"송나라 시대에 당신들 제주인이 표류하여 소주부 경계에 이르렀는데 그 배 안에는 마자(麻子, 삼씨)⁴⁸⁾가 있었다. 그 크기가 연꽃의 씨앗같이 컸는데, 소주부 사람이 이를 얻어 심었다. 몇 년 뒤 조금 작아져 일반적인 마자와 같았다.⁴⁹⁾ 지금 너희 땅에 이른바 마자라는 것이 있는가?"

안의가 대답했다.

"그것은 옛날 일입니다. 일반적인 마자 역시 희귀합니다. 그 때문에 공천(公賤)이 공물로 납부하는 것도 모두 갈추포(葛麤布)⁵⁰⁾로 하고 있습니다. 마자는 나라에도 쓸모가 없고 백성에게도 해가 됩니다. 만약 지역에 따라 생산되는 해물 같은 물품을 공물로 납부시킨다면 편할 것입니다."

【4월 초8일】 날씨가 흐렸다.

국자감 생원⁵¹⁾ 양여림(楊汝霖)과 왕연(王演), 그리고 진도(陳道) 등이 흑두건(黑頭巾)을 쓰고 청색의 둥근 옷깃의 옷⁵²⁾을 입고 와서 내게 물었다.

---

48) 마자(麻子)는 경기 지역에서도 산출되는데 약재로 사용된 듯하다.『세종실록』권148, 지리지 경기.

49) 송 인종 가우 연간(1056~63)에 강소성 소주부 곤산현(崑山縣) 해상에서 배 한 척이 폭풍으로 돛이 부러져 해안에 정박했다. 배 안에는 30여 명이 타고 있었는데 말이 통하지 않아 글로 써서 의사를 통한 결과 고려에 속한 둔라도(屯羅島)라는 사실을 알았다. 배 안에는 여러 곡물이 있었는데 마자가 마치 연(蓮) 같았다. 소주 사람들이 이를 심으니 첫 해에는 연 크기였으나, 다음 해에는 조금 작았다. 수년이 지나자 중국의 마자 품종으로 변했다.『오군지』(吳郡志) 권46, 이문(異聞);『고소지』(姑蘇志) 권59, 기이(紀異).

50) 갈추포는 갈포와 추포를 말하는데, 갈포는 견(絹)과 면(綿) 등 직물 이전에 사용된 초기의 직물이다. 이능화,『조선여속고』, 한국학연구소, 1977. 갈포는 의례를 행할 때 건을 만드는 데 사용했다.『세종실록』권128, 오례 제기도설. 공천(公賤)의 공물 중 신공(身貢)으로 추포를 납부하고 있다. 의정부에서 공처노비(公處奴婢)의 노자(奴子)는 추포 5필(匹), 비자(婢子)는 4필(匹)로 하자는 의견이 제시되었다.『태종실록』권16, 8년 8월 계묘. 세종 원년 기록에 의하면 공사노비의 공납은 매년 추포 1, 2단을 납부하고 있었다.『세종실록』권5, 원년 1월 기사.

"당신 나라의 학생들도 이런 복장을 하는지요?"

"유학(幼學)⁵³⁾이 비록 멀리 떨어져 있는 시골이나 궁벽한 마을일지라도 모두 입소."⁵⁴⁾

"당신 나라에서도 경서에 힘씁니까?"

"우리 나라의 과거는 경서에 정통한 자를 뽑기 때문에 학도들은 사서오경을 깊이 연구하오. 오로지 한 가지 경서에만 힘쓰는 자는 유자의 반열에 낄 수가 없소."⁵⁵⁾

【4월 초9일】옥하관에 머무르다.

이날은 맑았다. 장원(張元)과 장개(張凱) 형제의 집이 옥하관 앞에 마주하고 있었는데 함께 와서 대화를 청했다.

【4월 초10일】옥하관에 머무르다.

이날은 맑았다. 이서가 나에게 와서 전해주었다.

"'당신들이 환국할 때 탈 거마(車馬)와 관문(關文)⁵⁶⁾이 왔습니다. 당

---

51) 국립학교의 학생을 말한다. 명대부터 과거에 응시하려면 생원이라는 자격을 취득하지 않으면 안 되었다. 宮崎市定, 『科擧』, 中公新書, 1990.

52) 생원의 건복(巾服)은 태조 홍무 24년(1391)에 정했는데, 난삼(襴衫: 치마 저고리가 연한 옷)은 옥색으로 된 포(布)와 견(絹)을 사용하여 만들고, 넓은 소매에 검은 색, 녹색, 검은 안쪽 끈, 부드러운 건, 허리띠를 두른다. 만력『대명회전』권61, 관복(冠服) 2 생원건복. 태조 홍무제는 생원 등의 건과 복장을 규정하면서 관인과 유사한 유복(儒服)을 입게 하여 일반 서민이나 서리와 구별하도록 했다. 오금성, 『중국근세사회경제사연구』, 일조각, 1986.

53) 무위무관(無位無官)의 백수(白首) 유생을 지칭하는 말로 임진왜란이 발생할 때까지 학생(學生)은 경중사학(京中四學)의 학생들을, 교생(校生)은 지방 향교의 교생들을 지칭했다. 이들 학생과 교생이 사마시(司馬試)나 문과에 나갈 때 유학으로 불렸다. 송준호, 『조선사회사연구』, 일조각, 1987.

54) 제학(諸學)의 생도(生徒)는 단령(團領)을 입는다. 유학(儒學)의 학생은 청금(靑衿)을 입는다.『대전회통』권3, 의장(儀章).

55) 조선시대 과거에서는 주로 사서오경을 비롯하여 부(賦)·송(頌)·명(銘)·잠(箴)·기(記)·표(表)·전(箋)·대책(對策) 등을 시험했다.『대전회통』권3, 예전 제과(諸科).

신들은 이곳에 오래 머물지는 않을 것입니다."

【4월 11일】 옥하관에 머무르다.

이날은 흐렸다. 이상이 와서 물었다.

"당신 나라의 사은사57)는 어째서 오지 않습니까?"

나는 말했다.

"거리가 워낙 멀어서 그들의 행보가 더디고 빠른지 헤아릴 수 없소. 다만 내가 여기에 도착한 것은 나라의 일과 관계가 없으며 또한 대국의 깊은 은혜를 입어서 본국으로 살아서 돌아갈 수 있기를 하늘을 우러러 빌 뿐이오. 객지를 떠도는 처지에58) 세월만 보내면 내가 관 앞에서 곡을 하고, 묘 앞에 여막을 지어 마음을 다하지 못하기 때문에 통곡할 따름이오."

"내가 이미 당신의 말을 예부에 상세히 설명했고 예부에서도 이미 상주했으니, 가까운 시일 내에 돌아갈 수 있게 될 것입니다. 걱정하지 마십시오."

왕능(王能)이라는 사람이 있었는데, 우리 말을 잘 이해했다.

그가 나에게 와서 말했다.

"저희 조부는 대대로 요동 동팔참(東八站)59) 지역에 살며 의주60)를

---

56) 당대에 관문은 동일 관부 내의 관찰이나 예속 관계가 없는 제사(諸司) 사이에 사용되는 문서였다. 中村裕一, 『唐代官文書硏究』, 中文出版社, 1991. 그런데 명 효종 홍치 11년 11월에 순무산서도어사(巡撫山西都御史) 마중석(馬中錫)의 다음과 같은 상주, 즉 '관(關)의 엄격한 통제가 폐하고 이완되자 세력이 있고 중요한 관직에 있는 자들이 종종 사적으로 관문을 만들어 경사로 향하는데 뇌물을 주고 통하여 화물을 나르는 차들이 왕래하여 도로가 시끄럽다……'(『명 효종실록』 권 143, 경신조)라는 부분에서 명대에 관문(關門)을 통과할 때의 허가증이 아닌가 생각한다.
57) 4월 초1일 주 6) 참조.
58) 쇄미(瑣尾). 『시경』에 '초라하디 초라한 모습으로 여기저기 객지를 떠도는 사람'이라는 표현이 보인다. 쇄미는 사람이 야위고 초라해진 모습을 뜻한다. 말하자면, 떠돌다 간난의 지경에 처한 것을 의미한다. 또는 짧은 시간을 의미한다. 『시경』 패풍(邶風) 모구(旄丘).

왕래했습니다. 나 또한 고려인입니다. 내가 열세 살 때에 아버지가 돌아가시고 어머니와 함께 살았는데, 되돌아보니 대략 31년 동안입니다. 나와 어머니는 모두 올량합(兀良哈)[61]에게 약탈을 당해서 달단(韃靼, 타타르)[62]의 나라에서 떠돌아다니다가 마침내 살아서 돌아와 이곳에서 살게 되었습니다. 당신 나라의 사신이 오면 서로 만나지 않은 적이 없습니다."

그러고는 바로 동전을 술로 바꾸어 우리를 위로했다.

그가 나에게 물었다.

"듣자 하니 당신의 종자들 중에 죽거나 실종된 자가 없다고 하는데 그렇습니까?"

"그렇소."

"다행한 일이 아닙니까? 대개 사람들이 많고 날짜가 흘러가면 비록 평상시 아무 일이 없어도 간혹 아프거나 죽는 사람이 있는데, 하물며 폭풍을 만나고 대해를 건너왔음에도 한 사람 죽은 자가 없으니 정말 드문 일입니다. 생각건대 반드시 당신이 평소 선을 쌓은 결과일 것입니다."

---

59) 동팔참은 요동팔참(遼東八站)과 요좌팔참(遼左八站)으로 불렸고, 요동도사로부터 압록강 사이 8개의 참을 말한다. 즉 두관(頭館) · 첨수(甛水) · 연산(連山) · 용봉(龍鳳) · 사열(斜列) · 개주(開州) · 탕참(湯站) · 역창(驛昌)을 가리킨다. 남의현, 「명 태조의 요동폐쇄정책」, 『강원사학』 17 · 18 합집.

60) 본래는 고려 용만현(龍灣縣)으로 화의(和義)라고도 한다. 처음 거란(契丹)이 성을 압록강 동안에 설치하고 보주(保州)라고 칭했다. 조선 문종조에 거란이 궁구문(弓口門)을 설치하고 포주(抱州)라고 칭했다. 파주(把州)라고도 한다. 태종 2년(1402)에 처음으로 판관(判官)을 설치하고 정주(靜州)와 함원진(咸遠鎭)을 편입시켰다. 세조조에 진(鎭)을 설치했다. 『신증동국여지승람』 권53, 의주목 건치연혁.

61) 명 태조 홍무 22년(1389)에 항복해 온 고원(故元)의 요왕(遼王) 아찰실리(阿札失里) 등을 위해 올량합(兀良哈) 지역에 타안(朶顔) · 복여(福餘) · 태녕위(泰寧衛)를 설치했다. 이들은 대녕(大寧) 지역 거주의 몽골인과는 다른 유목을 주체로 한 생활을 영위하고 있었다. 한대의 선비, 당대의 토욕혼(吐谷渾), 송대의 거란(契丹)이 모두 이 지역이었다. 『명사』 권328, 외국열전 9; 萩原淳平, 『明代蒙古史硏究』, 同朋舍, 1980.

62) 타타르는 몽골로 고원(故元)의 후예다. 『명사』 권327, 외국열전 8.

"이것은 황제의 은혜가 하늘처럼 덮어 만물이 그 은혜를 입었기 때문에 우리 또한 다행히 생명을 보존할 수 있었던 것이오."

【4월 12일】옥하관에 머무르다.

이날은 아침에 비가 오다가 오후에는 흐렸다. 이해(李海)라는 사람이 또한 우리 말을 알고 있었는데, 나에게 말했다.

"나는 사신을 따라서 당신 나라에 갔다가 오기를 여섯 번이나 했습니다. 서거정 재상은 잘 계십니까?"

【4월 13일】옥하관에 머무르다.

이날은 흐렸다. 장기(張夔)라는 자는 장원(張元)의 막내동생으로 총명하고 지혜롭기가 형보다 나았다.

그가 "쓸쓸하고 적적한 여관에서 어떻게 지내십니까?"라며 초장(醋醬)을 가지고 왔다.

【4월 14일】옥하관에 머무르다.

이날은 맑았다. 손금(孫錦)이라는 사람이 와서 "이와 같이 여름날이 긴데 지내시기 어려울 것입니다. 제가 뵙기 매우 민망스럽습니다" 하고, 바로 쌀 한 말, 나물 한 쟁반, 소금과 장(醬), 그리고 식초 한 그릇씩을 보내왔다. 내가 정보에게 가서 사례하도록 했다.

손금이 말했다.

"여러분이 이렇게 힘든 나날을 보내시는 것[63]은 오로지 회동관 관원이 상주하여 재가를 기다리지 않은 과실입니다. 황제께서 어찌 이런 일

---

63) 재진지탄(在陳之歎). 이와 비슷한 용어로 재진지액(在陳之厄)·진채지액(陳蔡之厄)이라는 말이 있다. 『논어』위령공(衛靈公)에 '(공자가) 진(陳) 나라에 계실 적에 양식은 떨어지고 따르던 사람들은 병들어 일어나지 못하니……'라는 부분이 있다. 즉 공자가 위나라를 떠나 채(蔡)나라로 가던 도중 국경지방에서 고난을 겪은 상황인데, 최부 일행의 식량이 부족한 것을 비유한 말이다.

을 알겠습니까?"

【4월 15일】 옥하관에 머무르다.

이날은 맑았다. 예부에서 한 관리가 와서 나에게 관직과 성명 그리고 같이 온 사람들의 이름을 묻고 적어서 돌아갔는데, 왜 그랬는지 알지 못했다.

【4월 16일】 옥하관에 머무르다.

이날은 맑았다. 금의위 후소(錦衣衛 後所)[64] 반검사(班劍司)[65] 교위[66] 손웅(孫雄)이라는 사람이 왔기에 내가 물었다.

"빈 여관에 있으면서 하는 일 없이 머무른 지 보름 정도가 지났소. 언제 귀국하게 되는 거요?"

손웅이 말했다.

"예부에서 상주하여 내릴 상을 청한 이후에 돌아갈 수 있을 것이오."

"우리가 이곳에 온 것은 나라의 일이 아니고, 단지 목숨만을 건지어 돌아가고자 할 뿐이오. 지금은 얼마 남지 않은 목숨이 건장해지고 타들어 가던 내장(內腸)도 기름져졌으며 다친 다리도 낳았고 수척한 골육도 튼튼해졌으니, 모두 황제가 멀리서 온 사람을 보살펴주신 은혜가 아주 컸기 때문이오. 내가 대국에 작은 도움도 준 적이 없으면서 이와 같은 중대한 은혜를 입었으니 다만 내가 몸둘 바를 모를 지경인데 어떻게 상을 받을 수 있겠소? 내가 바라는 것은 일찍 고향에 돌아가서 노모를 뵙고 돌아가신 아버지를 장사지냄으로써 내가 해야 할 효도를 마치려고 하오. 이것이 사람의 간절한 정인데 예부가 어떻게 알겠소?"

---

64) 금의위에는 소(所)가 17개 있는데, 중·좌·우·전·후소의 5소가 군사를 통솔했다. 『명사』 권76, 직관지 5.

65) 금의위의 5소는 난여(鑾輿)·경개(擎蓋)·선수(扇手)·정절(旌節)·번당(旛幢)·반검(班劍)·부월(斧鉞)·과극(戈戟)·궁시(弓矢)·훈마(訓馬)의 10사(司)로 편성되었다. 『명사』 권76, 직관지 5.

66) 반검사의 교위는 황제의 어가(御駕, 수레)를 수비했다. 『명사』 권76, 직관지 5.

"예부에서 얼마 전에 사고가 있어서 당신의 일이 늦춰졌소. 내가 당신의 사정을 상서에게 자세하게 보고한 후에 다시 오겠소."

【4월 17일】 옥하관에 머무르다.

이날은 비가 뿌렸다. 유구국 사람 진선과 채새 그리고 왕충 등이 와서 본국으로 돌아가게 됨을 알리고는 작은 부채〔矮扇〕 두 개와 답석(踏席) 두 장을 나에게 주며 말했다.

"비록 작은 물건이지만 정이 담겨 있는 것입니다."

"내가 그대를 알고 만나게 된 것은 정 때문이지 재물 때문이 아니오."

진선이 말했다.

"우리 나라 왕이 20년 전에 나의 아버지를 선발하여 조선에 사신으로 갔다가 돌아왔습니다.[67] 나의 아버지께서는 돌아와서 당신 나라 사람들에게 많은 사랑을 받게 되어 항상 은정을 생각하고 있었는데, 내가 또 대인과 친하게 되었으니 다행한 일이 아니겠습니까?"

【4월 18일】 예부에 나아가다.

이날은 흐렸다. 판사리(辦事吏) 왕환(王瑍)이 패자(牌子)[68]를 가지고 와서 나를 불렀다.

그 패에 씌어 있었다.

조선표해이관(朝鮮漂海夷官) 최부는 급히 예부로 나오도록 하되 어긋남이 없도록 하라.

---

67) 대략 20년 전에 유구국 사신이 조선에 파견된 기록은 세조 14년(1468) 6월로 추정된다. 이 당시 세조가 사정전(思政殿)에 나아가 술자리를 베풀고, 유구 국왕의 아우 민의(閔意)가 사자로 보낸 고도로(古都老) 등 5명을 인견했다는 기록이 보인다. 『세조실록』 권46, 14년 6월 경술.
68) 청대에 경사의 각 부로부터 도부(道府) 이하에, 각지의 독무(督撫)로부터 사도(司道), 사도(司道)로부터 부청(府廳), 부청으로부터 주와 현에 보내는 문서를 말한다. 『청회전』(淸會典) 예부 범관문서(凡管文書); 『청국행정법』.

나는 왕환을 따라 남훈포(南薰鋪)를 지나서 문덕방(文德坊)에 이르렀다. 성의 정양문(正陽門) 안에 대명문(大明門)을 세웠는데 대명문의 왼쪽은 문덕방, 오른쪽은 무공방(武功坊)이었고, 정양문은 3층, 대명문은 2층이다. 또 나아가 예부에 이르렀다. 주객사(主客司) 낭중[69]인 이괴(李魁), 주사[70] 김복(金福), 왕운봉(王雲鳳)[71] 등이 상서인 주홍모(周洪謨),[72] 좌시랑 예악(倪岳),[73] 우시랑 장열(張悅)[74]의 명령을 받들어 나에게 말했다.

"내일 아침에 조정에 들어가면 상으로 의복을 지급받게 될 것이니, 길복(吉服)으로 바꿔 입어야 할 것이오. 그리고 일을 마치면 즉시 돌아

---

69) 주객사(主客司)는 예부 소속의 관청으로 여러 이민족 국가들의 조공과 접대, 그리고 급사(給賜)를 담당했다. 낭중은 정5품의 관직이다.『명사』권72, 직관지 1.
70) 주객사의 주사는 정6품의 관직이다.『명사』권72, 직관지 1.
71) 자는 응소(應韶), 호는 호곡(虎谷), 산서 화순(和順) 출신이다. 부의 휘는 좌(佐)로 남경호부상서를 역임했다. 운봉(雲鳳)은 명 헌종 성화 2년(1466)의 진사로 예부주사가 되었고, 태감 이광(李廣)을 탄핵하다 지주로 강등되었다. 순무선부를 역임했다.『국조헌징록』권63, 첨도어사전국자감제주호곡선생왕공운봉묘지명(僉都御史前國子監祭酒虎谷先生王公雲鳳墓地銘).
72) 자는 효필(孝弼), 시호는 문안(文安)으로 장녕(長寧) 출신이다. 명 영종 정통 10년(1445)의 진사로 예부우시랑, 헌종 성화 17년(1481)에는 상서가 되었다. 홍치제가 즉위하고 얼마 지나지 않은 4월에 명 황제의 선조들 능(陵)이 있는 천수산(天壽山)에 천둥이 치고 우박이 내려 전각 등이 훼손되자 수리할 것을 상주하여 황제가 받아들였다.『명사』권184, 주홍모열전.
73) 자는 순자(舜咨), 시호는 문의(文毅)로 상원(上元) 출신이다. 부는 남경예부상서를 역임했고 시호는 문희(文僖)다. 악(岳)은 명 영종 천순 2년(1458)의 진사로 헌종 성화 22년(1486)에 예부우시랑에 발탁되었다. 효종 홍치 초에 좌시랑, 효종 6년(1493)에 상서가 되었다. 명대에 부자의 관직이 한림(翰林)으로 모두 시호에 문(文)자가 들어간 것은 악이 처음이다.『명사』권183, 예악열전.
74) 자는 시민(時敏), 시호는 장의(莊懿)로 송강(松江) 화정(華亭) 출신이다. 명 영종 천순 4년(1460)의 진사로 성화 중에는 첨도어사(僉都御史)를, 효종 홍치제가 즉위하자 공부우시랑과 이부좌시랑을 거쳐 남경이부상서와 병부상서를 역임했다.『명사』권185, 장열열전. 그런데 이와 같이『명사』에는 장열이 예부좌시랑이었다는 기록이 없는 데 반해『명 효종실록』에는 그가 좌시랑이었다는 점을 확인할 수 있다.『명 효종실록』권9, 갑인조. 홍치제가 즉위하면서 예부우시랑이 된 인물은 유건(劉健)이다.『명사』권181, 유건열전.

갈 것이오."

"나는 표류할 때 풍랑을 견디지 못하여 짐이 모두 흩어져 이 상복만을 겨우 입고 왔으므로 다른 길복이 없습니다. 또 내가 상중에 길복을 입는 것은 예절에 합당치 않을까 두렵습니다. 또 상복 차림으로 조정에 들어가는 것은 의(義)에도 옳지 못하니, 청하건대 대인께서는 예제를 잘 살펴서 어떻게 해야 할지 알려주십시오!"

낭중 이괴가 나의 말을 여러 사람과 의논한 후에 예부의 서리 정춘을 시켜 나에게 말했다.

"내일 아침 상 받을 때는 예를 행하는 절차가 없으니, 당신을 따라온 이(吏)로 하여금 대신 상을 받도록 하고 모레 황제의 은혜에 사례할 때는 몸소 절을 해야 하니 참가하지 않을 수 없소."

나는 옥하관으로 돌아왔다. 저녁에 손금이 속(粟, 조) 두 말과 장과(醬瓜) 한 그릇을 가지고 와서 대접해주었다. 어떤 사람이 여러 마리의 물소와 양떼를 몰고 옥하관 문을 지나갔는데, 그중 양 한 마리는 뿔이 4개였고, 두 마리는 털이 길어 땅에 닿았다.

【4월 19일】 상을 받다.

이날은 흐렸다. 예부의 서리 정춘과 왕민, 그리고 왕환 등이 와서 정보 등 40여 명을 불러가서 나는 혼자 옥하관에 머물렀다. 정보 등이 대궐에 들어가서 상을 받고 왔는데, 내가 받은 것은 흰 모시옷 한 벌, 붉은 비단으로 속을 댄 원령 한 개, 흑록색 비단으로 만든 습자 한 개, 청색 비단으로 만든 답호 한 개, 가죽신발 한 켤레, 털로 짠 버선 한 쌍, 녹면포 한 필이었다. 정보 이하 42명이 받은 것은 반오(胖襖)[75] 각 한 건, 면고 각 한 건, 옹혜 각 한 쌍이었다. 이상이 돈을 요구하여 시장 근처 대서소에서 서장(書狀)을 써서 홍려시에 보고했는데, 그 내용은 다음과 같았다.

---

75) 오(襖)는 웃옷을 말한다.

조선 사람 최부 등에게 상을 내려주신 일에 대하여 말씀드립니다.
바다에 표류되어 절강에 도착했다가 경사에 호송되어, 지금 황제께서 의복과 반오(胖襖), 그리고 화혜(靴鞋, 가죽신) 등을 하사하시니, 마땅히 홍려시에 나아가 명단을 보고하고, 4월 20일 아침에 황제의 은혜에 사례하겠습니다.

이상이 정보에게 말했다.
"그대의 상관에게 알려서 내일 아침에 길복 차림으로 와서 황제의 은혜에 사례하도록 하시오."
이름을 잊었지만 관직이 서반(序班)[76]인 서씨가 와서 정보 등이 관대를 갖추고 있는가를 점검하고 '숙배절차'(肅拜節次)[77]의 의례를 가르쳤다. 서 서반은 비록 통사라고 하지만, 우리 말을 잘 알아듣지 못했다.
나는 정보를 시켜 문지기 한 명과 같이 이상의 집을 찾아가서 나의 뜻을 알렸다.
"친상은 진실로 자기의 정성을 다해야 하는 것인데, 만약 화려한 옷을 입는다면 효가 아니오. 나 또한 사람의 자식인데 상복을 경솔히 벗고 효가 아닌 명분에 처신할 수 있겠소?"
이상이 말했다.
"오늘 내가 예부상서 대인과 함께 의논했는데, 이 상황에서 친상은 가볍고 천은(天恩)은 중하니, '숙배'(肅拜)의 예를 그만둘 수 없습니다. 4경쯤 동장안문(東長安門) 밖에 상으로 하사한 의복을 입고 오기를 틀림없도록 하십시오."

---

76) 조회와 빈객, 그리고 길흉 등의 의례를 담당하는 홍려시의 사의(司儀)와 사빈(司賓)이라는 관청 아래에 종9품의 서반 50명이 편성되어 있었다. 『명사』 권74, 직관지 3.
77) 숙배절차란 무릎을 꿇고 두 손을 들어올리는 예배 절차를 말한다.
78) 대녕도지휘사사(大寧都指揮使司)다. 명 태조 홍무 20년(1387)에 설치했고, 다음 해에 명칭을 북평행도지휘사사(北平行都指揮使司)로 바꾸었으나, 성조 영락

저녁에 달단의 대령위(大寧衛)[78] 남녀 15명이 그들의 본국에서 도망해 와서 서회동관(西會同館)에 잠시 거주했다.

【4월 20일】 대궐에서 황제의 은혜에 사례하다.

이날은 흐렸다. 축시에 이상이 와서 나에게 말했다.

"관복을 갖추고 입궐하여 황제의 은혜에 사례해야 하니 지체해서는 안 됩니다."

나는 머리의 상관(喪冠)[79]을 가리키며 말했다.

"이 상을 당하여 그 비단옷을 입고 사모(紗帽)[80]를 쓴다면 마음이 편안하겠소?"

"당신이 빈소 곁에 있다면 아버지가 중하겠지만 지금은 이곳에 있으니 황제가 계실 뿐이라는 것을 알아야 합니다. 황제의 은혜를 입고 만약 가서 사례하지 않는다면, 인신(人臣)의 예절을 크게 잃게 되는 것입니다. 그런 까닭으로 우리 중국의 예제는 재상이 상을 당할 적에 황제께서 사람을 보내어 부의[81]를 하면 비록 초상 중이라도 반드시 길복(吉服)을 갖추어 입고 달려가 입궐하여 배사(拜謝)한 연후에 다시 상복을 입습니다. 대개 황제의 은혜는 사례하지 않을 수 없는데 사례할 때는

원년(1403)에 재차 원래의 이름으로 고쳤다. 11개의 위와 1개의 소를 통할했다. 『명 태조실록』 권185, 홍무 20년 9월 계미조; 권192, 홍무 21년 7월 갑신조; 『명 태종실록』 권18, 영락 원년 3월 임오조.
79) 마(麻)로 만든 관을 가리킨다.
80) 조선시대 백관(百官)이 주로 상복(常服)에 착용하던 관모로, 혼례 때에는 서민에게도 사모의 착용이 허용되었다. 사모는 뒤가 높고 앞이 낮은 2단 모정부(帽頂部)를 이루며, 뒷면에는 각(角)을 달고 있다. 겉면은 죽사(竹絲)와 말총으로 짜고 그 위를 사포(紗布)로 씌우는데, 사모라는 명칭은 여기서 유래된 것이다. 유희경, 『한국복식사연구』, 이화여자대학교출판부, 1980.
81) 공이나 후 및 재경이나 재외의 문무관원 또는 그들의 부모와 처의 상일 경우에는 봉증(封贈)을 받고 관직을 그만둔 경우 등 여러 요건을 따져 품급에 따라 분(墳)과 단(壇)을 설치하거나 조회를 열지 않는 규정을 두었다. 명대의 상례에 대해서는 만력『대명회전』에 자세하게 서술되어 있다. 만력『대명회전』 권101, 예부 59 상례 6.

반드시 궐내에서 해야 하나 대궐 안에 최복[衰麻]82)을 입고 들어갈 수 없으니, 이것은 형수가 물에 빠지면 손을 잡아 꺼내주는 것과 같은 권도(權道)83)입니다. 당신이 지금 길복을 갖춰야 함은 사세(事勢)에 의한 것입니다."

"어제 상을 받을 때도 내가 직접 받지 않았는데, 지금 사은할 때도 역시 따라온 이(吏)를 시켜서 배례하도록 하는 것이 어떻겠소."

"상을 받을 때는 배례하는 절차가 없었으니 대신 받아도 되지만, 지금은 예부와 홍려시가 함께 당신에게 사은하는 일을 의논하여 이미 상주하기를 '조선이관(朝鮮夷官) 최부 등 ……'이라고 했소. 당신은 일행의 우두머리로서 어찌 편안히 물러나 앉아 있을 수 있겠습니까?"

나는 할 수 없이 정보 등을 거느리고 이상을 따라 장안문에 이르렀으나 차마 길복을 입지 못했는데, 이상이 몸소 나의 상관을 벗기고 사모를 씌우면서 말했다.

"만약 국가에 일이 발생하면 기복(起復)84)의 제도가 있습니다. 당신은 지금 이 문에서 길복을 입고 들어가서 사은하는 예를 행하고 마친 후 다시 이 문으로 나와 상복으로 바꿔 입는 잠깐 동안뿐이니 하나만을 고집하여 융통성이 없어서는 안 됩니다."85)

이때 황성의 외문이 열리면서 상참조관(常參朝官)86)이 줄을 서서 들

---

82) 2월 18일 주 528), 529) 참조.
83) 윤1월 12일 주 91) 참조.
84) 상중에 있는 관리를 상이 끝나기 전에 기용하는 것을 말한다. 후세에는 상을 전부 마친 경우를 일컬었고, 마치지 않은 상태에서 기용하는 것을 탈정(奪情)이라고 했다.『해여총고』 권27, 기복. 명 초에는 상을 당하면 보고를 기다리지 않고 즉시 관직을 그만둔다. 후에 경관(京官)은 내부효자감합(內府孝子勘合)을 지급했고, 재외 관리는 인(引, 증명서)을 지급하여 조회했다. 기복에도 정해진 기한이 있다. 만력『대명회전』 권11, 이부 10 정우(丁憂).
85) (노나라의 현자인) 자막(子莫)은 (양자[楊子]와 묵자[墨子]의) 중간을 잡았다. 중간을 잡는 것이 도(道)에 가까운 것이나 중간을 잡고도 권(權)이 없으면 그것도 둘 중에 어느 한 가지를 고집하는 것과 같은 것이다. 어느 한 가지를 고집하는 것을 미워하는 까닭은 그것이 도를 해치기 때문이며 한 가지 일을 들어서 백 가지 일을 막아버리기 때문이다.『맹자』 진심장구 상편.

어갔다. 나는 추세에 밀려 길복을 입고 대궐로 들어가는데, 1층 문과 2층의 두 대문으로 들어가니 또 2층 대문이 있었는데, 오문(午門)[87]이었다. 군대의 위용이 엄정하고 등불이 휘황찬란했다. 이상이 나를 오문 앞에 앉히고 조금 후에 오문의 왼쪽에서 북을 치더니 이 일이 끝나자, 오문의 오른쪽에서 종을 쳤으며, 그것이 끝나자 세 개의 홍문이 열렸는데 문마다 각기 두 마리의 큰 코끼리가 지키고 있어 그 형상이 매우 기이하고 훌륭했다.

날이 밝아오니 조관(朝官)들이 차례로 문 앞에 늘어섰다. 이상이 나를 인도하여 조관의 행렬에 나란히 서게 하고, 또 정보 등을 인도하여 별도로 한 줄을 만들어 국자감 생원의 뒤에 서게 했다. 다섯 번 절하고, 세 번 머리를 조아린[88] 후에 단문(端門)을 통해 승천문(承天門)[89]으로 나오니 승천문은 대명문(大明門) 안에 있었다. 또 동쪽으로 가서 장안좌문(長安左門)[90]으로 나와서, 다시 상복을 입고 장안가(長安街)를 지나 옥하관으로 돌아왔다.

이효지와 허상리, 그리고 권산 등이 모두 상으로 하사받은 옷을 입고 와서 나에게 말했다.

---

86) 명 태조 홍무 3년(1370)에 상조의(常朝儀)를 정하였는데 매월 음력 1일과 15일에 황제는 변복(弁服)을 입고 봉천문(奉天門)에 나아가면 백관은 조복으로 계단 아래 동서로 서서 두 번 절한다. 동반과 서반의 장이 앞으로 나아가면 백관이 모두 함께 몸을 굽혀 '성궁만복(聖躬萬福)'이라고 말한다. 다시 제자리로 돌아와 두 번 절한다. 이러한 형식으로 조회를 시작했다. 만력『대명회전』권44, 예부 2;『명사』권53, 예지 7.

87) 자금성 남쪽의 정문이다.

88) 사은하는 관료는 봉천문 밖에서 북쪽을 바라보고 다섯 번 절하고 세 번 머리를 조아렸다.『명사』권53, 예지 7.

89) 대명문(大明門)으로 들어가면 다음이 승천문이다. 명 헌종 성화 원년 3월 공부상서 백규(白圭)에 명하여 승천문을 조영하게 했다. 매년 상강(霜降) 후에 이부 등의 아문이 형부의 중죄를 지은 죄수를 심의했는데, 승천문 앞 중용도(中甬道)의 서쪽, 동서용도(東西甬道)의 남쪽에 있었다. 광서『순천부지』경사지 3 궁금(宮禁) 하편.

90) 매일 백관들이 상주하러 들어갈 때 모두 장안우문(長安右門)과 좌문(左門)을 통한다. 금군(禁軍) 천 명이 지키고 있었다. 광서『순천부지』경사지 3 궁금 하편.

"전에 정의현 사람이 현감 이섬을 따라 표류하여 이곳에 도착했을 때는 황제로부터 상을 하사받는 은혜가 없었는데, 지금 우리는 표류하여 절강에서 여기까지 도달하여 왔다가 특별히 이런 뜻밖의 상을 받고 황제의 앞에서 배례하게 되었으니 다행한 일이 아니겠습니까?"

나는 말했다.

"어찌 그것이 우연한 일이겠는가? 상이란 것은 본래 공이 있는 사람에게 주는 것인데 너희들은 대국에 어떠한 공이 있는가? 표류하여 죽을 뻔하다가 다시 살아나서 본국으로 돌아가게 되니 황제의 은혜가 또한 이미 지극하거늘, 하물며 너희 비천한 신분으로 대궐에 들어가 이러한 상을 받게 되었으니 너희는 그 뜻을 알아야 한다. 황제께서 우리를 위무하고 우리에게 상을 주시는 것은, 모두 우리 임금께서 하늘을 두려워하고 중국을 섬기기 때문이지 너희가 스스로 이룬 것이 아니다. 너희는 우리 임금의 덕을 잊지 말고 황제께서 준 상을 가벼이 여기지 말아서, 이를 손상시키지도 말고, 잃어버리지도 말며, 팔아서 타인의 소유가 되지 않도록 자손 대대로 지켜 영원토록 가보로 삼아라."

【4월 21일】 옥하관에 머무르다.

이날은 흐렸다. 백호 장술조가 와서 말했다.

"나는 좌군도독부(左軍都督府)[91] 총병[92] 어른께서 보내어 당신을 요동으로 호송할 사람입니다. 병부와 회동관의 관문(關文)[93]이 벌써 모두 나왔으니, 2, 3일 사이에 그대들 모두 떠날 것입니다."

소매에서 차부(箚付)[94]를 꺼내 보여주었다. 그 문서는 다음과 같다.

좌군도독부의 해양 정세에 관한 일이다.

---

91) 오군도독부의 하나로 재경의 유수좌위(留守左衛)를 포함한 6개의 위와 재외의 절강도사 · 요동도사 · 산동도사를 통할한다. 『명사』 권90, 병지 2.
92) 윤1월 23일 주 217) 참조.
93) 4월 초10일 주 56) 참조.

경력사(經歷司)⁹⁵⁾에서 사건을 문서로 보고하기를 병부 직방청리사(職方淸吏司)⁹⁶⁾의 수본(手本)⁹⁷⁾에 의거하니 반드시 본부에서 연속해서 보낸 본부의 제본(題本)과 본사의 안을 보고한 문서, 본부에서 내부로 보낸, 즉 진수절강 사설감(司設監)⁹⁸⁾ 태감⁹⁹⁾ 장경(張慶)¹⁰⁰⁾의 전사(前事, 앞의 일)를 초록할 것을 받드니, '해당 관부(병부)에 문서를 보내 관원 한 명을 선발하여 수행하게 하고, 연도의 군위(軍衛)에서 군부(軍夫)를 차출하여 호송케 한다. 요동에 이르면 진순관(鎭巡官)이 통사 몇 명을 차출하여 조선 경계까지 보내어 그들 스스로 돌아가게 한다'는 것이었습니다. 그러나 풍랑을 만난 외국인을 처리하여 귀국시키는 일에 대해, 또 성상(聖上)의 해당 부서에서 일의 이치를 알아서 처리하라고 허가받았으나, 아직 감히 마음대로 할 수 없었습니다. 이에 홍치 원년(1488) 4월 1일에 태자태보 본부(병부) 상서 여자준 등이 제본(題本)을 갖추어 다음날 성상의 뜻을 받들었는데 '이를 준수하라'는 것이었습니다.

이에 행문으로 통지하는 것은 물론, 해부(오군도독부)의 경력사에 행문하여 부(좌군도독부)에 정문하고, 본부(병부)가 상주하여 황제의 허가를 받은 사항을 시행하라는 것을 받들어 적당한 관원 한 명에게 위임하여 호송하도록 했습니다. 또 진수요동태감 위랑(韋朗)¹⁰¹⁾과 총병관 구겸(緱謙)¹⁰²⁾ 그리고 연도의 위소와 아문에 행문하여 모

---

94) 차(箚)라는 것은 관문서의 일종으로 상급관청에서 하급관청에 보내는 문서, 또는 신하가 어떠한 일을 상주할 때의 문서를 가리킨다.
95) 오군도독부 소속으로 경력(종5품) 1명, 도사(都事, 종7품) 1명이 있다. 『명사』 권73, 직관지 1.
96) 병부 소속으로 지도·군제·성황(城隍)·진수(鎭戍)·훈련·정벌 등의 일을 담당한다. 『명사』 권73, 직관지 1.
97) 하급관청이 상급관청에 보고할 때 사용하는 문서 형식이다.
98) 환관 조직 12감(監) 중의 하나로 황제의 행렬, 의장(儀仗), 휘장과 막을 치는 일을 담당한다. 『명사』 권74, 직관지 3.
99) 사설감(司設監)의 태감은 1명으로 정4품이다. 『명사』 권74, 직관지 3.
100) 2월 초6일 주 153) 참조.

두 준수하여 시행하도록 했습니다.

계속하여 사(직방청리사)에 도착하니, 마땅히 수본을 가지고, 좌군도독부 경력사에 먼저 보내어 부(좌군도독부)에 정문하여 그대로 시행케 할 것입니다. 수본안이 정문(呈文)으로 오군도독부에 도착하여 마땅히 시행해야 하므로 관련인의 이유를 적어 자문을 보냄은 물론 마땅히 차부해야 할 것입니다. 본직(경력사)은 외국인 최부 등을 주의해서 보호하고 수행하여 요동진수 총병관 구겸에게 먼저 데리고 가 인계하되, 통사 몇 명을 선발하는 데 수행하는 사람들은 소홀하거나 불편한 일이 없도록 해야 하겠습니다.

이는 마땅히 차부로써 하는 것입니다.

【4월 22일】 옥하관에 머무르다.

이날은 맑았다. 나는 이달 초5일부터 머리 아픈 증세가 나타났는데, 17일에는 조금 나았다가 오늘에 이르러서는 갑자기 가슴이 아파왔다. 배와 가슴 사이가 서로 뒤틀리고 손발이 저려왔다. 냉기가 온몸으로 퍼지고 천식으로 인하여 위태로움이 경각에 달렸다. 정보, 김중, 손효자, 고이복 등이 낫기를 빌었으나 효과가 없었다. 거느리고 왔던 사람들도 어찌할 바를 몰랐고 이정과 막금은 소리내어 슬프게 울었다. 이름을 모르는 어떤 한 사람이 자못 병을 고칠 줄 알았는데, 내가 위태한 것을 보고서 대침(大針)[103]으로 나의 열 손가락 끝을 찔렀다. 검은 피가 세차

---

101) 위랑은 광동 사람으로 어마감 태감(御馬監 太監)과 감창(監鎗)을 겸하고 있었다. 『요동지』(遼東志) 권5, 관사지.
102) 구겸의 선조는 산후(山後) 용산현(龍山縣) 사람으로 대동우위지휘첨사(大同右衛指揮僉事)로부터 수차에 걸친 뛰어난 공적 위에 후군도독부도독첨사(後軍都督府都督僉事)에 승진했다. 성화 15년(1479)에는 쾌인총병관(掛印總兵官)으로 요동에 진수(鎭守)했다. 그는 덕이 중후하고 모략이 뛰어나 성화 16년(1480)의 동정(東征)에 공을 세워 도독동지(都督同知)로 진수요동 총병관(鎭守遼東總兵官)이 되었다. 수년간 재임하자 적들이 두려워했고 혜정을 펼쳤다. 『요동지』 권5, 관사지.

게 솟아오르자, 그 사람이 말했다.

"위태롭고도 위태롭다."

김중과 정보가 달려가서 예부의 주객사(主客司)에 고했다. 회동관의 보고가 예부에 이르니 즉시 태의원(太醫院)[104] 의사[105] 주민(朱旻)을 보내 나의 병을 치료하게 했다.

주민은 나의 맥박을 짚어본 뒤 이렇게 말했다.

"이 증세는 본래 칠정(七情)[106]이 상하고 오한이 겹쳐서 병을 얻은 것이니 조심해서 몸조리해야 할 것입니다."

정보가 물었다.

"어떤 약을 써야 합니까?"

"향화대기탕(香火大氣湯)[107]을 써야 할 것이오."

주민이 태의원으로 달려가서 약을 가지고 왔는데, 가감칠기탕(加減七氣湯)[108]이었다. 손수 잘 달여서 나에게 마시게 했다. 2경쯤 마셨던 약을 토해버리고 말았다.

---

103) 9종류의 침은 길고 짧고 크고 작은 차이가 있는데 대침 크기는 정첨(梃尖)과 같다. 『침구문대』(鍼灸問對) 권 상편. 옛날에 쓰던 9가지 침(고대 9침)의 하나. 길이가 4치고 침끝이 못과 같으며 약간 둥글다. 수종(水腫), 징가 등에 썼는데 후에는 대침을 화침법(火鍼法)으로 나력, 유옹(乳癰) 등을 치료하는 데 썼다. 한의학대사전편찬위원회 편역, 『한국한의학대사전』, 동양의학연구원 출판부, 1989.
104) 원판(院判) 1명, 이목 1명, 혜민약국(惠民藥局)과 생약고(生藥庫)는 대사 각 1명으로 편성됐다. 『명사』 권75, 직관지 4.
105) 원문에는 태의원사(太醫院士)라고 표기하고 있는데, 태의원에는 지금의 의사라는 명칭은 없었다. 원판(院判)이나 이목 또는 대사 중에서 한 명이 왔을 것으로 보인다.
106) 칠정이란 희(喜)·노(怒)·애(哀)·구(懼)·애(愛)·오(惡)·욕(欲)을 가리킨다. 『주자어류』 권87, 예4 예운(禮運). 한의학에서는 이 칠정이 지나치면 장부기혈(臟腑氣血)에 영향을 주어서 병을 일으킬 수 있으며, 내장에 먼저 병이 생겨서 정서 활동에 영향을 주는 경우도 있다고 한다. 한의학대사전편찬위원회 편역, 앞의 책.
107) 대기탕은 상초(上焦), 즉 심장이나 폐를 치료하고 아래를 따뜻하게 하며 허전한 가슴이나 가래, 기침, 목구멍이 건조할 때 당귀(當歸)·자소자(紫蘇子)·세신(細辛) 등으로 조제한다. 『보제방』(普濟方) 권158, 해라문(咳喇門).

【4월 23일】 옥하관에 머무르다.

날씨가 흐리고 천둥이 쳤다. 새벽에 주민이 와서 나의 맥박을 짚어보고 말했다.

"어제는 삼지이패(三遲二敗)¹⁰⁹⁾의 맥이었는데, 오늘은 회생할 기미가 있으니 잘 조리하십시오."

또 인삼양위탕(人蔘養胃湯)¹¹⁰⁾을 달여서 마시게 했다. 나는 약을 먹은 뒤로 몸이 점차 회복되었다.

저녁 때 이서와 장술조가 함께 와서 나에게 말했다.

"내일 아침에 당신들은 본국으로 돌아갈 텐데, 몸이 좋지 않으니 26일에 떠나는 것이 어떻겠습니까?"

"나는 초상을 당했는데 표류하여 타국에 머무르고 있으니 인정과 도리가 매우 간절하여 하루가 실로 삼추와 같소.¹¹¹⁾ 어제는 아팠으나 오늘은 조금 나아 수레 위에 누우면 갈 수 있으니 가기를 청하오."

장술조가 말했다.

"그렇다면 순천부(順天府)체운소¹¹²⁾에 가서 수레와 나귀를 구해오겠습니다."

명나라 태조 고황제(홍무제)는 남경에 도읍을 정했다.¹¹³⁾ 남경¹¹⁴⁾은

---

108) 기분이 울적하고 토하고 싶은 것을 치료한다. 반하(半夏)·인삼·날계(辣桂)·후박(厚朴)·복령(茯苓)·감초 등으로 만든다.『인제직지』(仁齋直指) 권7, 담연(痰涎).
109) 1번 숨쉴 때 3번은 뛰고 2번은 안 뛰는 부정맥을 말한다.
110) 겉으로는 풍한(風寒)이나 안으로는 한기를 느껴 열이 나거나 머리와 눈이 어두워지고 아프며 사지가 굽을 때 복용한다. 후박·인삼·감초·초과(草果)·복령(茯苓) 등으로 제조한다.『태평혜민화제국방』(太平惠民和劑局方) 권2, 치상한(治傷寒). 차가운 환경에 거처하여 소화기관에 장애가 생겼을 때 사용하는 처방이다.
111) 저기 칡을 뜯으러 간다며 하루만 만나지 못했어도 석달이나 지난 듯하이 저기서 사철쑥을 캐야겠다며 하루만 만나지 못했어도 세 번 가을이 지난 것만 같아라.『시경』왕풍 채갈(采葛).
112) 순천부체운소라는 이름은 보이지 않는다. 부곽인 대흥현(大興縣)의 대흥체운소(大興遞運所)를 가리키는 것은 아닌가 한다. 만력『대명회전』권147, 병부 30 역전 2.

곧 금릉(金陵)으로 육조115)(오·동진·송·제·양·진) 제왕이 도읍했던 곳이다. 태종 문황제(영락제)는 북평부(北平府)로 천도하여 북경으로 했으나,116) 남경의 치소는 이전 그대로였다. 남경의 기내(畿內)에는 응천부(應天府) 등 18부가 있는데, 소속 주와 현이 있었다.117) 북경118)의 기내에는 순천부(順天府) 등 11부가 있는데 또한 소속된 주와 현이 있었다.119)

양경의 부, 주, 현은 육부(六部)120)에 직소되어 있었다. 또 천하를 13개의 포정사로 나누어 산서·산동·하남·섬서·절강·강서·호광(湖廣)·사천·복건·광동·광서·운남·귀주라고 하고 여러 부, 주,

---

113) 명 태조 홍무 원년(1368) 8월 응천부를 평정하고 남경으로 했다.『명 태조실록』권34, 기사조.
114) 윤1월 21일 주 175) 참조.
115) 오(220~280), 동진(317~420), 송(420~479), 제(479~502), 양(502~557), 진(557~589)이 수도를 건업 또는 건강이라는 불리는 남경에 두었다.
116) 성조 영락제는 즉위 직후인 영락 원년(1403)에 남경 응천부와 북경 순천부라는 양경(兩京) 체제를 시작했다. 영락제는 5년 이후 순수(巡狩)의 명목으로 3차례 북경에 체제했다. 특히 3차 순행인 영락 15년(1417) 3월 북경으로 향한 후 다시는 남경에 돌아오지 않았다. 2년 뒤에는 북경 궁전의 개축 공사가 시작되어, 영락제 20년 9월에 봉천전(奉天殿)·화개전(華蓋殿)·근신전(謹身殿)의 3전이 완성되자, 다음해 정월 북경천도가 실행되었다. 그러나 실제적으로 북경이 수도로서 부동의 위치를 차지하게 되는 것은 영종 정통 6년(1441) 이후다. 熊本崇,『中國史槪說』, 白帝社, 1998.
117) 남직례(南直隸)는 부 14, 직례주(直隸州) 4, 속주(屬州) 17, 현 97로 편성되었다.『명사』권40, 지리지 1.
118)「우공」의 기주(冀州) 땅이다. 고양씨(高陽氏)는 유릉(幽陵), 도당(陶唐, 요임금) 때는 유도(幽都), 우(虞, 순임금) 때는 유주(幽州)였다. 하와 은나라 때는 유주를 폐하고 기주에 편입시켰다. 무왕(武王)이 요임금의 후손을 계(薊)에 봉했고, 소공(召公) 석(奭)을 연(燕)에 봉했다. 즉 진대에 상곡(上谷)과 어양(漁陽) 2군의 지역이었다. 요(遼)가 유주를 남경유도부(南京幽都府)로 승격시켰고, 후에 유도(幽都)를 석진부(析津府)로 고쳤다. 금대에는 연경이라고 칭하고 중도(中都)라 했다. 석진부를 대흥부(大興府)라고도 했다. 원대 초에는 연경로로 하고 대흥부라고 불렀다. 세조 지원 초에 중도를 건설하고 후에 대도로(大都路)라고 고쳤다. 명 태조 홍무 초에 북평부(北平府)로 고쳤고, 성조 영락 초에 순천부로 고쳤다.『대명일통지』권1, 순천부.
119) 북직례는 부 8, 직례주(直隸州) 2, 속주 17, 현 116이었다.『명사』권40, 지리지 1.

현을 통할하게 했다.[121] 또 도사와 위소를 설치하여 방어하게 했는데,[122] 부 149, 주 218, 현 1,105개가 있었다.[123] 또 선위사(宣慰使),[124] 초토사(招討司),[125] 선무사(宣撫司),[126] 안무사(安撫司)[127] 등이 있었다.

북경은 원나라 대도(大都)의 성이었다.[128] 영락(명나라 성조) 연간에 늘리고 넓혀서 수축했는데,[129] 성문이 9개[130]였다. 그 남쪽이 정양

---

120) 북경과 남경에 각각 6부, 즉 이부·예부·호부·병부·형부·공부를 설치했다.
121) 명 태조 홍무 9년(1376)에 산서·산동·하남·섬서·절강·강서·호광·사천·복건·광동·광서·북평의 12포정사를 설치했고, 태조 15년에 운남포정사를 설치했다. 성조 영락 원년(1403)에는 북평포정사를 북경으로 고쳤고, 영락제 5년에 교지(交趾)포정사, 11년에 귀주포정사를 두었으나, 선종 선덕 3년(1428)에 교지포정사를 폐하여 총 13포정사로 정착되었다. 『명사』 권75, 직관지 4.
122) 명대에는 도사 21, 유수사(留守司) 2, 내외 위 493, 수어둔전군목천호소(守禦屯田群牧千戶所) 359, 번변도사위소(番邊都司衛所) 407 등으로 구성되었다. 『명사』 권90, 병지 2. 이 숫자는 시대와 지역에 따라 약간 증감이 있다.
123) 부 140, 주 193, 현 1,138, 기미부(羈縻府) 19, 주 47, 현 6이었다. 『명사』 권40, 지리지 1. 이 숫자도 시대와 지역에 따라 약간의 증감이 보인다. 예를 들면 선종 선덕 3년(1428)에는 부 159, 주 234, 현 1,171이었다. 『명사』 권75, 직관지 4.
124) 명대에는 2개의 선위사사(宣慰使司)가 설치되었다. 토관(土官)으로 선위사(종3품) 1명, 동지(정4품) 1명, 부사(종4품) 1명, 첨사(정5품) 1명, 경력사 경력(종7품) 1명, 도사(都事, 정8품) 1명으로 편성했다. 『명사』 권76, 직관지 5.
125) 명대에는 2개의 초토사사(招討使司)가 설치되었다. 초토사(종5품) 1명, 부초토사(副招討使) 1명, 그 소속에 이목(종9품) 1명으로 편성했다. 『명사』 권76, 직관지 5.
126) 명대에는 6개의 선무사가 편성되었다. 선무사(종4품) 1명, 동지(정5품) 1명, 부사(종5품) 1명, 첨사(정6품) 1명, 소속으로 이목(종9품) 1명을 편성했다. 『명사』 권76, 직관지 5.
127) 명대에는 16개의 안무사가 편성되었다. 안무사(종5품) 1명, 동지(정6품) 1명, 부사(종6품) 1명, 첨사(정7품) 1명, 소속으로 이목(종9품) 1명으로 편성했다. 『명사』 권76, 직관지 5.
128) 원 세조 중통(中統) 2년(1261)에 연경(燕京)의 구성(舊城)을 수축했고, 세조 지원 4년(1267)에 처음으로 중도(中都)의 북쪽에 지금의 성을 축조하고 천도했다. 세조 9년에 대도(大都)라고 고쳐 불렀다. 광서『순천부지』 권1, 경사지 성지.
129) 명 성조 영락 4년(1406) 윤7월 북경 궁전을 축조하고 성벽을 수리했다. 광서『순천부지』 권1, 경사지 성지.

문(正陽門)이고 정양문의 오른쪽에 선무문(宣武門), 왼쪽에 숭문문(崇文門)이 있다. 그 동쪽에 동직문(東直門)과 조양문(朝陽門)이 있고, 그 서쪽에 서직문(西直門)과 부성문(阜成門), 북쪽에 안정문(安定門)과 덕승문(德勝門)이 있다.[131] 성 안에 황성[132]이 있고 황성 안에 서원(西苑)[133]·태액지(太液池)[134]·경화도(瓊華島)[135]·만세산(萬歲山)[136]·사직단[137]·태묘(太廟)[138]가 있다.

황성의 장안좌문(長安左門)과 남쪽에 종인부(宗人府)[139]·이부[140]·

---

130) 성문은 모두 9개인데 남쪽에 3개의 문이 있다. 정남이 여정문(麗正門), 왼쪽이 문명문(文明門), 오른쪽이 순승문(順承門)이다. 북쪽에 2개의 문, 즉 왼쪽이 안정문(安定門), 오른쪽이 덕승문(德勝門)이다. 동쪽으로 2개의 문이 있는데 동남쪽으로 제화문(齊化門), 동북쪽으로 숭인문(崇仁門)이다. 서쪽으로 2개의 문이 있는데, 서남쪽이 평칙문(平則門), 서북쪽이 화의문(和義門)이다. 광서 『순천부지』 권1, 경사지 성지.

131) 명 영종 정통 원년(1436)에 태감 완안(阮安), 도독동지 심청(沈靑), 소보(少保) 공부상서 오중(吳中)에 명하여 군부(軍夫) 수만 명을 동원하여 경사의 9문 성루를 수리하여, 영종 4년 4월에 완공했다. 이때 여정문은 정양문(正陽門), 문명문은 숭문문(崇文門), 순승문은 선무문(宣武門), 제화문은 조양문(朝陽門), 평칙문(平則門)은 부성문(阜成門)으로 명칭을 고쳤다. 광서 『순천부지』 권1, 경사지 성지.

132) 경성 안에 있다. 궁전은 삼엄하고 누각은 장려하고 화려하다. 『대명일통지』 권1, 경사.

133) 황성 내에 있다. 주위가 매우 넓고 섬은 모두 기석(奇石)으로 연못을 조망하고 물 위에 광한전(廣寒殿)이 있다. 『대명일통지』 권1, 경사.

134) 황성 내 서원에 있다. 경사 8경 중의 하나에 태액지의 맑은 물결이 있다. 『대명일통지』 권1, 경사.

135) 황성서원 내에 있다. 경사 8경 중 하나가 봄에 이 섬에서 피어나는 운무다. 『대명일통지』 권1, 경사.

136) 서원의 동북쪽에 있다. 높이 솟아 맑고 빼어나게 펼쳐져 있다. 『대명일통지』 권1, 경사.

137) 황성 안 남쪽 오른쪽에 있다. 그 가운데가 방단(方壇)인데 사면에 문이 있다. 단 둘레의 담은 모두 의방색(依方色)이며 남쪽에 전문(前門), 북쪽에 행례전(行禮殿)과 구복전(具服殿)이 있다. 『대명일통지』 권1, 경사.

138) 황성 내 남쪽의 왼쪽에 있다. 정전은 두 개의 회랑으로 기둥과 건물은 높고 두텁다. 소목(昭穆)의 예와 제도는 옛 법을 따랐다. 친왕과 공신은 왼쪽에 배향했다. 신궁감(神宮監)이 있다. 『대명일통지』 권1, 경사.

호부¹⁴¹⁾ · 예부¹⁴²⁾가 차례로 늘어서 있다. 종인부의 뒤편에 병부¹⁴³⁾ · 공부¹⁴⁴⁾ · 홍려시¹⁴⁵⁾ · 흠천감¹⁴⁶⁾ · 태의원¹⁴⁷⁾이 또한 차례로 남쪽으로 늘어서 있고, 장안우문(長安右門)의 남쪽에는 오군도독부¹⁴⁸⁾의 중군도독부 · 좌군도독부 · 우군도독부 · 전군도독부가 차례로 있고, 후군도독부는 중군도독부의 뒤에 있다.

후군도독부의 남쪽에 행인사(行人司)¹⁴⁹⁾ · 태상시(太常寺)¹⁵⁰⁾ · 통정사사(通政使司)¹⁵¹⁾ · 금의위¹⁵²⁾가 또한 차례로 남쪽에 있고 기수위(旗手衛)¹⁵³⁾는 통정사의 뒤에 있었다. 형부¹⁵⁴⁾와 도찰원¹⁵⁵⁾ 그리고 대리시(大理寺)¹⁵⁶⁾는 모두 관성방(貫城坊)에 차례로 남쪽으로 늘어서 있었다.

또 한림원¹⁵⁷⁾은 옥하의 서쪽에, 첨사부(詹事府)¹⁵⁸⁾는 동쪽에 있었다. 국자감¹⁵⁹⁾은 안정문 안에 있고, 광록시(光祿寺)¹⁶⁰⁾는 동안문 안에, 태복시¹⁶¹⁾는 만보방(萬寶坊)에 있었다. 또 오성(五城)병마사¹⁶²⁾ · 부군사위

---

139) 종인령(宗人令, 정1품) 1명, 좌·우 종정(宗正, 정1품) 각 1명, 좌·우 종인(宗人, 정1품) 각 1명으로 편성되었다. 황실의 호적, 종실자녀의 적서(嫡庶)·봉호(封號)·세습·생졸·혼인·시호나 장례의 문제를 담당했다. 『명사』 권72, 직관지1.

140) 상서(정2품) 1명, 좌·우시랑(정3품) 각 1명, 그 소속으로 사무청의 사무(종9품) 2명, 문선(文選)·험봉(驗封)·계훈(稽勳)·고공(考功)의 4청리사가 있다. 낭중(정5품) 각 1명, 원외랑(종5품) 각 1명, 주사(정6품) 각 1명으로 편성되어 있었다. 상서는 천하의 관리 선발·제수, 봉작, 고과(성적 평가)를 통해 인재를 선별하여 천자의 정치를 보좌했다. 『명사』 권72, 직관지 1.

141) 상서(정2품) 1명, 좌·우시랑(정3품) 각 1명, 그 소속으로 사무청의 사무(종9품) 2명, 절강 등 13청리사가 있다. 시대와 지역에 따라 약간의 변동은 있지만 명 초에는 낭중(정5품) 각 1명, 원외랑(종5품) 각 1명, 주사(정6품) 각 2명 등으로 편성되었다. 상서는 천하의 호구, 전부(田賦), 세금 등의 일을 담당했다. 『명사』 권72, 직관지 1.

142) 2월 초4일 주 47) 참조.
143) 2월 초4일 주 46) 참조.
144) 3월 29일 주 489) 참조.
145) 3월 29일 주 488) 참조.
146) 3월 22일 주 395) 참조.
147) 3월 29일 주 486) 참조.

(府軍四衛, 前・後・左・右衛)[163]・우림삼위(羽林三衛, 左・右・前衛)・금오사위(金吾四衛, 前・後・左・右衛)・호분좌위(虎賁左衛)・

148) 오군도독부의 통할관계

도사명	설치장소	통할위소	비 고
중군도독부	장안우문 남쪽	재경의 4개의 위, 양주위 등 직례의 26개 위, 중도유사, 하남도사 등	
좌군도독부	중군도독부의 남쪽	재경의 8위, 절강・요동・산동도사 등	
우군도독부	좌군도독부의 남쪽	재경의 4위, 운남・귀주・사천・섬서・광서도사	
전군도독부	우군도독부의 남쪽	재경의 3위, 직례 1위 호광・복건・강서・광동도사, 호광・복건행도사, 홍도유수사	
후군도독부	중군도독부의 뒤쪽	재경의 21위, 직례 40위, 대녕・만전・산서도사, 산서행도사	영락 원년 2월 북평도사를 폐하고 소속위소를 후군도독부에 편입 『명 태종실록』 권17, 경술조

1. 천호소는 숫자에 포함시키지 않음
2. 출전: 『명사』 권90, 병지 2, 『대명일통지』 권1, 순천부.
3. 도독부는 매 부에 각 좌・우도독(정1품), 도독동지(都督同知, 종1품), 도독첨사(정2품), 그 소속으로 경력사의 경력(종5품), 도사(종7품) 1명으로 편성했다. 도독부는 군사에 대한 일을 담당했다. 각각 도사와 위소를 통할하고 병부에 보고했다. 『명사』 권76, 직관지 5.

149) 사정(司正, 정7품) 1명, 좌・우사부(左・右司副, 종7품) 각 1명, 행인(行人, 정8품) 37명으로 편성했고, 다른 국가에 사신으로 가는 자가 황제로부터 받은 깃발을 받들고 가는 일, 사신을 봉행하는 일을 담당했다. 『명사』 권74, 직관지 3.

150) 경(정3품) 1명, 소경(종4품) 2명, 사승(정6품) 2명으로 편성하였고, 그 소속으로 전부청의 전부(정7품) 2명, 박사(정7품) 2명, 협률랑(協律郞, 정8품) 2명, 찬례랑(贊禮郞, 정9품) 9명, 사업(司業, 종9품) 20명, 천단(天壇)과 장릉(長陵) 등에 제사 지내는 봉사(奉祀, 종7품) 1명, 사승(祀丞, 종8품) 2명, 이목(종9품) 1명으로 편성했다. 제사와 예악의 일을 담당했다. 『명사』 권74, 직관지 3.

151) 통정사(정3품) 1명, 좌・우통정(종4품) 각 1명, 등황우통정(謄黃右通政, 정4품) 1명, 좌우참의(정5품) 각 1명, 그 소속으로 경력사의 경력(정7품) 1명,

연산삼위(燕山三衛, 左·右·前衛)·대흥좌위(大興左衛)·무양이위
(武驤二衛, 左·右衛)·등양이위(騰驤二衛, 左·右衛)·영청이위(永

지사(정8품) 1명으로 편성했고, 내외의 장주와 봉박(封駁)에 대한 일을 담당했
다. 『명사』 권73, 직관지 2.
152) 2월 15일 주 416) 참조.
153) 본래는 기수천호소(旗手千戶所)였다. 명 태조 홍무 18년(1385)에 개칭했다. 대
가(大駕)·금고(金鼓)·기독(旗纛, 큰 깃발), 역사(力士)를 거느리고 어가를 지
키는 일을 담당했다. 『명사』 권76, 직관지 5.
154) 상서(정2품) 1명, 좌·우시랑(정3품) 각 1명, 그 소속으로 사무청의 사무(종9
품) 2명, 절강 등 13청리사에 각 낭중(정5품) 1명, 원외랑(종5품) 1명, 주사(정6
품) 1명, 조마소(照磨所)의 조마(정8품) 1명, 검교(檢校, 정9품) 1명, 사옥사(司
獄司)의 사옥(司獄, 종9품) 6명으로 편성했다. 상서는 천하의 형벌, 죄수로 노역
에 복역하는 자, 관문의 단속 등을 담당했다. 『명사』 권72, 직관지 1.
155) 좌도어사(左都御史) 1명, 우부도어사(右副都御史) 1명, 우첨도어사(右僉都御
史) 1명, 사무(司務), 경력(經歷), 도사(都事), 조마(照磨) 각 1명으로 구성되었
다. 쇄권(刷卷), 순창(巡倉), 순성(巡城), 둔전(屯田) 등의 임무를 담당하였다.
『명사』 권75, 직관지 1.
156) 경(정3품) 1명, 좌·우소경(정4품) 각 1명, 좌·우사승(정5품) 각 1명, 그 소속
으로 사무청의 사무(종9품) 2명, 좌우이시(左右二寺)에 시정(寺正, 정6품) 각 1
명, 시부(寺副, 종6품) 2명, 평사(評事, 정7품) 4명으로 편성했다. 경은 죄를 심
의하여 무실의 죄가 없는지를 판단하여 올바르게 처리하는 형옥의 일을 담당했
다. 『명사』 권73, 직관지 2.
157) 학사(정5품) 1명, 시독(侍讀) 학사와 시강(侍講) 학사(종5품) 각 2명, 시독과
시강(정6품) 각 2명, 오경박사(정8품) 9명, 전적(典籍, 종8품) 2명, 시서(侍書,
정9품) 2명, 시조(侍詔, 종9품) 6명, 공목(孔目) 1명, 사관의 수찬(종6품), 편수
(정7품), 검토(종7품) 서길사로 편성했다. 천자의 명령, 역사의 기록, 문장의 제
작 등을 담당했다. 『명사』 권73, 직관지 2.
158) 첨사(詹事, 정3품) 1명, 소첨사(少詹事, 정4품) 2명, 부승(府丞, 정6품), 주부청
(主簿廳)의 주부(종7품) 1명, 녹사(錄事, 종9품) 2명, 통사사인(通事舍人) 2명
등으로 편성했다. 부(府)나 방(坊), 국(局)의 정사를 통할하여 태자를 보좌했다.
『명사』 권73, 직관지 2.
159) 좨주(祭酒, 종4품) 1명, 사업(司業, 정6품) 1명, 그 소속으로 승건청(繩愆廳)의
감승(監丞, 정8품) 1명, 박사청의 박사(종8품) 15명, 솔성당(率性堂) 등 6당의
조교(助敎, 종8품) 15명, 학정(學正, 정9품) 10명, 학록(學錄, 종9품) 7명 등으
로 편성했다. 국학의 학생들을 훈도하는 일을 담당했다. 『명사』 권73, 직관지 2.
160) 경(종3품) 1명, 소경(정5품) 2명, 사승(寺丞, 종6품) 2명, 그 소속으로 전부청
(典簿廳)의 전부(典簿, 종7품) 2명, 녹사(종8품) 1명, 대관(大官)·진수(珍

중국 원나라의 시조인 쿠빌라이(『삼재도회』).

남송 말의 충신 문천상(『삼재도회』).

淸二衛, 左·右衛)·무공삼위(武功三衛, 左·右·中衛)·제양위(濟陽衛)·제주위(濟州衛)·팽성위(彭城衛)·사이(四夷)회동관[164)]과 순천

羞)·양온(良醞)·장온(掌醞)의 서정(署正, 종6품) 1명, 서승(署丞, 종7품) 4명, 감사(監事, 종8품) 등으로 편성했다. 제사·연회·음식 등의 일을 담당했다. 『명사』 권74, 직관지 3.
161) 경(종3품) 1명, 소경(정4품) 2명, 사승(정6품) 4명, 그 소속으로 주부청의 주부(종7품) 1명, 상영고(常盈庫)의 대사 1명 등으로 편성했다. 말의 사육에 대한 일을 담당했다. 『명사』 권74, 직관지 3.
162) 오병마사(五兵馬司)의 정식명은 오성병마지휘사(五城兵馬指揮司)다. 오성은 중·동·서·남·북병마사를 가리키며, 각 지휘(정6품) 1명, 부지휘(정7품) 4명, 이목 1명으로 편성했다. 도적의 체포, 도로의 정비, 화재의 방비 등을 임무로 했다. 『명사』 권74, 직관지 3.
163)

위소명	소속도독부	설치연도	장소	비고
부군사위	친군위			
전위		홍무 11년(1378) 10월	보대방	『명 태조실록』 권120, 무오조
후위		홍무 11년(1378) 10월	인수방	『명 태조실록』 권120, 무오조
좌위			보대방	
우위			함의방	
우림3위				
좌위	친군위		보대방	
우위	친군위		명시방	
전위			시옹방	
금오4위				
전위	친군위	홍무 11년(1378) 11월	보대방	『명 태조실록』 권121, 정사조
후위	친군위		보대방	
좌위		정미년(1367) 9월	보대방	『명 태조실록』 권22, 계묘조
우위		정미년(1367) 9월		『명 태조실록』 권22, 계묘조
호분좌위	친군위	정미년(1367) 9월	보대방	『명 태조실록』 권22, 계묘조
연산3위	친군위			영락 4년(1406) 승격
좌위		홍무 원년(1368) 8월	안부방	『명 태조실록』 권34, 계미조
우위		홍무 원년(1368) 8월	사성방	『명 태조실록』 권34, 계미조
전위		홍무 8년(1375) 10월	병옥방	『명 태조실록』 권108, 계축조
대흥좌위	친군위	홍무 원년(1368) 8월	일조방	영락 4년(1406) 친군위로 승격
무양2위	친군위	선덕 8년(1433)	숭교방	
좌위				
우위				

부 대흥현(大興縣)¹⁶⁵⁾·완평현(宛平縣)¹⁶⁶⁾의 치소와 원나라 세조묘(世祖廟)¹⁶⁷⁾·문천상묘(文天祥廟)¹⁶⁸⁾·옥황묘(玉皇廟)¹⁶⁹⁾ 등도 모두 성

등양2위	친군위	선덕 8년(1433)	숭교방	
좌위				
우위				
영청2위	친군위			
좌위		홍무 원년(1368) 8월	서성방	『명 태조실록』권34, 계미조
우위		홍무 원년(1368) 8월	일중방	『명 태조실록』권34, 계미조
무공3위	친군위		명시방	
좌위		선덕 2년(1427)		
우위		선덕 8년(1433)		
중위		홍무 연간		
제양위	친군위		거현방	영락 4년(1406) 친군위로 승격
제주위	친군위		금성방	영락 4년(1406) 친군위로 승격
팽성위	친군위		만보방	

1. 출전: 『명사』권90, 병지 2; 『대명일통지』권1, 순천부.
2. 홍무 11년에 설치한 부군전위는 당시 남직례에 설치했다. 수도를 남경에서 북경으로 옮기면서 북경에 친군위를 설치했으나 위 표에서는 처음 설치한 연도를 제시했다.

164) 3월 28일 주 481) 참조.
165) 부곽(附郭)이다. 본래는 진대(秦代) 계현(薊縣)의 땅으로 상곡군(上谷郡)에 속했다. 한대부터 당대에 이르기까지 옛 이름 그대로였으나 요대에 석진현(析津縣)으로, 금대에 대흥현으로 고쳤다. 명조도 이에 따랐다. 『대명일통지』권1, 순천부.
166) 부곽(附郭)이다. 진대부터 수대에 이르기까지 모두 계현(薊縣)의 땅이었다. 당대에 서쪽 경계를 분리하여 유도현(幽都縣)을 두고 유주(幽州)에 예속시켰다. 요대에 완평현으로 고치고 석명(釋名)의 연(燕)은 완(宛)이라는 것에서 인용했다. 완은 완연하여 이를 평한다는 의미다. 명조도 이에 따랐다. 『대명일통지』권1, 순천부.
167) 원 세조(1260~94)의 휘는 쿠빌라이(忽必烈)로 4년 동안의 내전을 종식시키고 대원(大元)이라는 연호 사용, 대도(大都, 북경)의 건설, 국자(國字)인 파스파 문자의 제정, 태자제의 실시 등 중국풍의 제도로 정비했다. 『원사』권4~17, 세조본기. 쿠빌라이는 1279년 남송을 멸망시키고 중국 역사상 처음으로 북방민족이 전 중국을 지배하는 정복왕조를 수립했다. 묘는 순천부 서쪽 금성방(金成坊)에 있고, 명 태조 홍무 10년(1377)에 세웠다. 유사가 세시에 제사를 지낸다. 『대명일통지』권1, 순천부.

천수산에 있는 명 황제의 13릉묘. 영락제가 남경에서 북경으로 천도한 이후, 북쪽으로 100리 정도 떨어진 천수산에 황제의 능묘를 조성했다(『명13릉』).

안에 있었다.

천수산(天壽山)¹⁷⁰⁾은 북쪽으로 100리 떨어진 곳에 있었는데, 곧 황도의 진산이다. 산 아래에 영안성(永安城)이 있고, 성 안에 장릉위(長陵衛),¹⁷¹⁾ 헌릉위(獻陵衛),¹⁷²⁾ 경릉위(景陵衛)¹⁷³⁾ 삼위가 있었다. 지금 대행(大行)¹⁷⁴⁾ 성화황제(헌종)를 이곳에 장사지냈다.¹⁷⁵⁾

서산(西山)¹⁷⁶⁾·금산(金山)¹⁷⁷⁾·각산(覺山)¹⁷⁸⁾·천산(泉山)·앙산

---

168) 남송(南宋) 말의 충신으로 강서 길주(吉州) 출신이다. 자는 송단(宋端), 또는 이선(履善), 호는 문산(文山)이다. 원의 포로가 되었지만 항복하지 않고 죽음을 당했다. 송대의 승상 문신국사(文信國祠)는 군학(郡學)의 서쪽에 있다. 즉 원대의 시시공(柴市公)이 수명(授命)한 곳이다. 명 성조 영락 6년(1408)에 태상 박사 유이절(劉履節)이 명을 받들어 사전(祀典)을 정했다. 문천상이 송실에 충성을 다하자 연경(현 북경)이 그가 사절(死節)한 곳으로 사사(祠祀)를 청하여 허락받은 것이다.『춘명몽여록』(春明夢餘錄) 권22, 삼황묘(三皇廟). 명조는 문천상을 위해 순천부학(順天府學)의 오른편에 사당을 세워 연 2회, 즉 2월과 8월에 순천부의 관료를 보내 제사를 지냈다.『명 영종실록』권270, 경태 7년 9월 을미조;『명 효종실록』권11, 홍치 원년 2월 병오조; 권17, 같은 해 8월 계묘조; 광서『순천부지』;『송사』권 418, 문천상열전, 경사지 6 사사(祠祀).
169) 삼황묘(三皇廟)인 것 같다. 태의원 북쪽에 있다.『춘명몽여록』권22, 삼황묘.
170) 순천부 북쪽 100리 되는 곳에 있다. 산은 서산(西山) 일대로부터 동쪽으로 갈라져 북쪽으로 이 산에 이른다. 많은 봉우리가 솟아나 빼어난 형상이 마치 용이 비상하고 봉황이 춤추는 것 같다. 본래 3릉(陵)을 제사 지내 천수(天壽)라고 했다. 실로 국가가 억만 년 안정될 땅이다.『대명일통지』권1, 순천부.
171) 남경우림위(南京羽林衛)를 성조 영락 12년(1414)에 개칭했다. 경성(京城) 북쪽 천수산 정중앙에 있다.『명사』권90, 병지 2;『대명일통지』권1, 순천부. 장릉(長陵)은 명 3대 황제인 영락제의 무덤이다.
172) 무성좌위(武城左衛)를 선종 선덕 원년(1426)에 개칭했다. 장릉의 오른쪽에 있다.『명사』권90, 병지 2;『대명일통지』권1, 순천부. 헌릉은 명의 4대 황제 인종의 무덤이다.
173) 무성우위를 선종 선덕 10년(1435)에 개칭했다. 장릉의 왼쪽에 있다.『명사』권90, 병지 2;『대명일통지』권1, 순천부. 경릉은 명의 5대 황제 선종의 무덤이다.
174) 2월 22일 주 623) 참조.
175) 성화제는 성화 23년(1487) 8월 기축에 죽어 무릉(茂陵)에 장사 지냈다.『명사』권14, 헌종본기.
176) 순천부 서쪽 30리 되는 곳에 있다. 태항산(太行山)에서 갈라진 작은 산이다. 황도의 오른쪽을 떠받치고 있는 형상으로 대설이 내려 개이면 봉우리와 계곡에 눈이 쌓여 화려한 모습이 마치 그림 같다. 경사 8경 중에 하나가 서산의 제설(霽

(仰山)[179] · 향산(香山)[180] · 노사산(盧師山)[181] · 평파산(平坡山)[182] · 한가산(韓家山)[183] · 쌍천산(雙泉山)[184] · 기반산(棋盤山)[185] · 취봉산(翠峰山)[186] · 담자산(潭柘山)[187] · 옥천산(玉泉山)[188] · 오화산(五華

雪)이다. 『대명일통지』 권1, 순천부.
177) 순천부 서쪽 30리 되는 곳에 있다. 그 남쪽이 옹산(甕山)이다. 『대명일통지』 권1, 순천부.
178) 순천부 서쪽 30리 되는 곳에 있다. 깎아지른 절벽 위에 노사산(盧師山) · 평파산(平坡山)과 함께 서로 우뚝 서 있다. 서쪽에 청령(淸冷) · 청지(淸旨) · 천지(荐至) 3개의 천(泉)이 있다. 『대명일통지』 권1, 순천부.
179) 순천부 서쪽 70리 되는 곳에 있다. 중첩된 산은 빼어나다. 그 가운데 평탄한 정상이 있는데 마치 연꽃의 심방과 같다. 5개의 봉이 있는데, 금나라 장종(1190~1208)이 유람하고 시를 돌에 새겨넣었다. 『대명일통지』 권1, 순천부.
180) 순천부 서북쪽 30리 되는 곳에 있다. 금나라 이안(李晏)의 비가 있다. 그에 의하면 '서산은 너무 푸르러 하늘을 가리고 구름은 중첩하며 비취색이다' 라고 했다. 황제의 궁궐에 입조하는데 그중에 옛 도량(道場)이 있는데 향산이다. 산 위에 2개의 큰 돌이 있는데 그 형상이 향로와 솥 비슷하다. 천(泉)이 산허리로부터 나와 계곡으로 흘러들어가는데 이를 소청량(小淸凉)이라고 한다. 『대명일통지』 권1, 순천부.
181) 순천부 서쪽 30리 되는 곳에 있다. 옛부터 전해오기를 수대 말에 사문(沙門)이 말했다. 노사(盧師)가 이 산에 거처했는데 잘 따르고 복종하는 대청(大靑)과 소청(小靑) 두 용이 있어 이러한 이름이 붙었다. 『대명일통지』 권1, 순천부.
182) 취미산(翠微山)이라고도 한다. 순천부 서쪽 30리 되는 곳에 있다. 산 중복에 평지가 있어 이러한 이름이 붙었다. 『대명일통지』 권1, 순천부.
183) 순천부 서쪽 36리 되는 곳에 있다. 산 북쪽에 한나라 한연수(韓延壽)의 묘가 있어 이러한 이름이 붙여졌다. 『대명일통지』 권1, 순천부.
184) 순천부 서쪽 40리 되는 곳에 있다. 산 위에 두 개의 천이 있어 이러한 이름이 붙었다. 동북 2리 정도 되는 곳에 흑룡만(黑龍灣)이 있다. 『대명일통지』 권1, 순천부.
185) 순천부 서쪽 35리 되는 곳에 있다. 산 위에 기반석(棋盤石)이 있는데 세속에 전해오기를 금나라 장종이 일찍이 이곳에서 바둑을 두었다고 한다. 『대명일통지』 권1, 순천부.
186) 취봉산(翠鳳山)이 아니라 취봉산(翠峰山)이다. 순천부 서쪽 50리 되는 곳에 있다. 산의 형태가 기이하고 가파르며 그 색이 푸르고 비취색이어서 이러한 이름이 붙었다. 또 차풍령(遮風嶺)이라고도 하는데 산 북쪽에 영(嶺)이 마치 병풍처럼 펼쳐져 있어 서북풍을 막을 수 있었다. 『대명일통지』 권1, 순천부.
187) 순천부 서쪽 80리 되는 곳에 있다. 산이 넓고 커 세 봉우리를 품에 안고 있다. 두 개의 담(潭)이 있는데 못 위에 있는 오랜 산뽕나무 한 그루가 형태가 굽은 것이 마치 규룡(용의 새끼로 뿔이 돋친 전설상의 동물) 같아 이러한 이름이 붙었

山)[189] 등 여러 산이 성의 서북쪽 30여 리 사이에 있었다. 높고 뾰족한 산들이 연이어 황도를 향하고 있어 유구한 명 왕조의 기틀을 굳건히 할 수 있었다.

옥하[190]는 옥천산에서 발원하여 황성의 대궐 안을 지나 도성의 동남쪽으로 나와서 대통하[191]가 되고, 고려장(高麗庄)[192]에 이르러 상건하(桑乾河)[193]와 함께 백하[194]로 들어갔다. 호수가 둘인데, 하나는 황성의 서쪽 3, 4리에 있어 여러 산에서 물이 모두 여기로 모여들었다. 하나는 성의 남쪽에 있었는데, 곧 금수(禽獸)를 기르는 곳이었다. 그밖에 피운각(披雲閣)[195] · 중심관(中心館)[196] · 영평정(永平亭)[197]과 포과정

다. 금나라가 그 위에 절을 세웠는데 사찰명은 산 이름에서 유래했다. 절 주위에는 긴 대나무 숲이 있었다. 동쪽으로 9개의 봉우리가 남쪽의 못을 감싸안고 있고 물이 봉우리를 돌아나간다.『대명일통지』권1, 순천부.
188) 순천부 서북쪽 30리 되는 곳에 있다. 정상에는 금나라 행궁인 부용전(芙蓉殿)의 옛터가 있다. 전해 내려오기를 장종이 이곳에서 피서했다고 한다. 산 경계에 세 개의 석동이 있는데, 그중 하나는 산 서남쪽에 있다. 그 아래의 수십은 헤아릴 수 없을 정도다. 하나는 남쪽에 있다. 남쪽에 절벽이 있는데 옥천(玉泉)이라는 두 글자를 새겨넣었다.『대명일통지』권1, 순천부.
189) 순천부 서북쪽 35리 되는 곳에 있다. 오화산은 뛰어나게 솟아나 있고 마치 펼친 병풍 같다.『대명일통지』권1, 순천부.
190) 옥천산(玉泉山)에서 발원하여 대내(大內, 황성)를 거쳐 도성의 동남쪽으로 나아가 대통하(大通河)로 들어간다.『대명일통지』권1, 순천부.
191) 옛 이름은 통혜하(通惠河)다. 옥하로부터 흘러나와 도성의 동남쪽을 휘감고 돌아 대통교(大通橋)를 지나 흘러 고려장과 백하에 도달한다.『대명일통지』권1, 순천부.
192) 통주 서쪽 12리 되는 곳에 있다. 노구하(盧溝河)가 지나간다. 관군이 순찰하는 초소다.『독사방여기요』권11, 직예 2.
193) 노구하(盧溝河) 또는 탑하(㙮河)라고도 한다. 순천부 서남쪽에 있다. 세간에서는 호혼하(呼渾河)라고도 한다. 소황하(小黃河)라고도 하는데, 물 흐름이 탁하기 때문이다. 산서성 산건산(桑乾山)에서 발원하여 태항산을 거쳐 완평현(宛平縣) 경계에 이른다. 노구교 아래로 나아가 동남쪽으로 흘러 간단구(看丹口)에 이르러 두 갈래로 나뉘어 하나는 통주 고려장에 이르러 백하로 들어간다. 하나는 남쪽으로 고안(固安)을 거쳐 무청현(武淸縣) 소직고(小直沽)에 이르러 위하(衛河)와 합류하여 바다로 들어간다.『대명일통지』권1, 순천부 7.
194) 3월 초5일 주 103) 참조.

금나라 행궁터가 있던 옥천산(『삼재도회』).

태항산에서 갈라져 나온 서산(『삼재도회』).

(匏瓜亭)[198] · 옥천정(玉泉亭)[199] · 남야정(南野亭)[200] 등 헤아릴 수 없이 많은 누각이 있었다.

북경은 우(虞) 유주(幽州)의 땅이다. 주나라는 연과 계(薊)의 경계로 삼았으며, 후위(後魏, 386~534) 이래로 오랑캐의 풍속을 배워 익혔다. 그후 요(遼, 907~1125)나라 때에는 남경이 되었고, 금(金, 1115~1234)나라 때에는 중도(中都)가 되었다. 원(元, 1206~1368)나라 때에는 역시 대도가 되어 이적의 군주가 연이어 도읍을 정했으니, 민간의 풍속이 모두 오랑캐의 풍속을 이어받았다.

지금 명나라가 옛날 오랑캐의 풍속을 씻고 왼쪽으로 옷을 여미던(오랑캐의 복식)[201] 것을 한족의 풍속으로 바뀌게 했으니[202] 조정 문물의 성대함이 가히 볼 만했다. 그러나 일반 백성들은 도교와 불교를 숭상하

---

195) 피운루(披雲樓)다. 순천부 남쪽에 있다. 옛적에는 '피운루'라는 제액(題額)이 있었다. 대단히 아름다운 누로 그 위에 멀리 나무의 그림자가 있어 바람이 맑고 비가 개이면 이곳에 오르는 사람들이 볼 수 있다.『대명일통지』권1, 순천부.
196) 중심각(中心閣)이다. 순천부 서쪽에 있다. 원대의 도성 중심에 해당하기 때문에 이러한 이름이 붙었다. 이곳으로부터 동쪽으로 10여 보 가면 대가 있는데 담으로 둘러쳤다. 대 위에 비가 있는데 중심각이라고 새겨넣었다.『대명일통지』권1, 순천부.
197) 영평관(永平館)이다. 갈석관(碣石館)이라고도 한다. 순천부 남쪽 10리 되는 곳에 있다. 요대 조사(朝士)들이 연회를 하는 곳이었다.『대명일통지』권1, 순천부.
198) 순천부 남쪽 10리 되는 곳에 있다. 정에는 들이 많은데 원대의 조참모(趙參謀)의 별장에서 따온 것이다.『대명일통지』권1, 순천부.
199) 옥천에 있는데 명 선종 선덕 연간에 황제가 행차할 때를 대비하여 세웠다.『대명일통지』권1, 순천부.
200) 순천부 남쪽에 있고 앞에 임간수(臨澗水)가 정을 돌며 꽃이 많다.『대명일통지』권1, 순천부.
201) 좌임(左袵). 동이 · 서융 · 남만 · 북적의 사이는 머리를 묶지 않고 옷깃을 왼쪽 앞으로 맞추는 자(이민족의 풍습)들 모두 삼군(三君, 문왕과 무왕 그리고 주공)의 덕에 의지하지 않음이 없다.『서경』주서 필명(畢命).
202) 명 태조 홍무제는 조서를 내려 인민의 의관을 당대의 양식으로 회복시키도록 했다. 몽골족이 남긴 습속인 변발 · 상투 · 호복과 남자의 승마용 바지와 좁은 소매 및 댕기와 허리주름, 여자의 좁은 소매, 짧은 상의와 하의 치마, 그리고 호어(胡語)와 호성(胡姓)을 모두 금지시켰다. 吳晗, 박원호 옮김,『주원장전』, 지식산업사, 2003.

고²⁰³⁾ 유학은 숭상하지 않으며, 상사를 업으로 삼고 농사에는 힘쓰지 않았다. 의복은 짧고 좁아 남녀가 같고, 음식은 누린내가 나고 더러우며 귀한 자와 천한 자가 같은 그릇을 사용하는 등 아직도 오랑캐의 풍속이 전부 없어지지 않았으니 안타까운 일이었다.

또 산에는 초목이 없고, 냇물은 더럽고, 땅은 모래흙이 날려 일어나 먼지가 하늘에 가득하여 오곡이 풍성하지 않았다.²⁰⁴⁾ 그 사이에 인물과 물화의 많음과 누대의 웅장함과 시사의 부유함은 소주와 항주에 미치지 못했다. 필요한 물품은 모두 남경과 소주, 그리고 항주로부터 왔다.²⁰⁵⁾

조정에서는 우리를 표류해온 외국인으로 대우하고, 파문관부(把門館夫)²⁰⁶⁾ 유현(劉顯) 등을 시켜 우리를 시중들게 했으나 상사의 명문품첩(明文稟帖, 허가서)²⁰⁷⁾을 가지고 불러내는 것이 아니면 마음대로 객관에서 나가지 못하게 했다. 아행(牙行, 매매중개인)²⁰⁸⁾과 무뢰배들이 객관에 왕래하는 것을 허락하지 않았던 까닭으로 유현은 엄하게 통

---

203) 처를 전당잡히고 자식을 팔아 불교에 아첨하며 향을 피우는데 심한 경우는 유해도 수습하지 않는다. 펄럭이는 깃발, 북소리로 승려를 초청하는 비용은 헤아릴 수 없으며 가난한 집도 그렇게 한다. 광서『순천부지』, 경사지 18 풍속.
204) 영청주지에 동향(東鄕)은 하천에 연해 있고 하동(河東)의 한촌(韓村), 진각장(陳各莊) 일대의 토지는 돌이 많고 척박하며, 모래와 소금기가 있어 곡식이 되지 않는 곳이다. 광서『순천부지』, 지리지 13 풍속.
205) 소주를 비롯한 상주 · 가흥 · 송강 · 호주 일대는 한 · 당 · 송 · 원 이래의 중세(重稅) 지역으로 명조에 들어와서도 이 지역 부세(賦稅)에 의해 경제를 유지했다. 서인범, 「명대의 연납제와 군향조달」,『역사학보』164, 1999.
206) 문을 지키는 관부라는 의미다. 관부는 역부(驛夫)의 일종인데 이는 경사에 있으며 전국 역전의 중심인 회동관에 있어서 특히 중요하다. 남관과 북관 합쳐 400명이 정원으로 주로 사객에 대한 음식을 제공하는 임무를 맡았다. 관부는 화인(火印)이 있는 목패(木牌)를 가지고 출입을 엄격히 통제했다. 회동관에서는 제독주사(提督主事) 1명이 관부를 통솔했다. 관부는 남관 100명, 북관 300명을 합해 400명이 정원으로 주로 사객에 대한 반식의 공급을 담당했다. 즉 관내에서 음식 공급과 그밖에 잡용을 담당했다. 만력『대명회전』권145, 병부 28 역전 1.
207) 품(稟)은 하급관청에서 상급관청에 일을 알릴 때 사용하는 문서를 말한다. 즉 상급관청 앞으로 보내는 문서다.

제했다. 게다가 통사가 없었으므로 앞 못 보고 듣지 못하는 자와 똑같았다. 그런 까닭으로 무릇 조정에 일이 있어도 들어서 알 수가 없었다.

【4월 24일】 회동관을 출발하다.

이날은 맑았다. 백호 장술조와 그의 아들 중영(仲英)이 순천부체운소에서 수레 석 대를 구해왔다.

나는 말을 타고 종자들은 수레 또는 나귀를 타고 옥하교에서 숭문문과 통주 신성[209]과 구성[210]을 지나 노하역[211]에 도착했다. 역리인 이봉(李鳳)이 차를 끓여 가져왔다.

【4월 25일】 날씨가 흐렸다.

백하를 지났는데, 백하는 오랜 가뭄으로 물이 얕아져 간단한 토교(土橋)를 설치했다. 화소둔(火燒屯)·조리포(照里鋪)·연각집(煙角集)·마의파(馬義坡)·하점포(夏店鋪)·유하둔(柳河屯)을 지나 하점역(夏店驛)[212]에 도착했다.

넓은 들을 지나는 동안에 민둥산이 북쪽 10리 밖에 있었는데, 그 모

---

208) 아행은 아인(牙人)·아쾌(牙儈)·장쾌(駔儈)·경기(經紀)·행가(行家)·행기(行機)·구팔행(九八行) 등이라고도 하는데, 성진(城鎭)의 행가는 교역의 매개와 객을 대신하여 매매를 담당했다. 즉 농촌 시장에서 농민 또는 영세 판매업자로부터 생산물을 수집하고, 다른 지역의 상인들과 연계하여 이를 집산지 소비 시장에 이송하는 중간 상인으로, 농촌 시장에서 특수 세력을 가지고 있고 때에 따라서는 농단적인 지위를 보유했다. 山根幸夫, 『明淸華北定期市の硏究』, 汲古書院, 1995.
209) 명 영종 정통 14년(1449)에 양저태감(糧儲太監) 이덕(李德), 진수지휘(鎭守指揮) 진신(陳信)이 대운(大運)과 서남(西南) 두 창고가 성 서문 밖에 있자 신성을 축조하여 지킬 것을 상주했다. 신성은 이것을 가리킨다. 광서『순천부지』지리지 3 성지.
210) 명 태조 홍무 원년에 비장(裨將) 손홍주(孫興祖)가 옛터를 수리하여 축조했다. 노하의 서쪽에 있다. 광서『순천부지』지리지 3 성지.
211) 명 성조 영락 중에 설치했고, 통주 고성 동관 밖 노하의 서쪽에 있다. 광서『순천부지』경정지 11, 역전.

습이 마치 흙더미 같았다. 산 위에 있는 호천탑(昊天塔)은 바로 통주의 고산(孤山)[213]이다. 통주는 평야지대에 위치하여 높은 산이 없고 다만 이 산뿐이다.

백부도포(白浮圖鋪)와 동관(東關)체운소[214]를 지나 삼하현(三河縣)[215] 성의 남문으로 들어갔다. 진사문을 지나 태복분시(太僕分寺)[216]에 이르렀다. 현은 칠도(七渡)[217]와 포구(鮑丘),[218] 그리고 임구(臨洵)[219]의 세 강 가운데 있었던 까닭으로 이러한 이름이 붙은 것이다.

성 안에는 삼하현치와 흥주후둔위(興州後屯衛),[220] 그리고 영주후둔위(營州後屯衛)[221]가 있었다. 현의 북쪽 15리 사이에 영산(靈山)[222]과

---

212) 삼하현 서쪽 20리 되는 곳에 있다. 명 무종 정덕 7년(1512)에 폐했다. 역이 들에 있을 뿐만 아니라 험한 지역이어서 숙박하지 않고 바로 현으로 들어와 쉬었기 때문에 삼하역(三河驛)에 통합했다. 광서『순천부지』경정지 11, 역전.
213) 통주성 동쪽 40리 되는 곳에 있다. 사면이 평탄하고 넓다. 한 봉우리가 매우 뛰어나 이러한 이름이 붙었다.『대명일통지』권1, 순천부.
214) 삼하현에 있다. 만력『대명회전』권147, 병부 30 역전 2.
215) 통주성 동쪽 700리 되는 곳에 있다. 본래는 한대 임구현(臨洵縣) 지역이다. 당대는 노현의 지역을 분리하여 삼하현을 설치하고 유주에 예속시켰다. 이 지역이 칠도하(七渡河) · 포구하(鮑丘河) · 임구하(臨洵河)가 서로 가까워 이러한 이름이 붙었다. 후에 계주(薊州)에 속했다. 금대 이후 통주에 속했다.『대명일통지』권1, 순천부.
216) 4월 23일 주 161) 참조.
217) 황령수(黃領水)라고도 한다. 순의현(順義縣) 황령곡(黃領峪)에서 발원하여 삼하현의 경계를 지나 백하로 들어간다.『대명일통지』권1, 순천부.
218) 백하의 또 다른 이름인데 삼하현 서남쪽에 있다.『수경』에, 이를 방어하는 북새에서 발원하여 남쪽으로 흘러 구장령(九庄嶺)을 지나 100여 리 밀운수(密雲戍)를 거친다. 더욱 남쪽으로 흘러 왼쪽으로 도인계수(道人溪水)와 합류하여 통주 미장촌(米莊村)에 이르러 고수(沽水)와 합쳐 삼하현 경계를 지나 포하(泡河)로 들어간다.『대명일통지』권1, 순천부;『독사방여기요』권11, 직례 2.
219) 구하(洵河)라고도 한다. 평곡현(平谷縣) 경계로부터 삼하현 북쪽을 지나 보저(寶坻)의 경계에 도달한다. 임구현은 이 이름을 딴 것이다.『대명일통지』권1, 순천부.
220) 본래는 명 태조 홍무 4년(1371)에 장성 북쪽 객라하투(喀喇河套) 지역에 설치했으나 성조 영락 원년(1403) 3월 삼화현으로 옮기면서 후군도독부에 예속시켰다.『명 태종실록』권18, 임오조.

고성산(古城山)²²³)이 있었으며, 그 서북쪽에 토아산(兎兒山)²²⁴)과 타산(駝山)²²⁵)이 있었다.

【4월 26일】흐린 뒤 맑았다.

아침 일찍, 이름을 잊었지만 삼하현의 지현(知縣)으로 성이 오(吳),²²⁶) 현승으로 성이 범(范),²²⁷) 주부(主簿)로 성이 양(楊)인 사람들이 쌀 한 쟁반과 고기 한 근, 술 한 병, 채소 한 쟁반을 가지고 와서 안부를 물었다.

다시 남문으로 나와 초교점(草橋店)에 이르렀는데, 초교점의 동쪽에는 임구하(臨泃河)가 있어 풀을 쌓아 다리를 만들었다. 또 연둔포(煙屯

---

221) 명 태조 홍무 25년(1392) 8월 장성 북쪽 흥중(興中)에 설치했으나, 성조 영락 원년(1403) 3월 삼하현으로 옮겼다. 대녕도사(大寧都司)에 속했다. 『명 태조실록』 권220, 경신조; 『명 태종실록』 권18, 임오조.
222) 삼하현 북쪽 15리 되는 곳에 있다. 산기슭의 삼면에 천(泉)이 있는데 맑고 차서 좋아할 만하다. 『대명일통지』 권1, 순천부.
223) 고성산(古城山)이 아니라 석성산(石城山)으로 생각된다. 삼하현에는 석상산이라는 이름이 3곳 있다. 하나는 현 북쪽 30리에, 다른 하나는 북쪽 50리에, 또 하나는 서북쪽 40리 되는 곳에 있다. 최부가 본 산은 맨 후자의 산이 아니었을까? 왜냐하면 토이산(兎耳山) 옆에 작은 산이 있는데 산은 서북쪽 40리에 있다고 했기 때문이다. 이날 고성산 다음으로 서북쪽의 토이산을 지났다는 것으로 짐작할 수 있다. 산 위에 석성이 있어 이러한 이름이 붙었다. 광서『순천부지』 지리지 2 산천.
224) 일명 화산(華山)이라고도 한다. 삼하현 북쪽 30리 되는 곳에 있다. 산 위에 화반석(花斑石)이 있다. 『대명일통지』 권1, 순천부.
225) 삼하현 북쪽 60리 되는 곳에 있는데 형상이 비슷해서 이러한 이름이 붙었다. 『대명일통지』 권1, 순천부.
226) 오현(吳賢)이다. 하남 의봉(儀封) 출신이다. 명 효종 홍치(1488~1505) 중에 삼하현 지현을 역임했다. 급여를 학문에 사용하고 백성들에게 뽕나무를 기르고 면화를 심게 했다. 그 외에 관사를 만들고 빈민구제 시설인 양제원의 설립, 포(鋪)와 체(遞)를 설치하는 등의 선정을 베풀었다. 광서『순천부지』 관사지 2 전(傳) 2; 관사지 7 전대주현표 하편.
227) 범이라는 성을 가진 현승은 누구인지 알 수 없으나, 당시 양보(楊輔)라는 인물이 현승(縣丞)으로 있었다. 섬서의 거인(擧人)으로 명 영종 천순 연간(1457~64)에 임명되었다. 광서『순천부지』 관사지 7 전대주현표 하편.

鋪)와 석비점(石碑店),²²⁸⁾ 그리고 동령포(東嶺鋪)를 지나 공락역(公樂驛)²²⁹⁾에 이르렀다.

【4월 27일】 어양역(漁陽驛)²³⁰⁾에 이르러 사은사²³¹⁾를 만나다.

이날은 흐리고 밤에 큰 비가 왔다. 백간포(白澗鋪)와 이십리포(二十里鋪), 그리고 십리포를 지나 어양역에 도착했다. 역은 계주성(薊州城)²³²⁾ 남쪽 5리쯤에 있었다. 역의 남쪽에는 남관(南關)체운소²³³⁾가 있었는데, 역승은 조붕(曹鵬)이란 사람이었다. 계주²³⁴⁾는 진·한대의 어양군(漁陽郡)인데, 당나라 때 안녹산(安祿山)²³⁵⁾이 반란을 일으켜 점거했던 곳²³⁶⁾으로 후에 옛 계문관(薊門關)²³⁷⁾에서 이름을 따온 것이다.

반룡산(盤龍山)²³⁸⁾은 서북쪽에, 공동산(崆峒山)²³⁹⁾은 동북쪽에 있다.

---

228) 석비점이 아니라 석패포(石牌鋪)로 생각된다. 광서『순천부지』경정지 11 역전.
229) 삼하현 동쪽 2리 되는 곳에 있고 명 무종 정덕(正德) 7년(1512)에 폐하면서, 남점체운소(南店遞運所)로 합병했다. 광서『순천부지』경정지 11 역전.
230) 계주에 있다. 광서『순천부지』경정지 11 역전.
231) 지중추(知中樞) 성건(成健), 서장관(書狀官) 윤장(尹璋) 일행을 말한다. 이 시기에 중국으로 보내진 사은사에 대한 기록은 성건을 중심으로 보이는데, 이 기록에서 최부에 대한 내용이 보인다.『성종실록』권215, 19년 4월 무오. 이 사은사는 같은 해 7월 기묘에 귀국한다.
232) 언제 축조되었는지 알 수 없다. 옛적에는 토성이었다. 명 태조 홍무 4년(1371)에 벽돌과 돌로 쌓았다. 광서『순천부지』지리지 3 성지.
233) 계주에 있다. 만력『대명일통지』권147, 병부 30 역전 2.
234) 순천부 동쪽 250리 되는 곳에 있다. 본래 진한대의 어양군(漁陽郡)으로, 위진대에 유주에 속했다. 당대에 계주를 두었는데 옛 계문관(薊門關)에서 따온 것이다. 금대에는 중도로(中都路)에, 원대에는 계주라 하고 대도로(大都路)에 예속시켰다. 명조도 이에 따르면서 어양현을 없애고 이곳에 편입시켰다.『대명일통지』권1, 순천부.
235) 영주(營州) 유성(柳城)의 호인(胡人) 출신이다. 성은 강(康)이다. 이름은 알낙산(軋犖山)이고, 모는 아사덕씨(阿史德氏)다. 돌궐의 무녀로 점을 치는 것을 생업으로 했다. 군공에 의해 평로절도사(平虜節度使)에 임명되었고, 현종(712~756) 때의 양귀비의 총애를 받았으나, 비의 오빠인 양국충(楊國忠)과 반목했다. 현종 천보 14년(755)에 난을 일으켜 장안을 공격하고, 756년 국호를 연(燕)이라고 했으나 후에 아들에게 살해당했다.『구당서』권200 상편, 안녹산열전;『신당서』권225 상편, 안녹산열전.

성 안에는 계주의 치소와 계주위(薊州衛)와 진삭위(鎭朔衛), 그리고 영주
우둔위(營州右屯衛)의 치소가 있으며, 계주의 치소 서북쪽 모퉁이
에는 장감묘(張堪廟)가 있다. 장감이 어양태수였을 때 백성에게 씨
를 뿌리고 나무를 심는 법을 가르쳤는데, 동요에 '맥수양기'(麥秀兩歧,
한 줄기에 두 이삭이 달렸다)라고 했다. 묘 앞에 거사묘(去思廟)

---

236) 안녹산이 반란을 일으켰으나 상산태수(常山太守) 안고경(顏杲卿)이 반란군을 격파하여 안녹산이 지배하고 있던 곳이 노룡(盧龍)·밀운(密雲)·어양(漁陽)·급(汲)·업(鄴)·진류(陳留)·형양(榮陽)·섬군(陝郡)·임여(臨汝)에 불과했다는 사실에서 확인할 수 있다.『구당서』권200 상편, 안녹산열전.

237) 당대에 계주를 설치하면서 이러한 이름을 붙였다. 또 계구(薊丘)라는 곳이 있는데 옛 연나라 성 서북쪽 끝에 있다. 말하자면, 옛 계문이다. 옛적에는 누와 관이 있었는데 모두 없어졌다. 단 문이 두 개 있는데 흙 언덕 옆에는 나무와 숲이 울창하고 푸르러 경사 8경의 하나가 되었다. 일명 계문연수(薊門煙樹)라고 한다.『대명일통지』권1, 순천부.

238) 반산(盤山)이라고도 한다. 계주성 서북쪽 25리 되는 곳에 있다. 산 북쪽에 여러 봉우리가 있는데 대단히 가파르다. 산 정상에 큰 돌이 있는데 이를 흔들면 바로 움직인다. 그 위에 용담(龍潭)이 있는데 비를 기원하면 많이 응했다. 그 아래 조정(潮井)과 택발천(澤鉢泉)이 있다.『대명일통지』권1, 순천부.

239) 옹동산(翁同山)이라고도 한다. 계주성 동북쪽 5리 되는 곳에 있다. 옛부터 전해 오기를 황제가 일찍이 공동산에서 도(道)에 대해 물었다고 한다. 그 위에 부군묘(府君廟)가 존재한다.『대명일통지』권1, 순천부.

240) 명 태조 홍무 4년(1371) 7월에 설치했다. 계주 치소의 동북쪽에 있다.『명 태조실록』권67, 신미조:『대명일통지』권1, 순천부.

241) 명 태조 홍무 26년(1393) 2월에 설치했다. 계주위 서쪽에 있다.『명 태조실록』권67, 신미조:『대명일통지』권1, 순천부.

242) 명 태조 홍무 26년(1393) 2월에 장성 밖 건주(建州) 지역에 설치했다. 성조 영락 원년(1403) 3월에 계주로 옮기고 대녕도사(大寧都司)에 예속시켰다.『명 태조실록』권225, 임진조:『명 태종실록』권18, 임오조.

243) 계주치소(薊州治所) 서북쪽 한구석에 있다. 장감은 후한시대의 인물로 자는 군유(君游), 남양(南陽) 완(宛) 출신이다. 관직은 낭중과 알자(謁者)를 역임한 뒤 표기장군 두무(杜茂)의 군대를 이끌고 흉노를 격파하여 어양태수(漁陽太守)가 되었다.『대명일통지』권1, 순천부:『후한서』권31, 장감열전.

244) 장감은 호노(狐奴)라는 곳에 도전(稻田) 8천여 경을 개간하여 백성들에게 농사를 권장하여 부유하게 만들었다. 백성들이 노래하길 '뽕나무에 갈라진 가지가 없고 보리 이삭은 두 갈래가 되었다. 장군(張君)이 정치를 행하니 즐거움이 많다'라고 했다.『후한서』권31, 장감열전.

가 마치 새로 세운 듯 서 있었다.

우리가 출발하려고 할 때, 어떤 사람이 급히 달려와 알렸다.

"조선국의 사신이 오고 있습니다."

내가 장술조에게 말했다.

"우리 나라의 사신이 조금 있으면 도착할 것이니, 만약 노상에서 서로 만나면 단지 인사만 하고 지나치게 될 것인데, 잠시 기다렸다가 그들을 만나서 본국과 집안의 소식을 알고 싶소."

장술조가 말했다.

"그렇게 하십시오."

해질녘에 사은사[246] 지중추(知中樞)[247] 성건(成健),[248] 서장관(書狀官)[249] 윤장(尹璋),[250] 최자준(崔自俊), 우웅(禹雄), 성중온(成仲溫),[251] 김맹경(金孟敬),[252] 장우기(張佑奇), 한충상(韓忠常), 한근(韓謹), 오근위(吳近位), 김경희(金敬熙), 권희지(權熙止), 성후생(成後

---

245) 2월 29일 주 764) 참조.
246) 4월 초1일 주 6) 참조.
247) 정식 관명은 동지중추부사(同知中樞府事)다. 조선시대 출납(出納)·병기(兵機)·군정(軍政)·숙위(宿衛)·경비(警備)·차섭(差攝) 등을 담당하는 중추부(中樞府)에 소속된 종2품의 관직이다.
248) 세종 21년(1439)에 출생하여 연산군 2년(1496)에 죽었다. 조선 전기의 문신으로 자는 자강(子强)이다. 세조 8년(1462)에 사마시에 합격하고, 1468년 춘장문과에 병과로 급제, 예문관검열이 되었다. 1489년 사은사로 명에 다녀왔고, 형조판서와 예조판서 등을 역임했다. 『문과방목』세조 14년(1468년) 춘당대시 병과 23.
249) 외국에 보내던 부경사행(赴京使行)의 일행인 정사(正使)·부사(副使)·기록관(記錄官) 등의 3사신 중 기록관으로 외교문서에 관한 직무를 분담했다. 정4품에서 6품 사이의 관원이 임명되었다. 서장관은 사행 중 매일 매일의 사건을 기록하고 돌아온 뒤에는 왕에게 견문한 바를 보고했다.
250) 생몰년은 알 수 없다. 조선 중기의 문신으로 자는 가고(可沽), 호는 고불(沽弗)이다. 성종 14년(1483)의 진사로서 식년문과에 병과로 급제하고 예문관검열에 제수되었다. 연산군 3년(1497)에 삭령군수로서 문과중시에 장원으로 급제했다. 중종 1년(1506)에 정국공신(靖國功臣) 3등에 올려졌다. 『문과방목』성종 14년(1483) 춘당대시 병과 10.
251) 영안도 관찰사(永安道觀察使)를 지낸 성준(成俊)의 아들로 세자세마(世子洗馬)였다. 『성종실록』권258, 22년 10월 병인; 권259, 11월 기축.

生), 이의산(李義山), 박선(朴琁), 정홍조(鄭興祖) 등이 와서 역에서 머물렀다. 내가 사신들을 역의 뜰에서 배알하니 그들도 계단을 내려와 부복하며 말했다.

"성상께서는 평안하시고, 나라는 무사하며 당신의 고향 역시 무고하오. 성상께서는 당신이 바다에 표류되어 어디에 있는지 모른다는 말을 들으시고, 예조에 계문(啓文)을 내려 각도 관찰사로 하여금 각 연해의 관청에 통고하여 수색하는 것을 소홀히 하지 말고 신속히 보고하도록 했소. 또한 대마도와 일본 여러 섬에도 사람을 보내, 서계(書契)[253]를 회답할 때 위의 사연을 함께 써서 통고하도록 했소. 우승지[254] 경준(慶俊)[255]이 담당하여 사뢰니, 성상께서 윤허하셨소. 어찌 성은을 헤아릴 수 있겠소?"

나는 객관으로 물러나와 김중 등에게 말했다.

"우리는 일개 백성으로 마치 쓰르라미와 하루살이가 천지 사이에 살다가 죽는 것과 같아서, 살아도 천지에 이익이 되지 못하고, 죽어도 천지의 손실이 되지 않는데, 어찌 성상의 염려함이 일개 백성에게 미치는 것을 생각했겠는가? 성상의 염려 덕분으로 우리가 매번 죽을 뻔한 상황에서 간신히 구사일생으로 살아날 수 있었다."

---

252) 사역원 판관(司譯院判官)으로 통사다. 『성종실록』 권10, 2년 4월 임술; 권256, 22년 8월 기사.

253) 서계(書契)는 문자를 의미한다. 포희와 신농의 시대에는 사람이 새끼를 매듭지어 계약에 기록이 도움이 되도록 했으나 몹시 불편했다. 후세의 성인은 글자를 만들어 이 불편을 없앴다. 『주역』 계사 하편. 계약서 장부를 가리킨다. 『주례』 지관 질인(質人).

254) 조선시대 승정원의 정3품 당상관직으로 정원은 1명이다. 6명의 승지 가운데 한 명으로 예방승지라고도 불렀다. 예조와 그 부속아문에 관련된 왕명의 출납과 보고 업무를 담당했다.

255) 출생연도는 알 수 없고 성종 20년(1489)에 죽었다. 조선 전기의 문신으로 자는 이선(而善)이다. 음직으로 동반(東班) 종2품 승사랑(承仕郞)에 올랐다가, 세조 12년(1466)에 강원도에서 실시한 문과별시에 아원(亞元, 2등)으로 급제, 승정원주서에 제수되었다. 좌·우승지를 역임했다. 『문과방목』 세조 12년(1466) 고성춘시(高城春試) 2.

이에 김중 등이 감격해서 울었다.

잠시 후에 서장관이 최자준과 함께 내가 머물고 있는 곳에 와서 고국에서 일어난 일들을 상세하게 말했다.

"처음에 표류되었다는 보고를 듣고 사람들은 모두 그대가 죽었다고 탄식했는데, 성희안(成希顔)[256]만이 장담하기를 '내 생각에는 최부가 바다에서 죽지 않고 가까운 장래에 반드시 살아서 돌아올 것이다' 했소. 지금 서로 만나니 그 말이 과연 맞았소."

저녁에 사신은 나를 청하여 저녁을 대접하고 배리들에게도 음식을 골고루 나눠주었다.

내가 사례하며 말했다.

"소인의 죄가 매우 막중한데도 스스로 죽지 못하고, 그 화가 선인(先人)에게 미쳤습니다. 아직 빈소에 가서 통곡조차 하지 못한 채 도리어 폭풍[257]에 떠밀려, 오장이 뒤틀리는 듯하여 다시 살아나기를 바랄 수 없었습니다. 다행히 민동(閩東, 복건의 동쪽)에 도착해 6천여 리를 걸어서 지나왔는데, 사방을 둘러보아도 의지할 곳이 없었으며 말소리를 알아듣지 못하니, 비참하고 고생한 일을 호소하려고 한들 누구에게 하겠습니까? 지금 영공(令公)을 만나니 부모를 뵙는 것과 같습니다."

사신이 말했다.

"나는 처음에 동팔참(東八岾)[258]에서 안영공(안처량) 행차를 만나

---

256) 조선 세조 7년(1461)에 출생하여 중종 8년(1513)에 죽었다. 조선 중기의 문신으로 자는 우옹(愚翁), 호는 인재(仁齋)다. 성종 11년(1480)에 생원시에 합격하고, 1485년 별시문과에 을과로 급제, 홍문관정자(弘文館正字)가 되었다. 이어 부수찬으로 승진했으며, 당시 성종의 숭유정책(崇儒政策)에서 국왕이 많은 자문을 구할 만큼 학문이 깊었다. 1503년에는 사은사 부사가 되어 명나라에 다녀오기도 했다. 1506년 인종반정 때의 공로로 병책분의결책익운정국공신(秉策奮義決策翊運靖國功臣) 1등에 책록되고 창산군(昌山君)에 봉해졌다. 병조판서, 3정승 등을 역임했다.『문과방목』성종 16년(1485) 별시 2.
257) 구풍(颶風)은 여름과 가을 남해에 많이 부는 매서운 바람을 말한다.『영표록이』(嶺表錄異) 권 상편. 구풍이 오면 무지개가 많이 나타난다.『당국사보』(唐國史補) 권 하편.

그대가 살아서 절강 등지에 도착했다는 말을 듣고 매우 기뻤는데, 오늘 이렇게 만나게 되니 정말 다행한 일이 아니오? 나의 이번 행로에 말을 관리하던 사람이 중도에 쓰러져 죽었소. 만리 길을 다니면서[259] 모두가 살기는 실로 어려운데, 당신이 데리고 온 사람 중에 죽은 사람은 없소?"

"우리 43명은 다행히 죽지 않고 모두 함께 오게 되었습니다."

"실로 하늘이 살린 것이오. 그냥 살아난 것이 아니라 실로 주상의 덕이니 이야말로 기쁜 일이구려."

나는 또 사신의 물음에 표류하고 잠시 머무른 사유와 지나온 창해의 험한 물결과 산천의 경승(景勝)과 풍속의 차이를 말했다.

사신이 말했다.

"나는 이 지방을 지나면서도 장관이라고 생각하는데, 그대가 본 바에는 도저히 미치지 못하겠소."

【4월 28일】아침에 비가오고 흐렸다.

사신이 부르기에 가보았더니 아침식사를 접대받았고 이어서 구량 열 되, 입모(笠帽) 두 개, 부채 열 자루, 이중환(理中丸)[260] 스무 알과 여러 가지 반찬을 선물로 받았다.

또 우리를 호송하는 백호(장술조)를 불러서 말했다.

"그대는 우리 나라 사람을 호송하면서 잘 보호해주었으니 정말 고맙소."

그러고는 입모와 부채 등을 선물했으며, 또 모자와 부채를 배리들에게도 나누어주었다. 서 장관 역시 나에게 여름옷 한 벌과 베버선 한 쌍

---

258) 4월 11일 주 59) 참조.
259) 발섭(跋涉). 산을 넘고 내를 건너는 모습이다. 대부들은 먼 길을 달려 조문했어도 내 마음은 시름이 가시지 않네. 『시경』 용풍(鄘風) 재치(載馳).
260) 일체의 냉기나 찌르는 듯한 통증, 심장·배와 장 그리고 만위(滿胃)의 한기와 구토 등에 복용한다. 아위(阿魏)·감초·청귤피(青橘皮)·진귤피(陳橘皮) 등으로 조제한다. 『박제방』(博濟方) 권2, 상초증(上焦證).

을 주었다. 최자준과 우웅도 각각 부채 두 자루로써 전별261)했다.

사신은 또 나의 종자들에게 술과 고기를 나누어주어 위로하고는 나에게 당부했다.

"날이 점점 더워지는데 길은 험하고 머니 조금이라도 몸을 보호하지 않는다면 병들 것이니 조심하고, 식사를 잘 해서 몸을 소중히 여겨 본국으로 잘 돌아가 어머니께 효도하시오."

이때 이정이 술에 취해 사신의 접대에 감격하여 갑자기 앞으로 나아가 바다를 표류하면서 고생했던 일을 늘어놓았다. 나는 곧 하직인사를 하고 떠났다.

영제교(永濟橋)262)를 지났는데, 이 다리는 용지하(龍池河)263)에 걸쳐 있었다. 용지하는 일명 어수(漁水)라 하고, 물은 흘러 백룡항(白龍港)264)으로 들어갔다. 민간에 전하길 이 다리는 안녹산이 축조한 것이라고 했다. 태산265)의 동악묘(東岳廟)·오리점(五里店)·팔리포(八里鋪)·별산리(別山里)·석하포(石河鋪)·고수리(枯樹里)를 지나 양번역(陽樊驛)266)에 이르렀다.

---

261) 신행(贐行)은 행자필이신(行者必以贐)에서 유래한다. 즉 길 가는 사람에게 전별금을 주는 것이 예의라는 뜻이다. 행신(行贐)은 작별할 때 주는 물건이다. 맹자께서 말씀하셨다. "…… 내가 송나라에 있을 때 먼 길을 떠나려고 했다. 길 가는 사람에게 반드시 전별금을 주는 것이 예의다. 전해오는 말에 '전별금을 보내는 것이다'라고 했으니 내가 무엇 때문에 받지를 않겠는가?" 『맹자』 공손축 하편.

262) 계주성 남쪽 5리 되는 곳에 있다. 고하(沽河)에 걸쳐 있는데 처음 이름은 고하교였다. 명 영종 천순 4년(1460)에 돌로 세우면서 개칭했다. 광서 『순천부지』 하 거지 12, 진량(津梁).

263) 어수(漁水)라고도 한다. 계주성 남쪽에 있다. 노사령구(盧思嶺口)에서 발원하여 여하(黎河)와 합류하고 옥전현(玉田縣)을 거쳐 백룡항(白龍港)으로 들어간다. 『대명일통지』 권1, 순천부.

264) 백룡강(白龍江)이라고도 한다. 계주 남쪽 70리 되는 곳에 있다. 도화산(桃花山) 아래로 돌아 흐르는데 구하(泃河)와 고하(沽河)가 여기에 모두 모여들어 보저현(寶坻縣) 경계로 들어간다. 조하(潮河)라고 하며 밀물과 썰물로 연결된다. 『독사방여기요』 권11, 직예 2.

265) 3월 초7일 주 153) 참조.

【4월 29일】옥전현(玉田縣)²⁶⁷⁾을 지나다 명나라 사신을 만나다.

이날은 맑았다. 구유포(扣諭鋪)를 지나 채정교(采亭橋)²⁶⁸⁾에 이르렀는데, 이 다리는 남수하(藍水河)²⁶⁹⁾에 걸쳐 있었다. 옥전현에 이르러 남전문(藍田門)을 통해 성으로 들어가 남전(藍田)체운소²⁷⁰⁾에 이르렀다. 소천산(小泉山)²⁷¹⁾과 서무산(徐無山)²⁷²⁾ 등은 동북쪽 20, 30리 사이에 있고, 연산(燕山)²⁷³⁾은 서북쪽에 있는데 성과의 거리가 20여 리였다. 소철²⁷⁴⁾의 시²⁷⁵⁾에 다음과 같은 구절이 있다.

연산은 기다란 뱀과 같아	燕山如長蛇
천리에 걸쳐 오랑캐와 중국을 나누네	千里限夷漢

---

266) 옥전현 서쪽 20리 되는 곳에 있었으나 명 세종 가정 2년(1523)에 현의 서관(西關)으로 옮겼다.『독사방여기요』권11, 직예 2.
267) 계주성 동쪽 80리 되는 곳에 있다. 춘추시대 무종국(無終國)의 땅이다. 한대에는 무종현으로 우북평(右北平)에 속했다. 당대에 유주에 속했다. 후에 옥전현으로 고쳤다. 한대의 양웅백(陽雄伯)이 종석(種石) 중에서 옥을 얻어 이러한 이름이 붙었다. 후에 계주에 속했고 송대는 경주(經州)였으나, 금대에 다시 옥전현으로 했다. 명조도 이에 따랐다.『대명일통지』권1, 순천부.
268) 옥전현 서쪽 20리 되는 곳에 있다. 남수하(藍水河)에 걸쳐 있다. 전해오기를 금나라 학사로 읍 출신인 양회(楊繪)가 세웠다. 채정은 양회의 호다.『대명일통지』권1, 순천부.
269) 옥전현 서북쪽 20리 되는 곳에 있다. 삼락태(三樂台)로부터 흘러나오는데 산과 돌 사이의 괴어 있는 맑은 물은 즐길 만하다. 색은 남색으로 남쪽으로 흘러 백룡하(白龍河)로 들어간다.『대명일통지』권1, 순천부.
270) 옥전현에 있다. 만력『대명회전』권147, 병부 30 역전 2.
271) 옥전현 동북쪽 25리 되는 곳에 있다. 산에는 천이 있고 갈라진 돌 틈에서 나온다. 세속에서 소천(小泉)이라고 한다. 그 천은 서남쪽으로 5리 정도를 흘러 대천산(大泉山)의 물과 합류하여 백룡항으로 들어간다.『대명일통지』권1, 순천부.
272) 옥전현 동북쪽 20리 되는 곳에 있다. 후한 전주(田疇)가 이곳으로 피난했다. 개산도(開山圖)에 말하기를 산은 타지 않는 나무, 생화(生火)의 돌에서 나온다고 한다.『대명일통지』권1, 순천부.
273) 옥전현 서북쪽 25리 되는 곳에 있다. 서산(西山) 일대 이리(迤邐) 동쪽으로부터 오는데 그 길이가 수백 리로 해안에 도달한다.『대명일통지』권1, 순천부.
274) 3월 초3일 주 65) 참조.

내가 장술조에게 물었다.

"전해 듣건대, 이 지방이 한나라의 우북평(右北平)[276]이라 하니, 이

---

275) 연산은 기다란 뱀과 같아 　　　　　　　　燕山如長蛇,
　　　천리에 걸쳐 오랑캐와 중국을 나누네. 　　千里限夷漢.
　　　산머리는 서산 기슭에 재갈이 물린 듯하고 首銜西山麓,
　　　산꼬리는 동해 언덕에 걸려 있다. 　　　　尾掛東海岸.
　　　중간으로 열리어 기성과 필성이 자리잡고 中開哆箕畢,
　　　끝 길은 한 선을 끌어당기네. 　　　　　　末路牽一線.
　　　도리어 사막이 평평함을 돌아보니 　　　　却顧沙漠平,
　　　남에서 홀로 날아오는 기러기. 　　　　　　南來獨飛鴈.
　　　이곳에 사는 사람들 풍기가 달라 　　　　　居民異風氣,
　　　옛부터 농사와 전쟁을 익혔네. 　　　　　　自古習耕戰.
　　　위로는 소공석을 논하고 　　　　　　　　　上論召公奭,
　　　예악은 희단(주공)에 비교되네. 　　　　　禮樂比姬旦.
　　　차례로 제군을 바라보니 　　　　　　　　　次稱望諸君,
　　　술략은 호관에 버금가네. 　　　　　　　　術略亞狐管.
　　　자단은 괵국에 대책이 없었지만 　　　　　子丹虢無策,
　　　또한 유협들의 기개가 유관을 자주 뚫었네. 亦數游俠冠.
　　　어느 누가 여기서 베어버렸나 　　　　　　割棄何人斯,
　　　비린내 오래도록 마르지 않네. 　　　　　　腥膻久不澣.
　　　슬프도다, 한당의 끝이여 　　　　　　　　哀哉漢唐餘,
　　　좌임의 풍속(오랑캐의 풍속) 이미 반이 넘었구나. 左袵今已半.
　　　옥과 비단은 만족할 것이 못되니 　　　　　玉帛非足云,
　　　자녀들 밝히게 되네. 　　　　　　　　　　子女罹蹈踐.
　　　구구하게 융색을 사용한 것이 　　　　　　區區用戎索,
　　　미군현은 오래되었도다. 　　　　　　　　久爾縻郡縣.
　　　예부터 제왕의 군사가 와서 　　　　　　　從來帝王師,
　　　다만 망난을 제압했었네. 　　　　　　　　要在侮亡亂.
　　　단단함 공교함 심히 옥을 다듬노니 　　　　攻堅甚攻玉,
　　　험을 타면 얼어붙기 쉽다. 　　　　　　　　乘瑕易冰泮.
　　　중원이 다만 항상 다스려져 있으면 　　　　中原但常治,
　　　적들의 형세는 절로 변할 것이다. 　　　　敵勢要自變.
　　　마땅히 하늘의 냇물을 끌어당겨서 　　　　會當挽天河,
　　　여기서 이는 많은 일들을 씻어야지. 　　　洗此生齒萬.
　　•燕山如長蛇.『난성집』(欒城集) 권16, 연산,『소철집』, 河洛圖書出版社, 1975).
276) 우북평군은 진대(秦代)에 설치했다. 왕망(王莽)이 북순(北順)이라 하였고, 유주(幽州)에 속했다.『한서』권28 하편, 지리지 8 하편.

광(李廣)$^{277)}$이 호랑이를 쏘아서 활촉이 박혔다는 돌$^{278)}$은 어디에 있소?"

장술조가 말했다.

"이곳에서 동북쪽으로 30리 밖에 무종산(無終山)$^{279)}$이 있는데, 산 아래 무종국(無終國)$^{280)}$이라는 옛터와 북평성(北平城)$^{281)}$의 옛터가 있습니다. 성은 이광이 사냥하러 나가서 돌을 만났던 곳이며, 산 위에는 연나라 소왕(昭王)$^{282)}$의 무덤이 있습니다."

우리는 다시 효자 이무(李茂)의 정문을 지나고, 성의 동문으로 나왔는데, 이 문이 바로 홍주좌둔위(興州左屯衛)$^{283)}$의 문이었다. 한가장(韓

---

277) 농서(隴西) 성기(成紀) 출신이다. 선조는 진대의 장군으로 연나라 태자 단(丹)을 추격하여 잡았다. 광은 대대로 활 쏘는 법을 익혔다. 한대 경제(景帝)가 즉위하자 기랑장(騎郎將)이 되었고 상곡태수와 상군태수(上郡太守)를 역임했다. 무제(武帝) 때에는 우북평태수가 되었다. 흉노 토벌에 공적을 세웠다. 『한서』 권54, 이광열전.

278) 이광이 사냥을 나갔을 때 풀 사이에 돌을 보고 호랑이라고 생각하고 활을 쏘았는데 화살이 돌에 박혔다. 다른 날 돌에 대고 화살을 쏘았지만 끝내 박히지 않았다. 광이 거주하던 군에 호랑이가 출몰하여 활을 쏘았다. 우북평에 거주했을 때 호랑이를 쏘았는데 호랑이가 날아올라 광에게 상처를 입혔다. 광도 역시 화살을 당겨 호랑이를 죽였다. 『사기』 권109, 이광열전; 『한서』 권54, 이광열전.

279) 옥전현 동북쪽 30리 되는 곳에 있다. 옛 무종자국(無終子國)이다. 수신기(搜神記)에 '양옹백(陽雍伯)은 성품이 효성스러워 부모가 죽자 무종산에 묻었다고 한다.' 즉 바로 이 산이다. 『대명일통지』 권1, 순천부.

280) 우북평군에 속하는 16개 현 중의 하나로 무종현은 옛 무종자국이었다. 무종은 산융국(山戎國)의 이름이다. 『한서』 권28 하편, 지리지 8 하편; 『춘추좌전』 권29, 양공 4년.

281) 계주에 있다. 『대명일통지』 권1, 순천부지.

282) 무종산에 있다. 구주기(九州記)에 '옛 어양의 북쪽 무종산이다' 라고 기록했다. 산 위에 소왕의 묘가 있다. 연은 주와 동성인 희성(姬姓)으로 주 무왕이 소공을 북연(北燕)에 봉했다. 후에 제나라가 연을 토벌하여 대승을 거두고 연왕과 태자가 죽자 연나라 사람들이 태자 평(平)을 세우니 이가 연나라 소왕이다. 『대명일통지』 권1, 순천부; 『사기』 권34, 연소공세가(燕召公世家).

283) 명 태조 홍무 4년(1371)에 장성 밖 하투(河套, 오르도스) 지역에 설치했다. 성조 영락 원년(1403) 3월 옥전현 동남쪽 140리 되는 곳으로 옮기고 후군도독부에 예속시켰다. 『명 태종실록』 권18, 임오조.

家莊)을 지나서 2리 가량을 가니, 두 관인이 교자를 타고 지나는데 절월(節鉞)²⁸⁴⁾과 납패(鑞牌)²⁸⁵⁾가 보였다.

길잡이가 소리쳤다.

"말에서 내리시오."

내가 말에서 내리니, 두 관인이 나를 불러 물었다.

"그대는 누군가?"

내가 미처 대답하기 전에 상관인(上官人)이 나에게 손바닥에 쓰도록 했는데, 갑자기 장중영이 와서 나의 성명과 풍랑을 만나 표류하여 본국으로 돌아가는 일을 상세히 서술하니, 그 관리가 나를 돌아보고 말했다.

"그대 나라 사람들은 이미 그대가 살아서 중국에 도착한 것으로 알고 있소."

나는 읍하고 물러나와 그 관인이 누구냐고 물었다.

장중영이 말했다.

"앞에 간 사람은 한림학사(翰林學士)²⁸⁶⁾ 동월(董越)²⁸⁷⁾이고, 뒤에 간 사람은 급사중²⁸⁸⁾ 왕창(王敞)²⁸⁹⁾입니다. 지난 달에 황제의 칙서를 받들고 당신 나라에 갔다가 지금 돌아오는 길입니다."²⁹⁰⁾

---

284) 윤1월 19일 주 155) 참조.
285) 석패(錫牌)를 가리킨다.
286) 동월의 당시 관직은 한림학사 시강(侍講)이었다. 『국조헌징록』 권52, 남경공부 1 자정대부남경공부상서증태자소보시문희동공월묘지명(資政大夫南京工部尙書贈太子少諡文僖董公越墓誌銘).
287) 자는 상구(尙矩), 강서 영군(寧都) 출신이다. 시호는 문희(文僖)다. 명 헌종 성화 5년(1469)의 진사로, 효종 홍치제가 즉위하자 조선에 사신으로 다녀왔다. 남경공부상서를 역임했다(『국조헌징록』 권52, 남경공부 1 자정대부남경공부상서증태자소보시문희동공월묘지명). 동월이 홍치 원년(1488)에 황제의 특명을 받고 조선에 사신으로 와서 듣고 본 바를 부(賦)로 엮고 주를 달아 보고한 '조선부'가 유명하다. 조영록, 『근세 동아시아 삼국의 국제교류와 문화』, 지식산업사, 2002.
288) 정확하게는 공과급사중(工科給事中)이다. 『국조헌징록』 권52, 남경공부 1 자정대부남경공부상서증태자소보시문희동공월묘지명.

朝鮮賦 　　　明 寗都 董越

賦者敷陳其事而直言之也予使朝鮮經行其
地者浹月有奇凡山川風俗人情物態日有得
於周覽諮詢者過夜則以片楮記之納諸巾笥
然得此遺彼者甚多竣事遵息肩公署者凡
七日以東八站兼程之苦且乃獲參訂於同事
黃門王君漢英所記凡無關使事者悉去之猶
未能歸於簡約意蓋主於直言敷事誠不自覺
其辭之繁且兼也賦曰

동월의 '조선부'. 동월이 1488년 황제의 특명을 받아 조선에 사신으로 와서 듣고 본 바를 보고한 것이다.

양가점(兩家店)과 사류하포(沙流河鋪)를 지나 영제역(永濟驛)[291]에 이르렀다.

【4월 30일】 풍윤현(豊潤縣)[292]을 지나다.

이날은 흐렸다. 새벽에 떠나 일명 환향하(還鄕河)라고 부르는 경수(涇水)[293]에 도착했는데, 이 강의 하류는 양하(梁河)[294]로 들어갔다. 전하는 말에 의하면 당 태종(627~649)[295]이 요동을 정벌[296]하고 돌아올 때 이름을 지었다고 한다.

다시 등운문을 지나고, 풍윤현성 서문에 이르니, 문의 중성 안에는 화

---

289) 자는 한영(漢英), 별호는 죽당(竹堂)이다. 선조는 절강 구주 서안(西安) 출신이다. 명 태조 홍무 초에 금의위의 적(籍)을 소유하면서 남경에 거주했다. 헌종 성화 17년(1481)에 진사 출신이 되었다. 헌종 23년(1487) 공과급사중에 승진했고, 효종 홍치제가 즉위하자 사신으로 조선에 갔다. 무종 정덕 5년(1510)에 병부상서에 임용되었다. 『국조헌징록』 권38, 병부 1 자정대부태자소보병부상서증태자태보죽당왕공창묘지명(資政大夫太子少保兵部尙書贈太子太保竹堂王公敞墓志銘).

290) 동월 일행이 조선 성종 19년(1488) 2월에 압록강을 건너, 3월에 조서와 칙서를 받들고 모화관(慕華館)에 이르니, 임금이 면복(冕服)을 갖추고 맞이했다고 한다. 『성종실록』 권213, 19년 2월 임술; 권214, 3월 정축.

291) 설치연도는 알 수 없으나 만력 『대명회전』이 편찬된 시점에는 폐지되었다. 만력 『대명회전』 권145, 병부 28 역전.

292) 계주성 동남쪽 190리 되는 곳에 있다. 본래는 옥전현의 영제무(永濟務)다. 금대에 풍윤현으로 승격되어 광주군(廣州軍)에 속했다. 원대에 현을 없애고 옥전현에 편입시켰다. 곧 다시 설치하고 계주에 예속시켰다. 명조도 이에 따랐다. 『대명일통지』 권1, 순천부.

293) 풍윤현에 있다. 일명 환향하(還鄕河)라고도 한다. 애아구(崖兒口)에서 발원해 현의 서남쪽을 경유하여 옥전현 아홍교(鴉鴻橋)를 지나 양하(梁河)로 들어간다. 보저현 초두호(草頭湖)에 이르러 바다로 들어간다. 『대명일통지』 권1, 경사.

294) 양하는 이화라고도 불렸던 것으로 추정된다. 경수(涇水), 즉 환향하는 옥전현 경계로 흘러들어가 이화(梨河)와 합류한다는 사실에서 추측할 수 있다. 『독사방여기요』 권11, 직예 2.

295) 휘는 세민(世民), 당 고조(이연)의 둘째아들이다. 모는 황후 두씨(竇氏)다. 당 고조 무덕 9년(626) 6월에 장안성의 북문인 현무문(玄武門)에서 형과 동생을 살해하고 황제위에 오른다. 명신 방현령과 위징 등의 보좌를 받아 '정관의 치'라고 불리는 태평시대를 연다. 『구당서』 권3·4, 태종본기 상·하편.

신묘(火神廟)²⁹⁷⁾가 있었다. 성으로 들어가 무안왕묘(武安王廟)²⁹⁸⁾와 등소문(騰霄門), 그리고 수의문(繡衣門)²⁹⁹⁾을 지나서 다시 성의 동문으로 나오니, 문미(門楣, 문 위에 가로댄 나무)에는 흥주전둔위(興州前屯衛)³⁰⁰⁾라고 새겨져 있었다.

문 밖에는 재성총포(在城總鋪)가, 포 동쪽에는 동관(東關)체운소³⁰¹⁾가 있었다. 체운소에는 전능(田能)이라는 관원이 있었는데, 수염과 눈썹이 하얗게 빛났다. 그가 우리를 자못 정성껏 대접하려는 뜻을 나타내 보이려고 장타리(藏垜吏)³⁰²⁾ 정문종(鄭文宗)을 꾸짖어 속히 수레를 준비하여 우리에게 보내려 하니, 정문종이 발끈 성을 내어 전능의 수염을 뽑았다. 관아의 상하 법도가 없음이 이와 같았다.

풍윤현의 아골산(鴉鶻山)³⁰³⁾과 영응산(靈應山)³⁰⁴⁾ 두 산은 서북쪽, 진

---

296) 태종은 정관 19년(645)에 고려를 친정했다. 5월에 요동을 건넜고, 6월 안시성 싸움에서 구원하러 온 고려의 별장 고연수(高延壽)의 군을 대파했으나 결국 함락시키지 못하자, 9월에 군사를 거느리고 돌아갔다. 2년 후인 태종 21년에 재차 이세적 등으로 하여금 고려를 정벌케 했으나 모두 실패로 끝났다.『구당서』권3, 태종본기 하편;『신당서』권2, 태종본기.
297) 산서에서는 송대는 대화(大火)인 알백(閼伯)을 제사 지냈다. 축융(祝融)은 고신씨(高辛氏)의 화정(火正, 불을 담당하는 관명)이고, 알백은 도당씨(陶唐氏, 요 임금)의 화정이다.『산서통지』권164, 사묘. 이로 추측하면 화신묘는 불을 방지하기 위해 세운 묘로, 축융이나 알백 등의 화신을 모신 곳이다.
298) 3월 19일 주 346) 참조.
299) 거인(擧人) 두구치비문(杜矩雉飛門) 수의장(繡衣場)을 지났다. 정사룡,『조천록』(朝天錄) 권3, 중종 22년 7월 24일.
300) 명 태조 홍무 4년(1371)에 장성 북쪽 오르도스 지역에 설치했는데, 성조 영락 원년(1403) 3월에 풍윤현으로 옮기고 후군도독부에 예속시켰다.『명 태종실록』권18, 임오조.
301) 성 동쪽에 있다. 지금은 역과 병합했다.『기보통지』(畿輔通志) 권26, 공서.
302) 갈진가(葛振家)는 전문적으로 창고의 서무를 담당하는 이(吏)라고 설명하고 있으나 아직 정확한 용례를 찾지 못했다.
303) 풍윤현 서북쪽 20리 되는 곳에 있다. 그 가운데 2개의 동굴이 있는데 세속에서 맹가동(孟家洞) 또는 조가동(趙家洞)이라고 한다.『대명일통지』권1, 순천부.
304) 풍윤현 서북쪽 40리 되는 곳에 있다. 산의 낭떠러지가 벽처럼 서 있고 바위 끝에 천이 있는데 솟구쳐 흘러내려간다. 그 위에 2개의 동굴이 있는데 하나는 공서실(攻書室), 하나는 영응동(靈應洞)이다.『대명일통지』권1, 순천부.

당나라 제2대 황제 태종.
645년 요동정벌에 나섰다(『삼재도회』).

궁산(陳宮山)³⁰⁵⁾은 북쪽, 애아구산(崖兒口山)³⁰⁶⁾은 동북쪽, 마두산³⁰⁷⁾과 명월산,³⁰⁸⁾ 그리고 요대산(腰帶山)³⁰⁹⁾은 동쪽에 있는데, 오직 아골산만은 성 가까이 있었다. 우리는 다시 임성포(林城鋪)를 지나 의풍역(義豊驛)³¹⁰⁾에 이르렀다.

---

305) 풍윤현 북쪽에 있다. 수십 리를 감싸 돌아 동쪽으로 환향하에 임하고, 서쪽으로 황토령(黃土嶺)에 접했다. 산 남쪽에 봉우리가 있는데, 그 색이 푸르고 비취색이어서 화산이라고 한다.『대명일통지』권1, 순천부.
306) 풍윤현 동북쪽 80리 되는 곳에 있다. 그 산이 줄지어 늘어섰고 동쪽으로 끊어져 애아구가 되고 서쪽으로 백습구(白䨮口)가 되는데, 물이 단애로부터 들어가 이러한 이름이 붙었다.『대명일통지』권1, 순천부.
307) 풍윤현 동쪽에 있다. 그 산의 여러 봉우리가 말 달리는 듯하고 가장 남쪽 봉우리가 말머리 같다.『대명일통지』권1, 순천부.
308) 준화현(遵化縣) 서남쪽 13리 되는 곳에 있다. 높이는 백여 인(仞)으로 그 위에 석혈이 있다. 남북으로 서로 통하고 혈구로부터 바라보면 마치 명월 같다.『대명일통지』권1, 순천부.
309) 풍윤현 동쪽 80리 되는 곳에 있다. 그 위에 석애(石崖)가 둘러싼 모습이 마치 띠를 묶은 것 같다. 그 가운데에 영천사(靈泉寺) 옛터가 있다.『대명일통지』권1, 순천부.
310) 풍윤현 남문 밖에 있다. 명 태조 홍무 연간에 설치했는데, 세종 가정 2년(1523)에 현의 남관으로 옮겼다가 후에 폐했다.『기보통지』권43, 역참.

5월_산해관을 지나 요동으로

【5월 초1일】 날씨가 흐렸다.

새벽에 난주(灤州)[1] 지방에 이르렀다. 중국에서는 난주를 상(商, 殷)나라[2]의 고죽국(孤竹國)[3]이라 하고, 우리 나라의 이첨(李詹)[4]은 해주

---

1) 영평부성 남쪽 40리 되는 곳에 있다. 본래는 상(商, 은)의 고죽국(孤竹國)으로 한대에는 석성현(石城縣), 동한대(東漢代)에는 해양현(海陽縣) 지역이다. 진대(晉代)에는 요서군에 속했다. 수·당대에는 북평(北平)과 평주(平州)의 경계였고, 오대 시대에 거란(契丹)이 처음으로 그 지역을 나누어 난주를 설치했다. 노룡새(盧龍塞) 남쪽에 있고, 난하(灤河)가 있어 이러한 이름이 붙었다. 명 태조 홍무 2년(1369)에 의풍현(義豊縣)을 없애고 난주에 편입시켰다.『대명일통지』권5, 영평부.
2) 중국 고대 하(夏)·은(殷)·주(周) 3왕조의 하나로 처음에는 상으로 칭했는데 후에 반경(盤庚) 시대에 은(殷, 하남성 언사현)으로 도읍을 옮기면서 국호를 은으로 고쳤다. 폭군으로 유명한 주왕(紂王) 때 무왕에게 멸망당했다.『사기』권3, 은 본기.
3) 『대명일통지』권5, 영평부에는 앞에 나온 홍치『영평부지』의 기록 중 '영평부성 서남쪽 40리 되는 곳에 있다'는 기록 다음에 '본래 상의 고죽국이다'라는 기록이 보인다. 같은 책 권6, 고적조에는 고죽국을 '은나라 묵태씨(墨台氏)가 봉해진 지역이다'라고 설명하고 있다.『독사방여기요』권17, 직례 8 고죽성조에 다음과 같이 보인다. '영평부 서쪽 15리 되는 곳에 있다. 세기(世記) 탕왕(湯王) 18년 묵태씨를 고죽국에 봉하고 제사 지냈다. 9년에 고죽군은 두 아들 백이와 숙제가 있었는데 서로 나라를 양보하고 도망가버렸다. 관자(管子)에 제 환공이 고죽을 북정할 때 비이(卑耳)의 계곡에 이르렀다.『사기』에 제 환공이 산융(山戎)을 북벌할 때 고죽에 이르렀다는 곳이 바로 이곳이다'. 또한『사기』권61, 백이열전에 '백이와 숙제는 고죽군의 두 아들이다'라는 부분에 '색은(索隱)이 살펴보니 전(傳)이라는 것은

(海州)를 고죽국이라고 하는데 두 설이 같지 않으니, 아직까지도 어느 것이 옳은지 알 수 없다.

철성포(鐵城鋪)[5]·낭와포(狼窩鋪)·행아현포(杏兒峴鋪)·진자진포(榛子鎭鋪)[6]·망우교점포(忙牛橋店鋪)·전자리포(佃子里鋪)[7]를 지나서 천안현(遷安縣)[8] 지방의 신점(新店)체운소[9]에 이르렀는데, 동쪽은 칠가령역(柒家嶺驛)[10]이었다. 역의 동북 30리 밖을 바라보니 도산(都山)[11]·망산(蟒山)[12]·단산(團山)[13]·황대산(黃臺山)[14]·용천산(龍

한씨외전(韓氏外傳) 및 여씨춘추를 가리키는데, 그 전에 고죽군은 은나라 탕왕 삼월 병인에 봉해졌다. 서로 전해오기를 이제(夷齊)의 부에 이르렀는데, 명은 초(初), 자는 자조(子朝)다 ······.' 라고 설명하고 있다.

4) 고려 충목왕 원년(1345)에 출생하여 조선 태종 5년(1405)에 죽었다. 고려 말 조선 초의 문신으로 자는 중숙(中叔), 호는 쌍매당(雙梅堂)이다. 공민왕 14년(1365)에 감시(監試)와 17년(1368) 문과를 통해 입사하여 여러 관직을 거치다가, 조선에 들어와서 태조 7년(1398)에 이조전서(吏曹典書)로 다시 등용되었다. 정종 2년(1400)에 첨서삼군부사(簽書三軍府事)로 전위사(傳位使)가 되어 명나라에 다녀왔고, 곧이어 태종 2년(1402)에 지의정부사(知議政府事)에 올라 하륜(河崙)과 함께 등극사(登極使)로서 명 황제의 등극을 축하하기 위하여 명나라에 다녀왔다. 『정종실록』 권6, 2년 11월 계유; 『태종실록』 권4, 2년 10월 을축.

5) 철성감포(鐵城坎鋪)로 난주 서쪽 110리 되는 곳에 있다. 홍치『영평부지』(永平府志) 권3, 포사(鋪舍).

6) 난주 서쪽 90리 되는 곳에 있다. 홍치『영평부지』 권3, 포사.

7) 전자포(佃子鋪)로 난주 서쪽 100리 되는 곳에 있다. 홍치『영평부지』 권3, 포사.

8) 영평부성 서북쪽 40리 되는 곳에 있다. 한대에는 영지현(令支縣)으로 요서군에 속했다. 동한대 이후에는 폐했는데, 요대에 처음으로 이곳에 정주(定州) 안희현민(安喜縣民)을 옮기고 안희현을 설치했다. 금 세종 대정(1161~89) 중에 천안현(遷安縣)으로 고치고 평주에 예속시켰다. 원 세조 지원(1264~94) 초에 폐하고 노룡현(盧龍縣)에 편입시켰으나 곧 다시 설치했다. 명조도 이에 따랐다. 『대명일통지』 권5, 영평부.

9) 천안현 서쪽 60리 되는 곳에 있다. 후에 칠가령역(七家嶺驛)에 병합되었다. 『기보통지』 권43, 역참. 명 신종 만력 8년(1580)에 폐지했다. 만력『대명회전』 권147, 병부 30 역전 2.

10) 칠가령역(七家嶺驛)으로 천안현 50리 되는 곳에 있었는데 사하(沙河)로 옮겼다. 홍치『영평부지』 권3, 공서.

11) 천안현 북쪽 150리 되는 곳에 있다. 높이 솟아 있고 경치가 매우 뛰어나 다른 여러 산들이 이에 미치지 못한다. 산에는 재목이 많고 눈이 쌓이면 고개를 모두 덮

泉山)¹⁵⁾·여갑산(驪甲山)¹⁶⁾ 등이 있었는데, 도산이 그 중에서 가장 높고 수려했다.

【5월 초2일】 영평부성(永平府城)¹⁷⁾ 남쪽에 이르다.

이날은 맑았다.

사하¹⁸⁾를 지나서 난하(灤河)¹⁹⁾에 이르렀는데, 그 사이에 거쳐온 곳은 사와포(沙窩鋪)²⁰⁾·색산포(色山鋪)·적봉포(赤峯鋪)²¹⁾·백불원포(白

을 정도며 여름이 되어도 녹지 않는다. 멀리서 바라보면 흰 모양이 마치 초우(初雨)와 같다. 『대명일통지』 권5, 영평부; 홍치『영평부지』 권1, 산천.

12) 천안현 동북쪽 15리 되는 곳에 있다. 산 동쪽에 깊은 동굴이 있는데 일찍이 거대한 이무기가 숨었다고 한다. 그 산에서 철이 생산되며 야철소가 있다. 『대명일통지』 권5, 영평부.

13) 천안현 동쪽 20리 되는 곳에 있다. 산봉우리가 둥근 것이 아름다워 멀리서 바라보면 마치 엎어놓은 가마솥 같다. 『대명일통지』 권5, 영평부.

14) 천안현 남쪽 3리 되는 곳에 있다. 황토가 많고 그 형상이 대와 같다. 『대명일통지』 권5, 영평부.

15) 천안현 남쪽 15리 되는 곳에 있다. 산허리에 천이 있는데 이를 성천(聖泉)이라 하며 마을 사람들이 가물면 이곳에서 기우제를 올린다. 『대명일통지』 권5, 영평부.

16) 천안현 동쪽 25리 되는 곳에 있다. 서로 전해 내려오기를 한대 이광(李廣)이 군사를 출정했을 때, 비를 만나 갑주가 젖자 이곳에서 멈춰 볕에 말렸다고 한다. 홍치『영평부지』 권1, 산천.

17) 「우공」의 기주(冀州) 땅이다. 처음 우(虞)임금이 기주(冀州)를 나누어 동북쪽을 영주(營州)로 했다. 이곳이 그 지역인데 상대(商代)에는 고죽국이었고, 주대에는 유주에 속했다. 춘추시대에는 산융(山戎)과 비자(肥子) 두 나라의 지역이었고, 진·한대에는 요서와 우북평 두 군의 지역이었다. 한말에는 공손도(公孫度)의 거점이었다. 원 성종 대덕(1297~1307) 중에 영평로(永平路)로 고쳤다. 명 태조 홍무2년(1369)에 영평부로 고치면서 북평포정사(北平布政司)에 예속시켰다. 성조 영락 연간에 직례경사(直隸京師)로 했다. 『대명일통지』 권5, 영평부.

18) 천안현 서북쪽 20리 되는 곳에 있다. 적령(赤嶺)에서부터 발원하여 동쪽으로 흘러 유동장(劉少庄)에 이르러 석하(石河)와 합류하여 칠가령역을 지난다. 원두(院頭)에 이르러 왕가하(王家河)와 합류하여 신장(新庄)에 도달한다. 또 조하(潮河)와 합류하여 바다로 들어간다. 홍치『영평부지』 권1, 산천.

19) 영평부성 서쪽 10리 되는 곳에 있다. 장성 이북의 개평에서 발원하여 동남쪽으로 흘러 천안현(遷安縣)의 경계를 지나 노룡현(盧龍縣)에 이른다. 칠하(漆河)와 합류하여 남쪽으로 흘러 낙정현(樂亭縣)에 이르러 바다로 들어간다. 『대명일통지』 권5, 영평부; 홍치『영평부지』 권1, 산천.

佛院鋪)²²⁾·석제자포(石梯子鋪)²³⁾ 등이었다. 난하는 장성 북쪽의 개평(開平)²⁴⁾에서 발원하는데, 북방 여러 산에서 흘러나오는 물과 합류하여, 아래로 흘러 정류하(定流河)²⁵⁾가 되어 바다로 들어갔다. 우리는 배로 7, 8리를 지나 칠하(漆河)²⁶⁾를 건넜다. 칠하는 비여하(肥如河)²⁷⁾와 합류하여 영평부성(永平府城) 서남쪽을 둘러싸고 흘러 난하로 들어갔다. 그런 까닭으로 호성하(護城河)라고 이름했다. 백이(伯夷)와 숙제(叔齊)의 묘(廟)²⁸⁾가 호성하의 언덕 위에 있었다.

---

20) 노룡현 서남쪽 30리 되는 곳에 있다. 홍치『영평부지』권3, 포사.
21) 노룡현 서쪽 30리 되는 곳에 있다. 홍치『영평부지』권3, 포사.
22) 백불원포(白佛院鋪)가 아니라 백불점포(白佛店鋪)로 노룡현 서쪽 20리 되는 곳에 있다. 홍치『영평부지』권3, 포사.
23) 노룡현 서쪽 10리 되는 곳에 있다. 홍치『영평부지』권3, 포사.
24) 『대명일통지』권5, 만전도지휘사사(萬全都指揮使司)에는 선부성(宣府城) 동북쪽 300리 되는 곳에 위치하고 있다고 기록했는데, 『독사방여기요』권18, 직례 9 만전도지휘사사에는 개평위(開平衛)의 연혁을 '한대의 상곡군 땅이다. 당대에는 규주(媯州)로 거란(契丹)은 봉성천(奉聖川)에 예속시켰다. 원대에는 운주(雲州)의 지역으로 명 선종 선덕 5년(1430)에 처음으로 개평위를 이곳으로 옮겼다. 위는 홀로 떨어져 있고 가장 중요한 요충지다'라고 기록했다.
25) 낙정현(樂亭縣) 서북쪽에 있다. 난하(灤河)의 하류로 악파항(岳婆港)에 이르러 둘로 갈라진다. 동쪽을 호로(葫蘆), 서쪽을 정류(定流)라고 하며 각각 바다로 들어간다. 『대명일통지』권5, 영평부.
26) 영평부성 서문 밖에 있다. 장성 밖에서 발원하며 도림구(桃林口)로 들어가 남쪽으로 흘러 천안현에 이르러 청룡하(靑龍河)가 된다. 동쪽으로 흘러 칠하가 되고 난하와 합류하여 바다로 들어간다. 『대명일통지』권5, 영평부.
27) 영평부성 동쪽 20리 되는 곳에 있다. 부락령(部落嶺)에서 발원하여, 아래로 흘러 영평부성의 서쪽을 거쳐 칠하로 들어간다. 『대명일통지』권5, 영평부.
28) 옛 영평부 치소 서쪽 칠하가에 있다. 백이와 숙제는 고죽국군의 두 아들로 송대에 백이를 청혜후(淸惠侯), 숙제를 인혜후(仁惠侯)에 봉했다. 원대에 백이를 소의청혜공(昭義淸惠公)에, 숙제를 숭양인혜공(崇讓仁惠公)에 봉했다. 옛 묘(廟)는 오래되어 폐해졌는데, 명 태조 홍무 9년(1376)에 성 동북 한쪽에 중건하고 유사가 매년 춘추 중월(仲月)에 제사 지낸다. 『대명일통지』권5, 영평부. 백이와 숙제에 대해서는『사기』권61, 백이열전에 잘 나타나 있다. 형제의 아버지는 아우인 숙제를 후사로 세우려고 했으나, 아버지가 죽자 숙제는 백이에게 양위하려고 했다. 백이가 말하기를 '(네가 위에 오르는 것은) 아버지의 명이다' 하고 도망쳐버렸다. 숙제도 또한 위에 오르는 것을 좋아하지 않아 도망해버렸다. 고죽국의 사

백이. 숙제와 함께 수양산에서 고사리를 캐먹다 굶어 죽었다(『삼재도회』).

2리쯤 가서 영은문·세영문(世英門)·관영문(冠英門)·상의문(尙義門) 등을 지나 난하역29)에 이르렀다. 역 북쪽 2리쯤에 성이 있었는데, 성 위에는 망루가 죽 늘어서 있었다. 그중 하나가 망고루(望高樓)30)로 성 안에는 영평부의 치소와 노룡현(盧龍縣)31)·영평위32)·노룡위33)·동승좌위(東勝左衛)34)의 치소가 있었다. 영평부는 금나라의 남경35)이

람들은 백이의 아우며 숙제의 중형(仲兄)을 군주로 세웠다. 그후 백이와 숙제는 서백창(西伯昌, 주의 문왕)이 노인을 잘 대우한다는 말을 듣고 거기에 귀속하려고 했다. 그곳에 도착해보니 서백은 죽고 그의 아들 무왕이 부왕의 위패를 받들어 문왕이라 칭하고 동진하여 은의 주왕을 정벌하려고 했다. 백이와 숙제는 무왕의 말고삐를 붙들고 간했다. '부왕의 장례도 치르기 전에 전쟁을 하려고 하니 이 어찌 효라 할 수 있습니까? 신하의 몸으로 군주를 시해하려고 하는데, 어찌 인이라 할 수 있습니까?' 그러자 문왕의 좌우 신하들이 이 두 사람을 베려고 했으나 태공망(太公望) 여상(呂尙)이 '이야말로 의인이다'라며 부축하여 데려가도록 했다. 무왕이 난을 평정하니 천하가 주를 우러러보았다. 그러나 백이와 숙제는 이를 부끄럽게 여기고 주의 봉록을 먹으려 하지 않고 수양산(首陽山)에 숨어 고사리를 캐먹으며 굶어죽었다.

29) 난하마역(灤河馬驛)으로 영평부성 남쪽 2리 되는 곳에 있다. 명 태조 홍무 3년(1370)에 세웠고, 영종 정통 10년(1445)에 역승 영명(令名)이 구제(舊制)가 낡루하고 협소하여 중수했다. 홍치『영평부지』권3, 공서.
30) 영파부성 동북쪽 가장 높은 곳에 있다. 옛적에는 없었는데 명 경종 경태 2년(1451)에 도어사 추래학(鄒來學), 총병관 좌승(左勝), 좌참장 호용(胡鏞), 수비 나정(羅政), 지부 장무(張茂)가 누(樓)를 세워 봉화를 살폈다. 그 규모가 크고 장대했다. 홍치『영평부지』권5, 누합(樓閣).
31) 부곽(附郭)이고, 옛 비자국(肥子國)이다. 한대는 비여현(肥如縣)으로 요서군에 속했다. 북제(北齊) 때는 북평군에 속했고, 분리하여 신창현(新昌縣)을 설치했다. 수 문제 개황(581~600) 중에 비여현을 폐하고 신창현에 편입시켰다. 후에 노룡군 치소로 했다. 당 고조 무덕(618~626) 초에 평주의 치소로 옮겼는데, 이곳을 노룡현으로 삼았다. 이후 명조도 이에 따랐다. 『대명일통지』권5, 영평부.
32) 명 태조 홍무 3년(1370) 정월에 설치했다. 『명 태조실록』권48, 정사조.
33) 명 성조 영락 4년(1406)에 설치했다. 홍치『영평부지』권5, 병제.
34) 명 태조 홍무 26년(1393)에 설치하여 산서행도사(山西行都司)에 속했으나, 영락 원년(1403)에 이곳으로 옮겨 설치했다. 『명 태조실록』권225, 신사조;『명 태종실록』권12 하편, 을사조; 홍치『영평부지』권5, 병제.
35) 요대에는 요흥군(遼興軍)이었다. 금 태조 천보 7년(1123)에 연(燕) 서쪽 지역을 송에 할양하자 평주를 남경으로 고쳤다. 태종 천회 4년(1126)에 재차 평주로 했다. 『금사』(金史) 권24, 지리지 상편.

고, 노룡위는 옛 비자국(肥子國)[36)]으로 이른바 노룡새외(盧龍塞外)[37)]
다. 용산(龍山)[38)] · 동산(洞山)[39)] · 쌍자산(雙子山)[40)] · 주왕산(周王
山)[41)] · 마안산(馬鞍山)[42)] · 양산(陽山)[43)] · 회산(灰山)[44)] · 필가산(筆
架山)[45)] 등 여러 산이 길게 이어져 둘러싸고 있는 요충지였다. 난하역
의 남쪽 언덕은 경치가 좋고 그 위에는 절이 있었는데, 역승 백사경(白
思敬)이 "이 절은 개원사(開元寺)[46)]입니다"라고 말했다.
　이 때 금의위[47)]의 관인이 강도를 잡아서 역 뒤에 있는 청사로 왔다.[48)]

---

36) 비여국(肥如國)으로 춘추시대에 진(晉)이 비(肥)를 멸하자 비자(肥子)가 연으로 도망하여 이곳에 봉해졌다. 홍치『영평부지』권6, 고적;『춘추좌씨전』권45, 소공 12년.
37) 영평부성 남쪽 1리 떨어진 곳에 있다. 위(魏) 조조(曹操)가 북정할 때 전주(田疇)가 노룡으로부터 군사를 이끌고 노룡새로 나갔다. 험난한 산과 계곡이 500여 리나 되는 이곳을 말한다. 홍치『영평부지』권6, 고적.
38) 영평부성 서쪽 40리 되는 곳에 있다. 연나라 모용황(慕容皝)이 산을 복된 땅으로 했다.『대명일통지』권5, 영평부.
39) 영평부성 서쪽 15리 되는 곳에 있는데 철이 산출되고 야철소가 있다.『대명일통지』권5, 영평부.
40) 영평부 서북쪽 15리 되는 곳에 있다. 고죽장군(孤竹長君)의 묘가 있다.『대명일통지』권5, 영평부.
41) 영평부성 서남쪽 20리 되는 곳에 있는데 난하의 물이 그 아래를 흘러간다.『대명일통지』권5, 영평부.
42) 홍치『영평부지』와『대명일통지』권5, 영평부에서는 모두 마편산(馬鞭山)으로 적고 있다. 영평부성 서북쪽 20리 되는 곳에 있고, 산에 고죽소군묘(孤竹少君墓)가 있다.
43) 영평부성 동남쪽 15리 되는 곳에 있다. 봉우리는 높이 솟아 있다. 계곡이 많은데 서쪽에 이광이 호랑이로 보고 쏜 돌이 있다.『대명일통지』권5, 영평부.
44) 영평부성 동남쪽 25리 되는 곳에 있다. 그 위에 용신묘, 아래에 용담(龍潭)이 있다.『대명일통지』권5, 영평부.
45) 영평부성 남쪽 15리 되는 곳에 있다. 산꼭대기에 돌이 있는데 마치 필가(筆架, 필통)와 같아 이러한 이름이 붙었다.『대명일통지』권5, 영평부.
46) 영평부성 밖 남산(南山)의 산록에 있다. 명 성조 영락 7년(1409)에 승려 홍성(洪聲)이 세웠다. 경종 경태 3년(1452)에 주지 오성(悟聲)이 수축했다. 홍치『영평부지』권6, 사관.
47) 2월 15일 주 416) 참조.
48) 명대에는 역의 시설물 중 하나로 역옥(驛獄)을 설치했다. 蘇同炳,『明代驛遞制度』, 中華叢書編審委員會, 1969.

【5월 초3일】 난하역(灤河驛)에 머무르다.

이날은 맑았다. 장술조가 그의 아들 중영을 북경으로 돌아가도록 했는데, 중영이 병부에서 우리가 광녕(廣寧)태감⁴⁹⁾에게 교부해야 할 관문(關文)⁵⁰⁾을 잘못 가지고 가버렸다. 장술조가 사람을 시켜 뒤쫓아가게 했는데, 해가 저물어서야 돌아왔으므로 부득이하게 머물렀다. 밤에 큰 천둥과 번개가 치고 비가 내렸다.

【5월 초4일】 무녕위(撫寧衛)⁵¹⁾에 이르다.

이날은 맑았다. 동관체운소⁵²⁾를 지나 여조하(驢槽河)에 이르렀다. 강 북쪽 언덕에는 구유처럼 큰 돌이 있었는데 마치 돌구유⁵³⁾와 같았다. 전해오는 말에 의하면 당나라 때 장과(張果)⁵⁴⁾가 당나귀를 먹이던 그릇이

---

49) 요동에는 진수태감부(鎭守太監府)가 두 군데 설치되었다. 하나는 명 성조 영락 연간에 설치한 부로 광녕 태화문(廣寧 泰和門) 서쪽에 있고, 또 하나는 요양 종루(遼陽 鐘樓)의 서쪽에 있는데 행부(行府)다. 『요동지』권2, 건치지. 명대에 환관이 변방 중요 지역에 파견되어 총병관과 더불어 성보(城堡)를 수리·증축하고 군마를 훈련시키며 군사를 안무하여 적의 침입을 방어했다. 또한 변진의 대소사는 총병관·도어사와 함께 의논하여 처리하는 체제였다.

50) 4월 초10일 주 56) 참조.

51) 무녕현(撫寧縣) 서북쪽에 위치하고 있으며 명 성조 영락 3년(1405)에 설치되었고, 헌종 성화 4년(1468)에 지휘사 진개(陳愷)가 중수했다. 홍치『영평부지』권5, 병제.

52) 영평부성 동서쪽 2리 되는 곳에 있다. 명 영종 천순 연간에 대사(大使) 진화(陳華)가 수축했다. 행인(行人) 장정강(張廷綱)이 그 사실을 적었다. 효종 홍치 12년(1499)에 대사 이통(李通)이 중수했다. 홍치『영평부지』권3, 공서.

53) 부성 동쪽 5리 되는 곳에 있다. 큰 돌이 있는데 위가 낮고 움푹 들어가 마치 구유와 같았다. 전해 내려오기를 당의 장과로(張果老)가 나귀를 이곳에서 사육했는데 말굽 자취가 완연히 남아 있다. 홍치『영평부지』권6, 고적.

54) 어디 출신인지 알 수 없고 측천무후(則天武后) 시대에 중조산(中條山)에 은거하여 분(汾)과 진(晉) 사이를 왕래했다. 비술을 몸에 익혔고 스스로 수백 살이라고 했다. 측천무후가 사신을 보내 그를 불렀으나 죽은 체하고 부름에 응하지 않았다. 현종이 신선을 좋아하여 장과를 옥전공주(玉眞公主)에게 장가들이려 했으나 거절했다.『구당서』권191, 장과열전;『신당서』권204. 장과로하(張果老河)가 있는데, 무녕현 동쪽 50리 되는 곳에 있다. 세간에 전하기를 장과가 늙은 나귀를 타고 가다 이 강에서 빠졌다고 한다. 홍치『영평부지』권1, 산천.

요동으로 나아가는 천하 제일관인 산해관(『산해관도』).

라 했다. 국가포(國家鋪)·십팔리포(十八里鋪)·쌍망포(雙望鋪)·의
원령포(儀院嶺鋪)⁵⁵⁾·노봉구포(蘆峯口鋪)⁵⁶⁾·녹궁포(漉藭鋪)⁵⁷⁾를 지
나서 양하(陽河)⁵⁸⁾에 이르렀는데, 양하는 열타산(列陀山)⁵⁹⁾에서 발원
했다.

　무녕현성(撫寧縣城) 서쪽에서 8리쯤 지나가 민장(民壯)⁶⁰⁾의 교장(敎
場, 훈련장) 문을 거쳐서 무녕현성의 서문으로 들어가 관왕묘⁶¹⁾를 지나
무녕위에서 유숙했다. 토이산(兎耳山)⁶²⁾·화자산(鏵子山)⁶³⁾·대숭산
(大崇山)⁶⁴⁾·연봉산(連峯山)⁶⁵⁾ 등 여러 산이 성의 남북을 둘러싸고 있
었다. 치소의 서쪽에는 서관(西關)체운소⁶⁶⁾가 있었다.

---

55) 무녕현의 서쪽 25리 되는 곳에 있다. 홍치『영평부지』권3, 공서.
56) 무녕현 서쪽 15리 되는 곳에 있다. 홍치『영평부지』권3, 공서.
57) 녹만포(綠灣鋪)가 아닐까? 무녕현의 서쪽 5리 되는 곳에 있다. 홍치『영평부지』권 3, 공서.
58) 양하에 대해서는『명사』가 가장 자세하게 설명하고 있다. 즉『명사』권40, 지리 1 에 '(무녕)현에 양하가 있다. 일명 양하(洋河)라고도 한다. 유하(楡河)와 더불어 새외(塞外)로부터 흘러들어와 동남으로 흘러가 바다로 들어간다' 고 서술했다.
59) 홍치『영평부지』권1, 산천과『대명일통지』권5, 영평부에서는 열타산(列坨山)에서 발원한다고 명기하고 있다.
60) 영평부에는 원래 장부(壯夫), 즉 민장이 없었으나 명 영종 정통 말 몽골이 변방을 침구해오자 민장 2,500여 명을 모집하거나 징집하여 성지를 방어했다. 무녕현에는 장부가 170명 존재했다. 홍치『영평부지』권2, 둔전. 민장은 민호 출신의 병으로 징집과 소모(召募)에 의해 편성되며 정통 14년(1449)의 토목보의 변 이후 재편성되어 군사의 보조적 역할을 담당한다. 徐仁範,「明中期の北邊防衛と軍戶」,『集刊東洋學』78, 1997.
61) 3월 19일 주 346) 참조.
62) 무녕현 서쪽 7리되는 곳에 있다. 쌍봉이 뾰족하게 솟아 그 형상이 마치 토끼의 귀와 비슷했다. 홍치『영평부지』권1, 산천.
63) 무녕현 북쪽 10리 되는 곳에 있다.『대명일통지』권5, 영평부.
64) 무녕현 남쪽 10리 되는 곳에 있다.『대명일통지』권5, 영평부.
65) 무녕현 남쪽 40리 되는 곳에 있다. 높은 곳에 올라 바다와 하늘이 한빛인 것을 바라볼 수 있다. 또 연구산(蓮口山)이라고도 한다. 홍치『영평부지』권1, 산천.
66) 무녕현 동남쪽에 연해 있다. 명 헌종 성화 3년(1467)에 도어사 염본(閻本)이 설치를 상주했고, 동지 유수(劉遂)가 교대로 건설했다. 홍치『영평부지』권3, 공서.

【5월 초5일】 유관역(榆關驛)⁶⁷⁾을 지나다.

이날은 맑았다. 청운득로문(靑雲得路門)을 지나 성의 동문으로 나간 뒤, 흥산포(興山鋪)와 배시포(背時鋪)를 지나 유관점(榆關店)에 이르렀다. 유관점은 옛날에는 관(關)⁶⁸⁾이었으나, 지금은 산해관(山海關)⁶⁹⁾으로 옮겼다. 유관점의 동쪽에는 투하(渝河)⁷⁰⁾가 있었는데, 그 상류에는 임투산(臨渝山)이 있었다.

수나라 개황 연간(開皇, 문제의 연호 581~600) 고구려를 정벌할 때 한왕 양(諒, 즉 양양[楊諒])⁷¹⁾이 병사를 거느리고 유관을 나온 곳이 바로 여기다.⁷²⁾ 또 유관역과 반산포(牛山鋪)를 지나가니 서북쪽에 해양고성(海陽古城)⁷³⁾이 있었다. 성 북쪽에는 열타산⁷⁴⁾이 있었는데 산은 높이 솟아 있어 여러 산 가운데 으뜸이었다.

---

67) 무녕현 동쪽 20리 되는 곳에 있다. 『대명일통지』 권5, 영평부.
68) 유관(榆關)=산해관. 홍치『영평부지』, 고적 상편. 무녕현 동쪽 20리 되는 곳에 있다. 수 문제 개황 연간에 한왕 양(諒)이 장병을 이끌고 고구려를 정벌할 때 유관으로 나아갔다고 하는데 바로 이곳이다. 일명 임려관(臨閭關)이라고 한다. 『대명일통지』 권5, 영평부.
69) 무녕현 동쪽에 있다. 그 북쪽은 산이고 남쪽은 바다다. 그 거리가 몇 리 정도 밖에 떨어져 있지 않다. 실로 험요의 땅이다. 명 위국공(魏國公) 서달(徐達)이 유관을 이곳으로 옮기고 지금의 이름으로 고쳤다. 『대명일통지』 권5, 영평부.
70) 무녕현의 동쪽 20리 되는 곳에 있다. 옛 서주(瑞州)에서 발원하여 남쪽으로 흘러내려가 연봉산(連峯山)에 이르러 바다로 들어간다. 홍치『영평부지』 권1, 산천.
71) 자는 덕장(德章)으로 일명 걸(傑)이다. 고조의 다섯째 아들이다. 수 문제 개황 원년(581)에 한왕(漢王)에 봉해졌다. 옹주목(雍州牧)·우위대장군(右衛大將軍)·좌위대장군(左衛大將軍)·병주총관(幷州總管)을 역임했다. 문제 18년(598에) 고구려를 칠 때, 행군원수(行軍元帥)에 임명되었다. 고조가 죽자 반란을 일으켰으나 양제(煬帝)가 파견한 양소(楊素)에게 항복했다. 서인으로 강등되었고 유폐되어 죽었다. 『수서』 권45, 문사자열전(文四子列傳).
72) 구체적으로 『수서』에 수 문제 개황 18년(598년) '…… 원이 말갈의 부중(部衆) 만여 명을 이끌고 요서를 침범해 오자 영주총관(營州總管) 위충(韋沖)이 격퇴했다. 수나라 고조가 이를 듣고 대노하여 한왕 양을 원수로 삼고 수륙병을 거느리고 토벌하게 했다. 조를 내려 그 작위(爵位)를 축출했다. 당시 군량이 보급되지 않아 군사들이 식량이 부족하자 유관으로 나아갔다. 재차 역병을 만나 ……' (『수서』 권81, 고려열전)라는 기록이 보인다. 『삼국사기』에도 이러한 기록이 보인다. 『삼국사기』 권20, 고구려본기 영양왕 8년.

장고로하(張古老河)⁷⁵⁾를 지나서 낭자하(娘子河)에 이르렀다. 날은 이미 저물어 낭자하의 주변에 인가가 서너 채 있어 그릇을 빌려 밥을 지어 먹었다. 10여 리를 지나 이름을 알 수 없는 길가에서 수레를 멈추었다.

【5월 초6일】 날씨가 맑았다.

걸어서 석하(石河)에 도착했다. 남쪽에는 오화성(五花城)⁷⁶⁾이 있었는데 당 태종(627~649)⁷⁷⁾이 고구려를 정벌⁷⁸⁾할 때 설인귀(薛仁貴)⁷⁹⁾가 쌓은 것이다.⁸⁰⁾ 천안역(遷安驛)에 도착하니 역은 산해위성(山海衛城) 서문 밖에 있었다. 성 동남쪽에는 고산(孤山)⁸¹⁾이 있는데 해안에 연해 있었고, 북쪽에는 각산(角山)⁸²⁾이 우뚝 솟아 있었다. 산해관⁸³⁾은 그 가

---

73) 홍치『영평부지』권6, 고적조에는 해양성(海陽城)이 두 곳 있다고 기재되어 있다. 하나는 영파부성의 남쪽 30리 되는 곳에 있는데 한대에는 해양현이라고 했으나, 폐해진 뒤 요대에 비로소 정주(定州) 망도현(望都縣)으로 옮겨 민이 거주했고 망도현이라고도 한다. 금대에 해산현(海山縣)이라고 고쳤고, 원대에 폐했다고 하는 것이 그것이다. 또 하나는 무녕현 동쪽 60리 되는 곳에 있는데 한대에는 해양현이었고 금대에 해산현으로 고쳤으며 지금은 폐해져 유지만 남았다고 설명하고 있다. 최부가 고해양성(古海陽城)이라고 한 것은 후자인 것으로 추측된다.

74) 5월 초4일 주 59) 참조.

75) 장고로하(張古老河)가 아니라 장과로하(張果老河)다. 무녕현 동쪽 55리 되는 곳에 있다. 홍치『영평부지』권1, 산천;『독사방여기요』권17, 직례 양하.

76) 무녕현 동남에 있는데, 성이 5개의 고리를 잇댄 형상 같아 이러한 이름이 붙었다. 홍치『영평부지』권6, 고적.

77) 4월 30일 주 295) 참조.

78) 태종 정관 19년(645) 2월부터 고구려를 공격한 것을 요동정벌이라 한다.『신당서』권2, 태종본기 하편.

79) 강주(絳州) 용문(龍門) 출신이다. 어려서 가난하고 미천하여 농사를 업으로 삼았다. 요동 정벌시에 장군 장사귀(張士貴) 군대에 응모했다. 고종 영순 2년(683)에 70세로 죽었다. 좌효위대장군(左驍衛大將軍), 유주도독(幽州都督)을 추증했다.『신당서』권111;『구당서』권83, 설인귀전.

80) 전해 내려오기를 당 태종이 요동을 정벌할 때 축조한 것이라 한다. 홍치『영평부지』권6, 고적.

81) 산해위(山海衛) 남쪽 6리 되는 곳에 있다. 바다 가운데 홀로 우뚝 서 있다.『대명일통지』권4, 영평부.

운데 있는데, 북으로 각산을 등지고 남으로는 바다를 두르고 있었다.

산해관 주위 10여 리는 오랑캐를 방비하는 요충지였다. 진(秦)의 장수 몽염(蒙恬)[84]이 쌓았던 장성[85]이 여러 산의 능선을 타고 넘어서 산해위[86]의 동쪽 성을 이루고 바다에까지 뻗어 있었다. 동문체운소[87]는 성 안에 있었다.

【5월 초7일】산해관[88]을 지나다.

이날은 맑았다. 조교(調橋)를 지나 산해위성 서문으로 들어가 유학문(儒學門)[89]에 이르러 물맛이 달다는 쌍문정(雙文井)[90]이 어디에 있는가를 물으니 사람들 모두 쌍봉(雙峯)을 가리켰다. 보운문(步雲門)·급

---

82) 산해관 북쪽 6리 되는 곳에 있는데 앞뒤로 두 산이 있다. 서로 20리 떨어져 있다. 『독사방여기요』 권17, 무녕현.
83) 5월 5일 주 69) 참조.
84) 선조는 제나라 사람이다. 몽염은 집안 대대로 진장(秦將)이었다. 진이 천하를 통일하자 몽염은 30만 군대를 이끌고 융적(戎狄)을 구축하고 임조(臨洮)부터 요동까지 만리장성을 쌓았다. 관직은 내사(內史)와 상경 등을 지냈고, 후에 환관 조고(趙高) 등의 계책에 의해 자살한다. 모필(毛筆)을 발명한 인물로 세상에 전해온다. 『사기』 권88, 몽염열전.
85) 영평부성의 북쪽에 있다. 연변 일대는 진의 태자 부소(扶蘇)의 장군 몽염이 강(羌, 티베트의 한 종족)과 호(胡, 흉노)를 방비하기 위해 축조했다. 진대(晉代)부터 오호(五胡)에 편입되어 대대로 이민족의 지역이 되었다. 명대에 이르러 태부위국공 서달이 진(秦)의 옛터에 관(關)·영(營)·돈(墩)·대(臺)를 설치하여 적의 침입을 방비했다. 홍치『영평부지』 권6, 고적.
86) 산해관성에 있는데, 명 태조 홍무 14년(1381)에 설립했다. 홍치『영평부지』 권5, 병제.
87) 산해위 치소 동북쪽에 있다. 『기보통지』 권43, 역참.
88) 5월 5일 주 69) 참조.
89) 명 태조 홍무 2년(1369)에 천하의 부·주·현에 학교를 설립했다. 태조 17년(1384) 도사에는 유학, 위에는 위학을 설립하여 무신의 자제를 가르쳤다. 『명사』 권75, 직관지 4. 산해위 유학은 위의 치소 서쪽에 있는데 홍무 7년(1374)에 창건했다. 홍치『영평부지』 권5, 병제.
90) 산해위의 위학(衛學) 앞 서쪽에 있다. 위성에는 70여 개의 우물이 있고 모두 소금기가 있는데, 단지 두 개의 우물만이 맛이 달고 부드러웠다. 『대명일통지』 권4, 영평부.

사방(給事坊) · 아원문(亞元門) · 영응묘(靈應廟)를 지나 동북제일관(東北第一關)에 이르니, 이곳이 바로 산해관이다. 산해관의 동쪽에는 진동공관(鎭東公館)[91]이 있는데, 병부주사관(兵部主事官)[92] 한 명이 군리[93]를 거느리고 상주하면서 동서로 다니는 행인을 일일이 조사한 뒤 출입을 허락했다. 비록 물을 긷는 여자나 나무하는 아이라 할지라도 모두 패(牌)를 주어서 증거로 삼았다.

장술조가 우리들의 성명을 써서 주사관에게 알리니, 주사관은 일일이 호명한 후에 나가게 했다. 산해관 동쪽 성문에서 나오니 문 위에는 동관루(東關樓)가 있고, 문 밖에는 동관교(東關橋)가 해자(海子)[94]에 걸쳐 있었다. 산해관 밖에는 망향대(望鄕臺)와 망부대(望夫臺)[95]가 있는데 세상에 전해지기를 '진나라가 장성을 쌓을 때 맹강녀(孟姜女)[96]

---

91) 산해관 동문내에 있는데 명 선종 선덕 9년(1434)에 설치했다. 병부주사가 진을 수비한다. 홍치『영평부지』권5, 병제.
92) 병부에는 정6품의 주사 2명을 두고 있다. 명 홍무 · 선덕 연간에 위소의 토관(土官)의 승진 · 전환배치 · 세습 · 교체 · 공상을 담당하는 무선사(武選司) 주사 3명, 여도(輿圖) · 군제 · 성황 · 진수(鎭戌) · 훈련 · 정토(征討) 등을 담당하는 직방사 주사 4명을 증설했다. 영종 정통 14년(1449)에 거가(車駕) · 무고사(武庫司) 주사 각 1명을 증설했으나 후에 폐지했다.『명사』권72, 직관지 1.
93) 윤1월 18일 주 126) 참조.
94) 호소(湖沼)를 말한다.
95) 광녕전둔위성(廣寧前屯衛城)으로부터 서남쪽으로 70리 떨어져 있다고 하며 진나라 때의 강녀망부대(姜女望夫臺)라고 한다. 망부대산(望夫臺山) 위에 세워진 것으로 생각된다.『요동지』권1, 지리지. 망부석은 왕가장(王假庄) 남쪽 2리 되는 곳에 있다. 망부석은 허름한 작은 바위였는데 바위에 '망부석'이라는 글자가 새겨져 있었다. 법당 안에 토상(土像)을 앉힌 당이 하나 있었는데 망부녀인 섬서 출신 소맹강(蘇孟姜)이고, 사방 벽면에 강녀가 부지런히 일하는 모습이 그려져 있다. 뜰 앞에 비석이 둘 있는데, 하나는 명대, 다른 하나는 청대에 세운 것이다. 그 비문에 '소맹강은 범칠랑(范七郎)의 아내다. 범랑이 장성을 축조하는 역사에 동원되어 오래도록 돌아오지 않았다. 문득 꿈을 꾸고 영감으로 그가 죽은 것을 알았다. 강녀는 만리길을 고생하며 와서 범랑의 주검을 찾아내어 이 바위에서 쉬다가 돌을 안고 바다에 빠져 죽었다. 그후 바다 복판에 강녀의 무덤이 생겼다. 사람들이 이 바위 위에 오르면 장성을 바라볼 수도 있고, 무덤도 바라볼 수 있었다 ······.' 최덕중,『연행록』임진년(1712) 12월 18일.

가 남편을 찾았던 곳이다'⁹⁷⁾라고 했다.

동료일포(東遼一鋪)와 진원포(鎭遠鋪)를 지나니, 진원포의 동쪽 1리에 작은 강이 있는데 그 이름을 기억하지 못한다. 또 중전천호소성(中前千戶所城)⁹⁸⁾을 지났는데, 성은 광녕전둔위(廣寧前屯衛)⁹⁹⁾의 관할이었다. 성의 동쪽에 또 작은 강이 있고, 그곳을 지나 고령역(高嶺驛)¹⁰⁰⁾에 이르니 역은 성으로 되어 있었다. 이곳부터는 역에 모두 성을 쌓았으며 체운소¹⁰¹⁾도 마찬가지로 성 안에 있었다.

---

96) 민간 전승의 정부(貞婦) 이름이다. 제의 기량(杞梁)의 처라고 한다. 진시황 때 범기량(范杞梁, 杞殖)이라는 자가 장성의 수축에 종사하게 되어 그 처인 맹강녀가 한의(寒衣)를 지어 남편이 있는 곳에 도착했으나 기량은 벌써 죽어 있었다. 맹강녀가 성 밑에서 곡을 하자 성이 무너지며 기량의 유해가 나타났다고 한다. 『납서영곡보』(納書楹曲譜) 맹강녀. 대개가 춘추시대의 기량의 처에 대한 고사에서 짜맞춰 넣은 것이다. 『열녀전』 정순(貞順) 제기량처전(齊杞梁妻傳). 이 이야기는 '제의 장공(莊公)이 거(莒)나라를 습격할 때 거자(莒子)가 (제의) 대부인 기량을 죽였다. 기량의 아내가 영구(靈柩)를 길 위에서 맞이하며 슬피울었다. 제후(장공)가 기량의 아내를 교(郊)에서 만나 사람을 시켜 조상(弔喪)하려고 했다. 그러자 그녀는 남편이 죄지은 바가 없다면 조문을 노상에서 하지 말고 자기의 집에서 받게 해달라고 하여 제후가 도성으로 들어가 그 집에 가서 조상했다'는 고사에서 유래한다. 『춘추좌씨전』 양공 23년 10월 을해; 『예기』 단궁(檀弓) 하편. 강녀사(姜女祠)는 영원주(寧遠州) 서남 중전소성(中前所城) 서쪽 25리 되는 곳에 있다. 진대의 정부(情婦) 맹강을 제사 지낸다. 『대청일통지』 권44, 금주부2.

97) 산해위 장성의 북쪽에 맹강여석(孟姜女石)이라는 것이 있는데, 돌 위에는 절구공이의 어지러운(亂杵) 흔적과 부인의 자취가 남아 있다. 전해 내려오기로는 진나라 때 맹강녀가 남편을 찾아온 곳이라고 한다. 『대명일통지』 권4, 영평부.

98) 명 선종 선덕 3년(1428)에 광녕위성 서쪽 50리 되는 곳 급수하(及水河)에 설치했는데 광녕전둔위에 예속되었다. 『요동지』 권1, 지리지 연혁. 『대명일통지』 권25, 요동도지휘사사에도 선종 선덕 3년으로 기록하고 있으나, 『명실록』에는 선덕 5년(1430)에 산해동관(山海東關)으로부터 고령역(高嶺驛)에 이르는 사이에 설치했다고 기록하고 있다. 『명 선종실록』 권62, 선덕 5년 정월 기사조.

99) 요양성(遼陽城) 서쪽 960리 되는 곳에 있다. 명 태조 홍무 26년(1393) 정월에 설치했다. 『명 태조실록』 권224, 정사조.

100) 광영전둔위 서남쪽 35리 되는 곳에 있다. 『요동지』 권1, 건치지 역전. 말 30필, 나귀 20두가 비치되어 있었다. 『요동지』 권3, 병식지(兵食志) 요역.

101) 고령역 북쪽에 있다. 『요동지』 권1, 건치지 역전.

【5월 초8일】광녕전둔위를 지나다.

이날은 흐렸다. 고령역의 사람들은 매우 완악하고 포악했다. 우리 일행인 군인 문회가 나귀를 재촉할 때, 그 역인이 몽둥이로 문회의 머리를 때려 피가 솟아나왔다. 장술조와 우리가 전둔위에 이르러 관군(管軍)¹⁰²⁾도지휘 성명(盛銘)¹⁰³⁾에게 호소하자, 즉시 사람을 시켜 그 역인을 잡아왔다.

전둔위에 이르러 성이 가까워지자, 성의 서쪽 2리에 석자하(石子河)¹⁰⁴⁾가 있었다. 성의 남쪽으로 들어가 영은문·승은문(承恩門)·치정문(治政門)·영안문(永安門) 등을 거쳐 전둔위의 공관에 이르니, 지휘 양상(楊相)이 나와서 잠시 이야기했는데, 용모가 뛰어난 사람이었다. 성의 동쪽 숭례문(崇禮門)에서 나와 계속 갔다.

전둔위성은 곧 옛 대녕로(大寧路) 서주(瑞州)¹⁰⁵⁾의 땅으로 큰 산이 서쪽으로 산해관을 연하여 뻗어서 전둔위의 동북쪽을 제압하고 있다. 곧 삼산으로서 속칭 삼산정(三山頂)¹⁰⁶⁾이라 한다.

동악묘(東嶽廟)를 지나 사하역성(沙河驛城)¹⁰⁷⁾의 서쪽에 이르렀는

---

102) 『대명률』 문형조례(問形條例) 군관유범조부(軍官有犯條附)에 '하나, 재경과 재외의 대소 군직 중 현재 맡고 있는 관직의 죄를 물어 파직당했지만 봉록(俸祿)은 그대로 수령하면서 훈련을 받는 자는 모두 관군(管軍)과 관사(管事)를 불허한다……' 는 부분이 있다. 관군이라는 것은 실질적으로 군사를 통솔하는 것을 말한다. 이에 반해 군사를 통솔하지는 않지만 각자의 군역에는 종사하는 것을 관사라고 한다. 徠物茂卿 著, 內田智雄·日原利國 校正, 『明律國字解』, 創文社, 1989.

103) 『요동지』에는 성명(晟銘)이 아니라 성명(盛銘)이라는 이름이 보인다. 그는 영원위인(寧遠衛人) 출신이며 도지휘첨사(都指揮僉事)로 중로유격장군(中路遊擊將軍)에 임명되었다. 『요동지』 권5, 관사지 직관.

104) 성의 2리가 아니라 북쪽 40리 되는 곳에 있다. 『요동지』 권1, 지리지 산천.

105) 옛 유주(幽州)로 진대(秦代)에는 요서군의 땅이었고, 진 회제 영가(307~313) 이후에는 모용씨(慕容氏, 모용황)의 거점 지역으로 집녕현(集寧縣)을 설치했다. 후에는 탁발씨(拓拔氏)의 위(魏)에 소속되었고, 당대에 영주(營州)를 설치했다. 후에 서주로 개칭했고, 원대에는 요양대녕로(遼陽大寧路)에 예속되었다. 원 말에 나하추(納哈出)가 이 지역을 빼앗았다. 명조가 이 지역을 평정하고 명 태조 홍무 25년(1392)에 위를 설치했다. 『요동지』 권1, 지리지 연혁.

데, 지나온 작은 강은 사하[108]였다.

【5월 초9일】 날씨가 맑았다.

장공묘(張公墓)와 쌍돈포(雙墩鋪), 그리고 왕공묘(王公墓)를 지나 전둔위의 중후천호소(中後千戶所)[109]의 성에 이르러 남문을 통해 들어갔는데, 남문이 곧 서녕문(瑞寧門)이다. 중후천호소의 공관에 이르러 천호 유청(劉淸)과 이야기하고 헤어졌다. 다시 성의 동문인 경춘문(慶春門)에서 나와 동관역(東關驛)[110]에 이르렀다. 이날 건넌 강은 세 개인데 십자하(十子河)와 구아하(狗兒河), 그리고 육주하(六州河)[111] 등이었다. 강의 북쪽에는 은악산(殷惡山)이 있었다.

---

106) 성의 서북쪽 30리 되는 곳에 있는데 높이가 수천 길로 세 봉우리가 모두 빼어나다. 『요동지』 권1, 지리지 산천.
107) 전둔위 동북쪽 45리 되는 곳에 있다. 『요동지』 권2, 건치지 역전. 말 30필, 나귀 20두가 비치되어 있었다. 『요동지』 권3, 병식지 요역.
108) 복주위(復州衛) 동쪽 득리영성산성(得利贏城山城)으로부터 발원하여 성의 남쪽을 흘러 마하(麻河)와 합류하여 서쪽으로 흘러가 바다로 들어간다. 『대명일통지』 권25, 요동도지휘사사. 『요동지』에는 남쪽 10리 되는 곳에 남사하(南沙河)가 있다고 했는데 바로 이것이다. 『요동지』 권1, 지리지 산천. 남분수령(南分水嶺)에서 발원하여 서북쪽으로 흘러 삼차하(三汊河)로 들어간다. 세속에서 사하라고 하며 양류하(楊柳河)라고도 한다.
109) 사하역으로부터 동관역에 이르는 길에 광녕전둔위 중후천호소를 설치했다. 『명선종실록』 권62, 선덕 5년 정월 기사조. 『요동지』에는 성 동쪽 50리 되는 곳 행림보(杏林堡)에 중후천호소를 증치했다고 기록되어 있다. 『요동지』 권1, 지리지 연혁.
110) 영원성(寧遠城) 서쪽 60리 되는 곳에 있다. 『요동지』 권2, 건치지 역전. 말 30필, 나귀 20두가 비치되어 있었다. 『요동지』 권3, 병식지 요역.
111) 대녕(大寧)·건주(建州)·육주(六州) 등의 물이 합류하여 광녕전둔위 동북쪽 70리에서 경계로 들어온 뒤 남쪽으로 흘러 사산무(蛇山務)에 이르러 바다로 들어간다. 『요동지』 권1, 지리지 산천. 『독사방여기요』에는 육주하(六州河)로 표기하고 있다. 광녕전둔위 동북쪽 70리 되는 곳에 있다. 대녕과 육주 등의 하가 합류하여 경계로 들어와 남쪽으로 흘러 바다에 들어간다. 『독사방여기요』 권37, 산동 8 요동도지휘사사.

【5월 초10일】 날씨가 맑았다.

곡척하포(曲尺河鋪)와 대사하(大沙河)¹¹²⁾를 지나 영원위(寧遠衛)¹¹³⁾ 중우천호소(中右千戶所)의 성¹¹⁴⁾에 이르러 남훈문(南熏門)으로 들어 갔다. 무안왕묘(武安王廟)¹¹⁵⁾를 지나 중우천호소 공관에 이르렀다. 성의 북쪽을 바라보니 갑산(甲山)과 양각산(羊角山)¹¹⁶⁾이 있었다. 다시 영화문(永和門)에서 나와 소사하(小沙河)¹¹⁷⁾를 지나니 길의 동남쪽에 소염장(燒鹽場)의 성¹¹⁸⁾이 있었으며, 포구가 성의 동북쪽을 둘러쌌다. 길을 재촉하여 조장역성(曹莊驛城)¹¹⁹⁾에 이르렀다.

---

112) 광녕전둔위성의 동쪽 30리 되는 곳에 있다. 합성하(哈城河)와 서산(西山)에서 발원하여 남쪽으로 흘러 요하(遼河)로 들어간다.『요동지』권1, 지리지 산천.

113) 명 선종 선덕 5년(1430)에 설치했다.『명 선종실록』권62, 선덕 5년 정월 기사조. 옛날에는 성곽이 없었다. 고서주(古瑞州)와 금주(錦州)가 경계를 접하고 있었는데, 거리가 3백 리 가까이 떨어져 있었다. 본래 광녕전둔과 중둔 2위의 땅으로 성조 영락 초에 대녕을 포기하여 홍라산(虹螺山)이 비로소 경계 지역으로 편입되었다. 이에 화주(和州)의 허(墟), 형조산(荊條山)의 남쪽은 오랑캐가 해마다 노략을 행했다. 총병관 무개(巫凱)와 도어사 포회덕(包懷德)이 상주하여 이 두 주의 땅을 분할하여 조장탕지(曹庄湯池)의 북쪽에 위를 설립했다. 이것이 영원위였다.『요동지』권1, 지리지 연혁.

114) 동관역에서 조장역에 이르는 길에 영원위 중우천호소를 설치했다.『명 선종실록』권62, 선덕5년 정월 기사조.

115) 3월 19일 주 346) 참조.

116)『독사방여기요』권27, 산동 8 요동도지휘사사에 영원하(寧遠河)를 설명하는 중에 '북사하(北沙河)는 위의 서쪽 20리 소은산(小隱山)으로부터 나온다. 또한 북사하는 위의 서쪽 40리 양각산으로부터 나온다. 모두 동쪽으로 흘러 바다에 들어간다'고 되어 있다. 그러므로 양각산이 위의 서쪽 40리 되는 곳에 있음을 알 수 있다.

117) 성 서쪽 40리 되는 곳에 있고, 수원은 합성하(哈城河) 서산으로부터 나와 서사하(西沙河)로 흘러들어간다.『요동지』권1, 지리지 산천.

118)『독사방여기요』권27, 산동 8 요동도지휘사사에 영원위의 '채아산보'(寨兒山堡)에 대흥보지(大興堡志)의 말을 인용하는 가운데 '위에는 염장백호소(鹽場百戶所)가 성의 서남쪽 25리에, 철장백호소(鐵場百戶所)는 성의 남쪽 18리 마자곡(麻子峪)에 있다……'고 기록하고 있다.『요동지』권2, 건치지 공서에도 '성 서남쪽 25리에 있다'고 하는 점으로 보아 소염장(燒鹽場)이라는 것은 염장백호소를 가리키는 것으로 생각한다.

【5월 11일】영원위를 지나다.

　이날은 맑고 세찬 바람이 불었다. 조장역(曹莊驛)을 출발하여 영원위성에 이르니, 성의 남쪽에는 긴 담을 쌓았으며, 그 남쪽에 강무장(講武場)120)이 있었다. 여아하(女兒河)121)가 흘러와서 성의 동북쪽을 둘러 서쪽으로 흘렀다가 다시 남쪽으로 흘렀다. 성의 서쪽에는 철모산(鐵冒山)122)이고, 북쪽에는 입산(立山)과 홍라산(虹螺山)123)이, 남쪽에는 청량산(淸粮山)이 있었다. 홍라산은 세 겹으로 높이 솟아 있었다.

　우리는 성의 남문으로 들어가 영은문과 진사문,124) 그리고 숭경문(崇敬門) 등을 지나 영은가(迎恩街)에 이르렀는데, 거리 가운데 2층 누각이 세워져 있었다. 누각 서쪽에는 회원문(懷遠門), 북쪽에는 정변문(靖邊門), 동쪽에는 경양문(景陽門)이 있었다. 재촉하여 영원위의 공관에

---

119) 영원위의 서남쪽 13리 되는 곳에 있다. 『요동지』에는 조장역(曹莊驛)을 조장역(曹庄驛)으로 표기했다. 『요동지』 권2, 건치지 역전. 말 30필, 나귀 20두가 비치되어 있었다. 『요동지』 권3, 병식지 요역.
120) 성의 남쪽 1리 되는 곳에 있다. 『요동지』 권2, 건치지 성지.
121) 영원위성 서쪽 1리 되는 곳에 있다. 경계 밖의 북산(北山)에서 발원하여 남쪽으로 흘러 성의 서쪽을 지난 뒤 동쪽으로 흘러가 바다로 들어간다. 『요동지』 권1, 지리지 산천.
122) 철모산(鐵冒山)이 아니라 철모산(鐵帽山)으로 성의 서쪽 18리 되는 곳에 있다. 『독사방여기요』 권37, 산동 8 요동도지휘사사; 『요동지』 권1, 지리지 산천.
123) 광녕중둔위성 동북쪽 60리 되는 곳에 있는데, 일명 홍라산(弘螺山) 또는 홍라산(紅羅山)이라고 한다. 『독사방여기요』 권37, 산동 8 요동도지휘사사. 홍라산에는 산봉우리가 중첩한 대홍라산(大紅螺山)과 성 동북쪽 56리 되는 곳에 있는 소홍라산(小虹螺山)이 있다. 『요동지』 권1, 지리지 산천. 지금은 그 산세에 따라 장성을 축조하여 한 방면의 요새로 삼고 있다. 『대명일통지』 권25, 요동도지휘사사.
124) 진사문과 관련이 있는지 정확히 알 수 없으나, 영원위에는 진사방(進士坊)이 한 곳 있는데 진수(陳壽)를 위해 설치했다. 진수는 영원위인이고, 선조는 신감(新淦)으로 명 헌종 성화 8년(1472)의 진사로 도급사중을 역임했다. 성화 말 법왕(法王) 불자(佛子)가 정치를 어지럽히는 것에 대해 극언했고, 도어사순무연수(都御史巡撫延綏)에 승진했다. 남경부도어사에 승진했고, 유근(劉瑾)에 거슬려 축출되었으며 남경형부상서에 이르렀다. 『요동지』 권2, 건치지 방표(坊表); 권6, 인물지 과공(科貢) 및 환적(宦蹟).

이르러 조금 쉬었다. 성 안에는 좌소(左所)·우소(右所)·중소(中所)·전소(前所)·후소(後所)의 오소(五所)125)가 있었다.

춘화문(春和門)에서 성 동쪽으로 나아가니, 성 동쪽 4리쯤에 성당온천(聖塘溫泉)126)이 있었다. 장술조가 이끌어 가보니 과연 온탕(溫湯) 3개가 있는데, 욕실을 설치해놓았다. 상수포(桑樹鋪)를 지나 연산역(連山驛)127)에 이르니, 역 남쪽에는 호로도(胡蘆島)128)가, 서쪽에는 삼수산(三首山)129)이, 북쪽에는 채아산(寨兒山)130)이 있었다. 역의 이름은 여기에서 딴 것이다.

【5월 12일】날씨가 맑았다.

오리하(五里河)131)를 지나서 탑산소성(塔山所城)132)에 이르렀다. 소는 곧 영원위의 중좌천호소(中左千戶所)133)다. 성의 남문을 통해 들어

---

125) 명 선종 선덕 5년(1430) 정월에 영원위를 탕지(湯池)에 설치했는데, 5개의 천호소(전·후·좌·우·중천호소)는 정료중위우소(定遼中衛右所)·정료전위중소(定遼前衛中所)·정료우위후소(定遼右衛後所)·광녕중위우소(廣寧中衛右所)·광녕중위후소(廣寧中衛後所)로 충당했다.『명 선종실록』권62, 경오조.
126) 성 동남쪽 4리 되는 곳에 온천이 있는데 마치 끓어오르는 듯했다. 도지휘 한빈(韓斌)이 그 위에 좌우로 날개를 펼친 듯한 정자 형태인 익정(翼亭)을 세우고 옆에는 당(堂) 3개의 기둥을 세워 물을 가운데로 끌어들여 몸을 씻는 장소로 삼았다. 담 밖에는 성운석(星隕石)이 있었다.『요동지』권1, 지리지 산천. 요동에는 61개의 온천이 있었는데, 토착인(土着人)은 돌로 꾸며 못을 만들고 물을 끌어들여 목욕을 했다.『대명일통지』권25, 요동도지휘사사.
127) 영원위의 동북쪽 32리 되는 곳에 있다. 말 30필, 나귀 10두가 비치되어 있었다.『요동지』권3, 병식지 요역.
128)『요동지』에는 호로도(葫蘆島)로 되어 있고, 해안 40리 되는 곳에 있으며 반산(半山)으로부터 바다로 들어간다.『요동지』권1, 지리지 산천.
129) 영원위성 동쪽 5리 되는 곳에 있다. 샘이 있으며 그 형태가 세 사람의 머리처럼 보여 이러한 이름이 붙었다.『요동지』권1, 지리지 산천.
130) 성의 동북쪽 35리 되는 곳에 있다.『요동지』권1, 지리지 산천.
131)『요동지』에는 칠리하(七里河)라는 명칭이 보이며, 성의 동북쪽 25리 되는 곳에 있고 화주(和州)에서 발원하여 동쪽으로 흘러가 바다로 들어간다.『요동지』권1, 지리지 산천.
132) 명 선종 선덕 5년(1430)에 지휘 이왕(李旺)이 건설했다.『요동지』권2, 건치지 성지.

동악묘. 대릉하의 동쪽에 있으며, 태산을 제사지낸다.

갔는데 이 문이 해녕문(海寧門)이었다. 진사문을 지나 중좌천호소의 공관에 이르렀고, 다시 성의 동문을 통하여 나갔다. 행산역(杏山驛)[134]에 이르니 그 동쪽에 행아산(杏兒山)[135]이 있어 행산역이라 하는 것 같았다. 북쪽에는 장령산(長嶺山)[136]이 있었다.

【5월 13일】 날씨가 흐렸다.

광녕중둔위[137]의 중좌천호소[138]의 성에 이르렀다. 정안문(靖安門)으로 들어가 정원문(定遠門)으로 나왔다. 능하역(凌河驛)[139]에 이르니, 역의 북쪽에는 점무산(占茂山)이 있었다.

【5월 14일】 날씨가 맑았다.

성 동쪽에 소릉하(小凌河)[140]가 있었다. 소릉하를 건너 형산포(荊山

---

133) 연산역으로부터 행산역(杏山驛)에 이르는 사이에 영원위 중좌천호소를 설치했다.『명 선종실록』 권62, 선덕 5년 정월 경오조.
134) 말 30필, 나귀 10두가 비치되어 있었다.『요동지』 권3, 병식지 요역.
135) 행산(杏山)이다. 금현(錦縣) 서남쪽 40리 되는 곳에 있다. 옛적에 행산역이 있었다. 행산(杏山) 또는 행아산(杏兒山)이라 한다.『대청일통지』 권43, 금주부.
136) 영원위 동북쪽 50여 리 되는 곳에 있다. 명 신종 만력 연간(1573~1619)에 타안(朶顏)이 연산역을 침구해오자 총병관 두송(杜松)이 이곳에서 적을 물리쳤다. 장령(長嶺)을 홍라산(紅螺山)의 다른 이름이라고도 한다.『독사방여기요』 권37, 산동 8 요동도지휘사사.
137) 명 태조 홍무 24년(1391) 9월 금주(錦州)에 설치했다.『명 태조실록』 권212, 임인조. 본래 한대에는 무려현(無慮縣)의 땅으로, 진대(晉代)에는 모용황(慕容皝)의 거점으로 서락군(西樂郡)을 두었다. 수·당대 이후는 공지였으나 요대에 금주 임해군(臨海郡)을 설치했다. 금대에는 대정부(大定府), 원대에는 대녕로(大寧路)에 속했다.『요동지』 권1, 지리지 연혁.
138) 명 선종 선덕 5년(1430) 정월에 설치했다. 행산역으로부터 소릉하역(小凌河驛)에 이르는 사이에 설치했다.『명 선종실록』 권62, 선덕 5년 정월 경오조.
139)『요동지』는 소릉하역(小凌河驛)으로 표기하고 있다. 말 30필, 나귀 10두가 비치되어 있었다.『요동지』 권2, 건치지 역전; 권3, 병식지 요역.
140) 금주성(錦州城) 동남쪽 15리 되는 곳에 있다.『요동지』 권1, 지리지 산천. 대녕에서 발원하여 광녕좌둔위 서쪽에서 경계로 들어와 여아하(女兒河)·합랄하(哈剌河)와 합류하여 남쪽으로 흘러 바다로 들어간다.『대명일통지』 권25, 요동도지휘사사.

鋪)를 지나 좌둔위[141] 중좌천호소[142]의 성에 이르러 해녕문(海寧門)을 통해 들어갔다가 임하문(臨河門)을 따라 나왔다. 성의 서쪽에는 자형산(紫荊山)[143]이 있고, 북쪽에는 소요사(逍遙寺)가 있었다. 성의 동쪽 7, 8리 밖에는 대릉하(大凌河)[144]가 있었는데, 소릉하와 대릉하는 40여 리 정도 떨어져 있었다. 흥안포(興安鋪)와 동악묘(東岳廟)는 대릉하의 동쪽 언덕에 접해 있었다. 대릉하 동북 6, 7리 사이에 백사장이 있는데, 사와포(沙窩鋪)가 그 가운데 있어 흰 모래가 바람에 날려서 포성(鋪城)을 메우니, 성이 모래에 파묻히지 않은 것이 겨우 1, 2척 정도였다.

　십삼산역(十三山驛)[145]에 이르니, 성 동쪽에 십삼산[146]이 있었다. 13봉이 있는 까닭으로 이러한 이름이 붙었고, 역 이름도 또한 거기서 유래했다. 북쪽에는 소곤륜산(小昆侖山)과 웅봉산(熊奉山) 등 여러 산이 있었다.

　한 관인이 역마를 타고 왔는데, 행탁(行橐, 행장을 넣는 작은 자루) 속에 크기가 바가지만한 물건이 있었다. 그 속에 술이 들어 있어 쪼갠 뒤에 마실 수 있었다.

---

141) 명 태조 홍무 24년(1391) 9월 요하(遼河)에 설치했다.『명 태조실록』권212, 임인조. 안산역(鞍山驛)으로부터 십삼산역 사이에 역참(驛站)을 열어 둔종(屯種)시켰다. 태조 26년에는 현주(顯州)로 옮겨 위의 치소를 설치했다. 태조 32년에는 광녕에 이동배치하여 둔종하면서 수비를 담당하게 했고, 성조 영락 원년에 치소를 금주로 옮겨 수어하게 했다.『요동지』권1, 지리지 연혁.

142) 능하역(凌河驛)으로부터 십삼산역 사이에 설치했다.『명 선종실록』권62, 임인조.

143) 금주성(錦州城, 광녕중둔위) 동쪽 18리 되는 곳에 있다. 보라색 가시가 있는 작은 관목〔荊〕이 많이 나는 까닭으로 이러한 이름이 붙었다.『요동지』권1, 지리지 산천.

144) 의주성(義州城) 서북쪽 60리 되는 곳에 있다. 대녕에서 발원하여 의주의 경계로 들어와 성의 북동쪽을 둘러싸고 흐른 뒤 바다로 들어간다.『요동지』권1, 지리지 산천.

145) 광녕우둔위의 서북쪽 35리 되는 곳에 있다. 말 30필, 나귀 20두가 비치되어 있었다.『요동지』권2, 건치지 역전; 권3, 병식지 요역.

146) 광녕우둔위성의 북쪽 30리 되는 곳에 있다. 정상에는 연못이 있으며 바위 밑에는 동굴이 있다.『요동지』권1, 지리지 산천.

장술조가 나에게 말했다.

"이 과실은 야자주(椰子酒)¹⁴⁷⁾입니다. 영남(嶺南)¹⁴⁸⁾ 지방에서 많이 나는데, 사람이 혹 이를 마시고 아이를 낳기도 합니다. 이것은 광동(廣東)포정사¹⁴⁹⁾가 황제께 헌상한 것을 황제께서 다시 광녕태감¹⁵⁰⁾에게 하사한 것입니다."

【5월 15일】 날씨가 맑았다.

산후포(山後鋪)와 유림포(楡林鋪)를 지나 여양역(閭陽驛)¹⁵¹⁾에 이르렀다. 십삼산의 북쪽에서 뻗은 산줄기가 동쪽으로 나아가 이 역의 북쪽을 지나 광녕위¹⁵²⁾의 북쪽을 거쳐 동쪽으로 뻗어갔다. 그 가운데 용왕

---

147) 야자수 잎은 봉황의 꼬리와 같다. 열매를 맺고 나무는 곧바르다. 알맹이(몸피를 이룬 부드러운) 부분에는 껍질이 붙어서 자라나는데 두께가 3~4분(1분은 약 0.96~1.2센티미터)으로 순백색이며 단맛이 난다. 알맹이 속에 즙이 있는데 야주(椰酒)라고 칭하는 것이다. 즙 가운데 역시 또 하나의 물(物)이 생겨나는데 그 싹도 먹을 수 있다. 야자는 옛날 사람이 월왕두(越王頭)라고 불렀다. 예로부터 전해오기를 임읍왕(林邑王)이 월왕(越王)에게 원한이 있어 협객(俠客)을 보내 찔러 죽이고, 그 머리를 베어 나무에 걸었더니 갑자기 야자로 변했다. 임읍왕이 이를 분하게 여기고 야자를 쪼개 그릇으로 만들도록 명했다. 남인(南人, 여기서는 광동 사람)들이 지금까지 배워 사용하고 있다. 월왕이 칼에 찔릴 때 그가 대취하여 (쏟아져 나오는) 장(漿)이 마치 술과 같았기 때문이라고 한다. 『월검편』(粤劍編) 권3, 지산물(地物産).
148) 오령(五嶺)의 남쪽을 말한다. 광동과 광서 지역이다. 『독사방여기요』 권5, 역대주역형세.
149) 광동은 옛 백월(百越)의 땅이다. 한대에 교주부(交州部) 자사(刺史)를 두었고, 동한 말에 교주는 치소를 번우(番禺)로 옮겼다. 당 태종 정관(627~649) 중에 영남도(嶺南道)를 설치했다. 현종 개원(713~741) 중에 영남도채방처치사(嶺南道採訪處置使)의 치소를 남해(南海)에 두었다. 후에 분리하여 영남동도(嶺南東道)로 했다. 원대에 광동도선위사(廣東道宣慰司) 및 숙정염방사(肅政廉訪司)를 광주(廣州)에 두고 강서행중서성(江西行中書省)에 예속시켰다. 명은 광동등처승선포정사(廣東等處承宣布政司)를 설치하고 광주 등 10부를 통할했다. 『대명일통지』 권79, 광동포정사.
150) 5월 초3일 주 49) 참조.
151) 광녕성 남쪽 50리 되는 곳에 있다. 천호 반영(潘英)이 중수했다. 말 30필, 나귀 20두가 비치되어 있었다. 『요동지』 권2, 건치지 역전; 권3, 병식지 요역.

봉(龍王峯)·보주봉(保住峯)¹⁵³⁾·망해봉(望海峯)·분수봉(分水峯)·망성강봉(望城崗峯)·녹하봉(祿河峯) 등 여러 봉우리가 있었는데, 이를 총칭하여 의무려산(醫巫閭山)¹⁵⁴⁾이라고 했다. 이 역이 바로 그 남쪽에 있는 까닭으로 이름을 '여양'이라고 했다.

일찍이 듣기를, 유관¹⁵⁵⁾을 나오면 동남쪽으로 바다와 접해 있고, 북쪽은 큰 산을 경계로 하고 있는데, 모두 땅이 거칠고 나쁜 불모지로, 주산이 험준하고 높이 솟아서 하늘에 닿을 듯 푸르다고 했으니, 곧 의무려산을 가리키는 것이다.

【5월 16일】 광녕역¹⁵⁶⁾에 이르러 성절사신¹⁵⁷⁾을 만나다.

이날은 맑았다. 사탑포(四塔鋪)를 지나고 다시 두 개의 포와 접관정(接官亭)을 거쳐 광녕위의 성에 이르렀다. 성 서쪽 영은문을 통해 들어가 진사방을 지나 광녕역에 이르렀다. 성절사 참판¹⁵⁸⁾ 채수(蔡壽),¹⁵⁹⁾

---

152) 명 태조 홍무 23년(1390) 5월에 설치했다. 『명 태조실록』권202, 경신조. 본래 한대에는 요동의 무려현으로 서부도위(西部都尉)의 치소였다. 진대(晉代)에는 평주에 속했고, 당대에는 무여수착성(無閭守捉城)을 두었던 곳으로, 원 말 야속납합출(也速納哈出)이 왕래하며 이 지역을 서로 침략했다. 명조는 주와 현을 폐지하고, 홍무 23년에 광녕위를 설치했고, 명조 25년에는 요왕(遼王)을 봉건했다. 광녕중호위(廣寧中護衛)로 고쳤으나 다음해에 재차 광녕위로 했다. 『요동지』권1, 지리지 연혁.

153) 여양역에 이르기까지 용왕·보주·분수·망해봉 등이 백여 리를 길게 이어져 있어 광녕을 가로막고 있었다. 정사룡, 『조천록』(朝天錄) 권3, 중종 22년 7월 24일.

154) 광녕위성 서쪽 5리 되는 곳에 있다. 순임금이 봉해진 곳으로 유주의 진산으로 했다. 세시에 제사를 지냈는데 명조 때는 더욱 융성했다. 이 산을 북진(北鎮)으로 삼았는데, 이 산은 6겹으로 감싸고 돌아 육산(六山)이라고도 한다. 『요동지』권1, 지리지 연혁; 『대명일통지』권25, 요동도지휘사사.

155) 5월 초5일 주 68) 참조.

156) 『요동지』는 광녕재성역(廣寧在城驛)으로 표기하고 있고, 태안문(泰安門) 서북쪽 거리에 있다. 말 30필, 나귀 20두가 비치되어 있었다. 『요동지』권2, 건치지 역전; 권3, 병식지 요역. 이 역은 조선 사신을 접대하기 위해 설치했으며 매우 크고 넓다. 평상시는 닫아두어 사람들이 섞이지 않도록 통행을 금했다. 이곳 바깥 문의 편액에 '조선관'이라고 쓰여 있다. 황사우, 『조천록』(朝天錄) 만력38년(1610) 6월 27일.

의무려산. 요동지역의 진산이다.

질정관(質正官)¹⁶⁰⁾ 김학기(金學起), ¹⁶¹⁾ 서장관¹⁶²⁾ 정이득(鄭而得)¹⁶³⁾과 민림(閔琳), 채년(蔡年), 박명선(朴明善), 유사달(庾思達),¹⁶⁴⁾ 오성문(吳誠文), 장량(張良), 이욱(李郁),¹⁶⁵⁾ 이숙(李塾), 이형량(李亨良), 홍효성(洪孝誠), 정은(鄭殷), 신계손(申繼孫), 신자강(辛自剛), 윤중련(尹仲連), 김종손(金從孫), 김춘(金春) 등이 재촉하여 광녕역에 도착했다.

서장관과 질정관이 먼저 나의 숙소로 와서 고향 소식을 대강 이야기

---

157) 공조 참판(工曹參判) 채수(蔡壽)를 보내어 경사(京師)에 가서 성절(聖節)을 하례(賀禮)하게 했다. 임금이 백관(百官)을 거느리고서 표문(表文)에 배례(拜禮)하기를 의식(儀式)과 같이 했다.『성종실록』권215, 19년 4월 계묘. 2개월 뒤인 성종 19년(1488) 6월에 북경에 도착하여 만수성절을 경하했다. 즉『명 효종실록』권15, 임인조에 '조선 국왕이 배신인 공조참판 채수 등을 보내 표문과 방물을 바치고 만수성절을 경하했다. 별도로 동지중추부사(同知中樞府事) 성현(成俔) 등을 보내 조(詔)를 반포하여 준 데 대한 은혜에 사례했다. 연회와 채단, 의복 등의 물품을 사여했다'는 것이 그것이다.
158) 조선시대 육조의 종2품 관직으로 각 조에 1명이 있어 육조의 장관인 판서를 정경(正卿)이라 한 데 대하여 차관으로서 아경(亞卿)이라 했다.
159) 채수(1449~1515)는 조선 초기의 문신이자 중종반정 공신이다. 자는 기지(耆之), 호는 나재(懶齋)다. 세조 14년(1468)에 생원시를 거쳐, 예종 원년(1469)에 추장시(秋場試)와 성종 7년(1476)에 중시를 통해서 관직에 올랐다.『문과방목』.
160) 조선시대 중국에 보내던 사신의 한 명으로 특정 사안에 대하여 중국 정부에 질의하거나 특수문제를 해명, 학습하는 일을 담당했다. 조선 초기에는 동지사와 성절사 등의 정기사행에 정규 사신의 일원으로 서장관(書狀官)과 함께 파견되었으나, 중기 이후에는 서장관이 질정관을 겸임하는 것이 관례화되었다.
161) 김학기(1414~88)는 조선 초기의 문신으로 자는 문백(文伯)이고 본관은 공주다. 세조 6년(1460)에 평양별시를 통해 관직에 진출했다. 이조 좌랑 등을 역임했다.『문과방목』세조 6년(1460), 평양별시 3.
162) 4월 27일 주 249) 참조.
163) 정이득의 출생과 사망에 대해 정확히 알 수 없다. 조선 초기의 문신으로 자는 여경(慮卿)이다. 성종 3년(1472)에 소과를 거쳐 진사에 오르고, 성종 17년(1486)에 식년시를 통해 관직에 올랐다. 지평 등을 역임했다.『문과방목』성종 17년(1486), 식년시 병과 19.
164) 통사다.『성종실록』권219, 19년 8월 정미.
165) 이욱(李郁)과 유사달(庾思達)은 통사로서 성절사 일행을 따라갔으나, 북경에서 사사로이 궁각(弓角)을 구입하다 발각되었다. 이것을 문견사건(聞見事件)이라 하는데 성절사 채수는 귀국 직전 통사를 통해 임금에게 치계(馳啓)했다.『성종실록』권219, 19년 8월 정미.

해주었다. 내가 사신에게 가서 절하니, 사신이 나를 상석으로 이끌며 말했다.

"뜻하지 않게 오늘 여기서 만나게 되었구려! 그대를 바다에 표류시킨 것도 또 그대를 살린 것도 하늘이 한 일인데, 중국의 경계에 도착해 정박했으니 이로 인해 살 수 있었던 것이오."

그러고는 나에게 그동안 본 산천과 인물 등을 묻기에 간략하게 대답했다.

사신이 또 절강 이남의 강산과 지방을 방금 지나온 곳처럼 이야기하고는 나에게 말했다.

"우리 나라 사람으로 양자강 이남을 직접 본 사람이 근래에 없었는데, 그대만이 두루 보았으니 어찌 다행한 일이 아니겠소?"

나는 하직하고 물러나왔다. 저녁에 사신이 또 사람을 시켜 물었다.

"그대는 표류하여 타국에 의지하고 있으니, 행장에 가진 양식과 반찬이 필시 모자랄 것이오. 모자란 것이 무엇인지 말해주면 내가 그것을 보충해주겠소."

"나는 거듭 황제의 후한 은혜를 입고, 살아서 이곳에 도착했습니다. 이곳을 지난 후 며칠 지나지 않아 본국에 도착할 것입니다. 영공(令公)의 행차는 필시 7월이 지나야만 돌아오게 될 것이고,[166] 객지에 나가면 지니고 있는 물건이 제한됩니다. 가벼이 남에게 주어서는 안 되는 것이니, 감히 사양하겠습니다."

사신은 나의 종자를 불러서 쌀 두 말과 미역 두 속을 주면서 말했다.

"그대는 상중에 객이 되어 먹을 만한 것이 없을 것 같아서 보내는 것이오."

달밤에 사신이 뜰 가운데 자리하고, 나를 불러 술자리를 베풀어 위로해주었다.

---

166) 성절사 채수가 북경으로부터 돌아와 성종을 선정전(宣政殿)에서 알현하고 문견한 바를 상주한 것이 성종 19년 8월 을묘였다. 『성종실록』 권219, 19년 8월 을묘.

【5월 17일】광녕역에 머무르다.

이날은 맑았다. 사신이 서장관, 질정관과 더불어 나의 숙소로 와서 한참 동안 이야기한 후 작별했다.

저녁에 진수태감[167] 위랑(韋朗),[168] 도어사[169] 서관(徐鏟),[170] 도사 대인 호충(胡忠),[171] 총병관[172] 구겸(緱鎌),[173] 참장(參將)[174] 최승(崔勝)[175]이 함께 논의하여, 우리들이 표류하여 죽을 뻔하다가 살아났으니

---

167) 요동의 진수태감은 가정 18년(1539)에 폐지된다.『황명구변고』(皇明九邊考) 권2, 요동진 책임고.

168) 광동 사람으로 어마감태감(御馬監太監) 및 감창(監鎗)을 역임했다.『요동지』권5, 관사지 사명.

169) 요동진에는 순무도어사(巡撫都御史) 1명이 광녕성에 머무르면서 이민족의 침입 방어, 군마의 조련, 성지의 수리, 송사의 처리, 군량의 조달, 간악의 금지, 군민의 보장 등 모든 변진의 기무에 대한 군무를 처리했다.『황명구변고』권2, 요동진 책임고.

170)『명독무연표』(明督撫年表) 권1, 요동조에는 효종 홍치 원년(1488)에 순무요동 우부도어사(巡撫遼東右副都御史)로 임명된 서관(徐貫)이란 인물이 보인다. 이 기사는『명 효종실록』권11, 홍치 원년 2월 임인조에 근거한다.『요동지』권5, 관사지 사명에도 '서관(徐貫)은 절강 순안(淳安) 사람이다. 천순 원년(1457)에 진사가 되었고 부도어사(副都御史)에 임명되었다'고 명기하고 있다.

171) 요양 사람이다. 지휘로 광녕을 수어했다. 관직은 중로참장(中路參將)과 분수금의(分守錦義) 등을 역임했다. 당시 전 지휘자인 한보(韓輔)의 경략이 있은 뒤여서 변환(邊患)이 약간 그쳤지만 병사를 훈련시켜 더욱더 방비를 엄격히 했다. 음사(陰祠)를 폐하고 성황을 제거했다. 학교를 수리하고 유자를 불러들여 무관의 자제를 깨우쳤다. 성 북쪽에 능하(凌河)가 있었는데 백성들이 건너는 데 어려움이 있자 재물을 내어 다리를 건설하여 왕래하는 데 편하게 했다. 임무를 마치고 떠나게 되자 백성들이 비를 세웠다고 한다.『요동지』권6, 인물지 환적.

172) 진수총병관 1명이 광녕성에 머무르면서 군사의 위무, 군마의 조련, 성지·변장·돈대의 수리, 마시(馬市)를 통한 제이(諸夷)의 회유 등을 통해 지방을 보호한다.『황명구변고』권2, 요동진 책임고.

173) 선조는 산후(山後)의 용산현(龍山縣) 사람이다. 대동우위지휘첨사(大同右衛指揮僉事)로 뛰어난 공적을 세워 후군도독부도독첨사(後軍都督府都督僉事)에 승진했다. 명 헌종 성화 15년(1479)에 총병관으로서 진수요동(鎭守遼東)이 되었다. 중후한 덕을 갖추었고 모략이 남보다 뛰어나 헌종 16년(1480)에 동정할 때에 공을 세워 도독동지(都督同知)에 승진했다. 이에 진수요동이 되었고 수년 동안 재임했는데 적들이 그 위엄에 두려워했고 혜정을 베풀었다.『요동지』권5, 관사지 사명(使命).

그 뜻을 불쌍히 여겨 역관인 백호[176) 유원(柳源)을 시켜 통돼지 한 마리, 황주 네 동이, 맵쌀[177) 한 말·속미[178)(좁쌀) 두 곡을 가져와 위로하므로, 나는 배리와 군인 등에게 나누어 줘서 먹고 마시게 했다.

【5월 18일】광녕역에 머무르다.

이날은 흐렸다. 장술조가 작별을 고하고 북경으로 향하면서 나에게 말했다.

"천여 리 길을 같이 오다보니, 진실로 연모하는 마음이 생겼습니다.

---

174) 변진에는 품급(品級)도 정원도 없는 총병관, 부총병, 참장, 유격장군, 수비, 파총으로 편성되어 있다. 그러나 변진만이 아니라 명 무종 정덕(1506~21) 중에는 단영(團營)의 정예 군사를 선발하여 동서양관청(東西兩官廳)을 설치했는데 이때 별도로 총병과 참장을 두어 통솔하게 했다. 『명사』 권76, 직관지 5. 참장의 임무는 군마의 조련, 성지의 수리, 군사의 위무, 적의 침입 방지 등으로 진순관(鎭巡官) 등의 통제를 받는다. 『황명구변고』 권2, 요동진 책임고.
175) 정료우위지휘사(定遼右衛指揮使)로 일찍이 칙서를 가지고 해서여진(海西女眞)을 위무하는 일을 맡았다. 임지에서 돌아오자 상을 받고 의로(懿路)에 전환 배치되어 수비를 담당했다. 서도지휘첨사(署都指揮僉事)로 승진했고 수비남로(守備南路)에 전환된다. 명 헌종 성화 3년(1467)에 건주를 정벌할 때 오령(五嶺)이라는 곳에서 적을 대파했다. 헌종 5년에는 우참장 분수남로(右參將 分守南路)가 되었다. 다시 군공에 의해 도지휘동지로 승진했다. 후에 건주를 정벌할 때 한빈(韓斌)과 더불어 출병하여 400여 급을 참수하여 도지휘사협수광영중로(都指揮使協守廣寧中路)로 승진했다. 『요동지』 권6, 인물지 환적.
176) 요동의 통사관은 천호와 백호 중에서 이민족의 말에 능통한 자를 임명했다. 『요동지』 권5, 관사지 직관.
177) 도도(稻稌)는 갱(粳, 메벼)과 나(糯, 찰벼)를 통칭하는 것이다. 나미(糯米)는 술을 만드는 데 사용한다. 『본초강목』 권23, 곡부 도(稻).
178) 속미(粟米)는 선속(秈粟)이다. 옛적에는 서(기장)·직(稷)·양(粱)·출(秫, 차조)을 모두 속이라고 했다. 지금의 속은 양(粱)만을 가리키는데 후세사람들이 양의 가느다란 것을 속이라고 한다. 대체적으로 차진 것을 출(秫, 차조), 끈기가 없는 것을 속이라고 하며, 그 때문에 점속(粘粟)이라고 칭하며, 북방인들은 소미(小米)라고 한다. 『본초강목』 권23, 곡부 속. 중국에서는 도미(稻米) 이외에 곡립(穀粒, 곡식의 알맹이)을 폭넓게 미라고 칭했다. 껍질 그대로의 곡립을 곡(穀) 또는 속이라고 칭하며, 이 곡의 알맹이를 미라고 한다. 미는 속미와 도미로 구분하는데 화북에서 속미라고 한다. 天野元之助, 『中國農業史研究』, 御茶の水書房, 1979.

내 나이 이미 이순(耳順, 60세)¹⁷⁹⁾이고 다리의 힘도 또한 쇠약해졌으니, 어찌 당신을 다시 만나볼 수 있겠습니까? 다만 생각건대, 만약 당신이 본국에서 뜻을 이루어 후일 반드시 천자를 알현하고 조공할 때가 있을 것입니다. 내 집은 순성문(順城門) 안 석부마(石駙馬)¹⁸⁰⁾의 집과 문을 마주하고 있으니, 오늘의 정을 기억한다면 한번 방문해주시지 않겠습니까?"

그리고 이내 속옷을 벗어서 오산에게 주었는데, 생각해보니 장술조가 오는 동안에 일찍부터 오산을 수족으로 삼았기 때문이었다. 참장 최승은 김옥(金玉)에게 우리를 맞이하게 했는데, 김옥은 요동사람으로서 우리 나라 말을 잘 알아들었다. 나는 정보 등에게 김옥을 따라가게 했는데, 최승은 술과 음식을 많이 차려서 매우 성대하게 대접해주었다.

---

179) 공자가 말씀하셨다. "나는 15세에 학문에 뜻을 두었고, 30세에 모든 기초를 세웠으며, 40세에 사물의 이치에 대하여 의문나는 점이 없었고, 50세에는 천명을 알았고, 60세에 남의 말을 순순히 받아들일 수 있었고, 70세에 뜻대로 행하여도 어긋나지 않았느니라." 『논어』 위정.

180) 『명사』 권121, 공주열전에는 홍무제부터 숭정제(崇禎帝, 의종, 1628~44)까지 공주의 사위들, 즉 부마들의 이름이 나오는데, 선종 선덕제(1426~35)의 둘째 딸인 순덕공주(順德公主)가 석경(石璟)이라는 자에게 시집갔다는 기록이 보인다. 석이라는 성을 가진 유일한 자로 명 영종 정통 원년(1436)에 순덕공주를 맞이했다는 것이다. 부마도위 석경은 명 헌종 성화 15년(1479) 10월에 죽었는데 그의 행적이 『명 효종실록』에 간략하게 소개되어 있다. 즉 '부마도위 석경이 죽다. (석)경은 직례(直隸) 창려현(昌黎縣) 사람이다. 부군도위 천호 석림(石林)의 아들이다. 순덕장공주(順德長公主)에게 장가들었다. 영종 정통 14년(1449)에 관군을 감독하여 황제를 호종하고 북정(몽골족의 한 부족인 오이라트의 침입 사건)에 나섰다. 영종 천순 5년(1461)에 조흠(曹欽)이 모반하자 석경은 무리를 이끌고 적에게 대항하여 달군(達軍) 탈탈(脫脫)을 포획했다. 상이 이를 듣고 특별히 노고를 장려했다. 헌종 성화 14년(1478)에 남경에 가서 제사를 지내도록 했는데 이에 이르러 죽게 된 것이다. 죽었다는 소식이 보고되자 1일의 조회를 폐했다. 관을 파견하여 제사 지내게 하고 유사에게 장례를 행하도록 했다.' 『명 효종실록』 권195, 을유조.

【5월 19일】 광녕역에 머무르다.

이날은 비가 왔다. 태감·총병관·도어사·도사·참장 등이 유원과 역의 사자(寫字)[181]인 왕례(王禮) 등에게 옷과 모자, 그리고 신 등을 나누어 싣고 광녕역에 와서 나와 종자들에게 나누어 주게 했다. 내가 받은 것은 생복청원령(生福靑圓領) 한 건·백하포파(白夏布擺) 한 건·백삼사포삼(白三梭布衫) 한 건·대전모(大氈帽) 한 정·소의(小衣) 한 건·백록피화(白鹿皮鞾) 한 쌍·전말(氈襪) 한 쌍이다. 정보 이하 42명에게는 한 명당 백삼사포삼 각 한 건, 소의 각 한 건, 전모 각 한 정, 가죽신 각 한 쌍, 전말 각 한 쌍씩이다. 또 통돼지 한 마리, 술 두 동이를 보내 위로해주었다.

유원이 나에게 말했다.

"삼당(三堂)[182]의 어르신〔老爹〕께서, 당신이 본국에 돌아가면 반드시 오늘 받은 물건을 모두 국왕 앞에서 아뢰기를 원한다고 말했소."

저녁에 정보 등 40여 명이 내 앞에 나란히 꿇어앉아서 말했다.

"자고로 표류하면 비록 배가 파손되지 않더라도, 구멍이 나 물이 떨

---

181) 소동병(蘇同炳)의 『명대역체연구』(明代驛遞研究)에는 역체의 부역 항목 중에 사자라는 역은 보이지 않는다. 환관 아래 정원이 없는 사자라는 직책이 있는데 (『명사』 권74, 직관지 3), 문자 그대로 문서를 다루는 자를 가리키는 것으로 볼 수 있겠다.

182) 일반적으로 봉강대리(封疆大吏)라고 하면 도지휘사사·포정사·안찰사를 삼사(三司)라 하는데, 삼당은 이들로 볼 수 있다. 5월 25일 일기에서도 확인할 수 있다. 즉 도지휘사 등옥(鄧玉), 분수총병관 한빈, 포정사부사 오왕, 순안감찰어사 진림을 가리킨다. 여기서 도지휘사와 분수총병관은 군사, 포정사부사는 재정, 순안감찰어사는 감찰을 담당했다. 그러나 요동의 중요 공서에는 진수태감부(鎭守太監府)·진수총병부(鎭守總兵府)·순무도찰원(巡撫都察院)·호부분사(戶部分司)·안찰분사(按察分司)·행태복시(行太僕寺)·원마사(苑馬寺) 등이 있다. 명 영종 정통 연간(1436~49) 이후 변방방어체제가 위소에서 변진(邊鎭) 체제로 이행되자 변진에는 내신으로는 태감, 무신으로는 총병관, 문신으로는 도어사가 진수하게 된다. 서인범, 「명대 군제사의 제문제Ⅱ」, 『동국사학』 35집, 2001. 『황명구변고』 권2, 요동진 책임고에도 '진수총병관은 진수태감·순무도어사와 의논하여 일을 처리하라'는 부분에서 포정사보다는 총병관·도찰원과 함께 진수환관이 더 중요한 존재였을 것이다.

어지기도 하고, 바다에 빠지기도 하고, 병들어 죽기도 하여 죽은 사람이 절반은 되는데, 지금 우리가 여러 번 환난을 겪었으나 죽고 다친 사람이 없으니, 이것이 첫번째 다행한 일입니다. 표류하여 타국에 도착한 사람은 변장(邊將)에게 의심을 받기도 하고, 포박당하기도 하고, 구금되기도 하고, 매질을 당하여 죄를 심문 당하고 조사를 받습니다. 지금 우리는 한 번도 구금되어 고생하지 않았으며, 도착하는 곳마다 모두 정중하게 대접받아 밥을 배불리 먹었으니, 이것이 두번째 다행한 일입니다. 이전에 정의현 사람으로 이섬을 따르다가 표류해 죽은 사람도 자못 많았고, 속박되는 것 또한 심했으며, 북경에 도착해서 상을 하사받은 일도 없었으며, 기갈로 고생하면서 겨우 살아서 돌아왔습니다.[183] 우리들이 북경에 도착했을 때, 황제께서 상으로 물품을 하사하셨고, 광녕에 도착했을 때는 진수삼사[184]가 옷과 모자, 그리고 신을 주었습니다. 군인들은 빈손으로 왔다가 후하게 상을 받고 돌아가니, 이것이 세번째 다행한 일입니다. 무릇 이 세 가지 다행한 일이 어디에서 비롯된 것인지 알지 못하겠습니다."

나는 말했다.

"이 모두는 우리 성상께서 어진 마음으로 백성을 어루만지고, 진실로 대국을 섬긴 덕택이다."

【5월 20일】 흐리고 강한 바람이 불었다.

찰원(察院)[185]과 보자사(普慈寺)[186]를 지나 성의 동문으로 나오니 태

---

183) 배가 출항한 지 6일째 되던 날 허생(許生) 등 6명이 오랜 굶주림 끝에 갑자기 배불리 먹은 것이 원인이 되어 죽었다. 9일째 되던 날은 강산(姜山) 등 7명이 죽었으며, 10일째 되던 날은 부계의(夫繼義) 등 4명이 죽었다. 『성종실록』 권157, 14년 8월 임오.

184) 2월 초4일 주 39) 참조.

185) 도찰원(都察院)이다. 요동에는 광녕과 요양에 도찰원이 있고, 광양의 도찰원은 공진문(拱鎭門) 동쪽에 있으며 명 세종 가정(嘉靖) 8년(1529)에 재차 건축했다. 찰원은 요양 등 14곳에 설치되어 있었다. 『요동지』 권2, 건치지 공서.

안문(泰安門)이었다. 또 종수교포(鍾秀橋鋪)·천수포(泉水鋪)·평전포(平甸鋪)·조구포(潮溝鋪) 등을 지나서 반산역(盤山驛)[187]에 이르렀다. 지휘 양준(楊俊)이 와서 기다리고 있다가 차를 대접해주었다. 역의 성 북쪽에서 바라보니, 흑산(黑山)[188]과 기산(岐山),[189] 그리고 사산(蛇山)[190]이 있었는데, 산은 모두 의무려산의 동쪽 줄기였다.

【5월 21일】날씨는 맑았으나 바람이 불었다.

요참포(要站鋪)를 지나서 고평역(高平驛)[191]에 이르렀다. 청천포(淸泉鋪)·신하교(新河橋)·통하교(通河橋)·통하포(通河鋪)를 지나서 사령역(沙嶺驛)[192]에 이르렀다.

【5월 22일】날씨는 맑았으나 바람이 불었다.

고돈포(高墩鋪)를 지나서 신관문(新關門)에 이르렀다. 긴 토성이 있었는데 북쪽으로 만리장성에 붙어서 남쪽으로 뻗어갔다.[193] 관문은 그 가운데에 있었는데, 성화 연간(명 헌종)에 새로 쌓은 것이다.[194] 또 대

---

186) 『요동지』에는 광녕성 동남쪽에 있다(권1, 지리지 사관)고 되어 있으나, 『대명일통지』에는 성내에 있고 명 영종 정통 초에 건립되어 사액을 받았다고 한다. 『대명일통지』 권25, 요동도지휘사사.
187) 광녕성 동쪽 45리 되는 곳에 있다. 말 280필, 나귀 20두가 비치되어 있었다. 『요동지』 권2, 건치지 역전; 권3, 병식지 요역.
188) 광녕성 동북쪽 70리 되는 곳에 있다. 『요동지』 권1, 지리지 산천. 흑산은 소흑산과 대흑산이 있는데 대흑산은 금주위(金州衛) 동쪽 15리 되는 곳에 있고 맨 꼭대기에는 성이 있는데 사면이 뚝 떨어져 있다. 단지 서쪽으로 한 길이 나 있는데 그 가운데 우물이 있어 옛 사람들은 병사를 이곳으로 피하게 했다고 한다. 『대명일통지』 권25, 요동도지휘사사.
189) 광녕성 북쪽 62리 되는 곳에 있다. 『요동지』 권1, 지리지 산천.
190) 광녕성 동쪽 30리 되는 곳에 있다. 층층의 뾰족하고 높은 산봉우리는 중첩되었고 뱀과 벌레가 많다. 『요동지』 권1, 지리지 산천.
191) 광녕성 동쪽 95리 되는 곳에 있다. 말 30필, 나귀 20두가 비치되어 있었다. 『요동지』 권2, 건치지 역전; 권3, 병식지 요역.
192) 심양위(瀋陽衛) 서쪽 89리 되는 곳에 있다. 말 30필, 나귀 20두가 비치되어 있었다. 『요동지』 권2, 건치지 역전; 권3, 병식지 요역.

대(大臺)와 삼관묘(三官廟),[195] 그리고 하만포(河灣鋪)를 지나서 삼차하(三汊河)에 이르니, 삼차하는 곧 요하(遼河)[196]다. 개원(開原)[197]으로부터 발원하여 동북쪽으로 철령(鐵嶺)[198]을 지나 이곳에 이르러 혼하(渾河),[199] 태자하(太子河)[200]와 합류해 하나가 되었다. 그러므로 이

---

193) 장성은 고대에 새(塞)·장새(障塞)·새원(塞垣)·원(垣) 또는 장(墻)이라고 칭했다. 장성의 연결 부분을 변장이라고 했다.『명사』권92, 병지 3. 요동의 장성은 명 영종 정통 2년(1437)에 경영을 시작했고, 헌종 성화 5년(1469)에 요양부총병 한빈(韓斌)이 개원(開原)으로부터 압록강까지 수축 건립했다.『명요동진장성급방어고』(明遼東鎭長城及防禦考), 文物出版社, 1989.
194) 광녕 동성 밖으로 장장(長墻)을 축조하여 서융과의 충돌을 막고 사절의 왕래를 보호했다. 흙으로 쌓았는데 높이는 10여 척이고 위는 거마(車馬)가 통행할 수 있고, 장 밖에는 해자를 설치했다. 행인들은 장(墻) 위로 가거나 조선(槽船)을 타고 광녕성에 들어간다. 배는 긴 끈과 짧은 키(梢)를 가지고 있고 장을 따라 끌어당긴다. 황사우(1486~1536),『조천록』만력 38년(1610) 6월 23일.
195) 도가에 천·지·수 삼관(三官)이 있다. 천·지·수는 삼원(三元)으로 사람에게 복을 주고 화를 구하며 액을 없애준다. 모두 제군(帝君)으로 존칭한다.『해여총고』권35, 천지수삼관.
196) 새외(塞外)에서 발원하여 삼만위(三萬衛) 서북쪽으로부터 경계로 들어와 남쪽으로 흘러 철령(鐵嶺)과 심양 도사(都司)의 서쪽 경계, 광영의 동쪽 경계를 거친다. 또 남쪽으로 흘러 해주위 서남쪽에 이르러 바다로 들어간다. 1,250여 리를 흐른다.『당서』에 고려를 정벌할 때 요택(遼澤)에 이르렀는데, 진창이 200여 리나 되어 말이 앞으로 나아갈 수가 없었다. 흙을 깔아 다리를 만들어 건넌 뒤 철거하여 병사들의 마음을 다졌다고 한다. 지금까지도 이 지역은 비가 내리면 진흙이 많으니 하늘이 만든 요해다.『대명일통지』권25, 요동도지휘사사. 삼차하는 광녕현 동남쪽 190리 되는 곳에 있고, 요하(遼河)·혼하(渾河)·태자하(太子河)가 합류하는 곳이다.『대청일통지』권43, 금주부.
197) 요양성 북쪽 330리 되는 곳에 있고 북로참장이 성내에 주둔한다. 삼만위·요해위·철령위·심양위·해주위·개주위·복주위·금주위·안락주가 위치하고 있다. 삼만위는 옛 숙신(肅愼, 후에는 읍루, 위에서는 물길(勿吉), 수대에는 흑수말갈)의 땅이다. 금대 말 장군 포선만노(蒲鮮萬奴)가 요동을 거점으로 하고 있었는데 원대에 이를 정벌하여 그 땅을 획득했다. 이때 개원에 이르렀는데, 개원이라는 이름이 이때부터 시작되었다. 명 태조 홍무 11년(1378)에 이 지역을 평정하고 원(元)을 원(原)으로 고쳤다. 태조 21년(1388)에 부를 폐하고 위를 설치했다.『요동지』권1, 지리지 연혁.
198) 철령위는 요양성 북쪽 240리 되는 곳에 있다. 지금 위소의 치소는 동남 500리 되는 곳에 있는데 고려의 경계와 접하고 있다.『요동지』권1, 지리지 연혁.

름을 '삼차하'라고 했다.

대개 요하 지역은 바다에 잇닿아 있는데 지대가 높아서, 지류가 모두 역류했다. 그러므로 태자하(泰子河)[201]와 혼하가 모두 동쪽에서 서쪽으로 흘렀다. 요하지역 외 갈라져 나온 강은 모두 북쪽에서 남쪽으로 흘러 꼬불꼬불하게 돌아서 모두 이곳으로 모이니 부교를 만들어 강물의 흐름을 가로막아 끊었다. 배를 끌어당겨서 건너니 '요하도'(遼河渡)라고 불렀다. 한 관인이 강 언덕의 작은 청사에 앉아서 왕래하는 행인들을 검문했다. 남쪽에는 성모양양묘(聖母孃孃廟)[202]가 있었다. 또 임하교(臨河橋)를 지나 우가장역(牛家莊驛)[203]에 도착했다. 또 석정포(石井鋪)와 사하재성포(沙河在城鋪)를 지나 재성역(在城驛)[204]에 이르렀는데, 역은 해주위(海州衛)[205]의 성 서문 밖에 있어 재성역이라 이름지은 것이

---

199) 심양중위(瀋陽中衛)의 성 남쪽 10리 되는 곳에 있다. 소요수(小遼水)라고도 한다. 성의 동쪽 분수령(分水嶺)에서 발원하여 서쪽으로 흘러 의덕부(義德府)를 거친다. 합성하(哈城河)와 합쳐 무순성(撫順城)의 남쪽을 거치며, 심양과 장의(章義)를 지나고 남쪽으로 흘러 해주에 이른다. 요하와 합류하여 바다로 들어간다. 즉 옛날의 심수(瀋水)다. 군의 이름은 여기에서 따왔다. 『요동지』 권1, 지리지 연혁.

200) 동량하(東梁河) 또는 대량수(大梁水)라고도 한다. 알라산(斡羅山)에서 발원하여 서쪽으로 500리를 흘러 도사의 성 동북쪽 5리 되는 곳에 이른다. (그곳에서) 꺾어져 서남쪽인 혼하로 들어간다. 합쳐져 소구(小口)가 되며, 요해(遼海)와 만나 바다로 들어간다. 『요동지』 권1, 지리지 연혁. 연의 태자 단(丹)이 수풀이 우거진 곳에 숨어 있었기에 후세 사람들이 태자하라고 했다. 『독사방여기요』 권37, 산동 8 요동도지휘사사.

201) 태(泰)는 태(太)의 오기로 생각된다.

202) 낭랑묘(娘娘廟)가 아닐까? 삼차하가 대함(大艦)과 열을 지어 흐르는데 무녕현성 왼쪽에 낭랑묘가 있다. 수신을 제사 지낸다. 정사룡, 『조천록』(朝天錄) 권3, 삼차하(三汊河). 천비낭랑묘라고 한다. 수신을 제사지내면, 행인들이 건너는 데 도움을 주어 반드시 향을 피우고 절한다. 최연(崔演, 1503~46), 『서정록』(西征錄) 권3, 삼차하.

203) 해주위 서쪽 45리에 있는데, 『요동지』는 우장역(牛庄驛)으로 표기했다. 말 25 필, 나귀 15두가 비치되어 있었다. 『요동지』 권2, 건치지 역전; 권3, 병식지 요역. 우가장은 동창포(東昌鋪)라고도 한다. 황사우, 앞의 책, 6월 23일.

204) 해주위 서관(西關)에 위치하고 있다. 『요동지』 권2, 건치지 역전.

다. 또한 거진이었다. 동쪽에는 서모성산(西牟城山)이 있었다.

【5월 23일】 요양역(遼陽驛)[206]에 이르다.

이날은 흐리고 천둥이 쳤다. 요양역 옆의 위성에서 서쪽으로, 북쪽으로, 그리고 동쪽으로 가, 체운소[207]·토하포(土河鋪)·감천포(甘泉鋪)·관왕묘를 지나 안산역(鞍山驛)[208]에 이르렀다. 안산역의 동쪽에는 요고산(遼高山)[209]이 있고, 서쪽에는 요하산(遼下山)[210]이 있었다. 무안왕묘와 장점포(長店鋪)를 지나서 사하포(沙河鋪)[211]에 이르렀는데, 두 강이 모두 포의 동쪽과 서쪽을 둘러 있는 까닭으로 이름을 모두 '사하'라고 했다. 대개 통주부터는 땅에 모래가 많은 까닭으로 '사하'[212]라고 부르는 강 이름이 많았다. 수산포(首山鋪)를 지나서 체운소성에

---

205) 요양성 남쪽 120리 되는 곳에 있다. 위·수대는 요양과 마찬가지로 본래는 개모(蓋牟)의 땅이었는데, 고려가 사비성(沙卑城)으로 했다. 당대에 징주(澄州)를 설치하고, 발해국을 남해부(南海府)로 했다. 요대에는 해주남해군(海州南海郡)으로 했고, 임명현(臨溟縣)에 치소를 두었다. 금 제양 천덕(1149~52) 초에 징주(澄州)로 고쳤다. 원대에는 석목현(析木縣)과 임명현(臨溟縣)이 예속되었다. 명 태조 홍무 초에 요동을 평정하고 주와 현을 폐지하여 위를 설치했다. 『요동지』 권1, 지리지 연혁.

206) 『요동지』는 요동재성역(遼東在城驛)으로 표기했고, 숙청문(肅淸門) 밖 서관 내에 있다고 했다. 명 태조 홍무 18년(1385)에 설치했으며 정료좌위의 전소(前所)가 관할하고 있다. 말 25필, 나귀 20두가 비치되어 있었다. 『요동지』 권2, 건치지 역전; 권3, 병식지 요역.

207) 요양성 서쪽 팔리장(八里庄)에 있는데, 명 태조 홍무 20년(1387)에 설치되었으며 정료우위가 관할하고 있다. 『요동지』 권2, 건치지 역전.

208) 요양성 서남쪽 60리 되는 곳에 있다. 명 태조 홍무 20년(1387)에 설치했으며 중위(中衛)가 관할하고 있다. 말 25필, 나귀 10두가 비치되어 있었다. 『요동지』 권2, 건치지 역전; 권3, 병식지 요역.

209) 안산역 동쪽에 있는 산으로 높고 험하며 경치가 빼어나다. 산 뒤쪽으로 천산(千山)이 있다. 정사룡, 『조천록』(朝天錄) 권3, 중종 22년 7월 14일.

210) 안산역 서쪽에 있는 산으로 높고 험하며 경치가 빼어나다. 같은 책.

211) 수산령(首山嶺)으로부터 사하포에 이른다. 두 개의 물이 포의 앞뒤로 흐르는데 이를 사하라고 한다. 같은 책.

212) 3월 26일 주 457) 참조.

이르렀는데 성은 팔리장(八里莊)²¹³⁾이다. 접관정(接官亭)을 지나서 요양재성역(遼陽在城驛)에 이르렀는데, 역은 요동성의 서쪽에 있었다.

【5월 24일】날씨가 맑았다.

계면(戒勉)이라는 승려가 있었는데, 우리 말에 능통했다. 그가 나에게 말했다.

"소승은 본래 조선인 혈통인데 소승의 조부가 이곳으로 도망쳐 온 지 이미 3대가 되었습니다. 이 지방은 조선의 경계와 가까운 까닭으로 이곳에 와서 거주하는 사람이 매우 많습니다.²¹⁴⁾ 중국인은 겁이 많고 용기가 없어서 도적을 만나면 모두 창을 버리고 도망하여 숨어버립니다. 게다가 활을 잘 쏘는 사람이 없어서²¹⁵⁾ 반드시 조선 사람 중 명나라에 귀화한 사람을 뽑아서 정병이나 선봉으로 삼으니, 우리 조선 사람 한 명이 중국 사람 열 또는 백 명을 당할 수 있습니다. 이 지방은 옛날 고구려의 도읍²¹⁶⁾으로, 중국에 빼앗겨 예속된 지 천 년이 되었습니다. 우리 고구려의 풍속이 아직도 남아 있어 고려사(高麗祠)를 세워 근본으로 삼고, 제례(祭禮)를 올리는 것을 게을리하지 않으니 근본을 잊지 않기 때문입니다. 일찍이 듣건대 '새는 날아서 고향으로 돌아가고, 여우는 죽어서 머리를 고향으로 한다'²¹⁷⁾고 했으니, 우리도 고향으로 돌아가 살고 싶습니다. 다만 두려운 것은 본국에서 우리를 중국인으로 여기고 조사한 뒤, 중국으로 돌려보낸다면,²¹⁸⁾ 우리는 도망한 죄명으로 처분을

---

213) 요양주 서남쪽 8리 되는 곳에 있다. 『대청일통지』 권39, 봉천부.
214) 요동 지역에는 조선의 인민들이 의탁하여 거주하고 있어, 고향과 친척들을 생각하고는 몰래 도망가서 산골짜기에 숨어 살기도 했다. 『태조실록』 권3, 2년 6월 을해. 요동과 의주 사이에 명조는 동팔참(東八站)을 설치했는데, 이 지역의 사람들이 마치 평안도 사람들처럼 우리 나라 말을 잘 알아듣는 정도였다. 『성종실록』 권219, 19년 8월 을묘.
215) 『요동지』 권1, 지리지 풍속에는 계면이 이야기한 것과 정반대로 기술되어 있다. 즉 성품이 굳세며 기사(騎射)에 능하다는 것이다.
216) 윤1월 초8일 주 69) 참조.

받아 죽게 될 것입니다. 그렇기 때문에 마음은 가고 싶어도 발걸음이 떨어지지 않습니다."

나는 말했다.

"당신은 청정(淸淨), 즉 불교의 무리로 속세를 떠나 있는 자로 마땅히 산중에 있어야 하는데, 어찌 승관(僧冠)을 쓰고 속인의 행동을 하면서 여염(閭閻) 속을 출입하는가?"

"소승이 산으로 들어간 지 오래되었는데, 지금 관리가 불러서 왔습니다."

"무슨 일로 불리어 왔는가?"

"대행황제(성화제)가 불법을 존경하고 숭배하여 큰 사찰이 천하의 반이고, 방포(方袍, 승려)가 편호(編戶, 일반 민호)보다 많았습니다.[219] 승려들은 편안하게 누워 음식을 먹고 석가의 가르침을 닦았습니다. 신황제(홍치제)가 동궁(황태자)이었을 때부터 평소 승려의 무리들을 싫어해서 황제로 즉위하자마자 제거하려는 뜻이 있었습니다.[220] 지금 조

---

217) 『초사』(楚辭) 9장 애영(哀郢)에 '조비반고향혜, 호사필수구'(鳥飛返故鄕兮, 狐死必首丘)라는 말이 나온다. 『예기』 단궁 상편에는 '새는 날아 고향으로 돌아가고, 토끼는 달려 굴로 돌아가며, 여우는 죽으면 머리를 고향 쪽으로 둔다.' 『회남자』(淮南子) 설림훈(說林訓).
218) 실제로 조선 태종 14년(1414)에 요동 출신의 승려들이 의주에 도착하여 자신들은 중국인에게 붙잡혀 갔던 조선인 출신이라고 해명했지만 조정에서는 이들을 요동으로 압송했다. 『태종실록』 권27, 14년 3월 경인.
219) 간야잠룡(間野潛龍)은 불교정책상 헌종 성화기(1465~87)는 방만한 시대로, 효종 홍치기(1488~1505)는 엄격한 시대로 파악했다. 間野潛龍, 「明代佛敎と明朝」, 『明代文化史研究』, 同朋舍, 1979. 성화 연간부터는 도첩과 득도자(得度者)의 이름을 기입하지 않은 공명도첩(空名度牒)을 발급하여 승려 수가 대량으로 증가하게 된다. 서인범, 「명 중기의 매첩제 연구」, 『동양사학연구』 85집, 2003.
220) 명 헌종 성화제가 죽은 성화 22년(1486) 9월 6일 홍치제가 즉위하면서 내외 관원·군민·승도는 사관을 옛터라고 상주하여 수축하거나 사액을 받은 사찰이라는 이름 아래 군민의 토지를 빼앗는 행위를 불허했다. 『황명조령』(皇明詔令) 권17, 즉위조. 조선 『성종실록』에도 홍치제 불교정책의 일면을 엿볼 수 있는 부분이 있다. 즉 하등극사(賀登極使) 노사신(盧思愼), 부사 유자광(柳子光), 정조사 이숭원(李崇元)이 임금에게 복명할 때, '황제가 동궁에 있을 때 항상 말하기를,

칙(詔勅)을 천하에 내려 새로 지은 사찰이나 암자는 모두 철거하도록 하고, 도첩(度牒, 승려 자격증)이 없는 승려는 조사하여 환속하게 하는 영(令)이 성화보다 급했습니다.[221] 그런 까닭으로 삼당의 대인[222]이 이(吏)를 시켜 소승을 불러 오늘부터 절을 부숴버리고 머리를 기르게 했으니,[223] 승려들은 어느 곳에서 한 몸을 쉴 수 있겠습니까?"

"이것은 곧 사찰을 철거하여 민가로 만들고, 청동불상을 헐어 그릇을 만들어 머리 깎은 이들을 점차 군오(軍伍)에 충당하려는 것이니,[224] 홍치제의 행함이 대단히 훌륭한 데서부터 나온 것[225]임을 알 수 있다. 그대들이 일찍이 축원하기를 '황제폐하 만만세'라고 했으니, 그대의 축원이 이와 같았으므로, 대행황제(성화제)의 불교 숭상이 이와 같았다. 사찰과 승려의 번성함이 이와 같았으나 대행황제의 수명이 중년[226]도 안 되어 갑자기 붕어(崩御)했으니,[227] 그대들이 힘써 축원한 것이 어디에

'승려는 도대체 무엇하는 사람이냐?' 했고, '태자가 황제의 자리에 오르면 승려는 반드시 뜻을 얻지 못할 것이다'라고 했는데, 승려와 도사로 벼슬에 제수된 자는 모두 파직되었습니다'라고 했다는 것이다. 『성종실록』권212, 19년 윤1월 계사.

221) 명 헌종 성화제가 죽고 난 헌종 23년(1487) 9월에는 급사중과 어사 등이 천여 인의 번승(番僧)과 수백 명에 달하는 진인(眞人)과 승도관을 도태시키자고 제안했다. 『명 효종실록』권2, 정미조 및 무신조. 실제로 헌종 23년 10월에는 전봉에 의한 승록사 선사 겸 좌선세관(禪師 兼 左善世官) 등 120명을 파직시켰다. 『명 효종실록』권4, 정묘삭조.

222) 2월 초4일 주 42) 참조.

223) 명 효종 홍치 원년(1488) 도찰원좌도어사(都察院左都御史) 마문승(馬文升)은 천하 및 북경과 남경의 사관 승도 수를 조사하여 정액 이외에는 도첩을 지급하지 말 것과 사사로이 창건한 사관은 즉시 헐어버리고 행동(行童) 가운데 15세 이상으로 도첩이 없는 자는 고찰에 소속되어 있다고 하더라도 환속시킬 것을 제안했다. 『명 효종실록』권10, 홍치 원년 윤정월 기사조.

224) 명 태조 홍무 29년(1396)에는 경전에 통달하지 못한 자는 재차 3년 뒤에 시험을 치르는데, 이때 합격하지 못하면 변원(邊遠)에 보내 충군(充軍)시켰다. 『범릉금찰지』권2, 흠록집.

225) 심상(尋常). 8척을 심(尋)이라 하고, 심의 두 배를 상(常)이라 한다. 조그만 땅을 가지고 서로 공격하고 정벌한다는 것을 의미한다. 『춘추좌씨전』성공(成公) 12년.

있었겠는가(모든 것이 억불[抑佛]의 순리를 따를 것이라는 의미)?"

말이 아직 끝나지도 않았는데, 계면이 사직하고 물러갔다.

【5월 25일】 날씨가 맑았다.

통사인 천호 왕헌(王憲)과 백호 오새(吳璽)[228]가 와서 불평을 털어놓았다.

"관부(館夫)가 그대들이 이곳에 며칠 머무른다는 사실을 이야기하지 않아 우리는 집에 있으면서도 알지 못했소.[229] 그래서 이렇게 늦게 와서 보게 된 것이오."

오새가 정보와 김중 등을 인도하여 삼당의 대인 앞에 나아가서 표류된 시말을 보고했다. 삼당의 대인은 바로 도지휘사 등옥(鄧玉),[230] 분수총병관 한빈(韓斌),[231] 포정사부사 오왕(吳王),[232] 순안[233]감찰어사 진림(陳琳)[234] 등이다. 저녁에 지휘사가 이(吏)를 시켜 황주 세 동이와

---

226) 중신(中身). 문왕은 중년에 왕위를 잇게 되었으며 재위 50년이었다. 문왕은 97세에 죽었는데 중신은 즉위의 해로 47세였다. 『상서』(십삼경주소) 주서 무일(無逸).

227) 명 헌종 성화제는 1465년 제위에 올라 23년 동안 재위했는데, 성화 23년(1487) 9월 41세로 죽었다. 『명사』 권14, 헌종본기 2. 알밀팔음(遏密八音)의 팔음은 금(金)·석(石)·사(絲)·죽(竹)·호(匏)·토(土)·혁(革)·목(木)으로 여덟 가지 악기의 음을 말한다. 요임금이 죽자 백성은 마치 부모를 여읜 듯 슬퍼했고, 3년 동안 천하에 음악소리가 끊어져 조용했다. 『서경』 우서 순전.

228) 명 효종 홍치 5년(1492)에는 봉황성진무(鳳凰城鎭撫)가 되었다. 『성종실록』 권265, 23년 5월 을유.

229) 요양에는 조선관(朝鮮館)과 이인관(夷人館)이 설치되어 있었다. 조선관은 안정문(安定門) 밖 동남쪽에, 이인관은 태화문 밖 서남쪽에 있었다. 최부 일행은 사행은 아니지만 조선관에 묵지 않았을까 생각한다. 『요동지』 권2, 건치지 역전.

230) 『요동지』는 등옥(鄧鈺)으로 표기했다. 그는 등좌(鄧佐)의 아들로 명 효종 홍치 연간에 도지휘사로 도사의 직을 담당했다. 『요동지』 권5, 관사지 직관.

231) 정료중위 출신이다. 명 세종 가정 연간(1522~66)에 도지휘로 9개의 위와 애양(靉陽) 등을 포함한 44개의 성보를 통할하는 동로부총병(東路副總兵)에 임명되었다. 『요동지』 권5, 관사지 직관.

232) 오왕(吳王)은 오옥(吳玉)의 오기로 생각된다.

돼지 한 마리, 쌀 한 말과 조 한 곡(열 말)을 보내 우리를 위로했다.

【5월 26일】 날씨가 맑았다.

왕헌이 다시 와서 말했다.

"귀국(조선)과 해서위(海西衛),[235) 모린위(毛鄰衛),[236) 건주위(建州衛)[237) 등이 모두 이곳을 경유하오. 귀국의 사신이 왕래할 때에 접대는 오직 나와 오새 둘이서 하는데,[238) 나는 이제 나이가 많고 더위를 두려워하여 총병관이 오새를 시켜 호송하게 했소. 오새 역시 좋은 사람으로 당신은 본국으로 편히 돌아갈 것이니 근심하지 마시오. 무릇 먼길을 여행하는 중에는 몸을 쉴 수 없고, 때맞춰 자거나 먹지 못하니 병에 걸리기 쉽소. 그런 까닭으로 수개월 사이에 귀국의 사신인 한찬(韓瓚)[239)과 이세필(李世弼)[240) 등이 길에서 죽었으니, 그 길을 가는 것이 이처럼

---

233) 요동은 산동의 등주(登州)와 내주(萊州) 등의 여러 주와 접하고 있어 분수도(分守道)와 분순도(分巡道)는 산동의 두 관청이 담당하고 있다. 창고나 세무는 산동포정사나 산동어사라는 직명을 가지고 하는데, 순안산동(巡按山東)이라고도 칭한다. 요동은 순안어사가 학정을 겸하여 감독한다. 『요동지』 권5, 관사지 사명.

234) 『명사』에 진림(陳琳)이라는 인물이 보이며, 명 효종 홍치 9년(1496)의 진사로, 후에 어사가 되어 남경의 학정을 감독했다. 진씨 성을 가진 인물로는 홍치 연간의 순무였던 진요(陳瑤, 광서 출신으로 첨도어사), 순안어사로는 성화 연간까지는 진곡(陳穀), 진조(陳詔), 진헌(陳瓛), 홍치 연간에는 진관(陳寬)이 있는데, 이중 진관은 성화 14년(1478)의 진사로 직례(直隸) 신하현(新河縣) 출신이다. 『요동지』 권5, 관사지 사명.

235) 노아간도사(奴兒干都司)의 통할에 속하는 것으로 보이는데, 해서여진을 통할하기 위한 해서위라는 것은 『명사』에는 보이지 않는다. 『명사』 권90, 병지 2.

236) 『명사』에는 린(鄰)이 린(憐)으로 되어 있다. 명 성조 영락 3년(1405)에 설치했고, 노아간도사(奴兒干都司)의 통할 아래 속했다. 『명사』 권90, 병지 2.

237) 명 태조 홍무 연간에 설치했고, 노아간도사의 통할 아래 속했다. 『명사』 권90, 병지 2.

238) 요동도사의 치소인 요양에 조선 사행이 도착하면 이들에게 연회를 베풀고 천호나 백호 1명을 파견하여 북경까지 호송했다. 『요동지』 권4, 전례지 이인입공. 요동도사가 예부의 자문을 조선에 전달하는 경우에는 천호나 백호 등 무직을 파견하여 전달했다. 서인범, 「최부 『표해록』 연구—최부가 묘사한 중국의 강북과 요동—」, 『국사관논총』 102호, 2003.

어렵소. 지금 그대들이 험한 파도와 월남(越南, 절강성의 남), 연북(燕北, 북경 이북)을 지나 그대와 종자들도 몸을 보존하여 돌아가니, 하늘이 위태로운 곳에 두었다가 이를 온전하게 하고, 화(禍)에다 두었다가 이를 복되게 한 까닭을 이로써 알 수 있소."

나는 말했다.

"내가 몸을 보존하여 여기까지 온 것은 모두 황제의 은혜를 받아서이고, 또한 우리 선인의 음덕(陰德)이 있기 때문이오."

【5월 27일】 날씨가 흐렸다.

오새가 와서 말했다.

"총병관이 나를 선발하여 타는 말〔騎馬〕 43필과 짐 싣는 말〔駄載馬〕[241] 15필을 골라서 당신들이 본국에 돌아가도록 호송하게 했소. 그 말 중에 한 필은 내가 탈 말인데, 그대들의 짐은 대략 얼마나 되오?"

내가 말했다.

"우리 43명이 원래 가지고 있던 짐을 합하여 싣는다고 하여도 한두 마리면 충분하오. 단지 황제에게 상으로 받은 큰 두루마기〔胖襖〕와 면으로 만든 바지〔綿袴〕들은 모두 겨울 옷이며, 광녕에서 받은 옷과 신발 정도뿐이오."

"짐이 적어 길은 편할 것이오."

---

239) 명 헌종 성화 23년(1487) 10월, 즉 헌종이 죽고 효종이 제위를 계승한 그해 10월에 동지중추부사(同知中樞府事) 한찬(韓儧)이 조공을 해왔다. 『명 효종실록』 권5, 성화 23년 10월 을유조. 조선측 기록에는 동지중추부사 한찬을 북경에 보내 성절을 하례하게 했고, 같은 해 12월 정해에 복명하고 있는 사실로 보아 한찬은 죽지 않았던 것으로 보이는데 정확히 알 수 없다. 『성종실록』 권206, 18년 8월 갑신.
240) 동지중추부사 이세필을 북경에 보내 시책(諡冊)을 올리는 것을 하례하게 하였는데, 요동에서 죽었다. 『성종실록』 권210, 18년 12월 갑신.
241) 『경국대전』에 정사·부사·서장관·종사관 등의 사행에게 관품에 따라 승마(乘馬)와 짐을 싣는 말인 태마(駄馬)를 분별하여 지급했다는 기록이 있다.

【5월 28일】 큰비가 내렸다.

오새가 다시 와서 말했다.

"오늘 떠날 준비를 하고 있는데 이렇게 비가 내리니 어찌하겠소?"

나는 말했다.

"나는 빨리 가고 싶은 마음에 잠시라도 머물기가 어렵소. 이 비를 근심하는 사람은 나 한 사람뿐이오. 금년에는 크게 가물어 2월부터 지금까지 비가 오지 않다가 이제 다행히 내리니, 사람과 만물이 다 기뻐하오. 하늘이 실로 하신 일인데 뭐라고 하겠소?"

"맞소, 맞소."

요동[242]은 옛날 우리 고구려의 도읍이었는데, 당 고종(650~683)[243]에게 멸망하여, 중원(중국)에 소속[244]되었다가 오대시대(907~960)[245]에는 발해(渤澥, 渤海) 대씨(大祚榮 699~719)의 소유가 되더니, 후에는 또 요와 금, 그리고 호원(胡元, 원나라)[246]에 병합되었다. 성 안에 도사[247]·찰원[248]·포정사[249]·태복분사(太僕分司)[250]·열마사(閱馬

---

242) 윤1월 초8일 주 69) 참조.
243) 2월 초4일 주 66) 참조.
244) 당 고종 총장 원년(668)에 사공(司空)인 영국공(英國公) 이적(李勣)이 고구려를 격파하여 평양성을 빼앗고 그 왕인 고장(高藏)과 대신 남건(男建) 등을 포로로 하여 돌아왔다. 경내가 모두 항복하였는데 그 성이 170, 호는 69만 7천이었다. 그 지역에 안동도호부를 설치하고 42개 주로 나누어 두었다. 『구당서』 권4, 고종본기 하편, 9월 계사조.
245) 오대란 당이 멸망한 907부터 조광윤(趙匡胤)이 960년 송을 건국하기까지의 53년 동안 중앙에서 일어난 후량(後梁)·후당(後唐)·후진(後晉)·후한(後漢)·후주(後周)를 말한다.
246) 원대에는 동경로(東京路)였는데 이윽고 요양로로 고쳤다. 행중서성(行中書省)을 설치하여 고려도 통할했다. 『요동지』 권1, 지리지 연혁. 원 세조 지원 6년(1269)에 동경총관부를, 세조 24년에 행성을 설치했다. 『원사』 권59, 지리지 2.
247) 요동은 장인(掌人) 1명, 군정 겸 관둔(軍政 兼 管屯) 1명, 군정 겸 관국포(軍政 兼 管國捕) 1명을 두었는데 모두 순무나 순안아문에서 보증하고 병부에서 천거하여 등용했다. 『요동지』 권5, 관사지 직관. 요동도사는 정료좌위 등 25개의 위와 2개의 주, 즉 자재주(自在州)와 안락주(安樂州)로 구성되었고, 호구는 27만 5,155명이다. 『요동지』 권3, 병식지 무비(武備).

司)251)가 있고, 또 좌위·우위·중위·전위·후위가 있었다.252) 성 서쪽의 승평교(昇平橋)253)로부터 숙청문(肅淸門)254)·영은문·징청문(澄淸門)·양무문(揚武門)·위진문(威振門)·사로문(四路門) 등과 진사문의 팔좌(八座)로부터 고려시(高麗市)255) 사이에 이르기까지 민가가 번성하다고 할 수 있으니, 강남(江南)에 비한다면 가흥부와 서로 견줄 만하다.

---

248) 5월 20일 주 185) 참조.
249) 2월 초4일 주 35) 참조.
250) 요동에는 홍무제가 요동도사에 행태복시(行太僕寺)를 개설하여 오로지 마필을 관리하도록 했다. 단 마필에 부족이 생기는 경우에는 책임을 묻게 하여 품직은 비록 작을지라도 담당하고 있는 일은 중했다.『요동지』권2, 건치지
251) 원마사(苑馬寺)인 것으로 보인다. 원마사는 6감(監) 24원(苑)의 마정(馬政)을 담당했는데 병부의 허가를 받았다. 경(종3품) 1명, 소경(정4품) 1명, 정원이 없는 시승(寺丞, 정6품)으로 구성되어 있었다.『명사』권75, 직관 4. 요동에는 명 성조 영락 4년(1406)에 요양성 안에 원마사를 설치했다.『요동지』권5, 관사지 직관.
252) 정료위의 편성표

분류	정료좌위	정료우위	정료중위	정료전위	정료후위	비고
호구	7,013	6,137	8,936	7,592	8,477	
마대액군	1,103	1,302	1,440	1,235	1,497	
보대액군	1,591	1,167	790	886	842	
둔전군	856	687	673	481	797	
전염군	63	53	51	70	71	
초철군	118	132	39	97	117	
기적민	126	180	337	330	388	

1. 단위: 명.
2. 출전:『요동지』권3, 병식지 무비.
253) 요양성 서관 밖에 있다.『요동지』권2, 건치지 관량(關梁).
254) 요양성에는 9개의 문이 있다. 평이문(平夷門)·광순문(廣順門)·영지문(永智門)·안정문(安定門)·태화문(泰和門)·숙청문(肅淸門)·무정문(武靖門)·진원문(鎭遠門)·무적문(無敵門)이다.『요동지』권2, 건치지 방표(坊表).
255) 조선 사행들은 요동과의 경계 지역인 연산관에 도착하면 도사에 보고하고 배신들은 고려시에 가서 쉬었다는 기록이 있는 것으로 보아 요양성 가까운 곳에 위치한 듯하다.『요동지』권4, 전례지 이인입공.

가흥성 밖은 시가가 서로 닿아 있지만, 요동성 밖은 닭 울음소리와 개 짖는 소리가 들리지 않으며, 해자로(海子路) 가에는 무덤이 이어져 있을 뿐이었다. 성 동쪽에는 동녕위성(東寧衛城)[256]을 따로 쌓았고, 수산[257]·천산(千山)[258]·목장산(木場山)·낙타산(駱駝山)·태자산(太子山)·행화산(杏花山) 등 여러 산이 성의 서쪽·남쪽·동쪽에 둘러 있고, 그 북쪽은 평탄하고 끝이 없는 들판이었다.

【5월 29일】요동으로부터 여정에 오르다.

이날은 맑았다. 오새가 천호 전복(田福)과 함께 역에 이르러 우리를 인솔해 역성 동문 밖으로 나갔는데, 1리가 채 안 되어 곧 요동성이었다. 역성과 요동성 사이에 관왕묘[259]가 있었다. 올량합관(兀良哈館)[260]과 태화문(泰和門), 그리고 안정문(安定門)을 지나고, 우리 조선관(朝鮮

---

[256] 명 태조 홍무 13년(1380)에 동녕(東寧)·여진(女眞)·남경(南京)·해양(海洋)·초하천호소(草河千戶所)를 설치하여 각각 거느리고 있는 이인을 다스리게 했다. 태조 19년에 위를 설치하여 다섯 천호소를 병합하고 좌천호소·우천호소·전천호소·후천호소로 했다. 또한 중천호소와 중좌천호소를 설치하여 죄를 지어 변방의 수비를 담당하게 된 자들로 편성했다. 『요동지』 권1, 지리지 연혁.

[257] 요동도사의 성 서남쪽 15리 되는 곳에 있다. 해주위 경계와 접하고 산정에 있는 평석(平石) 위에 손의 형상이 있다. 샘이 그 가운데서부터 나오는데 물을 퍼내도 마르지 않는다. 위 명제 경초 2년(238)에 진(晉)의 사마의(司馬懿)가 공손연(公孫淵)을 양평(襄平)에서 포위하고 있을 때 별이 수산으로부터 성의 동남쪽으로 떨어졌다. 이곳은 당 태종이 고구려를 정벌할 때 어가가 그 정상에 머물러 돌에 그 공적을 기록했던 곳이다. 『구당서』 권3, 태종본기 하편, 정관 19년 6월 정사조. 이에 주필산(駐蹕山)으로 고쳤다. 『대명일통지』 권25, 요동도지휘사사.

[258] 요동도사의 성 남쪽 60리 되는 곳에 있다. 산봉우리가 빽빽이 들어섰고 그 안에 용천(龍泉)·조월(祖越)·중회(中會)·향암사(香巖寺) 등이 있다. 『대명일통지』 권25, 요동도지휘사사. 당이 고구려를 정벌할 때 이곳에 어가가 머물렀다. 산봉우리가 수려한 것이 홀로 요동에서 뛰어나 서예가나 화가가 이곳에 대해 시를 지은 것이 가장 많았다. 『요동지』 권1, 지리지 연혁.

[259] 묘각(廟閣)이 화려했는데 문 안쪽으로 용음루(龍吟樓)와 호소루(虎嘯樓)가 있고, 좌우묘가 있다. 오른쪽에는 조운(趙雲)의 소상(塑像)이, 왼쪽에는 장비의 소상이 있었다. 산서의 승려가 은 900여 냥을 들여 중수했다. 최덕중, 『연행록』 임진년(1712) 12월 4일.

館)²⁶¹⁾에 이르니 조선관 앞에 푯말을 세웠는데 '외천보국'(畏天保國)²⁶²⁾이라는 네 글자의 편액이었다. 다시 석하아(石河兒)를 지나 고려동(高麗洞)²⁶³⁾으로 들어와 대석문령(大石門嶺)²⁶⁴⁾과 소석문령(小石門嶺)²⁶⁵⁾을 지나니, 두 고개 사이에 왕도독묘(王都督墓)²⁶⁶⁾가 있었다.

유하아(柳河兒)²⁶⁷⁾ · 탕하아(湯河兒)²⁶⁸⁾ · 두건참(頭巾站) · 낭자산(狼子山)²⁶⁹⁾을 지나서 현득채리(顯得寨里)에 이르러 쉬었다. 마을에는 서너 가옥이 있었는데, 어둠을 틈타 마을 사람이 나의 모갑(帽匣, 모자를 담는 상자)을 훔쳐 갔다. 상자 속에는 사모(紗帽)와 낭패(囊佩), 그

---

260) 몽골 동부의 오량해(烏梁海)를 말한다. 올량합은 대녕위 북쪽에 있다. 그 지역은 동으로는 해서(海西)와 접하고 서로는 개평(開平)에 연해 있고, 북으로는 북해에 닿아 있다. 옛적에는 산융(山戎)의 땅으로 진은 요서군 북쪽 경계 지역으로 삼았고, 한대에는 해인(奚人)이 점거했다. 한 말 조조에게 패하여 달아나 송막(松漠) 사이에 숨어버렸다. 후위대에 재차 이곳에 거주했는데, 고막해(庫莫奚)라고 불렀다. 그후에 다시 복속했는데, 원대에는 대녕로의 북쪽 경계로 삼았다. 명 태조 홍무 22년(1389) 고원(故元)의 종실인 요왕(遼王) 아례실리(阿禮失里) 및 타안(朶顔)이 내부를 청하자 올량합 지역에 태녕위(泰寧衛) · 복여위(福餘衛) · 타안위(朶顔衛)의 3위를 설치했다. 『독사방여기요』 권18, 직례 부고(附考).
261) 조선관은 회원관(懷遠館)이다. 요동성 안정문 밖에 있고 중문에 '회덕원래'(懷德遠來)란 편액을 달았다. 관의 이름이 여기에서 유래한다. 권발, 『조천록』(연행록선집); 허봉(1551~88), 『조천기』(연행록선집) 1573년 6월 22일. 요동성 밖 2, 3리 되는 곳에 있다. 조선 사신이 왕래할 때 이곳에 머무른다. 정사룡, 『조천록』(朝天錄) 권3, 중종 22년 7월 7일.
262) 『맹자』 양혜왕장구(梁惠王章句) 하편에 제 선왕(宣王)과 맹자의 다음과 같은 문답이 보인다. 그중에 '큰 나라로서 작은 나라를 섬기는 것은 하늘의 도리를 즐기는 것이며, 작은 나라로서 큰 나라를 섬기는 것은 하늘의 도리를 두려워하는 것입니다. 하늘의 도리를 즐기는 자는 천하를 보전할 수 있으며, 하늘의 도리를 두려워하는 자는 그 나라를 보전할 수 있습니다.'라는 말이 있다. 『시경』에 '하늘의 위험을 두려워해서 이에 나라를 보전하도다' 라는 부분이 있다.
263) 고려촌이라고도 한다. 고려인들이 거주하여 이러한 이름이 붙었다. 요동성 부근에 있고 내력은 알 수 없다. 황사우, 앞의 책; 허봉, 『조천기』 1573년 6월 22일.
264) 요양주로부터 35리 되는 곳에 있다. 그 아래에 뇌석천(瀨石泉)이 있다. 『대청일통지』 권38, 봉천부.
265) 대석문령에서 동남쪽 5리 되는 곳에 있다. 『대청일통지』 권38, 봉천부.

리고 강남 사람으로부터 받은 시고(詩藁)가 있었다. 정보가 오새에게 알려서, 마을 사람을 심문하여 찾으려고 했으나 찾지 못했다.

오새가 나에게 말했다.

"소홀히 간수하는 것은 도적에게 도적질을 가르치는 것과 같으니,[270] 누구의 허물이겠소?"

---

266) 왕상(王祥)의 도독묘(都督廟)다. 허봉, 『조천기』 갑술년(1574) 6월 22일. 고황제(명 태조 홍무제)의 훈신이다. 대석문령과 소석문령 사이에 있다. 정사룡, 『조천록』(朝天錄) 권3, 중종 22년 7월 7일.

267) 양류하(楊柳河)로 생각된다. 세속에서 사하(沙河)라고도 한다. 남문수령에서 발원하여 서북쪽으로 흘러 삼차하(三汊河)로 들어간다. 『대청일통지』 권38, 봉천부.

268) 요주 동남쪽 52리 되는 곳에 있다. 분수령에서 발원하여 북으로 흘러 태자하로 들어간다. 『대청일통지』 권38, 봉천부.

269) 황사우는 낭자령(狼子嶺)으로 표기하고 있다.

270) 만장회도(慢藏誨盜). 문단속을 허술하게 하는 것은 도적에게 도적질을 하라고 가르치는 것과 같다. 『주역』 계사 상편. 오새가 최부에게 물건을 잘 간수하지 못하여 도난 당한 것은 당신의 책임이라는 뜻으로 한 말이다.

6월_압록강을 넘어 한양으로 돌아오다

【6월 초1일】 날씨는 맑았고, 일식이 있었다.

현득령(顯得嶺)[1]과 청석령(青石嶺)[2] 두 고개 사이에는 청석이 길에 깔려 있었다.[3] 다시 첨수하아(話水河兒)[4]를 지나서 서남쪽을 바라보니, 흑산[5]이 있었는데 높고 험준했으며, 상자동(橡子洞)에는 탑사(塔寺)[6]가 있었다. 동남쪽으로 고령(高嶺)을 넘으니, 가파른 바위가 두루 널려 있었다. 태자하를 지나고 연산관(連山關)[7]에 이르니, 연산관을 지

---

1) 소설령(小雪嶺)이라고도 하며 청석령 남쪽 기슭에 있다. 최덕중,『연행록』임진년 (1712) 12월 3일.
2) 개주위성(蓋州衛城) 북쪽 10리 되는 곳에 있는데, 이곳을 가리키는 것인지 확실하지 않다.『요동지』권1, 지리지 산천. 석령(石嶺) 옆 7, 8리 되는 곳에 한 고개〔嶺〕가 있는데 하늘을 받들고 있었다. 이 고개가 바로 청석령이다. 정상에서 내려다보면 골짜기가 대단히 깊어 새가 아니면 통과할 수 없을 만큼 좁은 길이 마치 선처럼 보이며, 층층이 우뚝 솟아났다. 그 사이에 길이 끊어져 잔도(棧道)를 만들었다. 사람도 말도 놀라 비선(飛仙)이라 할지라도 근심할 정도다. 황사우,『조천록』만력 38년(1610) 6월 12일.
3) 청석령 골짜기마다 푸른 바위인데 보라색 돌은 연(硯)을 만드는 데 사용한다. 단련관군(團練館軍)이 돌아올 때 용만읍(龍灣邑) 등지에서 이를 구하여 도홍(陶泓)으로 하는데 그 품질이 최고였다. 같은 책 만력 38년(1610) 6월 12일.
4) 요동도사 동남쪽 90리 되는 곳에 첨수보(話水堡, 또는 첨수참〔話水站〕)가 있는데 이 근처일 가능성이 있다.『독사방여기요』권37, 산동 8.
5) 요양성 남쪽 180리 되는 곳에 있다.『요동지』권1, 지리지 산천.

키는 천호 동문(董文)이 나와 오세, 전복, 방상(房祥), 장용(張勇), 심영(沈榮)을 맞이하여 밥을 지어 접대해 주었다. 전복, 방상, 장용, 심영과 왕승(王升), 마총(馬摠), 홍걸(洪傑), 오세(吳洗), 김청(金淸), 주단(周端) 등과 백호 30명, 군인 2백여 명, 관부(館夫)⁸⁾ 10명은 모두 요동 총병관이 선발하여 우리를 호송하는 사람들이었다. 연산하(連山河)⁹⁾를 거슬러 올라가서 저녁에 백가장(白家莊)의 민가에 투숙했다.

【6월 초2일】 날씨가 맑았다.

아침에 분수령¹⁰⁾에 이르렀다. 분수령 이북의 지세는 북쪽에서 내려오는 계곡물들이 모두 태자하로 모여서 서쪽 연하(連河)로 들어가고, 분수령 이남의 물은 모두 팔도하(八渡河)¹¹⁾로 모이니, 분수령의 명칭을 얻은 것은 이 때문이었다. 통원보(通遠堡)¹²⁾에 이르니, 통원보에는 신성과 구성이 있었다. 용봉산(龍峯山)¹³⁾은 그 뒤에 있고, 앞에는 용봉

---

6) 백탑사(白塔寺)로 탑은 벽돌을 포개 쌓아 회로 때웠는데, 아래가 13층, 위가 13층이었다. 한가운데에 불상이 있는데 둘레가 얼마인지 알 수 없고 8면에 모두 불상을 그려 넣었다. 높이는 50여 길이나 되었다. 최덕중, 앞의 책 임진년(1712) 12월 4일.
7) 요양성 동남 180리 되는 곳에 있다. 조선의 입공로다. 『요동지』 권2, 건치지 관량.
8) 4월 23일 주 206) 참조.
9) 금현 서남쪽 80리 되는 곳에 있다. 대홍라산(大虹螺山)에서 발원하여 동남쪽으로 흘러 연산성(連山城) 동쪽을 감아 돌아 호로도(壺蘆島)에 이르러 바다로 들어간다. 嘉慶重修『대청일통지』 권64, 금주부.
10) 분수령이 4개 있는데 봉황성 서북쪽 130여 리 되는 곳에 있다. 향수하(響水河)와 통원보하(通遠堡河)가 이곳으로부터 발원한다. 『대청일통지』 권38. 봉천부 요양성 동쪽 400리 되는 곳에 있다. 『요동지』 권1, 지리지 산천. 하나는 북쪽으로 흘러 태자하로 흘러들어간다. 분수령은 이로 인해 붙여진 이름이다. 허봉, 『조천기』 1573년 6월 20일 : 『성종실록』 권223, 19년 12월 무오.
11) 적강(狄江)은 팔도하의 하류에 해당한다. 분수령 아래로 내가 흘러가는데 고개 밑에 이르러 두 줄기로 갈라진다. 그중의 하나가 남쪽으로 흘러 팔도하의 상류가 된다. 허봉, 『조천기』 1573년 6월 20일.
12) 통원보(通遠堡)는 진이보(鎭夷堡)로 개칭되었다. 『성종실록』 권240, 21년 5월 임신. 개원(開原)에도 진이보가 있다.

하(龍峯河)가, 서남쪽에는 덕산(德山)[14]이 있었다. 그 남쪽에는 증산(甑山)[15]이 있었는데, 일명 옹북산(瓮北山)[16]이라고도 한다.

이해둔(李海屯)을 지나는데 마을 사람 하나가 말했다.

"어젯밤에 천호 마총(馬摠)이 거느리는 호송군인이 먼저 이곳에 도착했는데, 호랑이가 타고 온 말을 잡아채서 상처를 입혔습니다. 예로부터 이런 재난이 없었던 까닭에 이곳을 지나는 사람들은 모두 산길을 가다가 들에서 자기도 했는데, 지금 마침 이런 일이 일어나니, 역시 두려운 일입니다."

사초둔하(斜哨屯河)를 지나니, 때마침 물이 급류로 변해 사납게 흘러갔다. 군인 고복이 발을 헛디뎌 넘어져서 떠내려갔는데, 오새가 마침 목욕하다가 그를 구했다. 이승둔(李勝屯)에 이르렀다.

【6월 초3일】 날씨가 맑았다.

사초대령(斜哨大嶺)을 넘어 팔도하에 이르렀다. 그 물을 여덟 번 건너는 까닭으로 팔도하라 이름한 것이다. 혹은 반도하(半塗河)라고도 하는데, 그것은 우리 조선의 경성으로부터 중국의 북경에 이르는 데 이 하수가 바로 중간 경계에 있어 양쪽으로 나누기 때문에 이러한 이름이 붙은 것이다. 장령아(長嶺兒)·설리참(薛里站)·백언령(白言嶺)·노가독(奴哥禿)·노가하아(奴哥河兒)·노가령(奴哥嶺)·간하아(干河兒)를 지나서 봉황산(鳳凰山)[17]에 이르니, 동녕위[18]에서 최근에 군부

---

13) 통원보(通遠堡)는 산에 의거하고 바다에 면해 있다. 하와 산을 모두 이름하여 용봉이라 했다. 정사룡, 『조천록』(朝天錄, 檜山先生文集) 권3, 가정 6년(1527, 조선 중종 22) 7월 3일. 용봉산(龍峯山)도 존재하는데 『요동지』에 용봉산은 요양성 동남 400리 되는 곳에 있으며 대충강(大蟲江)이 이곳에서 발원한다고 했다. 『요동지』 권1, 지리지 산천.

14) 함흥부(咸興府)의 동북쪽에 있는데, 조선 태종 13년(1413)에 감로가 이 산에 내렸다. 『세종실록』 권155, 지리지 함길도 함흥부.

15) 경원도호부(慶源都護府) 서쪽 30리에 있는데, 이 부의 사람들이 진산으로 삼았다. 『세종실록』 권155, 지리지 함길도 경원도호부.

16) 통원보의 서남쪽을 휘감고 있는 산이다. 정사룡, 앞의 책 권3, 중종 22년 7월 3일.

(軍夫)를 차출하여 이곳에 성을 쌓고 있었다.[19]

오새가 나에게 말했다.

"이 성은 곧 귀국의 사신이 왕래할 때 길이 막히는 것을 방지하기 위해 쌓는 것이오."

개주성(開州城)[20]과 왕빈길탑리(王斌吉塔里), 그리고 여온자개하아(餘溫者介河兒)를 지나 관득락곡(寬得洛谷)에 이르러 한데서 밤을 지샜다. 관득락곡의 동쪽에 해청산(海靑山)[21]이 있었는데, 또는 송골산(松鶻山)이라고도 했다.

---

17) 요양성 동남쪽 360리 되는 곳에 있다. 그 위에는 돌을 층층이 쌓은 고성이 있는데 10만 명을 수용할 수 있을 정도다. 당 태종이 고구려를 정벌할 때 어가(御駕)가 이곳에서 머물렀다. 즉 옛날의 개주(開州)다.『요동지』권1, 지리지 산천. 금주위 동쪽에도 봉황산이라는 산이 있다.『대명일통지』권25, 요동도지휘사사 산천.
18) 명태조 홍무 19년 (1386)에 설치했다.『명 태조실록』권178, 홍무 19년 7월 계해조.
19) 공조참판 이극기(李克基)와 행부호군(行副護軍) 한충인(韓忠仁)을 북경에 보내 하정을 겸하여 팔참로에 보와 진을 설치하여 사절의 왕래를 편리하게 한 데 대한 사의를 표하게 했는데 그 이유를 명조 병부의 자문에서 알 수 있다. 말하자면 성화 17년(성종 12, 1481) 10월 10일 배신 홍귀달(洪貴達)이 북경에서 돌아오면서 가져온 병부의 자문에, 조선 국왕이 동팔참 남쪽에 왕래할 새로운 길을 개통할 것을 주청했다. 이에 본부에서 이미 요동을 지키는 신하에게 통고했다. 그후 요동진수태감 위랑이 보고하기를, '봉황산 서북쪽 약 15리 가량에 하나의 보를 쌓아 이름을 봉황성이라 하여 마보관군(馬步官軍) 1천 명을 주둔시키고, 봉황성 서쪽 약 60리 떨어진 곳인 지명이 사열참(斜烈站)이란 곳에 1보를 쌓아 이름을 진영보(鎭寧堡)라 하고, 사열참 서북쪽 약 60리 떨어진 곳인 지명 신통원보(新通遠堡)의 남쪽에 1보를 쌓아 이름을 영이보(寧夷堡)라 하여 각각 마보관군 5백 명을 주둔시켜 봉황성의 응원군으로 삼을 것입니다. 이렇게 하면 조선 사신의 왕래에 모두 머무를 곳이 있어서 겁탈당할 염려가 없어질 것입니다'라는 기록이 있다.『성종실록』권134, 12년 10월 신유. 성절사 채수가 북경에 갔다와서 성종에게 보고하는 중에 북경으로 갈 때 요동 사람들이 '봉황산 동쪽에 성을 쌓는다'고 했는데, 돌아올 때 사람들의 말로는 성의 공사를 이미 마치고 1천 명이 지킨다 하고, 또 금년 안에 금주·개주·동녕위 등에 4천 호를 옮겨 살게 했다는 기록도 보인다.『성종실록』권219, 19년 8월 을묘.
20) 요양성 동쪽 260리 되는 곳에 있다. 즉 지금의 봉황성보다. 사면이 돌로 이루어진 낭떠러지로 동북의 두 문은 성이 산을 따라 돌계단으로 되어 있어 10만 명을 수용할 수 있다. 당 태종이 이곳에 머물렀다.『요동지』권1, 지리지 고적.

【6월 초4일】 압록강(鴨綠江)[22]을 건너다.

이날은 맑았다. 이른 새벽에 탕산참(湯山站), 이름을 기록하지 않은 두 작은 강을 지나 구련성(九連城)[23]에 이르렀다. 성은 허물어지고 단지 토성으로 된 옛터만 남았는데 파사보(婆娑堡)라고 했다. 보 앞에 강이 있는데 풍포(楓浦)였으며, 또 배로 오야강(吾夜江)을 건넜는데 두 강(풍포와 오야강)의 수원은 같으나 갈라졌다 다시 합하여 하나가 되니, 이를 적강(狄江)[24]이라고 한다. 배로 압록강을 건너니 목사[25]가 군

---

21) 송골산이라고도 하며 세포(細浦)라는 곳에 있고 봉우리는 가파르고 날카롭다. 허봉,『조천기』1573년 6월 17일. 관득락곡의 서쪽, 즉 의주 서쪽에 있는데 높고 험하며 빼어나다. 정사룡,『조천록』(朝天錄) 권3, 중종 22년 7월 2일.

22) 요양성 동쪽 530리 되는 곳에 있다. 또 마자수(馬訾水)라고도 한다. 그 근원은 말갈 장백산인데 물빛이 마치 오리 머리와 같아 이러한 이름이 붙었다. 협주성(夾州城) 서남쪽에서 흘러나와 독로강(禿魯江)과 합류하여 애주(艾州)에 이르러 파저강(婆猪江)과 함께 흘러 바다로 들어간다.『요동지』권1, 지리지 산천. 의주 서북쪽에 있는데, 마자(馬訾)나 청하(靑河) 또는 용만(龍灣)이라고도 한다. 서쪽으로 요동도사와 거리가 560리며, 그 근원은 만주 땅의 백두산에서 나오고, 수백 리를 남으로 흘러서 함경도의 갑산(甲山)과 삼수(三水)를 거쳐 본도의 여연(閭延) · 무창(茂昌) · 우예(虞芮) · 자성(慈城)을 지나서, 강계와 위원(渭源)의 지경에 이르러 독로강과 합치고, 이산군(理山郡)의 산양회(山羊會)에 이르러 포주강(蒲洲江)과 합친다. 아이보(阿耳堡)에 이르러 동건강(童巾江)과 합치고, 벽동(碧潼) · 창성(昌城) · 소삭주(小朔州)를 거쳐서 주의 북쪽에 있는 어역도(於亦島)의 동쪽에 이르러 3파로 나뉘어서, 하나는 남으로 흘러 맴돌아 모여서 구룡연이 되는데 이름이 압록강이다. 그 물빛이 오리의 머리같이 푸르러 이러한 이름이 붙었다. 하나는 서쪽으로 흘러서 서강(西江)이 되고, 하나는 그 가운데로 흘러 소서강(小西江)이라 했다. 검동도(黔同島)에 이르러 다시 하나로 합쳤다가 수청량(水靑梁)에 이르러 또 두 가닥으로 나뉘어서 하나는 서쪽으로 흘러 적강(狄江, 압록강의 서북쪽에 있다)과 합치고 하나는 남으로 흘러 대강(大江)이 된다. 그리고 위화도를 둘러 암림곶(暗林串)에 이르러서 서쪽으로 흘러 미륵당(彌勒堂)에 이르고 다시 적강과 합쳐서 대총강(大摠江)이 되어 서해로 들어간다.『신증동국여지승람』권53, 평안도 의주목.

23) 개원성 동북쪽 90리 나목천(邢木川) 동안에 성이 연속해서 9개나 있어 이러한 이름이 붙었다. 국초에 나하추(納哈出)를 정벌할 때, 이곳에 병사를 주둔시켰다.『요동지』권1, 지리지.

24) 적강(狄江)은 바로 팔도하(八渡河)의 하류다.『성종실록』권223, 19년 12월 무오조. 압록강은 서쪽으로 흘러서 의주(義州) 활동(闊洞) 앞에 이르러 두 갈래로 나

관 윤천선(尹遷善)을 파견하여 나를 강변에서 위로해주었다.

석양이 질 무렵 배로 난자강(難子江)²⁶⁾을 건넜다. 두 강(압록강과 난자강)도 역시 하나가 되었다가 갈라져 다시 합류한다. 삼경에 재촉하여 의주성(義州城)²⁷⁾으로 들어가니, 성은 바로 명나라 사람과 야인들이 왕래하는 요충지에 자리잡고 있었다. 성은 협소하고 무너져 내렸으며, 성 안의 마을도 쇠퇴하니²⁸⁾ 심히 한탄스럽다.

뉘는데, 한 갈래는 바로 적강(狄江)으로 흐르고, 한 갈래는 의주성(義州城) 밑을 끼고 서쪽으로 흐른다. 『연산군실록』 권40, 7년 5월 계축.

25) 의주목사는 조숙기(曹淑沂)이다. 조숙기는 유신의 반열에 있으면서 활쏘기에 조금 능하므로 일찍이 윤필상(尹弼商)을 따라 서정하러 나갔는데, 윤필상이 장수가 될 만한 인재라고 추천하여 여러 차례 품계를 올려서 발탁하여 임용하게 되었다. 『성종실록』 권206, 18년 8월 무자; 권217, 19년 6월 을사.

26) 위화도의 북쪽에 있는데, 둘레가 10리다. 수위가 내려가면 육지로 이어진다. 『신증동국여지승람』 권53, 평안도 의주목.

27) 돌로 쌓았는데 둘레가 1만 4,083척에 높이가 12척이고, 안에는 40군데의 우물이 있다고 전한다. 고려의 용만현(龍灣縣)인데, 화의(和義)라고도 불렸다. 처음에는 거란(契丹)이 압록강 동쪽 기슭에 성을 두고 보주(保州)라고 일컬었고, 문종 때에 거란이 또 궁구문(弓口門)을 설치하고 포주(抱州, 일명 파주[把州])라고 일컬었다. 고려 예종 12년(1117)에 요의 자사(刺史) 상효손(常孝孫)이 도통(都統) 야율녕(耶律寧) 등과 금의 군사를 피하여 바다를 건너 도망해 와서 우리 영덕성(寧德城)에 문서를 보내어 내원성(來遠城) 및 포주를 가지고 우리에게 귀속하므로 우리 군사가 그 성에 들어가서 병기·돈·곡물을 수습하니, 임금이 기뻐하여 의주방어사(義州防禦使)로 고치고 남계(南界)의 인호(人戶)를 덜어다가 채워서 그제서야 다시 압록강으로 경계를 정하고 관방을 두었다. 인종 4년(1126)에 금이 또한 주를 가지고 귀속했다. 고종 8년(1221)에는 반역했으므로 낮추어서 함신(咸新)이라고 일컬었다가 곧 옛이름으로 회복했다. 공민왕 15년(1366)에 승격해서 목(牧)으로 했고, 18년에 만호부(萬戶府)를 두어 좌정(左精)·우정(右精)·충신(忠信)·의용(義勇)의 4군을 설치하고, 각각 상천호와 부천호를 두어 관장하게 했다. 조선 태종 2년(1402)에 비로소 판관을 두고 정주(靜州)와 위원진(威遠鎭)으로 내속하고, 세조 때에 진을 두었다. 『신증동국여지승람』 권53, 평안도 의주목.

28) 무령군(武靈君) 유자광(柳子光)이 '의주는 나라의 서문인 큰 진이며 중국 사신이 왕래하는 길입니다. 그래서 관방을 엄중하게 하지 않을 수 없는데, 성곽은 저렇게 협소하고 거주하는 백성들도 저렇게 쇠잔하며, 입을 수 있을 만큼 견고한 갑옷과 당길 수 있을 만큼 강한 활이 없는 것이 저와 같고, 1천 명의 군사가 수개

우두외양에서 도저소까지 160여 리, 도저소에서 영해현(寧海縣)까지 400여 리는 연해의 벽지로 관(館)[29]과 역(驛)[30]이 없었다. 월계(越溪) 순검사에 이르러서야 비로소 포(鋪)[31]가 있었다. 영해현에 이르러 처음으로 백교역(白嶠驛)을 보았다. 백교역에서 서점 · 연산 · 사명 · 차구(車庢) · 요강(姚江) · 조아(曹娥) · 동관 · 봉래 · 전청 · 서흥을 지나 항주부 무림역에 이르렀다. 도저소에서 이곳까지는 1,500여 리다. 또 무림역에서 오산 · 장안 · 조림(皁林) · 서수 · 평망 · 송릉 · 고소 · 석산 · 비릉(毗陵) · 운양을 지나 진강부 경구역에 이르렀다. 항주에서 이곳까지는 천여 리의 길이다. 양주부 광릉역에 이르렀다. 이후부터는 길이 수로와 육로로 갈라진다.

수로는 소백 · 우성 · 계수 · 안평 · 회음 · 청구 · 도원 · 고성 · 종오 · 직하 · 하비 · 신안 · 방촌 · 팽성 · 협구 · 사정 · 사하 · 노교 · 남성 · 개하 · 안산 · 형문 · 숭무 · 청양 · 청원 · 도구 · 갑마영 · 양가장 · 안덕 · 양점 · 연와 · 신교 · 전하 · 건령 · 류하 · 봉신 · 양청 · 양촌 · 하서 · 화합을 지나 통주 노하수마역에 이른다. 양주로부터 이곳에 이르기까지는 3,300여 리다.

육로는 대류수(大柳樹)[32] · 지하(池河)[33] · 홍심(紅心)[34] · 호량(濠梁)[35] · 왕장(王莊)[36] · 고진(固鎮)[37] · 대점(大店)[38] · 저양(雎陽)[39] · 협구(夾溝)[40] · 도산(桃山)[41] · 황택(黃澤)[42] · 이국감(利國監)[43] · 등

월 동안 먹을 수 있는 식량을 비축하지 못한 것이 저와 같습니다. 만에 하나라도 중국에 변고가 있으면 의주에서 맨 먼저 군대를 받게 됩니다'라고 상서했다. 여기서 의주의 모습을 상상할 수 있다. 『성종실록』 권216, 19년 5월 경인조.
29) 여기서는 역이 관사(館舍)의 성질을 띠고 있어 관역(館驛)이라고 호칭했다고 볼 수도 있겠으나, 소동병에 의하면 역관 이외에도 이와 유사한 공관이 있다고 지적하고 있다. 이 공관은 역참의 외관인데, 서로 다른 점은 역참이 반드시 역로 중에 위치하여 부마(夫馬)와 선척(船隻) 등이 구비되어 있으며, 고자(庫子)와 관부(館夫) 등도 있었다. 이에 반해 공관은 반드시 역로상에 있는 것도 아니며 부마나 선척도 구비되어 있지 않고, 고자나 관부 등도 없었다. 『명대역체제도』.
30) 윤1월 26일 주 240) 참조.
31) 윤1월 26일 주 237) 참조.

양(滕陽)⁴⁴⁾ · 계하(界河)⁴⁵⁾ · 주성(邾城)⁴⁶⁾ · 창평(昌平)⁴⁷⁾ · 신가(新嘉)⁴⁸⁾ · 신교(新橋)⁴⁹⁾ · 동원(東原)⁵⁰⁾ · 구현(舊縣)⁵¹⁾ · 동성(銅城)⁵²⁾ · 임산(荏山)⁵³⁾ · 어구(魚丘)⁵⁴⁾ · 태평(太平)⁵⁵⁾ · 안덕(安德)⁵⁶⁾ · 동광(東

---

32) 대류(大柳)가 아니라 대류수(大柳樹)다. 명대의 역제(役制) 중에 마두(馬頭)를 설치했는데 남직례(南直隸)는 동갈성(東葛城) · 운정(雲亭) · 강동(江東) · 강회(江淮) · 저양(滁陽) · 대류수(大柳樹) · 홍심(紅心) · 호량(濠梁) · 수양(睢陽) · 지하(池河) · 대점(大店) · 고진역(固鎭驛) 등에 280명, 동동성(東銅城) · 임산(荏山) · 평원(平原) · 어구(魚丘) · 안덕(安德) · 구현(舊縣) · 태평역(太平驛) 등에 164명을 편성했다. 정덕『고소지』권15, 전부(田賦).
33) 정원현(定遠縣) 동쪽 60리 되는 곳에 있다. 성화『중도지』(中都志) 권3.
34) 임회현(臨淮縣) 치소 남쪽 60리 되는 곳에 있다. 성화『중도지』권3.
35) 봉양부 옛 성 북관(北關) 밖에 있다. 명 헌종 성화 20년(1484) 마역(馬驛)에 병합하여 호량수마역이 되었다. 성화『중도지』권3.
36) 봉양현 동북쪽 60리 되는 곳에 있다. 성화『중도지』권3.
37) 영벽현(靈璧縣) 서남쪽 70리 되는 고진보(固鎭保)에 있다. 명 태조 홍무 초 숙주 역간포(歷澗鋪)에 설치했는데, 태조 5년 지금의 지역으로 옮겼다. 성화『중도지』권3.
38) 숙주성(宿州城) 동쪽 50리 되는 곳에 있다. 명 태조 홍무 2년(1369)에 세웠다. 태조 6년 황장(荒莊)이라는 곳으로 옮겼다. 그러나 그 지역이 움푹 들어간 곳이라 태조 29년 옛터로 옮겨 세웠다. 성화『중도지』권3.
39) 옛적에는 숙주 치소 동남쪽에 있었는데 명 태조 홍무 10년(1377)에 수어천호소(守禦千戶所)를 설치하면서 성의 동관(東關)으로 옮겼다. 성화『중도지』권3.
40) 숙주성 북쪽 60리 되는 곳에 있다. 성화『중도지』권3.
41) 도산마역(桃山馬驛)이다. 서주에 있다. 만력『대명회전』권145, 역전 1.
42) 서주에는 황하동안마역(黃河東岸馬驛)이 있는데 이를 가리키는 것으로 생각된다. 만력『대명회전』권145, 역전 1.
43) 이국역(利局驛)이 아니라 이국감역(利局監驛)이다.『대명회전』권145, 병부 28 역전 1.
44) 등양마역(滕陽馬驛)이다. 등현마역이라고도 한다. 성 동문 밖에 있다. 만력『대명회전』권145, 역전 1; 가정『산동통지』권15, 공서.
45) 추현(鄒縣) 동남쪽 50리 되는 곳에 있다. 가정『산동통지』권15, 공서.
46) 추현 서쪽에 있다. 가정『산동통지』권15, 공서.
47) 연주부(兗州府) 서문 밖에 있다. 가정『산동통지』권15, 공서.
48) 연주부 자양현(滋陽縣)에 있다. 만력『대명회전』권145, 역전 1.
49) 하간부 교하현성(交河縣城) 동쪽 50리 되는 곳에 있다. 속명은 박두역(泊頭驛)이다. 명 태조 홍무 25년(1392)에 세웠고, 성조 영락 연간에 중수했다. 참선 15척, 포진(鋪鎭) 등으로 편성했다. 가정『하간부지』권4, 궁실지; 권8, 재부지. 동평

光)⁵⁷⁾·부성(阜城)⁵⁸⁾·낙성(樂城)⁵⁹⁾·영해(瀛海)⁶⁰⁾·막성(鄚城)⁶¹⁾·
귀의(歸義)⁶²⁾·분수(汾水)⁶³⁾·탁록(涿鹿)⁶⁴⁾을 지나 고절역(固節驛)⁶⁵⁾
에 이른다. 양주로부터 이곳에 이르기까지 2,500여 리 길이다.

주 문상현 동남쪽에도 신교마역이 있다. 가정『산동통지』권15, 공서. 후자의 역
으로 보는 것이 타당하겠다.

50) 동원마역(東原馬驛)으로 동평주(東平州) 치소 남쪽에 있다. 가정『산동통지』권
15, 공서.
51) 규장각 판본에서는 동원구현(東原舊縣)으로 방점을 끊고 있으나, 정덕『고소지』에
는 동원(東原) 또는 구현(舊縣)으로 나와 있다. 정덕『고소지』권15, 전부. 구현마역
으로 동아현성(東阿縣城) 남쪽 10리 되는 곳에 있다. 가정『산동통지』권15, 공서.
52) 동평주 동아현에 있다. 만력『대명회전』권145, 역전 1.
53) 임산마역이다. 동창부 임평현에 있다. 만력『대명회전』권145, 역전 1.
54) 어구마역으로 동창부 고당주(高唐州) 동북쪽 120리 떨어진 성 서북쪽에 있다. 명
태조 홍무 2년(1369)에 세웠다. 가정『산동통지』권15, 공서.
55) 대평(大平)이 아니라 태평(太平)이다. 태평마역(太平馬驛)으로 지금은 은현에 속
한다. 덕주 남쪽 70리 되는 곳에 있다. 가정『덕주지』권2, 식화지; 가정『산동통
지』권15, 공서.
56) 안덕은 수역과 마역이 동시에 설치되어 있었다. 수역은 덕주 서문 밖 북쪽에 있
다. 명 세종 가정 3년(1524)에 중수했고 편액은 주절(駐節)이다. 마역은 남문 밖
서쪽에 있고 가정 3년에 중수했다. 가정『덕주지』권2, 식화지.
57) 하간부 동광현 치소 서남쪽에 있다. 말 53필, 나귀 60두 등이 배치되어 있었다.
가정『하간부지』권4, 궁실지; 권8, 재부지.
58) 본래는 하간부 구현(舊縣)의 치소 동문 밖에 있었는데, 명 성조 영락 13년(1415)
에 지현 민구(閔矩)가 세웠다. 헌종 성화 2년(1466)에 지현 임공(林恭)이 상주하
여 그 성 역의 치소를 넓혀 마침내 그 안쪽을 포함하게 되었다. 말 53필, 나귀 60
두 등이 배치되어 있었다. 가정『하간부지』권4, 궁실지; 권8, 재부지.
59) 말 53필, 나귀 60두 등이 배치되어 있었다. 가정『하간부지』권4, 궁실지; 권8, 재
부지.
60) 명 영종 천순 7년(1463)에 하간부의 치소 서남쪽에 설치했다. 말 66필, 나귀 60
두 등이 배치되어 있었다. 가정『하간부지』권8, 재부지;『기보통지』(畿輔通志)
권43, 역참.
61) 은성(鄞城)이 아니라 막성이다. 하간부 임구현(任丘縣) 유학 왼쪽에 있다. 명 태
조 홍무 9년(1376)에 지현 황총(黃聰)이 세웠다. 헌종 성화 연간에 현승 해윤(奚
潤)이 중수했다. 황화방(皇華坊) 등이 있다. 말 50필, 나귀 60두가 배치되어 있었
다. 가정『하간부지』권4, 궁실지; 권8, 재부지.
62) 귀의현 치소 남쪽에 있다. 명 태조 홍무 8년(1375)에 지현 정정(程鼎)이 세웠다.
홍치『보정군지』(保定郡志) 권5, 관사.

강에는 홍선⁽⁶⁶⁾이 있고 육지에는 포마(鋪馬, 역마)⁽⁶⁷⁾가 있다. 무릇 왕래하는 사신과 공헌(貢獻), 그리고 상고(商賈)는 모두 수로를 이용하는데, 혹시 가뭄으로 갑하(閘河)의 물이 적어지면 배가 지나갈 수가 없다. 혹시 급히⁽⁶⁸⁾ 보고할 일이 있으면 육로를 이용한다. 생각해보니 양주부는 남경에서 가까워 단지 역 3개 정도의 거리만 떨어져 있을 뿐이다.⁽⁶⁹⁾ 게다가 복건과 절강 이남은 이곳을 경유하여 북경에 도달하기 때문에 역로는 대단히 컸다. 육지에 설치된 역은 두 역 사이의 거리가 60리 또는 70, 80리 떨어져 있다.

강가에 설치된 역은 (항주) 무림현에서 (항주) 오산역에 이르기까지

---

63) 신성현(新城縣) 치소 동남쪽에 있다. 명 태조 홍무 6년(1373)에 지현 공충(孔忠)이 세웠다. 성조 영락 13년(1415)에 역승 방어(房馭)가 중건했다. 홍치『보정군지』권5, 관사.
64) 탁주(涿州) 치소 서남쪽에 있다. 말 191필, 부(夫) 88명으로 편성했다. 『기보통지』권43, 역참.
65) 양향현(良鄕縣) 치소 남쪽에 있다. 말 221필로 편성했으나 현재는 162필이고 수레〔車〕 20대로 편성했다. 옛적에는 체운소가 있었고 명 신종 만력 연간(1573~1620)에 폐했다. 광서『순천부지』권11, 역전. 북직례에 악성(樂城)·부성(阜城)·부장(富莊)·영해(瀛海)·동광(東光)·귀의(歸義)·분수(汾水)·정성(鄭城)·신중(新中)·탁록(涿漉)·고절역(固節驛) 등에 135명을 편성했다. 정덕『고소지』권15, 전부.
66) 명 태조 홍무 초에 설립된 체운소에 배치된 선척으로 홍유(紅油)로 칠하여 홍색을 띠고 있는 까닭으로 홍강(紅矼) 또는 홍선(紅船, 홍마좌선〔紅馬座船〕)으로 불렸다. 이 홍선의 용도는 진공물의 수송, 또는 관용물자의 체송에 사용했다. 星斌夫, 『明淸時代交通史の硏究』, 山川出版社, 1971. 구체적인 내용은 정덕『대명회전』권121, 체운소 참조.
67) 무릇 참(站)에는 육로는 말이나 소, 혹은 나귀〔驢〕나 수레〔車〕로 하고, 수로는 배〔舟〕로 한다. 역전에 새서(璽書)를 지급하는데 이를 포마(鋪馬)라고 한다. 『원사』권101, 병지 참적(站赤).
68) 화치(火馳). 이제 자기의 몸으로 근본을 삼아 형체만으로 다르다 할 것이고, 바야흐로 또 지혜를 존중하여 마구 치달리게 할 것일세. 『장자』천지.
69) 양주부에서 남경으로 들어가는 길은 다음 세 가지가 있다. 먼저 수로는 진강부의 경구역(京口驛)을 거쳐 의징역(儀徵驛)·용강수마역(龍江水馬驛)·강동마역(江東馬驛)에서 남경으로 들어간다. 다음으로 육로는 경구역 방향으로 나아가 용강수마역을 거치는 것과, 양주부 광릉역(廣陵驛)에서 육합현(六合縣)과 강회역(江淮驛)을 거쳐 남경에 이르는 길이 있다. 소동병, 앞의 책.

30리, (북직례) 노하로부터 회동관에 이르기까지 40리인데, 모두 수로 중에 설치된 육로이기 때문에 거리가 서로 가깝다. 그 외에는 60, 70리, 또는 80, 90리, 또는 100리 넘어 서로 떨어져 거리가 매우 멀다.70) 포의 거리는 10리 혹은 20, 30리 서로 떨어져 있는데, 양주 이후부터는 강가에 6, 7리, 또는 10여 리에 천(淺)71)을 설치하여 거리를 기록했다.

내가 거쳐 온 우두외양에서 도저소와 항주부, 그리고 북경 회동관에 이르기까지 합하면 6천여 리가 된다. 회동관에서 노하·하점·공낙(公樂)·어양·양번(陽樊)·영제·의풍·칠가령·만하·노봉구·유관·천안·고령·사하·동관·조가장(曹家莊)·연산·도행아(島杏兒)·소릉하·십삼산·여양·광령·고평·사령·우가장·해주재성72)·안산(鞍山)·요양역 등을 거쳐 요동성에 이르렀다. 요양73)은 요동 재성역이다.74) 역은 30, 40리, 또는 50, 60리 서로 떨어져 있는데, 합하여 1,700여 리 길이다.

산해관 안쪽으로는 10리에 연대(煙臺)를 설치하여 봉화(烽火)에 대비했다.75) 관(關)을 지난 후에는 5리 간격으로 소곽(小堁)을 설치하여 표지를 세우고 거리를 기록했다. 요동에서 첨수(甜水)76)·통원보(通遠

---

70) 소동병은 역로와 역참의 배치도를 자세하게 표로 작성했는데, 그중에 각 역간의 거리도 제시하고 있다. 이에 의하면 가까운 곳은 10리에서부터 먼 곳은 150리 등 다양하다. 소동병, 같은 책, 1983.
71) 갈진가(葛振家)는 천을 물가의 험한 길이라고 해석했다. 葛振家,『崔溥「漂海錄」評注』, 綫裝書局, 2002.
72) 규장각 판본에는 해주(海州)와 재성(在城)을 구분했으나 해주 재성역이 맞다.
73) 수(水)의 북쪽을 양(陽)이라고 한다. 요동 지역의 동서, 그 남쪽은 모두 바다다. 성은 그 북쪽에 있어 요양이라고 했다. 지금은 다만 도사의 치소를 요양이라고 칭하는 것은 모두 모여드는 곳이라는 의미다.『요동지』권1, 지리지.
74) 숙청문(肅淸門) 밖 서관(西關) 내에 있다. 명 태조 홍무 18년(1385)에 설치했다. 좌위전소(左衛前所)가 대관(帶管)한다.『요동지』권2, 건치지.
75) 무릇 변방에는 연곽(煙堁)과 간수(看守)와 후부(堠夫)를 설치하여 힘써 때때로 점검하여 널리 마른 풀을 쌓아 주야교대로 살펴 위급하면 낮에는 연기를 올리고 밤에는 불을 올려 통보한다. 정덕『대명회전』권114, 병부 9 관진 2 봉후(烽堠). 그런데 만력『섬서통지』권10, 병방에 영하진(寧夏鎭)에는 돈대(墩臺)와 적대(敵臺)를 구별하여 설치하고 있다.

堡)·사리(斜里)·개주(開州)·탕참(湯站) 등의 참을 지나 압록강에 이르렀는데, 300여 리의 길이었다.

산해관의 동쪽에는 다시 긴 담[長墻]을 쌓고 작은 성[堡子]을 만들어 오랑캐를 방어하도록 했다. 역체(驛遞)에는 모두 성이 있었는데, 방어소(防禦所)와 같았다. 또한 부와 주, 그리고 현을 설치하지 않고 위소를 두었다.77) 비록 역체의 관원이라고 할지라도 모두 군직에서 충당했다.78)

내가 다시 전해 듣기에, 삼차하(三叉河)79)로부터 또 하나의 길이 있는데, 해주위80)·서목성(西木城)·유안성(綏岸城)·앵장하둔(鶯掌河屯)·뇌방림자둔(牢房林子屯)·독탑리둔(獨塔里屯)·임강하둔(林江河屯)·포로호둔(蒲蘆葫屯)을 지나 압록강에 이르기까지 200여 리에 이르니 역시 중·대로다.

길의 왼편에 옛 성터가 있으나 폐하여 안시리(安市里)가 되었는데, 전해오는 말에 의하면 당나라의 군대를 막았던 곳이라고 한다.81) 명 홍무 연간(1368~98)에 다시 긴 담장을 쌓아 북원(北元)82)을 방어했는데, 위쪽은 진나라의 장성에 연했고 동쪽으로 뻗어 나왔다. 삼차하의 서쪽은 자세하게 알지 못하나, 그 이동은 곧 북쪽으로 장정보(長靜

---

76) 첨수참보(甛水站堡)로 관군 82명으로 편성했다.『요동지』권3, 병식지.
77) 명 태조 홍무 4년(1371)에 정료위(定遼衛)를 설치하고, 태조 8년에는 요동도사로 개칭했다. 태조 10년에는 소속 주와 현을 폐지했다.『황여고』(皇輿考) 권1, 구변(九邊).
78) 각처의 예와 같이 역승, 체운소 대사를 설치했으나 요동의 역과 체운소는 백호소의 군사로 충당했다.『요동지』권5, 관사지.
79) 우장역(牛庄驛)으로부터 해자(海子)에서 배를 타고 10리를 가면 삼차하에 이른다. 즉 요하다. 주하(珠河)·대자하(代子河)와 합류하여 이러한 이름이 붙었다. 3개의 하는 모두 태녕(泰寧)의 북쪽에서 발원하여 이곳에 이르러 하나로 합쳐진다. 정사룡,『조천록』(朝天錄) 권3, 중종 22년 7월 19일.
80) 명 태조 홍무 초에 해주, 태조 9년 해주위를 설치했다. 태조 28년 4월 해주를 폐했다.『명 태조실록』권238, 을해조.
81) 당 태종의 고구려 침공에 관련된 기사는 다음에 전한다.『삼국사기』권21, 고구려본기;『구당서』권3, 태종본기.

堡)⁸³⁾ · 장녕보(長寧堡)⁸⁴⁾ · 장안보(長安堡)⁸⁵⁾ · 장승보(長勝堡)⁸⁶⁾ · 장용보(長勇堡)⁸⁷⁾ · 장영보(長營堡)⁸⁸⁾ · 정원보(靜遠堡)⁸⁹⁾ · 상유림보(上榆林堡)⁹⁰⁾ · 십방사보(十方寺堡)⁹¹⁾ 등을 지나고, 또 동쪽으로 평락박보(平洛泊堡)를 지나 심양성(瀋陽城)⁹²⁾에 이른다.

다시 북쪽으로 포하성(蒲河城)⁹³⁾ · 의로현성(懿路縣城) · 범하성(凡河城) · 철령위성⁹⁴⁾ · 요참성(腰站城) 등을 지나 개원성(開原城)에 이른다. 또 동쪽으로 무순(撫順)천호소⁹⁵⁾ 성의 남쪽을 거쳐 동주보(東州堡) · 마근보(馬跟堡)⁹⁶⁾ · 단청하보(單淸河堡)⁹⁷⁾ · 함장보(鹹場堡)⁹⁸⁾

---

82) 명 태조의 북벌군, 즉 서달(徐達)과 상우춘(常遇春) 등으로 구성된 군대가 1368년 윤 7월 원 순제의 대도(북경)를 포위하자 순제는 상도(上都, 개평)로 도망했다. 8월 대도를 점령한 명군은 몽골 잔존세력을 차례차례 격파해 갔다. 원의 순제는 응창(應昌)으로 도망가 여기서 병사한다. 그 자손은 수대에 걸쳐 몽골고원에서 원조의 회복을 도모했으니 이들을 북원이라고 한다. 山根幸夫, 「漢民族の復興」, 『中國史』Vol.4 明·淸, 山川出版社, 1999.
83) 관군 301명으로 편성했다. 『요동지』 권3, 병식지.
84) 관군 419명으로 편성했다. 같은 책.
85) 관군 491명으로 편성했다. 같은 책.
86) 관군 461명으로 편성했다. 같은 책.
87) 관군 583명으로 편성했다. 같은 책.
88) 관군 500명으로 편성했다. 같은 책.
89) 관군 364명으로 편성했다. 같은 책.
90) 관군 388명으로 편성했다. 같은 책.
91) 관군 335명으로 편성했다. 같은 책.
92) 심양위(瀋陽衛)를 가리키는 듯하다. 용양성 북쪽으로 110리 되는 곳에 있다. 본래 읍루국(挹婁國)의 땅이다. 당대에 발해에 심주(瀋州), 요대에 흥료군(興遼軍)을 두었다. 후에 소덕군(昭德軍)으로, 금대에는 현덕군(顯德軍)이었던 것을, 원 초에는 심주로, 후에 다시 심양로로 고쳤다. 원 말에 나하추(納哈出)가 이 지역을 거점으로 삼았다. 명 태조 홍무 20년(1387)에 위소의 치소를 설치했다. 『요동지』 권1, 지리지.
93) 포하천호소(蒲河千戶所)가 설치되어 있는 성을 가리키는 것으로 생각된다. 명 태조 홍무 21년(1388)에 설치했고 심양위에 속했다. 『명사』 권41, 지리지 2.
94) 5월 22일 주 198) 참조.
95) 명 태조 홍무 21년(1388)에 설치했고 심양위에 속했다. 『명사』 권41, 지리지 2.
96) 마근보(馬跟堡)가 아니라 마근단보(馬根單堡)가 아닐까? 관군 484명으로 편성했다. 『요동지』 권3, 병식지.

애양보(靉陽堡)⁹⁹⁾·십차구보(十叉口堡) 등에 이르며, 압록강에 도착하기까지 무릇 수천여 리가 된다. 정료좌위(定遼左衛) 등 25위¹⁰⁰⁾를 돌아서 포진하고 있는 성을 따라서 길이 나 있다고 한다. 그러나 아직 확실히 알 수는 없다.

절강 영파부 봉화현(奉化縣) 이남은 모두 바닷가이며 높은 산과 험한 고개, 기암괴석(奇巖怪石)이 많고 계곡물이 굽이쳐 흐르고 화초가 아름답게 피어 있다.

양자강 이남의 땅은 진흙과 웅덩이가 많으나 천태산·사명산·회계산·천목산(天目山)¹⁰¹⁾·천평산(天平山) 등이 서로 얽혀 그 사이에 뻗어 있다.

회하 이남의 땅은 호수와 진흙 그리고 습지¹⁰²⁾가 대부분이며 이북으로는 땅이 솟아오른 곳이 많았다.¹⁰³⁾ 조하(漕河)의 강둑이 평지보다 높기 때문에 터서 흐르게 하여 물과 육지가 서로 뒤바뀐다.

산동 제녕주 이북은 분수묘가 있어서 묘 이남은 물살이 남쪽으로 흘러가고, 이북은 북쪽으로 흘러간다.

산동 동창부 무성현 이북은 땅이 진흙과 모래가 많고, 장로(長蘆) 등

---

97) 『요동지』에는 청하보(淸河堡)로 표기했다. 『요동지』, 요동하동성보지방총도(遼東河東城堡地方總圖).
98) 함장보(鹹場堡)가 아니라 감(험)장보(䎛場堡)로 관군 484명으로 편성했다. 『요동지』 권3, 병식지.
99) 관군 999명으로 편성했다. 『요동지』 권3, 병식지.
100) 정료좌위는 명 태조 홍무 26년(1393)에 설치했으며 요동도사에 소속된다. 『명사』 권90, 병지 2.
101) 항주부 임안현(臨安縣) 서쪽 50리 되는 곳에 있다. 도가의 제34동(洞)으로 천산(天山) 아래 두 호(湖)가 있는데 마치 좌우의 눈 같아 이러한 이름이 붙었다. 『원화군현지』(元和郡縣志)에는 '천목산에는 두 봉우리가 있는데 봉우리 정상에 각각 1개의 연못이 있어 서로 마주보고 있다'고 한다. 『대명일통지』 권38, 절강 포정사.
102) 저여(沮洳). 습지를 가리킨다. 분수(汾水)가의 물가에서 푸성귀를 뜯는 사람. 『시경』 위풍 분저여(汾沮洳).
103) 강남은 니토(泥土)고, 강북은 사토(沙土)다. 남쪽 토양은 습하고, 북쪽 토양은 건조하다. 『광지역』(廣志繹) 권2, 양도(兩都).

항주부에 있는 천목산. 산 아래에 두 개의 호수가 있는데,
마치 두 눈과 같아 이러한 이름이 붙었다(『삼재도회』).

과 같은 곳은 염분이 많아 경작할 수 없으니 곧 「우공」의 '해빈광척'(海濱廣斥)의 땅[104]이다.

천진위 이북은 물살 또한 남쪽으로 흐르는데, 장가만(張家灣)에 이르면 넓은 백사장이 끝이 없고 바람을 따라 이리저리 옮겨다닌다. 북경에 도착하면 천수산 등 여러 산이 북쪽을 둘러싸고 있다. 천수산의 서쪽 줄기는 태항산(太行山),[105] 왕옥산(王屋山)[106] 등을 통해 이어져 하남의 경계에 도달하게 된다. 동쪽 줄기는 동쪽으로 뻗어 삼하(三河)와 계주(薊州)를 지나 옥전현(玉田縣)의 북쪽에 이르러 연산이 된다. 다시 동쪽으로 풍윤현을 지나 진자진(榛子鎭)[107]에 이르러 또 두 갈래로 나뉜다.

남쪽 줄기는 동쪽으로 난주(灤州)와 창려현(昌黎縣)을 지나 갈석산(碣石山)[108]에 이르러 곧바로 바다에 닿아 있으며, 북쪽 줄기는 바로 연산의 산맥과 통해 이어져 있고, 동쪽으로는 천안(遷安) 북직례 영평부를 지나 무녕(撫寧)의 동쪽에 이르러 곧바로 산해관과 연결된다.

---

104) 바다와 태산 사이에 청주(靑州)가 있다. 우이(嵎夷)를 다스리고 나니 유수(濰水)와 치수(淄水)가 통했다. 이곳의 흙은 희고 비옥했으며 해변은 넓은 갯벌이었다. …… 주) 설문(說文)에 노(鹵)는 함지(鹹地)로 동방에서는 이를 척(斥), 서방에서는 노(鹵)라 한다. 『서경』(십삼경주소) 하서 우공.
105) 산서 강현(絳縣) 동쪽 20리 되는 곳에 있다. 산이 매우 높고 험준하여 서북 여러 산의 대부분이 그 줄기다. 택주성(澤州城) 남쪽 30리 되는 곳에 있다. 이곳으로부터 동서 일대의 여러 산은 각각 지역에 이름을 붙였으나 실은 모두 태항산이다. 『대명일통지』 권20, 평양부; 권21, 대동부.
106) 산서 택주(澤州) 양성현(陽城縣) 남쪽 경계에 있다. 선궁동천(仙宮洞天)이 있는데 넓이가 30리다. 즉 「우공」에 이른바 '서성산(析城山)을 거쳐 왕옥산까지 나아갔다'는 표현이 있다. 『대명일통지』 권21, 대동부.
107) 난주 서쪽에 있다. 『금사』(金史) 지리지에 의하면 '석성현(石城縣)에 진자진이 있다'고 한다. 『대청일통지』 권14, 영평부 2.
108) 난주 창려현(昌黎縣) 서북쪽 20리 되는 곳에 있다. 「우공」의 주에 '갈석은 북평군 서남쪽 하구의 북쪽에 있다'고 하는데 지금 평주의 남쪽이다. 역도원(酈道元)이 말하기를 '여성현(驪城縣) 침해(枕海)에 돌이 있는데 흡사 양쪽에 길을 수십 리나 쌓은 것 같다'고 했다. 산정에 큰 돌이 있는데 마치 주석(柱石, 돌기둥) 같다. 위소(韋昭)가 갈석(碣石)이라고 했다. 『대명일통지』 권5, 영평부.

산해관의 바깥에는 산맥이 동쪽으로 길게 뻗어 있으며, 광녕위의 서북쪽에 이르러 의무려산이 된다.

북경으로부터 이곳에 이르기까지 산은 모두 민둥산이어서 그 사이에는 초목이 없다.

양자강 이북, 태항산 이동, 연산과 의무려산 이남 수천 리 사이에는 사방이 평탄하며, 동쪽은 대해로 통한다. 광녕위의 동쪽, 해주위의 서쪽과 요동의 북쪽으로 길게 뻗어가 큰 평야가 되니 바로 이른바 학야(鶴野)다.

해주위의 동쪽에 비로소 안산(鞍山)이 있어서 휘감겨 남쪽으로 내려와 천산(千山)이 되었다. 이 뒤로는 여러 봉우리의 중첩된 모습이 마치 창이 늘어서 있는 것과 같고 병풍으로 둘러싸인 것과 같다. 동남쪽으로는 바로 압록강에 이르며, 동쪽으로는 야인의 지경에 들어간다.

요동의 남쪽에는 분수령이 있는데, 이곳 북쪽으로부터는 물길이 북쪽으로 흘러가고, 이남으로는 남쪽으로 흘러간다.

석문령의 이남에는 산이 많고 숲이 우거져 있으며, 계곡물이 맑고 푸르다.

북경으로부터 압록강에 이르기까지 그 사이에 강이라 이름 지어진 것은 모두 작은 하천에 불과하고, 대부분 비가 오면 물이 불었다가 가물면 말랐다. 오직 난하와 삼차하만이 크고, 그 다음으로는 백하(白河), 대릉하, 소릉하, 태자하, 팔도하와 같다.

양자강 이남의 땅에는 연석(軟石)이 많아서 육로는 모두 돌을 파서 길에 깔았다. 또는 소금이 많은 땅과 진창을 가로질러 산등성이를 타고 넘었는데, 영해현(寧海縣)과 봉화현 등지와 같은 곳에 많다. 수로는 모두 돌을 다듬어 홍문교(虹門橋)를 세우고 제방을 쌓아 강과 호수를 막았는데 오강현 등지에 많다.[109]

---

[109] 오강현이 속해 있는 소주부의 교량은 송대 이후 돌로 꾸몄고, 증축하여 세우는 일이 더욱 성했다. 정덕『고소지』권19, 교량 상편.

태항산. 산이 매우 높고 험준하다(『삼재도회』).

회하 이북에 석교(石橋)는 하나도 없고, 배로 만든 부교[110]나 간단하게 목교(木橋)를 설치했으며,[111] 육로는 모래와 먼지가 하늘을 덮었다.[112]

연산관 이후는 조도(鳥道)[113]가 실과 같이 좁고 거친 풀이 사방에 가득했으며, 모기와 등에가 얼굴을 물어서 지나다니는 사람이 아주 고통스러워했다.

회하 이남의 땅은 수전(水田)이 많고 비옥하여 물자가 넉넉해서 벼와 메조마저도 천시했다.

서주 이북은 수전이 없고, 요동 이동은 기후가 또 늦게 더워지고 일찍 추워져 곡식이 잘 자라지 않고 단지 기장만 생산된다.[114]

옛날에 강소와 절강, 그리고 복건 이남의 조운은 모두 양자강에 모였다가 바다로 배를 띄워 노하(潞河)에 도달하고 다시 북경에 도착했는데, 원나라 순제 연간(1333~68)에 비로소 운하를 뚫고 제방을 쌓아 갑을 설치해서 조운을 통하게 했다. 영락 연간(1403~24)에 황하를 터서 회하에 물을 대고, 위하(衛河)를 끌어서 백하에 통하게 하도록 크게 수축했다. 물이 쏟아지면 방죽[堰壩]을 설치하여 막고, 물이 막히면 제당(堤塘)을 쌓아서 막으며, 물이 얕으면 갑을 설치하여 저장했고, 물살이 급하면 홍(洪)을 설치하여 되돌렸으며, 물이 모이면 취(嘴)를 설치하여 나눈다.

패(壩)[115]의 제도는 두 물을 경계로 하여 안팎으로 양쪽 옆에 돌로

---

110) 2월 16일 주 459) 참조.
111) 중국 교량은 작은 돌을 연마하여 만들었는데 사치하며 넓다. 다리 위에는 반드시 난간에 사자 등을 조각하여 장식했다. 다리 밑에는 홍문(虹門)을 만들어 수구(水口)로 했다. 황사우, 『조천록』 1610년 7월 21일.
112) 북쪽지방의 물은 대개 모래와 흙이 많았던 까닭으로 사하(沙河)나 토하(土河)라고 이름을 붙인 것이 많다. 허봉, 『조천기』 1573년 6월 28일.
113) 새만이 다닐 수 있는 험한 산길을 의미한다. 인선산(寅仙山)은 옛부터 북쪽이 험준한 조도(鳥道)로 사람들이 지나갈 수가 없다. 『태평환우기』 권100, 강남동도 13.
114) 남쪽은 벼, 북쪽은 기장·조·보리·콩 재배에 알맞다. 『광지역』 권2, 양도.

쌓아 언(堰)¹¹⁶)을 만든다. 언 위에 두 개의 돌기둥을 세우고, 그 위에 횡목(橫木)을 얹어 문처럼 만든다. 횡목에다가 한 개의 큰 구멍을 뚫고, 또 나무기둥을 세우고 가로지른 나무 구멍에 맞추어 돌아갈 수 있게 한다. 기둥 사이로는 여러 개의 구멍을 뚫고 또 대나무를 쪼개어 새끼를 만들고 배를 묶어 나무기둥에 매고는 짧은 나무를 여러 개의 구멍에 다투어 꽂아서 고정시키고 배를 끌어올린다. 패 위로 올라가는 것은 역류하는 것이기 때문에 어렵고 패 아래로 내려가는 것은 순류하는 것이기 때문에 쉽다.

갑(閘, 수문)¹¹⁷)의 제도는 양쪽 언덕에 돌로 제(堤)를 쌓고 그 가운데에 배 한 척이 지나갈 수 있게 한다. 넓은 판자로 그 흐름을 막아서 물을 저장하는데, 판자의 많고 적음은 물의 얕고 깊음에 따른다. 또 제 위에 목교를 설치하여 사람들이 왕래할 수 있게 했다. 두 개의 기둥을 목교 양쪽 옆에 세워 패의 제도와 같이 배가 도착하면 곧 그 다리를 들어올려 줄로 기둥에 매고 넓은 판자를 끌어올려서, 그 흐름을 통하게 한 후에 배를 당겨서 지나가게 한다. 배가 지나가면 다시 이것을 막았다.

홍(洪)¹¹⁸)의 제도도 양 언덕에 역시 돌로 언을 쌓고, 그 위에 배를 몰 수 있는 길을 만든다. 대나무로 만든 닻줄을 사용하여 끌어당기는데, 배 한 척을 당기는 데 인부는 백여 명, 소는 열 마리가 필요했다. 패나 갑이나 홍에는 모두 관원이 있었는데, 인부와 소를 모아놓고 배가 오는 것을 기다렸다.¹¹⁹) 제당(堤塘)과 취(嘴)¹²⁰)는 모두 돌로 쌓았는데, 또는

---

115) 윤1월 29일 주 255) 참조.
116) 같은 곳 참조.
117) 2월 15일 주 424) 참조.
118) 3월 초2일 주 32) 참조.
119) 명 성조 영락 초에는 주사 1명이 갑하(閘河)를 전담했는데, 점차 통정낭중(通政郎中) · 공부상서 · 도독 1명이 운하를 담당하게 되었으나 후에는 총병관이 조운을 담당했다. 성조 영락 19년(1421)에는 후와 백 각 2명을 파견하여 최부가 통과한 제녕갑(濟寧閘)과 서주, 그리고 여량홍 등을 담당하게 했다. 홍에는 어사 · 낭중 · 소경 또는 하남안찰사 등의 관료를 파견했고, 서주홍에는 홍부(洪夫) 900명, 여량홍에는 1,500명을 편성했다. 패와 갑에도 패부와 갑

목책으로 만든 것도 있었다.

절강진수가 양왕(楊旺)을 차출하여 우리를 북경으로 호송하게 했다. 기한이 4월 초1일까지인 까닭으로 양왕은 우리를 거느리고 밤낮으로 재촉하여 갔다. 순풍이면 돛을 매달고, 역풍이면 배를 끌어당겼으며, 물이 얕으면 삿대로 바닥을 밀며 나아가고, 물이 깊으면 노를 저어서 갔다.

역에서는 구량(口糧)을 지급하고 체운소에서는 배를 바꾸어 주었는데, 대체로 사신의 명을 받거나 진공(進貢)하러 왕래할 때에는 모두 그렇게 했다.

무릇 백 리 사이에서도 풍속이 서로 다른데, 하물며 천하의 풍속은 어떻겠는가? 풍속을 한마디로 논하는 것은 불가능하다. 그러나 대개 양자강을 중심으로 남북으로 나누어 인가의 성쇠를 살펴보면, 곧 양자강 남쪽의 여러 부, 성과 현, 위소 가운데 번화하고 장대하고 화려한 것이 이루 말할 수 없었다. 진·순검사·천호소·채(寨)·역·포·이(里)·패 등 부근, 3, 4리나 7, 8리, 또는 10여 리, 많은 경우에는 20여 리 사이에 여염집이 가득하고, 시사(市肆, 시장)가 길 좌우에 늘어서 있고, 누대가 아주 가까이 서 있고, 배들이 서로 이어져 있었다.

주옥·금은·보패의 산물과 도량(稻粱)·염·철·어해(魚蟹, 게)의 풍부함, 양·염소·거위·오리·닭·돼지·당나귀·소의 축산물과 송·황(篁)·등(藤)·종(棕)[121]·용안(龍眼)[122]·여지(荔枝)[123]·귤(橘)[124]·유(柚)[125]의 물산이 천하에서 으뜸이니, 옛날 사람이 강남을 아름다운 곳이라고 한 것은 이 때문이었다.[126]

    부 등을 편성했는데 홍보다 적었다. 대략 30~50명이었다. 만력『대명회전』권 198, 공부 18 하거 3 운도3;『조선지』(漕船志) 권1, 건치.
120) 2월 초6일 주 143) 참조.
121) 종(棕, 종려나무)은 안남과 남해 등지에서 생산된다. 영남과 서천(西川)에서 나는데 지금 강남에도 있다. 크기는 1, 2장으로 잎은 크고 둥글며, 차바퀴와 비슷하다. 6, 7월에 황백색의 꽃이 피며 8, 9월에 과실이 연다. 과실은 고기와 같이 집 같은 것을 만드는데 알맹이는 검은색을 띤다.『본초강목』권35, 목부 종려.

양자강 북쪽의 양주나 회안 같은 곳과 회하 이북의 서주·제녕·임청 같은 곳은 번화하고 풍부한 것이 강남과 다르지 않았으며, 임청이 그 가운데 가장 번성했다. 그 외에 관부의 치소가 있는 성 같은 곳 역시

---

122) 남해(南海) 산곡에서 산출한다. 복건·광동·사천에서도 생산한다. 용목(龍目)·원안(圓眼)·익지(益智)라고도 한다. 수목의 크기는 2, 3장으로 여지의 잎보다는 조금 작다. 겨울에도 시들지 않고 늦봄과 초여름에 흰 꽃이 핀다. 7월에 열매가 익는다. 맛은 사과와 비슷하다. 『본초강목』 권31, 과부 용안. 옛적 남해(廣州縣)에서 용안과 여지를 헌상했다는 부분의 주에 『교주기』(交州記)에 '용안수(龍眼樹)는 크기가 5, 6장으로 여지와 비슷하나 작다.' 『광주기』(廣州記)에 '알맹이는 여지와 비슷하나 둥글다. 7월에 익는다.' 『후한서』 권4, 화제본기.

123) 복건·광동·사천에서 생산된다. 줄기는 3, 4장이며 잎사귀는 우장복엽(羽狀複葉)으로 투명한 작은 점이 있다. 과실은 외피(外皮)에 거북이 등껍질 문형(龜甲汶)이 있고, 안은 하얗고 맛이 달며 즙이 많아 용안과 비슷하다. 『낭야대취편』(琅琊代醉編) 권40, 이지(離枝). 열매는 5, 6월에 성숙한다. 단려(丹荔)로 여지는 영남 및 파중(巴中)에서 생산되는데, 지금 복건의 천주(泉州)·복주(福州)·장주(漳州)·흥화군(興化軍), 사천의 가주(嘉州)·촉주(蜀州)·유주(渝州)·부주(涪州)와 광주군(廣州郡)에서 생산되는데 복건의 품질이 제일 좋다. 촉주(蜀州)가 그 다음이고, 영남이 그 다음이다. 토착인들은 그 뿌리로 완함조(阮咸槽) 및 탄기국(彈碁局)을 만든다. 『본초강목』 권31, 과부 여지. 『당서』에 양귀비가 여지를 좋아하여 남해에서 바쳤는데 나르듯이 진상했다. 그러나 더워야 열매가 익는데 묵으면 즉시 부패한다. 이 여지를 진공한 고사다. 『후한서』 화제본기에 옛날 남해에서 용안과 여지를 헌상했다는 기록이 보인다. 『해여총고』 공려지불시어양귀비(貢荔枝不始於楊貴妃).

124) 귤유(橘柚)는 강남 및 산남(山南)의 산곡(山谷), 즉 절강·형양(荊襄)·호령(湖嶺)에서 생산된다. 크기는 1, 2장으로 줄기 위에 기다란 가시가 있다. 초여름에 흰 꽃이 피고, 6, 7월에 열매를 맺으며, 11, 12월이 되면 황색으로 익는다. 옛적에는 작은 것을 귤, 큰 것을 유(柚)라 했다. 『본초강목』 권30, 과부 귤. 당·송 이래로 감귤 생산의 명산지는 태호 동남부에 위치한 동정산(洞庭山) 지역이다. 김문기, 「명청시기 강남의 기후변동과 동정감귤」, 『명청사연구』 14, 2001.

125) 유자의 피는 두꺼우나 맛은 감미롭고 귤껍질이 얇으며 신맛이나 쓴맛이 나는 것과 다르다. 복건·영외(嶺外)·강남 지방에서 산출한다. 유자나무의 잎은 등(橙, 등자나무)과 비슷하고 열매는 두 종류가 있다. 작은 것은 감(柑)이나 등과 같고, 큰 것은 오이나 되와 같다. 심지어 큰 것은 1척을 넘는다. 『본초강목』 권30, 과부 귤. 태호의 여러 산에서는 귤과 유(柚)의 재배를 생업으로 하는데, 많을 경우에는 천 그루를 심고, 가난한 집이라도 재배하지 않는 곳이 없다. 『진택집』(震澤集) 권3, 풍속.

간혹 풍성하고 번성한 곳이 있었다.[127] 진[128]·채·역·포[129]·이(里)·집(集)[130]·취(嘴)·창(廠)[131]·만·오(塢)[132]·갑·패·천(遷)[133] 사이에는 인가가 크게 번성하지도 않았고 마을도 한적했다. 통주 이동은 점점 인가가 더 적었다.[134]

산해관을 지나서 백 리를 가니, 겨우 한 개의 이사(里社, 마을에서 지신(地神)을 모시는 사당)가 있었는데, 초가집 두세 채에 지나지 않았다. 오직 양[135]·염소·닭·돼지·당나귀·낙타·소·말의 축산이 넓은 들판에 가득했고, 미루나무·버들나무·뽕나무·대추나무가 무성하게 자라 그늘이 지고 가지들이 뒤엉켜 있었다.[136] 팔도하 이남은 황

---

126) 중국을 남북으로 구분하는 회안(淮安)은 명대의 조운에서 매우 중요한 지리적 위치를 점하고 있었다. 최고 지휘관인 조운총독과 조운총병관이 이곳에 본거지를 두고 있었다. 또한 단순히 세량 수송의 관문일 뿐만 아니라, 상품 유통의 요충지로 산서상인과 휘주상인 등 여러 상인이 집적하는 곳이어서 번화를 자랑하는 교통도시 또는 경제도시로 시대의 각광을 받았다. 谷光隆, 『明代河工史研究』, 同朋舍, 1991.

127) 광녕성은 성이 웅장하고 민인이 번성하여 시장에 물화가 가득한 것이 요동보다 더했다. 권협, 『연행록』 1597년 2월 20일.

128) 향촌 중에서도 진(鎭)·시(市)·점(店) 등이라고 부르는 소도시가 다수 출현했다. 이들 소도시에서도 진시(鎭市)라고 불리는 정기시가 열렸다. 山根幸夫, 『明清華北定期市の硏究』, 汲古書院, 1995.

129) 윤1월 26일 주 237) 참조.

130) 3월 초2일 주 30) 참조.

131) 예를 들면 조선(漕船)을 만드는 선창(船廠)이라든가 부창(夫廠)을 말한다. 회안 청강포(淸江浦)에는 선창이 건설되었고(『조선지』 권2, 봉사(奉使)), 부창은 다른 주와 현에서 징발한 취역한 인부를 집단적으로 숙박시킨 시설이다. 谷光隆, 앞의 책, 1991.

132) 2월 11일 주 270) 참조.

133) 갈진가(葛振家)는 천을 물가의 험한 길이라고 해석하였다. 앞의 책.

134) 통주는 북경 동쪽 40리 되는 곳에 있다. 별도로 웅주성(雄州城)이 있는데 길이가 300장, 사방 500보나 되었다. 견고한 성지, 곡식과 진귀한 물품이 풍부하여 천부(天府)의 땅이라고 일컬어졌다. 좌우에는 시장이 운집하고 훌륭한 저택이 담을 맞대고 있었다. 나루터에는 수많은 배들이 있었는데 대부분은 장사하는 상인들이었다. 이행, 『조천록』 1500년 7월 25일.

135) 고양(羔羊). 염소 새끼를 고, 어미를 양이라고 한다. 갓옷은 염소가죽 흰 실로 다섯 바늘 밥 먹으러 들어갈 때 의젓하기도 하다네. 『시경』 소남 양구(羊裘).

용안(왼쪽)과 여지. 중국 남방지역에서 생산된다(『본초강목』).

량하고 넓어 사람이 살지 않았다.

강남의 주택은 기와집이고 벽돌을 깔았으며, 계단은 모두 돌을 다듬어서 사용하거나 돌기둥을 세운 것도 있었는데, 모두 크고 화려했다.[137) 강북은 작은 초가집에 사는 자가 거의 절반을 차지했다.[138)

복식(服飾)으로 말하자면 강남 사람들은 모두 넓고 큰 검은색 속옷과 바지를 입었는데, 능라(綾羅, 비단)·견초(絹綃, 명주)·필단(匹緞)으로 만든 것이 많았다. 또는 양모모(羊毛帽, 양모로 만든 모자), 검은색 필단으로 만든 모자, 말털로 만든 모자를 쓰기도 하고 또는 두건과 휘장을 쓰거나 각이 없는 흑건(黑巾)을 쓰기도 했다.[139) 관인은 사모(紗帽)[140)를 쓰고, 상인은 흰 베로 만든 두건을 썼는데, 때론 추포(麤布)

---

136) 영평부 동쪽으로부터 북경에 이르기까지 한들판이라 마을의 여염집이 연달아 밥짓는 연기와 등불이 서로 연접하고, 산에는 한 치의 나무도 없었지만 원야(原野)에는 수목이 울창하여 숲을 이루었다. 모두 양류(楊柳)·백양(白楊)·대추·밤나무는 밭 가운데 줄지어 심었고, 논은 전혀 없지만 다만 고려촌에서는 논이 한두 군데 보였다. 김육(金堉), 『조경일록』 병자년(1636) 11월 6일. 칠가령에서 30리를 가자 버드나무가 수 열이나 되었고 모래가 끝없이 펼쳐져 있었다. 소순(蘇巡, ?~1533), 『보진당연행일기』(葆眞堂燕行日記) 권3, 3월 17일.

137) 항주의 집은 화려하고 송대에는 10여만 가에 이르렀다. 만력『항주부지』 권18, 형승. 강남의 이름난 군으로는 소주와 항주를 들 수 있다. 그런데 소주성과 소주 각 현의 부유한 집은 대부분 정관(亭舘)이 있고 꽃과 나무의 경치가 훌륭하다. 지금 항주성은 이러한 것이 없다. 항주가 소주보다 더 검소하고 질박하다. 『숙원잡기』(菽園雜記) 권13. 절강 중에서 절서(浙西)의 풍속이 사치스럽고 거실 대호(巨室 大豪)가 많았다. 『광지역』 권4, 강남제성.

138) 영평부에서 북경까지 이르는 길의 가옥은 모두 지붕을 흙으로 두껍게 덮었으며 평평해도 비가 새지 않는다고 하며 도적이 비록 불을 질러도 쉽사리 타지 않고 또 연소될 걱정이 없다. 김육, 앞의 책.

139) 문관의 옷은 땅까지의 거리가 1촌(寸)이고, 무관은 5촌이며 소매는 넓어 모두 1자쯤 된다. 소매통은 문관이 9촌이고, 무관은 활쏘기를 편하게 하기 위해 겨우 주먹이 나갈 정도밖에 안 되며 의살직령(衣撒直領)이다. 유건(儒巾)은 민자건(民子巾)이라고도 하는데 모양이 '민'(民)자와 같기 때문이다. 구조는 대로 얽어 검은 포로 싸거나 또는 종이를 발라 만든 다음에 옻칠을 했다. 항상 건을 쓰고 이슬비가 내리는 길을 거니는데 우리 나라의 사건(士巾)이 이슬만 맞아도 바로 늘어지는 것과 차이가 난다. 조헌, 『동환봉사』 갑술년(1574) 귀천의관(貴賤衣冠).

140) 사대부가 쓰는 건(巾, 모자)의 하나다. 건의 명칭이 매우 다양하며 건의 위는 옥

로 만든 두건을 쓰기도 했다. 가죽신을 신기도 하고 또는 피혜(皮鞋, 가죽신)와 옹혜(鞔鞋, 생가죽신), 망혜(芒鞋, 짚신)를 신기도 했다. 또는 수건으로 다리를 감아서 버선을 대신하는 자도 있었다. 부녀자들의 옷은 모두 오른쪽 섶을 왼쪽 섶의 위로 여미고 머리장식이 있었다.

절강 영파부 이남은 둥글면서 길고 컸으며, 끝과 중간에는 화려한 장식을 둘렀다. 영파부 이북은 옷섶이 둥글지만 뾰족하여 마치 소뿔과 같았으며, 또는 관음관(觀音冠)을 쓰기도 했는데 금과 옥으로 장식하여 사람의 눈을 현란하게 했고, 비록 백발의 할머니일지라도 모두 귀고리를 늘어뜨렸다.

강북의 복식도 대개는 강남과 같았으나, 다만 강북에서는 짧고 좁은 흰 옷을 입기를 좋아하고 가난하여 해진 옷을 입은 이가 열에 서너 명은 되었다.[141] 부녀자의 머리장식 또한 둥글면서도 뾰족하여 닭의 부리와 같았다. 하간부 창주(滄州) 이북은 여자 복식의 옷섶이 오른쪽 섶을 왼쪽 섶의 위로 여미기도 하고, 또는 왼쪽 섶을 오른쪽 섶의 위로 여미기도 했으나 통주 이후부터는 모두 왼쪽 섶을 오른쪽 섶의 위로 여미었다. 산해관 이동은 사람들이 모두 더럽고 비루했으며, 의관도 남루했다.

해주(海州)와 요동 등지의 사람들은 반은 중국 사람, 반은 우리 나라 사람, 반은 여진(女眞) 사람이다. 석문령 이남에서 압록강까지는 모두 우리 나라에서 이주한 사람들이므로 갓과 옷, 말씨와 여자의 머리장식이 우리 나라와 같았다.

인심과 풍속으로 말하자면 강남은 온화하고 순하여, 형제 또는 사촌과 육촌이 한집에 함께 살았으며, 오강현 이북부터 간혹 부자가 따로

결자(玉結子)나 옥화병(玉花甁)으로 묶고, 옆은 큰 두 개의 옥으로 두른다. 『객좌췌어』(客座贅語) 권1, 건리(巾履).
141) 광녕에서 서쪽으로 호녀는 전혀 없고 당녀(唐女)가 조금 있었으나, 의복이 더럽고 해져서 한 사람도 편히 사는 사람이 없었다. 최덕중, 『연행록』 임진년(1712) 12월 17일.

명대 여성의 화려한 복식(『중국 5천년 여성장식사』).

사는 사람이 있었는데, 사람들이 모두 이를 잘못이라고 했다.[142] 남녀 노소를 막론하고 모두 새끼로 맨 의자[繩床]와 접을 수 있는 의자에 걸 터앉는 것을 즐겼다.

강북의 인심은 매우 사나워서 산동 이북에 이르기까지 집안에서 서로 보호하지 못하니, 싸우는 소리가 끊이지 않고, 겁탈하고 도둑질과 살인이 많았다. 산해관 동쪽의 사람들의 성품과 행동은 더욱 사나워 오랑캐의 풍습이 많이 남아 있었다.[143]

강남 사람들은 책을 읽는 것을 업(業)으로 삼고 있어, 모름지기 어린 아이나 뱃사공[津夫], 어부[水夫]들 모두 글을 알았다.[144] 내가 그 지방에 이르러 글자를 써서 물어보니, 산천·고적·토지·연혁에 대해 모두 잘 알고 있어 자세하게 일러주었다. 강북의 사람은 배우지 않은 자가 많아 물어보고 싶어도 모두가 말했다.

"나는 글자를 알지 못합니다" 라고 했으니, 무식한 사람들이다.

강남의 사람들은 물일[水虞]을 업으로 삼아 작은 배를 타고 여러 가지 어구를 싣고 고기를 잡는 자가 무리를 이룰 정도로 많았다.[145] 강북은 산동 제녕부와 남왕호 등지를 제외하고는 고기 잡는 기구들을 볼 수 없었다.

또 강남의 부녀자들은 모두 문밖으로 나오지 않고 주루(朱樓, 화려한 누각)에 올라 주렴을 걷고 바라볼 뿐 길을 다니거나 밖에서 일하지 않

---

142) 산해관 서쪽 지역은 명 태조 홍무제의 육유(六諭)를 본받아 많은 부자와 형제가 밥을 따로 끓여먹고 있지만 분가는 하지 못하고, 고부와 자매, 그리고 동서가 서로 싸우고 힐뜯지 않는다. 조헌, 『동환봉사』 갑술년(1574) 향려습속(鄕閭習俗).
143) 노룡인(盧龍人) 사람들은 성품이 굳고 날쌔며 융마(戎馬)에도 익숙하고 위용을 숭상하고 검소하며 농사에 힘쓴다. 황사우, 『조천록』 1610년 7월 14일.
144) 예를 들면 소주부 사람들은 문을 숭상했고(정덕『고소지』 권13, 풍속), 가흥부 사람들도 사(士)는 문유(文儒)를 연모하고 민도 즐겨 따랐으며, 호주부 사람들도 세속에서는 유술(儒術)을 좋아했다. 가정『절강통지』 권65, 풍속.
145) 오(吳, 강소) 지방의 풍속은 고기잡이를 잘 하고, 그 강호에서 성장하여 물고기의 성질을 잘 알아 시어(矢魚)의 도구가 가장 많다. 정덕『고소지』 권13, 풍속.

앗으나 강북에서는 밭일이나 노를 젓는 일에 모두 힘쓰고 있었다.146) 서주와 임청 등지에 이르러서는 화려하게 단장하고 몸을 팔아 생활비를 버는 풍습이 있다.

또 강남 사람들은 관원이라는 사람이 몸소 일을 하는데, 종자(병졸)들은 호상(胡床)에 걸터앉아 있으니, 관대(冠帶)도 구별이 없고 높고 낮음의 차이가 없어서 예절이 없는 것 같아 보였다. 그러나 관아에 있으면 위엄이 있고, 동작이 정숙하며, 군중(軍中)에 있으면 호령이 엄격하여 대열이 질서정연하고 차례를 따르니 감히 시끄럽게 떠들지 않았다. 한 번 명령하면, 한 번의 징소리를 듣고, 원근에서 구름처럼 모였으며, 뒤처지는 자가 없었다. 강북147)도 역시 그러했지만 산동 이북에서는 명령을 내릴 때, 채찍과 몽둥이로 때리지 않으면 정돈할 수 없었다.

또 강남의 무기는 창(鎗)·검(劍)·모(矛)·극(戟)이 있고, 갑옷·투구·방패 등에는 모두 '용'(勇)자가 크게 씌어 있었다. 그러나 활·화살·전마(戰馬)는 없었다. 강북에서 처음으로 활과 화살을 메고 있는 자를 보았다. 통주 이동과 요동 등지에서는 사람들 모두 활쏘기와 말타기(무예)를 업으로 삼았으며, 화살대는 나무로 만들었다.

강남에서는 얼굴을 꾸미는 것을 좋아해서 남녀 모두가 경대[鏡奩]·빗[梳]·빗치개[篦]·칫솔[刷牙] 등의 물건을 휴대한다. 강북 또한 마찬가지지만 휴대한 사람을 보지는 못했다.148)

강남의 시장에서는 금과 은을 사용하고 강북에서는 동전을 사용한

---

146) 북경 사람들은 놀기를 좋아한다. 특히 부녀자들이 심하다. 『광지역』 권2, 양도.
147) 찰원 답응관이 광녕 지방에 공문을 전하고 요동으로 돌아오다가 대청에서 식사를 하고 있었는데 벌거벗고 앉아서 조금도 거리낌이 없었다. 허봉, 『조천기』 1573년 6월 28일.
148) 여인이 시집을 가면 머리를 이마 위에 묶어 그 봉계(鬅髻)를 쓴다. 그 제도가 북쪽 사람은 철사로 묶고 남쪽 사람은 죽(竹)으로 엮어 모두 비단으로 싸는데, 제일 좋은 비단으로 두른다. 이를 역자(鈠子)라고 한다. 겨울에는 또는 모피로 만드는데 이를 난액(煖額)이라 하여 이마에서부터 쪽을 둘러 정수리 뒤에 묶고 위는 비녀를 찌른다. 부인이 일이 있어 밖으로 나가게 되면 역자를 무늬 있는 방향으로 꾸미는데, 때로 가죽이나 금을 덧붙이기도 한다. 배자(褙子)는 소매가

전당강에서 수렵을 하는 풍경(『삼재도회』).

다. 강남의 이익을 좇는 무리는 주석으로 팔뚝을 묶고, 강북에서는 납으로 코를 뚫었다.

강남은 농(農)·공(工)·상고(商賈)에 힘쓰고,149) 강북은 놀고 먹는 사람들이 많았다. 강남에서 육로를 다닐 때는 가마[轎]를 타고, 강북에서는 말 또는 나귀를 이용한다. 강남에는 좋은 말이 없고, 강북 말의 크기는 마치 용과 같았다.

강남에서 사람이 죽었을 때, 거가대족(巨家大族)은 사당[廟]과 정문을 세우는 자가 있으나, 일반 백성은 관(棺)을 사용하나 매장은 하지 않고, 물가에 버리니 절강 소흥부성 주변은 백골이 언덕을 이루었다. 강북의 양주 같은 곳은 무덤을 강변, 또는 밭가나 마을 가운데 만들었다.150)

강남에서는 상을 당한 자와 승려는 고기를 먹고 매운 채소151)는 먹지 않지만, 강북에서는 모두 생선과 고기와 매운 채소를 먹는다.152)

이것이 강남과 강북이 다른 점이다.

같은 점은 귀신을 받들고 도교와 불교를 숭상하며153) 말을 할 때 반드시 손을 흔들며, 화를 낼 때는 입을 찡그리거나 침을 뱉는다. 음식은 거친 밥을 먹는데, 같은 탁자와 같은 그릇을 쓰고, 젓가락을 돌려가며

무척 넓고 장의(長衣)는 없으며 긴 치마는 주름을 잡지 않고, 장식도 별로 많지 않은 편이다. 조헌, 『동환봉사』 갑술년(1574) 귀천의관.
149) 항주부의 전당(錢塘)과 인화현(仁和縣) 백성들의 4분의 1은 상업에 종사할 정도다. 가정『절강통지』권65, 풍속.
150) 탕참의 풍속으로는 복상하면서 모두 술을 마시고 고기를 먹는 것이 평일과 다름이 없으니 오랑캐의 풍속이었다. 요동과 심양지방도 마찬가지로 거란·여진·몽골의 영역에 오랫동안 포함되어 습속이 변한 것이다. 허봉, 『조천기』 1573년 6월 17일.
151) 파나 마늘 등 냄새나는 음식을 지칭한다.
152) 영원전둔위(寧遠前屯衛) 총병관 양조(楊照)가 모친상을 당했는데 장례를 치를 때 불가(佛家)에서 행하는 것처럼 화려했다. 중국에서는 주문공가례를 따르지 않았다는 사실을 알 수 있다. 허진동(許震童, 1525~1610), 『조천록』 권3, 선조 5년(1572) 9월 17일.
153) 항주부와 호주부 사람들은 불교를 숭상하고 음사를 많이 한다. 가정『절강통지』 권65, 풍속.

사용한다. 이(蟣蝨)는 반드시 씹어서 먹고, 다듬잇돌과 방망이는 모두 돌을 쓰고, 연자방아를 돌릴 때는 나귀나 소를 사용한다. 시장의 가게에는 주막이라는 깃발을 세우고, 길가는 사람들은 짐을 메기는 하지만 지거나 머리에 이지는 않는다.

사람들 모두 장사를 업으로 하기 때문에 관직을 가진 거족이라도 친히 소매에 저울과 저울추를 넣어서, 작은 이익이라도 자세히 따진다.[154] 관부에서 행하는 형벌은 대나무 채찍질, 몽둥이질, 손가락 끼기(깍지끼기), 돌 메기 같은 것이 있었다.

그 외에 산천의 형승과 고적으로 사람들의 입에 회자되는 것들은 뾰족한 붓이 다 닳도록 쓴다고 하더라도, 빠짐없이 기록할 수는 없었다. 내가 두루 관람한 것은 천년에 다시 만나기 어려운 기회였다.

게다가 상중에 있어서 감히 보고 즐길 수 없어서, 뛰어난 경치를 채록하지 못했기 때문에, 배리 4명으로 하여금 날마다 표지를 보고, 그 지방에 대해 묻게 했지만, 한 가지를 들으면서 수만 가지를 누락시켜, 두루 열거하지 못하고 대략만 기록할 뿐이었다.

---

154) 영파부와 소흥부 사람들은 장사를 하면서 서로 아주 작은 이익이라도 다투었다. 『광지역』 권4, 강남제성.

발문(跋文)

　금남(錦南) 최선생의 휘(諱)는 부(溥), 자(字)는 연연(淵淵)으로 희춘(希春)[1]의 외조부다. 경술과 기개, 그리고 절개로 성종조에 등용되어 시종(侍從)에 발탁되셨다. 일찍이 임금의 명을 받들어 제주에 갔다가 부친상을 당하여 돌아올 적에 폭풍을 만나 표류하다 중국의 태주(台州, 절강성)에 도착하셨다. 나라에 돌아와 도성 밖에 이르자 임금께서 일행의 기록을 엮어 바치도록 하셨다. 임금이 보고 칭찬하고는 마침내 승문원(承文院)[2]에 보관하도록 하셨다. 글의 분량은 세 권이 넘지 않았으나, 단지 대양의 변화뿐만 아니라 구조(甌俎)[3]에서 연경(燕京, 북경)에 이르는 길의 산천·토산·인물·풍속을 명확하게 나열하고 있어, 선생의 세상을 다스리고 백성을 구하는 재주 중 열에 하나는 알 수 있다. 많이 듣는 것을 구하고 사물을 잘 알고자 노력하는 선비 가운데 이 책을

---

1) 유희춘(柳希春, 1513~77)의 자는 인중(仁仲), 호는 미암(眉巖)·연계(漣溪), 시호는 문절(文節)이다. 본관은 선산(善山)이고 해남(海南)에 거주했다. 부친은 계린이며, 모친은 최부의 딸이다. 김인후(金麟厚)와는 사돈 간이다. 김안국(金安國)과 최두산(崔斗山)의 문인으로서, 1538년 별시 문과에 병과로 급제했다. 수찬·정언·예조·공조의 참관을 거쳐 이조참판을 역임했다. 저서로 『미암일기』 등이 있다. 『국조문과방목』, 태학사, 1988.
2) 사대(事大)와 교린(交隣)에 대한 문서를 작성한다. 판교(判校, 정3품), 참교(參校, 종3품), 교감(校勘, 종4품), 교리(校理, 종5품), 검교(檢校, 정6품), 박사(博士, 정7품) 2명, 저작(著作, 정8품) 2명, 정자(正字, 정9품) 2명, 부정자(副正字, 종9품) 2명으로 구성되었다. 『대전회통』 권1, 이전 경관직.
3) 구(甌)는 절강성이고, 조(俎)는 하북성을 가리킨다.

보고자 하는 이가 많았다.

그러나 지금에 이르기까지 80년 동안 인쇄되어 널리 전해지지 않았다. 희춘이 새외(塞外)⁴⁾로부터 성은을 받아 조정에 돌아온 후, 서둘러 이 글이 영원히 전해지도록 하기 위해서 교정하는 일은 이미 끝냈으나, 다만 주장하여 처리(간행하는 일)하기가 쉽지 않았다. 마침 박식하고 성품이 단아한 오공(吳公)⁵⁾이 관서안찰사로 나갈 때 희춘이 편지로 공에게 간곡히 부탁하니, 공이 흔쾌히 허락하고 한가한 자들을 모아 책 만드는 일을 끝냈다. 아! 이 책이 손상되고 불완전하여 매몰된 지 거의 백 년이었는데, 지금 오랜 어둠 속에서 밖으로 드러나 세상에 널리 전해질 것이니 어찌 다행이 아니겠는가?

융경(隆慶)⁶⁾ 3년(1569, 선조 2년) 용집(龍集)⁷⁾ 기사(己巳) 음력 8월 16일 외손 통정대부(通政大夫)⁸⁾ 성균관⁹⁾대사성 지제교(成均館 大司成 知製敎) 유희춘이 삼가 쓰다.

---

4) 명종 2년(1547) 양재역(良才驛)의 벽서 사건에 연루되어 제주도에 유배되었다가 곧 함경도 종성으로 옮겨진다. 명종 20년에는 은진(恩津)에 유배되었다가 선조가 즉위하자 방면된다.『명종실록』권6, 2년 9월 병인 및 정묘:『선조실록』권1, 즉위년 1월 계사.
5) 오공은 오상(吳祥)이다. 중종 7년(1512)에 태어나 선조 6년(1573)에 죽었다. 본관은 해주(海州), 자는 상지(祥之), 호는 부훤당(負暄堂)이다. 김안국(金安國)의 문인이다.
6) 명 목종(穆宗, 1567~72)의 연호다.
7) 용(龍)은 목성, 즉 태세(太歲)를 말한다. 이 별은 1년에 하늘을 한 번 움직이기 때문에 1년을 용집이라 하고, 세차(歲次)를 말한다.
8) 조선시대 문신 정3품 상계(上階)의 품계명이다. 정3품 상계부터 당상관이라 했고, 하계 이하를 당하관이라고 했다. 조선이 건국된 직후인 태조 원년(1392) 7월 문산계가 제정될 때, 정3품 상계는 통정대부, 하계는 통훈대부로 정해져『경국대전』에 그대로 수록되었다. 이성무,『조선초기양반연구』, 일조각, 1980.
9) 유학(儒學) 교육에 대한 일을 관장한다. 모두 문관을 임용한다. 동지사(同知事) 이상은 타관이 겸직한다. 지사(知事) 1명, 동지사(同知事) 2명, 대사성(大司成) 1명, 좨주(祭酒) 1명, 사성(司成) 1명, 사예(司藝) 2명, 사업(司業) 1명, 직강(直講) 4명, 전적(典籍) 13명, 박사(博士) 3명, 학정(學正) 3명, 학록(學錄) 3명, 학유(學諭) 3명 등으로 구성되어 있다.『대전회통』권1, 이전 경관직.

발문(跋文)

　　외조(外祖) 금남 선생은 박학하고 굳센 절개로 당대에 명성을 떨쳤으며, 표해록은 또한 중원(중국)을 묘사한 대작으로 이를 보기를 원하는 사람이 많았으나 널리 유포되지 못했다. 이양원(李陽元)¹⁾이 호남의 관찰사로 갈 때, 희춘이 교정본의 출판을 간절히 청했다. 이공(이양원)이 지숙(止叔) 유홍(俞泓)²⁾에게 교구(交龜, 인계)³⁾하고, 또 도와주었다.
　　유공(유홍)이 마침내 용성재(龍城宰)⁴⁾ 정엄(鄭淹)⁵⁾에게 잘 처리해

---

1) 중종 21년(1526)에 태어나 선조 25년(1592)에 죽었다. 본관은 전주(全州), 자는 백춘(伯春), 호는 노저(鷺渚)로 이황(李滉)의 문인이다. 명종 10년(1555) 알성 문과에 병과로 급제했고, 검열(檢閱)과 저작(著作)을 거쳐 1563년 호조참의가 되었다.『국조문과방목』, 태학사, 1988.
2) 중종 19년(1524)에 태어나 선조 27(1594)에 죽었다. 본관은 기계(杞溪), 자는 지숙(止叔), 호는 송당(松塘)이다. 명종 4년(1549) 사마시에 합격하고 1553년 별시 문과에 병과로 급제했다. 승문원 정자 · 전적(典籍) · 지제교 · 지평(持平) · 장령(掌令) · 집의 등 문관 요직을 역임했다.『국조문과방목』, 태학사, 1988.
3) 조선시대 지방의 문무관원이 교대할 때, 인신(印信)을 인수인계하던 일로 그 인신의 꾸밈새가 거북처럼 생겼기 때문에 이르는 말이다.『대전회통』권4, 병전 외관직.
4) 용성(龍城)은 전라북도 남원(南原), 함경남도 덕원(德源) 웅진현(龍津縣), 평안남도 용강(龍岡)의 옛 이름이나 여기에서는 남원(南原)을 가리킨다. 또 용성재(龍城宰)는 남원부사(南原府使)의 별칭이다. 정엄은 선조 6~7년(1573~74) 사이에 남원부사를 지냈다. 권상로,『한국지명연혁사전』, 이화문화출판사, 1994.
5) 중종 25년(1530)에 태어나 선조 13년(1580)에 죽었다. 자는 문중(文仲), 호는 양촌(楊村), 본관은 광주(光州)다. 명종 13년(1558) 식년시(式年試)에 급제했고. 관직은 한림(翰林)과 승지(承旨) 등을 역임했다.『국조문과방목』, 태학사, 1988.

줄 것을 부탁하니, 수개월 동안 교열하고 일을 마쳤다. 아! 이 책이 오래 전해지고 퍼지면 단지 먼저 문자를 바르게 하여 영원토록 전하려고 하는 것뿐만 아니라, 조선 사람들이 중국의 문화(법)를 가지고 우리 나라의 좁은 소견이나 짧은 지식을 변화시키는 뜻에서도 도움이 없지 않을 것이니 이 얼마나 다행인가.

　만력(萬曆)[6] 6년(1578, 선조 11년) 음력 8월 3일에 외손 가선대부(嘉善大夫),[7] 동지충추부사(同知中樞府事)[8] 겸 동지경연(同知經筵)[9] 성균관사(成均館事) 유희춘이 삼가 쓰다.

---

6) 명 신종(1573~1619)의 연호다.
7) 조선시대 종2품 하계(下階) 문관의 품계로 고려시대의 자덕대부(資德大夫)에 해당한다. 태조 원년(1392) 7월 새로이 관제를 제정할 때 설치되었다. 『대전회통』 권1, 이전 경관직 ; 이성무, 앞의 책.
8) 조선시대 중추부에 소속된 종2품의 관직으로 건국 직후 태조는 고려 말기의 밀직사(密直司)의 예에 따라 중추원에 종2품의 동지원사(同知院事) 4명을 두었다. 『대전회통』 권1, 이전 경관직.
9) 임금에게 경서를 강독하며 논평하고 사고하는 일을 관장한다. 영사(領事, 정1품) 3명, 지사(知事, 정2품) 3명, 동지사(同知事, 종2품) 3명, 참찬관(叅贊官, 정3품) 7명, 시강관(侍講官, 정4품), 시독관(侍讀官, 정5품), 검토관(檢討官, 정6품), 사경(司經, 정7품), 설경(說經, 정8품), 전경(典經, 정9품) 등으로 구성되어 있다. 『대전회통』 권1, 이전 경관직.

• 표해록 원문 교감

 기본 판본으로는 숙종 3년(1676) 최부의 후손에 의해 나주에서 목판본으로 간행된 규장각본(奎章閣本)을 이용했다. 즉 권말에는 최부의 외손인 유희춘의 명 목종 융경 3년(1569, 조선 선조 2)과 신종 만력 원년(1573, 조선 선조 6)의 발문이 실려 있는『금남선생집』(錦南先生集)이다. 단 이 판본은 권3이 결여되어 있어, 장서각본(藏書閣本)과 고종 33년(1725)에 간행된 화산문고본으로 보충했다.
 비교판본으로는 영조 원년(1725) 나주에서 후손에 의해 목판본으로 간행된 장서각본을 이용했다. 권말에 유희춘의 융경 3년(1569, 조선 선조 2) 발문과 신종 만력 원년(1573, 조선 선조 6) 발문 및 정중원(鄭重元)의 「제표해록후」(題漂海錄後), 그리고 부록으로 금남선생탐진최씨세계보(錦南先生耽津崔氏世系譜)가 실려 있는 판본이다. 즉 성균관대학교 대동문화연구원(1962)에서 간행한 연행록선집에 실려 있는『금남선생표해록』(錦南先生漂海錄)이다.
 원문 교감은 다음 원칙에 따랐다.
 첫째, 규장각본을 기본으로, 장서각본을 부본으로 하여 교감을 행했다. 둘째, 판본 대조작업 후 사료 등 문헌 고증작업에 의해 확연히 틀리는 글자에 한해 교정을 했다. 단 출전은 번역문 주에 명기했다. 셋째, 문헌 고증에 의해 차이가 나는 글자는 번역문 주에서 처리하고 이곳에서는 생략했다. 넷째, 원문의 쉬운 이체자 혹은 속자는 현재 보편적으로 사용되는 한자로 전환했다.

漂海錄

卷之一

　喪人臣崔溥自濟州漂流. 泊甌東. 過越南. 經燕北. 以今六月十四日. 到青坡驛. 敬奉傳旨. 一行日錄. 撰集以進.

[成化23年(丁未. 1487) 秋九月. 朝鮮 成宗18年]

　成化二十三年 丁未 秋九月十七日. 臣以濟州三邑推刷敬差官. 陛辭而行. 至全羅道. 率監司依事目所差光州牧吏程保.[1] 和順縣吏金重. 及承仕郞李楨. 羅州隨陪吏孫孝子. 靑巖驛吏崔巨伊山. 戶奴萬山等六人及司僕寺安驥崔根等. 歸海南縣候風.

十一月

　十一日. 朝. 與濟州新牧使許熙. 同乘舟于舘頭梁.

　十二日. 夕. 到泊濟州朝天舘.

---

1) 규장각본과 장서각본 모두 普로 표기했으나 保의 잘못이다.

[弘治元年(戊申. 1488) 朝鮮 成宗19年]

正月

弘治元年 戊申 正月三十日. 陰. 晡時. 臣之奴莫金. 自羅州到濟州. 賷[2] 喪服來告臣父之喪.

閏正月

閏正月初一日. 雨. 牧使晨夕來弔. 乃以水精寺僧智慈之船. 牢固疾行. 官船所不及. 命兵房鎭撫高益堅‧吳純等. 回泊于別刀浦. 以爲臣渡海之備. 判官鄭詮遣軍官邊石山以弔.

初二日. 陰. 侵晨. 臣詣別刀浦候風館. 旌義縣訓導崔角. 鄕校生徒金鼎璘等二十餘輩. 內需司典會朴重幹[3]及崔根等. 皆徒步以隨. 至十五里許. 少選. 牧使馳至問慰. 是日. 臣之帶去吏程保‧金重等. 封所治採御乘監牧場. 辨公私賤. 刷流移人. 括濫占伴. 倘冒認良民等文籍. 及賷去全州府上濟州三邑帳籍十七冊. 又一冊濟州三邑官上各年帳戶籍軍籍等文書. 輸付于牧使. 藏之營廳. 受書目迴送而來.

初三日. 漂流海中. 是日乍陰乍雨. 東風微順. 海色深靑. 大靜縣監鄭嗣瑞訓導盧警聞臣遇喪. 馳來弔慰. 與崔角朴重幹倭學訓導金繼郁軍官崔仲衆鎭撫金仲理等十餘人. 學長金存麗金[4]得禮校生二十餘輩. 俱送別[5]刀[6]浦口. 存麗得禮等止臣行曰. 老僕生長海國. 諳經水路. 漢拏山陰雨

---

2) 齎의 이체자이다.
3) 장서각본에는 幹으로 되어 있다.
4) 장서각본에는 金이 빠졌다.
5) 장서각본에는 別이 빠졌다.

不調. 必有風變. 不可乘船. 且家禮. 始聞親喪遂行. 註云. 日[7]行百里. 不夜行. 雖哀戚猶避害也. 夜行尚不可. 況過此大海. 其可不愼乎. 座中或勸或止. 日高不決. 鎭撫安義來告曰. 東風正好. 可以去矣. 重幹仲衆等亦勸行. 臣遂告別登船. 棹過五里. 軍人權山許尙理等皆曰. 今日. 風勢若作若輟. 雲靆若卷若舒. 當如此風候不順之日. 行如此波濤險惡之海. 恐有後悔. 請還于別刀浦. 待風復行. 未爲晚也. 安義曰. 天之氣候. 非人預料. 頃刻之間. 安知有披雲覘天之理乎. 抑過此海者. 私船覆沒. 接踵相繼. 唯[8]奉王命朝臣前旌義縣監李暹外. 鮮有漂流敗沒者. 則都是上德至重. 實天所知也. 況謀之衆口. 事未有濟. 豈可登程而復路. 以致稽綏乎. 叱令張帆而行. 纔過大火脫島. 舟中人皆以謂舟向巨[9]要梁. 截海而上. 順風泊楸子島. 甚駛也. 權山不聽其言. 執其舵從風所指. 過愁德島而西. 海氣晦冥. 風弱雨作. 將近楸子島藏船處. 汐勢甚急. 天又昏黑. 督令格軍艣之. 軍人皆曰. 若此日發舡. 誰之過歟. 皆懷逆心. 不聽從以力艣. 退流至草蘭島. 依西岸下矴而泊. 夜三更. 尙理曰. 此島雖碍東風. 三面通闊. 不合泊船. 今又有北風之漸. 進退無據. 將乃[10]何. 且此船不在初泊處. 漸却入海中. 所泊之矴. 怕或已[11]破. 今計莫若擧矴稍前. 繫之于岸. 待天明棹入楸子可也. 遂擧矴. 果破矣. 棹之未及近岸. 爲北風所逆. 驅出無依之處. 雨猶不止. 風浪交惡. 隨濤上下. 莫知所適.

初四日. 漂入大洋中. 是日雨雹大風. 驚濤畏浪. 掀天鼓海. 帆席盡破. 舟以二檣高大. 尤易傾撓[12]. 勢將覆壓. 命宵斤寶操斧去之. 高以福縛草苫[13]附之舟尾以禦濤. 當午雨稍霽. 東風又大作. 載傾載浮. 聽其所之.

---

6) 장서각본에 의거하여 于를 刀로 수정했다.
7) 장서각본에는 日로 표기되었다.
8) 장서각 본에는 惟로 되어 있다.
9) 장서각본에 의거하여 臣을 巨로 수정했다.
10) 장서각본에는 奈로 표기되었다.
11) 규장각본 및 장서각본 모두 已로 표기했으나 已의 잘못이다.
12) 장서각본에는 撓로 표기되었다.

瞥眼間已入西海. 梢工指東北. 望有島若一點彈丸[14]於漂流[15]間曰. 彼疑乃黑山島也. 過此以往. 四無島嶼. 水天相接汗漫無涯之海. 人皆罔知攸措. 僵臥舟中. 臣令安義督軍人以取露治船等事. 有軍人高廻者作聲曰. 濟州海路甚險. 凡往來者皆待風累朔. 至如前敬差官. 在朝天館. 在水精寺. 通計凡三朔以候. 然後乃行. 今此行當風雨不定之時. 不占一日之候. 以至此極. 皆自取也. 餘軍皆曰. 執已如此. 取露治船. 雖竭心力.[16] 終亦必亡. 吾寧[17] 用力而死. 莫如安臥以待死. 皆掩耳不從命. 或敺之亦不起. 宋眞殘[18]劣之甚者. 被敺而怒曰. 長壽哉. 此船也. 等至於破. 何不速破. 程保曰. 濟州人心. 外癡內毒. 頑慢戾悍. 以死爲輕. 故其言類如此. 臣意亦以謂溺死已決矣. 倘蒙天助. 幸不至於溺. 必漂流無定. 以至死日. 無如之何. 又憤軍人怠惰. 遂點檢同舟人. 則從者程保金重李楨孫孝子崔巨伊山莫金萬山. 及濟州牧使所定送鎭撫安義. 記官李孝枝. 總牌許尙理. 領船權山. 梢工金高面. 格軍金怪山肖斤寶金仇叱廻玄山金石貴高以福金朝廻文廻李孝台姜有夫命同高內乙同高福宋眞金都終韓每山鄭實. 護送軍金粟金眞音山高廻金松高保終梁達海朴終回金得時任山海. 官奴權松姜內李山吳山等. 合自身凡四十三人. 臣招安義問曰. 我一喪人. 非官員例. 從者至煩. 甚爲未便. 濟州人乘舡者至三十五人. 何也. 安義曰. 我牧使所以盡心者. 對[19]以敬差官之禮. 且運大舡. 必用衆力. 然後可行. 況海路夐遠. 如於蔚島等處. 水賊盛行. 護送不可不嚴也. 臣曰. 過海時. 當精擇運舡人及水路諳習者. 則數雖少可矣. 今此同舟人. 皆懈怠暴警

---

13) 갈진가(『최부표해록평주』)는 苞으로 牧田諦亮(『策彦入明記の研究』, 法藏館, 1959)은 苞로 표기했다.
14) 장서각본에 의거하여 九를 丸으로 수정했다.
15) 장서각본에는 渺로 표기되었다.
16) 장서각본에는 아래 雖竭心力~. 然後可行까지의 부분과 況海路夐遠~枕程保膝. 金까지의 부분이 도치되어 있다.
17) 장서각본에는 與其로 표기되었다.
18) 장서각본에는 孱으로 표기되었다.
19) 장서각본에는 待로 표기되었다.

者. 虛張名數. 而無其實. 使船漂流. 致之死地. 徒增痛哭耳. 叫謂軍人等曰. 我奔初喪. 情不可少留. 人或有勸之行. 爲人子者. 其可頃刻濡[20]滯乎. 汝等之同我見漂. 實由於我. 然勢亦使之然也. 況好生惡死. 人情所同. 汝等豈無欲生之心哉. 舟或破碎或沈覆則已矣. 觀舟今堅緻. 未易至破. 若不遇石嶼. 能修補刮水. 幸或風定波恬. 則雖流至他國. 可以得生. 今汝等亦有父母. 有妻兒. 有昆季親戚. 皆望汝生. 畏其不壽. 汝等則[21]不念其情. 不愛其身. 徒以咎我之心. 率相解體. 自歸死地. 惑之甚者. 尙理等十餘人曰. 軍人皆頑鈍無識之徒. 故其用心不通若此. 然人[22]各有心. 我等當[23]竭力從事. 斃而後已. 夜風雨不止. 巨[24]濤尤甚. 激入舳艫. 隨入隨取. 量可二更. 驚濤鼓蕩. 裹駕篷屋. 舟半沈. 衣服行李. 盡見沾濡. 凍寒砭骨. 命在瞬息. 臣握李楨手. 枕程保膝. 金重孝子傍臣左右. 狼藉以待死. 傍有一人結項將絶. 李楨解其結[25]. 則乃吳山也. 巨[26]伊山莫金等竭力汲水. 水猶不減. 臣以謂舟尙完固. 則自上激射. 自隙漏入之水. 不汲則坐待沈沒. 汲之則庶有生理. 勉强而起. 叫權松. 攢燧得火. 卷苫席以烘之. 又叫斤寶高福高面等. 親檢罅漏處以補塞之. 又解衣分給權山高面巨伊山忦[27]山尙理等. 以勸勉所事. 程保金[28]重孝子等. 亦散衣服. 分諸軍人. 軍人若仇叱廻文廻都終每山玄山等. 爭感奮出死力. 刮水殆盡. 舟僅獲全. 不移時. 舟又入石嶼錯亂中. 權山運船不知所向. 尙理仇叱廻等. 執篙無所施. 幸賴天風驅出. 得免碎破.

---

20) 장서각본에는 留로 표기되었다.
21) 장서각본에는 則이 빠졌다.
22) 장서각본에는 人이 빠졌다.
23) 장서각본에는 各으로 표기되었다.
24) 규장각본의 臣을 장서각본에 의거하여 巨로 수정했다.
25) 장서각본에는 絶로 표기되었다.
26) 규장각본의 臣을 장서각본에 의거하여 巨로 수정했다. 이후 崔巨伊山의 오기는 모두 수정했다.
27) 怪의 이체자이다.
28) 장서각본에 의거하여 金으로 수정했다.

初五日. 漂大洋中. 是日昏霧四塞. 咫尺不辨. 向晚雨脚如麻. 至夜雨少止. 怒濤如山. 高若出青天. 下若入深淵. 犇衝擊躍. 聲裂天地. 胥溺臭敗. 決在呼吸之間. 莫金權松等收[29]淚謂臣曰. 勢已迫矣. 無復望已. 請臣[30]換衣服. 以待大命之至. 臣如其言. 懷印與馬牌. 具喪冠與服. 惴惴然挍手祝天曰. 臣在世. 唯忠孝友愛爲心. 心無欺罔. 身無讎冤. 手無殺害. 天雖高高. 實所鑑臨. 今又奉君命而往. 犇父喪而歸. 臣不知有何罪咎. 倘臣有罪. 罰及臣身可也. 同舟四十餘人. 無罪見溺. 天其敢不矜憐乎. 天若哀此窮人. 返風息濤. 使臣得再生於世. 葬臣新死之父. 養臣垂老之母. 幸又得鞠躬於丹碧之下. 然後雖萬死無生. 臣實甘心. 言未訖. 莫金遽抱臣身曰. 一家人百年苦樂. 皆仰此身. 有如十盲仰一杖. 今至於此. 無復再見一家之人. 遂擗踊而哭. 陪吏以下. 亦哭泣攢手. 以祈天祐.

初六日. 漂大洋中. 是日陰. 風波少歇. 始督仇叱廻等. 葺片席以爲帆. 建桅竿以爲檣. 劈舊檣之本以爲矴. 隨風西向而去. 顧見洪濤間有物. 不知其大也. 其見於水上者. 如長屋廊. 噴沫射天. 波飜浪駭. 梢工戒舟人. 搖手令勿語. 舟過甚遠. 然後梢工呼曰. 彼乃鯨也. 大則吞航. 小能覆舟. 今幸不相値. 我其更生更生矣. 入夜風濤還勁. 舟行甚疾. 安義曰. 嘗聞海有龍神甚貪. 請投行李有物. 以禳謝之. 臣不之應. 舟人皆曰. 人有此身. 然後有此物. 此物皆身外物. 爭檢有染衣服軍器鐵器口粮等物. 投諸海. 臣亦莫之能禁.

初七日. 漂大洋中. 是日陰. 風勢甚惡. 波浪洶湧. 海色白. 旌義縣監蔡允惠嘗謂臣曰. 濟州父老云. 天晴日登漢拏山絶頂. 則遙望西南絶域海外. 若有白沙汀一帶者. 以今觀之. 非白沙. 乃望此白海而云也. 臣謂權山等曰. 在高麗時. 爾濟州朝大元. 自明月浦. 遇便風得直路. 七晝夜之

---

29) 장서각본에는 抆으로 표기되었다.
30) 장서각본에는 替로 표기되었다.

間. 過白海渡大洋. 今我漂海. 直路散路. 不可知也. 幸得入白海之中. 則竊疑中國之界必近矣. 若得泊中國. 則中國是我父母之邦也. 當此時生我死我. 皆天所爲. 而風之順逆. 天實主張. 今東風不變. 已經累日. 則抑竊疑天必有生我之心也. 爾等其各勉人所當爲之事. 以聽天所命耳. 至暮風又變東而北. 權山猶指舵向西. 夜未央. 暴濤激躍. 又駕入天篷. 被人頭面. 人皆瞑目不能開. 領船梢工. 皆痛哭莫知所爲. 臣亦知不免於死. 裂單衾纏身數圍. 縛之于舟中橫木. 蓋欲死後屍與舟久不相離也. 莫金巨伊山. 皆哭泣聯抱臣身曰. 死且同歸. 安義大哭曰. 吾與其飲鹹水而死. 莫如自絶. 以弓絃自縊. 金粟救之得不死. 臣叫領船梢工等曰. 舟已破乎. 曰. 否. 曰. 舵已失乎. 曰. 否. 卽顧謂巨伊山曰. 波濤雖險. 事勢雖迫. 舟實牢固. 不至易敗. 若能汲殆盡. 則庶幾得生. 汝實壯健. 汝又往首倡汲之. 巨伊山卽命欲汲. 汲水之器已盡破. 叫號無據. 安義卽以刁裂去小鼓面以爲器. 授巨伊山. 巨伊山與李孝枝權松都終玄山等盡力以汲水. 猶深一膝. 孝子程保李楨金重等或親自刮取. 或立督軍人. 仇叱廻等七八人. 相繼刮盡. 僅得不見敗沒.

初八日. 漂大洋中. 是日陰. 過午. 西北風又作. 舟復退流. 向東南徹夜而行. 臣謂權山高面以福等曰. 汝等執舵正船. 向方不可不知. 我嘗閱地圖. 自我國黑山島. 向東北行. 卽我忠淸黃海道界也. 正北卽平安遼東等處也. 西北卽古禹貢靑州兗州之境也. 正西卽徐州揚[31]州之域. 宋時交通高麗. 自明州浮海. 明州卽大江以南之地也. 西南卽古閩地. 今之福建路也. 向西南稍南而西. 卽暹羅占城滿剌加等國也. 正南卽大小琉球國也. 正南而東卽女人國也. 一岐島也. 正東卽日本國也. 對馬州也. 今漂風五晝夜. 西向而來. 意謂幾至中國之地. 不幸又遭此西北風. 逆向東南. 若不至琉球國女人國. 則必流出天海之外. 上達雲漢. 無有涯涘云. 如之何.

---

31) 규장각본 및 장서각본 모두 楊으로 표기했으나 揚의 잘못이다. 이하 모두 揚州로 수정했다.

汝等其記我言. 正舵而去. 權山等曰. 天若開霽. 測以日月星辰. 猶未知海上四面. 今則雲霧陰翳. 日復一日. 晨昏晝夜. 俱不能記. 只以風之變作. 臆記四方耳. 安知正方之可辨乎. 聚首而哭.

初九日. 漂大洋中. 是日片雲綴天. 海色愈白. 至是舟久爲波濤所衝擊. 梁頭風梢鼻隅三板. 皆動撓欲拆. 水又漏囓. 將有自破之漸. 斤寶高面尙理等截纜索. 纒舟頭尾. 削木補之. 遂相向泣且言曰. 若此修船. 非不盡心. 然飢渴將近旬矣. 目無所見. 手足痿痺. 身不能保. 力不能盡. 故修之亦不能牢實. 其將奈何. 俊[32]有海鷗群飛而過. 舟人望見喜曰. 嘗聞水鳥晝遊海上. 夜宿島渚. 我曹漂過滄溟萬里外. 幸得見此鳥. 則洲渚必不遠也. 臣曰. 鷗非一種. 或浮沈江湖之渚者有之. 若海鷗則群在漲海中. 從潮飛翔. 常以三月風至. 乃還洲嶼. 今時則正月. 鷗之群飛. 正在大海之中之時. 語未畢. 又見有鸇鷟數雙飛去. 臣亦稍疑島嶼之或近也. 當午南望. 雲氣作陣. 依悉見山樣. 且有人煙之氣. 意謂琉球國地界. 將往泊. 少選. 東風又作. 舟復向西. 至夜風勢愈緊. 疾驅如飛.

初十日. 漂大洋中. 是日雨. 東風如昨. 午後海色還靑. 先是發濟州時. 舟人無智. 載陸水于鼻居舠以隨. 自漂風後相失莫値. 所乘船中無一器. 甘水未得漬炊. 絶食絶飮. 無可奈何. 權松告于臣曰. 觀舟中人或齎黃柑淸酒而來. 恣食無餘. 請括聚轝之上藏. 儲以救渴可也. 臣卽令巨伊山搜盡舟中行裝. 得黃柑五十餘枚酒二盆. 謂孫孝子曰. 同舟則胡越一心. 況我等皆一國人. 情同骨肉. 生則一時俱生. 死則一時俱死. 唯此柑酒. 一滴千金. 汝其掌之. 毋得濫費. 以救舟人一刻之渴可也. 孝子視人之唇焦口爛者. 均分飮食之. 止令沃舌. 數日柑酒俱盡. 或細嚼乾米. 掬其溲溺以飮. 未幾溲尿又竭. 胸膈乾燥. 不出聲氣. 幾至死域. 至是因雨下. 舟人或以手擎篷縈. 取其潛滴者. 或以笠帽若鼎器. 貯其滲漉者. 或屈席子.

---

32) 倏의 이체자이다.

奉其灑汎者. 或建梡楫中約紙繩. 承其淋瀝者. 期得些少一勺. 以舌舐之. 安義曰. 濕雨以衣. 汁而取飲. 所得誠多. 但舟人之衣. 皆爲鹹水所漬. 雖濕雨而汁. 亦不能飲. 若之何其. 臣卽點出所藏衣數領. 令巨伊山承雨霑洽. 取汁以貯. 幾至數甁. 令金重用匙分飲之. 重執匙以擧. 舟人張口. 有如燕兒望哺然. 自是始能掉舌噓氣. 稍有向生之心.

十一日. 漂大洋中. 是日陰. 淸晨至一島. 石壁嵯峨甚險巇. 海波震蕩. 激上磊礧. 幾一二丈. 舟隨波直入. 勢迫擊碎. 權山大哭. 遂竭力運船. 孝子程保等亦親攬帆邊阿綯. 視風波或縱或引. 時則水從海入島. 風從島出海. 舟從風回旋. 得免於患. 夕. 至一大島. 島又岩石削立. 欲泊舟不得. 以福脫衣躍入水中. 拽舟游泳. 緣島岸以繫. 舟人喜倒闌下. 覓溪流抔甘水而飲. 負汲欲做飯. 臣曰. 飢餓之極. 五臟塗附. 若驟得食. 飽則必死. 莫若先飲漿水. 繼之以粥. 適可而止可也. 舟人皆煎粥而啜. 島無避風處. 故夜又縱舟而去.

十二日. 遇賊于寧波府界. 是日午陰午雨. 海色還白. 晡至巨島. 連綿如屛. 望有中船二艘皆帶懸居舠. 直指臣船而來. 程保等羅跪臣前曰. 凡事有經有權. 請解喪服. 權着紗帽團領. 以示官人之儀. 不然則彼必哄我爲劫賊. 加以僇辱矣. 臣曰. 漂流海上. 天也. 屢經死地而復生. 天也. 到此島而遇此船. 亦天也. 天理本直. 安可違天以行詐乎. 俄頃. 二船漸近相直[33]. 一船可十餘人. 人皆穿黑襦[34]袴芒鞋. 有以手帕裹頭者. 有着竹葉笠棕皮蓑者. 喧豗叫噪. 渾是漢語. 臣度其乃是中國人. 令程保書紙以遺曰. 朝鮮國臣崔溥奉王命. 往海島. 犇父喪過海. 遇風漂到. 不知是何國邑地也. 其人復曰. 此乃大唐國浙江寧波府地方. 又曰. 要到本國去. 須到大唐好. 程保以手指其口. 其人以陸水二桶來遺. 棹舟東去. 臣令舟人

---

33) 장서각본에는 値로 표기되었다.
34) 장서각본에는 襦으로 표기되었다.

艤入一島以依. 又有一艘亦帶懸居舺. 有軍人可七八人. 其衣服語音. 亦
與前所見同. 來逆臣船曰. 你是何國人. 臣又使程保答如前. 因問曰. 此
何國地. 其人指其島曰. 此卽大唐寧波府地下山也. 風水好. 二日可回去.
臣又復曰. 他國人遭風萬死之餘. 幸到大國之境. 喜得復生之地. 又問渠
姓名謂誰. 其人答曰. 我是大唐林大. 你若大唐去. 帶你進去. 你有寶貨.
可遺我. 臣答曰. 僕奉使臣. 非商賈者流. 且漂流浮沈之後. 安有寶貨乎.
卽減米粮以饋之. 其人受而復曰. 此山繫船. 不怕西北風. 但南風不好.
隨我繫船. 引臣船指一泊舟島曰. 此可泊可泊. 臣如其言. 卽往泊之. 果
無風. 環島中可藏船處也. 其西岸有二草屋. 如鮑作干家者. 其人等泊舟
于屋下. 臣之同舟人. 久飢久渴久勞久不寢寐之極. 得食以食. 得風定處
以泊. 困憊支羸. 相與枕藉乎舟中. 夜二更. 所謂自稱林大者率其黨二十
餘人. 或執鎗或帶斫刀. 而無弓箭. 秉炬擁至. 闌入臣船. 賊魁書曰. 我是
觀音佛. 洞見你心. 你有金銀. 便覓看. 臣答曰. 金銀非本國所産. 初無有
資. 賊魁曰. 你若官人. 豈不賫來. 我當看看. 初. 臣及程保李楨金重孝子
等以濟州海外地. 往來無期. 具四節衣服數套而往. 至是賊魁卽叫其黨.
窮搜臣及陪吏等包中衣裝. 舟人粮物. 輸載其船. 其所遺者. 若衣之濃沾
鹹水者及諸般書冊而已. 賊中眇一目者惡之尤甚. 程保謂臣曰. 賊之始
至. 示若從容. 見我勢弱. 馴成大賊. 請一奮擊. 以決死生. 臣曰. 我舟人
皆以飢渴垂死之後. 奪氣於賊. 故賊乘勢肆暴. 若與相搏. 則我輩皆死於
賊手. 莫如盡付行李. 以乞生活耳. 賊魁又奪臣所賫印信馬牌. 納之懷袖.
程保尾其後請還不得. 臣曰. 船中有物. 可盡取去. 印與馬牌. 乃國之信.
私無可用. 可還我. 賊魁以印牌還. 纔出篷窓. 與其黨列立船舷. 喧嚻良
久. 旋入舟中. 先脫程保衣袴. 縛而杖之. 次以斫刀. 截臣衣紐. 赤身剝
脫. 背手曲脚以綁之. 以杖杖臣左臂七八下曰. 你若愛生. 便出金銀. 臣
大號曰. 身可虀骨可碎. 何所得金銀乎. 賊不曉臣言. 解臣縛. 許以寫意.
臣卽寫之. 賊魁怒. 瞋目張喙. 指程保而叫. 指臣而叫. 卽曳臣頭髮. 還縛
倒懸. 荷斫刀指臣頸斷之. 刀適誤下右肩隅. 刃飜在上. 賊又荷刀將斬臣.
有一賊來把荷刀之臂以沮之. 賊黨齊聲大叫. 莫知所謂. 是時. 舟人懼[35)]

失常. 奔竄無地. 唯金重巨伊山等攢手拜跪. 冀活臣命. 俄而賊魁蹂躪臣身. 喝嚇舟人. 引其黨而出. 截去臣船矴艪諸緣. 投諸海. 遂以其船導縴臣船. 指放大洋. 然後乘其船遁去. 夜已闌矣.

十三日. 復漂大洋中. 是日陰. 西北風大起. 又流入無涯之海. 臣及舟人所藏襦36)衣. 俱失於賊. 所穿之衣. 久漬鹹水. 天且恒陰. 不得曝乾. 凍死之期逼矣. 舟載儲粮. 盡爲賊奪. 餓死之期逼矣. 舟以矴艪爲賊所投. 假帆爲風所破. 但隨風東西. 隨潮出入. 梢工無所施其力. 沈沒之期. 亦逼矣. 舟人皆塡噎莫能出聲. 坐待死期. 孝枝謂臣曰. 我等之死. 分內事也. 只以敬差官之死爲痛惜耳. 臣曰. 爾何以死地爲分內乎. 孝枝曰. 我州邈在大海中. 水路九百餘里. 波濤視諸海. 尤爲洶暴. 貢船商舶. 絡繹不絶. 漂沒沈溺. 十居五六. 州人不死於前. 則必死於後. 故境中男墳最少. 閭閻之間. 女多三倍於男. 爲父母者. 生女則必曰. 是善孝我者. 生男則皆曰. 此物非我兒. 乃鯨鼉之食也. 我等之死. 如蜉蝣出沒. 雖在平日. 亦豈以死於牖下爲心哉. 唯朝臣往來. 從容待風. 舟楫偹牢. 故死於風波者. 前古所罕. 適丁今敬差官之身. 天不陰佑. 至於不測之地. 是以痛哭耳.

十四日. 漂大洋中. 是日晴. 晡時. 漂至一島. 東西南三面. 一望無際. 唯可避北風處. 顧以無矴爲憂. 初發濟州時. 舟甚大無載物. 故輸若干石塊于舟中. 使不撓動. 至是. 尙理等以絞索纏其石四箇. 合爲假碇. 以留泊焉. 安義與軍人等相與言. 使之聞之於臣曰. 此行所以至於漂死者. 我知之矣. 自古以來. 凡往濟州者. 皆祭於光州無等山祠及羅州錦城山祠. 自濟洲出陸者. 又皆祭於廣壤遮歸川外楚春等祠. 然後行. 故受神之祐. 利涉大海. 今此敬差官特大言非之. 來不祭無等錦城之祠. 去不祭廣壤諸祠. 慢神不敬. 神亦不恤. 使至此極. 尙誰咎哉. 軍人和之. 咸咎臣. 權松

---

35) 懼의 이체자이다.
36) 장서각본에는 襦으로 표기되었다.

獨曰. 不然. 前此李旌義遑. 三日致齋. 精祀廣壤等神. 亦至漂流. 幾死復甦. 權敬差官景祐俱不致祭. 尙且往來快順. 亡些子恙. 則過海便否. 在於待風之如何耳. 豈關於神之祭不祭哉. 臣亦誨之曰. 天地無私. 鬼神默運. 福善禍淫. 唯其公耳. 人有惡者諂事以徼福. 則其可福之乎. 人有善者不惑邪說. 不爲黷祭. 則其可禍之乎. 曾謂天地鬼神. 爲諂事飮食而降禍福於人乎. 萬萬無此理也. 況祭有常等. 士庶人而祭山川. 非禮也. 非禮之祭. 乃淫祀也. 淫祀以獲福者. 我未之見也. 爾濟州人. 酷好鬼神. 山澤川藪. 俱設神祠. 至如廣壤等堂. 朝夕敬祀. 靡所不至. 其於涉海. 宜無漂沈之患. 然而今日某船漂. 明日某船沈. 漂沈之船. 前後相望. 是果神有靈應歟. 祭能受福歟. 況今我同舟人不祭者. 唯我一人耳. 爾軍人皆誠心齋祭而來. 神若有靈. 豈以我一人不祭之故. 廢爾四十餘人齋祭之誠也. 我之漂船. 專是行李顚倒. 不善候風之所致. 反以廢祭尤我. 不亦惑乎. 安義等猶以臣言爲迂闊. 不以爲是.

十五日. 漂大洋中. 是日陰. 海色赤而濁. 東風復起. 又順風指舵于西. 舟中人若朴從廻萬山李山等. 有疾病不堪事. 高保終梁達海高廻金朝廻任山海等. 自漂海以至是日. 臥不起動. 雖督之以露取[37]等事. 聽之藐藐. 鄭實夫命同金得時姜有宋眞金粟姜內吳921高內乙同等. 十喚一應. 或有不得已而從事者. 肯斤寶金怛山高福金松金石貴李孝台金眞山等. 或晝勤夜怠. 或始勤終怠. 許尙理權山金高面金仇叱廻崔巨伊山金都終高以福文廻玄山韓每山權松莫金等. 晝夜不怠. 以運船爲己任. 程保金重李楨孫孝子李孝枝安義等. 或親自服役. 或檢督治船. 以期完事. 自遇賊復漂以後. 人皆無意於生. 漸不如前. 舟爲暴濤所擊. 爲日已久. 百孔千瘡. 旋塞旋缺. 罅漏有水. 將不勝汲. 臣曰. 漏水若此. 舟人之解體又若此. 我其妄自尊大. 坐見溺死. 胡可哉. 遂與程保等六人. 親自刮水幾盡. 尙理以下十餘人. 亦稍有奮力而起者. 夜無風而雨. 至一大島. 爲汐勢所逆. 欲

---

37) 장서각본에는 取露로 표기되었다.

依泊不得.中流海上.

十六日.到泊于牛頭外洋.是日陰.海色赤黑中全濁.西望連峯疊嶂.撑天包海.意有人煙.駕東風而至.則見山上多有烽燧臺列峙.喜復到中國地界.午後風浪尤緊.雨下濛昧.舟從風所驅.瞥然間忽漂至兩島間.傍岸而過.則望見有中船六隻列泊.程保等請於臣曰.前至下山.不示以官人之儀.以招賊人.幾不免死.今宜從權具冠帶.以示彼船.臣曰.爾何以害義之事導我歟.保等曰.當此之時.與死爲憐.何暇治禮義哉.姑當行權.便取生道.然後以禮治喪.不害於義.臣拒之曰.釋喪卽吉.非孝也.以詐欺人.非信也.寧至於死.不忍處非孝非信之地.吾當順受以正.安義來請曰.我姑着此冠帶.示若官人然.臣曰.非也.彼船若或如前所遇賊.猶之可也.若是好船.必驅我曹.詣官府取供辭.汝將何辭以對.少或不直.彼必生疑.莫如守正之爲愈也.俄而所謂六船.棹圍臣船.一船有人可八九.其衣服語音.亦與下山所遇海賊一般.寫示臣等曰.看你異類.來從那裏.臣令程保亦寫以答曰.我是朝鮮國朝臣.奉王事巡海島.奔喪過海.被風而來.不識此海何國地界.其人答曰.此海乃牛頭外洋.今隸大唐國.台州府臨海縣界也.程保以手指其口.其人以水桶來遺.又指北有山曰.此山有泉.你可取汲.做飯以吃.你有胡椒.可送我二三兩.臣答曰.本國不産胡椒.初不賫來.其人等遂棹船稍却.圍包臣船.列立下矴.臣船亦依岸而泊.令安義巨伊山尙理等下舟登山.通望人煙.則果是連陸處.臣於此行.所歷滄波.雖若一海.水性水色.隨處有異.濟州之海.色深青.性暴急.雖少風.濤上駕濤.激潑滺泗.無甚於此.至黑山島之西猶然.行過四晝夜.海色白.越二晝夜愈白.又一晝夜還青.又二晝夜還白.又三晝夜.赤而濁.又一晝夜.赤黑中全濁.臣之行舟.視風從却.東西南北.萍漂無定.其間所見海色.大槩如此.自白而還青以後.風力雖勁.濤不甚高.至還白以後.始有島礐.島皆巖壁.谽𪩘.上戴土.有雜卉香草.蓊蔚長青.水性悠弱.若不遇大風.則罕見驚波駭浪之患.臣於遇賊復漂之海.亦如濟[38]州之海之險.則豈能復見得島渚乎.大抵每歲正月.正當

隆寒之極. 颶風怒號. 巨濤震激. 乘船者所忌. 至二月漸得風和. 濟州俗
猶號爲燃燈節. 禁不渡海. 且江南潮人. 亦不於正月浮海. 至四月梅雨旣
過. 颯然淸風. 海舶初回. 謂之舶趍[39]風. 臣之漂海. 適當風波險惡之時.
海天霾曀. 日復尤甚. 檣帆維檥. 或折或失. 飢渴困苦. 動經旬日. 一日之
間. 溺敗之機. 非一二度矣. 然幸僅保性命. 得泊海岸者. 非特漬雨取汁.
以沃焦腸. 舟實牢緻償駛. 能壓風濤之故也.

十七日. 捨舟登陸. 是日雨. 遲明. 所謂六船擁來. 語臣等曰. 看你也是
好人. 隨我可行. 你有奇物. 送些與我. 臣答曰. 漂流已久. 所賫之物. 盡
撒海中. 若指我生路. 所乘船楫. 皆恁的所有. 因問人居遠近. 其一人曰.
此地也近官府. 你要去不妨. 一人曰. 過前一里. 便有人家. 一人曰. 此處
人家便遠. 不可止此. 臣又問官路遠近. 其一人曰. 台州府距此一百八十
里. 一人曰. 一百五十里. 一人曰. 二百四十里. 其語端彼此有違. 不可信
也. 其人等相率鬧擾. 爭入臣船. 目所寓. 雖些小物. 無不攘敓[40]. 謂臣等
曰. 不同我去. 我當作怒. 安義請舍船. 乘其人船. 隨其所去. 李楨欲擊殺
一人以却之. 臣曰. 爾等之計皆非也. 觀彼人. 其言不實. 劫奪又甚. 情僞
淺深. 未可知也. 彼若昔者下山海賊之類. 則從安義之計而從歸. 則彼必
棹至絶島. 沈殺我等. 以滅其跡. 彼若或漁船若防禦之船. 則從李楨[41]之
計而擊殺. 則彼必掩其所爲. 反以我爲異國人來劫殺人云爾. 則大國之邊
境騷然. 誣我爲賊. 語且不通. 難以辨明. 必皆爲邊將所戮. 爾等之計. 皆
自取死途也. 莫若權辭以觀其勢. 臣謂其人曰. 我浮海日多. 飢渴困憊之
極. 危命僅一綫[42]耳. 請做飯療飢. 然後同行. 其人等復曰. 你少留緩行.
卽棹舟少却. 可二三里許. 復環臣船而泊. 以雨故皆入船倉中. 無觀望者.

---

38) 장서각본에는 淸으로 표기되었다.
39) 장서각본에는 趨으로 표기되었다.
40) 奪과 통한다.『설문해자』(說文解字) 단주본(段注本).
41) 이하 규장각본의 禎을 장서각본에 의거하여 楨으로 수정했다.
42) 線의 이체자이다.

臣謂同舟人曰．看彼人言語動止．也甚荒唐．看此山已連陸路．必通人居．
不於此時善處．則我等之命．懸其掌握．終必爲海曲之鬼．遂率陪吏等先
下船．諸軍人接踵而下．冒雨穿林．逃遁奔匿．過二嶺．嶺皆枕海．有石如
甬道．行六七里．得一里社．臣謂陪吏軍人等曰．同此生死之苦．無異骨
肉之親．自此相保．則可以全身而還．汝等若遇患難．則同救之．得一飯．
則分吃之．有疾病．則相扶持之．無一亡失可也．皆曰．唯命．又曰．我
國本禮義之國．雖漂奔窘遽之間．亦當示以威儀．使此地人知我國禮節如
是．凡所到處．陪吏等拜跪於我．軍人等拜跪於陪吏．無有過差．且或於
里前．或於城中．有群聚來觀者．必作揖禮．無敢肆突．皆曰．唯命．至其
里則里中人老少男女．爭怪臣等．觀者如墻．臣與從者趨而揖．皆合袖鞠
躬以答之．臣卽告以來自朝鮮之故．有二人．其容貌諒非庸人．謂臣等曰．
你是朝鮮國人．緣何入我國界．你若是賊人．若是進貢之人．若是被風無
定之人．逐一寫來．遞送還國．臣曰．我本朝鮮國臣奉王命往海島．奔父
喪過海．遭風見漂．得到海岸．舍舟緣陸．望尋人煙而來．乞諸大人．聞于
官府．以活垂死之命．卽以所賫印信冠帶文書示之．其二人覽畢．指臣前
鎭撫陪吏等以次羅跪．末端軍人等亦以次俯伏．謂臣曰．聞貴國禮義邦久
矣．果愜所聞．卽叫家僮．將米漿茶酒以饋．徧及軍人．任其所飲．指里前
佛堂曰．你可住此堂安歇．臣至佛堂．解濕衣以風．未幾其二人又做飯來
饋．果皆忠厚人也．而亡其職姓名．俄而其二人來言你可起身．送你好處．
臣問曰．好處幾里．其二人謊辭曰．還有二里．曰．其地名何．曰．西里堂
也．曰．雨甚路濘．時又向晚．奈何．曰．去處不遠．不須憂矣．臣從其言．
率從者登途而行．則里中人或帶杖劒．或擊錚鼓前途．有聞錚鼓之聲者．
群聚如雲．叫號驟突．夾左右擁前後而驅．次次遞送．前里如是．後里又
如是．行過五十餘里．夜已央矣．

十八日．遇千戶許淸於路上．是日大雨．子半．臣等因爲里人所驅．路經
一高阜．松竹成藪．遇有自稱隱儒姓王名乙源者．憐臣冒夜衝雨．艱楚被
驅．止里人少住．問臣所從來．臣亦告以漂風之故．乙源惻然．卽呼酒勸

臣. 臣曰. 我朝鮮人守親喪. 不飮酒食肉茹葷及甘旨之味. 以終三年. 蒙饋酒. 感恩則已深矣. 然我今當喪. 敢辭. 乙源遂饋臣以茶. 饋從者以酒. 因問曰. 你國亦有佛否. 答曰. 我國不崇佛法. 專尙儒術. 家家皆以孝悌忠信爲業. 乙源握臣手眷顧相別. 其里人驅臣等至一大嶺. 臣足如繭. 不能前進. 里人擁挽臣臂. 前引後推而過. 又遞至二十餘里. 其里中有大橋. 里人皆揮隅[43]杖. 亂擊臣等. 肆疏劫奪大甚. 吳山者負臣馬鞍. 有一人毆擊攘去. 臣等被杖前驅. 顚仆哭泣. 過二嶺. 見遞他里. 向曙. 問其有大橋之里. 則人曰. 仙岩里也. 自登陸以來. 道傍觀者. 皆揮臂指頭. 作斬頭之狀以示. 臣等莫知其意. 行至蒲峯里. 雨少止. 有官人率軍吏而來. 問臣曰. 你是何國人. 怎麼到此. 臣曰. 我乃朝鮮國人. 再登文科. 爲國王近臣. 奉國事巡海島. 奔喪出陸. 遭風漂到于此. 飢渴萬死之餘. 僅續殘命. 復爲里人所驅. 辛苦萬端之極. 得遇官人於此. 是我得生之時也. 其官人卽先饋臣以粥. 隨以飯具. 又令臣從者做飯以吃. 臣問官人姓名職事. 有王适者曰. 此乃海門衛千戶許淸也. 守塘頭寨. 聞倭犯界. 專爲捕獲而來. 汝其愼之. 臣困臥路周. 四肢莫擧. 許淸謂臣曰. 我大唐法度嚴切. 你別處人. 不可久在此亂. 爲攪擾良民. 令軍吏等疾驅臣等. 行五里許有官廨. 乃唐頭寨也. 過一長堤. 可十餘里. 雨復大作. 臣跛行蹣跚. 專[44]未動脚. 中途僵仆曰. 我之筋力竭矣. 將及於死. 早知若此. 莫如死於海上之爲便. 程保以下. 亦對臣痛哭. 被軍吏甚督. 莫能少留. 李楨孝枝尙理玄山等身實者. 相遞負臣以行. 過二嶺. 幾至三十餘里. 有人居甚繁盛. 前有佛宇. 天將暮. 雨不止. 故許淸欲留臣等于佛宇以經夜. 其里人皆以謂不可. 許淸謂臣曰. 此方人皆疑你爲劫賊. 故不許留. 你雖艱步. 不可不行. 令軍吏驅臣等. 過一大嶺. 夜二更. 至一川邊. 李楨等亦力盡. 身且不保. 不克負臣. 從者等亦皆疲羸不能行. 許淸親執臣手以起. 臣之兩足爐寒. 不運一步. 高以福大怒. 指臣曰. 此漢此漢. 無乃病狂歟. 汝若艱苦. 宜委四

---

43) 장서각본에는 稜으로 표기되었다.
44) 장서각본에는 소으로 표기되었다.

肢. 莫之能起可也. 臣辱其言. 自以謂我寧至死. 宜死於此地. 復臥不起. 從者率皆顚臥狼藉. 許淸令軍吏或督或毆. 而不得驅焉. 良久. 又有一官人領兵擁炬而至. 甲冑鎗劒[45]彭排之盛. 嗊吶哮囉喇叭錚鼓銃熕之聲. 卒然重匝. 拔劍使鎗. 以試擊刺之狀. 臣等驚駭耳目. 喪魂褫魄. 罔知所爲. 官人與許淸. 整軍威驅臣等. 可三四里. 有大屋舍. 繚以城郭如關防然. 問之則乃杜[46]瀆場見桃渚[47]所. 或云. 批驗所也. 城中又有安性寺. 止臣等于寺. 許留宿焉. 臣問其官人爲誰. 則有僧云. 此乃桃渚所千戶也. 聞倭人犯境. 領器械以備于此. 因許千戶之報. 率兵往驅你輩以來. 然未知你心眞詐. 明日到桃渚所. 將訊汝.

十九日. 到桃渚所. 是日大雨. 兩千戶竝馬驅臣等. 冒雨以行. 臣令程保告許淸曰. 我等漂海. 浮沈飢渴. 臨死復甦. 僅保餘喘. 得到貴境. 得遇官人. 得飽昨朝之飯. 以爲得再生之地. 乃於霖霪之雨. 濘潦之途. 顚坑仆谷. 撥石衝泥. 體凍脚微. 心焦力盡. 昨夕不得食. 今早又不得食. 又驅出冒大雨而行. 我其殆將半塗而斃矣. 許淸復曰. 昨因你走不到官司. 自取飢. 今若便到. 則官自供給. 速去速去. 臣運步不得. 仆路隈. 四體委地不收. 孝子程保金重莫金萬山巨伊山等. 環坐痛哭. 適有牽牛而過者. 程保告諸千戶曰. 請解衣買此牛. 以騎我員. 許淸曰. 我亦豈不憐你輩受此苦乎. 緣拘國法. 未得護汝耳. 李楨孝枝尙理等又相代負. 臣過一嶺. 可二十餘里. 至一城. 乃海門衛之桃渚所. 行將近城七八里間. 軍卒帶甲束戟. 銃熕彭排. 夾道塡街. 至其城則城有重門. 門有鐵扃. 城上列建警戍之樓. 城中市店聯絡. 人物繁富. 引臣等至一公館許留焉. 臣之形容槁枯. 冠服塗泥. 觀者絶倒. 有姓名王碧者寫謂臣曰. 昨日已報上司. 倭船十四隻. 犯邊劫人. 你果是倭乎. 臣曰. 我非倭. 乃朝鮮國文士也. 又有姓名盧夫容者自稱措大. 謂臣曰. 車同軌. 書同文. 獨你語音. 不同中國. 何也. 臣

---

45) 장서각본에는 釼으로 표기되었다.
46) 규장각본 및 장서각본 모두 於로 표기했으나 杜의 잘못이다.
47) 규장각본 및 장서각본 모두 知로 표기했으나 渚의 잘못이다.

答曰. 千里不同風. 百里不同俗. 足下怪聽我言. 我亦怪聽足下之言. 習俗然也. 然同得天所賦之性. 則我之性. 亦堯舜孔顏之性. 豈嫌於語音之有異哉. 其人撫掌曰. 你奔喪. 可行朱文公家禮乎. 臣答曰. 我國人守喪. 皆一導家禮. 我當從之. 但爲風所逆. 迨今不得哭于柩前. 所以痛哭. 其人又問曰. 你作詩否. 臣答曰. 詩詞乃輕薄子嘲弄風月之資. 非學道篤實君子所爲也. 我以格致誠正爲學. 不用意學夫詩詞也. 若或有人先倡. 不得不和耳. 又有一人寫臣掌上曰. 看你也不是歹[48]人. 只以言語不同. 實同盲啞. 誠可憐也. 我告你一言. 你其記之. 善自處. 愼勿輕與人言. 自古倭賊屢劫我邊境. 故國家設備倭都指揮備倭把總官以備之. 若獲倭則皆先斬後聞. 今[49]你初繫舟處. 轄獅子寨之地. 守寨官誣汝爲倭. 欲獻馘圖功. 故先報云. 倭船十四隻. 犯邊劫人. 將領兵往捕汝斬汝之時. 你輩先自捨舟. 投入人多之里. 故不得逞其謀矣. 明日把總官來訊你輩. 你其詳[50]辨之. 少有違誤[51]. 事在不測云云. 臣問其姓名則曰. 我所以言之者. 愛汝也. 危之也. 掉頭而去. 臣聞其言. 毛髮竪立. 卽語程保等. 保等曰. 路人指我等爲斬伐之狀者. 皆惑此謀故耳. 日夕. 千戶等官員七八人. 置一大卓. 環立卓邊. 引程保於前. 問曰. 你一起一十四隻船. 實否. 保對曰. 否. 但一隻而已. 揮程保以出. 又引臣問曰. 你衆所駕原船幾隻. 臣曰. 只一隻耳. 問曰. 我邊上瞭見. 倭船一十四隻. 同泊昨處海洋. 我因守寨官之報. 已報于上司大人. 倭船十三隻. 置之何地. 臣曰. 我之到海岸時. 有貴地人等乘船六隻. 同泊一海. 若要究六船人. 則我之船數可知矣. 問曰. 你以倭人. 登劫此處. 何也. 臣曰. 我乃朝鮮人也. 與倭語音有異. 衣冠殊制. 以此可辨. 問曰. 倭之神於爲盜者. 或有變服. 似若朝鮮人者. 安知你非其倭乎. 臣曰. 觀我行止擧動. 證我印牌冠帶文書. 則可辨情僞. 千戶等卽令臣拿印信等物來以質之. 因問曰. 你無乃以倭劫朝鮮人. 得此物

---

48) 장서각본에는 互로 표기되었다.
49) 규장각본에는 今今으로 표기되어 있고, 장서각본에는 聞 앞의 한 자가 비어 있다.
50) 장서각본에는 詐로 표기되었다.
51) 장서각본에는 設로 표기되었다.

閏正月 561

乎. 臣曰. 若少有疑我之心. 姑令送我北京. 與朝鮮通事員一話. 情實立見. 問曰. 你姓何名誰. 何州縣人. 何職官. 因何事幹. 到我邊境. 開寫情狀. 毋敢謊虛. 我其申報上司. 臣曰. 姓崔名溥. 住朝鮮國全羅道羅州城中. 再登文科. 筮仕朝著者有年. 去丁未秋九月. 奉國王命. 往濟州等處海島. 今閏正月初三日. 犇父喪. 顛倒還家. 遭風漂海. 得到于此. 曰. 你父名何職何. 死在何地. 臣曰. 父名澤. 格進士試. 以養親不仕. 闋孝服僅四載. 又死于羅州. 供畢後. 館臣于別館. 以供臣及從者. 我國人為公為私. 往來濟州. 或遭風無去處者. 不可枚悉. 終能生還者. 十百僅一二. 是豈盡沈於海波乎. 其漂入島夷若暹羅占城之國者. 無復望還. 雖或漂至中國之界. 亦為邊人所誤. 誣以倭賊. 折馘受賞. 則誰能辨其情乎. 如臣等者. 若不先自下陸. 若無印牌之信. 豈復免於禍哉. 我國家若依中朝制. 凡百官給號牌錫牌. 篆書職姓名以旌異之. 奉使臣無大小給節鉞. 以尊王命. 抑又沿海住人. 雖以私商過海者. 皆給號牌. 書某國某州縣某姓名某形某年甲以別之. 又置通事一員於濟州. 凡奉使臣及三邑守令往還. 常川帶行. 以圖後慮. 然後庶可免於患.

二十日. 在桃渚所. 是日乍陰乍晴. 臣問桃渚所千戶姓名則乃陳華也. 華與一官人來看臣. 指臣笠曰. 此何帽子. 臣曰. 此喪笠也. 國俗皆廬墓三年. 不幸如我漂流. 或不得已有遠行者. 則不敢仰見天日. 以堅泣血之心. 所以有此深笠也. 及至飯時. 許清引臣同卓. 座有一人以筯畫卓上曰. 你吃猪肉否. 臣曰. 我國人守喪三年. 不食魚肉醢葷. 其人以別器. 盛素饌以饋臣. 許清又見臣之衣服沾濕未乾. 謂臣曰. 今日有陽. 可脫衣以晒之. 臣答曰. 我衣皆濕. 脫此則無可穿者. 不能晒也. 許清引臣坐諸面陽之地. 以令晒乾. 有一官人來問曰. 你國王稱皇帝否. 臣答曰. 天無二日. 安有一天之下. 有二皇帝乎. 我王心誠事大而已. 又問曰. 你國官人. 果皆犀帶乎. 曰. 一二品着金. 三四品着銀. 五六品以下. 皆着烏角而無犀帶. 又問曰. 你國有金銀否. 曰. 金銀非本國所產. 曰. 然則何以有金銀帶. 曰. 皆來貿上國. 所以貴也. 臣問其官人為何人. 其人卽出公文以示.

則乃把總官先差此官人. 給牌星馳. 前去桃渚所. 護住臣等. 按臨重解. 毋得違悮者. 姓名卽薛旻也. 又有一人來曰. 我. 寧波府定海衛人. 因此處都司公差. 到此. 臣卽問曰. 寧波府有下山否. 曰有之. 臣因言前日到泊下山逢海賊復漂之故. 其人曰. 我當持此文字. 告知府往問之. 臣問其姓名. 則王海也. 又有外人群聚而至. 爭持紙筆以問. 不可勝對. 有官人密書以示曰. 此處人輕薄. 休與閑講.

二十一日. 在桃渚所. 是日晴. 外人麋至觀臣. 王海指壁上一眞像曰. 你知此畫乎否. 曰. 不曉得. 海曰. 此乃唐朝進士鍾馗也. 臣曰. 鍾馗平生不得進士. 何以謂之進士. 海等喧嘩大笑. 又有白髮老翁來. 臣問曰. 天台鴈蕩等山. 距此地幾里. 翁答曰. 天台山在天台縣北. 距此二日程. 天台山之南一日程. 有鴈蕩山. 臣又問此城主山何. 曰. 石柱山也. 引臣出門. 指點石柱山. 則果石壁作山. 當山頂有大石如柱形. 臣曰. 自此距北京幾里. 翁曰. 五千八百有餘里. 問距楊子大江幾里. 翁曰. 在北二千有餘里. 臣又擧李暹所泊揚州府以問曰. 距此幾里. 翁曰. 在楊子江之北. 你去過江. 則便是揚州之境也. 又問距南京幾里. 翁曰. 在西北二千餘里. 然皆臆料耳. 未敢的知云云. 有大官人前呵後擁. 軍儀整肅而至. 坐于皇華館. 問之則乃把總松門等處備倭指揮劉澤也. 招臣等來前曰. 以汝類私越邊境. 本當處以軍法. 恐其中情有可矜. 姑未盡戮. 有無侵犯上國情狀. 從實供寫施行. 臣供曰. 姓崔名溥. 居朝鮮國全羅道羅州城中. 再登文科. 爲國王近臣. 去丁未九月十七日. 奉王命爲濟州等處敬差官. 濟州在南海中. 距羅州水路千餘里. 同年十一月十二日. 渡海推刷人丁. 事未竣. 今戊申正月三十日. 聞父喪. 閏正月初三日. 不候風便. 顚倒過海. 爲風所逆. 驚濤掀浪. 載沈載傾. 飢食渴水. 十生九死. 以今月十二日到泊名不知海島. 有漁船來問曰. 你是何國人. 答以朝鮮國人漂流之故. 因問此何國地面. 其人答曰. 此大唐國寧波府下山云云. 其夜有賊船二十餘人來. 以斫刀恐嚇欲斬. 攘奪衣粮行裝等物. 遂截去艣矴而去. 復漂流大洋. 十七日. 又到泊地名不知海岸. 又有漁船六隻列立. 恐其如前所遇海賊之

類.捨舟緣陸.過二嶺六七里許.有人居.相次遞送.夜至仙岩里.其里人爭以隅杖.亂擊劫奪.遞至一處.遇有官人.驅至于此城.又問曰.你登第何年.歷仕幾官.所帶人住何州縣地.行李有何器械.原有船幾隻.臣曰.我於成化丁酉.格進士試第三人.壬寅.中文科乙科第一人.爲校書館著作.爲博士.爲軍資監主簿.爲成均館典籍.爲司憲府監察.爲弘文館副修撰.爲修撰.丙午.中文科重試乙科第一人.爲弘文館副校理.爲龍驤衛司果.爲副司直.所帶人陪吏四人.光州牧吏程保和[52]順縣吏金重羅州牧吏孫孝子濟州牧吏李孝枝.伴率一人李楨.京都人.鎭撫一人安義.濟州人.驛吏一人崔巨伊山.羅州青巖驛人.奴子莫金等二人.濟州官奴權松等四人.護[53]送軍金粟等九人.船格軍許尙理等二十人.皆濟州人.所乘船只一大隻.檣帆椗楫.遭風而失.矴艣.遇賊而失.所資之物.印信一顆.馬牌一隻.紗帽角帶.所治文書.重試榜錄書冊.弓一張.刀一把及各人所穿衣裳外.無他器械.把總官卽點印信等物.又問曰.汝國地方遠近幾何.府州幾何.兵粮約有幾何.本地所產.何物爲貴.所讀詩書.尊崇何典.衣冠禮樂.從何代之制.一一寫述.以憑查考.臣曰.本國地方.則無慮數千餘里.有八道.所屬州府郡縣.總三百有餘.所產則人材五穀馬牛鷄犬.所讀而尊崇者.四書五經.衣冠禮樂.則一遵華制.兵粮則我以儒臣.未曾經諳.未詳其數.又問曰.汝國與日本琉球高麗相通乎.臣曰.日本琉球.俱在東南大海中.相距隔遠.未相通信.高麗革爲今我朝鮮.又問曰.汝國亦朝貢我朝廷否.臣曰.我國每歲如聖節正朝.貢獻愈謹.又問.汝國用何法度.別有年號乎.臣曰.年號法度.一遵大明.把總官問畢.因曰.汝邦屢歲朝貢.義有君臣之好.旣無侵逆之情.當遇以禮.各宜安心.勿生他慮.轉送赴京.遣還本土.急促行裝.不許稽緩.卽饋以茶果.臣卽做謝詩以拜.把總官曰.不要拜.臣不知所言.敢拜之.把總官亦起.相對答禮.

---

52) 장서각본에 의거하여 化를 和로 수정했다.
53) 장서각본에 의거하여 好를 護로 수정했다.

二十二日. 在桃渚所. 是日陰. 把總官又引臣於前. 將昨日招辭. 删削下山遇賊仙岩敺擊等事及文繁處. 令臣更寫一幅. 薛旻立卓邊謂臣曰. 此文字報上司. 以達于皇帝. 文宜簡略. 故我老爹删繁就簡. 令你改寫. 你勿疑也. 臣不肯寫曰. 供辭當以直. 文雖繁何害也. 且所删者. 乃遇賊之事. 却添一言曰. 軍人衣服俱有云云. 沒我遇賊情實. 抑54)何意歟. 薛旻密寫示曰. 今皇帝新卽位. 法令嚴肅. 若見你前所供辭. 帝意必謂盜賊盛行. 歸罪邊將. 非細事也. 爲你計. 當以生返本國爲心. 不宜好爲生事也. 臣聞55)其言以爲然. 卽擧筆隨所删寫之. 薛旻又謂臣曰. 你旣爲軍資監主簿. 何以曰不知兵粮之數. 臣曰. 我爲軍資監. 未滿月見遞. 故未詳其數. 又問曰. 你浮海上. 不食幾日. 臣曰. 自初三日至十一日. 曰. 然則何不至於餓死. 臣曰. 間或嚼乾米. 飮尿溲. 尿又盡. 待天雨漬衣汁飮. 以續一髮之命. 不死幸耳. 又問曰. 你年齒幾何. 臣曰. 三十有五歲. 又問你辭家幾日. 臣曰. 月已六度圓矣. 曰. 你思家山否. 臣曰. 父已云亡. 慈母在堂. 哭之已變國俗. 又以我爲溺死. 益篤傷慟56)之心. 我今生到異邦. 念及至此. 無日不痛哭. 曰. 爲人臣者. 國耳忘家. 你因王事. 漂到于此. 當移孝爲忠. 何憶家爲. 臣曰. 求忠臣於孝子之門. 未有不盡孝於親而忠於君者. 況風樹不止. 日迫西山. 安得而不思吾亡父與慈母乎. 又問曰. 你國王姓諱何. 臣曰. 孝子不忍擧父母之名. 故聞人過失. 如聞父母之名. 況爲臣子. 其可以國君之諱. 輕與人說乎. 曰. 越界無妨. 臣曰. 我不是朝鮮之臣乎. 爲人臣者. 其可以越界而負其國. 異其行. 變其言乎. 我則不如是也. 薛旻卽將與臣問答之辭. 呈于把總官. 把總官或讀或點頭. 顧謂臣曰. 明日. 差官送你起程. 凡有隨身行李. 依件寫來. 免致前路失所. 臣退舍館. 有王匡者. 許淸之鷹犬也. 或嚇或誘. 誅求無厭. 臣之行李無物. 無以應之. 至是又來言曰. 我每大人之恩. 不可不報. 臣解所着襦57)帖裏. 以與

---

54) 장서각본에는 抑으로 표기되었으나, 抑의 이체자이다.
55) 장서각본에는 門으로 표기되었다.
56) 장서각본에는 痛으로 표기되었다.
57) 장서각본에는 繻으로 표기되었다.

許淸之子隆. ○台州. 古東甌國之地. 在閩之東越之南. 而牛頭外洋等處
轄臨海縣. 地又在台州東南絕徼. 風氣溫暖. 恒雨少日. 實炎荒瘴癘之方.
臣當正月而到. 氣候與三四月同. 车麥欲穗. 笋58)芽方盛. 桃杏滿開. 又
山川高大. 林藪屛翳. 人物繁夥. 第宅壯麗. 別是一區天地也.

二十三日. 自桃渚所登程. 是日陰. 把總官又引臣及從者於前. 令臣叫
姓名點數. 差千戶翟勇及軍吏二十餘人. 護送臣等于總兵官. 臣及陪吏等
俱乘轎以行. 梁達海. 奸狡者. 托病扶杖. 似不能步. 把總官亦許轎. 乘轎
者凡八人. 翟勇許淸王匡等與臣等. 過山場烏頭二嶺. 間有三大川. 烏頭
嶺下. 又有鑑溪. 許淸邀臣等于溪邊人家. 做飯以饋. 又行過塘頭蒲峯等
地. 犯夜至一道傍佛宇而宿. 其前里閭. 卽仙岩里. 自桃渚所至此. 乃臣
前此被驅所經之路也. 夜. 許淸翟勇鞠其里長. 捕其奪馬鞍者. 報于官.
還馬鞍于臣. 軍人所見奪笠子網巾等物. 俱不得. ○凡爲劫盜者. 殺越人
于貨. 肆暴無忌. 今江南人. 雖或被利心所使. 爲盜爲劫者有之. 然下山
之盜. 不殺臣等. 且有遺物. 仙岩之人. 不隱所劫. 竟還奪鞍. 可以觀風氣
柔弱. 人心不甚暴惡之驗也.

二十四日. 至健跳所. 是日晴. 曉過穿岩里. 里西有山. 戴石壁. 屹立穹
窿. 有大竇洞望如虹. 門里之得名以此. 又過田嶺. 嶺上有僧. 作佛宇. 橫
道路. 行人從寺中以過. 臣等平地雖或乘轎. 嶺峻路險. 下轎步行爲多.
至此寺百枝跛行. 寺僧憐之. 煎茶以供. 少留. 行至海浦. 有兵船59)具戎
器. 循浦上下. 示以水戰之狀. 臣從鼻居舠以渡. 則乃是健跳所也. 城臨
海岸. 所千戶李昻. 軀幹壯大. 容儀丰美. 具甲冑兵60)戎. 導臣等入城門.
門皆重城. 鼓角銃㷁. 聲震海岳. 其嗩吶等大小角末端. 皆上曲鉤. 向吹
者眉目間. 城中人物第宅. 視桃渚所尤豐盛. 李昻引臣至一客館. 與翟勇

---

58) 筍의 이체자이다.
59) 장서각본에는 舡으로 되어 있다.
60) 장서각본에는 其로 표기되었다.

許淸王匡王海等及所之有姓庄⁶¹⁾也尹也. 亡其名. 俱是厚重老官人. 皆環立卓之左右. 問臣以漂流之故. 臣略陳首末云云. 李昴請升堂行賓主之禮. 昴由西階. 臣由東階而上. 相對再拜後. 昴饋臣茶果. 又饋臣之從者以酒肉. 頗示忠款之意. 姓尹老官人. 引程保等. 詣私第飮食之. 因見其妻妾子女以展禮. 其人心淳厖如此. 有一⁶²⁾人以丙午年登科小錄來示臣曰. 此吾的登科第榜錄也. 又指點錄中張輔二字曰. 此吾的姓名也. 因問曰. 你國亦貴其登科者乎. 曰. 然. 曰. 我國制. 草茅士登第者. 皆官給俸祿. 旌⁶³⁾表門閭. 刺銜亦書賜進士及第某科某等人云云. 引臣至其家. 則其家前街. 果以雕龍石柱. 作二層三間之門. 金碧眩曜. 其上大書丙午科張輔之家之標. 輔蓋以已之登第誇示臣. 臣亦以浮誕之言誇之曰. 我再中科第. 歲受米二百石. 旌門三層. 足下其不及於我矣. 輔曰. 何以知之. 臣曰. 我之旌門. 遠莫致之. 我有文科重試小錄在此. 卽撥示之. 輔於錄中. 見臣職姓名. 下跪曰. 我殆不及矣.

二十五日. 到越溪巡檢司. 是日陰霾. 李昴許淸王匡及庄也尹也. 俱送臣于海上. 昴握臣手曰. 我與足⁶⁴⁾下. 千載一時. 萬里一見. 一別兩地. 無復再見. 臣於船上敍別曰. 僕之來也. 將軍以百千兵甲. 環城擁闠. 旌旗凌亂. 錚鼓轟馳. 則將軍之示遠人嚴矣. 僕之寓館也. 升堂禮莫愆. 饋食意益彌. 開心見誠. 一見如舊. 則將軍之待遠人寬矣. 及僕之去也. 步出城西. 遠送海曲. 扶僕登船. 敍辭以別. 則將軍之送遠人厚矣. 僕一遠人也. 相逢未一日也. 而嚴以示之. 寬以待之. 厚以別之. 其意固有在也. 蓋我朝鮮. 地雖海外. 衣冠文物. 悉同中國. 則不可以外國視也. 況今大明一統. 胡越爲家. 則一天之下. 皆吾兄弟. 豈以地之遠近. 分內外哉. 況又我國恪事天朝. 貢獻不怠. 故天子亦禮以待之. 仁以撫之. 懷綏之化. 至

---

61) 莊의 이체자이다.
62) 장서각본에는 一이 결자로 되어 있다.
63) 장서각본에 의거하여 旋을 旌으로 수정했다.
64) 장서각본에는 之로 표기되었다.

矣盡矣. 而僕. 朝鮮之臣也. 將軍亦天子分闑之臣也. 則其體天子字小之心. 而待遠人至於此極. 斯不亦忠矣乎哉. 其間情意之篤. 則僕旣感之深矣. 然不得一日之暇. 與將軍及庄尹兩官人. 從容談話. 展布所懷. 百歲之間. 萬里之外. 雲樹之望. 曷維65)其已. 又別許淸曰. 將軍與王足下匡. 遇我於蒲峯之里. 飽我於飢渴之極. 生我於萬死之餘. 以至杜瀆場. 以至桃渚所. 以至於此城. 崎嶇數百之地. 扶護七八日之間. 其恩情之篤. 不勝枚悉. 一別之後. 會面難期. 祗增黯然. 遂告別. 與翟勇同舟過大海. 勇謂臣曰. 浮此海而去. 西可望天台山. 今適雲霧四塞. 不得觀望云云. 夕. 至寧66)海縣之越溪巡檢司. 城在山巓. 軍卒皆帶甲. 列立海傍. 勇與其徒下舟入城. 留臣等于海岸. 莫知所爲.

二十六日. 過寧海縣. 是日雨. 巡檢司對岸有越溪鋪. 自鋪前舍舟乘陸. 從溪岸而步. 溪之通海口甚廣闊. 不知其源之所從來. 行過西洋嶺許家山. 至市奧鋪. 鋪中人饋茶數梡. 又行至白嶠嶺. 有軍卒二十餘人. 擔轎來迎臣等. 臣等八人. 又乘過進士坊. 至寧海縣之白嶠驛. 驛在縣治之中. 有知縣姓唐者. 供饋臣等. 期至於飽. 因乘轎冒雨而行. 過桐山鋪梅林鋪江淮67)嶺缸空鋪海口鋪. 其間有三大川二大橋. 亡68)其名. 夜二更. 至西店驛以宿. 驛有甲兵警戍. 如防禦所.

二十七日. 在西店驛. 是日大風大雨. 溪澗水漲. 不得已留于西店驛.

二十八日. 到連山驛. 是日大雨. 翟勇謂臣曰. 我大唐法令嚴整. 少有遲緩. 必致罪責. 今雖大雨. 不可復留. 勇之軍吏及臣之從者. 俱不欲曰. 今日雨大至. 水溢洞壑. 不可行. 勇曰. 洞壑潦水. 滿而復除. 且此驛支給.

---

65) 장서각본에는 有로 표기되었다.
66) 장서각본에 의거하여 澤을 寧으로 수정했다.
67) 이재호는 격으로 읽었다.
68) 장서각본에는 忘으로 표기되었다.

亦有限量. 昨日之留. 已爲不可. 遂與臣等冒雨過珊[69)]墟鋪拆開嶺山隍
鋪. 又過大嶺方門鋪. 至雙溪鋪. 鋪北有雙溪. 溪水漲溢. 人皆以衣而涉.
經尙田鋪. 止宿奉化縣之連山驛. 縣距驛東二里. 知縣姓名杜安也. 驛丞
見臣等雨透沾衣. 肌寒帶粟. 遂煨榾柮於堂前. 臣及從者. 環坐親炙使自
溫. 有一人自外至. 橫怒肆毒. 蹴踏榾柮之火. 臣等惝懼奔匿. 勇及驛丞.
俱被辱焉. 勇謂臣曰. 外有一人說你是劫賊之人. 阻當驛[70)]官. 不要供給.
我與他說汝是讀書君子. 他復肆暴. 你可寫狀. 告他搶去衣包云云. 呈于
知縣. 臣曰. 彼人之惡. 誠欲可懲. 但以不見奪之物. 誣爲强奪. 伏人非
罪. 甚悖於理. 今足下護我等而來. 治他以喝衆侵暴之罪. 亦不爲無辭.
勇卽寫狀. 送于縣官.

二十九日. 過寧波府. 是日雨. 翟勇與臣等乘轎過大川. 川畔有佛宇極
華麗. 前有五浮圖雙大塔. 又過虛白觀金鍾鋪南渡鋪. 至廣濟橋. 橋跨大
川. 橋上架屋. 橋長可二十餘步. 橋所在之地. 卽寧波府界. 舊爲明州時
所建也. 又行至三里. 有大橋. 橋之北有進士里. 又行至十餘里. 又有大
橋. 橋上亦架屋. 與廣濟橋同而差小. 忘其名. 橋之南有文秀鄕. 又過常
浦橋. 至北渡江. 乘小舠而渡. 自牛頭外洋. 西北至連山驛. 群峯列岫. 糾
紛繚繞. 溪澗巖壁. 縈紆錯亂. 至此江則平郊廣野. 一望豁如. 但見遠山
如眉耳. 江之北岸. 築一壩. 壩卽挽舟上過之處. 壩之北. 築堤鑿江. 有鼻
居舠繞岸列泊. 勇引臣等乘其舠. 過石橋十三. 行二十餘里. 江之東堤.
閭閻撲地. 其西南望有四明山. 山西南連天台山. 東北連會稽秦望等山.
卽賀知章少時所居也. 棹至寧波府城. 截流築城. 城皆重門. 門皆重層.
門外重城. 水溝亦重. 城皆設虹門. 門有鐵扃. 可容一船. 掉[71)]入城中. 至
尙書橋. 橋內江廣可一百餘步. 又過惠政橋社稷壇. 凡城中所過大橋. 亦

---

69) 이재호는 책으로 읽었으나, 타(他)와 감(甘)의 절음(切音)이라고 보아 탐으로 생
각된다.
70) 장석각본에는 佯으로 표기되었다.
71) 棹와 통한다.

不止十餘處. 高宮巨[72]室. 夾岸聯絡. 紫石爲柱者. 殆居其半. 奇觀勝景. 不可殫錄. 棹出北門. 門亦與南門同. 城周廣狹不可知. 府治及寧波衛鄞縣治及四明驛. 俱在城中. 至過大得橋. 橋有三虹門. 雨甚留泊江中.

二月

二月初一日. 過慈溪縣. 是日雨. 經新淸橋進士鄕. 至宋石將軍廟. 廟大如官府. 立旌[73]表之門. 自府城至此十餘里間. 江之兩岸. 市肆舸艦. 坌集如雲. 過此後松篁橙橘. 夾岸成林. 又過茶亭景安鋪繼錦鄕兪氏貞節門. 至西鎭橋. 橋高大. 所過又有二大橋. 至西壩廳. 壩之兩岸. 築堤以石. 斷流爲堰. 使與外江不得相通. 兩傍設機械. 以竹綯爲纜. 輓舟而過. 至西興鄕之新堰. 堰舊爲利子港顔公堰. 後塞港廢堰爲田. 導水東滙. 至于廣利橋之南. 置此壩. 外捍江湖. 輓濟官船. 謂之新堰. 槩與西壩同. 至此又輓舟而過. 過新橋開禧橋姚平處士之墓. 至慈溪縣. 棹入其中. 有經元門鍾英門都堂里門都憲橋進士門德星橋寶峯門. 至臨淸亭前. 少停舟. 夜又泝江而北. 至雞報泊于岸待曙. 而問其江. 則乃姚江也. 江邊有驛. 乃車廐驛也. 驛丞乃秦高也.

初二日. 過餘姚[74]縣. 是日陰. 早發船遡西北而上. 江山高大. 郊野平鋪. 人煙稠密. 景物萬千. 日夕過五靈廟驛前鋪姚江驛江橋. 至餘姚縣. 江抱城而西. 有聯錦鄕曹墅橋. 橋三虹門. 又過登科門張氏光明堂. 夜三更. 到下新壩. 壩又與前所見新堰同. 又輓舟過壩. 經一大橋. 有大樹數十株. 列立江中. 將曙到中壩. 壩又與下新壩同. 又輓舟逆上江. 卽上虞江也.

---

72) 장서각본에 의거하여 臣을 巨로 수정했다.
73) 장서각본에 의거하여 旋을 旌으로 수정했다.
74) 장서각본에는 姚로 표기되었으나, 姚의 이체자이다.

初三日．過上虞縣．是日晴．過二大橋．而上江之南．有官人乘轎而來．乃上虞知縣．自縣來也．縣距江岸二三里許．又過黃浦橋華渡鋪蔡墓鋪大板橋．步青雲門新橋鋪．至曹娥驛．驛丞．徐深也．驛北有壩．舍舟過壩．步至曹娥江亂流而渡．越岸又有壩．壩與梁湖巡檢司．南北相對．又舍舟過壩．而步西二里．至東關驛．復乘船過文昌橋東關鋪景靈橋黃家堰鋪瓜山鋪陶家堰鋪第洋鋪．夜四更．至一名不知江岸留泊．

初四日．到紹興府．是日晴．撑鑑水而上．水自鏡湖一派．來繞城中．日出時．到紹興府．自城南泝鑑水而東而北．過昌安鋪．棹入城．城有虹門當水口．凡四重．皆設鐵扃．過有光相橋等五大橋及經魁門聯桂門祐聖觀會水則碑．可十餘里許有官府．翟勇引臣等下岸．其閭閻之繁．人物之盛．三倍於寧波府矣．總督備倭署都指揮僉事黃宗巡視海道副使吳文元布政司分守右參議陳潭．連坐于澂清堂北壁．兵甲笞杖．森列於前．置一卓．引臣至卓邊．西向而立．問以臣之姓名．所住之鄉．所筮仕之官．所漂風之故．所無登劫之情狀．所賫器械之有無．臣答以答把總官之辭．却添載下山逢賊仙巖遇杖之事．所賫行李．又添馬鞍一部．三使相卽下把總官所報狀以示臣曰．是何供辭前後．詳略不同乎．臣曰．把總官初問．只答以漂流到泊之情．今日布政三司更問．詳舉遇賊等事耳．三使相徐謂臣曰．供辭有違．汝實有罪．汝宜謄寫前辭．無一字加減云云．臣便寫之．三使相又謂臣曰．他日你到杭州．鎭守太監綉衣三司大人到北京．兵部禮部．亦更問汝情．其叔以是答之．少有相違．大不可也．又問曰．初以汝類爲倭船劫掠．將加捕戮．汝若是朝鮮人．汝國歷代沿革都邑山川人物俗尚祀典喪制戶口兵制田賦冠裳之制．仔細寫來．質之諸史．以考是非．臣曰．沿革都邑．則初檀君．與唐堯竝立．國號朝鮮．都平壤．歷世千有餘年．周武王封箕子于朝鮮．都平壤．以八條教民．今國人以禮義成俗始此．厥後燕人衛滿．亡命入朝鮮．逐箕子之後箕準．準奔馬韓以都焉．其間或爲九韓．或爲二府．或爲四郡．或爲三韓．年代久遠．不能盡述．至西漢宣帝時．新羅朴氏初立國．高句麗高氏百濟扶餘氏相繼而起．三分舊朝鮮之地. 新羅據東南界. 都慶州. 高句麗據西北界. 都遼東都平壤. 又屢遷厥邦. 忘其地. 百濟據中西南界. 都稷山都廣州都漢陽都公州都扶餘. 當唐高宗朝. 新羅文武王與唐兵滅高句麗. 又滅百濟. 合三國爲一. 後甄萱叛據全州. 弓裔叛據鐵原. 高麗王氏功高德盛. 國人推戴. 弓裔自竄. 甄萱自投. 新羅王封府庫. 籍郡縣來降. 再合三國. 都開城. 傳世幾五百年. 今革爲我朝鮮. 都漢陽. 蓋將百年于茲矣. 山川則長白山在東北. 一名白頭山. 橫亘千餘里. 高二百餘里. 其巓有潭. 周八十餘里. 東流爲豆滿江. 南流爲鴨綠江. 東北流爲速平江. 西北流爲松花江. 松花下流. 卽混同江也. 妙香山在北. 金剛山在東. 有一萬二千餘峯. 智異山在南. 九月山在西右. 四山極高峻多奇蹟. 三角山. 卽國都鎭山. 大同江薩水臨津渡漢江洛東江熊津豆恥津榮山津. 已上川之大者. 人物則新羅金庾信金陽崔致遠薛聰. 百濟階伯. 高句麗乙支文德. 高麗崔沖姜邯贊趙沖金就礪禹倬鄭夢周. 我朝鮮不可歷數. 俗尙則尙禮義. 明五倫. 重儒術. 每春秋. 行養老宴鄕射禮鄕飮酒禮. 祀典則社稷宗廟釋奠諸山川. 刑制從大明律. 喪制從朱子家禮. 冠裳遵華制. 戶口兵制田賦.[75] 我以儒臣. 未知其詳. 又問曰. 所謂推刷人丁. 何事. 臣曰. 濟州在大海中. 水路甚險甚遠. 凡有犯罪者. 皆逃入以避. 久爲逋逃之藪. 故往刷之. 又問曰. 濟州距我中國幾里. 臣虛張水路之遠曰. 不可知其詳也. 大抵船遇便風於大海. 則日可行千里. 今我自濟州浮海. 折晝夜則凡二十九日. 爲大風所驅. 疾行如飛. 到泊于中國海岸. 則自中國距濟州路. 大槩數萬餘里矣. 又問曰. 汝國與我朝廷. 相距遠近幾何. 臣曰. 傳聞自我國都. 過鴨綠江. 經遼東城抵皇都. 三千九百有餘里. 總兵官三使相. 卽饋臣以木果. 仍書單字以賜. 單字中送崔官禮物. 猪肉一盤. 鵝二隻. 雞四翼. 魚二尾. 酒一樽. 米一盤. 胡桃一盤. 茱一盤. 笋一盤. 麵筋一盤. 棗一盤. 荳腐一盤. 又賜饌粮等物于[76]陪吏軍人有差. 臣卽做謝詩再拜. 三使相亦起. 答禮致恭. 又謂臣曰. 看汝謝詩. 此

---

75) 장서각본에 의거하여 수정했다.
76) 장서각본에 의거하여 丁을 于로 수정했다.

地方山川. 汝何知之詳. 必此地人所說. 臣曰. 四顧無親. 語音不通. 誰與話言. 我嘗閱中國地圖. 到此臆記耳. 對畢. 臣與三四官人拱立卓邊. 有翟勇之軍吏一人在外頭. 敺打臣之從者金都終有傷. 臣寫以示諸官人. 一77)官人奔告于總兵官. 總兵官拿其敺打人. 治罪杖之. 又杖勇以不能馭下之罪. 臣等退. 復沿湖棹出城外. 過迎恩橋. 至蓬萊驛前留泊. 夕. 知府姓周及會稽山陰兩縣官. 皆優送粮饌.

卷之二

初五日. 至西興驛. 是日晴. 總兵官等王使相並轎. 曉到蓬萊驛. 復引臣及從者. 拿行裝至前. 討東搬西以檢點之. 臣所賫則印信一顆. 馬牌一隻. 馬鞍一部. 諸文書冊. 入大小箱二箇. 衣衾笠纓銅碗. 入小皮袋一箇. 冠帽幷匣. 程保金重孫孝子李楨安義李孝枝崔巨伊山及奴子二人. 則無所賫. 與軍人同包. 軍人所賫. 或包或袋或無. 點畢. 謂臣曰. 汝可先去杭州. 鎮守太監綉衣三司大人更問之. 一一辨對. 無有舛錯. 又饋臣等以茶果. 臣辭退. 總兵官. 蓋指指揮僉事而言也. 紹興府. 卽越王舊都. 秦漢爲會稽郡. 居浙東下流. 府治及會稽山陰兩縣及紹興衛之治臥龍山. 俱在城中. 會稽山. 在城東十餘里. 其他若秦望等高山. 重疊崒嵂. 千巖萬壑. 競秀爭流于東西南三方. 北濱大海. 平衍無丘陵. 蘭亭在婁公埠上天章寺之前. 卽王羲之修禊處. 賀家湖. 在城西南十餘里. 有賀知章千秋觀舊基. 剡溪. 在秦望山之南嵊78)縣之地. 距府百餘里. 卽子猷訪戴逵之溪也. 江流有四條. 一出台州之天台山. 西至新昌縣. 又西至嵊縣. 北經會稽上虞而入海. 是爲東小江. 一出山陰西北. 經蕭山縣東. 復山陰抵會稽而入海. 是爲西小江. 一出上虞縣東. 經餘姚縣. 又東過慈溪縣. 至定海而入海.

---

77) 장서각본에 의거하여 一을 추가했다.
78) 규장각본 및 장서각본 모두 剩으로 표기되었으나 嵊의 잘못이다.

是爲餘姚江. 是臣所經之江. 一出金華之東. 陽浦江義烏合流. 至諸曁縣. 經山陰. 至蕭山. 入浙江. 是爲諸曁江. 其間泉源支派. 滙溺堤障. 會屬從入者. 如脈絡藤蔓之不絶. 臣又遡鑑水而西. 經韻田鋪嚴氏貞節門高橋鋪. 至梅津橋. 距岸五里許. 有山隆起. 東有石壁削成. 前有二大石人立. 其一天作. 人形逼眞. 又過融光橋. 至柯橋鋪. 其南有小山. 山脊有古亭基. 人以謂蔡邕見椽竹. 取爲笛之柯亭之遺址也. 又過院社橋白塔鋪淸江橋. 至錢淸驛. 江名乃一錢江也. 夜過鹽倉館白鶴鋪錢淸鋪新林鋪蕭山縣地方. 至西興驛. 天向曙矣. 江名. 卽西興河也.

初六日. 到杭州. 是日陰. 西興驛之西北. 平衍廣闊. 卽錢塘江水. 潮壯則爲湖. 潮退則爲陸. 杭州人. 每於八月十八日. 潮大至觸浪. 觀潮之處也. 臣等自驛前舍舟登岸. 乘車而行. 可十餘里至浙江. 復乘船而渡. 江流曲折傍山. 又有反濤之勢. 故謂之浙江. 浙一作淛. 江闊可八九里. 江長西南. 直抵福建路. 東北通海. 華信所築捍潮之塘. 自團魚嘴至范村. 約三十里. 又至富陽縣. 共六十餘里. 石築尙完固如新. 故又謂江爲錢塘江也. 臣至其塘. 復緣岸步行. 則西望六和塔臨江畔. 行過延聖寺 浙江驛. 至杭州城南門. 重城疊門. 門有三層樓. 入其城. 過文魁門靈順宮肅憲門澄淸門南察院祐聖殿土地廟芝松坊鋪. 至武林驛. 自城門至此驛. 約十餘里矣. 翟勇伴臣等. 因雨留一日外無留滯. 或夜行遠涉千有餘里之地. 鎭守太監張慶猶責勇以遲緩之罪. 杖之. 夕. 驛丞楊秀祿. 以饌物來惠.

初七日. 在杭州. 是日陰. 詰朝. 太監使官人來問曰. 鄭麟趾申叔舟成三問金浣之趙惠李思哲李邊李堅. 已上俱係朝鮮人物. 是何官職. 一一開報來知. 臣答曰. 鄭麟趾申叔舟李思哲. 俱位至一品. 成三問. 位至三品. 李邊金浣之趙惠李堅. 則我以後進之士. 不知其人之職品. 有姓名顧壁掌[79]驛中事者. 來謂臣等曰. 你所食之物. 係是朝廷與的. 作數支銷. 待一年.

---

79) 규장각본 및 장서각본 모두 堂으로 표기했으나 掌의 잘못이다.

有文簿到部. 本驛丞. 貴州夷人. 專不曉得人事. 就如孩童一般. 不會稟上司. 以致你等食不敷也. 又曰. 來此看人. 都是閑人. 不可與他說話. 有傷神氣云云. 夕. 按察提調學校副使鄭大人. 與一大人偕到于驛. 招臣至前. 問曰. 你國科目之制如何. 臣曰. 有進士試生員試文科武科試. 又有文武科重試. 又問曰. 其試士如何. 臣曰. 每於寅申巳亥年秋. 聚儒生精業者. 試以三場. 初場疑義論中二篇. 中場賦表記中二篇. 終場對策一道. 取若干人. 翌年春. 又聚入格者. 試以三場. 初場背講四書五經. 取通四書三經者. 中場賦表記中二篇. 終場對策[80]一道. 取[81]三十三人. 又取[82]三十三人. 試以對策[83]一道分次第. 謂之登文科篇. 許放榜. 賜紅牌給花蓋. 遊街三日. 後又賜恩榮宴榮親宴榮墳宴. 許通出仕之路. 又問曰. 文章體格如何. 臣曰. 表倣宋元播芳. 記論倣唐宋. 義拈出五經文. 疑拈出四書文爲題. 竝遵華格. 對策倣文選對策. 又問曰. 你治何經. 臣曰. 四書五經. 雖未精硏. 粗嘗涉獵. 又問曰. 經書你可歷數其名. 臣曰. 庸學論孟爲四書. 易詩書春秋禮記爲五經. 又問曰. 易字何義. 臣曰. 以易字形言之. 則合日月字也. 以易字義言之. 則有交易變易之義. 又問曰. 易之位數. 寓於何物. 臣曰. 河出圖洛出書. 聖人則之. 又問曰. 非圖書則不能作易乎. 臣曰. 天下萬物皆有數. 雖見賣兔者. 亦可以推測易中之位數也. 兩大人相顧目擊. 謂臣曰. 你實讀書士. 此地人固不識也. 鄭大人忘其名. 號東園子. 齋名卽復齋.

初八日. 在杭州. 是日陰. 顧壁來謂臣曰. 今聽說. 將你等事. 差人晝夜馳奏北京. 直待回報. 方放回. 自此城至北京. 水路幾五千餘里. 你留此必多日矣. 臣曰. 我到此. 言語有異. 實同盲聾. 望足下如此聞見. 隨卽開說. 以恤遠人. 壁曰. 國法甚嚴. 律條甚重. 漏泄夷情. 新例充軍. 凡我所

---

80) 장서각본에는 策文으로 표기되었다.
81) 장서각본에 의거하여 聚를 取로 수정했다.
82) 장서각본에 의거하여 聚를 取로 수정했다.
83) 장서각본에는 策文으로 표기되었다.

言. 不可與人見. 只可自知. 點頭而去. 有二官人來云. 都總太監欲討看總兵官所驗點你弓一張刀一把云云. 遂收去. 有一人來問曰. 景泰年間. 我國給事中官張寧. 奉使你國. 做却金亭詩皇華集. 你曉得否. 臣對曰. 張給事到我國. 著皇華集. 其中題漢江樓詩. 光搖青雀舫. 影落白鷗[84])洲. 望遠天疑盡. 凌虛地欲浮之句. 尤稱籍. 其人喜形於色. 又云. 張給事致仕在家. 家在嘉興府之海鹽縣. 距此百里. 張公到此杭城. 聞朝鮮文士漂海來. 欲問朝鮮事. 留待累日. 前一日回去. 問其人姓名. 則乃王玠. 係給事甥也. 有自稱陳梁者來言曰. 區區曾與張寧靖之大人. 往你國回還. 臣曰. 張公位至何官. 緣何不仕在家. 陳曰. 張公官至都給事. 後任都御史. 因無子不仕. 四十二歲. 回家養病.

初九日. 在杭州. 是日晴. 昨來取弓刀官人又來曰. 你弓刀. 鎮守老爹留下看. 臣曰. 唯命. 顧壁又來言曰. 海上軍官行來文書. 開說你還有船一十四隻. 在海逞功. 今巡按御史說既有船十四隻. 原何不捉拿來. 以此罪他. 鎮守及三司. 議論不一. 緣你供辭明辨. 審知非倭. 今已議定. 差了指揮楊旺. 送你赴京. 轉送你回. 竝無他話. 還有三四日在此. 你宜可寬心. 又布政司大人徐圭. 按察司副使魏福. 同坐驛客館. 引臣等曰. 送你還國. 你可放心好還. 臣卽做詩以謝. 還退舍. 北京人李節來見臣之衣服襤縷. 面目蒙垢. 謂臣曰. 此地人以冶容是尙. 故凡看你等. 皆驚笑. 以謂朝鮮人類皆若是. 可於面陽地. 洗濯你身. 臣卽令從者各自浣澣. 遂與程保等面陽環坐. 洗去塵垢. 李節又來指點臣之皮膚盡換. 足爪脫落曰. 此是困於患難. 不恤身膚之驗也. 臣曰. 我在海時. 喉嘔血數匊. 口無津三日. 今又認膚爲鹹水所砭而換. 足爲徒跣險阻而傷. 嘗聞身體髮膚. 不敢毁傷. 孝之始也. 我之體膚之傷若此. 其眞不孝之子尒. 節曰. 無傷也. 非你欲傷. 天實傷你. 雖傷何傷. 不須傷心. 李節之友人. 失其姓名. 袖小學一部. 因節以遺臣. 欲求詩. 臣曰. 無功而受人之賜. 是傷廉之地. 敢辭. 節

---

84) 장서각본에는 鵁로 표기되었으나, 鷗의 이체자이다.

曰. 此人欲求一詠以爲記爾. 臣曰. 做得詩不好. 擧得筆亦不好. 以不好易人之好. 非所欲也. 其人還袖去. 李節謂臣曰. 交以道. 接以禮. 則孔子亦受. 是何郤之之甚. 臣曰. 彼人非是肯捨冊也. 意在得詩. 則交不以道. 接不以禮. 我若一受. 則是賣詩取直. 故郤之. 節唯唯而退. 夕. 李節與其友金太等三人. 來饋臣及從者.

初十日. 在杭州. 是日晴. 顧壁來言曰. 你去京師. 前路不可不知. 我國蘇杭及福建廣東等地. 販海私船. 至占城國回回國地. 收買紅木胡椒番香船不絶. 十去五回. 其路絶不好. 唯赴京一水河路十分好也. 故琉球日本暹羅滿剌加等國進貢. 俱從福建布政司泊船. 到此府. 過嘉興. 至蘇州. 天下紗羅段匹及諸寶貨. 皆出於蘇. 自蘇州過了常州. 至鎭江府. 過楊子江. 江距此府千餘里. 其江洶惡. 如無風浪. 方可渡. 過此江. 直至京河. 路幾至四十日程. 你衆人喜得春天. 若[85]是夏天炎熱. 蒸燻患病. 何以得去. 且山東山西陜西三布政司. 連年旱荒. 人食人肉. 民各失所. 過楊子江. 行千有餘里. 便到山東地面. 你衆深自計較. 可也. 因贈以茅曰. 此素食也. 你便可吃. 貴國亦有此茅否. 臣曰. 我國南方有茅. 五月乃生. 顧壁曰. 此地冬春交生. 正月方盛. 大者十餘斤. 貴國與此地風土有異.

十一日. 在杭州. 是日陰. 楊秀祿顧壁. 共來見臣. 壁曰. 我杭城西山八般嶺有古刹. 名高麗寺. 寺前有二碑記古跡. 距此十五里. 卽趙宋時. 高麗使來貢而建也. 你國人越境. 尙且造寺. 則其崇佛之意. 可知矣. 臣曰. 此則高麗人所建也. 今我朝鮮. 闢異端尊儒道. 人皆以入孝出恭忠君信友. 爲職分事耳. 若有髡首者. 則立令充軍. 壁曰. 凡人不事佛. 則必祀神. 然則你國事鬼神否. 臣曰. 國人皆建祠堂. 以祭祖禰. 事其當事之鬼神. 不尙淫祀. 俄而楊秀祿辭出. 壁以一公文示臣. 乃杭州府報前路各府縣驛送臣等文也. 其文曰. 杭州府爲海洋聲息事. 奉浙江等處承宣布政使

---

85) 장서각본에는 右로 표기되었다.

司箚付. 抄蒙欽差鎭守浙江司設監太監張慶巡按浙江監察御史暢亨會案前事. 據總督浙江備倭署都指揮僉事黃宗巡視海道浙江按察司副使吳文元呈. 并定海昌國等衛及台州府等衙門各狀申報. 弘治元年閏正月十七日. 瞭見海門衛桃渚千戶所牛頭外洋有船. 使入師子寨等因. 爲照. 係干海洋船隻重事. 就經幷行摠[86]督巡海分守分巡官員. 督令把摠[87]幷所屬沿海軍衛巡司出海等官. 部領軍船哨究. 操守隄備. 續據署都指揮僉事黃宗等呈備桃渚千戶所申. 該千百戶柳春等帶領旗軍前去臨海縣二十都. 與同當地火甲. 獲住人船. 押送到所審問. 語言難辨. 據寫姓名來歷緣由. 抄單呈報前來. 會同巡按浙江監察御史暢亨議. 看得單內開審夷人崔溥. 雖據供寫. 朝鮮國人往濟州等處海島. 爲暴風所逆. 得到天子大國之界等情. 但恐夷人多詐. 眞僞難測. 況無開報所泊船內. 曾否點檢有何器械. 幷別項行李等件. 俱合勘審. 又經行據摠督備倭署都指揮僉事黃宗巡視海道副使吳文元分守右參議陳潭分巡副使楊峻呈. 該把摠松門等衛所備倭指揮同知劉澤呈送夷人四十三人. 會同審據. 一人寫名云云. 再三會審無異. 隨將印信馬牌傍[88]錄文籍冠帽衣包等件. 點看明白. 給與崔溥等收領. 及將所獲夷船. 拖閣上塢外. 備由連人幷[89]刀一把. 弓一張解送到職. 會同浙江都布按三司掌印都指揮僉事崔胤左布政使徐圭副使魏福. 覆審相同. 緣係遭風外夷人船事. 理擬合通行除外. 仰抄領人案回司. 照依會案內事理. 卽將崔溥等. 本司給批差委指揮僉事楊旺. 管送赴京. 及行所屬驛遞. 應付差去官員廩給站船幷伴送軍餘及崔溥等口粮. 紅船脚力. 合行前路官司. 一體應付. 其發去刀一把. 弓一張轉發. 官庫收貯. 取庫收另報. 仍仰徑自會奏施行. 先具抄案依准. 各繳呈來.

十二日. 在杭州. 是日晴. 臣謂程保等曰. 顧壁誠心待我. 凡所聞所見.

---

86) 장서각본에는 總으로 표기되었다.
87) 장서각본에는 總으로 표기되었다.
88) 장서각본에 의거하여 枋을 榜으로 수정했다.
89) 장서각본에는 幷으로 표기되었으나, 幷의 이체자이다.

悉告無隱. 俾我不迷. 恩情甚重. 欲表信物. 顧我行李一無些子之儲. 所有者. 只此衣耳. 我欲解以與之. 保等曰. 前日解一衣. 贈許千戶. 今日又解贈顧公. 則所穿之衣. 只一件耳. 迢遞萬里之路. 敝誰改爲. 臣曰. 古人以一衣三十年者有之. 我之作客他鄕. 只在一年之間. 今時日漸燠. 一布衣足以當之. 且蛇魚感恩. 亦欲報之. 而況於人乎. 卽解衣與壁. 壁揮手以却. 臣曰. 朋友之賜. 雖車馬不拜. 況此矮小之衣乎. 昔韓退之留衣以別大顚. 則臨別留衣. 卽古人之意也. 壁曰. 本欲却之. 恐阻盛意. 受而去之. ○浙江布政司東南至海. 南至福建界. 管十一府州. 統七十六縣. 內有杭州爲第一. 卽五代時吳越國. 宋高宗南渡遷都之地. 所謂臨安府也. 府治. 仁和錢塘兩縣之治及鎭守府都司布政司鹽運司按察院鹽法察院中察院府學仁和學錢塘學武林驛. 俱在城中. 城中又有吳山. 其景最好. 上有十廟. 伍子胥廟三茅觀四聖廟等也. 又有九井三潭. 吳山大井爲上. 郭婆上八眼下八眼中八眼西寺等井居次. 又以小溝浚西湖之井. 導入城中. 府之鎭. 乃武林山也. 西湖在城西二里. 南北長. 東西徑十里. 山川秀發. 歌管騈闐之地. 竹閣在廣化院. 白樂天所建. 樂天詩宵眠竹閣間者此也. 岳鄂王墓. 在棲[90]霞嶺口. 冷泉亭. 在靈隱寺前飛來峯下. 古誌. 許由嘗飮於靈隱澗者此也. 表忠觀在龍山南. 有東坡所撰碑. 風篁嶺在放牧馬場西. 卽東坡訪辨才之處. 南屛山在興敎寺後. 崖壁剝落之餘. 唯存司馬溫公隸書家人卦及米元章書琴臺二字. 坡詩. 我識南屛金鯽魚者此也. 蘇公隄. 與興敎寺相對. 東坡守杭時所築. 長十餘里. 中有六橋. 旌德觀在蘇公隄第一橋下. 袁韶奏請建祠. 取錢塘名人自許由至張九成及節婦五人等三十九人. 摘傳立祠. 豐樂樓在城西湧金門外西湖岸. 其北有環碧園. 玉蓮堂在湧金門城北. 門內又有湧金池. 玉壺園在錢塘門外. 東坡詠南漪堂杜鵑花卽此也. 門西有先得樓. 雲洞園在昭慶寺北. 花柳參差. 中有婦人墓. 石函橋在水磨頭. 白樂天湖石記云. 錢塘一名上湖. 北有石函者是也. 摠宜園[91]在德生堂西. 摘東坡詩淡粧濃抹摠相宜二字. 御書堂扁. 斷

---

90) 장서각본의 의거하여 樓를 棲로 수정했다.

橋在摠宜園西. 所謂斷橋斜日岸烏紗者此也. 西石頭在石函橋西. 秦始皇東巡浮海纜船之地. 孤山在西湖. 孤山路西山之東. 有林和靖隱廬古基及墓. 三賢祠在蘇公隄第三橋下. 乃白文公林和靖蘇文忠公祠. 已上古蹟. 皆顧壁所與臣說話. 杭卽東南一都會. 接屋成廊. 連袵成帷. 市積金銀. 人擁錦繡. 蠻檣海舶. 櫛立街衢. 酒帘歌樓. 咫尺相望. 四時有不謝之花. 八節有常春之景. 眞所謂別作天地也.

十三日. 自杭州登程. 是日陰. 指揮楊旺護臣等. 自武林驛起程. 行二十餘里. 至城北門. 門有三層重城. 外門又二層. 榜曰武林之門. 城內所過層門十四. 大橋十餘. 廟三. 鋪二. 臣乘驢疾驅. 或不記其名. 所可記者. 唯水亭公館解元門眞教寺登瀛洲門雲鳳門觀光門進士坊貢院亨衢門千勝廟晏公廟而已. 重城外有吳山驛. 驛前又有吳山鋪. 又三大橋四門. 皆忘其名. 自門外可十餘里間. 市肆相接. 亦與城中一般. 行至天妃宮. 宮前. 卽德勝壩河. 河邊畫舫絣纜. 不可勝數. 楊旺與其弟楊昇及松門衛千戶傅榮錢塘人陳萱及從者李寬夏斌唐敬杜玉等七八人同一船. 臣與陪吏等及北京人李節金太同一船. 臣之帶去人許尙理等同一船. 過溥濟橋. 橋有三虹門. 橋上有華光寺江漲橋. 橋有四虹門. 橋上有江漲鋪. 至香積寺前小留焉. 寺有兵房吏典簿吏. 寺卽東坡所遊之地也. 自德勝壩至此. 溫州處州台州嚴州紹興寧波等浙江以南商舶俱會. 檣竿如簇. 夜過通示橋等三橋. 橋以水廣. 皆設五虹門. 甚高大.

十四日. 過崇德縣. 是日陰. 泝謝村河而東. 則其南岸石築新堤. 長三十餘里. 問之則都布按三司所新築也. 過十二里洋堅濟橋普安橋大尹廟. 水卽鴻麗河. 河上官廨. 乃塘西鎭也. 有官人韓紳謂臣曰. 你母奶奶. 知你到此否. 臣曰. 海天茫茫. 雁杳魚沈. 母必以我爲已葬魚腹中. 傷母心. 不孝于親. 莫我若也. 今蒙大國厚恩. 生還故鄕. 則母子相見. 有勝隧下之

---

91) 장서각본에 의거하여 直을 宜로 수정했다.

融融矣. 因過夸塘橋萬壽橋福祿壽橋福德橋普濟橋彭和橋. 問其水名. 則丞沈河也. 又過恩榮門大德新橋三里橋山川壇浯溪橋. 到崇德縣. 知縣趙希賢字堯卿. 餽以粮饌甚優. 水夫謂臣曰. 所過有長安驛. 大人知否. 臣曰. 我不知也. 水夫曰. 此則楊指揮從者陳萱. 私討支供粮饌. 不使大人知也. 又自崇德河. 撐舟而上. 過終橋稅課局永安橋養濟院朔義門. 所過大虹橋有六七. 夜三更. 過皂林驛. 徹夜而行.

十五日. 過嘉興府. 是日晴. 泝三塔灣. 過三塔鋪至龍淵. 勝境之前. 有三大塔臨河岸. 地之得名以此. 又過龍王廟嘉禾遞運所趙氏貞節門社稷壇香珠橋. 至西水驛. 驛前建石柱. 作屋廊於河中百餘步. 纜舟於廊下. 驛丞何榮以詩三絶見遺. 臣亦和之. 榮另將茱饌乾雞八帶魚等物以贈曰. 我朝郎中祁順行人張謹. 曾使朝鮮. 著皇華集. 國人賡和. 徐居正居首列也. 其詩有曰. 明皇若問三韓事. 文物衣冠上國同. 今見足下. 誠千載一遇. 蒙不棄. 復承和詩. 謹奉薄禮. 少助舟中一膳. 希目入. 幸甚. 臣曰. 祁郎中文章淸德. 人所欽慕. 今爲甚麽官職. 張行人亦任甚麽職事. 榮曰. 祁郎中見貶. 爲貴州石阡府知府. 今已卒矣. 張行人被罪. 今充錦衣衛之軍. 因問曰. 徐居正今爲甚麽官職. 臣曰. 爲議政府左贊成. 榮曰. 居正文章. 亦海東人物也. 自西水驛. 過一大橋. 至嘉興府. 卽古[92]攜李城越敗吳之地. 城中有府治及秀水嘉興兩縣之治. 河抱城. 自東南而南而西而北. 其屋宇宏壯. 景物繁華. 亦與寧波府同. 臣自城南. 過杉青閘. 至唐丞相陸贄故里. 里在城西. 有旌門在河之畔. 又經安洋門雲程門丹兵橋永福橋松青巡檢司. 夜又冒雨順風. 達曙至平望驛而泊.

十六日. 過吳江縣. 至蘇州府. 是日陰. 牽舟溯平望河. 過迎恩門安德橋大石橋長老鋪野湖鴛鴦湖. 湖岸石築堰. 可十餘里. 又過吳江湖石塘大浦橋徹浦橋. 至九里石塘塘限太湖. 太湖. 卽禹貢震澤底定. 周職方揚州藪

---

92) 규장각본과 장서각본 모두 右라고 표기했으나 古의 잘못이다.

二月 581

曰具區是也. 或謂之五湖. 以其長五百餘里故名. 范蠡所遊[93]處也. 湖中有洞庭東西兩山. 一名苞山. 一目千里. 崇巖疊巘. 點綴於浩渺間. 湖之東北. 有靈巖山下瞰焉. 一名硯石山. 卽吳築館娃於硯石者此也. 山去姑蘇山十里. 山勢連續抱太湖. 湖北又有一山. 望之渺茫. 乃橫山也. 至太湖壩. 壩石築跨湖之南北. 可五十餘里. 卽垂虹橋. 虹門無慮四百餘穴. 窄窄相續. 其大者. 若木莊萬頃等橋也. 循太湖壩而北. 過龍王廟太湖廟祝聖門. 門前有大塔. 塔十四層. 層皆架屋. 望之若登天梯. 又過駐節門. 至松陵驛小停舟而過. 過恩榮門會元門都室造士門進士門譽髦門儒學大明橋登科門. 所謂太湖壩又通跨驛前里閈中. 直抵吳江縣. 其間又有石大橋虹門凡七十餘穴. 驛與縣皆在大湖之中. 屋舍壯麗. 下鋪礎砌. 上建石柱以營. 湖水縈廻. 檣帆束立於閭閻之中. 所謂四面漁家繞縣城者此也. 棹過三里橋迎恩菴. 泝尹山湖而上. 問西望一山. 則乃絲子山. 其北有山. 卽姑蘇山也. 松江在尹山湖之東. 又棹過尹山鋪尹山橋. 左有造舟作浮橋. 可三里許. 至寶帶橋. 橋又有虹門五十五穴. 正舟車往來之衝. 跨澹[94]臺湖. 湖山饒景. 望若橫帶. 卽鄒應博[95]所重建也. 夜三更. 傍蘇州城東而南而西. 至姑蘇驛前. 自寶帶橋至此驛. 兩岸市店相接. 商舶輳集. 眞所謂東南一都會也.

十七日. 留泊姑蘇驛前. 是日晴. 蘇州. 卽古吳王闔閭使伍子胥城而都之. 城周又與杭州同. 府治及吳縣長洲縣之治. 皆在城中. 城之胥門. 舊有姑蘇臺. 今廢爲驛. 植木水中爲涀柱. 作石堤三面. 皇華樓據其前. 昭陽樓建于後. 臣問諸傅榮曰. 此驛若是姑蘇臺之址. 則卽古吳王所築臺之處乎. 榮曰. 非也. 古所謂姑蘇臺. 在姑蘇山. 吳王闔閭因山起臺. 夫差侈大之. 遺址猶存. 紹興間又築臺於此. 名姑蘇. 以存故事. 今又廢而爲驛. 又於城中築臺. 扁以姑蘇之名云云. 東有遞運所. 又有山海鎭. 而太湖之

---

93) 장서각본에 의거하여 其를 遊로 수정했다.
94) 규장각본 및 장서각본 모두 僧으로 표기되었으나 澹의 잘못이다.
95) 장서각본에는 傅로 표기되었다.

水. 由石塘注運河. 由城東而西. 以達于驛. 因伍子胥所居. 又名胥湖. 湖廣可百餘步. 北抱市衢. 縈廻映射. 闌楯之間. 光景浮動. 而城西諸山. 天平一峯. 號爲郡鎭. 其郡山之勝. 曰靈岩五塢仰天秦臺. 秩秩有序. 而驛適臨之. 眞景致也. 當午. 有按察御史二大人姓王若宋者來驛中. 待我禮賓館. 問你官何品. 臣對曰. 五品官. 又曰. 你能詩否. 臣曰. 我國士子皆以經學96)窮理爲業. 嘲弄風月爲賤. 故我亦不學詩詞. 又問曰. 箕子封朝鮮. 今有後否. 且有廟墓祀事不廢否. 臣對曰. 箕子之後. 箕準爲衛滿所逐. 奔馬韓以立都. 後爲百濟所滅. 今無嗣. 箕子廟在平壤. 國家每歲春秋. 降香祝牲幣以致祭. 又問曰. 你國有何長技. 能却隋唐之兵乎. 臣曰. 謀臣猛將. 用兵有道. 爲兵卒者率皆親上死長. 故以高句麗一偏小之國. 猶足以再却天下百萬之兵. 今則合新羅百濟高句麗爲一國. 物衆地大. 財富兵强. 忠智之士. 車載斗量. 不可勝數. 二大人問畢. 命外郞奉米一盤荳腐一盤麵筋一盤以餽. 臣作詩以謝. 又有官人姓鄭者求和約軒詩韻. 臣卽次之. 其官人又以米六㪷97)鵝一隻菜一盤胡桃一盤來贈. 又有羅太監家僮姓柳者年纔十五六. 言詞淸雅. 自城中來餽. 以及從者. 李節金大. 亦買饌來餽. 夜三更. 又乘月棹舟而北. 過閶門. 閶門之外. 有通波亭臨湖. 舊名高麗亭. 宋元豐間所築. 以待高麗朝貢之使. 亭前接屋連檐. 軸轤如櫛. 棹至接官亭以泊. 亭之西望有大塔. 卽寒山禪寺. 所謂姑蘇城外寒山寺者也. 問其地名. 則曰楓橋. 問其水名. 則曰射瀆河也. ○蘇州. 古稱吳會. 東瀕于海. 控三江帶五湖. 沃野千里. 士夫淵藪. 海陸珍寶. 若紗羅綾段. 金銀珠玉. 百工技藝. 富商大賈. 皆萃于此. 自古天下以江南爲佳麗地. 而江南之中. 以蘇杭爲第一州. 此城尤最. 樂橋在城中. 界吳長洲兩縣治間. 市坊星布. 江湖衆流. 通貫吐納乎其中. 人物奢侈. 樓臺聯絡. 又如閶門馬頭之間. 楚商閩舶. 輻輳雲集. 又湖山明媚. 景致萬狀. 但臣等乘夜到姑蘇驛. 翌日. 又不喜觀望. 又乘夜傍城而過. 故白樂天所謂七堰

---

96) 장서각본에는 字로 표기되었다.
97) 斗의 이체자이다.

八門六十坊三百九十橋. 及今廢舊添新. 勝景奇迹. 俱不得記之詳也.

十八日. 至錫山驛. 是日晴. 遲明. 有官人姓吳名逸者. 與楊旺同舟. 遣臣書曰. 聞公佳士. 欲識韓荊. 楊同僚亦在小舟. 希移玉一會. 可無辭焉. 陳萱者導臣而往. 臣與程保至其船. 吳楊共一卓. 環置交椅. 揖臣同坐. 饋以茶飯. 展禮甚謹. 臣等自楓橋遇便[98]風. 懸帆而北. 東有虎丘寺. 有塔. 西有方山. 亦有塔. 皆望如柱天. 過射瀆鋪趙王涇橋. 至滸墅鎭. 鎭前有鈔關. 南北往來船. 到此灣泊點檢. 然後乃行. 有太監姓羅者原在浙江. 管織染等事. 今亦過蘇州向北京. 先來泊于此. 有御史三大人來餞于船上. 邀臣至前. 遇以禮. 語臣曰. 你是禮義國好人. 我諸大人相敬你. 因問曰. 天順成化年間. 有太監奉勅使你國. 你可歷指姓名. 臣答曰. 天順年間. 我未免襁褓之中. 國家所干事. 皆不曉得. 成化年間. 鄭太監同姜太監玉金太監興. 相繼來使. 又書示曰. 鄭姜金太監. 皆已作古. 唯金太[99]監在北京. 臣. 作古二字不曉得. 答曰. 中國人謂死者爲作古. 謂已作古人矣. 因問曰. 你國謂何. 臣曰. 謂之物故. 問曰. 物故何義. 臣曰. 物. 事也. 故. 無也. 謂死者無復所能於事. 又問曰. 你國尊何經. 臣對曰. 儒士皆治四書五經. 不學他伎. 又曰. 你國亦有學校否. 臣對曰. 國都有成均館. 又有宗學中學東學西學南學. 州府郡縣. 皆有鄕校. 又有鄕學堂. 又家家皆有局堂. 又問. 崇尊古昔何聖賢. 臣曰. 崇尊大成至聖文宣王. 又問曰. 你國喪禮行幾年. 臣曰. 一從朱文公家禮. 斬衰齊衰皆三年. 大功以下. 皆有等殺. 又曰. 你國禮有幾條. 刑有幾條. 臣曰. 禮有吉凶軍賓嘉. 刑有斬絞流徒杖笞. 一從大明律制. 又曰. 你國用何正朔. 用何年號. 臣曰. 一遵大明正朔年號. 又曰. 今年是何年號. 臣曰. 弘治元年. 又曰. 日月不久. 何以知之. 臣曰. 大明初出海上. 萬邦所照. 況我國與大國爲一家. 貢獻不絶. 何以不知. 又曰. 你國冠服. 與中國同否. 臣曰. 凡朝服

---

98) 장서각본에 의거하여 使를 便으로 수정했다.
99) 규장각본 및 장서각본 모두 大이나 太의 잘못이다.

公服深衣圓領. 一遵華服. 唯帖裏襞積少異. 因令臣招陪吏以下來. 行上下酒禮. 臣令程保以下揖讓行禮. 太監與三大人. 擊目談笑. 因以米二十觔猪肉一盤菜一盤藥果一盤酒五器饋之. 臣等謝退. 遂乘船過普圓橋普恩橋許墅鋪吳家店張公鋪不平得勝橋通兵橋望亭[100]巡檢司馬墓鋪純安橋. 乘夜而行. 四更. 到錫山驛留泊.

十九日. 至常州府. 是日晴. 詰朝. 無錫縣知縣. 忘其姓名. 來遺饌物. 自驛過建渡橋. 入無錫縣治之中. 縣卽古句吳太伯所都. 過建虹橋都憲門少司寇第億豐橋進士坊. 至錫山之下. 山在縣西北間. 又自錫山. 過十里鋪高橋巡檢司藩葑鋪洛社鋪石瀆橋橫林鎭鋪橫林橋戚墅鋪興明橋. 至劒井. 井在東岸. 作屋以覆. 卽瑞氣升騰之地. 日夕. 過个鴈鋪大橋. 至采菱橋. 橋之東西. 皆作二層閣以當路. 卽進士牌樓也. 又過大虹橋三. 至常州府. 從東水關入城. 府治及武進[101]縣之治. 俱在城中. 所過虹橋. 亦至七八. 行十餘里. 至毗陵驛少泊. 又出自西水關. 府卽延陵郡吳季子采邑. 湖山之美. 亭臺之設. 自古稱道. 又過遞運所沛河橋. 至犇牛[102]大壩. 捽舟上岸. 繞度犇限. 日曙矣.

二十日. 過呂城驛至鎭江府. 是日晴. 午後雲暗. 朝過長店鋪呂城鎭巡檢司泰定橋. 至呂城驛. 過呂城壩呂城閘呂城鋪淸微[103]觀靑龍橋唐家溝柵口鋪陸朝鋪慈雲寺聖墅鋪七星橋長樂鋪定善院惠政橋. 到雲陽驛. 河[104]名卽潤河. 又過雲陽橋承恩門鬼神壇寧眞觀新橋新河橋. 至丹陽縣. 縣枕河邊. 過縣經新廟廣福橋七星廟栢岡廟. 夜過減水閘萬景湖新豐鎭. 大雨. 徹夜行. 至鎭江府新門.

---

100) 규장각본 및 장서각본의 高는 亭의 잘못이다.
101) 규장각본 및 장서각본의 晉은 進의 잘못이다.
102) 규장각본 및 장서각본의 牛犇는 犇牛의 잘못이다.
103) 규장각본 및 장서각본의 徽는 微의 잘못이다.
104) 장서각본에 의거하여 何를 河로 수정했다.

二十一日．至楊子江．是日陰．臣等自南水關．泝專城河．傍府城而南而西．過新壩．至京口驛留泊．夕．步過京口閘．至通津遞運所．通津水淺．必待潮至．乃可通大江．故改乘船．留待潮候．以爲渡江之備．李節金太等別臣曰．隨路重蒙看顧．今日相別．君向揚州．我向儀眞．我於春暮．又向北京．尋到會同館來看你．鎭江府．卽閏州城．孫權徙丹徒．築鐵瓮城．謂之京城．府治及丹徒縣之治在城中．城東又有鐵瓮地．而無其城．向吳亭在城西南．北固山在西北．卽梁武帝所名也．戴公山在西南．卽宋武帝所遊也．甘露寺多景樓．俱在城東北．焦山銀山．俱建巨刹．在城北．金山在大江之中．與銀山相對．上有龍延寺．卽宋眞宗夢遊之地．府城東北隅臨江岸．江卽楊子江．俗呼洋子江．江廣二十餘里．源出岷山．會漢水經南京．至此府朝宗于海．卽禹貢岷山導江者此也．東通吳會．西接漢沔．北達淮泗．南距閩浙．眞四方都會之地也．

二十二日．至廣陵驛．是日晴．自水府神祠開船．至楊子江．江邊五六里．艤舟於陸者前後相望．臣等懸帆至江之中．金山下江豚戲浪．若戰馬羣奔然．至西津渡馬頭石堤．建水竿於水中．以爲長橋．往來者皆纜舟於橋下．緣橋登堤岸．江淮勝槩樓．當道崢嶸．臣等步由樓下．過瓜洲鎭．至是禮河．一名鎭上河．復乘船而行．楊旺使傅榮謂臣曰．你國有韓老老入在我國．知否．臣曰．聞有韓氏者入大國耳．旺曰．正是．此韓氏．卽你國婦人．入我國爲大行皇帝乳母．今已作古．起墳于天壽寺．榮曰．此指揮．卽監葬韓氏者．故問云耳．過攀桂門南京甄廠祈求兩澤祠七錢鋪花家園鋪魚井鋪衿城澤楊子鋪．至楊子橋．橋廢只有閣懸標．又有橋倉．日暮過清凉鋪．夜至廣陵驛．驛北一里．卽揚州府城也．城中有府治及揚州衛江都縣治兩淮運鹽司．

二十三日．過揚州府．是日雨．朝發廣陵驛．過揚州府．城府．卽舊隋江都之地．江左大鎭．十里珠簾．二十四橋三十六陂之景．爲諸郡最．所謂春風蕩城郭．滿耳沸笙歌之地．臣等由舟而過．不得觀望．所可見者．鎭

淮樓而已. 樓卽城南門. 有三層. 沿河而東而北. 過夏國公神道廟觀音堂
懷遠將軍蘭公之塋晏公廟黃巾圫北來寺竹西亭鋪收釘廳楊子灣巡檢司灣
頭關荒廟鳳凰橋墩淮子河鋪河泊八塔鋪第伍淺鋪稅課局四里鋪邵伯寶公
寺迎恩門. 所過有閘二座. 至邵伯驛. 驛北有邵伯太湖. 槹傍湖邊二三里
許. 至邵伯遞運所. 因水漲風亂. 不得夜過湖. 故經宿焉. 自杭城所經衛
所. 亦遞差百戶以護送之. 有揚州衛百戶趙鑑者謂臣曰. 前六年間. 你國
人李暹亦漂來到此還國. 你曉得否. 臣曰. 然. 因問暹之漂還始末. 鑑曰.
暹起初被風打. 到揚州掘港寨. 守寨官張昇差百戶桑愷. 領軍捉獲. 拘囚
獄中. 有一巡檢言說. 放在西方寺安歇. 推所乘舡所去處. 留在幾一箇月.
沿海備禦都指揮郭大人. 見暹有布帆十幅不遮風之句. 知其爲好人. 以賓
朋相待. 又問臣曰. 你所到泊海岸至此凡幾里. 臣曰. 自牛頭外洋. 至桃
渚所. 至杭州. 又至揚州. 所過路無慮二千五百有餘里. 鑑曰. 暹到此. 猶
以遠於家山爲憂. 今你所憂. 倍於暹矣. 臣曰. 暹則徒以路遠爲憂. 我所
痛者. 父新死未斂. 母垂老在堂. 子職已虧[105]. 客路愈遠. 悲痛之心. 天
蒼地黑.

二十四日. 至盂城驛. 是日晴. 自邵伯遞運所. 沿邵伯湖新塘. 過邵伯巡
檢司邵伯鎭馬家渡鋪三溝鋪腰鋪露筋列女祠露筋鋪王琴鋪八里鋪. 新塘
石築. 長可三十餘里. 又沿新開湖. 夜二更. 到盂城驛. 驛在高郵州城南
三里.

二十五日. 過高郵州. 是日陰. 雞報時. 發盂城驛. 過高郵州. 州卽古邗
州. 邗溝一名寒江. 回抱南北水路之要衝. 州城枕大湖. 湖卽高郵湖也.
江湖之勝. 人物之繁. 亦江北一澤國. 蓋夏禹時江淮未通. 故禹貢沿于江
海. 達于淮泗. 至吳王夫差. 始開邗溝. 隋人廣之. 舟楫[106]始通焉. 又至

---

105) 虧의 이체자이다.
106) 장서각본에 의거하여 揖을 楫으로 수정했다.

西河塘．塘在湖邊．木柵長七十有餘里．湖中有島．島有七公廟．望之微
茫如仙觀焉．又過樊將軍廟前總鋪塘頭鋪巡檢司 張家鋪井亭鋪塘灣鋪．
至界首驛．驛與遞運所．東西相對．陳萱以軍吏．隨楊旺而來．稍解文字．
故旺任以書手．萱貪婪無比．奸詐莫甚．至是怒我軍人金粟．訴諸旺．旺
拿粟決杖十餘．臣令程保告于旺曰．指揮當護送我等而已．擅自決杖．我
異國人亦有法文乎．我有軍衆．實同盲啞．雖或違誤．便當開說．在所矜
恤．反爲傷打．非上國護送遠人之道也．旺不能答．傅榮密告於臣曰．楊
公元是北京人．調來杭州衛．他不讀書不暗事．我屢次諫他．他不聽我們
說．敢行悖理之事．不足責他云云．又冒雨行．過子嬰淺．沿界首大湖．湖
邊亦有長堤．過巡檢司槐角樓．夜泊范水鋪前．

　　二十六日．至淮陰驛．是日陰．過氾[107]光大湖及寶應大湖．至安平驛．
又過寶應縣治．過白馬大湖及白馬鋪黃浦鋪平河橋里涇河鎭店十里亭鋪．
夜泊淮陰驛．自范水鋪至此百餘里間．東岸築長堤．或石築或木柵．綿連
不絶．

　　二十七日．過淮安府．是日雨．淮陰驛對岸馬頭．城門外有漂母祠．其北
又有胯下橋．卽韓信寄食受辱之地．驛又與遞運所接遞夫廠相對．自驛棹
舟．傍淮安府．府卽舊東楚州．實東南重鎭．其舊城內．有府治山陽縣治
淮安衛及都堂府總兵府御史府等諸司．舊城之東．又築新城．新城之中．
有大河衛．餘司未及設．新舊城間．隔一里許．湖水襟帶于兩城之內外．
而城與人居．皆在平島中．過自南渡門而北．至淮河．其間有金龍四大王
廟浮橋亭龍興塔鍾樓殿雷神店西湖河嘴老和尙塔鈔廳板閘移風閘鳳翥門
工部廠淸江閘騰蛟起鳳門淸江輻輳門淸江閘常盈倉門天妃廟東嶽仁聖宮
靈慈宮平江恭襄侯廟漕運府總廠東街總廠西街福興閘玄帝祠佑聖祠新藏
閘．又其間有鳳陽中都鳳陽左衛龍虎右衛龍江左衛豹韜衛豹韜前衛淮安

---

107) 규장각본 및 장서각본은 모두 范으로 표기되었으나 氾의 잘못이다.

衛大河衛鎭江衛高郵衛揚州衛儀眞衛水軍左衛水軍右衛府軍前衛泗州衛
邳州衛壽州衛長淮衛廬州衛等. 淮南江北江南諸衛. 會于此造船. 俱有
廠. 大抵大江淮河四五百里間. 地多大浸巨湖. 如邵伯湖高郵湖界首湖白
馬湖等湖之大者. 四面無際. 是日. 冒大雨過淮河. 一名黃河. 臣問諸傅
榮曰. 以禹貢觀之. 黃河過積石龍門華陰底柱大邳諸山. 又過洚水大陸.
爲九河爲逆河. 東北入于海. 淮水過桐柏山. 會泗沂. 東入于海. 林之奇
以謂河下流兗受之. 淮下流徐受之. 然則淮與河. 源出不同. 流派不同.
入海之地亦不同. 今合爲淮河. 何也. 榮曰. 在我大明朝. 鑿河路注之淮.
合流入海. 河失故道. 與禹貢有異云云. 淮河實衆水所瀠. 黃河與淮水合
流爲西河. 濟漯汶水. 與洙泗水合流. 又會汴水. 又東會于沂水爲東河.
西河水色黃. 故謂之黃河. 東河水色靑. 故謂之淸河. 二河合流于此. 摠
謂之淮河. 河廣可十餘里. 深無底. 水流暴急. 河邊有耿七公神祠. 又有
龜山臨河. 趙鑑語臣曰. 此山足有神物. 狀如獼猴. 縮鼻高額. 靑軀白首.
目光若電. 諺傳[108]大禹治水時. 以大索鎖此物. 命住于此. 俾淮水安流.
今人有圖此物之形者. 免淮濤風水之難. 臣曰. 此眞怪誕不經之說. 不足
信也. 鑑默然. 臣等過河遡東河而上. 至淸口驛. 夜經淸河縣. 至泊無人
煙之岸. 嘗聞淸河縣治. 有韓信城甘羅城. 夜過不能見.

二十八日. 陰. 大風撽舟. 逆風遡淸河口. 過三汊淺鋪. 又遡白洋河. 夜
半至泊河岸. 地名不知.

二十九日. 晴. 曉發行. 過張思忠淺白廟淺. 至桃源驛. 驛西有三結義
廟. 卽劉備關羽張飛之廟也. 驛中又有去思碑. 遡龍溝河. 過桃源縣而北.
又過崔鎭. 昏. 至古城驛.

三十日. 過宿遷縣. 是日陰. 朝自古城驛. 過武家溝. 遡白洋河陸家墩小

---

108) 규장각본 및 장서각본 모두 傳로 표기했으나 傳의 잘못이다.

河口. 至鍾吾驛. 驛前有皇華蜚英雙桂等門. 驛北. 乃宿遷縣也. 又過遞運所. 順風張帆. 疾行若飛過皂河靑墩沙方等淺. 夜三更. 至直河驛. 五更. 大震電雨雹.

三月

三月初一日. 過邳州. 是日陰. 由直河驛. 過龍江匙頭灣合沂等淺. 沂水自東北流合于此河. 行至下[109]邳驛. 驛在州城南. 邳州. 古郯[110]子國. 城東有剡子廟. 卽仲尼問官處. 西有艾山. 卽魯公齊侯相會之地. 又有半河山. 山上有羊山寺. 又有石磬山. 距河岸六七里. 禹貢泗濱浮磬. 註云. 下邳有石磬山. 或以爲古取磬之地. 未知是否. 自杭州以北. 則地盡平野. 間或有遠山. 洋子江以北. 一無丘陵. 至此始見此等山. 亦不高大. 如我國南山然. 邳之知州姓李. 邳州衛指揮姓韓. 來見臣遇以禮. 以麵筋一盤荳腐一盤素菜二盤餽之. 自驛前西轉. 過邳州城. 又過一津. 渡白浪口乾溝兒. 雞報. 過新安遞運所. 平明至新安驛. 臣等自遡東河以後. 河水廣闊. 兩岸高峻. 不能時時觀望.

初二日. 過房村驛. 是日少雨大風. 自新安驛. 過馬家淺雙溝豐沛蕭碭山[111]四縣夫廠及房村集. 又過金龍顯聖靈廟. 至呂梁小洪. 以竹索縴舟而上. 過尼陀寺. 西岸有關羽尉[112]遲公趙昻之廟. 又過房村驛. 至呂梁大洪. 洪在呂梁山之間. 洪之兩傍. 水底亂石. 巉巖峭立. 有起而高聳者. 有伏而森列者. 河流盤折. 至此開岸. 豁然奔放. 怒氣噴風. 聲如萬雷. 過者心悸神怖. 間有覆舟之患. 東岸築石堤鑿齟齬. 以決水勢. 雖鼻居舠. 必用竹綯. 須十牛之力. 然後可挽而上. 臣等自靑山龍神祠前. 逆洪水過形

---

109) 장서각본에는 不로 표기했다.
110) 규장각본 및 장서각본에는 剡으로 표기했으나 郯의 잘못이다
111) 규장각본 및 장서각본 모두 碭으로 표기했으나 碭山의 잘못이다.
112) 규장각본 및 장서각본에는 蔚로 표기했으나 尉의 잘못이다.

勝樓. 夜過工部分司王家橋李家橋老聃廟. 至水首廟前. 洪之湍急處可八九里. 陳萱謂臣曰. 此呂梁洪也. 大禹疏鑿以後. 有秦叔寶者管修此洪云云. 臣曰. 禹貢治梁及岐. 注云. 梁. 呂梁山也. 酈道元云. 呂梁之石崇竦. 河流激盪. 震動天地. 此洪無奈[113]是乎. 萱曰. 果若然也. 但禹貢. 呂梁載在冀州. 此洪轄徐州. 爲可疑耳.

初三日. 過徐州. 是日雨大風. 曉過九女塚子方山. 至雲龍山. 山上有石佛寺. 甚華麗. 其西有戲馬臺拔劍泉. 又過蝗虫集夫廠廣運倉國儲門火星廟. 至彭城驛登庸門. 進士朱軒在驛前. 徐州府城在驛西北二三里. 徐州. 古大彭氏國. 項羽自稱西楚霸王. 定都於此城之東. 有護城堤. 又有黃樓舊基. 卽蘇軾守徐時所建. 蘇轍有黃樓賦. 至今稱道. 臣等自驛過夫廠. 廠在兩水交流之中. 過至百步. 洪泗洙濟汶沛水合流. 自東北汴睢二水合流. 自西北至徐州城北. 泗淸汴濁. 會流南注于是洪. 洪之湍急處. 雖不及呂梁之遠. 其險峻尤甚. 亂石錯雜磊砢. 如虎頭鹿角. 人呼爲飜船石. 水勢奔突. 轉折壅遏. 激爲驚湍. 湧爲急溜. 轟震霆噴. 霰雹衝決倒瀉. 舟行甚難. 臣船自工部分司淸風堂之前. 用人契百餘. 徇兩岸撑路. 以竹索縛舟. 逆挽而上. 臣與傅榮等上岸. 由撑[114]路步行. 見鋪石堅整. 問於榮曰. 治此路者其有功於後世乎. 榮曰. 在昔此路湫隘. 稍遇水漲. 無路可尋. 水退則土去石出. 艱於步履. 近年郭昇尹庭用. 相繼修補. 用石板甃砌. 扣以鐵錠. 灌以石灰. 故若此堅且固矣. 夜至汴泗交流之會留泊.

初四日. 晴. 撑舟至遞運所. 所前有起鳳門沐浴堂. 又以舟爲橋. 截河流. 號爲大浮橋. 橋之上下檣竿如束. 撥橋中二舟. 以通往來船. 船過. 還以所撥之舟復爲橋. 臣船過是橋及搭應夫廠. 至泊于蕭縣之水. 次倉前河畔.

---

113) 장서각본에는 乃로 표기되었다.
114) 牽의 이체자이다.

初五日. 過劉城鎭. 是日晴. 曉發船. 過九里山至洞山. 山有十王殿. 又過秦梁洪鋪茶城店梁山寺. 至境山市. 鎭山有上下寺. 皆巨[115]刹. 又過集殿白廟兒鋪夾溝淺. 至夾溝驛. 驛丞忘其姓名. 不從陳萱之言. 供饋臣等甚優. 贈杜玉以一㪷米. 萱與玉爭奪. 玉批[116]萱額. 自驛至黃家閘. 閘上有眉山萬翼碑. 臣令程房告楊旺請觀之. 旺不肯. 強而後許之. 其碑撰略曰. 洪惟我朝太祖高皇帝. 龍飛淮甸. 混一寰宇. 迺建都南京. 以臨天下. 曁我太宗文皇帝. 紹基鴻業. 遷都北京. 于時方嶽諸鎭及四夷. 朝聘貢賦. 每歲咸會於畿內. 而滇蜀荊楚甌越閩淛. 悉由楊子江. 泛東海. 沿流北入天津. 度潞河詣京師. 其江海之闊. 風波之險. 京儲轉輸爲難. 故我太宗文皇帝慮東南海運之艱. 乃召股肱大臣. 往徐楊淮濟. 度地勢順水性. 東自瓜洲. 西自儀眞. 咸作垻以截之. 俾不泄於江. 仍因近世舊規. 鑿漕引水爲河. 而總會于楊. 由楊到淮. 由淮至徐. 由徐至濟. 自濟以南. 則水勢南下接黃河. 會淮入海. 自濟以北. 則水勢北流接衛河. 會白河. 亦入於海. 上復以地形南北. 高下不一. 分泄水勢. 無以貯蓄. 非經久計. 仍命有司置閘. 或五七里一閘. 或十數里一閘. 瀦水濟舟. 迨今淵源不竭. 自是方嶽蕃鎭. 與夫四夷朝聘會同及軍民貢賦轉輸. 商賈貿易. 皆由於斯. 而舟楫之利. 始通于天下. 以濟萬民. 無復江海風濤之厄. 我太宗是作. 實纘禹之功. 補天之不足. 開萬世大平之盛典也. 矧徐迺古彭城. 東方大郡. 襟淮帶濟. 爲南北兩京喉舌. 徐之北黃家村之東. 有山溪一派. 南流入閘. 水勢洶湧多汱流. 走沙壅塞淤淺. 舟楫經此. 恒爲阻隘. 民甚病焉. 天順戊寅春. 有司具疏聞于朝. 我英宗睿皇帝丕纘洪休. 益篤前烈. 迺召有司. 立閘以通之. 設官以理之. 自是舟楫往來. 無復前患云云. 閘官開閘. 令人挈撑上臣船以過. 又行過義井黃家鋪候村鋪李家中鋪新興閘新興寺劉城鎭. 夜三更. 至謝溝閘.

---

115) 장서각본에 의거하여 臣을 巨로 수정했다.
116) 규장각본 및 장서각본 모두 枇라고 표기했으나 批의 잘못이다.

初六日. 過沛縣. 是日晴. 曉過沽頭下閘沽頭中閘社學沽頭上閘刁陽湖
金溝兒淺有上中下三處. 至沛縣. 縣卽漢高祖故里也. 縣之東北有河. 卽
泡河. 河之越岸有高墩. 其前建旌門. 標以歌風臺之名. 卽高祖歌大風之
處也. 縣之東南. 有泗亭驛. 卽高祖少爲泗上亭長之處也. 河之西岸有圯
橋117). 卽張良取履處. 飛雲閘在河口. 臣等泝其河歷其閘. 觀其臺訪其
橋. 至驛前. 驛距河三十步. 傅榮謂臣曰. 足下觀我大國制度. 以謂何如.
自江南抵北都. 舊無河路. 自至正年間以來. 始爲通路之計. 至我太宗朝.
置平江侯118)以治之. 疏淸源. 濬濟沛. 鑿淮陰. 以達于大江. 一帶脈絡.
萬里通津. 舟楫攸濟. 功保萬全. 民受其賜. 萬世119)永賴. 臣曰. 嚮非此
河路. 則我等於崎嶇萬里之路. 有百枝跛行之苦. 今乃安臥舟中. 以達遠
路. 不知顚仆之虞. 其受賜亦大矣. 是日. 自驛過水母神廟. 冒夜而行.

初七日. 乍陰乍雨. 曉過廟道口湖陵城閘. 至兗州府地方. 兗州. 卽舊魯
國也. 過沙河驛少泊. 又過孟陽泊閘. 至八里灣閘. 閘西. 卽魚臺縣地. 縣
前有觀魚臺. 卽魯隱公觀魚之處. 縣之得名亦以此. 又過上下淺二鋪河西
集場. 至穀亭閘. 登河岸以望. 則東北望渺茫間. 有山不甚高峻. 傅榮指
其山曰. 彼卽尼丘山. 孔子所生處也. 山之下有孔里洙泗沂水. 又東北望.
若有高山連亘數百里. 如雲氣然. 榮指其山曰. 彼乃泰山. 卽古岱宗山.
虞舜及周天子東巡狩之處也. 此行若緣陸路. 經兗州曲阜縣. 則尼丘可
經. 洙泗可涉. 孔里可觀. 泰山可近望矣. 過玉皇廟. 至南陽閘以泊.

初八日. 過魯橋驛. 是日陰. 自南陽閘. 過棗林閘. 至魯橋驛. 驛前有魯
橋閘. 東道齊魯. 西連鉅野. 南引淮楚. 北抵京師. 四通之路. 閘西有黑硯
池. 池水黑. 有太監姓劉者封王赴京. 其旌旗甲胄. 鍾鼓管絃之盛. 震盪
江河. 及是閘. 劉以彈丸亂射舟人. 其狂悖如此. 陳萱曰. 此舟中內官. 如

---

117) 장서각본에는 牆로 표기했으나 잘못이다.
118) 장서각본에 의거하여 候를 侯로 수정했다.
119) 장서각본에는 歲로 표기되었다.

此歪爲. 傳榮問諸臣曰. 貴處亦有此太監否. 臣曰. 我國內官. 只任宮中
洒掃傳命之役[120]. 不任以官事. 榮曰. 太上皇帝信任宦官. 故若此. 刑餘
人. 持重權爲近侍. 文武官皆趨付之. 萱曰. 醫道佛三法. 貴國何重. 臣
曰. 我國重儒術. 醫方次之. 有佛而不好. 無道法. 萱曰. 成化皇帝最重道
佛二法. 今新皇帝一切禁之. 臣問曰. 貴地今當大明之時. 皆稱大唐. 何
也. 榮曰. 此無他. 因大唐時傳習之舊而云. 習俗然也. 臣又問曰. 自我到
此. 貴地人皆指我等曰. 大大的烏也機. 此何等語也. 榮曰. 此日本人呼
我處大人之訓. 此方人恐你等從日本來. 故有此言. 臣等自魯橋閘. 過通
利王廟魯津橋. 至玉樓橋. 東魯諸水. 交流于此. 又過師家莊下上鋪仲家
鋪仲家淺閘. 至新閘. 傳榮謂臣曰. 此閘. 卽都水監丞. 也先不花[121]所建
也. 會通河至此地. 沙土潰沱. 水勢散渙[122]. 不能負舟. 前後置牐. 自新
店至師氏莊. 猶淺澁有難處. 每漕船過此. 上下畢力. 終日叫號. 進寸退
尺. 必資車於陸而運. 自立此新牐以後. 舟行得其安且順也云云. 牐之東.
有河神祠. 西有公署. 署南有遏觀臺. 臺上構亭以東. 與鄒嶧山對. 扁曰
瞻鄒. 臣等過其牐. 夜過新店閘以行.

初九日. 至濟寧州. 是日晴. 欲曙過閘. 則乃石福閘也. 又過趙村閘. 至
南城驛少停舟而行. 又過眞武廟. 至下新閘. 閘在越河口迤西八百餘尺.
越河東密邇天井閘. 北對會通河. 二水縱橫十字然. 由閘而西者. 或至
流覆. 遡越河而上者. 艱於逆輓. 置此閘於兩口之下. 時水盈縮而閉縱之.
閘之西北二十里許. 有獲麟堆. 卽西狩獲麟之處. 今嘉祥縣地也. 臣等過
其閘. 至濟寧州城. 則東北有泗從曲阜. 洸從徂徠. 合魯城東. 來入漕河
達淮. 以入于海. 踰淮爲南京. 西北有鉅湖. 東分入漕河. 北分臨清. 出衛
河以達于海. 踰海爲北京. 兩京相望三千餘里. 外水皆從濟寧中分. 城之

---

120) 장서각본에는 投로 표기되었다.
121) 규장각본 및 장서각본 모두 華로 표기했으나 花의 잘못이다.
122) 규장각본 및 장서각본 모두 散 다음의 한자가 명확하지 않은데, 의미상 散渙이
라는 단어로 보는 것이 타당하다.

東畔洸河. 西畔濟河. 二河縈抱. 合流于城南底. 兩河之中有土阜. 阜自東北起. 蜿蜒而來. 殆千有餘里. 阜之上有觀瀾亭. 卽孫蕃所建也. 由亭下至通津橋. 橋當城南門道. 橋南有靈源弘濟王廟. 至宿于廟西北河岸.

初十日. 至開河驛. 是日晴大風. 曉發濟寧城. 西過分水閘. 至南旺湖. 湖瀰漫無際. 但西望遠山而已. 其東有靑草茂塞之衍. 卽禹貢大野旣瀦之澤. 今爲湮塞者. 湖中築石長堤. 名官堰. 臣等沿堤岸順風而北. 過馬長坡安民牢正曹井等鋪. 至鉅野縣地方. 過火頭灣白嘴兒黃沙灣小長溝等鋪大長滿集. 又至嘉祥縣地方. 過大長溝十123)字河寺前孫村等鋪. 又至汶上縣地方. 過界首鋪老坡閘. 至分水龍王廟. 有大水自東北來. 至廟前分南北派. 南派. 卽臣所已經. 順流南下. 北派. 卽臣所將往. 逆流北上. 廟當其二水之分. 故以分水名. 問其東北來大水. 則人曰. 濟河之源也. 未詳其實. 楊旺與其徒入廟中. 焚香禮神以祭. 令臣等亦拜. 臣曰. 祭山川. 諸侯事. 爲士124)庶人者特祭祖考耳. 少踰其分. 非禮也. 非禮之祭. 人爲諂. 神不享. 故我在本國. 不敢拜山川之神. 況可拜異國之祠乎. 陳萱曰. 此祠. 乃龍王祠也. 有靈跡. 故過此者皆致恭拜祭. 然後行. 不然則必有風濤之險. 臣曰. 觀於海者難爲水. 我已經數萬里大海暴濤之險. 若此中土中江河之水125). 不足畏也. 語未畢. 萱告于旺曰. 此人不要拜. 亦不可屈其志云云. 又過闞城鋪. 至開河驛. 夜已三更矣. 所謂官堰. 至闞城鋪而絶. 堰中有閘. 相間或八九里或十餘里. 凡126)十有四堰之長. 亦過百餘里.

十一日. 晴. 過開河鎭劉家口表家口開渠頭山津張八口步家口等鋪. 至東平州地方. 東平. 卽禹貢東原底平者. 沙土沱. 水性下濕之地. 又過靳

---

123) 장서각본에는 卜으로 표기되었다.
124) 장서각본에 의거하여 上을 士로 수정했다.
125) 장서각본에 의거하여 木을 水로 수정했다.
126) 장서각본에는 九로 표기되었다.

家口栗家莊李家口劉家莊王忠口馮家莊長張口等鋪. 至安山閘. 登岸四望. 則有山連綿西北間. 問之則若梁山. 若土山. 若孝堂山. 或謂孝堂. 卽郭巨埋子得金之山也. 夜至安山驛.

十二日. 至東昌府. 是日晴. 過堡粮倉安山保譯家花積水湖口蘇家莊邢家莊沙孤堆等鋪及戴家廟. 至金線[127]閘遞運所. 所前有經魁門. 門右人家. 掛雕籠畜有鳥. 其形如鳩. 其味赤而長. 其吻微黃而鉤. 其尾長八九寸. 眼黃背靑. 頭與胸水黑色. 其性曉解人意. 其語音淸和圓轉. 曲節分明. 人或有言. 皆應之. 臣與傅榮往觀之. 謂榮曰. 此鳥能言. 其無乃鸚鵡乎. 榮曰. 然. 臣曰. 此卽隴西鳥也. 我卽海東人也. 隴西海東. 相距數萬餘里. 今日得相見於此. 得非幸乎. 但我與此鳥客他鄕. 同也. 思故國. 同也. 形容之憔悴. 亦同也. 觀此鳥. 彌增悲嘆之情. 榮曰. 此鳥長在籠中. 終死他國. 今足下好還貴國. 盡職君親. 胡可謂之同也. 鸚鵡亦有言. 似若有知然. 又至壽長縣地方. 過戴家廟劉家口戴洋張家莊沙灣等鋪感應祠. 至東河縣地方. 過沙灣淺鋪大河神祠安家口鋪北浮橋掛劍鋪通汴梁通濟閘汉河沙灣巡檢司兩河口鍾樓閣鼓樓閣雲津門. 到荊門驛. 驛丞引臣及傅榮于皇華堂前饋茶. 又過平河水鋪新添鋪荊門上下閘. 至陽穀縣地方. 夜過灣東鋪張家口鋪七級上下閘周家店閘阿城上下閘李海務閘. 至崇武驛. 夜五更矣. 東昌府. 卽舊齊之聊攝地. 城在驛北三四里河岸. 城中有府治聊城縣治及按察司布政司南司平山衛預備倉宣聖廟縣學.

十三日. 過淸陽驛. 是日晴. 過通濟橋閘東岳廟進士門東昌遞運所兌粮廠. 又過堤口稍長閘柳行口房家莊白廟雙渡兒呂家灣校堤等鋪. 河之東. 卽堂邑縣地方. 西卽博平縣地方. 又過洪家口梁家口等鋪及梁家閘感應神祠. 又過表家灣馬家灣老堤頭中閘口等鋪土橋閘新開口鋪函谷洞減水閘. 至淸平縣地方. 又過趙家口鋪. 至淸陽驛. 又過朱家灣丁家口十里井

---

127) 장서각본에는 綿으로 표기되었다.

李家口等鋪戴家灣閘. 乘月達曙而行.

　十四日. 晴. 至臨淸縣之觀音寺前. 寺在兩河交流之嘴. 東西設四閘以貯水. 寺東以舟作浮橋. 以通干縣. 縣城在河之東岸半里許. 縣治及臨淸衛治. 俱在城中. 在兩京要衝. 商旅輻輳之地. 其城中及城外數十里間. 樓臺之密. 市肆之盛. 貨財之富. 船泊之集. 雖不及蘇杭. 亦甲于山東. 名於天下矣. 臣等沿淸泉河而北. 過漏浮關藥局新開上閘衛河廠板下閘大浮橋. 至淸源驛前留宿.

　十五日. 朝大雷電以雨. 午後陰. 有遼東人陳玘王鑽張景張昇王用何玉劉傑等. 以商販事. 先到于此. 聞臣等之至. 以淸酒三壺糖餳[128]一盤荳腐一盤大餠一盤來饋臣及從者. 且曰. 我遼東城. 地隣貴國. 義同一家. 今日幸得相見於客旅之中. 敢將薄物. 以爲禮耳. 臣曰. 貴地. 卽古高句麗故都. 高句麗. 今爲我朝鮮之地. 地之沿革. 雖因時有異. 其實同一國也. 今我喘息九死之餘. 漂泊萬里之外. 四顧無相識之人. 得遇諸足下. 又受厚惠. 如見一家骨肉之親. 玘曰. 我於正月起程. 二月初吉到此. 四月初旬間回還. 恐不得再相見也. 若先過賤地安定門內. 問有儒學陳瀛者. 吾兒也. 好傳吾消息云云. 相別而去. 臣等撑舟至下津廠前留泊.

　十六日. 過武城縣. 是日晴. 沿衛河而北. 至裴家圈鋪. 東爲夏津縣地方. 西爲淸河縣地方. 過巡檢司孫家新開口草廟黃家口平河口等鋪. 至渡口驛. 又過商家道鋪. 至武城縣. 河抱城西. 隔河有進士二門. 又有祈雨堂. 徹夜行. 至甲馬營驛.

　十七日. 晴. 朝過鄭家口河口鋪陳家口鋪. 至恩縣地方. 過白馬河口鋪. 又過下方遷無谷寺河口鋪. 至梁家莊驛. 移棹過鍾閣. 夕. 至故城縣前留

---

128) 餳의 이체자이다.

泊．臣謂傅榮曰．今夜月白風便．何以不去．榮曰．你見此河中有漂尸三箇乎．臣曰．見之．榮曰．此皆盜殺之也．此方連遭凶歉．相率而爲盜者多．又不知你等爲漂流．行李掃地．反以爲異邦人．必賷貴物．皆有欲利之心．又前路人煙鮮少．盜多肆行．故不去也．臣曰．我之此行．已遇寧波府之盜．平生不願相逢者．盜也．榮曰．大抵中國人心．北方則強悍．南方則柔順．寧波之盜．江南人也．故雖或爲盜．類皆劫而不殺人．你所以保其身也．此北方人．劫則必殺人．或置之溝壑．或漂之河海．今日所見漂屍．可知矣．

十八日．過德州．是日晴．大風揚沙．平明．過孟家口兵河口馬家等鋪四女樹文英門劉皮口鋪得意門大浮橋．至安德驛．陳萱問臣曰．貴國人對客酬酢．用茶否．臣曰．用酒不用茶．萱曰．我地人對客．皆用茶．若有情厚遠來人．則或有用酒者．臣問傅榮以上國傘蓋冠帶帶牌之制．榮曰．傘與紗帽無等級．蓋則一品二品．茶褐羅表紅綃裏三簷銀浮屠．三品四品與前同．而浮屠則紅．五品．青羅表紅綃裏二簷紅浮屠．七八九品．青油綃表紅綃裏單簷紅浮屠．帶則一品玉．二品犀．三品花金．四品光金．五品花銀．六品光銀．七八九品角．牌則文職自一品至九品．皆有錫牌．一面楷書所任衛門．一面篆書常川懸帶四字．皂隷背之．武職有皂隷．衛門皆佩之．臣又問韃靼或有入寇否．榮曰．彼時有之．今各邊有分方鎭守．總兵軍馬．常樣守禦．故不得來犯．夜過德州城．河抱城西而北．城卽古平原郡也．土廣人稠．商旅所會．至泊名不知河岸．傅榮謂臣曰．大上皇帝同母弟有賢德．封魯地．號魯王．在此德州境三百餘里之地．故時人稱爲德王．臣曰．德王何以不在京師．在外方乎．榮曰．親王在內．恐有他意．故待年十六歲以上者皆封爲王．出之于外．臣曰．德王在山東所轄腹裏之地．亦自擅號令政事乎．榮曰．王府各司之官掌諸政．有敎授之官．有護衛之官．王與之講詩書閱射御而已．號令政事．王不得有爲．一出於朝廷．

十九日．過良店驛．是日晴．早發過皮口鋪高家鳳鋪．至吳橋縣地方．又過羅家口高官廠等鋪關王廟. 至濟南府地方良店驛. 又過桑園兒薄皮口鋪狼家口鋪郭家口鋪舊連窩鋪. 至連窩驛. 又至連窩遞運所而泊.

二十日. 晴. 曉過土家口鋪. 至景州地方任家口鋪. 又過東光縣. 縣治在河之東岸. 又過油房口鋪北下口鋪. 至南皮縣地方. 過北下淺鋪. 又至交河縣地方. 過曹道灣薄頭鎭. 至新橋. 又過鎭武廟藥王廟戚家㘘[129]軍屯. 夜二更. 至泊薛家窩里前.

二十一日. 過滄州. 是日晴. 早過三鎭道馮家口楊橋口磚河南甎河南口等鋪. 至甎河驛. 又過王家圈口羅家圈口紅披口南關等鋪長蘆巡檢司鹽運司遞運所踵武科門. 到滄州撥夫廠. 州城臨河之東岸. 卽漢之渤海郡也. 河邊有望竿上懸人頭以示衆. 傅榮謂臣曰. 彼乃强盜首也. 漢之龔遂以單車. 入此地平羣盜. 有賣劒買牛之說. 此地盜多劫殺人. 自昔猶然. 又過聯芳應奎司諫等門. 至泊長蘆遞運所前. 臣問諸傅榮曰. 自過淮河以後. 若兵部刑部吏部等各司之官之舡. 絡繹不絕. 何也. 榮曰. 今天子聖明. 朝臣以舊日所爲. 或致小過者. 皆降貶之. 河路中帶錫牌而歸者. 皆見貶下鄕朝士也. 前日在紹興府. 問你所從來之總兵官黃宗. 亦貶罷歸. 臣曰. 朝臣貶秩者多. 何以不斥宦寺之徒. 使得意以行. 榮曰. 宦官見殺降貶者. 亦不可勝計. 今在河進京者. 皆先帝所差回. 則亦難保. 前日相見太監羅公聶公. 皆因回遲. 貶作奉御之職. 臣曰. 當今天下再得堯舜之君. 擧元凱黜四凶. 朝廷肅淸. 四海安帖. 不亦賀乎. 榮曰. 正是正是. 我皇帝遠之者. 小人與宦官也. 日親經筵. 與閣老學士講詩書論政事. 亹亹不已. 以今三月初九日. 躬幸國子監. 釋奠先聖. 崇儒重道之意亦至矣. 臣戱之曰. 天子亦拜於列國之臣乎. 榮曰. 孔子. 萬世之師. 豈以人臣之禮待之乎. 但天子當釋奠時. 贊禮官曰. 鞠躬拜. 天子欲拜. 傍又有一贊禮官曰. 孔子曾爲魯司寇. 贊禮官又唱曰. 平身. 禮當拜而實不拜. 此尊

[129) 이재호. 갈진가 모두 堰으로 표기했다.

先師尊天子之禮. 兩不悖也. 臣曰. 孔子之道. 大於天地. 明於日月. 信於四時. 達之天下萬代而無窮. 卿大夫士庶人. 學其道以修其身. 諸侯學其道以治其國. 天子學其道以平治天下. 則自天子以至於庶人. 皆當事以先聖先師之禮. 又何擧魯司寇之稱. 當拜而不拜乎. 若擧司寇以稱孔子. 則孔子是一小國陪臣. 又安可屈天子之尊以祀之乎. 榮嘿然. 夜間榮又來語臣曰. 方才京中來者言. 有一尙書與一學士對立. 不知所言. 校尉拿告于天子. 命下錦衣衛監. 問所言何事. 學士身居內閣. 至尊有大小事. 皆與議. 今與尙書相對言. 尤恐有私囑. 故問之.

二十二日. 過興濟縣. 是日陰. 曉過安都塞口鋪淸水王家口鋪. 至乾寧驛. 興濟縣之治. 在驛之後. 驛前有巨家. 陳萱曰. 此新皇后張氏之私第也. 初新皇帝爲皇太子時. 欽天監奏后星照河之東南. 先帝命選河東南良家女子三百餘人. 皆聚京師. 先帝與皇太后更選. 張氏中選. 封爲正后. 后之祖. 知鳳陽府. 父無職. 舊爲國子監生. 今特拜爲都督云. 過左衛鋪柳巷口鋪三聖祠盤古廟高土崗. 至蘆臺舊城. 城北接靑縣之治. 俱在河之西北岸. 縣前通眞保. 定瀘浭三河所會. 故謂之三叉[130]. 又過鍾樓閣社稷壇峭帆亭中州集. 至河間府地方. 府城在河之北七八里許. 又至流河驛. 日已昏暮. 過流河鋪. 夜二更. 至泊夏官屯.

二十三日. 過靜海縣. 是日晴. 丑時開船. 過釣臺鋪南家口鋪雙塘鋪. 至奉新驛. 驛在靜海縣治之前. 臣語傅榮曰. 願學水車之制. 榮曰. 你於何地. 見所謂水車乎. 臣曰. 曩者過紹興府時. 有人在湖岸. 運水車. 以灌水田. 用力小而上水多. 可爲當旱農稼之助. 榮曰. 其制. 木工所知. 我未之詳. 臣曰. 昔嘉祐中. 高麗臣屬毛羅島人. 櫓摧梡折. 風漂抵岸. 至蘇州崑山縣. 知縣事韓正彥犒以酒食. 見其舊梡植舟木上不可動. 使工人爲治梡. 造轉軸. 敎其起倒之法. 其人喜. 捧手而輾. 毛羅. 卽今我濟州也. 我

---

130) 장서각본에 의거하여 又를 叉(본래는 汊)로 수정했다.

往濟州. 見漂來此. 亦與其人一般. 足下亦以韓公之心爲心. 敎我以水車之制. 則我亦捧手而喜. 榮曰. 水車只用汲水而已. 不足學也. 臣曰. 我國多水田. 屢値旱乾. 若學此制. 以敎東民. 以益農務. 則足下一唇舌之勞. 可爲我東人千萬世無窮之利也. 望深究其制. 有未盡. 則問諸水夫. 明以敎我. 榮曰. 此北方地多沙土. 無水田. 故水車無所用. 此水夫安知其制. 我姑思之. 食頃間. 榮略語機形之制. 運用之方. 臣曰. 我所見. 轉之以足. 此則運之以手. 且其形制小異. 何也. 榮曰. 你所見必是踏車者. 然不若此制最便. 止用一人. 可以運之. 臣曰. 可造以松木否. 榮曰. 松木輕. 不可造. 其機通上下用杉木. 其腸骨用楡木. 其板用樟木. 其車腸用竹片約之. 前後四柱要大. 中柱差小. 其車輪腹板長短廣狹[131]如之. 如不得杉楡樟等木. 須用木理堅靭者方可. 又過獨流巡檢司沙寧舖. 至武清縣地方. 過楊靑遞運所. 人定時. 至楊靑驛. 地名都是楊柳靑也. 留泊移時. 三更. 復開舡而行.

二十四日. 過天津衛. 是日陰. 曉過直沽城. 河名. 卽沽水也. 至天津衛城. 衛河自南而北. 卽臣所沿來之下水也. 白河自北而南. 卽臣所遡去之上水也. 二河合流于城之東以入海. 城臨兩河之會. 海在城之東十餘里. 卽舊時江淮以南漕運. 皆浮大海. 復會于此. 以達京師. 今則疏鑿水道. 置閘[132]閑縱. 舟楫之利. 通于天下. 城中有衛司及左衛右衛之司. 分治海運等事. 城東有巨廟臨河岸. 大書其額. 臣遠而望之. 其上天字. 其下廟字. 其中一字. 不知某字也. 遡河過丁字沽海口里河東巡更所桃花口尹兒灣蒲溝兒下老米店. 至楊村驛. 驛西又有巡檢司.

二十五日. 陰. 早經上老米店白河里南蔡村北蔡村王家務杜口雙淺蒙村白廟兒河西巡檢司. 至河西驛. 驛與遞運所. 相距七八步. 傅榮謂臣曰.

---

131) 장서각본에 의거하여 俠을 狹으로 수정했다.
132) 갈진가, 목전체량은 閘으로 표기했다. 음은 閘와 같다고 한다. 장서각본은 閘처럼 보이나 확실히 할 수 없다.

溯江三司奏你等漂風之事. 表本限在四月初一日. 我奉表而來. 恐未及限. 自此驛乘馹先到京師. 他日於兵部前相遇. 莫敢揖禮. 以示相知之意. 新天子法度嚴肅故云.

卷之三

二十六日. 晴. 大風沙塵漲天. 目不能開. 順風而行. 過要兒渡口下馬頭納碧廳天妃廟中馬頭車榮兒上馬頭河西務土門樓葉青店王家擺渡口魯家塢攀繒口. 至泊蕭家林里前河之越岸. 臣舡相對處. 有十餘人乘桴. 架屋桴上. 亦來泊. 有賊人來劫奪. 乘桴人亦強健者. 相與搏擊. 陳萱曰. 盜肆行敺掠若此. 其分付你衆. 各自相警. 小[133]心過夜云云. 自天津衛以北. 白沙平鋪. 一望無際. 曠野無草. 五穀不生. 人烟鮮少. 卽曹操征烏丸時. 遣其將. 自滹沱河入潞沙. 潞沙. 卽此地也.

二十七日. 晴. 大風. 平明. 至和合驛. 又過漷縣. 縣治在河之東岸. 馬頭巡檢司崔氏園亭在其中. 至此沙堆高大. 如丘陵然. 又過火燒屯公鷄店李二寺長店兒大通關渾河口土橋巡檢司. 至張家灣. 卽諸路貢賦朝貢商賈之舡之所集處也.

二十八日. 至北京玉河館. 是日晴. 舍舟乘驢. 過東岳廟東關鋪. 至潞河水馬驛. 一名通津. 驛中門. 大書寰宇通衢驛. 西有遞運所. 西北有通州舊城. 通潞亭在城之東南. 東抱白河. 白河一名白遂河. 或謂之東潞河. 臣等步入城之東門. 過旌表田拱尚義門大運中倉門進士門. 出舊城西門. 又過新城第一鋪大運西倉門玄靈觀. 又出新城西門. 城與舊城相接. 通州. 卽秦之上谷郡也. 今轄于順天府. 州治之南. 有通州衛左衛右衛定邊

---

133) 장서각본에는 盜로 표기되었다.

衛神武中衛. 臣等於新城西門外. 乘驢過永濟寺廣惠寺. 至崇文橋. 橋在北京城門之外. 楊旺與李寬唐敬夏斌杜玉等. 引臣等步入皇城東南崇文門. 行至會同館. 京師. 乃四夷所朝貢之地. 會同本館之外. 又建別館. 謂之會同館. 臣等所寓之館. 在玉河之南. 故亦號爲玉河館.

二十九日. 詣兵部. 是日晴. 楊旺引臣等出玉河館門. 顧見東衢有橋. 橋兩傍建門. 扁曰玉河橋. 步由西衢. 過上林院監南薰坊鋪大[134]醫院欽天監鴻臚寺工部. 至兵部. 有尙書余子俊坐一廳. 左侍郞姓何. 右侍郞姓阮. 對坐一廳. 郞中二員主事官四員. 連坐一廳. 臣等先謁侍郞. 次謁尙書. 然後詣郞主事官廳. 郞中等不復問臣以漂來事. 指庭中槐陰爲題. 令做絶句. 又以渡海爲題. 令做唐律. 又有職方淸吏司郞中戴豪. 引臣至廳上. 廳壁掛天下地圖. 臣所經之地. 一見瞭然. 郞中等指謂臣曰. 你發自何地. 泊于何地. 臣以手指其漂舟之地. 所歷之海. 所泊之渚. 海路正經于大琉球國之北. 戴郞中曰. 你見琉球地乎. 臣曰. 我漂人. 白海之中. 遇西北風南下. 望見山樣在有無中. 且有人煙之氣. 恐是琉球界也. 然未可的知. 又問曰. 你所帶來人有死亡者乎. 臣曰. 我四十三人. 賴皇恩如海. 皆得保性命而來. 又問曰. 你國治喪. 用文公家禮否. 臣曰. 我國人生子. 先敎以小學家禮. 科擧亦取精通者. 及其治喪居家. 一皆遵之. 又問你國王好書否. 臣曰. 我王一日四接儒臣. 好學不厭. 樂取諸人. 問畢. 饋臣餠茶. 唐敬引臣等還玉河館. 夕. 有姓名何旺者頗解我國言. 來謂臣曰. 你國賀冊封使安宰相處良等二十四人來此館. 留四十餘日. 今三月二十二日還程云云. 臣嘆其不得相見. 何旺曰. 你亦還國. 何嘆之甚. 臣曰. 憔悴他鄕. 四顧無親. 若見本國人. 則如見父兄. 且父新死母當喪. 弟又少不更事. 家又貧寠. 不保朝夕之際. 我適漂海. 其存其沒. 家莫聞知. 徒以爲鯨濤鼓天. 滄海無涯. 必見臭載. 葬身魚腹. 以貧寠之家. 治重疊之喪. 其老母弱弟之痛爲如何也. 我若得遇安令公之行. 一時還鄕. 則得免道路之

---

134) 규장각본 및 장서각본 모두 大로 표기되었으나 太의 잘못이다.

虞. 若不得同歸. 他先歸國. 好傳吾消息. 則可以少舒母弟之痛. 天不恤我. 只隔七日間. 不得相見本國之使. 胡可不自痛恨也.

四月

四月初一日. 晴. 詰朝. 鴻臚寺主簿李翔來謂臣曰. 今日兵部將你事入奏. 你可寬心. 漂流事. 當報禮部. 浙江三司直報兵部. 不報于禮部. 故禮部入奏罪他. 兵部亦欲指揮楊旺二十云云. 且曰. 汝國謝恩使. 十日間必到于此. 汝可留待同歸[135]可也. 臣曰. 我奔初喪. 一日作客. 如過三秋. 請足下圖我速還. 李翔點頭. 自浙江以來. 不見通事之人. 至此方見此人.

初二日. 陰. 會同館副使李恕來謂臣等曰. 你四十三人. 不係本國差來進貢人. 一日一人支給. 止是陳老米一升而已. 無鹽饌云云. 臣步出館門. 適遇傅榮. 相話于玉河橋邊. 臣問曰. 我所經處浙江有通州. 北京亦有通州. 徐州府有淸河縣. 廣平府亦有淸河縣. 一海內州縣有同名者. 何耶. 榮曰. 名雖偶同. 所管布政司有異. 實無害也.

初三日. 陰. 夕雷電雨雹. 李翔來曰. 我實你朝鮮通事也. 前一二日. 兵部及內庭有事. 故不入奏你等事. 今日若又不奏. 則明日必入奏之. 臣答曰. 天下之窮人. 莫如我也. 父已死母又老. 弟幼弱. 家貧窶. 治喪所需. 皆闕如也. 我又漂流. 未報存亡. 母與弟豈知我得蒙聖天子鴻恩. 生到大國乎. 必幷治我喪. 悲慟極天. 請足下告于禮部. 使我毋久留于此. 翔曰. 你之生來事. 你國安宰相處良. 已詳回還. 臣曰. 安宰相何以知之. 翔曰. 浙江鎭守差指揮楊格. 將你事緣陸路晝夜馳報. 於三月十二日來到. 安公謄寫奏本而去. 你家當於四五月之交. 必知你不死於海. 不足憂也. 但你之情理甚切. 誠可憐恤. 我當告于兵部禮部.

---
135) 장서각본에는 歸로 표기되었다. 이후의 글자는 모두 歸로 수정했다.

初四日．晴．何旺引臣至其家饋饌．臣謝之．旺曰．漂流遠來．情可矜憐．故饋之．不必謝也．

初五日．陰．楊旺來謂臣曰．奏本．初三日已下禮部云云．

初六日．晴．琉球國人陳善蔡賽等．盛辦餅饌來饋臣及從者．臣感其恩．無以報之．卽減粮五升以與之．揮手却之．時琉球使正議大夫程鵬等二十五人．以進貢來寓後館．善與賽．蓋其從者也．禮部遣辦事吏王敏．喚楊旺．臣問其何事．敏曰．你每進的本抄出來了．因此來叫．

初七日．洒雨．禮部吏鄭春李從周等．賫兵部所移禮部咨來示臣．其文據浙兵三司所報云云．其末端云．其崔溥案．仰浙江布政司差委官指揮僉事楊旺管送．及行沿途衛所．量拔官軍．防護赴京外．開坐具本．該本部官欽奉聖旨．該部知道．欽此欽遵．抄出送司案．候間續奉本部送．據浙江布政司批差指揮楊旺伴送前項夷人前來．查得．成化六年十一月內．該浙江鎭守等官奏送朝鮮國遭風夷人金盃廻等七名．本部已經奏准．量給禦寒衣服及應付脚力口粮還國去訖．今該前因案呈到部．看得．朝鮮遭風夷人崔溥等四十三名．雖係海洋哨獲夷人．已該浙江鎭守巡按三司等官會同審驗．別無奸細情由．況各夷風波飄蕩．衣粮缺乏．揆之朝廷柔遠大體．相應優恤．合無行移禮部．量給替換衣服．本部應付官崔溥站馬廩給．餘人脚力口粮．通與車輛．裝載行李．及行該府．差官一員伴送．沿途軍衛．量拔軍夫防護至遼東．聽鎭巡等官另差通事人員．送朝鮮地界．令其自行回還．緣係處置遭風外夷歸國．及奉欽依．該部知道事理．未敢擅便．弘治元年四月初一日．太子大保本部尚書余等具題．次日奉聖旨．是．欽此欽遵．擬合通行除外．合開咨前去．煩照本部奏奉欽依內事理．欽遵施行．須至咨者．臣令孝子將米粮換酒．以饋鄭春等．春謂臣曰．我二人來討些人情面皮．或銅錢或土布或諸般產物以去用耳．意不在一醉也．臣曰．我當漂海．四體不保．僅能得生．豈有身外之物乎．你看吾行李．若有一物. 便將去之. 徐觀其意. 意在臣之所穿衣. 臣令李禎減粮換錢十文以贈之. 李從周不受. 撒之臣前. 與鄭春盛怒而去. 夜. 臣偶謂安義李孝枝等曰. 當在宋時. 爾濟州人漂至蘇州界. 其船有麻子. 如蓮仁大. 蘇人得而種之. 後年差小. 與尋常麻子一般. 今爾土有所謂麻子乎. 義曰. 此古代事也. 今則尋常麻子. 亦且稀貴. 故凡公賤收貢. 皆納葛麤布. 無用於國. 有害於民. 若貢以隨土所產如海物. 則庶可便矣.

初八日. 陰. 國子監生員楊汝霖王演陳道等戴黑頭巾. 穿青衿團領. 來曰. 你國學徒亦服此乎. 臣曰. 幼學雖在窮村僻巷者. 皆服之. 又曰. 你國亦有專經否. 臣曰. 我國科擧. 取精通經書者. 故學徒精研四書五經. 其專治一經者. 不得齒儒者之列.

初九日. 在玉河館. 是日晴. 有張元張凱兄弟家住館前對門. 共來邀話.

初十日. 在玉河館. 是日晴. 李恕謂臣曰. 你等還國車馬關文來. 你不久在此.

十一日. 在玉河館. 是日陰. 李翔來謂臣曰. 你國謝恩使. 何至今不來乎. 臣曰. 道路遼遠. 他行止遲速. 我不能料念. 惟僕之到此. 不係國家事. 特蒙大國深恩. 生還本國. 祇自仰天祝手而已. 但瑣尾逗遛. 遷延日月. 不得全吾哭柩廬墓之心. 所以痛哭耳. 翔曰. 我已詳說你言于禮部. 禮部已入奏. 近當回還. 勿憂也. 又有姓名王能者. 善曉解我國言語. 謂臣曰. 我祖父世居遼東東八岾之地. 來往義州. 我亦是高麗人也. 我年十三. 父沒. 隨母而居. 退計三十一年間. 我與母俱爲兀良哈所掠. 轉往韃靼之國. 竟得生返. 仍居于此. 若有你國使來. 未嘗不來相看也. 卽以所將錢換酒. 慰臣及從者. 又語臣曰. 聞你從者無有亡失. 然乎. 臣曰. 然. 能曰. 得非幸乎. 蓋人口衆而爲日多. 則雖平居無事. 間有患死者. 況遭被惡風. 過盡大海. 一無亡失. 千古所稀. 想必你於平昔積善所致也. 臣

606

曰.此是皇恩覆冒.使萬物各得其所.故我等亦幸得保此生也.

十二日.在玉河館.是日朝雨午陰.有姓名李海.亦解我國語音.來語臣曰.我從使臣往還你國已六度矣.徐宰相居正.尙亡恙乎.

十三日.在玉河館.是日陰.張夒者.張元之季也.聰慧勝兄.謂臣曰.寂寥旅館.何以消過日月.以醋醬來遺.

十四日.在玉河館.是日晴.有姓名孫錦者謂臣曰.若此夏日之長.難以經過.我甚憐之.卽餽臣以米一㪷菜一盤鹽醬醋各一器.臣令程保往謝之.錦曰.你等在陳之歎.專是會同館官員不取稟之過也.皇帝豈知若此乎.

十五日.在玉河館.是日晴.有官吏自禮部來問臣職姓名及帶來人姓名.寫以歸.莫知何爲.

十六日.在玉河館.是日晴.有錦衣衞後所班劒司校尉孫雄者來.臣曰.寓空館無所事.淹留已過旬望.不知何日還國.雄曰.禮部奏聞討賞.然後可回去.臣曰.我等來此.不因國家事.九死之後.只求生還耳.今則殘喘已壯.焦腸已沃.傷足已完.瘦骨已實.都是皇上懷撫遠人之恩.重且大也.我無一絲毫之補於大國.得蒙此重大之恩.固已措[136]躬之無地矣.又何有賞賜之爲哉.我所願.早還家山.覲老母葬死父.以終吾孝.此人子之切情.禮部豈能知道.雄曰.禮部近有事故.致令汝事稽緩.我當詳告汝情于尙書後.又來看你.

十七日.在玉河館.是日洒雨.琉球人陳善蔡賽王忠等來告回國.遂以

---

136) 규장각본 및 장서각본 모두 措로 표기했으나 楷의 잘못이다.

矮扇二把蹋席二葉贈臣曰. 物雖至薄. 情實有在. 臣曰. 我所以遇知於足
下者. 在情不在物也. 陳善曰. 我國王曾在二十年前. 差我父送貴國回還.
大爲人人見愛. 常想恩情. 我又得與大人相善. 得非幸乎.

十八日. 詣禮部. 是日陰. 辦事吏王玠. 持牌子來叫臣. 其牌書仰喚朝鮮
漂海夷官崔溥. 火速赴司毋違云云. 臣從王玠. 過南薰鋪. 至文德坊. 城
之正陽門內. 建大明門. 門之左爲文德坊. 右爲武功坊. 正陽三層. 大明
二層也. 行至禮部. 主客司郞中李魁主事金福王雲鳳等. 承尙書周洪謨左
侍郞倪右侍郞張之命. 謂臣曰. 明早引入朝. 給賞衣服. 可易吉服. 事畢
便打發回去. 臣對曰. 我漂海時. 不勝風浪. 盡撒行李. 僅守此喪服來. 無
他吉服. 且我當喪卽吉. 恐不合於禮. 且以喪服入朝. 義又不可. 請大人
斟酌禮制. 更示何如. 李郞中將臣言歷議. 良久. 使吏鄭春謂臣曰. 明早
受賞時. 無展禮節次. 可令你從吏代受. 明後日謝恩時. 你親拜皇帝. 不
可不參云云. 臣還玉河館. 夕. 孫錦又以粟二斗醬瓜一器來饋之. 有一人
驅群羊. 過玉河館門而去. 其一羊有四角. 二羊毛長垂地.

十九日. 受賞賜. 是日陰. 禮部吏鄭春王敏王玠等來叫臣之手下程保等
四十餘人以歸. 臣獨留館. 程保等入闕庭. 受賞賜而來. 臣所受. 素紵絲衣
一套內紅段子圓領一件黑綠段子褶子一件靑段子褡䕶一件韡一雙毡[137]
襪一對綠綿布二匹. 程保以下四十二人. 胖襖各一件綿袴各一件 鞋各一
雙. 李翔討錢. 與市傍寫書求錢者寫狀. 報鴻臚寺云. 朝鮮國人崔溥等爲
賞賜事. 爲因漂海到於浙江. 解送到京. 今蒙欽賞衣服胖襖韡鞋等件. 合
赴鴻臚寺報名. 四月二十日. 早謝恩云云. 翔謂程保曰. 告你官. 明早以
吉服來謝皇帝之恩. 有徐序班者忘其名來點. 程保等具冠帶. 敎以肅拜節
次之儀. 徐雖號爲通事. 不善解我國之語. 臣令程保同把門者一人. 往尋
李翔之家. 告臣意曰. 親喪固所自盡也. 若服華盛之衣. 謂之非孝. 我亦

---

137) 氊의 이체자이다.

人子．其可輕釋喪服．處身於非孝之名乎．翔曰．今日我與禮部尙書大人已議之．當是時．親喪輕天恩重．拜謝之禮．不可廢也．夜四更時．分東長安門外．都要賞賜衣服來莫愳．夕．韃靼大寧衛男女十五人．自其國逃來．寓于西會同館．

二十日．謝恩于大內．是日陰．丑時．李翔自其家來謂臣曰．你今具冠服．入朝謝恩．不可緩也．臣指頭上喪冠曰．當此喪．衣夫錦戴紗帽．於心安乎．翔曰．你在殯側．則爾父爲重．今在于此．知有皇帝而已．皇帝有恩．若不往謝．大失人臣之禮．故我中國禮制．宰相遇喪．皇帝遣人致賻．則雖在初喪．必具吉服．馳入闕拜謝．然後反喪服．蓋以皇恩不可不謝．謝之則必於闕內．闕內不可以衰麻入．此嫂溺援手之權也．你今從吉．事勢然也．臣曰．昨日受賞之時．我不親受．今謝恩之時．亦令從吏以下往拜若何．翔曰．受之之時．無拜禮節次．雖代受可也．今則禮部鴻臚寺．俱議碧謝恩事．已入奏云．朝鮮夷官崔溥等云云．你爲爾等之班首．其可安然退坐乎．臣不得已率程保等．從李翔步至長安門．猶不忍穿吉服．李翔親脫臣喪冠．加以紗帽曰．若國家有事．則有起復之制．汝今自此門．吉服而入．行謝禮畢．復出此門時．還服喪衣．只在頃刻間耳．不可執一無權也．時皇城外門已啓鑰．常參朝官．魚貫而入．臣迫於事勢．服吉服入闕．過一層門二層二大門而入．則又有二層大門．乃午門也．軍威嚴整．燈燭輝煌．李翔坐臣於中庭．有頃．擊鼓於午門之左訖．撞鍾於午門之右訖．三虹門洞開．門各有二大象守之．其形甚奇偉．昧爽．朝官以次列班於門前．李翔引臣齒於朝班．又引程保等別作一隊．序於國子監生員之後．五拜三叩頭後．出自端門．又出承天之門．門在大明門之內．又東出長安左門．復穿喪服．過長安街．還于玉河館．李孝枝許尙理權山等．皆帶賞賜衣袴．來謁于臣曰．前此旌義人從李縣監遷．亦漂到于此．皇帝無賞賜之恩．今我等從行次來．特蒙此不意之賞．展拜於皇帝之前．得非幸歟．臣曰．夫豈偶然哉．賞者．賞有功也．汝等有何功於大國乎．漂死復甦．生還本國．皇帝之恩．亦已極矣．況又以汝賤陋．得入彤闈．受此賞

賜. 汝等其知之乎. 帝之撫我賞我. 都是我王畏天事大之德. 非汝等所自
致. 汝其勿忘我王之德. 勿輕帝賜. 勿壞勿失勿賣. 以爲他人之有. 使汝
子孫世守. 永爲寶藏也.

二十一日. 在玉河館. 是日陰. 有百戶張述祖來言曰. 我是左軍都督府
總兵老爹所差送你遼東者也. 兵部及會同館關文. 皆已出了. 二三日間.
你們都起程了. 袖出差箚付以示之. 其文曰. 左軍都督府. 爲海洋聲息事.
該經歷司案呈准兵部職方淸吏司手本. 奉本部連送該本部題. 該本司案
呈. 奉本部送於內府. 抄出鎭守浙江司設監太監張慶題前事. 轉行該府.
差官一員伴送. 沿途軍衛. 量撥軍夫. 防護至遼東. 聽鎭巡等官另差通事
人員. 送至朝鮮地界. 令其自行回還. 緣係處置遭風外夷歸國. 及奉欽依.
該部知道事理. 未敢擅便. 弘治元年四月初一日. 太子太保本部尙書余子
俊等具題. 次日奉聖旨. 是. 欽此欽遵. 擬合通行除外. 仰行該府經歷司
呈府. 照依本部奏奉欽依內事理. 欽遵. 差委的當官一員伴送. 仍行鎭守
遼東太監韋朗總兵官緱謙并沿途軍衛衙門. 一體欽遵施行. 連送到司. 合
用手本. 前去左軍都督府經歷司呈府. 依文施行. 手本案呈到府. 擬合通
行. 除備由連人移咨外合箚. 仰本職卽將夷人崔溥等. 用心防護. 伴送前
去遼東鎭守總兵官緱謙處交割. 另差通事人員伴去人. 毋致疏延不便. 須
至箚付者.

二十二日. 在玉河館. 是日晴. 臣自是月初五日. 得疾首之證. 十七日向
愈. 至是日卒得心痛. 胸膈相戾. 手足不仁. 冷氣遍身. 喘息危在喉咽間.
程保金重孫孝子高伊福等呪之無效. 帶率人等. 罔知攸措. 李楨莫金在傍
哭泣. 有一人不知姓名. 頗知醫病. 見臣危殆. 以大針針臣十指端. 黑血
迸湧. 其人曰. 殆哉殆哉. 金重程保奔告于禮部主客司. 會同館之報. 又
至禮部. 卽差太[138]醫院士朱旻. 來救臣病. 旻胗臣脈曰. 此證本緣七情所

---

138) 규장각본 및 장서각본 모두 大로 표기되었으나 太의 잘못이다.

傷．重之以感寒．因得此疾．用心調理．程保問曰．治以何藥．旻曰．用香火大氣湯治之．旻疾走大醫院．賫藥來．乃加減七氣湯也．手自調煎以飲臣．旻告去．夜二更．臣嘔所飲之藥．

二十三日．在玉河館．天陰而雷．詰朝．朱旻又來點臣脈曰．昨日看得三遲二敗之脈．今日脈氣有回生之理．專要調治．又煎人蔘養胃湯以飲之．臣服藥以後．體漸平和．向夕．李恕張述祖偕來謂臣曰．明早你輩還國．今你病不好．可於二十六日起程何如．臣曰．我奔初喪．漂寄他國．情理甚切．一日之過．實同三秋．昨者病．今日小愈．車上臥在．可以去矣．請行．述祖曰．然則我詣順天府遞運所．討車輛驢馬來．我大明太祖高皇帝定都于南京．南京．卽金陵．六朝帝王所都之地．太宗文皇帝遷都于北平府．爲北京．然南京之治．亦自若也．南京畿內應天府等十八府．有所屬州縣．北京畿內有順天府等十一府．亦有所屬州縣．兩京畿府州縣．直隷六部．又分天下爲十三布政司．曰山西．山東河南陝西浙江江西湖廣四川福建廣東廣西雲南貴州．以統諸府州縣．又錯置都司衛所以防禦之．府一百四十九．州二百十八．縣一千一百有五．又有宣慰招討宣撫安撫等司．京城．卽元之大都城也．永樂間．增廣修築．城門有九．其南正陽．正陽之右爲宣武．左爲崇文．其東東直朝陽．其西西直阜成．其北安定德勝．城之中又有皇城．皇城之中．有西苑太液池瓊華島萬歲山社稷壇太廟．皇城之長安左門南．宗人府吏部戶部禮部．以次而南．宗人府之後．兵部工部鴻臚寺欽天監太大院．亦以次而南．長安右門南．五軍都督府中左右前．亦以次而南．後府在中府之後．後府之南．行人司大[139]常寺通政使司錦衣衛．亦以次南．旗手衛在通政之後．刑部都察院大理寺．皆於貫城坊．以次而南．又翰林院在玉河之西．詹事府在玉河之東．國子監在安定門之內．光祿寺在東安門之內．大僕寺在萬寶之坊．又有五兵馬司府軍四衛羽林三衛金吾四衛虎賁左衛燕山三衛大興左衛武驤二衛騰驤二衛永淸二衛

---

139) 규장각본 및 장서각본 모두 大이나 太의 잘못이다.

武功三衛濟陽衛濟州衛彭城衛四夷會同之館及順天府大興宛平兩縣之
治. 元世祖文天祥玉皇等廟. 俱在城中. 天壽山在北一百里. 卽皇都鎭山.
山下有永安城. 城內有長陵獻陵景陵三衛. 今大行成化皇帝葬于此. 西山
金山覺山泉山仰山香山盧師平坡韓家雙泉棋盤翠鳳潭柘玉泉五華諸山.
俱在城西北三十餘里間. 巉屼磅礴. 拱向皇都. 以固億萬年之基. 玉河源
出玉泉山. 經皇城大內中. 出都城東南爲大通河. 至高麗庄. 與桑乾河俱
入白河. 海子有二. 一在皇城西三四里. 諸山之水皆匯焉. 一在城南. 卽
域養禽獸之所. 其他有樓若披雲閣若中心館若永平亭若匏瓜玉泉南野之
類. 不可枚數. 北京. 卽虞之幽州之地. 周爲燕薊之分. 自後魏以來. 習成
胡俗. 厥後遼爲南京. 金爲中都. 元亦爲大都. 夷狄之君. 相繼建都. 其民
風土俗. 皆襲胡風. 今大明一洗舊染之汚. 使左袵之區. 爲衣冠之俗. 朝廷
文物之盛. 有可觀焉. 然其閭閻之間. 尙道佛不尙儒. 業商賈不業農. 衣服
短窄. 男女同制. 飮食腥穢. 尊卑同[140]器. 餘風未殄. 是可恨者. 且[141]其
山童. 其川汙. 其地沙土楊起. 塵埃漲天. 五穀不豐. 其間人物之夥. 樓臺
之盛市肆之富. 恐不及於蘇杭. 其城中之所需. 皆自南京及蘇杭而來. 朝
廷視臣等以漂海夷人. 令把門館夫劉顯等直臣等. 非奉上司明文禀帖呼
喚. 不許擅自出館. 亦不許容放. 牙行及無籍之徒. 入館串引交通. 故劉
顯嚴加防制. 且無通事. 就與盲聾同類. 故凡朝廷有事. 不得聞而知之.

二十四日. 自會同館發程. 是日晴. 百戶張述祖與其子仲英. 討車三輛
於順天府遞運所而來. 臣則騎馬. 從者或坐車. 或乘驢. 從玉河橋. 出自
崇文門. 復過通州新舊城. 至潞河驛. 驛吏李鳳煎茶來饋.

二十五日. 陰. 過白河. 河以久旱水淺. 略設土橋. 又過火燒屯照里鋪煙
角集馬義坡夏店鋪柳河屯. 至夏店驛. 所過曠野中. 有童山在路之北十餘

---

140) 장서각본에 의거하여 冂을 同으로 수정했다.
141) 장서각본에는 目으로 표기되었다.

里外. 望之如土皁然. 上有昊天塔. 卽通州之孤山也. 通州在平野. 無高山. 只有此山而已. 又過白浮圖鋪東關遞運所. 入三河縣城南門. 過進士門. 至大[142]僕分寺. 縣在七渡鮑丘臨沟[143]三河之中故名. 城中有縣治及興州後屯營州後屯等衛. 縣之北十五里間. 有靈山古城山. 其西北有兔兒山駝山等山.

二十六日. 陰. 淸早. 三河知縣姓吳縣丞姓范主簿姓楊. 俱失其名. 以飯米一盤肉一斤酒一瓶菜一盤來問慰. 復出自南門. 至草橋店. 店之東有臨沟[144]河. 積草爲橋. 又過煙屯鋪石碑店東嶺鋪. 至公樂驛.

二十七日. 至漁陽驛. 遇謝恩使臣. 是日陰. 夜大雨. 過白澗鋪二十里鋪十里鋪. 至漁陽驛. 驛在薊州城南五里許. 驛之南有南關遞運所. 驛丞. 乃曹鵬也. 薊州. 卽秦漢漁陽郡. 唐安祿山叛據之後. 取古薊門關以名. 盤龍山在西北. 崆峒山在東北. 城中有州治及薊州衛鎭朔衛營州右屯衛治所. 治西北隅有張堪廟. 堪爲漁陽太守時. 敎民種植. 童謠云麥秀兩岐云云. 有去思. 立廟如新. 臣等欲起程時. 有一人馳報云. 朝鮮國使臣來. 臣語諸張述祖曰. 我本國使臣來在一刻間. 若於路上相逢. 則不過一揖而過. 我姑留待. 以認本國家山之事. 述祖曰. 諾. 日晡. 謝恩使知中樞成健書狀官尹璋及崔自俊禹雄成仲溫金孟敬張佑奇韓忠常韓謹吳近位金敬熙權熙止成後生李義山朴琔鄭興祖等. 來寓驛中. 臣詣謂使臣于中庭. 使臣下階. 亦俯伏語臣曰. 上體平安. 國家無事. 爾家鄕亦無恙. 上聞爾漂海無歸處. 啓下禮曹. 令各道觀察使通諭沿海各官. 不輕搜覓. 急速啓聞. 且於對馬島及日本諸島. 使送人書契修答時. 右辭緣幷錄通諭. 右承旨慶俊次知啓依允. 聖恩何可量哉. 臣拜伏退舍. 謂金重等曰. 我等. 小民也. 如螻蛄蟻之生死於天地中. 生不爲天地之益. 死不爲天地之損. 豈意聖念

---

142) 규장각본 및 장서각본 모두 大이나 太의 잘못이다.
143) 규장각본 및 장서각본 모두 洵이나 洵의 잘못이다.
144) 규장각본 및 장서각본 모두 洵이나 洵의 잘못이다.

及於小民若此若此．聖念若此．我等所以萬死得一生也．金重等亦感泣．
少選．書狀官與崔自俊．偕到于臣所寓．備語鄕國邇來之事．因曰．初聞
漂沒之報．人皆以汝死爲歎．成希顔獨大言曰．我心以爲崔溥不死海．早
晚必生還云云．及今相遇．果驗其言．當昏．使臣邀臣同坐．饋臣以晚飯．
下及陪吏．臣謝曰．小人罪逆深重．不自死滅．禍延先人．未及擗踊于殯
側．反爲颶母所驅．五內分崩．無復望生．幸到閩東．行過六千餘里間．亦
顧眄無親．語音不曉．悲辛艱楚．欲訴誰因．今遇令公．如見父母．使臣
曰．我初於東八岾．遇安令公之行．聞爾生到浙江等處．喜氣欲顚．今日
邂逅．顧非幸歟．又曰．我之此行．有養馬者中途斃死．跋跂萬里．俱生實
難．爾帶去人亦有死者否．臣曰．凡我四十三人．幸得不死．與之偕來．使
臣曰．天實生之．天實生之．非徒生之．實由上德．是可喜也．臣又承使臣
之問．略陳漂寓之故．所過滄溟之險．山川之勝跡．風俗之有異．使臣曰．
我行過此等地．獨以爲壯觀．爾之眼界．難爲水也．

二十八日．朝雨而陰．使臣叫臣至前．又饋早飯．因贈以口粮十豆斗笠帽
二事扇十把理中二十九及諸般饌物．又叫伴送臣等之百戶．語曰．你送我
國人．善自護恤．嘉喜嘉喜．贈以笠帽扇子等物．又分帽扇于臣之陪吏等．
書狀官亦饋臣以夏衣一領布韈[145]一雙．崔自俊禹雄．亦各以扇二柄爲行
贐．使臣又犒臣之從者以酒肉．各有差．因謂臣曰．日漸熏熱．路猶阻長．
少不調護．疾病纏身．努力加餐．好還本國．以孝慈闈云云．時有李楨醉
感使臣所饋．突入前．極陳在海浮沈之苦．臣卽告辭而別．過永濟橋．橋
跨龍池河．一名漁水．流入白龍港．諺傳此橋．乃安祿山所築也．又過泰
山東岳廟五里店八里鋪別山里石河鋪枯樹里．至陽樊驛．

二十九日．過玉田縣．遇天使於道上．是日晴．過扣諭鋪．至采亭橋．橋
跨藍水河．馳至玉田縣．由藍田門入城．至藍田遞運所．小泉徐無等山．

---

145) 장서각본에는 襪로 되어 있다.

俱在東北二三十里間．燕山在西北．距城二十餘里．卽蘇轍詩所謂燕山如長蛇．千里限夷漢者也．臣問諸張述祖曰．傳聞此地乃漢右北平之地．李廣射虎沒羽之石．在何方．述祖曰．距此東北三十里．有無終山．山下有無終國舊基及北平城遺址．城卽李廣出獵遇石之處．山上又有燕昭王之塚．臣等又過孝子李茂旌門．出城東門．門卽興州左屯衛之門也．行過韓家莊二里許．遇有二官人乘轎而至．有節鉞鑣牌．前導者呵曰．下馬．臣卽下馬．二官人呼臣來前曰．你是何許人．臣未及對．上官人令臣寫其手掌．有張仲英奄至．備陳臣之姓名及遭風漂還之事．上官人顧謂臣曰．你國人已知你生到中國云云．臣謝揖而退．問其官人爲誰．仲英曰．前去者．乃翰林學士董越．後者．乃給事中王敞．前月間奉皇帝勑．往頒你國．今是回還之時也．又過兩家店沙流河鋪．至永濟驛．

三十日．過豐潤縣．是日陰．早發行至浭水．一名還鄉河．下流入梁河．諺傳唐太宗征遼還時所名．又過登雲門．至豐潤縣城西門．門之重城內．有火神廟．入其城．過武安王廟騰霄門繡衣門．復出城東門．門之楣．刻書興州前屯衛．門外有在城總鋪．鋪之東有東關遞運所．所有官員姓名田能也．鬚眉皓白．頗示款待之意．詰藏鶻吏鄭文宗．速討車輛．以送臣等．文宗咈然怒．撥田能之鬚．其大無官衙上下之節類如此．縣有鴉鶻靈應二山在西北．陳宮山在北．崖兒口山在東北．馬頭明月腰帶三山在東．唯鴉鶻近城．臣等又過林城鋪．至義豐驛．

五月

五月初一日．陰．曉至灤州地方．中國以灤州爲商之孤竹國．我國李詹以海州爲孤竹國．二說不同．未知孰是．又過鐵城鋪狼窩鋪杏兒峴榛子鎭忙牛橋店佃子里鋪．至遷安縣地方新店遞運所．其東卽柒家嶺驛．驛之東北三十里外．望有都山蟒山團山黃臺龍泉晒甲等山．都山尤高峻特秀．

初二日. 至永平府城南. 是日晴. 過沙河至灤河. 其間所過. 有沙窩色山赤峯白佛院石梯子等鋪. 灤河源自口北開平而來. 北方諸山之水. 合流爲一. 下流爲定流河. 入于海. 臣等舟渡行七八里. 又渡漆河. 河與肥如河[146]合流. 繞永平府城西南. 流入灤河. 故又名護城河. 伯夷叔齊廟. 在河之岸上. 行二里. 過迎恩世英冠英尙義等門. 至灤河驛. 驛北二里有城. 城上列建成樓. 其一乃望高樓也. 城中有府治及盧龍縣永平衛盧龍衛東勝左衛治所. 府卽金之南京. 盧龍. 卽古[147]肥子國. 所謂盧龍塞外者也. 有龍山洞山雙子周王馬鞍陽山灰山筆架諸山. 聯綿回抱. 亦一形勝之地. 驛之南皐有景致. 其上有寺. 驛丞白思敬曰. 此開元寺也. 時有錦衣衛官人. 拿的强盜來驛後廳.

初三日. 在灤河驛. 是日晴. 張述祖令其子仲英還于北京. 仲英誤懷兵部交付臣等于廣寧太監之關文而去. 述祖使人追之. 日暮乃返. 故不得已而留. 夜大雷電以雨.

初四日. 至撫寧衛. 是日晴. 過東關遞運所. 至驢槽河. 河之北岸. 有大石如槽. 號爲石槽. 諺傳唐張果飼驢之器. 又過國家鋪十八里鋪雙望鋪儀院嶺鋪蘆峯口鋪藻芀[148]鋪. 至陽河. 河源出列陀山. 經撫寧縣城西八里許. 又過民壯敎場門. 入撫寧縣城西門. 過關王廟. 寓于撫寧衛. 塊耳鏵子大崇連峯諸山. 圍城之南北. 治西有西關遞運所.

初五日. 過楡關驛. 是日晴. 過靑雲得路門. 出城東門. 過興山鋪背時鋪. 至楡關店. 店舊爲關. 今移爲山海關. 店之東有渝河. 河之上有臨渝山. 隋開皇中伐高句麗時. 漢王諒帥兵出楡關者. 卽此地也. 又過楡關驛牛山鋪而行. 路西北有海陽古城. 城之北有列陀山. 山高聳爲諸山之雄.

---

146) 규장각본 및 장서각본 모두 何라고 되었으나 河의 잘못이다.
147) 장서각본에 의거하여 占을 古로 수정했다.
148) 이재호는 녹궁포로 읽었다.

又過張果[149]老河. 至娘子河. 日已薄暮. 河邊有人居三四屋. 借器做飯. 又過十餘里. 停車于名不知路街.

初六日. 晴. 行至石河. 南有五花城. 乃唐太宗征高句麗時薛仁貴所築也. 至遷安驛. 驛在山海[150]衛城西門外. 城之東南. 有孤山臨海濱. 城北有角山屹立. 山海關當其中北負山. 南帶海. 相距十餘里間. 爲夷夏要險之地. 秦將蒙恬所築長城. 跨出于角山之腹. 迤迆爲衛之東城. 以達于海. 有東門遞運所在城中.

初七日. 過山海關. 是日晴. 由調橋入山海衛城西門. 至儒學門. 問所謂味甘之雙文井. 人皆以雙峯答之. 過步雲門給事坊[151]亞元門靈[152]應廟. 至東北第一關. 卽所謂山海關也. 關之東有鎭東公館. 有兵部主事官一員. 率軍吏常川坐館. 東西行人. 皆譏察是非以出入之. 雖汲婦樵童. 亦皆給牌以表驗. 張述祖列寫臣等姓名. 告主事官. 主事官一一呼名姓點之. 然後乃出. 出自關東城門. 門之上建東關樓. 門外有東關橋. 跨海子關. 外有望鄕臺望夫臺. 諺傳望夫臺. 卽秦築城時. 孟姜女尋夫之處. 又過東遼一鋪鎭遠鋪. 鋪之東一里有小河. 不記其名. 又過中前千戶所城. 城轄子廣寧之前屯衛也. 城東又有小河. 過至高嶺驛. 驛有城. 自此以後. 驛皆築城. 遞運所同在一城中.

初八日. 過前屯衛. 是日陰. 高嶺驛人. 頑悍暴橫之無甚者. 臣之軍人文廻者催驢時. 驛人以杖杖文廻之頭顱迸血. 張述祖與臣等行至前屯衛. 遡于衛. 管軍都指揮晟銘. 卽差人拿其驛人. 臣等至衛. 將近城. 城西二里有石子河. 由城南門而入. 過迎恩承恩治政永安等門. 至衛館. 指揮楊相

---

149) 규장각본 및 장서각본 모두 古로 표기했으나 果의 잘못이다.
150) 장서각본에 의거하여 河를 海로 수정했다.
151) 규장각본 및 장서각본 모두 方으로 표기했으나 坊의 잘못이다.
152) 장서각본에 의거하여 靈으로 표기했다.

來暫話. 容貌魁偉者. 又出城東崇禮門而行. 前屯衛城. 卽舊大寧路瑞州之地. 有大山西連山海關而來鎭于衛之東北. 卽三山. 俗謂之三山頂. 又過東嶽廟. 至沙河驛. 城西所過小水. 卽沙河也.

初九日. 晴. 過張公墓雙墩鋪王公墓. 至前屯衛之中後千戶所城. 由南門而入. 門卽瑞寧門也. 至所館. 與千戶劉淸話別. 復出自城東慶春門. 而行至東關驛. 是日所渡河有三. 曰十子狗兒六州等. 河北有殷惡山.

初十日. 晴. 過曲尺河鋪大沙河. 至寧遠衛之中右千戶所城. 由南薰門而入. 過武安王廟. 至所館. 城之北. 望有甲山羊角山. 復出自永和門. 過小沙河而行. 路東南有燒鹽場城海浦. 環抱于城之東北. 馳至曹莊驛城.

十一日. 過寧遠衛. 是日晴. 大風. 自曹莊驛至寧遠衛城. 城南又築長垣. 垣南乃講武場. 女兒河來繞城東北而西而南注之. 城之西有鐵冒山. 北有立山虹螺山. 南有靑粮山. 虹螺三疊獨秀起. 臣等由城南門而入. 過迎恩進士崇敬等門. 至迎恩街. 街中作二層樓. 樓西懷遠門. 北靖邊門. 東景陽門. 又馳至衛館少歇. 城中又有左右中前後五所. 臣等從春和門出城東. 城東四里許. 有聖塘溫泉. 張述祖引臣至. 則果有溫湯三井. 建浴室. 又過桑樹鋪. 至連山驛. 驛之南有胡蘆套. 西有三首山. 北有寨兒山. 驛之得名以此.

十二日. 晴. 行過五里河. 至塔山所城. 所卽寧遠衛之中左千戶所也. 由城南門而入. 門卽海寧門也. 過進士門. 至所館. 又由城東門而出. 至杏山驛. 驛東有杏兒山故名. 北又有長嶺山.

十三日. 陰. 行至中屯衛之中左千戶所城. 由靖安門而入. 從定遠門而出. 至凌河驛. 驛北有占茂山.

十四日．晴．驛之城東．有小凌河．渡河過荊山鋪．至左屯衛之中左千戶城．由海寧門而入．從臨河門而出．城西有紫荊山．北有逍遙寺．城之東七八里外．又有大凌河．兩河相距可四十餘里．興安鋪東岳廟．臨河之東岸．河之東北六七里間．有白沙場．沙窩鋪當其中．白沙隨風簸揚．填塞鋪城．城之不沒於沙僅一二尺．到十三山驛．城東有十三山．以有十三峯故名[153]．驛亦因山得名．北又有小昆侖熊奉諸山．有官人乘馹而至．行囊有物大如瓢．其中有酒．劈然後可飲．張述祖謂臣曰．此果乃椰子酒也．嶺南多產．人或飲此爲生產者．此則乃廣東布政司進獻至尊．至尊又賞廣寧太監的．

十五日．晴．過山後鋪榆林鋪．到閭陽驛．有山自十三山之北．橫亘東走．過此驛之北．以抵于廣寧衛之北而東．其中有龍王保住望海分水望城崗祿河等諸峯．通謂之醫巫閭山．此驛正當其陽．故名閭陽．嘗聞出榆關以東．南濱海．北限大山．盡皆粗惡不毛．主山峭拔．摩空蒼翠．乃醫巫閭．正謂此也．

十六日．至廣寧驛．遇聖節使臣．是日晴．過四塔鋪．又過二鋪及接宮亭．至廣寧衛城．由城西迎恩門而入．過進士坊．至廣寧驛．聖節使參判蔡壽質正官金學起書狀官鄭而得及閔琳蔡年朴明善庚思達吳誠文張良李郁李塾李亨良洪孝誠鄭殷申繼孫辛自剛[154]尹仲連金從孫金春等．馳至驛中．書狀質正先入臣所寓．略語鄉國之音．臣往拜于使臣．使臣引臣上座曰．不意今日得相見於此．漂汝活汝．天實使之．到泊中國界．是乃得生之地．因問臣以所歷山川形勝人物繁夥．臣略陳之．使臣亦語浙江以南江山地方．如語曾經之地．謂臣曰．我國人物．親見大江以南者．近古所無．汝獨歷覽若此．豈非幸乎．臣辭退．夕．使臣又使人問曰．汝漂寄他國．行

---

153) 규장각본 및 장서각본 모두 吝으로 표기했으나 名의 잘못이다.
154) 규장각본에는 問으로 표기했으나 剛의 잘못이다.

李粮饌. 必有缺乏. 缺乏何物. 我其補之. 臣曰. 我則重蒙皇帝厚恩. 生到于此. 過此後不數日間. 馳至本國. 令公之行. 必過七月乃還. 則客中有物. 亦有限量. 不可輕與人. 敢辭. 使臣招臣之從者. 以米二㪷藿二束贈之曰. 喪中作客. 無物可食. 故以饋之. 夜乘月. 使臣坐中庭. 邀臣至前. 設酌以慰.

十七日. 在廣寧驛. 是日晴. 使臣與書狀質正. 俱到臣所寓. 良久話別. 夕. 鎭守太監韋朗都御史徐鏽都司大人胡忠總兵官緱謙參將崔勝同議. 以臣等漂死復生. 情可矜憐. 令驛官百戶柳源將全猪一頭黃酒四盆稻米一㪷粟米二斛來慰. 臣分諸陪吏軍人等. 以飲食之.

十八日. 在廣寧驛. 是日陰. 張述祖告別向北京. 謂臣曰. 隨路千有餘里. 情志有甚戀慕. 我年已耳順. 脚力且衰. 豈復與足下相再見乎. 第念足下若得志於本國. 則他日必有進貢朝天之時. 我家在順城門內石駙馬家前對門. 其記今日之情. 可賜一問否. 因解襯衣. 贈吳山. 蓋述祖在途. 嘗以吳山爲手足故也. 參將崔勝令金玉邀臣等. 玉遼東人也. 頗解我國語. 臣令程保等從玉以往. 勝大設酒饌甚盛以饋.

十九日. 在廣寧驛. 是日雨. 太監總兵官都御史都司參將等. 令柳源及驛寫字王禮等. 載衣服帽鞾等件來驛. 分給臣及從者. 臣所受. 生福靑圓領一件白夏布擺[155]一件白三梭布衫一件大毡帽一項小衣一件白鹿皮鞾一雙毡襪一雙. 程保以下四十二人. 每人白三梭布衫各一件小衣各一件毛占帽各一項鞾各一雙毡襪各一雙. 又犒以全猪一頭酒二盆. 源謂臣曰. 三堂老爹說你回國固[156]. 以今日所受之物. 俱要啓于國王前云云. 夕. 程保示四十餘人羅跪臣前曰. 自古漂流. 舡雖或不敗. 或渴水. 或陷海. 或病

---

155) 규장각본 및 장서각본 모두 欐로 표기했다.
156) 장서각본에 의거하여 固를 國으로 수정했다.

死. 死者十居其半. 令我等屢經患難. 俱無死傷. 此一幸也. 漂到他國者. 或致邊將所疑. 或緪縛. 或拘囚. 或鞭撻. 隨之以鞫問按驗之. 今我等一無被拘困苦. 到處皆敬待. 飽以餐飯. 此二幸也. 前此旌義人從李縣監而漂死者頗多. 拘攣亦甚. 到皇都. 無賞賜. 飢渴困苦. 僅得生還. 今我等到皇都. 皇帝有賞賜. 到廣寧. 鎭守三司賜衣裳帽鞾. 軍人空手而來. 重負而還. 此三幸也. 凡此三幸. 莫知其所由致也. 臣曰. 此皆由我聖上仁以撫衆. 誠以事大之德也.

二十日. 陰. 大風. 過察院普慈寺. 出城東門. 卽泰安門也. 又過鍾秀橋泉水平甸潮溝等鋪. 至盤山驛. 有指揮楊俊來待饋以茶. 驛城北望有黑山岐山蛇山. 山皆醫巫閭之東支也.

二十一日. 晴而風. 過要站鋪. 至高平驛. 過淸泉鋪新河橋通河橋通河鋪. 至沙嶺驛.

二十二日. 晴而風. 過高墩鋪. 至新關門. 有長土城. 北附長城而南. 關門正當其中. 卽成化年間所新築也. 又過大臺三官廟河灣鋪. 至三汊河. 河卽遼河也. 源自開原. 東北經鐵嶺. 至此與渾河泰子河合流爲一. 故名三汊. 蓋遼地瀕海而高亢. 支河皆逆流. 故泰子渾河皆自東而西. 又有境外支河. 皆自北而南. 曲折縈廻. 俱會于此. 作浮橋橫截河流. 又挽舟而渡. 號爲遼河渡. 有一官人坐于河岸小廳. 以譏察往來行人. 其南有聖母孃孃廟. 又過臨河橋. 到牛家莊驛. 又過石井鋪沙河在城鋪. 至在城驛. 驛在海州衛之城西門外. 故名衛. 亦巨[157]鎭也. 東有西牟城山.

二十三日. 至遼陽驛. 是日陰而雷. 自驛傍衛城而西而北而東. 過遞運所土河鋪甘泉鋪關王廟. 至鞍山驛. 驛之東有遼高山. 西有遼下山. 又過

---

157) 장서각본에 의거하여 臣을 巨로 수정했다.

武安王廟長占鋪. 至沙河鋪. 有二水俱帶于鋪之東西. 名皆沙河. 蓋自通
州以來. 地多沙土. 故水以沙河得名者多. 又過首山鋪. 至遞運所城. 城
卽八里莊也. 過接官亭. 至遼陽在城驛. 驛在遼東城西.

二十四日. 晴. 有僧戒勉者能通我國語音. 謂臣曰. 僧系本朝鮮人. 僧祖
父逃來于此. 今已三世矣. 此方地近本國界. 故本國人來住者甚夥. 中國
人最怯懦無勇. 若遇賊. 皆投戈奔竄. 且無善射者. 必抄本國人向化者.
以謂精兵. 以爲先鋒. 我本國一人. 可以當中國人什百矣. 此方卽古我高
句麗之都. 奪屬中國千有餘載. 我高句麗流風遺俗. 猶有未殄. 立高麗祠
以爲根本. 敬祀不怠. 不忘本也. 嘗聞鳥飛返故鄕. 狐死必首丘. 我等亦
欲返本國以居. 但恐本國反以我等爲中國人. 刷還中國. 則我等必服逃奔
之罪. 身首異處. 故心欲往而足趑趄耳. 臣曰. 汝以淸淨之流. 宜在深山
之中. 何爲僧冠俗行. 出入於閭閻之中乎. 勉曰. 僧入山中久矣. 今爲官
吏所招來. 臣曰. 招以何事. 勉曰. 大行皇帝尊崇佛法. 臣[158]刹半於天下.
方袍多於編戶. 僧等安臥飽食. 以修釋行. 新皇帝自爲東宮. 素惡僧徒.
及卽位. 大有蠲去之志. 今則下詔天下. 凡新設寺庵. 竝令撤去. 無度牒
僧刷令還俗之令. 急於星火. 故三堂老爹令吏招僧. 自今日壞寺長髮云
云. 僧徒顧安所容一身乎. 臣曰. 此乃撤寺刹爲民舍. 毁銅佛爲器皿. 髡
髦首充軍伍之漸. 乃知大聖人之所爲. 出於尋常萬萬也. 汝徒嘗祝釐曰.
皇帝陛下萬萬歲. 汝之祝釐如是. 大行皇帝之崇佛如是. 寺刹僧佛之盛又
如是. 大行皇帝壽未中身. 八音遽遏. 汝之祝釐之勤. 安在哉. 言未旣. 勉
辭謝而退.

二十五日. 晴. 通事千戶王憲百戶吳璽來語臣曰. 館夫不說你輩留此經
日. 故我等在家不知. 所以來看之晚也. 璽遂引程保金重等. 詣三堂大人
根前. 告以漂來首末. 三堂大人. 卽都指揮使鄧玉分守總兵官韓斌布政司

---

158) 장서각본에 의거하여 臣을 臣로 수정했다.

副使吳玉巡按監察御史陳琳等也．夕．指揮使令吏將黃酒三盆全猪一頭稻米一㪷粟米一斛．來犒臣等．

二十六日．晴．王憲復來曰．貴國及海西毛憐建州等衛．皆路經于此．貴國使臣往來．接待唯我與吳二人耳．我今年老畏暑．故總兵官差璽伴送你．璽亦好人．你可好還本國．可勿憂也．大抵道途之遠．客旅之中．四體不得息．寢食不以時．疾病易以纏．故不數月間．貴國使臣若韓瓚李世弼．相繼道死．其行道若是其難也．今你則歷盡鯨濤鼉浪越南燕北．全其身全其從者而還．天所以置諸危而全之．措諸禍而福之．從可知矣．臣曰．我之保全而來．都是皇恩所賜．抑又我先人亡靈．必有陰佑之功故也．

二十七日．陰．吳璽來曰．總兵官差我以騎馬四十三匹馱載馬十五匹．送你等還國．其中一匹．乃我所騎也．你等行李．約有多少．臣曰．我四十三人．原有行李．合而載之．不滿一二馱．但受賞於皇帝之胖襖綿袴．皆冬節之衣．又有所受於廣寧衣韉等物耳．璽曰．行李少則行路可便矣．

二十八日．大雨．吳璽又來曰．今日治任將行．天雨雨奈何．臣曰．以我式遄之心．難過一刻之留．憂此雨者．我一人而已．今年大旱．自二月不雨．以至于今．幸而得雨．則其喜之者．人與萬物也．天實爲之．謂之何哉．璽曰．正是正是．〇遼東．卽舊我高句麗之都．爲唐高宗所滅．割屬中原．五代時爲渤澥大氏所有．後又爲遼金胡元所併．城中有都司察院布政司大僕分司閱馬司．又有左右中前後衛．自城西昇平橋．以至肅清迎恩澄清楊武威振四路等門．及進士門八座．以至高麗．市間民居．可謂繁夥．揆之江南．可與嘉興府相頡頏矣．但嘉興城外．市閭相接．遼東城外．雞鳴狗吠．不得相聞．海子路傍．塚土纍纍耳．城東又別築東寧衛城．首山千山木場駱駝太子杏花諸山．環拱于城之西南東．其北則平曠無垠之野．

二十九日．自遼東登程．是日晴．吳璽與千戶田福偕至驛．引臣等行．

五月 623

出驛城東門外.不一里.乃遼東城也.兩城間有關王廟.行過兀良哈館泰和門安定門.至我朝鮮館.館前立標.扁畏天保國四字.又過石河兒.入高麗洞.過大石門嶺小石門嶺.兩嶺間有王都督墓.又過柳河兒湯河兒頭巾站狼子山.至顯得寨里而歇.里有三四家.乘昏.里人偸去臣之帽匣.匣中藏紗帽囊佩及江南人所贈詩稿.程保告于𤩁.訊里人索之不得.𤩁謂臣曰.慢藏誨盜.尙誰咎乎.

六月

六月初一日.晴.日食.逾顯得嶺靑右嶺.二嶺間靑右塡路.又過甛水河兒.西南望有黑山高險.橡子洞有塔寺.東南踰高嶺.嶺巉岩盤曲.過泰子河.至連山關.守關千戶董文.邀臣及吳 田福房祥張勇沈榮.做飯以饋.福祥勇榮及王升馬惣[159]洪傑吳洗金淸周端等及百戶三十人軍人二百餘人館夫十人.皆遼東總兵官所差護送臣等者也.泝連山河而上.暮投白家莊民家.

初二日.晴.朝至分水嶺.自嶺以北.地勢北下.谿壑諸水.俱會于泰子河.西入于遼[160]河.自嶺以南之水.俱會于八渡河.嶺之得名以此.至通遠堡.堡有新舊城.龍峯山當其後.前有龍峯河.西南有德山.又其南有甑山.一名瓮北山.又過李海屯.里人曰.昨夜千戶馬惣[161]所管護送軍人.先到于此.有虎攬傷所乘馬.自昔無此患.故過此者皆山行野宿.今適有之.亦可畏也.過斜哨屯河.時水漲湍急暴下.軍人高福者蹉跌赴流.吳𤩁適浴.見其溺而援之.至李勝屯.

初三日.晴.過斜哨大嶺.至八渡河.以其八渡其水故名.或謂之半塗

---

159) 장서각본에는 摠으로 표기되었다.
160) 장서각본에는 連으로 표기되었다.
161) 장서각본에는 摠으로 표기되었다.

河. 以其自我朝鮮京城. 至中國北京. 此河正在其中界兩半故名. 又過長嶺兒薛里站白言嶺奴哥禿奴哥河兒奴哥嶺干河兒. 至鳳凰山東寧衛. 方才撥軍夫. 築城于此. 吳璽謂臣曰. 此城乃爲貴國使臣往來. 防道梗而築也. 過開州城王斌吉塔里餘溫者介河兒. 至寬得洛谷露宿焉. 谷之東有海靑山. 又名松鶻山.

初四日. 渡鴨綠江. 是日晴. 淸晨. 過湯山站名不記二小河. 至九連城. 城頹只有土築舊址162). 又謂婆娑堡. 堡前有江. 卽楓浦也. 又舟渡吾夜江. 二江同源而分. 復合爲一. 通謂之狄江. 又舟渡鴨綠江. 牧使遣軍官尹遷善. 慰臣于江邊. 薄暮. 又舟渡難子江. 二江亦以一而分. 下又合流. 夜三更. 馳入義州城. 城正當唐人野人等往來之衝. 城之制狹小頹殘. 城中里閈零落. 良可恨也. ○自牛頭外洋至桃渚所. 一百六十餘里. 自桃渚所至寧海縣. 四百餘里間. 俱是沿海僻地. 無館驛. 到越溪巡檢司. 始有鋪. 到寧海縣. 始見白嶠驛. 自白嶠過西店連山四明車廐姚江曹娥東關蓬萊錢淸西興. 至杭州府武林驛. 自桃渚所至此一千五百有餘里也. 又自武林過吳山長安皂林西水平望松陵姑蘇錫山毗陵雲陽. 至鎭江府京口驛. 自杭州至此一千有餘里也. 過楊子江. 至揚州府廣陵驛. 自此以後. 路分水陸. 水路則有邵伯盂城界首安平淮陰淸口桃源古城鍾吾直河下邳新安房村彭城夾溝泗亭沙河魯橋南城開河安山荊門崇武淸陽淸源渡口甲馬營梁家莊安德良店連窩新橋磚河乾寧流河奉新楊靑楊村河西和合. 至通州潞河水馬驛. 自揚州至此共三千三百有餘里也. 陸路則有大柳樹163)池河紅心濠梁王莊固鎭大店睢陽夾泲164)桃山黃澤利國滕陽界河邾城昌平新嘉新橋東原舊縣銅城茌山魚丘太165)平安德東光阜城樂城瀛海鄚城歸義汾水涿鹿. 至固節驛. 自揚州至此二千五百有餘里也. 水有紅舡. 陸有鋪

---

162) 장서각본에 의거하여 站을 址로 수정했다.
163) 규장각본 및 장서각본 모두 大柳라고 표기했으나 大柳樹의 잘못이다.
164) 溝로 표기하는 것이 맞다.
165) 규장각본 및 장서각본 모두 大로 표기했으나 太의 잘못이다.

馬. 凡往來使命. 貢獻商賈. 皆由水路. 若或回旱乾. 閘河水淺. 不能通船. 或[166]有火馳星報之事則由陸路. 蓋揚州府近南京. 只隔三驛. 且閩淛以南. 皆路經此府. 以達皇都. 故驛路甚大. 陸驛相距. 或六十里. 或七八十里. 水驛則自武林至吳山三十里. 自潞河至會同舘四十里. 皆水路中之陸路. 故相距近. 其他則或六七十里八九十里. 或過百里. 相距甚遠. 鋪之相距. 或十里. 或二三十里. 自揚州後. 水邊又設淺或六七里或十餘里以記里. 臣所經自牛頭外洋. 至桃渚所. 至杭州. 至北京會同舘. 大槩共六千有餘里. 自會同舘. 過潞河夏店公樂漁陽陽樊永濟義豐七家嶺灣河蘆峯口楡關遷安高嶺沙河東關曹家莊連山島杏兒小淩河十三山閭陽廣寧高平沙嶺牛家莊海州在城鞍山遼陽等驛. 至遼東城遼陽. 卽遼東在城驛. 驛相距或三四十里或五六十里. 共千七百有餘里. 山海關以內. 十里置煙臺. 以備烽火. 過關後. 又間五里置小墩. 立標以記里. 自遼東過頭官甜水通遠堡斜里開州湯站等站. 至鴨綠江. 又三百有餘里. 山海關以東. 又築長墙置堡子. 以防野人. 驛遞皆有城. 與防禦所一般. 又不設府州縣. 置衛所. 雖若驛遞之官. 皆以軍職塡之. 臣又傳聞. 自三叉[167]河. 又有一路過海州衛西木城綉岸城鴛拏河屯牢房林子屯獨塔里屯林江河屯蒲蘆葫屯. 至鴨綠江僅二百餘里. 亦是中大路. 路左有舊城基. 廢爲安市里. 諺傳拒唐兵處. 大明洪武間. 又築長墙以禦胡. 頭接秦長城迤東而來. 三叉[168]河以西. 不可詳也. 以東則北過長靜長寧長安長勝長勇長營靜遠上楡林十方寺等堡. 又東過平洛泊堡. 至潘陽城. 又北過蒲河懿路縣凡河鐵嶺衛腰站等城. 至開原城. 又過東撫順所城南. 至東州馬跟單淸河鹹場靉陽十叉口等堡. 至鴨綠江. 凡數十餘里回抱. 定遼左二十五衛巡城. 亦有路云云. 然未可的知. 奉化縣以南竝海濱. 多高山峻嶺. 奇岩亂石. 溪澗縈繞. 花卉明媚. 大江以南. 地多塗泥濺濔然. 天台四明會稽天目天平諸山. 錯綜橫亘乎其間. 淮河[169]以南. 地多湖浸. 泥淖沮洳. 以北則地多墳起. 漕

---

166) 장서각본에는 成으로 표기되었다.
167) 汊가 타당하다.
168) 장서각본에는 又로 표기되었다. 원래는 汊가 타당하다.

河跟岸. 高於平地. 決囓流移. 水陸變遷. 濟寧州之北. 有分水廟. 自廟以南. 水勢皆南下. 以北則皆北下. 武城縣以北. 地多泥沙. 若長蘆等處. 斥鹵多鹹. 卽禹貢海濱廣斥之地. 天津衛以北. 水勢又皆南下. 通至張家灣. 平沙無際. 隨風流轉. 至北京則天壽等諸山. 環拱于北. 其西支則通連太行王屋諸山. 以達于河南之境. 其東支則東走過三河薊州. 至玉田縣之北爲燕山. 又東過豐潤縣. 至榛子鎭. 又分爲二支. 其南支則東過灤州昌黎縣. 至碣石山. 直抵于海. 其北支則通連燕山之脈. 東過遷安永平. 至撫寧之東. 直抵于山海關. 關外又蜿蜒而東. 至廣寧衛之西北爲醫巫閭山. 自北京以至于此. 山皆童禿不毛. 其間大江. 以北大行. 以東燕山. 醫巫閭以南數千里間. 四野平衍. 東通大海. 延入于廣寧之東海州衛之西遼東之北爲大野. 卽所謂鶴野也. 海州衛之東. 始有鞍山. 縈紆而南爲千山. 自此以後. 群峯疊嶂. 如列戟圍屛. 東南抵于鴨綠江. 東入野人之境. 遼東之南. 有分水嶺. 自嶺以北. 則水勢皆北下. 以南則皆南下. 石門嶺以南. 山多林木茂密. 澗水澄碧. 自北京以至鴨綠江. 其間名爲河者. 都是小川. 皆雨漲旱乾. 唯灤河三叉河爲大. 其次若白河大小凌河泰子八渡等河也. 大江以南. 地多軟石. 陸則皆鑿石鋪路. 或橫截潟淖. 跨上山脊. 如寧海奉化縣等處爲多. 水則皆鍊石建虹門橋. 築堤捍江湖. 如吳江縣等處爲多. 淮河以北. 一無石橋. 或有造舟爲浮橋. 或有略設木橋者. 陸路則沙塵漲天. 自連山關以後. 鳥道如綖. 荒草四合. 蚊虻撲面. 行者甚苦. 自淮河以南. 地多水田沃饒. 稻粱爲賤. 徐州以北無水田. 遼東以東. 天又晚燠早寒. 五穀不盛. 唯黍生之. 在昔江淛福建以南漕運. 皆會于大江. 浮于海達于潞河. 以至于北京. 迨胡元順帝時. 始鑿運河. 築堤置閘. 以通漕轉. 至我永樂間. 決黃河注于淮. 導衛河通于白河. 大加修築. 水瀉則置堰壩以防之. 水淤則置堤塘以捍之. 水淺則置閘以貯之. 水急則置洪以逆之. 水會則置嘴以分之. 壩之制. 限二水. 內外兩傍. 石築作堰. 堰之上植二石柱. 柱上橫木如門. 橫木鑿一大孔. 又植木柱當橫木之孔. 可以

---

169) 장서각본에 의거하여 河를 海로 수정했다.

輪廻之. 柱間鑿亂孔. 又劈竹爲絢. 纏舟結於木柱. 以短木爭植亂孔以戾
之. 輓舟而上. 上壩逆而難. 下壩順而易. 閘之制. 兩岸築石堤. 中可容過
一船. 又以廣板. 塞其流以貯水. 板之多少. 隨水淺深. 又設木橋於堤上.
以通人往來. 又植二柱於木橋兩傍. 如壩之制. 船至則撤其橋. 以索繫之
柱. 句上廣板通其流. 然後榜舟以過. 舟過復塞之. 洪之制. 兩岸亦築石
堰. 堰上治捧路. 亦用竹纜以逆挽之. 挽一船. 人獒則百餘人. 牛則十餘
頭. 若壩若閘若洪. 皆有官員. 聚人獒牛隻以待船. 至堤塘與嘴皆石等.
亦或有木柵者. 浙江鎭守差楊旺. 送臣等于皇都. 限在四月初一日. 故楊
旺率臣等. 督行晝夜. 順風則懸帆. 逆風則櫓[170]舟. 水淺則撐舟. 水深則
棹舟. 驛支口粮. 遞運所換船. 凡使命及貢獻往來皆然. ○大抵百里之間.
尙且風殊俗異. 況乎天下風俗. 不可以一槩論之. 然其大槩. 以揚子一江
分南北. 而觀其人煙盛衰. 則江以南諸府城縣衛之中. 繁華壯麗. 言不可
悉. 至若鎭若巡檢司若千戶所若寨若驛若鋪若里若壩所在附近. 或三四
里或七八里或十餘里. 多或至二十餘里間. 閭閻撲地. 市肆夾路. 樓臺相
望. 軸艫接纜. 珠玉金銀寶貝之産. 稻梁鹽鐵魚蟹之富. 羔羊鵝鴨鷄豚驢
牛之畜. 松篁檜棕龍眼荔枝橘柚之物. 甲于天下. 古人以江南爲佳麗地者
以此. 江以北若揚州淮安及淮河以北若徐州濟寧臨淸. 繁華豐阜. 無異江
南. 臨淸爲尤盛. 其他若官府所治之城. 則亦間有富盛繁夥者. 若鎭若寨
若驛若鋪若里若集若嘴若廠若灣若塢若閘若嘴若遷之間. 人煙不甚繁盛.
里閈蕭條. 通州以東. 人煙漸少. 過山海關行百里. 僅得一里社. 不過二
三草屋. 唯羔羊鷄猪驢駱牛馬之畜. 籠絡原野. 楊柳桑棗之樹. 茂翳交柯.
八道河以南. 荒曠無人居. 其第宅則江南. 蓋以瓦. 鋪以甎. 階砌皆用鍊
石. 亦或有建石柱者. 皆宏壯華麗. 江北. 草屋矮小者殆居其半. 其服飾
則江南人皆穿寬大黑襦袴. 做以綾羅綃絹匹段者多. 或戴羊毛帽黑匹段
帽馬尾帽. 或以巾帕囊頭. 或無角黑巾. 有角黑巾. 官人紗帽. 喪者白布
巾. 或麤布巾. 或着韡. 或着皮鞋鞾鞵芒鞵. 又有以巾子纏脚. 以代襪者.

---

170) 장서각본에는 棹로 표기되었다.

婦女所服. 皆左衽. 首飾 則¹⁷¹⁾寧波府以南. 圓而長而大. 其端中約華飾. 以北. 圓而銳. 如牛角然. 或戴觀音冠. 飾以金玉. 照耀人目. 雖白髮老嫗. 皆垂耳環. 江北服飾. 大槩與江南一般. 但江北好着短窄白衣. 貧匱懸鶉者十居三四. 婦女首飾. 亦圓而尖. 如鷄喙然. 自滄洲以北. 女服之衽. 或左或右. 至通州以後. 皆右衽. 山海關以東. 其人皆麤鄙. 衣冠艸緼¹⁷²⁾縷. 海州遼東等處人. 半是中國. 半是我國. 半是女眞. 石門嶺以南. 至鴨綠江. 都是我國人移住者. 其冠裳語音及女首飾. 類與我國同. 人心風俗. 則江南和順. 或兄弟或堂兄弟再從兄弟. 有同居一屋. 自吳江縣以北. 間有父子異居者. 人皆非之. 無男女老少. 皆踞繩床交椅. 以事其事. 江北人心强悍. 至山東以北. 一家不相保. 鬪歐之聲. 礉鬧不絶. 或多有劫盜殺人. 山海關以東. 其人性行尤暴悍. 大有胡狄之風. 且江南人以讀書爲業. 雖里閈童稚及津夫水夫. 皆識文字. 臣至其地. 寫以問之. 則凡山川古蹟土地沿革. 皆曉解詳告之. 江北則不學者多. 故臣欲問之. 則皆曰. 我不識字. 就是無識人也. 且江南人業水虞. 乘舴艋. 載笭箵. 以罩罩笱箪取魚者千百爲群. 江北則唯濟寧府南旺湖等處外. 不見捕魚之具. 且江南婦女. 皆不出門庭. 或登朱樓. 捲珠簾以觀望耳. 無行路服役於外. 江北則若治田棹舟等事. 皆自服勞. 至如徐州臨淸¹⁷³⁾等地. 華粧自鬻. 要價資生以成風. 且江南人號爲官員者或親執役. 爲卒徒者或踞胡床. 冠帶無章. 尊卑無位. 似若殊無禮節. 然在官衙則威儀整肅. 在軍中則號令嚴切. 正伍循次. 無敢喧嚻. 一出令時. 聞一錚聲. 遠近雲集. 莫或有後. 江北亦然. 但山東以北. 凡出令. 非鞭扑不能整之. 且江南戎器. 則有鎗劒矛戟. 其甲胄楯等物. 皆火書勇字. 然無弓箭戰馬. 江北始有帶弓箭者. 通州以東及遼東等地. 人皆以弓馬爲業. 然箭竿以木爲之. 且江南好治容. 男女皆帶鏡扑梳篦刷牙等物. 江北亦然. 但不見帶之者. 江南市中使金銀. 江北用銅錢. 江南市兒. 以錫約臂. 江北以鉛穿鼻. 江南力農工商賈. 江北

---

171) 장서각본에는 於로 표기되었다.
172) 장서각본에는 藍으로 되어 있다.
173) 규장각본 및 장서각본 모두 靑으로 표기했으나 淸의 잘못이다.

多有遊食之徒. 江南陸路行用轎. 江北或馬或驢. 江南無良馬. 江北馬大如龍. 江南人死. 巨家大族. 或立廟旌門者有之. 常人略用棺不埋. 委之水傍. 如紹興府城邊. 白骨成堆. 江北如揚州等地. 起墳塋或於江邊或田畔里閈之中. 江南喪者僧人. 或食肉不食葷. 江北則皆血食茹葷. 此江南江北之所以異也. 其所同者. 尙鬼神崇道佛. 言必搖手. 怒必蹙口唾沫. 飮食麤糲. 同卓同器. 輪筯以食. 蟣蝨必咀嚼. 砧杵皆用石. 運磨使驢牛. 市店建帘標. 行者擔而不負戴. 人皆以商賈爲業. 雖達官巨家. 或親袖稱錘. 分析錙銖之利. 官府常刑. 如竹片決杖趲指擔石之屬. 其他若山川形勝. 臺榭古蹟. 有膾炙人口者. 雖禿盡毛穎. 不能悉記. 而臣之歷覽. 千載難又. 然在衰絰之中. 不敢觀望遊賞. 採取勝槩. 秖令陪吏四人逐日觀標榜. 問地方. 掛一漏萬. 記其大略耳.

漂海錄跋

錦南崔先生諱溥. 字淵淵. 希春之外祖父也. 以經術氣節. 遭遇成廟. 擢實侍從. 嘗奉命往耽羅. 適奔父喪. 爲風所逆. 漂到中國之台. 還至都城外. 上命撰進一行日錄. 覽而嘉之. 遂俾藏于承文院. 其文字卷不過三. 而不唯狀大洋變化. 自甌徂燕一路. 山川土產人物風俗. 粲然森列. 而先生經濟之才. 亦可得其什一. 求多聞務博覽之士. 願見者衆矣. 而至今八十年間. 未有鋟梓以廣其傳者. 希春自塞外蒙恩還朝. 亟思所以壽是書者. 校正旣了. 唯以主張措置爲難得. 會博雅吳公出按關西. 希春以書懇屬. 公遂欣然而諾. 鳩游手完其役而訖于成. 噫. 是書殘缺沈淪且百年. 今乃得顯於久晦之餘. 將大行于斯世. 豈非幸也歟.

隆慶三年龍集己巳八月旣望　外孫通政大夫成均館大司成知製教　柳希春謹識.

漂海錄跋

外祖錦南先生．以博學壯節名一世．漂海一錄．又摹寫中原之鉅筆也．願見者衆．而流布未廣．李公伯春陽元之觀察湖南也．希春以校正本鋟梓懇囑．李公交龜兪公止叔泓．又以是勖．兪公遂囑龍城宰鄭侯淹措辦．閱數月而工告訖．噫．是書之壽而播．不唯爲先正文字．圖不朽於無窮．於東人用夏變陋之志．亦不爲無助．何其幸歟．

萬曆六年中秋生明．外孫嘉善大夫．同知中樞府事兼同知經筵成均館事 柳希春謹跋．

최부의 가계와 생애

I. 『금남집부록보유』(錦南集附錄補遺)

(임기중 편, 『연행록』 권1, 동국대학교출판부, 2001)의 「금남선생연보기략」(錦南先生年譜紀略)

1세	2세	후손			
1. 사전 (思全)	2. 열(烈), 효인[孝仁]	?	3. 정원 (井元)	4. 택(澤)	5. 부(溥)

부(溥)의 3명의 딸

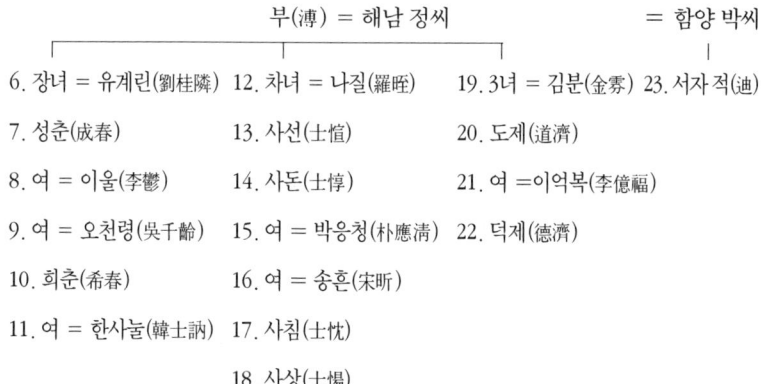

부(溥) = 해남 정씨　　　　　　　 = 함양 박씨

6. 장녀 = 유계린(劉桂隣)　12. 차녀 = 나질(羅晊)　19. 3녀 = 김분(金雰)　23. 서자 적(迪)
7. 성춘(成春)　　　　　　 13. 사선(士愃)　　　 20. 도제(道濟)
8. 여 = 이울(李鬱)　　　 14. 사돈(士惇)　　　 21. 여 = 이억복(李億福)
9. 여 = 오천령(吳千齡)　 15. 여 = 박응청(朴應淸)　22. 덕제(德濟)
10. 희춘(希春)　　　　　 16. 여 = 송흔(宋昕)
11. 여 = 한사눌(韓士訥)　17. 사침(士忱)
　　　　　　　　　　　　 18. 사상(士愓)

1. 사전
   - 고려 문종 21년(1067)~인종 17년(1139). 시호는 장경(莊景)이다.
   - 상서좌복야 · 참지정사 · 판상서형부사 · 문하시랑 · 동중서문하평장사 · 개부의동삼사(開府儀同三司) · 수태위주국(守太尉柱國).
   - 이자겸을 제거한 공로로 병부상서에 발탁.
2. 변(효인)
   - 초명은 열(烈)이다. 고려 인종이 효인(孝仁)이라는 이름을 하사.
   - 변 이후 고증할 수가 없다.
   ※ 최부의 묘비에도 변 이후는 알 수 없다고 기록했다.
3. 정원-후손
   - 진의부위공(進義副尉公), 어느 파의 자손인지 알지 못함)
   - 유희춘의 일기에서 처음으로 공의 휘(諱)를 알게 됨.
4. 택
   - 진사
   - 성종 19년(1488) 정월 졸, 배(配) 여양(驪陽) 진씨(陳氏).
5. 부
   - 자는 연연(淵淵)이고, 호는 금남(錦南)이다. 나주인으로 본관은 탐진(耽津)이다. 배(配) 해남 정씨(鄭氏).
   - 단종 2년(1454)~ 연산군 10년(1504). 51세 졸.

단종 2년(1454)		나주 곡강면(曲江面) 성지촌(聖智村)에서 출생
성종 1년(1470, 17세)		해남 정씨와 결혼
7년(1476, 23세)	가을	진사 초시(初試)에 합격
8년(1477, 24세)	봄	진사 회시(會試)에 3등으로 합격
13년(1482, 29세)	10월	알성문과(謁聖文科) 을과(乙科)에 1등으로 합격
14년(1483, 30세)		교서관 저작(校書館 著作, 정8품),

			박사(정7품)에서 군자감 주부(軍資監 主簿, 종6품)로 승진
16년(1485, 32세)			성균관 전적(典籍, 정6품). 『동국통감』(東國通鑑) 편찬에 참여
17년(1486, 33세)	1월		사헌부 감찰(정6품)의 관직으로 홍문관 부수찬(종6품)이 됨
	9월		홍문관 수찬(弘文館 修撰, 정6품)
	10월		문과 중시 을과에 1등으로 합격
18년(1487, 34세)	1월		홍문관 부교리(弘文館 副校理, 종5품)
	7월		용양위 사과(龍驤衛 司果, 정6품). 곧 부사직(副司直, 종5품)이 됨
	9월		제주 등 3읍추쇄경차관
	11월		제주 도착
19년(1488, 35세)	1월		부친상
		30일	부고가 제주에 도착
	윤1월 3일		표류
		16일	절강 태주 임해현 우두외양에 도착
	4월 19일		황제(홍치제)로부터 의류와 면포 등을 하사받음
		20일	홍치제에 사은
	6월 4일		압록강을 건넘
		14일	한양 청파역(靑坡驛)에 도착. 『표해록』 찬진(撰進)의 명을 받음
20년(1499, 36세)	11월		모친상
23년(1492, 39세)	1월		사헌부 지평(정5품). 서장관(書狀官)이 되어 북경으로 감
24년(1493, 40세)	봄		세자시강원 문학(世子侍講院 文學, 정5품)

	4월	홍문관 교리(弘文館 校理, 정5품)
	5월	승문원 교리(承文院 校理, 종5품)
25년(1494, 41세)	1월	홍문관 교리(정5품). 곧 지평이 됨
	7월	교리
	8월	홍문관 부응교 지제교(副應敎 知製敎, 종4품) 겸 경연 시강관(經筵侍講官) 겸 춘추관 편수관(春秋館編修官) 겸 예문관 응교(藝文館 應敎) 겸 교서관 교리(校書館 校理)
연산군 원년(1495, 42세)	봄	생원회시참고관(生員會試參考官)
2년(1496, 43세)	5월	호서(湖西) 지방의 가뭄—수차(水車) 제조를 가르침
	11월	통례원 상례(通禮院 相禮)로 사간원 사간(司諫, 종3품)이 됨
3년(1497, 44세)		질정관(質正官)으로 북경에 감
	가을	예빈시정(禮賓寺正, 정3품)
4년(1498, 45세)	7월	무오사화(戊午士禍) 발생
5년(1499, 46세)		단천군(端川郡)으로 유배당함
10년(1504, 51세)	4월	갑자사화
	10월	체포당함
	24일	효수당함
중종 2년(1507)		증통정대부 승정원도승지 겸 경연 참찬관 상서원정(贈通政大夫 承政院 都承旨 兼 經筵參贊官 尙瑞院正)
		※ 후에 증가선대부예조참판(贈嘉善大夫禮曹參判)이라고 했으나 문헌에서 고증할 수 없다.
선조 4년(1571)		선생의 문집 완성—유희춘이 전라감사(全羅監司)로 있을 때 간행

	6년(1573)	선생의 문집 완성—유희춘이 전라감사로 있을 때 유홍(兪弘)이 간행
숙종	2년(1676)	문집 및 표해록 중간(重刊)
	42년(1716)	제전(祭田)을 설치
경종	3년(1723)	묘갈(墓碣)을 세워 기록

6. 유계린
  · 호는 성은(城隱)이다. 천문학습독관(天文學習讀官) · 증 이조참판.
7. 성춘
  · 호는 취암(鷲岩) 또는 나재(懶齋)다. 문과 이조좌랑(吏曹佐郎) 중종 14년(1519)의 명현(名賢).
10. 희춘
  · 호는 미암(眉岩)이고, 시호는 문절(文節)이다.
  · 문과 자헌(文科 資憲) · 행홍문관부제학(行弘文館副提學) · 증의정부좌찬성(贈議政府左贊成). 명종 을사(1545)의 명현.
12. 나질
  · 무과 사헌부감찰. 증호부참판.
13. 사선(士愃)
  · 문과사(文科司). 증사정(贈寺正)
14. 사돈(士惇)
  · 증호조참의
15. 박응청(朴應淸)
  · 사정(司正)
17. 사침
  · 호는 금호(錦湖). 증의정부좌찬성, 중종 때 효도로 정려(旌閭)
18. 사상(士惕)
  · 어모장군(禦侮將軍)
19. 김분

· 장사랑(壯士郎)

20. 도제(道濟)

· 통덕랑(通德郎)

21. 이억복(李億福)

· 무과남병사(武科南兵使)

II. 『탐진최씨족보』

철종 8년(1857)과 고종 29년(1892) 임진보(壬辰譜)를 이용, 국립중앙도서관 소장.

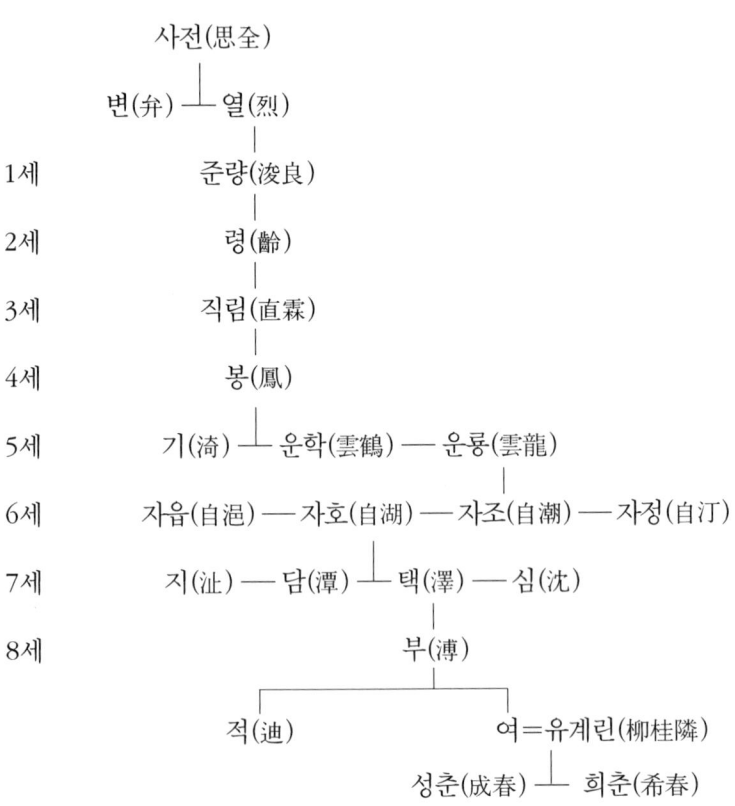

사전(思全): 고려 문종 21년(1067)에 출생. 평장사(平章事)와 주국(柱國)을 역임했고, 시호는 장경이다.

변(弁): 이부상서

열(烈): 문장으로 유명했으며, 효행으로 효인(孝仁)이라는 이름을 하사받음

※「금남선생연보기략」에는 변과 열이 동일인물이라고 기록했다.

1세   준양: 생원(生員)
2세   령: 통정대부 전주부윤(通政順大夫 全州府尹)
3세   직림: 정헌대부 오산군(正憲大夫 鰲山君)
4세   봉: 가선대부 병조참판(嘉善大夫 兵曹參判), 1892년 족보에서 병부상서로 정정
5세   운룡: 병조좌랑(兵曹佐郎). 야은 길재(吉再)의 문인
6세   자호: 진의부위(進義副尉, 7품 이하의 참하관). 정원(井元)으로 개명. 1892년 족보에서는 처음 이름이 정원이었다고 기록
7세   지: 1892년 족보에서 중훈대부 서운관정(中訓大夫 書雲觀正, 정3품)이었다고 기록
       담: 봉사(奉事, 종8품). 처음 이름은 월계(月桂), 자는 안국(安國)
       택: 진사. 배(配) 여양(驪陽) 진씨(陳氏)
       심

13세 부: 나주 곡강면(현 동강면) 성지촌에서 출생. 성종 원년(1470) 훈련원 참군(參軍)인 정귀감(鄭貴瑊)의 딸과 결혼, 3녀를 두었다.

※『탐진최씨족보』에 사전·변·열 이후는 병란으로 몇 대에 해당하는지, 누구의 후손인지 문헌으로 고증할 수 없다고 기록했다.

표류한 43명의 명단

구 분	이 름	비 고
추쇄경차관 (推刷敬差官)	1. 최부(崔溥)	
종자(從者)	2. 정보(程保, 광주목리) 3. 김중(金重, 화순현리) 4. 이정(李楨, 승사랑) 5. 손효자(孫孝子, 나주배리) 6. 최거이산(崔巨伊山, 청암역리) 7. 막금(莫金, 가노) 8. 만산(萬山, 호노)	
진무(鎭撫)	9. 안의(安義)	제주 출신
기관(記官)	10. 이효지(李孝枝)	
총패(總牌)	11. 허상리(許尙理)	
영선(領船)	12. 권산(權山)	
초공(梢工)	13. 김고면(金高面)	
격군(格軍)	14. 김괴산(金怪山) 15. 초근보(肖斤寶) 16. 김구질회(金仇叱廻) 17. 현산(玄山) 18. 김석귀(金石貴) 19. 고이복(高以福) 20. 김조회(金朝廻) 21. 문회(文廻) 22. 이효태(李孝台) 23. 강유(姜有) 24. 부명동(夫命同) 25. 고내을동(高內乙同) 26. 고복(高福) 27. 송진(宋眞) 28. 김도종(金都終) 29. 한매산(韓每山) 30. 정실(鄭實)	
호송군 (護送軍)	31. 김속(金粟) 32. 김진음산(金眞音山) 33. 고회(高廻) 34. 김송(金松) 35. 고보종(高保終) 36. 양달해(梁達海) 37. 박종회(朴從回) 38. 김득시(金得時) 39. 임산해(任山海)	
관노 (官奴)	40. 권송(權松) 41. 강내(姜內) 42. 이산(李山) 43. 오산(吳山)	

위대한 기록을 남긴 최부와의 만남

• 역자 후기

　1999년 일본 센다이 시(仙台市)에 있는 도호쿠 대(東北大) 동양사학과에서 『명대 병제사 연구』(明代兵制史の硏究)라는 제목으로 문학박사 학위를 취득한 뒤 10년 만에 귀국했다. 귀국한 그해 3월 동국대 은사이신 조영록 선생님이 동양근세사라는 과목을 배정해주어 모교에서 후배들을 가르치게 되었다. 또한 대학원 수업에도 참가해 박사·석사과정 학생들과 『명사』 조선열전을 강독하고 있었는데, 어느 날 선생님이 나에게 한 권의 책을 내미셨다. 『표해록』이었다.

　사실 당시만 해도 『표해록』이 어떠한 내용을 담은 책인지 몰랐다. 읽어 내려가는 가운데 명 중기 중국의 정치·사회·군사·도시·풍속을 묘사한 대단히 흥미로운 책이라는 것을 알고 내처 끝까지 읽었다. 이것이 금남 최부가 6개월간의 여행을 기록한 『표해록』과의 운명적인 만남이었다.

　일본의 은사로 『산서상인의 연구』(山西商人の硏究)라는 역저를 쓰신 데라다 다카노부(寺田隆信) 선생님이 대학원생들과 대담하는 도중에 "번역작업은 매우 어렵고 번잡한 작업이라 나는 하지 않는다"라고 말씀하신 적이 있다. 그렇다. 번역작업은 대단히 힘들고 인내를 요구하는 작업이다. 사학과의 번역작업은 일반 번역과 달리 본문에 나오는 인물이나 사건, 지명 등을 일일이 당시의 문집이나 지방지 등의 사료를 고증한 뒤 독자가 이해하기 쉽도록 풀어쓰지 않으면 안 된다. 게다가 과거에 두 번이나 합격한 최부라는 인물과 그의 사상을 제대로 이해해야

『표해록』에 담긴 이야기를 정확히 풀어낼 수 있다는 점도 역주의 어려움을 더했다.

이러한 난제를 안고 『표해록』을 번역하지 않을 수 없었던 이유는 물론 조영록 선생님의 추천도 있었지만, 1989년 최부의 후손에 해당하는 최기홍 선생이 번역한 『금남 표해록』에 소설가 이병주(李炳注) 선생이 "역사를 전문으로 하는 학자들이 이만한 걸작을 완역하지 않았을 만큼 게을렀다는 사실을 깊이 반성하고 자책해야 할 것이다"라는 따가운 질책을 대하고 나서였다. 즉 역주작업을 충실히 하여 역사를 전공하는 학자의 진면목을 보여주겠다는 굳은 마음이 발동했던 것이다.

이병주 선생은 마르코 폴로의 『동방견문록』『하멜표류기』와 더불어 『표해록』을 3대 여행기로 꼽았다. 『표해록』에 대한 가치는 해제에서 상세히 다루었기에 여기서는 생략하고, 강독을 진행하면서 나름대로 느낀 점을 간략히 언급하기로 한다.

명·청시대에 사행(使行)들이 중국에 가서 보고 들은 견문과 선진문물에 대한 기록을 조천록(朝天錄) 혹은 연행록(燕行錄)이라고 한다. 이 기록에는 북경까지의 사행 노정, 사행의식과 절차, 중국의 역사와 전통, 제도 그리고 문화교류, 풍속, 지리, 물산 등에 대한 내용이 담겨 있어 명과 조선의 관계를 연구하는 데 대단히 유용하다.

현재 발굴된 407건의 연행록이 북경까지의 사행기록인 데 반해 『표해록』은 해상에서 표류하다 중국의 강남지역에 표착한 뒤 북경을 거쳐 조선으로 돌아온, 색다른 서술을 보여주는 작품이다. 사행의 기록이 정해진 루트만을 왕래하며 기술한 한계성을 지닌 데 반해, 『표해록』은 조선의 관인이 요동과 북경은 물론 강남지역을 구체적으로 묘사해 조선 사람들에게 중국의 문화와 풍속 등을 소개했다는 데 그 의의가 크다고 하겠다.

이 작품은 한국사를 전공하는 사람들에게는 최부라는 인물을 통해 전형적인 조선 사인관료(士人官僚)로서의 도학자적인 정신자세를 엿볼 수 있는 자료이다. 그리고 중국사 특히 명대사를 연구하는 학자들에게 명의 중기라는 시대상을 보여주는 제1차 사료다. 중국 연안지역의 왜구를 방비하는 해방체제(海防體制)나 소흥, 항주, 소주, 양주 등의 강남 도시와 북경과 요동을 중심으로 하는 강북 도시의 차이가 극명하게 드러나 있다. 또한 그 속에는 중국 제도의 기술뿐만 아니라 강남인과 강북인의 특색, 복식과 풍속, 물산, 관료와 신사, 장교나 역리(驛吏) 등에 대한 인물평 등 당시의 사회상을 잘 묘사하고 있다.

특히 중국의 강남은 조선 관료들이 다녀온 적이 없는 지역으로, 최부가 그곳의 관료나 신사(紳士)들과 대화를 나누었다는 점에서, 조선 사람들에게 그 지역에 대한 갈증을 충족시켜 준 훌륭한 기록이다. 최부가 요동에서 성절사(聖節使) 채수(蔡壽) 일행을 만났을 때 채수가 최부에게 "우리 나라 사람으로 대강(大江, 양자강) 이남을 친히 본 사람이 근래에 없었는데 이 얼마나 다행한 일이오"라고 부러움을 표시한 데서도 그 가치를 짐작할 수 있다.

다음으로 최부가 중국의 지리에 대해 대단히 박식했다는 점을 들 수 있다. 2월 4일 소흥부에 도착해 총독비왜도지휘첨사(總督備倭都指揮僉事) 황종(黃宗), 순시해도부사(巡視海道副使) 오문원(吳文元), 포정사 분수우참의(布政司分守右參義) 진담(陳潭)이 최부를 심문하면서, "이 지방의 산천을 그대는 어찌 그렇게 상세히 아시오? 반드시 이 지방 사람이 말한 것일 것이오"라고 말했다. 그러자 최부가 "의지할 데도 없고 말도 통하지 않는데 누구와 더불어 이야기를 하겠습니까? 나는 일찍이 중국의 지도를 봐서 이곳에 이르러 억측으로 기록했을 뿐입니다"라고 대답했다. 사서오경(四書五經) 등의 경전이나 사마광(司馬光)의 『자치통감』(資治通鑑) 등의 역사서, 그리고 명대의 지리서인 『대명일통지』를 통해 중국의 지리를 습득한 결과라고 판단된다.

최부가 지리를 서술한 것 가운데 명 헌종 성화 연간(1465~87)에 편찬된 지방지의 글귀와 똑같아 의아해한 적도 있다. 처음에는 조선에서 명대의 지방지를 수입해 조선의 관인들이 열람한 것일까 하는 의문도 들었다. 하지만 지방지 편찬 시기와 최부가 『표해록』을 저술한 시점이 시간적으로 20년밖에 차이가 나지 않아 조선에 수입하기까지는 시간이 촉박했을 거라는 점 등으로 미루어 이전 시대에 편찬된 지리 부분에 대한 글귀를 최부가 그대로 인용해 서술한 것으로 이해했다.

그리고 무엇보다 최부를 높이 평가하고 싶은 또 하나의 사실은 자세한 기록을 남겼다는 것이다. 한국 유수의 재벌 회장이 사장단회의에서 우리 나라 사람들은 기록을 남기지 않는다는 점을 질책했다는 기사를 읽은 적이 있다. 사행도 아니고 왜구로 몰려 심문을 당하고, 위소관(衛所官)의 호송 아래 조선으로 돌아오는 열악한 상황 속에서도 기록을 남겼다는 사실 그 자체를 높이 평가하지 않을 수 없다. 한양에 돌아온 뒤 부친 상중임에도 불구하고 왕명으로 『표해록』을 저술해 바쳤는데, 이러한 이유가 사간원과 사헌부의 탄핵 대상이 되었다. 결국 최부는 연산군 때 사화에 연루되어 죽음을 당하는데, 사관(史官)은 그의 죽음을 애석하게 여겼다.

최부의 외손인 유희춘(柳希春)은 발문에서 "많이 듣는 것을 구하고 사물을 잘 알고자 노력하는 선비들 중 이 책을 보고자 하는 이가 많았다"라거나 "조선 사람들이 중국의 문화(법)를 가지고 우리 나라의 좁은 소견이나 짧은 지식을 변화시키는 뜻에서도 도움이 없진 않을 것이니 이 얼마나 다행인가"라고 말했다. 즉 최부의 『표해록』은 중국을 묘사한 거작이었던 것이다.

『표해록』 윤독회는 1999년 3월 신학기부터 시작되었다. 조영록 선생님과 상의하여 후배들에게 한문을 가르친다는 방침 아래 강독을 실시했다. 기본 텍스트로는 숙종 3년(1677) 최부의 후손이 나주에서 목판본으로 간행한 규장각본(奎章閣本)을 이용했다. 비교판본으로는 영조 원년(1725) 나주에서 후손이 목판본으로 간행한 장서각본(藏書閣本)을 이용했다.

당시 박사과정을 수료한 주성지를 비롯해, 석사생인 이경섭(신라사), 윤기석(한국불교사) 등 11명이 유희춘의 발문부터 읽어 내려가기 시작했다. 윤독은 방학을 제외하고 매주 1회 원생들이 일기 1회분을 번역하고 역주를 달아오면 잘못된 해석을 지적하고 적절하지 않은 용어 등을 교정했다.

그런데 강독을 해나가면서 바로 문제가 발생했다. 자신이 전공하는 시대와 다르다며 탈퇴하기도 하고, 취직으로 인해 참석하지 못하는 원생이 늘어나기 시작했던 것이다. 시대가 달라도 역사를 전공하는 원생들에게 한문을 정확하게 해석하는 것은 필요한 일이고 원전 뒤에 숨겨진 내용을 면밀하게 파악하는 일련의 작업이야말로 역사학도의 기본자세라고 설파했지만 어쩔 수가 없었다.

또 하나의 목적은 『표해록』이라는 한문 원전 사료를 다루는 작업을 통해 대학원 논문 작성에 도움을 주겠다는 취지도 있었지만 이 의도도 뜻대로 전달되지 않았다. 그리고 더 큰 문제는 참가자들의 대부분이 석사생이고 한국사를 전공했다는 점이었다. 중국사에 대한 이해가 부족해 역주작업은 더디기만 했다. 그 결과 지난 2년 반은 연구실에서 오로지 역주작업에 몰두하지 않을 수 없었다.

강독이 끝난 것은 2001년 12월이었다. 3년 동안의 긴 여정이 막을 내리는 순간이었다. 끝까지 작업에 참가한 학생은 5명이었다. 필자 외에 주성지(백제사), 박재희(조선사), 이재옥(명대사), 장현아(조선시대 불교사), 윤재승(조선시대 불교사)이다. 고마움을 표한다.

『표해록』의 대부분은 중국에 관한 기록이다. 중국 특히 명대와 관련된 부분은 지방지나 문집, 연구서, 논문류 등 다양한 서적을 참고해 역주작업을 해나갔다. 한국과 관련된 부분은 주성지 군의 도움을 많이 받았다. 백제사를 전공하는 그는 전공이 전혀 다른 분야의 사료를 읽을 때도 끝까지 남아주었고 후배들을 독려하면서 좋은 역주서가 나올 수 있도록 도와주었다. 사학과 대학원생들은 발표자들의 정리되지 않은 문장을 정리해주었다. 『표해록』의 출간을 눈앞에 두고 가장 염려되는 것은 오역 혹은 잘못된 고증이 있지 않을까 하는 점이다. 또한 무리하게 주를 달려고 만용을 부린 것은 아닌가 하는 의구심이다. 독자 여러분의 지적과 넓은 아량을 바라는 바이다.

다시 한 번 이 책을 만나게 해주고 역주작업에도 참가하며 독려해주신 조영록 선생님께 감사를 드린다. 또한 본교의 이기동 선생님은 상립(喪笠) 문제에 대해 정동유의 『주영편』에 나오는 기록을 깨알같이 써서 전달해주셨다. 사학과의 김상현, 임돈희 선생님, 동료인 정병준, 양홍석 교수도 끊임없이 관심을 표시해주었다. 그리고 어려운 시를 번역해주신 국문학과의 김상일 선생님, 최부의 후손으로 성원을 보내준 최철호 사장님, 자료를 제공해주신 호남대 사학과 김기주 선생님께도 사의를 표한다.

2003년에는 본교 연구처로부터 번역연구비 대상자로 선정되어 출판비를 보조받는 행운을 얻었고, 개인적으로는 국사편찬위원회로부터 『표해록연구』라는 제목으로 논문 지원비의 혜택을 받았다. 또한 국사편찬위원회 고성훈 박사는 원문에 나오는 이체자나 초서, 그리고 조선시대에 관한 여러 부분에 대해 친절하게 자문을 해주었다. 이 모든 도움이 있어 『표해록』 역주작업이 가능했다고 생각한다. 진심으로 감사드린다. 또한 학자가 되어 처음으로 역서를 내게끔 뒷바라지를 해준 어머니와 아내에게도 고마움을 표시하는 바이다.

이 책을 내면서 잊지 못할 사람이 또 하나 있다. 윤기석 군이다. 그는 내가 강의를 맡았을 때 인문학부 조교로 있으면서 강독에 참여했다. 언제나 해맑은 미소를 띠는 그는 결혼하여 예쁜 딸을 낳은데다 교사로도 임용되어 행복한 나날을 보내고 있었다. 그런데 어느 날 갑자기 찾아온 병마와 싸우다 허무하게 가버렸다. 교사가 된 뒤에도 짬을 내어 참가했던 윤기석 군에게 이 책을 바친다.

끝으로 인문학의 위기라는 시대에 『표해록』을 그레이트북스 시리즈에 선정해주신 한길사 김언호 사장님과 한 권의 아름다운 책으로 만들어 주신 한길사의 여러분에게 깊은 감사를 드린다.

2004년 9월
서인범

찾아보기

가상현(嘉祥縣) 336, 339
가정(柯亭) 174
가풍대(歌風臺) 323
가흥부(嘉興府) 190, 228, 231, 503
감라성(甘羅城) 296
감로사(甘露寺) 268
감수갑(減水閘) 264
갑(閘, 수문) 321, 526
강도현치(江都縣治) 274
강옥(姜玉) 253
거사묘(去思廟) 444
거야현(鉅野縣) 339
건도소(健跳所) 129, 130
검정(劍井) 261
경산(境山) 316
경주(景州) 361
경준(慶俊) 446
경차관 54, 79, 80, 82, 118
경호(鏡湖) 151
계수대호(界首大湖) 283, 289
계자(季子) 262
고려사(高麗寺) 199, 496
고려시(高麗市) 503
고려정(高麗亭) 247

고산(孤山) 219
고성현(故城縣) 353
고소대(姑蘇臺) 243, 240
고소산(姑蘇山) 236, 239
고소역 239, 240, 249
고우주 280, 289
고우호(高郵湖) 281
고종 161
고죽국(孤竹國) 459
공리(孔里) 328, 330
공자(孔子) 103, 367, 368, 370
과하교(胯下橋) 284
곽거(郭巨) 342
곽승(郭昇) 314
관군(管軍)도지휘 474
관란정(觀瀾亭) 337
관문(關文) 406, 418, 466
관어대(觀魚臺) 327
관왜궁(館娃宮) 236
관우 305
광녕(廣寧)태감 466, 482
광동(廣東) 194
광동(廣東)포정사 482
광양(廣壤) 81, 82

광하(洸河) 336, 337
구녀총(九女塚) 310
구량 206
구하(九河) 290
구한(九韓) 159
국당(局堂) 254
군리(軍吏) 95, 97, 98, 137, 168, 282
군여(軍餘) 206
권경우(權景祐) 82
권도(權道) 86, 73, 416
귀산(龜山) 294
귀주(貴州) 181, 230
금산(金山) 268
금성산 82
금의위(錦衣衛) 230, 370, 465
금정시(金亭詩) 188
기수(沂水) 291, 294, 301, 328
기순(祁順) 229
기자묘(箕子廟) 246
기주(冀州) 310
김흥(金興) 253

낙교(樂橋) 249
난정(蘭亭) 170
난주(灤州) 459, 522
난하(灤河) 461, 462
남경(南京) 117, 270, 321, 337, 422, 439
남병산(南屛山) 215, 216
남왕호(南旺湖) 338, 534
남의당(南滿堂) 217
냉천정(冷泉亭) 213
노공(魯公) 303
노담묘(老聃廟) 308

노룡새외(盧龍塞外) 465
노왕 358
노하(潞河) 317, 382

다경루(多景樓) 268
단교(斷橋) 219
단도현치(丹徒縣治) 265
단양현(丹陽縣) 264
달단(韃靼, 타타르) 408
담대호(澹臺湖) 239
담자국(郯子國) 301
담자묘 301
당읍현(堂邑縣) 348
대공(大功) 256
대공산(戴公山) 268
대야호(大野湖) 338
대종산(岱宗山) 328
대팽씨국(大彭氏國) 311
대하위(大河衛) 287
대호(戴豪) 388
덕승패하(德勝壩河) 223
덕왕(德王) 358
덕주(德州) 354
도당부(都堂府) 285
도사(都司, 도지휘사사) 156
도저소(桃渚所) 98, 100, 101, 111, 113, 114, 123, 128, 135, 279
도저천호소(桃渚千戶所) 202, 203
도차(蹈車) 376
동로하(東潞河) 385
동백산(桐柏山) 291
동소강(東小江) 172
동악묘(東岳廟) 347
동월(董越) 453

동창부(東昌府) 343
동팔참(東八站) 407, 447
동평주(東平州) 342
동하(東河) 294, 296, 304
동하현(東河縣) 345
등옥(鄧玉) 499

마자(麻子) 405
만경호(萬景湖) 264
만랄가(滿剌可) 65, 196
망부대(望夫臺) 472
맥수양기(麥秀兩歧) 444
면수(沔水) 270
명주(明州) 64, 139
몽염(蒙恬) 471
무등산사(無等山祠) 80
무림산(武林山) 212
무림역 210, 220
무석현(無錫縣) 260, 261
무성현(武城縣) 352
무종국(無終國) 452
무진현치(武晉縣治) 262
문상현(汶上縣) 339
『문선』(文選) 186
문수(汶水) 293, 313
문천상묘(文天祥廟) 431
미산만익비(眉山萬翼碑) 316
미원장(米元章) 215
민산(岷山) 270

박간풍(舶趕風) 89
박평현(博平縣) 348
반고묘(盤古廟) 372
반하산(半河山) 303

발검천(拔劍泉) 310
배리 93, 167, 447, 538
백교역(白嶠驛) 136, 513
백낙천(白樂天) 213, 218, 219, 249
백마대호(白馬大湖) 284, 289
백보홍(百步洪) 313
백수하(白遂河) 385
백양하(白洋河) 297, 299
백이(伯夷) 462
백하 318, 378, 384, 436, 440
백해(白海) 61
범려(范蠡) 235
변수(汴水) 293, 314
변재(辨才) 215
별도포(別刀浦) 43, 44, 48
병부주사관(兵部主事官) 472
보대교(寶帶橋) 239
보응대호(寶應大湖) 283
보응현치(寶應縣治) 284
복건(福建) 176, 194, 208, 516
복건포정사 197
봉화현(奉化縣) 137
부교(浮橋) 239, 350, 525
부양현(富陽縣) 176
부영(傅榮) 224, 243, 272, 274, 289, 293, 324, 328, 331, 332
부차(夫差) 243
부창 305, 310
북경(北京) 108, 117, 123, 321, 423, 424, 438
북고산(北固山) 265
북원(北元) 518
분수갑(分水閘) 338
분수우참의(分守右參議) 203

찾아보기 649

분순부사(分巡副使) 203
비왜도지휘(備倭都指揮) 106
비왜파총관(備倭把總官) 106
비자국(肥子國) 465
비주(邳州) 301

사광대호(氾光大湖) 283
사독하(射瀆河) 248
사마온공(司馬溫公, 사마광) 215
사명산(四明山) 140
사성묘(四聖廟) 211
사수(泗水) 270, 291, 293, 313, 314, 328, 330
사수정(泗水亭) 323
사여수(四女樹) 354
사정역(泗亭驛) 323
사하(泗河) 336, 461
사하(沙河) 382
산동(山東) 198
산서(山西) 198
산양현치(山陽縣治) 285
산음 172
산해관(山海關) 469~472, 517, 522, 523
삼결의묘(三結義廟) 297
삼사대인(三司大人) 155, 169
36피 275
삼차하 493, 494
삼현사(三賢祠) 219
상개(桑愷) 279
상우강(上虞江) 150
상우현 171
상주(常州) 197
상주부(常州府) 260

서거정 230, 231, 409
서관(徐鑵) 487
서규(徐圭) 192, 204
서산(西山) 199
서석두(西石頭) 219
서소강(西小江) 172
서수역(西水驛) 229
서주(徐州) 292, 310, 318, 321, 525
서초패왕 311
서하(西河) 293, 294
서하당(西河塘) 281
서호(西湖) 212, 219, 245
서홍역 175
석경산(石磬山) 303
석문령 532
석산(錫山) 261
석장군묘(石將軍墓) 145
석전(釋奠) 165
석주산(石柱山) 117
석천부(石阡府) 230
석함교(石函橋) 218
선제(宣帝) 160
선창(船廠) 289
설인귀(薛仁貴) 470
섬계(剡溪) 171
섬라(暹羅, 타이) 65, 109, 196
섬서(陝西) 198
성당온천(聖塘溫泉) 478
성모양양묘(聖母孃孃廟) 494
성화제 365, 371, 497, 498
성희안(成希顔) 447
소경사(昭慶寺) 218
소공제(蘇公堤) 216
소동파(蘇東坡) 214~217, 219, 224

소산현(蕭山縣) 172, 175
소식 219, 311
소양루(昭陽樓) 243
소양호(昭陽湖) 322
소왕(昭王) 452
소주(蘇州) 194, 197, 240, 248, 249, 350, 439
소주부 233, 405
소철(蘇轍) 311, 450
소현(蕭縣) 305, 315
소흥부(紹興府) 151, 169, 365, 373
손권(孫權) 265
손번(孫蕃) 337
송강(松江) 239
송문(松門) 118
송문위천호(松門衛千戶) 224
수부신사(水府神祠) 271
수수(洙水) 293, 313, 328, 330
수장현(壽長縣) 344
수정사(水精寺)
수차(水車) 373, 376
수차창(水次倉) 315
수채관(守寨官) 106
수홍교(垂虹橋) 236
숙제(叔齊) 462
숙천현(宿遷縣) 299
순시해도부사(巡視海道副使) 154, 203
순안어사(巡按御史) 191
순안절강감찰어사(巡按浙江監察御史) 202, 203
순(舜)임금 328
순천부(順天府) 103, 423
숭덕하(崇德河) 227
숭덕현(崇德縣) 226

승심하(丞沈河) 227
승현 171
시례하(是禮河) 272
신창현(新昌縣) 171

악악왕(岳鄂王, 악비) 묘 213
안녹산(安祿山) 443, 449
안찰사 156
안찰사부사 192
안찰원 210
안찰제조학교부사(按察提調學校副使) 182
안처량(安處良) 390, 397, 447
안탕산(雁蕩山) 115
안회(顔回) 104
애공 336
애산(艾山) 303
야선불화(也先不華) 333
야자주(椰子酒) 482
야호(野湖) 233
양곡현(陽穀縣) 345
양로연(養老宴) 165
양왕(楊旺) 191, 204, 220, 224, 227, 272, 274, 282
양자강(揚子江) 64, 117, 197, 208, 264, 270, 289, 304, 317, 326, 520, 528
양주(揚州) 64, 117, 279, 279, 318, 528
양주부 117, 275, 516
양주위 274
양준(楊峻) 203
양회운염사(兩淮運鹽司) 274
어사부(御史府) 285
언(堰, 방죽) 148, 526
엄주(嚴州) 224

여량대홍(呂梁大洪) 307
여량산 307, 308
여량소홍(呂梁小洪) 305
여요강 173
여요현(餘姚縣) 149, 173
여인국(女人國) 65
여자준(余子俊) 387, 403, 419
여지(荔枝) 527
역도원(酈道元) 308
역하(逆河) 290
연등절(燃燈節) 88
연산(燕山) 450
연산관(連山關) 507, 525
연산역(連山驛) 137, 139
연석산(硯石山) 235
연성사(延聖寺) 176
연주(兗州) 64, 292
연주부(兗州府) 326
연해비어도지휘(沿海備禦都指揮) 279
열타산 469
염법찰원(鹽法察院) 210
염운사(鹽運司) 210
영락제 423
영분연(榮墳宴) 185
영암산(靈岩山) 235
영은사(靈隱寺) 213
영친연(榮親宴) 185
영파부(寧波府) 73~75, 118, 138, 139, 141, 520, 532
영파위(寧波衛) 143
영해현 135, 136
예악(倪岳) 412
오(塢) 204
오강현(吳江縣) 233, 238

오강호(吳江湖) 233
오군(吳郡) 270
오문(午門) 417
오문원(吳文元) 154, 202, 203
오산(吳山) 210, 211
오왕(吳王) 499
오자서(伍子胥) 240, 245
오자서묘 211
오현(吳縣) 240, 249
오호(五湖) 233, 248
오화성(五花城) 470
옥하 386, 436
옥하관(玉河館) 384, 386, 406, 413, 417
옥호원(玉壺園) 217
온주(溫州) 224
올량합(兀良哈) 408
올량합관(兀良哈館) 504
와룡산(臥龍山) 170
왕창(王敞) 453
왕희지(王羲之) 171
왜구 108
외천보국(畏天保國) 505
요강(姚江) 149
요동 525
요섭(聊攝) 346
요(堯)임금 103, 328
요평처사(姚平處士) 148
요하(遼河) 493, 494
용구하(龍溝河) 297
용안(龍眼) 527
용연(龍淵) 228
용연사(龍延寺) 270
용지하(龍池河) 449

「우공」(禹貢) 64, 270, 281, 289, 293, 303, 308, 310, 338, 342, 522
우두외양(牛頭外洋) 85, 127, 139, 202, 279
우임금 281, 308
운동원(雲洞園) 218
원개(元凱) 366
원소(袁韶) 216
원앙호(鴛鴦湖) 233
월계순검사(越溪巡檢司) 133, 135
위랑(韋朗) 419, 487
위부(魏富) 192, 204
위지공(尉遲公) 305
위하(衛河) 318, 337, 352
유관점(楡關店) 469
유구국(琉球國) 67, 122, 196, 398, 411
유청(劉淸) 475
유춘(柳春) 203
유택(劉澤) 118, 204
육십방(六十坊) 249
육지(陸贄) 232
육화탑(六和塔) 176
윤산호(尹山湖) 238
윤정용(尹庭用) 314
윤하(潤河) 263
은공(隱公) 327
은산(銀山) 268
은영연(恩榮宴) 185
은현(恩縣) 143, 353
응천부(應天府) 423
의무려산(醫巫閭山) 483, 492, 523
의오강(義烏江) 173
의주 407
의진현(儀眞縣) 318

이광(李廣) 451
이교(圯橋) 324
이구산(尼丘山) 328
이무(李茂) 452
이부(二府) 159
이섬(李暹) 48, 82, 117, 278, 279, 418, 491
24교 275
이앙(李昂) 129, 130, 133
이첨(李詹) 459
인부(人夫) 314, 322
인화(仁和) 210
일본(日本) 67, 122, 196
일전강(一錢江) 175
임안부 208
임지기(林之奇) 291
임청위(臨淸衛) 350
임청주(臨淸州) 349
임해현(臨海縣) 86, 127, 203
임화정(林和靖, 林逋) 219

자계현(慈溪縣) 145, 173
장감 444
장경(張慶) 179, 202, 419
장고로하(張古老河) 470
장과(張果) 466
장구성(張九成) 217
장근(張謹) 229
장녕(張寧) 188, 190
장량(張良) 324
장로염운사(長蘆鹽運司) 363
장보(張輔) 130, 132, 133
장승(張昇) 279
장열(張悅) 412

찾아보기 653

장인도지휘첨사(掌印都指揮僉事) 204
장주현(長洲縣) 240, 249
재최(齊衰) 255
전당강(錢塘江) 175, 176
절강 74, 169, 176, 271, 516
절강도사(浙江都司) 113
절강삼사 381, 393
절강진수(浙江鎭守) 402, 527
절강포정사 204, 208, 401
점성(占城, 베트남 중남부) 65, 109, 196
정덕관(旌德觀) 216
정동(鄭同) 253
정장(亭長) 323
정해(定海) 173, 202
정해위(定海衛) 113
제기강 173
제기현(諸暨縣) 173
제남(濟南) 318
제녕주(濟寧州) 335
제수(濟水) 293, 313
제하(濟河) 337, 339
제후(齊侯) 303
조감(趙鑑) 278
조광윤(趙匡胤) 199
조림역(皂林驛) 227
조선관(朝鮮館) 504
조아강(曹娥江) 150
조아역(曹娥驛) 150
조앙(趙昻) 305
조운로 324
조조(曹操) 382
조주(潮州) 88
조천관(朝天館) 42

조희현(趙希賢) 227
종규(鍾馗) 114
좌군도독부(左軍都督府) 418
좌포정사(左布政使) 204
『주문공가례』 104, 255
『주자가례』 47, 166
주홍모(周洪謨) 412
죽각(竹閣) 212
중니(仲尼) 301
지휘 191, 283
지휘첨사 169, 204, 220, 401
직하(直河) 301
진강부(鎭江府) 197, 263, 265, 270
진담(陳潭) 154, 203
진동공관(鎭東公館) 472
진림(陳琳) 499
진망산(秦望山) 140, 170
진수(鎭守) 191, 191, 357
진수삼사 491
진수태감(鎭守太監) 155, 169, 179, 487
진숙보(秦叔寶) 308
진순관(鎭巡官) 403, 419
진종(眞宗) 270
진화(陳華) 111

차귀(遮歸) 81
참선(站船) 206
참최(斬衰) 255
창국위(昌國衛) 202
창주(滄州) 363, 532
창형(暢亨) 202, 203
채수(蔡壽) 483
채옹(蔡邕) 174
채읍(采邑) 262

처주(處州) 224
천비묘(天妃廟) 288
천수사(天壽寺) 274, 434, 522
천태산 115, 135, 140, 171
천평산(天平山) 245
천호(千戶) 94, 96, 100, 107, 108, 111, 128, 129, 203
철옹성 265
청주(靑州) 64
청천하(淸泉河) 350
청파역(靑坡驛) 39
청하 294
청하현(淸河縣) 296, 352
체부창(遞夫廠) 285
초관(鈔關) 252
초산(焦山) 268
초춘(楚春) 81
총독비왜서도지휘첨사(總督備倭署都指揮僉事) 154, 203
총병관(總兵官) 128, 167~169, 183, 500, 501
총병부(總兵府) 285
총의원(摠宜園) 218, 219
최부 39, 74, 101, 204, 206, 411, 420
최승(崔勝) 487, 489
최윤(崔胤) 204
추쇄경차관(推刷敬差官) 40
추응박(鄒應博) 239
취리성(檇李城) 231
칠언(七堰) 249

탕산현(碭山縣) 305
태감 188, 252, 260, 331
태백(太伯) 261

태산(泰山) 328, 449
태주 127, 224
태주부 86, 90, 202
태호 233, 236, 243
통진(通津)체운소 265
통파정(通波亭) 247

파총관 107, 113, 118, 121, 123, 126, 128, 155
팔도하(八渡河) 508, 509, 529
패(壩) 139, 318, 525
패현(沛縣) 305, 322, 323
평강후(平江侯) 326
평망하(平望河) 233
포강(浦江) 173
포산(苞山) 235
포정사 156, 192, 210
포정사분수우참의(布政司分守右參議) 154
포정삼사(布政三司) 155
포하(泡河) 323, 324
표모사(漂母祠) 284
표충관(表忠觀) 214
풍교(楓橋) 248, 252
풍낙루(豊樂樓) 217
풍현(豊縣) 305
풍황령(風篁嶺) 214

하가호(賀家湖) 171
하관대(遐觀臺) 334
하산(下山) 75, 86, 91, 113, 118, 123, 129, 155
하지장(賀知章) 140, 171
하진현(夏津縣) 352

학야(鶴野) 523
한 고조(高祖) 323
한구(邗溝) 280
한빈(韓斌) 499
한산선사(寒山禪寺) 247
한수 270
한신(韓信) 285
한왕 양(諒)469
한정언(韓正彦) 375
한퇴지(韓退之) 207
합려(闔閭) 240, 243
항우 311
항주 155, 169, 175, 179, 187, 191, 194, 199, 206, 208, 220, 249, 279, 304, 350, 439
해문위(海門衛) 96, 101, 202
해염현(海鹽縣) 190
향사례(鄉射禮) 165
향오정(向吳亭) 265
향음주례(鄉飲酒禮) 165
향적사(香積寺) 224
향학당(鄉學堂) 254
허유(許由) 213, 217
허청(許淸) 94, 96~98, 100, 101, 111, 112, 127, 128, 133, 135
헌종 365
호구사(虎丘寺) 252
호석기(湖石記) 218
호성하(護城河) 462
호충(胡忠) 487
홍(洪) 526
홍라산(虹螺山) 477
홍려하(鴻麗河) 226
홍문 238

홍선(紅船) 206, 516
홍수(洚水) 290
홍치제 365, 497, 498
화갑(火甲) 203
화광사(華光寺) 224
화신(華信) 176
화신묘(火神廟) 455
환관 365
환벽원(環碧園) 217
환향하(還鄉河) 455
황루(黃樓) 311
황종(黃宗) 154, 202, 203, 365
황하 289, 292, 294, 318
황화루(皇華樓) 243
『황화집』(皇華集) 188, 189, 229
회계군(會稽郡) 270
회계산(會稽山) 140, 170
회동관(會同館) 265, 386, 409
회수(淮水) 270, 291~293, 318, 336, 337
회안 318, 318, 528
회안부(淮安府) 284
회통하(會通河) 334, 336
회하(淮河) 287, 289, 293, 294, 296, 520
회회국 196
획린퇴(獲麟堆) 336
효당산(孝堂山) 342
효종 365
흠차진수절강사설감태감(欽差鎭守浙江司設監太監) 202
흠천감(欽天監) 371
흥교사(興教寺) 215
희마대(戲馬臺) 310

지은이 최부

최부(崔溥, 1454~1504)의 본관은 나주, 자는 연연(淵淵), 호는 금남(錦南)이다. 김종직의 문인으로 1478년 진사에 급제하고, 1482년 친시문과에 을과로 급제해 교서관저작과 군자감주부 등을 지냈다. 여러 관직을 거쳐 전적으로 있을 때 『동국통감』 편찬에 참여했고, 1486년 문과 중시에 급제해 홍문관교리에 임명되어 사가독서(賜暇讀書)했다. 1487년 9월 추쇄경차관으로 임명되어 제주에 갔으나 다음 해 부친상을 다해 돌아오던 중 풍랑을 만나 14일 동안 표류한 끝에 명나라 태주부 임해현에 도착했다. 도적을 만나고, 왜구로 오인받아 죽을 고비를 넘기는 등 고초를 겪었으나 관가를 찾아가 도움을 요청해 북경으로 호송되었다가 귀국길에 올라 한양 청파역에 도착했다. 귀국 직후 성종의 명을 받아 『금남표해록』을 3권으로 기록했다. 이 책에는 중국 연안의 해로와 기후, 산천, 도로, 관부, 풍속, 민요 등이 소개되어 있다. 특히 최부는 수차의 제작과 이용법을 배워와 충청도 지방의 가뭄 때 활용하도록 했다. 1498년(연산군 4) 무오사화 때 김종직 문하인 이종준, 이구, 김굉필, 박한주 등과 함께 붕당을 이루어 국정을 비난했다는 죄명으로 함경도 단천에 유배되었다가 1504년 갑자사화 때 처형되었다. 1506년 중종 즉위와 동시에 신원되어 승정원도승지로 추증되었다. 『금남표해록』은 국내에서 한문과 한글본으로 간행되었고, 일본에서도 『당토행정기』(唐土行程記)나 『통속표해록』 등으로 출간되었다.

옮긴이 서인범 · 주성지

서인범(徐仁範)은 동국대학교에서 사학을 전공하고 일본 도호쿠 대(東北大) 동양사연구실에서 『명대병제사의 연구』로 문학박사 학위를 받았다. 지금은 동국대학교에서 중국사를 가르치고 있다. 주요 논문으로는 「土木の變と勤王兵」 「명대의 연납제와 군호」 「최부 『표해록연구』-최부가 묘사한 중국의 강북과 요동」 「명 중기의 매첩제연구」 등이 있다.

주성지(朱聖智)는 동국대학교에서 사학을 전공하고 같은 대학교 대학원에서 박사과정을 수료했다. 지금은 동국대학교 강사와 국사편찬위원회 사료연구위원으로 있다. 주요 논문으로는 「백제의 웅진천도와 대외정책」 「웅진시대 백제의 섬진강 수계 진출」 「표해록을 통해 본 한중항로 분석」 등이 있다.

HANGIL GREAT BOOKS 062

표해록

지은이 최부
옮긴이 서인범 · 주성지
펴낸이 김언호

펴낸곳 (주)도서출판 한길사
등록 1976년 12월 24일
주소 10881 경기도 파주시 광인사길 37
홈페이지 www.hangilsa.co.kr
전자우편 hangilsa@hangilsa.co.kr
전화 031-955-2000~3 **팩스** 031-955-2005

인쇄 오색프린팅 **제본** 경일제책사

제1판 제1쇄 2004년 10월 20일
제1판 제5쇄 2020년 7월 30일

값 33,000원

ISBN 978-89-356-5645-5 94810

• 잘못 만들어진 책은 구입하신 서점에서 바꿔드립니다.

한길그레이트북스 인류의 위대한 지적 유산을 집대성한다

1 관념의 모험
앨프레드 노스 화이트헤드 | 오영환

2 종교형태론
미르치아 엘리아데 | 이은봉

3·4·5·6 인도철학사
라다크리슈난 | 이거룡
2005 『타임스』 선정 세상을 움직인 100권의 책
『출판저널』 선정 21세기에도 남을 20세기의 빛나는 책들

7 야생의 사고
클로드 레비-스트로스 | 안정남
2005 『타임스』 선정 세상을 움직인 100권의 책
2008 『중앙일보』 선정 신고전 50선

8 성서의 구조인류학
에드먼드 리치 | 신인철

9 문명화과정 1
노르베르트 엘리아스 | 박미애
2005 연세대학교 권장도서 200선
2012 인터넷 교보문고 명사 추천도서
2012 알라딘 명사 추천도서

10 역사를 위한 변명
마르크 블로크 | 고봉만
2008 『한국일보』 오늘의 책
2009 『동아일보』 대학신입생 추천도서
2013 yes24 역사서 고전

11 인간의 조건
한나 아렌트 | 이진우
2012 인터넷 교보문고 MD의 선택
2012 네이버 지식인의 서재

12 혁명의 시대
에릭 홉스봄 | 정도영·차명수
2005 서울대학교 권장도서 100선
2005 『타임스』 선정 세상을 움직인 100권의 책
2005 연세대학교 권장도서 200선
1999 『출판저널』 선정 21세기에도 남을 20세기의 빛나는 책들
2012 알라딘 블로거 베스트셀러
2013 『조선일보』 불멸의 저자들

13 자본의 시대
에릭 홉스봄 | 정도영
2005 서울대학교 권장도서 100선
1999 『출판저널』 선정 21세기에도 남을 20세기의 빛나는 책들
2012 알라딘 블로거 베스트셀러
2013 『조선일보』 불멸의 저자들

14 제국의 시대
에릭 홉스봄 | 김동택
2005 서울대학교 권장도서 100선
1999 『출판저널』 선정 21세기에도 남을 20세기의 빛나는 책들
2012 알라딘 블로거 베스트셀러
2013 『조선일보』 불멸의 저자들

15·16·17 경세유표
정약용 | 이익성
2012 인터넷 교보문고 필독고전 100선

18 바가바드 기타
함석헌 주석 | 이거룡 해제
2007 서울대학교 추천도서

19 시간의식
에드문트 후설 | 이종훈

20·21 우파니샤드
이재숙
2005 서울대학교 권장도서 100선

22 현대정치의 사상과 행동
마루야마 마사오 | 김석근
2005 『타임스』 선정 세상을 움직인 100권의 책
2007 도쿄대학교 권장도서

23 인간현상
테야르 드 샤르댕 | 양명수
2007 서울대학교 추천도서

24·25 미국의 민주주의
알렉시스 드 토크빌 | 임효선·박지동
2005 서울대학교 권장도서 100선
2012 인터넷 교보문고 MD의 선택
2012 인터넷 교보문고 MD의 선택
2013 문명비평가 기 소르망 추천도서

26 유럽학문의 위기와 선험적 현상학
에드문트 후설 | 이종훈
2005 서울대학교 논술출제

27·28 삼국사기
김부식 | 이강래
2005 연세대학교 권장도서 200선
2012 인터넷 교보문고 필독고전 100선
2013 yes24 다시 읽는 고전

29 원본 삼국사기
김부식 | 이강래 교감

30 성과 속
미르치아 엘리아데 | 이은봉
2005 『타임스』 선정 세상을 움직인 100권의 책
2012 인터넷 교보문고 명사 추천도서
『출판저널』 선정 21세기에도 남을 20세기의 빛나는 책들

31 슬픈 열대
클로드 레비-스트로스 | 박옥줄
2005 서울대학교 권장도서 100선
2005 연세대학교 권장도서 200선
2008 홍익대학교 논술출제
2012 인터넷 교보문고 명사 추천도서
2013 yes24 역사서 고전
『출판저널』 선정 21세기에도 남을 20세기의 빛나는 책들

32 증여론
마르셀 모스 | 이상률
2003 문화관광부 우수학술도서
2012 네이버 지식인의 서재

33 부정변증법
테오도르 아도르노 | 홍승용

34 문명화과정 2
노르베르트 엘리아스 | 박미애
2005 연세대학교 권장도서 200선
2012 인터넷 교보문고 명사 추천도서
2012 알라딘 명사 추천도서

35 불안의 개념
쇠렌 키르케고르 | 임규정
2012 인터넷 교보문고 필독고전 100선

36 마누법전
이재숙·이광수

37 사회주의의 전제와 사민당의 과제
에두아르트 베른슈타인 | 강신준

38 의미의 논리
질 들뢰즈 | 이정우
2000 교보문고 선정 대학생 권장도서

39 성호사설
이익 | 최석기
2005 연세대학교 권장도서 200선
2008 서울대학교 논술출제
2012 인터넷 교보문고 필독고전 100선

40 종교적 경험의 다양성
윌리엄 제임스 | 김재영
2000 대한민국학술원 우수학술도서

41 명이대방록
황종희 | 김덕균
2000 한국출판문화상

42 소피스테스
플라톤 | 김태경

43 정치가
플라톤 | 김태경

44 지식과 사회의 상
데이비드 블루어 | 김경만
2002 대한민국학술원 우수학술도서

45 비평의 해부
노스럽 프라이 | 임철규
2001 『교수신문』 우리 시대의 고전

46 인간적 자유의 본질·철학과 종교
프리드리히 W.J. 셸링 | 최신한

47 무한자와 우주와 세계·원인과 원리와 일자
조르다노 브루노 | 강영계
2001 한국출판인회의 이달의 책

48 후기 마르크스주의
프레드릭 제임슨 | 김유동
2001 한국출판인회의 이달의 책

49·50 봉건사회
마르크 블로크 | 한정숙
2002 대한민국학술원 우수학술도서
2012 『한국일보』 다시 읽고 싶은 책

51 칸트와 형이상학의 문제
마르틴 하이데거 | 이선일
2003 대한민국학술원 우수학술도서

52 남명집
조식 | 경상대 남명학연구소
2012 인터넷 교보문고 필독고전 100선

53 낭만적 거짓과 소설적 진실
르네 지라르 | 김치수·송의경
2002 대한민국학술원 우수학술도서
2013 『한국경제』 한 문장의 교양

54·55 한비자
한비 | 이운구
한국간행물윤리위원회 추천도서
2007 서울대학교 추천도서
2012 인터넷 교보문고 필독고전 100선

56 궁정사회
노르베르트 엘리아스 | 박여성

57 에밀
장 자크 루소 | 김중현
2005 서울대학교 권장도서 100선
2000·2006 서울대학교 논술출제

58 이탈리아 르네상스의 문화
야코프 부르크하르트 | 이기숙
2004 한국간행물윤리위원회 추천도서
2005 연세대학교 권장도서 200선
2009 『동아일보』 대학신입생 추천도서

59·60 분서
이지 | 김혜경
2004 문화관광부 우수학술도서
2012 인터넷 교보문고 필독고전 100선

61 혁명론
한나 아렌트 | 홍원표
2005 대한민국학술원 우수학술도서

62 표해록
최부 | 서인범·주성지
2005 대한민국학술원 우수학술도서

63·64 정신현상학
G.W.F. 헤겔 | 임석진
2006 대한민국학술원 우수학술도서
2005 연세대학교 권장도서 200선
2005 프랑크푸르트도서전 한국의 아름다운 책100
2008 서우철학상
2012 인터넷 교보문고 필독고전 100선

65·66 이정표
마르틴 하이데거 | 신상희·이선일

67 왕필의 노자주
왕필 | 임채우
2006 문화관광부 우수학술도서

68 신화학 1
클로드 레비-스트로스 | 임봉길
2007 대한민국학술원 우수학술도서
2008 『동아일보』 인문과 자연의 경계를 넘어 30선

69 유랑시인
타라스 셰브첸코 | 한정숙

70 중국고대사상사론
리쩌허우 | 정병석
2005 『한겨레』 올해의 책
2006 문화관광부 우수학술도서

71 중국근대사상사론
리쩌허우 | 임춘성
2005 『한겨레』 올해의 책
2006 문화관광부 우수학술도서

72 중국현대사상사론
리쩌허우 | 김형종
2005 『한겨레』, 올해의 책
2006 문화관광부 우수학술도서

73 자유주의적 평등
로널드 드워킨 | 염수균
2006 문화관광부 우수학술도서
2010 동아일보 '정의에 관하여' 20선

74·75·76 춘추좌전
좌구명 | 신동준

77 종교의 본질에 대하여
루트비히 포이어바흐 | 강대석

78 삼국유사
일연 | 이가원·허경진
2007 서울대학교 추천도서

79·80 순자
순자 | 이운구
2007 서울대학교 추천도서

81 예루살렘의 아이히만
한나 아렌트 | 김선욱
2006 『한겨레』, 올해의 책
2006 한국간행물윤리위원회 추천도서
2007 『한국일보』, 오늘의 책
2007 대한민국학술원 우수학술도서
2012 yes24 리뷰 영웅대전

82 기독교 신앙
프리드리히 슐라이어마허 | 최신한
2008 대한민국학술원 우수학술도서

83·84 전체주의의 기원
한나 아렌트 | 이진우·박미애
2005 『타임스』 선정 세상을 움직인 책
『출판저널』 선정 21세기에도 남을 20세기의 빛나는 책들

85 소피스트적 논박
아리스토텔레스 | 김재홍

86·87 사회체계이론
니클라스 루만 | 박여성
2008 문화체육관광부 우수학술도서

88 헤겔의 체계 1
비토리오 회슬레 | 권대중

89 속분서
이지 | 김혜경
2008 대한민국학술원 우수학술도서

90 죽음에 이르는 병
쇠렌 키르케고르 | 임규정
『한겨레』, 고전 다시 읽기 선정
2006 서강대학교 논술출제

91 고독한 산책자의 몽상
장 자크 루소 | 김중현

92 학문과 예술에 대하여·산에서 쓴 편지
장 자크 루소 | 김중현

93 사모아의 청소년
마거릿 미드 | 박자영
20세기 미국대학생 필독 교양도서

94 자본주의와 현대사회이론
앤서니 기든스 | 박노영·임영일
1999 서울대학교 논술출제
2009 대한민국학술원 우수학술도서

95 인간과 자연
조지 마시 | 홍금수

96 법철학
G.W.F. 헤겔 | 임석진

97 문명과 질병
헨리 지거리스트 | 황상익
2009 대한민국학술원 우수학술도서

98 기독교의 본질
루트비히 포이어바흐 | 강대석

99 신화학 2
클로드 레비-스트로스 | 임봉길
2008 『동아일보』, 인문과 자연의 경계를 넘어 30선
2009 대한민국학술원 우수학술도서

100 일상적인 것의 변용
아서 단토 | 김혜련
2009 대한민국학술원 우수학술도서

101 독일 비애극의 원천
발터 벤야민 | 최성만·김유동

102·103·104 순수현상학과 현상학적 철학의 이념들
에드문트 후설 | 이종훈
2010 대한민국학술원 우수학술도서

105 수사고신록
최술 | 이재하 외
2010 대한민국학술원 우수학술도서

106 수사고신여록
최술 | 이재하
2010 대한민국학술원 우수학술도서

107 국가권력의 이념사
프리드리히 마이네케 | 이광주

108 법과 권리
로널드 드워킨 | 염수균

109·110·111·112 고야
훗타 요시에 | 김석희
2010 12월 한국간행물윤리위원회 추천도서

113 왕양명실기
박은식 | 이종란

114 신화와 현실
미르치아 엘리아데 | 이은봉

115 사회변동과 사회학
레이몽 부동 | 민문홍

116 자본주의·사회주의·민주주의
조지프 슘페터 | 변상진
2012 대한민국학술원 우수학술도서
2012 인터파크 이 시대 교양 명저

117 공화국의 위기
한나 아렌트 | 김선욱

118 차라투스트라는 이렇게 말했다
프리드리히 니체 | 강대석

119 지중해의 기억
페르낭 브로델 | 강주헌

120 해석의 갈등
폴 리쾨르 | 양명수

121 로마제국의 위기
램지 맥멀렌 | 김창성
2012 인터파크 추천도서

122·123 윌리엄 모리스
에드워드 파머 톰슨 | 윤효녕 외
2012 인터파크 추천도서

124 공제격치
알폰소 바뇨니 | 이종란

125 현상학적 심리학
에드문트 후설 | 이종훈
2013 인터넷 교보문고 눈에 띄는 새 책
2014 대한민국학술원 우수학술도서

126 시각예술의 의미
에르빈 파노프스키 | 임산

127·128 시민사회와 정치이론
진 L. 코헨·앤드루 아라토 | 박형신·이혜경

129 운화측험
최한기 | 이종란
2015 대한민국학술원 우수학술도서

130 예술체계이론
니클라스 루만 | 박여성·이철

131 대학
주희 | 최석기

132 중용
주희 | 최석기

133 종의 기원
찰스 다윈 | 김관선

134 기적을 행하는 왕
마르크 블로크 | 박용진

135 키루스의 교육
크세노폰 | 이동수

136 정당론
로베르트 미헬스 | 김학이
2003 기담학술상 번역상
2004 대한민국학술원 우수학술도서

137 법사회학
니클라스 루만 | 강희원
2016 세종도서 우수학술도서

138 중국사유
마르셀 그라네 | 유병태
2011 대한민국학술원 우수학술도서

139 자연법
G.W.F 헤겔 | 김준수
2004 기담학술상 번역상

140 기독교와 자본주의의 발흥
R.H. 토니 | 고세훈

141 고딕건축과 스콜라철학
에르빈 파노프스키 | 김율
2016 세종도서 우수학술도서

142 도덕감정론
애덤스미스 | 김광수

143 신기관
프랜시스 베이컨 | 진석용
2001 9월 한국출판인회의 이달의 책
2005 서울대학교 권장도서 100선

144 관용론
볼테르 | 송기형·임미경

145 교양과 무질서
매슈 아널드 | 윤지관

146 명등도고록
이지 | 김혜경

147 데카르트적 성찰
에드문트 후설·오이겐 핑크 | 이종훈
2003 대한민국학술원 우수학술도서

148·149·150 함석헌선집 1·2·3
함석헌 | 함석헌편집위원회
2017 대한민국학술원 우수학술도서

151 프랑스혁명에 관한 성찰
에드먼드 버크 | 이태숙

152 사회사상사
루이스 코저 | 신용하·박명규

153 수동적 종합
에드문트 후설 | 이종훈
2019 대한민국학술원 우수학술도서

154 로마사 논고
니콜로 마키아벨리 | 강정인·김경희
2005 대한민국학술원 우수학술도서

155 르네상스 미술가평전 1
조르조 바사리 | 이근배

156 르네상스 미술가평전 2
조르조 바사리 | 이근배

157 르네상스 미술가평전 3
조르조 바사리 | 이근배

158 르네상스 미술가평전 4
조르조 바사리 | 이근배

159 르네상스 미술가평전 5
조르조 바사리 | 이근배

160 르네상스 미술가평전 6
조르조 바사리 | 이근배

161 어두운 시대의 사람들
한나 아렌트 | 홍원표

162 형식논리학과 선험논리학
에드문트 후설 | 이종훈

163 러일전쟁 1
와다 하루키 | 이웅현

164 러일전쟁 2
와다 하루키 | 이웅현

165 종교생활의 원초적 형태
에밀 뒤르켐 | 민혜숙·노치준

166 서양의 장원제
마르크 블로크 | 이기영

167 제일철학 1
에드문트 후설 | 이종훈

168 제일철학 2
에드문트 후설 | 이종훈

●한길그레이트북스는 계속 간행됩니다.